KB111203

환경법입문

홍 준 형

머 리 말

환경법 입문
― 환경, 법을 알아야 지킨다 ―

한국 환경법은 바야흐로 질풍노도의 시대를 지나고 있습니다. 결코 성사될 것 같지 않았던 입법적 혁신을 이루기도 했지만, 코로나바이러스 팬데믹을 맞아 사투를 벌였던 최근 몇 년간 한국 환경법은 미세먼지, 홍수와 한파 등 기후변화로 인한 재앙, 화석연료기반 경제의 붕괴 조짐에 따른 그린 뉴딜의 도전, 환경법의 존재이유와 적실성에 대한 도전 등 그야말로 '퍼펙트 스톰'을 맞고 있습니다. 이 험난한 곤경을 헤쳐 나가는 데 한국 환경법이 제 역할을 할 수 있을까요? 환경법의 임무가 그 어느 때보다도 막중해졌습니다.

언제부턴가 환경법이 어려워지기 시작했습니다. 지금은 너무 어렵습니다. 이런 현상은 환경법의 양적 증가와 무관하지 않습니다. 예를 들어 미세먼지 문제에 대한 대책으로 이른바 '미세먼지 8법'이라는 법률들이 제정되거나 개정되었습니다. 또 2022년 12월 31일 「자원순환기본법」을 전부개정한 「순환경제사회 전환 촉진법」이 공포되는 등 환경법 분야에서의 입법의 변화는 그 어느 때보다도 빈번하고 활발히 이루어지고 있습니다. 법률의 홍수까지는 아니더라도 법률의 확산으로 환경법의 규율내용도 날로 복잡해지고 어려워졌습니다. 물론 이는 환경문제의 악화나 복잡화, 전에 보지 못한 새로운 환경문제의 대두 등에 따른 결과이기도 합니다. 사실 환경법이 점점 더 어려워지고 또 이해하기 어려운 양상으로 변하는 것은 어느 나라에서나 피할 수 없는 현실입니다. 하지만 이 것은 결코 예사로 넘길 수 없는 심각한 문제입니다. 환경법이 환경문제 해결을 위한 법이라면 그 법을 적용하고 집행하고 또 준수해야 할 사람들이 법의 메시지, 무엇을 어떻게 언제까지 해야 하고, 그렇지 않을 경우 어떤 결과를 감수해야 하는지, 아니 더 근본적으로는 왜 어떤 과학기술적, 사회적 근거에서 어떤 규범들을 정립해서 강제한 것인지, 왜 무엇을 위해 그 규범들을 지켜야 하는지,

그렇게 함으로써 어떤 결과를 기대할 수 있으며 경우에 따라 또는 대부분의 경우 누가 승자가 되고 누가 패자가 되는지를 알 수 있어야 합니다. 환경법의 내용을 쉽게, 아니 약간의 노력을 기울이면 어느 정도 쉽게 이해할 수 없다면, 그 준수를 강제하고 제재를 가할 수 있을까요? 현대 법철학과 사상의 근본적 전제는 '법규범이 효력을 발휘하려면 수범자의 동의, 적어도 묵시적인 승인이 필요합니다. 수범자가 법규범의 내용을 알거나 적어도 쉽게 알 수 있어야만 그 규범적 요구를 강제할 수 있다'는 것이지요. 만일 법규범이 너무 어려워 일반 수범자들, 시민이 이해할 수 없다면 그 규범의 준수를 강제하거나 위반을 제재할 수 없다는 이의 제기에 '법률의 무지는 면책되지 않는다'는 법리를 들이대는 것은 너무 무책임합니다. 특히 환경법은 그 규범적 요구가 사회화과정을 통해 내면화되기 어렵습니다. '남을 해치지 말라', '남의 물건을 훔치지 말라'는 등 형법의 기초가 되는 규범의식이 어렸을 적부터 부모나 친지로부터 어려움 없이 주지되고 수용되어 내면화되는 경우(물론 예외도 적지 않지만)와는 사뭇 다르지요. 환경법은 그것이 자연적인 윤리의식에 기반하는 경우를 제외한다면 대부분 기회만 되면 어기거나 회피하려는 경향으로부터 자유롭지 못합니다. 거리에 쓰레기를 버리거나 차창 밖으로 담뱃재를 털거나 몰래 폐수를 배출하거나, 기회만 있으면 비용과 노력을 아낄 수 있는 규범 회피, 우회의 유혹에 넘어가기 쉽고 우리는 그런 사람들과 함께 살고 있기 때문입니다.

　환경법을 알기 쉽게 바꾸는 것은 보통 어려운 일이 아닙니다. 정부가 추진해 온 '알기 쉬운 법령 만들기' 사업 자문 경험을 통해 확인한 사실입니다. 아무리 애써도 좀처럼 쉽게 만들기 어렵습니다. 날로 복잡다단해지는 환경과학의 성과를 바탕으로 한 법적 기준과 요건, 환경기술과 설비, 장치에 관련된 개념들을 쉬운 우리말로 바꾸는 것은 매우 어려운 일입니다. 그러니 환경법의 내용을 알기 쉽게 풀이해 달라는 과업지시가 나올 수밖에 없습니다. 이 또한 결코 쉬운 일은 아닙니다. 어려운 법을 쉽게 풀이한다? 학자의 역량 문제이기도 하지만 어려운 것을 쉽게 풀어 이해시킨다는 것은 고단하고 힘든 일입니다. 새로운 개념의 환경법, 시민을 위한 환경법을 쓰겠다는 생각, 그것을 집행하거나 준수해야 할 처지에 놓이게 되는 행정관료나 사업자, 일반국민들, 나아가 동시대인 누구라도 이해하기 쉽게 소개하고 설명하여 이들을 '환경법 공론의 장'으로 초대할 수 없을까 하는 아이디어를 오래 간직해 왔지만, 막상 착수하니 한숨만 나올 뿐입니다. 어려운 것을 쉽게 만드는 것이 이렇게 어려운 일인가. 그래도 어려운 시도, 애를 쓴 것만으로도 용서를 구할 수 있지 않을까, 어쩌면 무엄한 자기애로 이 책을 상재(上宰)합니다.

　출판기회를 주신 황인욱 대표님과 출판과정에서 수고를 아끼지 않으신 이종운 주간님께 깊이 감사드립니다.

극한호우와 폭염 뒤 한반도 종단 태풍 전야
봇들 모퉁이에서

홍 준 형

차 례

제1부 환경법이란 무엇인가?

제2부 환경법의 머리, 손과 발

제3부　환경법 둘러보기

제4부　환경법과 규제실패

제5부　환경피해에 대처하는 법

제6부 '좋은 환경법' 만들기

제7부 마무리

제1부

환경법이란 무엇인가?

I. 환경문제와 법이 만나면

환경문제를 「성장의 부수비용」(Nebenkosten des Wachstums)으로 치부하던 시절이 있었습니다. 더 이상 그렇지 않습니다. 환경문제는 「생존의 문제」가 되었습니다. 환경법은 날로 악화되는 환경문제에 대처하는 법적 처방으로 형성·발전되어 왔습니다.

환경문제가 국가의 최우선과제이자 전 지구적 문제로 대두된 상황에서 법적 대응이 이루어진 것은 극히 당연한 일이었지요. 환경법은 바로 그 법적 대응의 동체입니다. 환경법은 '법을 통한 환경보호'를 구현하는 환경정책의 틀이면서 동시에 환경정책을 실행하는 수단으로 작용합니다.

환경법이 항상 환경정책의 종속변수가 되는 것은 아닙니다. 환경정책 역시 늘, 절대적으로 환경법에 의존하거나 법을 통해서만 구현되는 것도 아닙니다. 가장 중요하고 파급효과가 큰 환경정책 수단을 꼽는다면 환경교육을 빼놓을 수 없습니다. 환경과 생태계에 대한 환경철학과 환경윤리의 요청을 전달하고 지속가능하게 확산시킬 수 있기 때문입니다. 그 밖에도 정치, 경제, 과학기술, 문화예술, 의료, 심리 등 법과 연결되기도 하지만 법과 상관없이 수행되는 다양한 '법외적 환경정책'(extra-legal environmental policy)이 있을 수 있습니다. 그럼에도 불구하고 환경법이 환경정책과 불가분의 밀접한 관계를 맺는 사실은 변함이 없습니다. 이것은 다른 법분야로부터 환경법을 차별화시켜 주는 가장 두드러진 특징이기도 합니다. 정책과 법의 구별이 늘 논쟁의 대상이 되는 것과는 달리 환경법은 도처에 환경정책을 구현하는 규범들로 가득합니다. 환경법을 논하려면 그 배경이 된 환경정책에 대한 이해가 불가결한 까닭입니다. 그렇다면 환경정책은 환경법에 어떻게 스며들고 반영되는 것일까요?

우선, 환경법의 입법과정 자체가 환경정책의 결정과정입니다. 환경정책은 대부분 정부, 즉 국가와 지방자치단체 등 공공의 소관입니다. 물론 환경정책은 환경부만의 정책은 아닙니다. 민간부문 또는 비정부 부문의 환경정책도 존재할 수 있고 또 그것이 현실이기도 합니다. 하지만 통상 환경정책이라 할 때 그것은 공공부문, 특히 정부의 환경정책을 말하는 것으로 이해되고 있습니다. 국가(중앙정부)뿐만 아니라 지방정부(지방자치단체)의 환경정책도 날로 중요성이 커지고 있습니다. 아울러 환경법과 환경정책의 국제적 발전, 초국가 환경법의 출현도 주목할 필요가 있습니다. 1992년 이후 끊임없이 발전되어 온 지구환경 거버넌스와 이를 구현한 국제환경법의 동향이나 국제환경협약의 국내법 전환, 국내 환경법의 역외적용 문제도 환경법의 문제영역에서 빼놓을 수 없는 분야들입니다.

환경정책이 이처럼 다양한 전개상을 보이지만 환경법과의 관계에서 본체는 여전히 국가의 환경정책입니다. 국가의 환경정책은 규제정책의 성격이 강합니다. 환경규제의 패러다임은 80년대 이후 환경정책에서 경제적 유인의 중요성이 강조되기 시작하고 1992년 리우선언에서 정점에 도달한 후, 기후변화에 따른 교토 이후 체제(post-Kyoto regime)에서 지배적인 핵심정책으로 정착, 확립되는 과정을 통해 유인 규제의 그것으로 바뀌어 왔습니다. 환경규제는 경제의 외부효과(externalities), 즉 외부불경제(external diseconomy)를 제거하여 자원배분의 왜곡을 시정하기 위한 사회적 규제의 핵심적 부분입니다. 그것은 기업이 그 경제활동으로 인해 발생한 외부적·사회적 비용을 국민에게 전가함으로써 사회 전체에 후생의 상실(Wohlfahrtsverlust)을 초래하는 것을 막기 위한 것으로 '사회적 비용의 내부화'(Internalisierung)를 달성하고자 합니다.[1] 환경규제는 오히려 환경오염에 의해 발생한 자원배분의 왜곡을 시정하여 시장의 기능을 회복시키려는 것이므로 규제완화의 대상이 될 수 없다는 것은 당연한 원리입니다. 규제완화가 규제의 포기나 자유방임과 혼동되어서는 안 된다는 것은 환경규제에 관하여 더욱 타당합니다.

환경정책의 핵심은 인간의 행동과 사회에 대한 'incentivization'(또는 disincentivization) 문제로 귀착됩니다. 어떻게 하면 환경과 생태계에 도움이 되거나 적어도 해를 끼치지 않도록 인간 행동을 바꾸거나 바람직한 방향으로 유도할 수 있는가, 그리고 그것을 법으로 어떻게 구현할 것인가, 이것이 환경정책의 핵심 질문입니다.

환경법의 형성과 집행에서 사법부의 역할과 영향도 주목할 필요가 있습니

---

1) Bender/Sparwasser/Engel, 「Umweltrecht」, 1995, Rn. 1/136, S.52.

다. 역사적으로 환경법의 본체는 제정법보다는 판례법을 통해 형성, 발전해 온 것이 사실입니다. 환경법은 여전히 사법부의 법형성에 많은 신세를 지고 있습니다. 입법자 스스로 의도적으로 또는 암묵적으로 환경법의 형성·구체화에 대한 사법부의 기여를 염두에 두고 입법을 하기도 합니다. 환경규제법, 환경책임 관련 법령 및 규정들 가운데 재판을 통한 구체화를 예정한 것들이 다수 존재합니다. 아예 환경규제를 사법부의 매개로 집행되도록 설계하는 경우(regulation by(through) litigation)도 그런 예입니다. 환경법 판례 형성을 통해 환경권 등 환경헌법을 구체화하거나 환경법령의 공백을 메꾸는 경우, 환경법의 내용을 구체화하거나 수정하는 결과를 가져오는 경우(위헌·위법결정 등)도 드물지 않게 확인됩니다.

환경법은 끊임없이 환경문제라는 현실에 직면하여 그 성패가 정해집니다. 환경법은 규제 실패 현상이 가장 두드러지게 나타나는 대표적인 분야입니다. 환경법이 '현장의 환경법'에 초점을 맞춰야 하는 까닭이지요. 환경법은 현실에서 발생하는 환경문제를 해결하는 효과적인 처방이어야 합니다. 환경문제를 제대로 해결하거나 의도한 것과 다른 결과를 초래하고 만다면 그런 환경법은 폐기되거나 수정되어야 합니다. 그런 의미에서 환경법은 그 어느 법분야보다도 법실천의 되먹임(feedback) 과정과 환경입법에 직결되어 생동하는 분야입니다. 현장에서 환경법이 본연의 역할과 효능을 제대로 발휘하고 있는지 늘 관심을 기울임으로써 실천적 진화를 모색해 나가야 합니다.

Ⅱ. 한국 환경법의 얼굴

1. 환경법의 정체성(identity)

한국 환경법의 정체성은 무엇보다도 한국이 겪은 환경문제의 특성에서 잘 드러납니다. 한국의 환경문제는, 저발전으로 인한 빈곤과 환경자원 남획으로 환경파괴가 급속히 진행되어 온 제3세계 국가와 비교하면, 산업화·도시화로 인한 선진국형 환경문제의 비중이 상대적으로 높은 편입니다. 60년대부터 추진된 성장드라이브정책을 통해 공해다발성 기업이 수출전략산업으로 급증했고, 특히

1970년대 중반 이후 추진된 중화학공업 집중투자 정책으로 환경파괴의 요인이 구조화된 것이 환경문제의 배경이었습니다. 이처럼 정부주도 경제성장정책에 따른 산업화·도시화의 결과로 악화일로에 있던 환경문제 해결을 위하여 환경법이 동원되고 또 발전되기 시작한 것입니다.

환경법은 공해방지법, 즉 공해방지를 위한 경찰법으로부터 독립하면서 발전하였습니다. 공해방지법은 전통적인 일반경찰법의 법리에 따라 형성되고 운용되어 소극적인 공해 규제의 틀을 벗어나했지요. 경찰법은 사인의 자유, 특히 기업활동의 자유를 최대한으로 존중하고 공권력의 행사를 '필요악'으로 보는 자유주의의 토양에서 나왔습니다. 경찰작용은 공공의 안녕과 질서를 유지하여 공중과 개인을 긴급한 위험으로부터 보호하기 위하여 필요최소한으로 행사되는 권력작용으로 이해되었습니다. 공해 규제 또한 위험방지(Gefahrenabwehr)의 일부로 파악되었고 경찰법에 특유한 소극성의 잔재가 공해방지(행정)법에 그대로 계승되었지요.[2] 이 경찰법적 유제(遺制)는 환경문제가 날로 악화되고 구조화된 상황에서는 더 이상 유지될 수 없었습니다. 그리하여 "공해문제를 근본적으로 해결하려 한다면… 현행법의 체계를 공해대책법으로부터 환경보전법으로 탈피시킬 것이 요망된다"[3]는 인식이 확산·공유되었습니다. 공해법은 소극적 경찰목적을 넘어 적극적 공공복리의 유지·증진을 위한 환경법으로 전환되기 시작했습니다.

2. 한국 환경법의 역사적 전개

한국 환경법은 소극적 공해 규제 차원에 머물렀던 "공해방지법"을 대체한 "환경보전법" 제정을 계기로 발전의 길로 나섭니다. 이후 전개된 환경입법은 정부주도로 추진된 '위로부터의 개혁'의 전형적인 사례였습니다. 이는 환경입법이 지방자치단체의 주민운동을 배경으로 진행된 일본이나 국민의 환경의식과 환경운동을 배경으로 의회 주도로 "국가환경정책법"(National Environmental Policy Act 1969: NEPA) 등 환경입법이 전개되었던 미국의 경우와 대조됩니다. 한국의 환경

---

2) 原田詳言, 環境權と裁判, 弘文堂, 1977, 56.
3) 原田尙彦, 「環境法」, 1981, 25-26. 이러한 각성은 한국을 위시한 세계 각국에서 시차를 두고 공통적으로 나타났습니다.

입법이 자생적이했다는 것은 환경법을 집행할 행정기관인 환경청이 1980년에야 발족한 데서도 잘 드러납니다.

한국 환경법의 발전과정에서 첫 번째 변곡점은 환경권을 기본권으로 신설한 1980년 헌법이었습니다. 환경권이 헌법상 기본권으로 제창된 데에는 제2차대전 이후 급속한 과학기술 혁신에 따른 산업 발전, 특히 1960년대 고도성장으로 초래된 광범위한 환경오염과 생태계 파괴의 역사적 경험이 배경을 이루고 있습니다. 기존의 공해중심적 사고방식만으로는 환경문제를 해결할 수 없다는 반성을 토대로 전통적인 법이론이나 법제도의 구각(舊殼)을 벗어난 새로운 접근방법이 요구되었고 그 과정에서 환경권을 헌법에 수용해야 한다는 요구가 대두됩니다.4) 한국 헌법은 이러한 인식의 전환을 비교적 이른 시기인 1980년에 관철시켰습니다. 1980년 헌법은 제33조에서 환경권을 기본권의 하나로 명시적으로 보장했습니다. 사실 환경권을 헌법에서 직접 기본권으로 명문화한 나라는 당시에나 오늘날에나 그리 많지는 않습니다. 그런 뜻에서 환경권의 명시적 보장은 한국 헌법의 특색을 이루는 요소입니다. 기본법에 환경권 신설은커녕 환경보호를 국가목표(Staatsziel)로 명시하려는 시도조차 학계의 완강한 저항으로 지연되다 통일 이후 1994년에야 비로소 관철될 수 있었던 독일에 비해 훨씬 앞선 결과지만 법률유보조항으로 인해 실효를 거두지는 못했습니다.

두 번째 변곡점은 1990년대 환경법의 대분화를 가져온 '환경 6법'의 입법을 통해 주어졌습니다. 1986년 환경보전법을 위시한 일련의 법개정과 함께 폐기물관리법 제정이 이루어졌고 1990년 환경청이 환경처로 승격됨과 아울러 같은 해 7월 「환경정책기본법」, 대기환경보전법, 수질환경보전법, 소음진동규제법, 유해화학물질관리법, 환경오염피해분쟁조정법이 제정됨으로써 한국 환경법의 기본 틀이 갖춰졌습니다. 이를 계기로 '환경입법 대약진의 시대'가 열린 셈입니다. 뒤에서 보듯 환경법은 이후 양적으로도 증가 일로를 걷기 시작했고 일종의 '성장산업'이라는 비유가 나올 정도로 진군을 지속했습니다.5) 무엇보다 개

---

4) 환경권에 관한 상세한 문헌으로는 김도창, 「일반행정법론(하)」, 1992, 517 각주 2를 참조.

5) 이에 관해서는 Hong, Joon Hyung, Die Umweltproblematik und der Stand der Umweltgesetzgebung in Korea, Vortrag an der Tagung von KAS "Die Umweltproblematik in Ostasien", 1997을 참조.

발·성장 위주의 경제발전 과정에서 환경과 생태계의 상황이 악화되고 새로운 환경문제들이 속출한 데 따른 불가피한 결과였지만, 환경정책 모든 분야에서 입법적 처방에 대한 요구가 늘어났기 때문입니다. 그 결과 환경부는 단기간에 소관 법령이 가장 많이 늘어난 부처가 되었고, 그 과정에서 환경입법이 환경부의 주된 임무가 되었다고 해도 과언이 아닙니다.

2000년대에 접어들면서 주목할 만한 환경입법의 판도 변화가 이루어집니다. 하나는 지속가능발전 이념의 법제화였고, 다른 하나는 기후변화에 대한 입법적 대응이었습니다. 2007년 8월 3일 제정되어 2008년 2월 4일부터 시행된 「지속가능발전기본법」(법률 제8612호)은 「환경정책기본법」을 토대로 형성, 발전되어 왔던 우리나라 환경법의 최고규범으로서 위상을 가진 법이었습니다. 그러나 이 법률은 2010년 1월 13일 당초 기후변화대책법으로 추진되다 이명박 전 대통령의 녹색성장 드라이브에 따라 제정된 「저탄소 녹색성장기본법」에 의해 기본법으로서의 위상을 박탈당하고 맙니다. 2010년 4월 14일부터 시행된 「저탄소 녹색성장기본법」은 부칙 제4조에서 「지속가능발전기본법」을 「지속가능발전법」으로 개명하고 지속가능발전위원회를 대통령 소속에서 환경부장관 소속으로 바꿨습니다. 이로써 「녹색성장기본법」은 조직체계상 그리고 사실상 지속가능발전법을 아우르는 최고법의 위상을 차지하게 됩니다. 하지만 이러한 입법조치가 바람직한 것이었는지, 그리고 법체계상 문제가 없는지, 나아가 양법의 관계나 녹색성장위원회와 지속가능발전위위회의 관계 등을 둘러싸고 논란이 끊이지 않았습니다.

이러한 법체계상의 불확실성은 이후 우여곡절을 거쳐 「지속가능발전기본법」이 2022년 1월 4일 다시 제정됨으로써(법률 제18708호) 해소될 수 있었습니다. 이 법은 경제·사회·환경의 균형과 조화를 통하여 지속가능한 경제 성장, 포용적 사회 및 기후·환경 위기 극복 등 지속가능발전을 실현한다는 목적(제1조) 아래 각종 정책과 계획 수립 시 경제·사회·환경의 조화로운 발전에 미치는 영향을 종합적으로 고려하도록 하는 등 지속가능발전 추진의 기본원칙을 정립하고 (제3조), 국가·지방자치단체 및 국민·사업자의 책무를 명시하는 한편(제4조 및 제5조), 정부로 하여금 지속가능발전 국가전략을, 지방자치단체의 장은 국가기본전략과 조화를 이루는 지속가능발전 지방기본전략을 수립·이행하도록 하였고(제7조 및 제8조), 이를 위해 대통령 소속으로 지속가능발전 국가위원회를 두고, 지방의 지속가능발전을 효율적으로 추진하기 위하여 지방자치단체의 장의 소속으로 지속가능발전 지방위원회를 두도록 하였습니다(제17조 및 제20조).

「지속가능발전기본법」은 K-SDGs의 4개 전략인 번영, 사람, 환경 및 평화·협력에 따라 국가지속가능발전목표의 내용을 지속가능한 경제 성장, 포용적 사회 구현, 생태·환경 및 기후위기 대응, 이해관계자 협력 등으로 구체화하여 반영하고(제5장 시책 제23조부터 제26조까지), 지속가능발전 정보의 보급, 교육·홍보, 국민 의견의 수렴, 자료제출 요구, 국제규범 대응 및 국회 등 보고에 관하여 규정하고 있습니다(제27조부터 제32조까지).

한편 기후위기 대응을 위한 '2050 탄소중립'(Carbon neutral 2050 또는 Net Zero 2050 Goal)이 글로벌 패러다임으로 대두됨에 따라 이를 뒷받침하기 위한 입법이 추진되었고, 2021년 9월 24일 '2050년 탄소중립'을 위한 중장기 온실가스 감축목표 설정, 기본계획 수립·시행 및 이행현황 점검을 포함한 기후위기 대응 체제를 정비하는 「기후위기 대응을 위한 탄소중립·녹색성장 기본법」(법률 제18469호. 약칭: 「탄소중립기본법」)이 제정되었습니다. 이로써 기존의 「저탄소 녹색성장기본법」은 일부 조항들을 제외하고는 그 운명을 다하게 되었습니다.

한국 환경법의 역사를 정관(靜觀)해 보면, 정치발전, 특히 민주화와 환경정책·환경법의 발전이 평행하는 것 같지는 않습니다. 군사정부나 권위주의 정권에서 환경법이 진전을 보인 예들이 그 점을 잘 보여줍니다. 환경권의 헌법적 정착은 전두환 정부에서 성사되었고 1990년의 환경법 대분화는 노태우 정부에서 단행되었습니다. 환경책임법과 환경책임보험을 합친 「환경오염피해구제법」이나 「환경오염시설의 통합관리에 관한 법률」, 구 「자원순환기본법」 등 환경법혁신의 산물들은 다른 나라에서는 수십 년 걸린 것인데 이른바 '국정농단'의 오명을 쓴 박근혜 정부에서 성사되었습니다. 환경정책은 정치적 조건과 요인들에 영향을 받을 수밖에 없습니다. 하지만 민주화를 진전시켰다고 평가받는 김대중 정부와 노무현 정부 시절 환경정책과 법의 성적표는 그리 좋지 않았다는 것이 중론입니다. 김대중 정부는 외환위기를 극복하느라 환경을 돌볼 겨를이 없었고, 노무현 정부의 경우 대통령 자신이 인권변호사 출신임에도 환경 분야에서는 퇴보한 부분이 적지 않았습니다. 이 사실은 '환경법이 민주화 등 정치변동과 무관하지 않은가'라는 의문을 넘어 오히려 '환경법은 권위주의 정권에서 번창한다'는 역사의 아이러니를 말해주는 게 아닐까요?

반면 정부조직 수준에서 보면 한국 환경법의 역사는 곧 환경부의 역사와 궤를 같이합니다. 김영삼 정부에서 환경처가 환경부로 변하면서 독자적인 부령 제정권을 갖게 되었지만, 그 결과 국무총리의 행정 통할권을 통해 환경정책을 조정, 총괄하는 기능은 적어도 공식적으로는 상실되었습니다. 그럼에도 불구하고 당시 환경처에서는 환경부로 '승격'을 자축하였지요. 사실 환경부의 권한은 명목보다는 실질 면에서 기대에 미치지 못하는 경우가 많습니다. 환경부의 정부조직 내 위상은 특히 경제관계 부처에 비해 열세를 면치 못합니다. 일반적으로 행정각부가 소관법률의 시행령이나 시행규칙을 제·개정할 때 넘어야 할 세 가지 관문으로 기획재정부(예산), 법제처(법제), 행정안전부(조직)를 듭니다. 환경정책은 환경부의 독자적 권한이지만, 기획재정부, 법제처, 행정안전부의 동의나 양해 없이는 관철하기 어렵습니다. 환경부의 위상과 영향력이 제약을 받을 수밖에 없는 사정입니다.

그럼에도 불구하고 환경부는 단기간에 소관법률이 가장 급증한 부처로 손꼽힙니다. 정부조직은 본래 법을 집행하기 위한 조직이므로 소관법률이 늘면 조직과 인력, 예산이 함께 늘 수밖에 없는 구조입니다. 정부 각 부처가 소관법률 수를 늘이는 데 주력하는 것도 바로 그런 이유입니다. 정치학이나 행정학에서는 정부조직 내 한 부처의 위상과 영향력의 크기는 그 수장이 최고통치자인 대통령과 (정치적으로) 얼마나 가까운지, 얼마나 자주 만나는지, 그리고 소관업무가 국정 의제에 얼마나 많이 반영되는지에 따라 달라진다고 봅니다. 하지만 객관적 지표로서 소관법률의 다과야말로 실질적으로 정부조직 내 위상과 영향력의 크기를 가늠하는 척도가 됩니다. 그런 측면에서 환경부가 그 정부조직 내 위상의 열세에도 불구하고 실질적 잠재력을 지속적으로 키워온 것은 주목할 만한 일이 아닐 수 없습니다. 그렇지만 환경부가 그 잠재력을 실제 발휘해왔는지는 여전히 논란거리지요.

3. 환경법의 구조와 내용

현행 환경법의 체계는 헌법전문, 헌법 제10조, 제35조 및 제37조 등 환경 헌법적 규정들과 이를 바탕으로 하여 제정된 「지속가능발전기본법」, 「환경정책기본법」과 각종 분야별 환경관계법들로 구성됩니다. 이와 같은 기존의 법체계에 이미 앞에서 살펴본 「탄소중립기본법」이 「환경정책기본법」과 병렬적으로 편입되어 있습니다.

1991년 2월부터 시행된 「환경정책기본법」[6]은 환경권에 관한 헌법이념에 근거하여 환경보전에 관한 국민의 권리·의무 및 국가의 책무를 명확히 하고, 환경정책의 기본이념과 방향을 정하며 환경분야별 개별법에 공통된 사항을 규정하고 있습니다.

분야별 환경관계법으로는 「대기환경보전법」, 「물환경보전법」, 「소음·진동관리법」, 「화학물질관리법」, 「폐기물관리법」, 「자원의 절약과 재활용촉진에 관한 법률」, 「자연환경보전법」, 「생물다양성 보전 및 이용에 관한 법률」, 「자연공원법」, 「야생생물 보호 및 관리에 관한 법률」, 「오존층의 보호를 위한 특정물질의 제조의 규제에 관한 법률」, 「가축분뇨의 관리와 이용에 관한 법률」, 「토양환경보전법」, 「다중이용시설등의 실내공기질관리법」, 「습지보전법」, 「수도법」, 「먹는물관리법」, 「하수도법」 등이 있고, 「환경영향평가법」, 「환경분쟁조정법」, 「폐기물처리시설 설치촉진 및 주변지역 지원에 관한 법률」, 「환경범죄 등의 단속 및 가중처벌에 관한 법률」[7] 등이 각각 특별환경법으로 제정되어 시행되고 있습니다. 그 밖에도 「환경개선비용부담법」, 「환경기술개발 및 지원에 관한 법률」, 「환경친화적 산업구조로의 전환 촉진에 관한 법률」과 「한국환경공단법」 등이 있습니다. 1990년대 후반에는 「독도등 도서지역의 생태계보전에 관한 특별법」, 「한강수계 상수원 수질개선 및 주민지원 등에 관한 법률」이 각각 제정되었고, 정부조직 개편으로 자연공원법이 환경부 소관으로 바뀌었습니다. 2000년 들어 「수도권매립지관리공사의 설립 및 운영 등에 관한 법률」이, 2002년 「낙동강수계 물관리 및 주민지원 등에 관한 법률」, 「금강특별법」, 「영산강·섬진강특별법」이 제정되었고, 2003년에는 「수도권 대기환경 개선에 관한 특별법」, 「건설폐기물의 재활용촉진에 관한 법률」, 「백두대간보호에 관한 법률」등 3개 법이 제정되었습니다. 2004년에는 「야생 동·식물보호법」, 「악취방지법」, 「남극활동 및 환경보호에 관한 법률」, 「친환경상품 구매촉진에 관한 법률」이, 2009년에는 국민건강 보호의 관점에서 환경정책을 추진하기 위한 「환경보건법」이, 2012년에는 「생물다양성 보전 및 이용에 관한 법률」이 제정되어 환경부 소관법률이

---

6) 환경정책기본법의 제정배경에 관해서는 전병성, 앞의 글, 88 이하를 참조.
7) 이 법률은 낙동강사건의 여파로 1991.5 임시국회에서 제정된 것입니다.

급증하기 시작했습니다.

　한국 환경법은 2013년부터 일련의 혁신적 입법으로 새로운 변화를 겪게 됩니다. 화학물질 관리 체계의 전반적 재편을 가져온 「화학물질관리법」(2013.6.4 전부개정)과 「화학물질의 등록 및 평가 등에 관한 법률」(2013.5.22 제정)을 필두로 환경피해구제의 새로운 접근을 구현한 「환경오염피해 배상책임 및 구제에 관한 법률」(2014.12.31 제정), 통합허가제라는 환경규제 혁신을 가져온 「환경오염시설의 통합관리에 관한 법률」(2015.12.22 제정), 그리고 폐기물관리와 자원재활용, 신재생에너지 등을 자원순환체계로 통합한 구 「자원순환기본법」(2016.5.29 제정)이 제정, 시행됨으로써 한국 환경법의 신시대가 열렸습니다. 2017년에는 「유전자원의 접근·이용 및 이익 공유에 관한 법률」(2017.1.17 제정)이 제정되었습니다. 환경부 주도로 추진된 이 일련의 환경입법은 획기적인 입법 혁신의 성과로 주목을 끌었습니다.

　최근에는 미세먼지 문제가 환경정책의 급박한 현안으로 대두됨에 따라 일련의 대책법률들이 잇달아 제정 또는 개정되었지요. 2018년 「미세먼지 저감 및 관리에 관한 특별법」이 제정되고, 2019년에는 「재난 및 안전관리기본법」 개정, 「대기관리권역의 대기환경개선에 관한 특별법」 제정, 「실내공기질 관리법」 개정, 「대기환경보전법」 개정, 「미세먼지 저감 및 관리에 관한 특별법」 개정, 「액화석유가스의 안전관리 및 사업법」 개정, 「항만대기특별법」 제정, 「학교보건법」 개정 등 소위 '미세먼지 8법' 입법이 단행되었습니다.

< 환경법의 체계 >

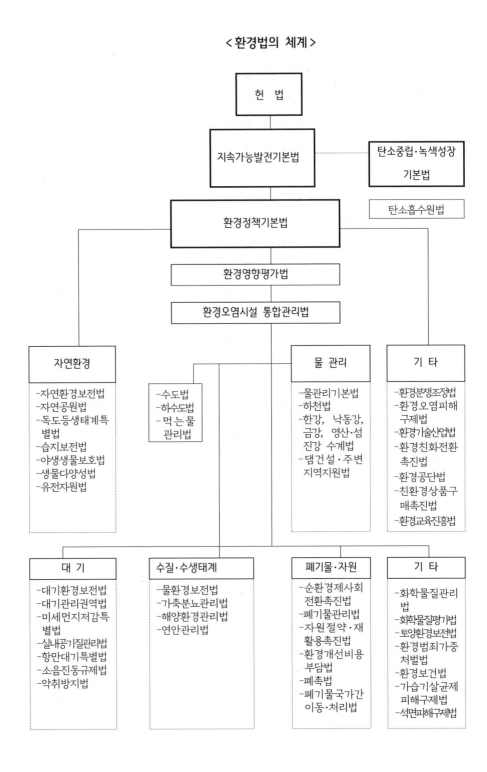

앞에서 본 환경법 외에도 다음 표에서 보듯 타 부처 소관 환경관련법령들이 있습니다. 이들 역시 환경법의 중요한 구성부분입니다. 타 부처 소관 환경관계법은 50개를 상회하고, 관련부처도 15개 이상에 달합니다. 이처럼 환경 관련 법령들이 산재되어 중복·상호모순 우려가 있고 경계영역에서 법적 규율의 사각지대가 생길 수 있습니다.

< 타부처 소관 환경관련법령 >

부 문 별	법 령 명
대기오염	도로교통법, 자동차관리법, 「재난 및 안전관리기본법」, 원자력안전법, 원자력손해배상법, 에너지이용합리화법, 집단에너지사업법, 「대체에너지개발 및 이용·보급촉진법」, 「석유 및 석유대체연료 사업법」, 「액화석유가스의 안전관리 및 사업법」, 건설기계관리법, 「오존층보호를 위한 특정물질 제조·규제 등에 관한 법률」, 「항만지역 등 대기질 개선에 관한 특별법」
수질·수자원	공유수면관리·매립법, 골재채취법, 소하천정비법, 온천법, 「해양환경관리법」, 연안관리법, 「해양생태계의 보전 및 관리에 관한 법률」
소 음	도로교통법, 학교보건법, 「집회 및 시위에 관한 법률」
국토·토양	국토기본법, 「국토계획 및 이용에 관한 법률」, 건축법, 「도시공원 및 녹지 등에 관한 법률」, 도시개발법, 「도시 및 주거환경 정비법」, 수도권정비계획법, 「광산피해의 방지 및 복구에 관한 법률」
* 일 반	「산업집적활성화 및 공장설립에 관한 법률」, 「공익사업을 위한 토지등의 취득 및 보상에 관한 법률」, 「사회간접자본시설에 대한 민간투자법」, 「산업입지 및 개발에 관한 법률」, 택지개발촉진법, 고속철도건설촉진법, 수도권신공항건설촉진법, 신항만건설촉진법, 「제주특별자치도 설치 및 국제자유도시 조성을 위한 특별법」, 「세종특별자치시 설치 등에 관한 특별법」(세종시법), 「강원특별자치도 설치 등에 관한 특별법」(강원특별법), 「전북특별자치도 설치 등에 관한 특별법」(전북특별법), 「국제회의산업 육성에 관한 법률」, 「동·서·남해안권발전 특별법」, 「주한미군 공여구역주변지역 등 지원 특별법」, 「주한미군기지 이전에 따른 평택시 등의 지원 등에 관한 법률」
* 농 업	농약관리법, 농어촌발전특별조치법, 농어촌정비법, 농어촌도로정비법, 농지법, 농어업재해대책법, 식물방역법
* 축 산	축산법, 낙농진흥법, 초지법
* 수산항만	수산업법, 어촌·어항법, 항만법
* 산 림	산림기본법, 산림보호법, 산지관리법, 사방사업법
* 기 타	「기업활동 규제완화에 관한 특별조치법」, 문화재보호법, 광산보안법, 관광진흥법, 과학기술진흥법, 광업법, 내수면어업법, 자연재해대책법, 경범죄처벌법, 대외무역법 등

4. 환경법의 여러 층위들

4.1. 국가환경법과 자치환경법

환경법은 국가환경법과 자치환경법, 두 가지 영역으로 이루어져 있습니다. 국가환경법과 자치환경법은 전체로서 하나의 사다리구조(계서 체계)를 띄지만, 국가입법의 주도 또는 선점 경향이 두드러집니다. '자치'란 수식어가 무색할 정도로 자치환경법은 국가환경법에 의존하고 있습니다. 국가 수준에서 환경문제 해결을 위한 법적 접근이 자치환경법에 법적으로나 사실상 우선하는 것이 일반적이고, 국가 수준에서 헌법을 위시한 매체별·분야별 환경법들이 할애하는 자치환경법의 여지는 매우 제한적입니다.[8]

국가환경법과 자치환경법은 전자의 위임에 따라 또는 자치권·자치사무의 범위 안에서 수행되는 자치입법을 통해 계층적 종속관계 또는 보완적 독립관계를 맺게 됩니다. 지방자치단체가 수행해야 할 환경법·정책적 역할을 어떻게 설정할 것이며 지방자치단체로서 특별시, 광역시, 특별자치도, 특별자치시, 시·군·구 등의 환경조례를 통한 입법형성권을 어떻게 보장해 나갈 것인가 하는 문제가 정책과제로 제기됩니다.

> 지방자치 수준에서 사물인터넷 같은 혁신적 기술을 환경과 생태계 관리를 위한 수단으로 활용하는 일이 주목을 받고 있는데 이는 자치환경법과 관련하여 매우 유용한 시사점을 제공합니다. 예를 들어 순환경제를 기반으로 지구의 자원을 전보다 적게, 보다 효율적이고 생산적으로 사용하게 만들고 탄소 기반 에너지에서 재생에너지로 이전하도록 돕는 새로운 경제패러다임[9]이나 스페인 빌바오 시에서 건축가 Andy Backer가 구축하여 운영하는 인터넷 웹사이트 '슈어플래닛'(sureplanet.com)은 지속가능한 생태도시와 스마트시티를 결합시킨 시민이니셔티브의 훌륭한 사례들입니다.[10] 시민적 이니셔티브를 지방자치단체 수준에서 법제도 및 재정 측면에서 지원하는 것이 매우 중요합니다. 자치환경법은 이처럼 사물인터넷 기반의 스마트도시와 혁신적이고 지속가능한 시민환경거버넌스를 뒷받침하는 법적 기반과 제도적 여건을 조성하는 거점이 될 수 있습니다.

---

8) 이에 관해서는 홍준형, "21세기의 환경법과 정책의 과제; 21 세기 지방화시대의 자치환경법정책 –새천년 환경자치를 위한 법 정책적 방향 모색–", 「환경법연구」 제21권 (1999), 47-78을 참조.

9) 제러미 리프킨, 「한계비용 제로 사회 –사물인터넷과 공유경제의 부상」, 2014, 민음사, 26.

10) 중앙일보 2015년 3월 25일자 사회면 기사 참조.

4.2. 환경법의 국제적 차원: 국제환경법의 전개

환경문제는 국가를 넘어 국제적으로 그리고 지구 차원에서 다루어지고 있습니다. 1972년 스톡홀름에서 개최된 유엔 인간환경회의의 「인간환경선언」(Declaration on the Human Environment), 「람사협약」(Ramsar Convention),[11] 1992년 6월 리우데자네이루에서 열린 「환경과 개발에 관한 유엔회의」(UNCED)에서 채택된 27개항의 「환경과 개발에 관한 리우선언」(The Rio Declaration on Environment and Development), 「21세기를 위한 세부실천강령」(Agenda 21), 「기후변화협약」, 「생물다양성협약」, 「산림원칙협약」이 대표적인 예입니다. 특히 주목되는 것은 기후변화(기후위기)에 대처하기 위한 글로벌 거버넌스 동향입니다. 1992년 온실효과로 인한 기후변화와 자연생태계와 인류 생활에의 악영향에 대한 인식을 배경으로 「기후변화협약」('기후변화에 관한 국제연합 기본협약': United Nations Framework Convention on Climate Change)이 체결되고, 1997년 제3차 유엔기후변화협약(UNFCCC) 당사국총회(COP3)에서 채택된 선진국들의 양적 온실가스 감축의무를 규정한 「교토의정서」(Kyoto Protocol)가 나왔습니다.[12] 이후 협상 실패 등 우여곡절을 겪은 끝에 2012년 초부터 시작된 Post-2020 체제를 위한 신기후협상을 거쳐 2015년 제21차 당사국총회(COP21, 파리)에서 「파리협약」(Paris Agreement)이 채택되어 2020년부터 모든 국가가 참여하는 신기후체제의 근간으로 자리잡았습니다. 감축의무를 선진국에 한정하고 주로 온실가스 감축에 초점을 맞췄던 교토의정서와 달리, 파리협약은 적용대상을 194개 모든 당사국으로 확대

---

11) 자연자원과 서식지 보전 및 현명한 이용에 관한 최초의 국제협약으로서 습지 자원 보전 및 이용의 기본방향을 제시한 이 협약의 정식명칭은 "물새 서식지로서 국제적으로 중요한 습지에 관한 협약"(The Convention on Wetlands of International Importance Especially as Waterfowl Habitat)입니다.

12) 교토의정서는 기후변화의 주범으로 지목된 6가지 온실가스(이산화탄소, 메탄, 이산화질소, 수소불화탄소, 과불화탄소, 육불화항)를 정의하고, 부속서 1 국가들에 제1차 공약기간(2008-2012년) 동안 온실가스 배출량을 1990년 수준 대비 평균 5.2% 감축하는 의무를 부과하는 한편, 비부속서 1 국가에는 유엔기후변화협약에서와 마찬가지로 온실가스 감축과 기후변화 적응에 관한 보고, 계획 수립, 이행 등 일반적 조치를 요구했습니다. 그 밖에 교토의정서는 '탄력성 메커니즘(Flexibility Mechanism)'으로 불리는 청정개발체제(CDM: Clean Development Mechanism), 배출권거래제(ETS: Emission Trading Scheme) 및 공동이행제도(JI: Joint Implementation)를 도입, 온실가스를 비용효과적으로 감축하고 개도국의 지속가능한 발전을 지원할 수 있는 계기를 마련했습니다(http://www.mofa.go.kr/www/wpge/m_20150/contents.do).

하고, 감축(mitigation), 적응(adaptation), 재원(finance), 기술(technology) 이전, 역량강화(capacity-building), 절차적 투명성(transparency) 등을 포괄하는 내용을 담았습니다.[13]

이처럼 지구적 차원에서 환경문제의 해결을 위한 노력과 이를 뒷받침하기 위한 글로벌 환경법규범의 형성은 앞으로도 계속 확대·강화될 것으로 전망됩니다.

주목할 점은 국제환경법 분야에서 생성되는 각종 선언이나 협약들이 법형성의 모태(母胎)이자 입법프로그램으로 법적 구속력 있는 국제환경법 형성의 근거가 된다는 것입니다. 국제환경법의 중요한 법원으로 빼놓을 수 없는 것이 「軟性法」(soft law)[14]이라 불리는 유형의 규범들입니다. 국제기구의 권고, 결의 또는 선언 등과 같은 연성법은 오늘날 새로운 국제환경법의 연원으로서 중요성이 부각되고 있습니다. 이 규범들은 ICJ규정 제38조 (1)(c)항에 규정된 법의 연원에 해당하지 않으며,[15] 따라서 공식적인 법적 구속력을 가지지는 못합니다. 그러나 연성법이 전혀 법으로서의 권위가 없는 것은 아닙니다. 각국이 그것이 존중될 것이라는 강한 기대를 가지기 때문입니다.[16] 연성법은 당사국들이 가능한 한 이들 연성법에 명백히 반하는 조치를 회피하도록 함으로써 사실상의 구속력을 발휘합니다.[17] 또 연성법은 이들로부터 합의된 의무나 원칙들이 환경조약으로 전환되거나, 그 중 주된 원칙들이 국내법의 일부로 수용되어 경성법(hard law)으로 바뀌기도 합니다. 그 예로는 1972년의 스톡홀름 환경회의에서 채택된 선언과 이를 계기로 창설된 유엔환경계획(UNEP), 1978년 유엔환경계획의 공유자원

---

13) 교토의정서와 파리협약의 차이점에 관해서는 KOTRA. (2022). 「新 기후체제下, 해외기업의 대응사례 및 기회 요인」. 2022.11.23. https://dream.kotra.or.kr/kotranews/cms/indReport/actionIndReportDetail.do?MENU_ID =280&CONTENTS_NO=1&pRptNo=13375&pHotClipTyName=DEEP#를 참조.

14) '부드러운 법'이라 부르기도 합니다(신현덕, "국제환경법의 연원", 「환경법연구」 제18권(1996), 138-174).

15) 신현덕, "국제환경법의 연원", 「환경법연구」 제18권(1996), 138-174.

16) 노명준, 「국제환경법」, 박영사, 1997, 43, 56 이하, 57.

17) Vogelsang, UPR 1992, 419(420); Himmelmann/Pohl/Tünnesen-Harmes, Umweltrecht, A.10, C. Rn.11ff. 한편 노명준 교수는 이를 관습법에 관한 논의에서 다루고 있습니다: "국제기구나 국제회의의 결의안, 선언문, 권고문 등은 법적 구속력을 갖지 않은 연성법(soft law)으로서 당연히 법의 연원이 될 수 없습니다. 그러나 지구환경에 관한 경성법이 확립될 동안 *de lege ferenda*적 지위를 가진 이 'Soft Law'는 법적 확신을 갖는 국가들의 관행에 수용될 경우 관습법화할 수 있습니다"(「국제환경법」, 박영사, 1997, 43).

의 이용에 관한 지침,[18] 1990년 유럽경제위원회(Economic Commission for Europe: ECE)의 회원국들에 의해 수용된 '사고로 인한 월경내수면 오염시 행동수칙'[19] 등이 있습니다. 스톡홀름 환경회의의 선언을 통하여 한 국가의 주권이 미치는 영역 바깥에 있는 환경을 손상해서는 안 된다는 원칙이 확립되었고, UNEP가 채택한 '유해폐기물의 환경적으로 건전한 관리를 위한 카이로 지침 및 원칙'[20] 의 일부가 1989년 유해폐기물의 국가간 이동을 규제하기 위해 체결된 바젤협약[21])에 반영된 것도 바로 그 점을 보여주는 예입니다.

스톡홀름 회의 결과 최초로 세계적인 차원에서 모든 환경문제에 대하여 포괄적인 관할권을 가지는 국제기구로 창설된 유엔환경계획(UNEP)은 환경에 관한 연성법 형성의 본거지가 되고 있습니다. 또한 연성법을 통한 국제법규범 형성에서 유엔 국제법위원회(Internation Law Commission: ILC) 같은 기구가 수행하는 역할도 주목할 필요가 있습니다.

연성법은 그 수범자들이 그들의 행동의 자유를 너무 엄격하게 기속하기를 원하지 않지만 이를 다자간 합의로 규범화하기 위하여 사용되는 탄력적 법기술적 접근방법입니다. 국제환경법 분야에서 연성법이 대두된 것은 환경문제의 경우 과학적인 증거가 결정적이거나 완전하지 않음에도 불구하고 주의 깊은 태도가 요구되거나 경제적 비용이 불확실하거나 과중하게 늘어날 가능성이 있다는 특수한 사정이 있습니다. 물론 연성법은 집행의 애로가 있지만, 전적으로 집행불가능한 것만은 아닙니다. 연성법의 일부가 관습법으로 전환되거나 조약 등과 같은 경성법으로 발전될 수 있기 때문이지요. 연성법은 비록 정의하거나 그 법규범적 성질을 포착하기 곤란한 측면이 있지만, 새로운 관습법과 원칙을 발전시키기 위한 법적 의견에 증거를 제공해 주고, 규범 형성의 탄력성과 다양성을 허용하며, 나아가 지구적 수준의 환경법과 기준의 조화에 이바지한다는 점에서 환경법의 영역으로 주목할 필요가 있습니다.[22]

---

18) Guidelines für die Nutzung gemeinsamer Ressourcen: UNEP/GC.6/17: International Legal Material 1978, 1091.

19) Code of Conduct on Accidental Pollution of Transboundary Inland Waters.

20) Cairo Guidelines and Principles for the Environmentally Sound Management of Hazardous Waste, UNEP Environmental Law Guidelines and Principles, Decision 14/30 of the Governing Council of UNEP of June 1987.

21) 1989 Basel Convention on the Control of Transboundry Movements of Hazardous Wastes, adopted and opened for signature 22 March 1989.

22) 이상 신현덕, "국제환경법의 연원", 「환경법연구」 제18권(1996), 138-174을 참조.

환경보호를 위한 국제적 노력은 국내법에도 중대한 변화를 가져옵니다. 한국이 이들 환경관련조약에 가입함에 따라 국제조약이 국내법적 효력을 미치게 되고 이로써 환경법의 법원이 추가되는 결과가 되기 때문이지요. 가령 오존층보호를 위한 비엔나협약과 오존층파괴물질에 관한 몬트리올의정서 가입에 따라 제정된 「오존층보호를 위한 특정물질의 제조규제등에 관한 법률」이나 유해폐기물의 국가간 이동 및 그 처리의 통제에 관한 바젤협약의 시행을 위하여 제정된 「폐기물의 국가간 이동 및 그 처리에 관한 법률」이 그 대표적 사례들입니다. 특히 교토의정서 이행을 위한 경제적 수단 세 가지(배출권거래제, 청정개발체제, 공동이행제도) 중 주된 수단인 온실가스 배출권거래제(ETS: Emission Trading System)가 「탄소중립·녹색성장 기본법」 제25조와 「온실가스 배출권의 할당 및 거래에 관한 법률」(2013)에 따라 2015년부터 시행되고 있습니다.

기후변화는 온실가스 배출과 관련한 감축 문제와 기후변화 적응문제 등 모든 면에서 환경법에 지대한 영향을 미치고 있습니다. 특히 기후변화와 무역의 연계로 인한 기후규제의 리스크가 날로 커지고 있습니다.[23]

<탄소국경조정메커니즘>

2021년 7월 14일 EU는 2050년까지 탄소중립을 달성하겠다는 야심찬 목표하에 2030년까지 온실가스 순배출량을 1990년 대비 최소 55% 감축하겠다는 정책 패키지 'Fit for 55'를 발표하면서 탄소국경조정메커니즘(EU Carbon Border Adjustment Mechanism, 이하 CBAM)을 공개하였습니다.[24] CBAM이란 EU가 탄소누출 방지를 명분으로 EU로 수입되는 제품의 탄소함유량에 EU ETS와 연계된 탄소가격을 부과하여 징수하는 제도로,[25] 기후의제가 무역장벽의 형태로 연계·구체화되는 대표적인 사례입니다. 철강과 석유화학 등 분야에서 우리나라의 대 EU 수출에 부정적인 영향을 끼칠 것으로 전망되고 있습니다.[26]

---

23) 이에 관해서는 홍준형. "기후변화와 환경법의 대응". 지식의 지평 34호(2023 http://www.jipyeong.or.kr)를 참조.

24) EU 일반입법절차의 주요 세 기구(EU 집행위, EU 이사회, 유럽의회)는 2022년 12월 13일 CBAM 법률(안)에 대해 잠정 합의하였습니다. 잠정합의안의 골자는 European Parliament(2022), 법무법인 태평양(2023), 박누리(2023)를 참조. 향후 이 법률안이 최종 확정되면 2023년 10월 1일부터 경과기간을 거쳐 시행될 예정입니다.

25) Carbon Border Adjustment Mechanism Fact sheet (European Commission, '21.7.14.).

26) CBAM이 우리나라에 미칠 영향과 대응에 관해서는 KOTRA. (2022). 「新 기후체제

5. 환경행정의 조직

5.1. 국가·지방자치단체

5.1.1. 국 가

가장 중요한 환경행정의 주체는 국가입니다. 이 점은 '환경보전을 위하여 노력해야 할 국가의 의무'를 규정한 헌법(§35 ① 후단)과 이를 구체화하여 "국가는 환경오염 및 환경훼손과 그 위해를 예방하고 환경을 적정하게 관리·보전하기 위하여 환경계획을 수립하여 시행할 책무를 진다"고 한 「환경정책기본법」의 규정(§4 ①)만 보더라도 명백합니다.

국가의 환경행정조직은 중앙의 환경부와 환경관리청 및 지방환경관리청으로 구성되어 있습니다. 국가환경행정조직은 몇 차례 괄목할 만한 변화를 겪었습니다. 당초 1980년 제5공화국의 성립(1980)과 함께 보건사회부(현재 보건복지부)의 외청으로 발족되었던 환경청이 1990년 1월 쾌적한 환경에 대한 국민 요구에 부응하고 환경행정의 종합화·적극화·일원화를 도모한다는 취지에서 그 장을 국무위원으로 보하는 국무총리 소속 환경처로 승격되었습니다. 환경처는 1994년 12월 23일 김영삼 정부의 대대적인 정부조직개편을 통해 집행부서인 환경부로 승격되어 오늘에 이르고 있습니다.

정부조직법상 환경부장관은 자연환경, 생활환경의 보전, 환경오염방지, 수자원의 보전·이용·개발 및 하천에 관한 사무를 관장합니다(정부조직법 §39 ①). 환경부장관의 소관사무를 분장하기 위하여 환경부장관 소속하에 설치된 지방환경행정조직으로는 유역환경청, 지방환경청, 수도권대기환경청이 있습니다(「환경부와 그 소속기관 직제」 제2조 제2항). 그 밖에 「환경정책기본법」 제58조에 따라 같은 법 제14조의 국가환경종합계획의 수립·변경 등 그 밖에 환경정책에 대한 심의·자문을 위하여 중앙환경정책위원회가 설치되어 있고 국립환경과학원 등 소속기관과 한국환경공단 등의 산하 공공기관이 있습니다.

환경부의 임무는 오염방지와 환경보전이라는 '전통적' 기능을 중심으로 구성되어 있습니다. 환경보전 중에서도 주로 생활환경에 초점이 맞춰져 있었으나, 최근 들어 그 임무가 더욱 확장되었습니다. 2018년 물관리일원화 정책에 따라

下, 해외기업의 대응사례 및 기회 요인」을 참조.

물관리업무가 추가되었고, 화학물질의 관리, 환경보건, 자연환경보전 관련 기능들이 추가되었습니다. 최근에는 기후변화 대응, 탄소중립 추진이 중점적인 과제로 대두됨에 따라 그에 상응하는 기능과 조직 개편이 단행되었습니다.

환경부의 조직은 단일 오염매체에 근거한 국 단위 편제를 통하여 자연·대기·수질·상하수도·폐기물 등을 보전 관리하는 구조를 가지고 출발하였습니다. 이러한 구조는 제한된 분야에서 전문성을 제고시킬 수는 있지만, 부서간 업무조정이 원만하하면 갈등과 비효율을 야기할 수 있다는 단점이 따르지요.

환경부의 조직은 아래 그림에서 보는 바와 같습니다.

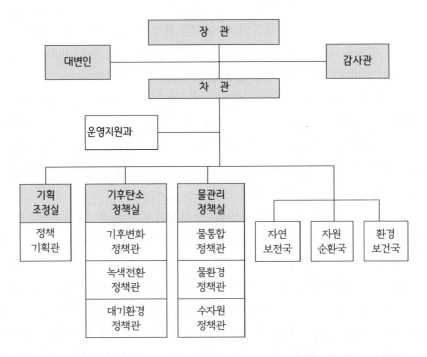

※ http://me.go.kr/home/web/index.do?menuId=10428 그 밖에 임시부서로 물관리위원회지원단이 설치되어 있음.

환경부는 2021년 6월 시대적 과제로 부각된 탄소중립의 본격적인 추진을 위해 조직을 전면 개편하였습니다.[27] 조직개편의 취지는 2050 탄소중립 실현

27) 「환경부와 그 소속기관 직제」 개정안이 2021년 6월 1일 국무회의를 통과하여 같은 달 8일부터 공포·시행되었습니다.

의지를 담아, 탄소중립 이행체계로 환경부 조직을 재구성하려는 것이었습니다. 아울러 집중호우 같은 기상이변으로부터 국민의 안전을 지키고, 수량·수질·수생태 분야 등 물 관련 정책을 효과적으로 통합 추진하기 위해 물 정책 총괄 기능이 강화되었습니다.

5.1.2. 지방자치단체

국가 다음으로 환경보호 책무를 지는 것은 지방자치단체입니다. 지방자치단체의 역할은 환경문제의 지역적 특성 때문에 더욱 강조됩니다. 「환경정책기본법」은 제4조 제2항에서 "지방자치단체는 관할구역의 지역적 특성을 고려하여 국가의 환경계획에 따라 당해 지방자치단체의 계획을 수립하여 이를 시행할 책무를 진다"고 규정하여 지방자치단체에 환경행정의 책무를 지워 지역적 특수성을 고려한 환경자치의 가능성을 열어 놓았습니다. 또 「환경정책기본법」에 따른 환경부장관의 권한은 대통령령으로 그 일부를 시·도지사나 지방환경관서의 장에 위임할 수 있도록 되어 있습니다(§ 60 ①).

특별시·광역시·도·특별자치도는 '해당 지역의 환경적 특수성을 고려하여 필요하다고 인정하는 때에는 해당 지방자치단체의 조례로 국가환경기준보다 확대·강화된 별도의 환경기준, 즉 "지역환경기준"을 설정 또는 변경할 수 있도록 한 것(§ 12 ③) 역시 같은 맥락입니다. 지방자치법은 지방자치단체의 사무범위에 관한 제13조 제2항에서 지방자치단체의 환경행정 권한을 열거하고 있습니다. 환경행정은 시·도의 경우, 서울특별시처럼 기후환경본부를 설치하거나, 제주특별자치도처럼 환경·경제부지사를 두어 그 산하에 세계환경수도추진본부를 통해 수행되거나, 광역시나 도의 경우 환경녹지국, 시·군·구 등 기초자치단체의 경우 환경관리과, 환경과 등의 조직을 통해 수행되고 있습니다.

<환경자치주의 > (civic environmentalism)

환경과 생태계 보호를 국가의 힘과 노력만으로 달성하기는 불가능하다는 인식이 확산되면서 국가주도 환경정책에 대한 반성과 비판이 공감대를 넓혀 왔습니다. 국가가 주도하는 하향식(top-down) 명령통제(command-and-control) 위주의 환경규제가 효과를 거두려면 '군대병력을 동원해야 한다'는 말이 나올 정도로 그 집행과 실효성에 한계가 있음이 판명되었습니다. 설사 부분적으로 규제목적을 달성하더라도 환경과 생태계 전체에 어떤 영향을 미쳤는지 불분명한 경우가 적지 않았습니다. 이처럼 국가주의 환경정책이 노정시킨 문제점과 한계를 반성·비판하면서 환경문제를 새롭게 인식하고 새로운 수단을 사용하는 분권된 상향적(bottom-up) 이니셔티브를 취해야 한다는 주장이 제기되었고 또 점점 더 설득력을 키워 왔습니다. 1992년 리우회의는 국가주도 환경정책을 반성하고 그에 대한 대안을 모색하는 계기가 되었습니다. 그 중 가장 뚜렷한 조류로 '환경자치주의'(civic environmentalism)가 떠올랐습니다. '환경자치주의'란 종래와 같은 국가가 주도해 온 하향식 명령통제 위주의 환경규제가 환경문제를 제대로 해결하했다는 반성·비판에서 환경문제를 새롭게 인식하고 새로운 수단을 사용하는 분권화된 상향적 이니셔티브가 필요하다는 주장을 말합니다.[28] 1980년대 미국에서 연방정부의 환경정책이 예산사정의 악화와 정치적 정체로 인해 좌절되는 경우가 많았기 때문에 주와 지방자치단체들이 독자적인 환경정책을 개발·시행하는 데 노력을 기울이는 경향이 나타나기 시작했습니다. 국가환경정책의 한계에 대한 반성과 대응으로 나타난 것이 환경자치주의입니다. 환경자치는 중앙정부에 의한 환경규제를 대체하는 대안은 아니지만, 중앙정부의 역할 못지 않게 지방자치단체, 주민, 비정부·비영리 민간기구들의 역할을 강조함으로써 국가환경정책을 보완하는 강력한 방안입니다.

5.2. 기타 공공단체

지방자치단체 외에 특별지방행정기관·영조물법인 등 공공단체도 근거법상 목적 및 권한 범위 내에서 환경행정 임무를 수행하는 경우가 있을 수 있습니다. 예컨대 「물환경보전법」 제74조 제1, 2항에 따라 환경부장관의 권한은 대통령령으로 정하는 바에 따라 그 일부를 시·도지사, 대도시 시장, 환경부 소속 환경연구기관의 장 또는 지방환경관서의 장에게 위임할 수 있고, 환경부장관 또는 시·도지사는 업무의 일부를 대통령령으로 정하는 바에 따라 관계 전문기관에 위탁할 수 있습니다.

5.3. 국토계획과 연계를 위한 기관간 협조

「환경정책기본법」은 제4조 제3항에서 국가 및 지방자치단체는 지속가능한 국토환경 유지를 위하여 제1항에 따른 환경계획과 제2항에 따른 지방자치단체의 환경계획을 수립할 때에는 「국토기본법」에 따른 국토계획과의 연계방안 등을 강구하도록 하고 있습니다. 또한 같은 조 제4항에서 환경부장관에게 환경계

---

28) 이에 관하여는 DeWitt John, Civic Environmentalism, Alternatives to Regulation in States and Communities, CQ Press, 1994; 홍준형. "시민환경주의와 그 환경법정책적 의미", 「환경법연구」 제18권, 1996, 356-382를 참조.

획과 국토계획의 연계를 위하여 필요한 경우에는 적용범위, 연계방법 및 절차 등을 국토교통부장관과 공동으로 정할 수 있도록 하여 관계기간간 협조 의무를 명시하고 있습니다.

제2부

환경법의 머리, 손과 발
― 환경법의 목적, 원칙과 환경보호의 법적 수단

I. 환경법의 목적

환경법의 내용은 그것이 어떤 이념에 토대를 두느냐에 따라 달라집니다. 환경법의 이념은 시대와 나라에 따라, 지배적인 세계관이나 철학에 따라 다양하고, 또 현실적으로도 합의를 보기 어렵습니다.[1] 반면 환경법이 추구하는 목적에 관해서는 최소한의 공통분모를 확인할 수 있습니다.

환경법은 환경보호를 목적으로 합니다. 이것은 누구도 부정하지 않습니다. 「환경정책기본법」은 '환경보전'을 "환경오염 및 환경훼손으로부터 환경을 보호하고 오염된 환경을 개선함과 동시에 쾌적한 환경의 상태를 유지·조성하기 위한 행위"라고 정의합니다. 환경보호의 목적은 헌법 제35조 제1항 후단, 「환경정책기본법」 제1조 및 제4조에서 확인됩니다. 이들 조항은 가장 기본적이고 일반적인 환경법과 환경보호의 목적규범을 구성합니다. 물론 개별적 환경법은 각각 특수한 목적조항을 두고 있습니다(예컨대 대기환경의 보전·수질환경의 보전·소음진동의 규제, 그 밖에 자연환경의 보전 등). 그러나 일반적 환경보호의 목적은 모든 개별 분야들을 아우르는 통일적 기준이라는 데 규범적 의의가 있습니다.

환경법의 목적은 크게 세 가지로 나누어 볼 수 있습니다. 첫째, 모든 국민에게 '건강하고 쾌적한 환경'을 보장함으로써 인간다운 생활을 영위할 수 있도록 해주고(환경권의 보장), 둘째, 생활환경 및 자연환경(환경자원·동식물계 등)을 침해 및 훼손으로부터 보호하며(환경의 보호), 끝으로 발생한 환경침해로 인한 피해와 불이익을 제거·전보하고 환경분쟁을 해결(환경오염피해의 제거·구제 및 환경분쟁의 해결)하는 것입니다.

이 세 가지 목적은 결국 환경의 지속가능한 이용의 보장(Gewährleistung nachhaltigen Nutzens der Umwelt), 즉 지속가능한 발전(sustainable development)을 가능케 하는 환경적 조건을 실현하는 것을 지향하는 것으로 이해됩니다.[2]

---

1) 환경법의 이념에 관하여는 山村恒年, 「檢證しながら學ぶ環境法入門」, 昭和堂, 1997, 25-35를 참조.

2) Storm: in Kimmnich/von Lersner/Storm, Handwörterbuch des Umweltrechts (HdUR), Bd.II, 2.Aufl., 1994, 2334.

II. 환경법을 지배하는 기본원리

환경법의 기본원리들은 법률에 명시되어 직접 구속적으로 적용 가능한 법원칙으로서 '강화된 효력'을 가지한다면 환경정책 및 법정책의 행위원칙 (Handlungsmaxime)에 불과하다는 것이 통념이었습니다.[3] 물론 환경정책과 환경법 원리로서의 의미라는 것도 과소평가할 것은 아닙니다. 하지만 환경헌법 및 개별환경법을 통하여 이들 원리가 실정법적 토대를 확보해 나감에 따라 종래처럼 이들을 방침규정 또는 프로그램적 지침(programmatische Leitsätze)으로만 간주하는 사고방식은 더 이상 타당할 수 없습니다.

환경법의 기본원리는 그것을 실정법으로부터 도출할 수 있는 이상 단순한 입법방침에 불과한 것이 아니라 엄연히 법적 구속력을 갖춘 법원칙으로 보아야 할 것입니다. 물론 입법을 통한 구체화가 필요한 경우가 있을 수는 있겠지요.

1. 지속가능한 발전의 원칙

한국 환경법의 기본원리로서 '지속가능한 발전'의 원칙의 내용은 헌법 제35조 제1항과 헌법전문, 이를 토대로 한 「환경정책기본법」 제2조, 「지속가능발전기본법」, 「환경영향평가법」 및 자연환경보전법」의 규정들에 대한 전체적 해석을 통해 확인됩니다. 이 원칙은 1972년의 스톡홀름선언(원칙 1)과 1987년 브룬트란트보고서에서 촉구된 환경권의 헌법적 보장, 환경가치의 존중 및 환경 이용에 있어 환경의 우선 고려를 내용으로 하는 환경과 개발의 실천적 통합, 환경혜택의 향유에 있어 사회적 형평 및 세대간 형평으로 집약됩니다.

한편 「탄소중립·녹색성장기본법」은 탄소중립 사회로의 이행과 녹색성장을 비단 환경정책뿐만 아니라 국가발전전략으로서 선양하고 있습니다. 이 법률은 당초 기후변화대책법으로 추진되다가 이명박 전 대통령의 저탄소 녹색성장 드라이브에 따라 제정된 저탄소 녹색성장기본법을 대체한 것입니다.[4] 이에 따라

---

3) Bender/Sparwasser/Engel, Umweltrecht, 1/III, Rn.66, S.24.

4) 영국은 기후변화의 위험에 대처하기 위해 법적인 틀을 전 세계에서 가장 먼저 도입했습니다. 2008년 11월 26일 제정된 기후변화법(The Climate Change Act)은 영국에서의 저탄소경제를 향한 변화를 지원하고 탄소관리를 향상시키기 위한 목적에서 녹색성장 추진을 위한 국가비전을 선언하는 한편, (1) 법적 구속력 있는 목표, (2) 탄소예산시스템, (3) 기후

지속가능한 발전의 원칙과 탄소중립·녹색성장의 원칙 간의 관계를 어떻게 볼 것인지 쉽지 않은 문제가 대두되었습니다.[5]

　먼저, 「탄소중립·녹색성장기본법」은 "탄소중립"을 '대기 중에 배출·방출 또는 누출되는 온실가스의 양에서 온실가스 흡수의 양을 상쇄한 순배출량이 영(零)이 되는 상태'로 정의하고(§ 2 3호), 다시 "탄소중립 사회"를 '화석연료에 대한 의존도를 낮추거나 없애고 기후위기 적응 및 정의로운 전환을 위한 재정·기술·제도 등의 기반을 구축함으로써 탄소중립을 원활히 달성하고 그 과정에서 발생하는 피해와 부작용을 예방 및 최소화할 수 있도록 하는 사회'로 정의하고 있습니다(§ 2 4호).

　다음 녹색성장(Green Growth; MCED 2005)이란 '경제성장'(economic growth)과 '환경의 지속가능성'(environmental sustainability)라는 두 가지 요구를 조화시켜 보다 깨끗한 기술적 방식으로 환경자원을 개발·이용하는 성장으로 이해되어 왔습니다. 이러한 배경에서 「탄소중립·녹색성장기본법」은 "녹색성장"을 '에너지와 자원을 절약하고 효율적으로 사용하여 기후변화와 환경훼손을 줄이고 청정에너지와 녹색기술의 연구개발을 통하여 새로운 성장동력을 확보하며 새로운 일자리를 창출해 나가는 등 경제와 환경이 조화를 이루는 성장'으로 정의하고 있습니다(§ 2 14호).

　탄소중립·녹색성장의 달성을 위해서는 다음과 같은 노력이 필요합니다.

　첫째, 화석연료에 대한 의존도를 낮추거나 없애고 기후위기 적응 및 정의로운 전환을 위한 재정·기술·제도 등의 기반을 구축함으로써 탄소중립, 즉 '대기 중에 배출·방출 또는 누출되는 온실가스의 양에서 온실가스 흡수의 양을 상쇄한 순배출량이 영(零)이 되는 상태'를 원활히 달성하고 그 과정에서 발생하는 피해와 부작용을 예방 및 최소화할 수 있도록 하여야 합니다.

변화위원회 설립, (4) 국제 항공 및 해운으로부터의 배출, (5) 국제 배출권의 사용, (6) 배출저감을 위한 추가 조치, (7) 적응조치 등을 규정했습니다.
　5) 이에 관해서는 문상덕, "녹색성장기본법에 대한 환경법적 검토", 「환경법연구」 제31권 제1호, 2009, 15-38; 함태성, "'녹색성장'과 '지속가능발전'의 관계정립에 관한 법적고찰-저탄소 녹색성장기본법-(안) 제정에 관한 법적 논쟁과 관련하여-", 「환경법연구」 제31권 제1호, 2009, 355-376; 조홍식, "우리나라 기후변화대책법의 전망", 「환경법연구」 제30권 제2호, 2008, 311-338; 한국환경법학회, 기후변화에 대한 환경법적 대처방안, 제91회 한국환경법학회 국제학술대회 자료집, 2008 등을 참조.

둘째, 환경과 경제의 통합을 지향해야 합니다. 환경보호가 기업과 경제활동에 비용과 부담으로 인식되지 않고 기회(opportunity)로 인식되어 환경과 경제가 win-win 시너지 효과를 창출할 수 있도록 현재의 경제성장 패러다임 개념과 시스템을 변화시켜야 합니다. 경제성장 패러다임을 변화시키기 위해서는 먼저, 경제성장과 환경압력의 탈동조화(decoupling)를 통해 경제성장의 생태 효율성(eco-efficiency)을 제고하고, 생산·소비 패턴을 바꿔 생태 효율성을 높여야 합니다.

탄소중립·녹색성장은 탄소중립을 달성하면서 동시에 성장과 환경이라는 두 마리 토끼를 잡으려는 성장전략입니다. 관건은 기업에 추가적 부담을 주지 않으면서 동시에 기후변화 대처에 기여할 수 있도록 하는 데 있습니다. 이를 가능케 하려면 성장지향 자원이용 방식에서 발생하는 부(-)의 외부효과를 최소화할 수 있는 규제정책과 함께 녹색혁신(green innovation)이 필요합니다. 탄소중립·녹색성장 전략의 핵심은 이러한 의미의 혁신과 성장을 가능케 할 규제체계 구축을 요구합니다.

2. 환경정의의 원칙

환경정의(environmental justice)란 "지속가능한 발전을 지지하고, 사람들이 그들의 환경이 안전하고 육성적·생산적이라는 확신을 지닐 수 있는 삶의 조건을 지지하며, 분배적 정의가 우선하는 지역사회를 지지하는 제도적 정책, 결정, 문화적 행태"[6]로 정의됩니다.

1990년대 초 미국을 중심으로 소수민족과 빈곤한 지역사회가 국가의 환경위험을 불균형하게 부담하고 있다는 불평등문제에 대한 처방을 마련하고 이를 실행하고자 하는 움직임이 활발히 전개되었습니다. 이를 "환경정의운동"이라 합니다.[7]

---

6) Bunyan Bryunt(1995), 23을 참조.

7) 초창기 미국에서의 환경정의론의 생성과 전개에 관해서는 Richard J. Lazarus. (1993). Pursuing "Environmental Justice": The Distributional Effects of Environmental Protection. Northwestern University Law Review Vol. 87, No.3., 787-857, 787-791; Thomas Lambert/Christopher Boerner, Environmental Inequity: Economic Crisis, Economic Solutions, Yale Journal on Regulation, Vol.14, No.1, Winter 1997,

1994년 미국 클린턴(Clinton) 대통령은 소수민족과 저소득인구집단에 대한 환경정의 문제 해결을 위한 집행명령(Executive Order No. 12898)을 선포한 바 있습니다. 그동안 이 문제를 외면했던 대규모 전국 환경운동조직들이 관심을 기울이고, 미국환경법학회가 이를 주요 의제로 채택하는 등 일련의 과정을 거쳐 환경정의가 주류환경주의의 관심영역으로 편입되었습니다.[8]

환경정의론은 이후 입법이 무산되는 등 퇴조세를 보였으나, 오바마(Obama) 행정부 들어 EPA에서 환경정의를 그 중심적 임무이자 책무로 간주함으로써 부활했습니다.[9] 오바마 대통령이 EPA 수장으로 임명한 리사 잭슨(Lisa Jackson)은 불균형적으로 높은 수준의 오염과 위험에 노출되어 있는 저소득 소수자 공동체들을 돕기 위해 교육, 조사 및 오염저감, 에너지효율성 등 다양한 수준의 자금지원 사업을 시행하는 등 다시 환경정의 프로그램을 강화했습니다. 그러나 트럼프(Trump) 행정부가 들어선 후 석탄화력발전소 배출규제, 차량 배기가스 규제, 아동 발육지체를 초래하는 살균제금지 등 대기와 물 환경보호를 위한 법령들이 경제성장의 걸림돌(stymied economic growth)로 지목되어 타격을 받으면서 정치지도자, 학자와 활동가들 사이에 환경정의를 위한 투쟁이 더욱 더 긴급한 과제로 대두됩니다. 학계에서 '환경정의운동의 아버지'로 통하는 불라드(Robert Bullard)에 따르면, '우리가 지난 40여 년간 싸워온 차별이 제도화되는 광경(institutionalization of discrimination)이 벌어진 것'입니다.[10]

트럼프 행정부는 대기, 수질 분야 등 기존의 환경법규제들을 대거 후퇴시킴으로써 정치권, 학계 및 운동권들이 더욱 절박하게 환경정의를 향한 투쟁에 나서도록 만드는 계기를 제공했습니다. 하지만, EPA는 최근 -연방환경청이 오염규제를 다시 복구할 방안을 검토하고 있음에도 불구하고- 유색인종들이 오염

195-234; 조명래. (2013). "개발국가의 환경정의: 한국적 환경정의론의 모색". 「환경법연구」 제35권 제3호, 69-111, 72-74 등을 참조.

8) Steven Keeva. (1994). "a Breath of Justice", ABA Journal, 88-89를 참조. Robert D. Bullard(1994), "Overcomming Racism in Environmental Decisionmaking", Environment, 16-19를 참조. Clinton대통령으로 1994년 2월 공포한 Executive Order No. 12898은 정부당국들로 하여금 환경정책 수립시 환경정의에 중요한 우선순위를 두도록 의무화했습니다.

9) EPA's Action Development Process, p.3.

10) https://www.theguardian.com/us-news/2017/nov/20/environmental-justice-in-the-age-of-trump.

원 부근에 더 많이 살고 있고 오염된 공기를 마실 개연성이 크다는 보고서(EPA's National Center for Environmental Assessment)를 통해 환경인종차별이 실재한다(Environmental Racism Is Real)고 결론지음으로써[11] 이목을 끌었습니다.

　트럼프 행정부에서 EPA 예산 삭감 등으로 위축되었던 환경정의는 2021년 1월 취임한 바이든(Biden) 대통령이 '환경정의는 우리의 모든 과업의 중심이 될 것'이라고 공언함으로써 새로운 부활의 장을 맞았습니다. 2021년 1월 27일 바이든 대통령은 환경정의와 형평에 맞는 경제적 기회 확보를 위한 행정명령(executive order)에 서명하여 백악관에 '환경정의 자문협의회'와 '환경정의 부처간 협의회'(White House Environmental Justice Advisory Council and the White House Environmental Justice Interagency Council)를 설치하고 범정부 전략(the all-of-government approach)을 통해 환경부정의를 해결하고 1994년의 행정명령 12989를 강화하며 연차별 성과카드(score card)를 포함한 정책평가시스템을 개발하게 했습니다. 또한 '국가기후 TF'(National Climate Task Force)를 설치하여 기후변화에 따른 환경정의, 즉 '기후정의'(climate justice) 문제의 해결방안을 수립·시행하도록 했습니다.[12]

　EPA에 따르면 환경정의란 인종, 피부색, 출신국가 또는 소득을 따지지 아니하고 모든 사람들을 환경법, 규제 및 정책의 개발, 이행 및 집행에서 공정하고 대우하고, 유의미하게 관여시키는 것(fair treatment and meaningful involvement)

---

11) Vann R. Newkirk II, Trump's EPA Concludes Environmental Racism Is Real, Feb 28, 2018(https://www.theatlantic.com/politics/archive/2018/02/the-trump-administration-finds-that-environmen tal-racism-is-real/554315). EPA 소속 국립환경평가센터(National Center for Environmental Assessment)의 보고서에 따르면 빈곤층이 그 밖의 계층보다 초미세먼지(fine particulate matter: $PM_{2.5}$)에 더 많이 노출되어 있고, 전국, 각 주, 및 카운티 등 모든 수준에서 유색인종이 백인에 비해 과도한 오염부담을 받고 있는 것으로 나타났다고 합니다. 즉, 미세먼지 배출시설들로 인한 오염부담의 격차가 다수 지역에서 나타나고, 특히 흑인들이 빈곤수준 차이에 따른 부담보다 더 많은 부담을 받고 있다는 것입니다(Mikati I1, Benson AF1, Luben TJ1, Sacks JD1, Richmond-Bryant J., Disparities in Distribution of Particulate Matter Emission Sources by Race and Poverty Status. Am J Public Health. 2018 Apr; 108(4): 480-485. doi: 10.2105/AJPH.2017.304297. Epub. 2018 Feb 22)

12) A Guide to the Biden Administration's All-of-Government Approach to Environmental Justice(by Renee Cho, March 4, 2021: https://blogs.ei.columbia.edu/2021/03/04/biden-administration-environmental-justice)를 참조.

을 말합니다.[13] 이 목표는 누구나 환경 및 건강에 대한 침해로부터 동등한 보호를 받을 수 있고, 자신이 살고 배우고 일하는 건강한 환경을 확보하기 위한 의사결정과정에 대한 동등한 접근권을 향유할 때 달성될 수 있습니다.

환경정의는 환경 이익과 불이익의 평등한 분배뿐만 아니라 그 평가와 배분과정, 즉 정책과정에 대한 공공참여의 확대를 요구합니다.[14] 그런 뜻에서 환경정의란 환경정책집행의 대상이 되는 하위 인구집단간 환경위험의 불균등한 부담을 시정하고 불평등한 영향을 미치는 법령, 제도, 정책의 변경·시정을 요구하는 사회정의에 대한 주장을 말합니다.

환경정의론은 환경문제가 정의와 형평의 문제라는 것을 전제로 합니다. 환경문제는 본질적으로 정치적이며, 입지결정을 포함한 모든 환경정책결정 과정은 정치적 과정입니다.[15] 환경정책을 위한 자료나 정보는 기술평가, 영향분석, 비용-효과분석으로 파악할 수도 있지만, 동시에 가치와 윤리의 문제를 포함하고 있어 전적으로 과학만으로 정책을 결정할 수는 없습니다. 환경관련 정책문제에 대한 해결책은 개개인들의 건강과 생명, 그 밖의 이해관계에 직접적인 영향을 미칩니다. 첨예하게 대립하는 이해관계의 충돌은 환경문제의 객관적·과학적 해결을 어렵게 만듭니다. 환경문제를 보는 시각과 세계관도 다를 수 있지요. 환경문제의 윤리적·가치평가적 본질은 환경정책을 기술적, 경제적 합리성만으로 결정할 수 없는 이유입니다. 환경정책은 많은 경우 정치적 타협의 산물이며 정치적 윤리의 문제입니다.

그러므로 환경문제를 환경정의의 시각에서 정의하고 또 해결책을 찾아야

---

13) '공정한 대우'(fair treatment)란 산업, 정부 및 상업 활동, 정책으로 인한 부정적 환경 영향을 불평등하게 부담시켜서는 안 된다는 뜻입니다. U.S. Environmental Protection Agency, "Learn About Environmental Justice"를 참조(https://www.epa.gov/environmentaljustice/learn-about-environmental-justice(2020.12 검색).

14) Kristin Shrader-Frechette, Environmental Justice, Creating Equality, Reclaiming Democracy, Oxford, 2002, 6.

15) Lynton K. Cadwell(1993), "Environmental Policy as a Political Problem", Policy Studies Review 12:3/4, 104-116을 참조. Cadwell은 환경문제는 전적으로 기술적인 것도 아니고 과학적인 것도 아니라고 합니다. 환경문제는 인간의 관념, 목표, 행태와 관련된 문제이고, 현실에서는 인간과 자연과의 관계에 대한 다양한 인지와 기대와 가치가 존재하므로 공공적 합의를 도출해 낼 수 있는 공통적인 기준이 없으므로 환경문제는 정치적, 윤리적인 문제를 포함할 수밖에 없다고 합니다.

합니다. 위험시설물이나 유독폐기물처리장의 입지 선정은 '매우 적은 과학의 문제'와 '많은 정치의 문제'를 포함합니다. 환경정책결정에서 전적으로 '객관적' 과학에만 의존하는 것은 환경차별을 제도화합니다.[16] 경제·기술주의적 관점에 경도(傾倒)된 접근만으로는 환경문제의 본질을 이해할 수도 근본적 해결을 기대할 수도 없습니다. 환경차별은 경제적·기술적 합리성을 충족하였더라도 외관상 불균형한 환경위험과 건강위해의 부담이 발생할 때 존재하며, 환경불평등의 근본은 정치적 이해관계에 있습니다. 환경정의의 문제가 환경문제의 인식과 환경정책에 중요한 함의를 가지는 것은 바로 그 때문입니다. 환경정책을 결정할 때 환경정의의 측면을 우선적으로 고려하는 정책적 발상의 전환이 요구됩니다.

한편 최근 세계 곳곳에서 발생한 급격한 기후위기 현상에 대한 대처가 피할 수 없는 과제로 대두됨에 따라 기존의 환경정의론을 넘어 '기후정의'(Climate Justice)를 요구하는 목소리도 날로 커지고 있습니다.

'기후정의'란 지구의 모든 사람, 생태계를 위협하는 기후위기로 인한 피해와 위험으로부터 차별받지 않고, 그 해결을 위한 노력과 전환과정에서 차별적 결과를 강요받지 아니하고 희생과 비용을 공평하게 부담하며, 이를 위해 필요한 정보접근과 참여, 그리고 발생한 피해의 공정·신속한 구제를 요구하는 원리라 할 수 있습니다.[17] 「탄소중립기본법」이 제2조 제12호에서 기후정의를 "기후변화를 야기하는 온실가스 배출에 대한 사회계층별 책임이 다름을 인정하고 기후위기를 극복하는 과정에서 모든 이해관계자들이 의사결정과정에 동등하고 실질적으로 참여하며 기후변화의 책임에 따라 탄소중립 사회로의 이행 부담과 녹색성장의 이익을 공정하게 나누어 사회적·경제적 및 세대 간의 평등을 보장하는 것"을 말한다고 정의하는 것도 그와 동일한 맥락입니다.

---

16) Robert D. Bullard, 43을 참조.

17) Simmons, Daisy. (2020). What is 'climate justice'? July 29, 2020 (https://yaleclimateconnections.org/ 2020/07/what-is-climate-justice/): "기후정의란 하나의 용어지만 그보다는 기후변화가 사회경제적 지위가 열악한 사람들에게 사회, 경제, 공공보건, 그 밖의 측면에서 차별적인 타격을 줄 수 있다는 사실을 인정하는 하나의 운동이다. 기후정의의 옹호자들은 이러한 불평등문제를 장기적인 완화와 적응 전략을 통해 정면에서 다루기 위해 노력하고 있다."

환경정의, 사회정의, 기후정의의 비교

	사회정의(Social Justice)	환경정의(Environmental Justice)	기후정의(Climate Justice)
시대적 배경	20c초, 부의 불평등	20c중반, 산업발전 및 오염증대	20c말~, 전 지구적 기후 위기
원인제공/피해	자본가 vs 노동자	자본가vs노동자+사회경제적 약자 (인종, 계급, 젠더 등)	- 자본가+사치성(온실가스) 배출 계급 vs 노동자+사회경제적 약자 - 선진산업국가 vs 개발도상국
문제의 범주	인간+국내의 경제적, 정치적 불평등	인간+국내의 경제적, 정치적, 환경적 불평등	인간+국내+생태계+국제 경제적, 정치적, 환경적 불평등
국가형태	복지국가 (welfare state)	환경국가 (environmental state)	녹색국가 (green state)
목표	노동조건 개선, 사회 안전망 구축	환경오염의 피해 최소화, 환경보전	지속가능한 저탄소 사회로의 전환
해결주체	개별 국가정책	개별 국가정책	통합적 국가협력을 통한 국제행동
정의의 공간적 범주	국가내부의 정의	국가내부의 정의	국가 간 정의 + 국가 내 정의
정의론	책임X, 분배O 국가의 책임은 없지만 분배의 의무는 있음	책임O, 분배O 국가의 책임(산업정책)과 분배의 의무가 모두 있음	책임O, 분배O 국제적 책임과 분배에 따른 국내적 책임과 분배가 있음

자료: 한상운(2019: 9-10)

2021년 9월 24일 기존의 「저탄소 녹색성장기본법」을 대치하여 제정된 「탄소중립·녹색성장 기본법」은 제7장 '정의로운 전환'에서 기후위기 사회안전 망 마련, '정의로운 전환 특별지구'의 지정, 사업전환 지원, 자산손실 위험 최소화, 국민참여 보장 등의 시책을 강구하고 있습니다(§§ 47-53).

3. 사전배려·예방의 원칙

환경보호를 위해서는 단지 발생할 우려가 있는 위험을 방지하거나 발생한 피해를 제거하는 것만으로는 부족합니다. 환경과 환경자원을 보호하고 또 보호적 방법으로 이용하는 것이 필요합니다. 사전배려의 원칙이란 미래예측적이고 형성적인 계획적 조치들을 통하여 모든 사회적·국가적 행위주체들이 환경보호적으로 행동하고 이들이 결정을 내릴 때 가능한 환경영향을 고려하게 함으로써 생태계의 기초를 보호해야 한다는 원칙입니다.[18]

「환경정책기본법」은 제1조에서 "이 법은 환경보전에 관한 국민의 권리·의무와 국가의 책무를 명확히 하고 환경정책의 기본 사항을 정하여 환경오염과 환경훼손을 예방하고 환경을 적정하게 관리·보전함으로써 모든 국민이 건강하고 쾌적한 삶을 누릴 수 있도록 함을 목적으로 합니다"라고 규정하는데 「환경

---

18) Breuer, in: Schmidt-Aßmann, Besonderes Verwaltungsrecht, 1995, S.398; Schmidt/Müller, Einführung in das Umweltrecht, 1989, S.7; Bender/Sparwasser, Rn.47, S.16.

정책기본법」이 '사전배려의 원칙'(Vorsorgeprinzip: precuationary principle)을 환경 보호의 기본원리로 삼고 있음을 보여주는 뚜렷한 예입니다.

「환경정책기본법」 제8조는 환경오염 사전예방 원칙을 천명하고 있습니다. 이에 따르면 국가 및 지방자치단체는 환경오염 물질 및 오염원의 원천적인 감소를 통한 사전예방적 오염관리에 우선적인 노력을 기울여야 하며, 사업자로 하여금 환경오염을 예방하기 위하여 스스로 노력하도록 촉진하기 위한 시책을 마련해야 합니다(§8 ①). 법은 한 걸음 더 나아가 "사업자는 제품의 제조·판매·유통 및 폐기 등 사업활동의 모든 과정에서 환경오염이 적은 원료를 사용하고 공정(工程)을 개선하며, 자원의 절약과 재활용의 촉진 등을 통하여 오염물질의 배출을 원천적으로 줄이고, 제품의 사용 및 폐기로 환경에 미치는 해로운 영향을 최소화하도록 노력해야 한다"고 규정하여 사전배려의 원칙을 환경오염의 사전예방에 대한 사업자의 의무에까지 연장시키는 한편(§8 ②), 국가, 지방자치단체 및 사업자에게 행정계획이나 개발사업에 따른 국토 및 자연환경의 훼손을 예방하기 위하여 해당 행정계획 또는 개발사업이 환경에 미치는 해로운 영향을 최소화하도록 노력할 것을 요구하고 있습니다(§8 ③). 「환경영향평가법」도 환경영향평가의 기초로 사전배려의 원칙을 구체화하고 있습니다.

이 원칙은 특히 두 가지 측면에서의 사전배려를 요구합니다. 무엇보다도 안전 확보의 관점에서 위험에 대비한 사전배려(Risiko- bzw. Gefahrenvorsorge)를 요구하는 동시에, 자원관리의 관점에서 자원의 관리·보전을 위한 사전배려(Ressourcesvorsorge)를 요구합니다.[19] 이것은 사전예방은 물론 과학적 불확실성 상황에서도 위험발생 가능성 등을 고려하여 필요한 보호조치를 취해야 한다는 좁은 의미의 사전배려를 포함하는 원칙입니다.

이와 관련하여, 사전배려의 원칙과 사전예방의 원칙을 구별해야 한다는 견해가 주장됩니다.[20] 이에 따르면 '사전예방의 원칙에 따르면 과학적 확실성이 존재하는 경우에만 보호조치를 취하는 것이 가능하지만, 사전배려의 원칙하에서는 과학적 불확실성이 존재하더라도 보호조치를 취해야 한다'고 합니다. 사전

---

19) Kloepfer, Umweltrecht, S.589 Rn. 662.

20) 김홍균, "사전배려원칙의 적용과 한계", 2010 한국공법학자대회 발표논문집, 449-474, 451; 김홍균, 환경법, 2010, 홍문사, 49 등.

배려의 관념이 과학적 불확실성의 경우에도 배려, 즉 일정한 방어적 조치를 해야 한다는 뜻임은 분명합니다. 그러나 양자를 준별해야 할 이유나 실익이 무엇인지는 불분명합니다. 사전예방 또한 통상 그 예방의 목표가 확정된 경우에 이를 미리 방지한다는 것이지 반드시 과학적 확실성을 전제로 하는 것도 아닙니다. 사전배려의 원칙을 사전예방은 물론 과학적 불확실성 상황 아래서도 보호조치를 해야 한다는 것을 포함하는 원칙으로 새기더라도 특별한 문제가 생기는 것은 아닙니다. 오히려 사전배려를 좁은 의미로 파악할 경우 자칫 그에 따른 보호조치의무의 도출이 더욱 어려워지는 결과가 생길 수도 있습니다.

「물환경보전법」은 제1조에서 '수질오염으로 인한 국민건강 및 환경상의 위해를 예방하고 하천·호소 등 공공수역의 물환경을 적정하게 관리·보전함'을 목적으로 규정합니다. 위해방지와 수질관리를 포함하는 사전배려의 원칙을 표명한 것이지요.

사전배려의 원칙은, 그것이 「환경정책기본법」에 의해 뒷받침되고 있는 이상, 단지 행정작용에 대한 환경정책 원리로서뿐만 아니라 환경입법에 대하여도 환경정책의 기본원칙으로서 구속력을 가진다고 해야 할 것입니다. 「환경정책기본법」은 헌법 제35조 제1항 제2문에 따른 국가의 환경보전의무를 구체화한 것으로서, 이 법에 표현된 환경정책의 기본원리는 바로 이러한 의미에서 '구체화된 헌법'의 내용을 이루며, 따라서 「환경정책기본법」의 규정은 장래의 환경입법을 구속하는 효력을 가집니다.[21]

사전배려의 원칙의 규범적 요구는 각종 환경입법을 통하여 구현되고 있는데, 그 중 몇 가지 중요한 예를 들어본다면 다음과 같습니다.

- 환경의 질적인 향상과 보전, 환경이용시 환경보전의 우선적 고려(「환경정책기본법」 § 2)
- 국가·지방자치단체의 환경계획 수립·시행의무(「환경정책기본법」 § 4)
- 환경영향평가의 목적으로서 사전예방(「환경영향평가법」 § 1)
- 과학기술의 위해성 평가 등(「환경정책기본법」 § 35)
- 환경오염 피해에 대한 무과실책임(「환경정책기본법」 § 44)

---

21) Bender/Sparwasser, Rn.48, S.16.

4. 원인자책임의 원칙

원인자책임의 원칙(Verursacherprinzip)이란 환경침해의 방지·제거 및 손실전보에 관한 단순한 비용부담(Kostenzurechnung)에 관한 원칙이 아니라 실질적 책임(materielle Verantwortlichkeit)의 원칙입니다.[22] 누가 환경오염의 방지·제거 및 손실전보에 관하여 책임을 질 것인가에 관한 원칙으로서, 자기 또는 자기의 영향권 내에 있는 자의 행위 또는 물건으로 인하여 환경오염의 발생에 원인을 제공한 자(原因者: Verursacher)가 그 환경오염의 방지·제거 및 손실전보에 관하여 책임을 져야 한다는 원칙입니다. 이것은 행정이 환경보호를 위하여 무엇을 해야 하며 또 할 수 있는가를 설명하는 원칙인 사전배려나 위험방지의 원칙과는 구별됩니다.[23]

「환경정책기본법」제7조는 "자기의 행위 또는 사업활동으로 환경오염 또는 환경훼손의 원인을 발생시킨 자는 그 오염·훼손을 방지하고 오염·훼손된 환경을 회복·복원할 책임을 지며, 환경오염 또는 환경훼손으로 인한 피해의 구제에 드는 비용을 부담함을 원칙으로 한다"고 규정하여 이 원칙을 환경정책과 환경법의 기본원칙으로 받아들이고 있습니다. 원인자, 즉 환경 오염·훼손의 원인을 발생시킨 자에게 오염·훼손의 방지와 오염·훼손된 환경의 회복·복원 책임을 부담시키고, 환경오염 또는 환경훼손으로 인한 피해의 구제에 드는 비용을 부담시키는 원칙이지요.

이 원칙은 그 밖에도 「대기환경보전법」및 「물환경보전법」의 배출부과금제도, 환경개선비용부담법에 따른 환경개선부담금제도 등에 따라 구체화되어 있습니다.

원인제공자의 책임은 오염원인자의 비용부담책임을 규정한 「환경정책기본법」제7조의 경우처럼 비용부담 또는 비용의 귀속이라는 형태로 부과되는 것이 일반적이지만(Kostenzurechnungsprinzip), 그 밖에 명령·금지 및 부담을 통한 직접적인 행위규제를 통해서도 부과될 수 있습니다. 예컨대 「환경정책기본법」제5조는 "사업자는 그 사업활동으로부터 발생하는 환경오염 및 환경훼손을 스스로 방지하기 위하여 필요한 조치를 해야 하며, 국가 또는 지방자치단체의 환경보전

---

22) Breuer, S.400 Rn. 12; Koepfer, Umweltrecht, S.592 Rn. 673.
23) Prümm, Umweltschutzrecht, 1989, S.67f.

시책에 참여하고 협력해야 할 책무를 진다"고 규정하는데 이것은 바로 실질적 책임 또는 귀책(歸責: Zurechnung)의 원칙에 입각한 것이지요. 이런 뜻에서 원인자 책임의 원칙은 일면 그 일반적 귀책의 측면에서는 일반경찰법의 책임원칙(책임귀속원칙으로서 직접적 원인제공의 문제)[24]과, 타면 그 비용부담의 측면에서는 1972년 OECD의 지침으로 제시된 「오염자부담의 원칙」(polluter-pay-principle)과 유사한 논리구조를 지닌 원칙이라 할 수 있습니다.[25]

원인자책임원칙은 제44조에서 환경오염 피해에 대한 무과실책임을 통해 구체화되고 있습니다. 이에 따르면 환경오염 또는 환경훼손으로 피해가 발생한 경우에는 해당 환경오염 또는 환경훼손의 원인자가 그 피해를 배상해야 하며(§ 44 ①), 원인자가 둘 이상인 경우에 어느 원인자에 의하여 피해가 발생한 것인지를 알 수 없을 때에는 각 원인자가 연대하여 배상해야 합니다(§ 44 ②).

<참고판례>

"환경오염을 방지하기 위하여 국가 또는 지방자치단체가 시행하는 환경오염 방지사업에 필요한 비용의 전부 또는 일부를 부담해야 할 의무가 있는 "원인자"는 그 사업활동으로 인하여 당해 방지사업이 시행되는 지역의 환경에 오염의 원인을 직접 야기하게 한 사업자를 의미하고 그 방지사업 중에는 같은 법 시행령(1987.6.4 대통령령 제12172호로 개정되기 전의 것) 제29조 제5호 소정의 주택 기타 시설의 이전사업도 포함되는 것으로 해석된다."[26]

한편 2021년 1월 5일의 「환경정책기본법」개정법률(법률 제17857호)은 제7조 오염원인자 책임원칙 다음에 제7조의2를 신설하여 수익자부담원칙을 명문화했습니다. 이에 따르면 국가·지방자치단체는 환경보전을 위한 사업으로 현저한 이익을 얻는 자에게 그 이익의 범위에서 해당 환경보전을 위한 사업비용의 전부 또는 일부를 부담하게 할 수 있습니다.

환경오염이나 환경훼손을 발생시킨 자에게 비용을 부담시키는 것이 정의의

---

24) Götz, allgemeines Polizei- und Ordnungsrecht, Rn.188, 191ff., S.102ff.; Kloepfer, S.592 Rn. 673; Prümm, aaO, S.67; Bender/Sparwasser, Rn.1057ff., S.311ff.; 김남진, 「행정법 II」, 525.
25) 한편 이상돈, 「사법행정」 1992/3, 34-35는 「환경정책기본법」 제7조의 규정을 오염자부담의 원칙을 천명한 것으로 보고 있습니다.
26) 대법원 1989.12.22 선고 88누8944 판결; 1989.10.24 선고 88누9251 판결.

요청에 맞는 것이라면, 반대로 그로 인한 환경보호사업으로 이득을 얻는 자에게
도 비용을 부담시키는 것도 정의의 요청입니다. 수익자 부담원칙을 명문화한 것
은 실정법상 이미 다양한 분야에서 채용된 법원칙을 환경분야에서 분명히 하기
위한 것으로 정당성을 가집니다. 다만, 그 수익자 부담의 요건은 '국가 또는 지
방자치단체 이외의 자'가 '환경보전을 위한 사업으로' '현저한 이익을 얻는' 경
우로 한정되고, 그 부담의 범위도 '그 이익의 범위에서', '해당 환경보전을 위한
사업비용의 전부 또는 일부'를 부담하도록 하되, 이 원칙을 확정적으로 의무화
하기보다는 그 여부를 '국가 및 지방자치단체'게 수권하여 입법·정책적 탄력성
을 부여하는 완화된 방식으로 이 원칙을 도입한 점이 주목됩니다.

5. 존속보장의 원칙

존속보장의 원칙(Bestandsschutzprinzip)이란 환경보호의 목표를 현상의 유
지·보호에 둔다는 점에서 악화금지(Verschlechterungsverbot)의 원칙으로도 표현
됩니다. 이 원칙에는 사전배려의 원칙이 내포하는 바와 같은 미래지향적·형성
적 요소가 없습니다. 다시 말해 존속보장의 원칙은 환경상태의 개선을 요구하는
것은 아니라는 얘기지요. 반면 환경상태의 악화를 금지한다는 점에서, 보호적인
환경관리 및 자원배분을 통해 결국 추가적인 환경부담을 허용하기 마련인 사전
배려의 원칙보다 더 엄격한 원칙이라고 할 수 있습니다.

이런 의미에서 존속보장의 원칙은 특히 환경의 오염 및 파괴행위의 금지
내지는 지의 해제(허가)와 관련하여 중요한 의미가 있습니다.[27] 이 원칙은 환경
관계법의 제정과 행정계획의 수립, 사업의 집행시 고려해야 할 기준으로 환경악
화의 예방 및 그 요인의 제거, 환경오염지역의 원상회복을 규정한 「환경정책기
본법」 제13조(1호-2호)와 자연환경의 보전이 인간의 생존 및 생활의 기본임에 비
추어 '자연의 질서와 균형이 유지·보전되도록' 노력해야 할 의무를 국가와 국민
에게 부과한 「환경정책기본법」 제40조에 반영되어 있습니다.

같은 맥락에서 「자연환경보전법」은 제3조에서 자연환경보전의 7대 기본원
칙을 정하고 있는데 이 중 "자연환경을 이용하거나 개발하는 때에는 생태적 균
형이 파괴되거나 그 가치가 저하되지 아니하도록 해야 합니다. 다만, 자연생태

---

27) 김남진, 「행정법 II」, 525.

와 자연경관이 파괴·훼손되거나 침해되는 때에는 최대한 복원·복구되도록 노력
해야 한다"고 규정한 제5호는 존속보장의 원칙을 입법화한 것이라고 볼 수 있
습니다.

6. 협력의 원칙

협력의 원칙(Kooperationsprinzip)이란 환경보전의 과제를 달성하기 위하여
국가와 사회가 협동해야 한다는 원칙입니다. 환경보호는 현대국가의 숙명적 임
무(Schicksalsaufgabe)가 되었지만 국가만의 전담사항은 아닙니다.[28] 환경보전은
국가의 힘만으로는 실현될 수 없으며 국가와 국민, 사업자 등의 협력을 통해서
만 달성될 수 있기 때문입니다. 이러한 견지에서 「환경정책기본법」은 헌법 제
35조 제1항 후단을 받아 환경보전을 위하여 노력해야 할 국가 및 지방자치단체
의 책무(§ 4), 사업자의 책무(§ 5) 그리고 국민의 권리와 의무(§ 6)를 규정하는 한
편, 특히 제5, 6조에서는 사업자와 국민이 국가·지방자치단체의 환경보전시책
에 협력해야 한다고 규정하여 이 원칙을 명시적으로 표명하고 있습니다.

협력의 원칙은 환경정책적인 의사형성 및 결정 과정에서 이해관계인의 참
가를 보장함으로써 국가적 책임의 원칙을 손상시키지 않으면서 개인의 자유와
사회적 필요 사이에 적정한 관계를 창출하는 데 복무합니다.[29] 따라서 협동의
원칙은 행정과정(또는 행정절차) 뿐만 아니라 입법과정 등 환경정책의 형성과정에
대한 참여 및 정보에의 자유로운 접근의 기회를 보장하고 확대하는 것을 목표
로 삼지 않으면 안 됩니다.[30] 여기에 협동의 원칙이 환경보호에 관하여 가지는
핵심적인 의의가 있고, 환경법상 절차적 보장과 환경정보공개법의 제도화가 요
구되는 것도 바로 그런 맥락입니다.[31]

---

28) Breuer, aaO, S.402.

29) Breuer, aaO.

30) 리우환경선언도 제11원칙에서 '환경문제는 적절한 수준의 모든 관계 시민들의 참여
가 있을 때 가장 효과적으로 다루어짐. 국가 차원에서 각 개인은 지역사회에서의 유해물질
과 처리에 관한 정보를 포함하여 공공기관이 가지고 있는 환경정보에 적절히 접근하고 의사
결정과정에 참여할 수 있는 기회를 부여받아야 함. 각 국가는 정보를 광범위하게 제공함으
로써 공공의 인식과 참여를 촉진하고 증진시켜야 함'을 규정하고 있습니다.

31) 환경정보공개제도는 「환경기술 및 환경산업 지원법」(약칭: 환경기술산업법)에 따라
녹색기업 등 제한된 범위에서 도입, 시행되고 있습니다.

Ⅲ. 환경권과 국가의 환경보호임무

1. 환 경 권

1.1. 기본권으로서 환경권의 헌법적 보장

헌법은 환경권을 기본권의 하나로 명문화한 1980년의 헌법 제33조를 이어 받아 "모든 국민은 건강하고 쾌적한 환경에서 생활할 권리를 가지며, 국가과 국 민은 환경보전을 위하여 노력해야 한다"고 규정하고 있습니다(§35 ①). 사실 환경 권을 헌법에서 직접 기본권으로 명문화한 입법례는 그리 많지 않습니다. 그런 뜻에서 환경권의 명시적 보장은 한국헌법의 특색을 이루는 요소이며, 이는 독일 의 경우 기본법에 환경권조항을 신설하기는커녕 환경보호를 국가목표(Staatsziel) 의 하나로 규정하려는 시도조차 학계의 완강한 저항으로 지연되어 오다가 통일 이후 1994년의 기본법개정에서 관철될 수 있었다는 사실과 현저히 대조됩니다.

환경권은, 그 개념, 법적 성질 및 효력을 둘러싸고 학설이 분분하지만, 일 반적으로 '건강하고 쾌적한 환경에서 생활할 권리'라고 이해되고 있습니다.[32] 즉 건강하고 안전하며 쾌적한 생활을 유지하는 조건으로서 양호한 환경을 향수 할 권리입니다.

그 법적 성질에 관하여는 자유권적 성격뿐만 아니라 인간의 존엄과 가치· 행복추구권으로부터 도출되는 생존권 또는 사회적 기본권으로서의 성격을 갖는 종합적 기본권으로 보는 것이 지배적인 견해입니다.[33] 다만, 환경권의 효력에 관해서는 크게 환경권을 국민 개개인이 직접 법원에 청구할 수 있는 구체적인 법적 권리로 보려는 입장(구체적 권리설)과 환경권은 환경에 대한 침해가 있을 때 그 배제를 직접 청구할 수 있는 구체적 권리로서의 측면(자유권적 침해배제청구권[34])

---

32) 한편 자연환경을 기본권의 객체 또는 법적 규율의 대상으로 하는 데에는 일정한 한 계가 있다는 견해(허영, 「한국헌법론」, 423)도 있습니다.

33) "환경권은 많은 기본권의 실효성확보를 위해서 그 보장이 불가피한 일종의 '기본권 의 전제조건의 보호'로서의 의미를 가지는 한편 특히 경제생활에 관한 기본권의 헌법적 한 계로서의 의미도 함께 가지고 있기 때문에, 법적 성격도 이를 '자유권'·'사회권'·'인격권' 등 획일적으로 말할 수는 없을 것"이라고 하면서 '제도적 보장'의 성질도 아울러 내포하고 있는 것이라고 하는 견해도 있습니다(허영, 앞의 책, 426-427).

34) 이강혁, 앞의 글, 686은 '환경권은 헌법에 기본권으로 규정되어 있기 때문에 최소

과 건강하고 쾌적한 환경에서 생활환경의 조성·유지에 대한 추상적 권리로서의
측면이라는 양면성을 지닌다고 보는 입장(추상적 권리설·양면적 권리설[35])이 대립합니
다.[36)]

　　생각건대 헌법이 종합적 기본권(Gesamtgrundrecht)으로서 환경권을 명시적
으로 인정하는 이상(§ 35 ①), 환경권은 그 자유권적 기본권의 측면에서는 물론
생존권적 측면에서도 소구가능한 권리(구체적 권리)의 성질을 가진다고 보아야 할
것입니다. 다만 그 내용과 행사에 관한 사항을 법률에 유보한 헌법 제35조 제2
항은 제1항의 전제 위에서 그리고 그 범위 내에서 입법적 형성의 여지를 인정
하지 않을 수 없겠지요. 환언하면 '건강하고 쾌적한 환경에서 생활할 권리'는
헌법 제35조 제1항으로부터 직접적 효력을 갖는 권리로서 도출되며 헌법 제35
조 제2항에 의해 부여된 입법권자의 입법형성권은 제1항의 헌법적 결정을 구체
화하고 또 그것에 위배되지 않는 범위 내에서만 인정된다고 봅니다. 이 해석은
같은 조항에서 부과된 국가의 환경보호를 위해 노력할 의무를 통해서도 지지됩
니다.[37)]

1.2. 환경권의 내용

　　환경권이 헌법상 보장되어 있을지라도 그 내용과 행사에 관한 사항이 법률
에 유보되어 있는 이상(§ 35 ②), 입법권자가 그 내용과 효과, 행사방법 등을 구체
화해야 실현될 수 있습니다. 물론 환경권의 내용과 행사를 법률에 유보한 헌법
제35조 제2항은 단지 입법자에게 입법형성의 재량을 부여한 데 그치는 것이 아

한 배제청구권(Abwehrrecht)의 효력은 갖는 것으로 봄이 타당하다'고 합니다.

　　35) 이 견해는 김도창 교수(「일반행정법론(하)」, 519)처럼 오히려 구체적 권리·추상적 권
리의 양면적 권리설이라고 지칭하는 것이 적절할 것입니다.

　　36) 한편 "우리나라의 다수학자들이 주장하는 바와 같이 환경권을 「생존권」·「생활권」
혹은 「사회적 기본권」의 일종으로 성격짓는 이상 환경권은 별 수 없이 프로그램적 내지 추
상적 권리로 해석할 수밖에 없는 것이 아닌가 생각되며 그 실효성은 어디까지나 입법·행정
적 조치와 관련하여 논할 수밖에 없는 그야말로 지도이념적 권리로 이해하는 것이 현실적이
며 냉정한 태도가 아닌가 생각되는 것"이라는 견해(서원우, 「고시연구」, 1984/5, 99)가 표명되
기도 했습니다.

　　37) 同旨 김춘환, "공권적 환경권이론", 「공법연구」 제29집 제2호(2000), 349-367,
354. 아울러 홍성방, "환경기본권 -한국헌법 제35조에 대한 해석론적·입법론적 소고- ",
「환경법연구」 제22권(2000), 473-490을 참조.

니라 헌법 제35조 제1항에 따른 환경권 및 국가의 환경보호의무를 구체화해야 할 입법의무를 부과하는 것으로 해석해야 합니다.

「환경정책기본법」은 헌법 제35조에 터잡아 제6조에서 '모든 국민은 건강하고 쾌적한 환경에서 생활할 권리를 가지며 국가 및 지방자치단체의 환경보전 시책에 협력하고 환경보전을 위하여 노력해야 한다'고 규정합니다. 이 조항으로 헌법 제35조 제2항에 따른 법률유보 요구가 충족되었다고 볼 수 있는지 여부가 문제됩니다. 이 조항이 헌법 제35조 제2항이 규정하는 바 '환경권의 내용과 행사에 관한 사항'을 규정한 것이라고 볼 수 있을 만큼 구체적인 규율을 담고 있지 않아 이 조항만으로 환경권의 내용과 행사가 입법권자에 의해 구체화되었다고 볼지는 의문입니다.[38] 「환경정책기본법」 제6조에도 불구하고 헌법 제35조 제2항에 따라 환경권의 내용과 행사가 개별 법률에서 구체화되어야 한다고 새겨야 할 것입니다.

헌법 제35조 제1항은 환경권을 건강하고 쾌적한 환경에서 생활할 '모든 국민'의 권리로 규정하고 있으나, 환경권의 주체는 대한민국 국적 유무를 묻지 않고 대한민국 헌법의 관할에 속하는 모든 자연인이라고 해석됩니다. 헌법 제35조 제1항이 건강하고 쾌적한 환경에서 살 수 있는 인간의 권리뿐 아니라 나무나 동물 등 자연물(도롱뇽이나 검은머리물떼새 등)을 포함한 생태계 자체의 권리를 아울러 보장한다고 볼지는 의문입니다. 헌법이 보장하고 있는 환경권은 인간중심적(anthropocentric) 성격을 지니며, 또 환경보전을 위해 노력할 국가와 국민의 의무를 수반한다는 특징을 지닙니다. 헌법은 '건강하고 쾌적한 환경에서 살 권리'로서 환경권을 보장한 후, 그 내용과 행사를 법률로 정하도록 유보하고 있습니다. 따라서 환경권의 내용은 이 '건강하고 쾌적한 환경에서 살 권리'에 대한 헌법해석을 통해 결정되는 것이며 또 입법권자가 그 내용과 행사를 법률로 구체화하는 것도 그런 헌법해석을 전제로 또 그 취지에 부합되는 경우에만 가능합니다.

환경권의 대상이 되는 '환경'의 의미는 「환경정책기본법」이 구체화하고 있습니다. 이에 따르면 환경이란 자연환경과 생활환경을 말하는데, 여기서 "자연환경"이란 지하·지표(해양을 포함) 및 지상의 모든 생물과 이들을 둘러싸고 있는

---

38) 대법원도 같은 입장입니다. 대법원 2006.6.2자 2004마1148, 1149 결정(공사착공 금지가처분); 1995.5.23자 94마2218 결정 등.

비생물적인 것을 포함한 자연의 상태(생태계를 포함)를 말하며, "생활환경"이란 대기, 물, 폐기물, 소음·진동, 악취, 일조 등 사람의 일상생활과 관계되는 환경을 말합니다(「환경정책기본법」§3 1호 내지 3호).

　　환경권은 이러한 의미의 환경을 건강하고 쾌적하게 조성·유지해 달라고 요구할 수 있는 적극적·이행청구권적 측면과 그러한 환경에 대한 침해가 있을 때 그 배제를 직접 청구할 수 있는 소극적·방어권적 측면을 가지는 권리라고 할 수 있습니다. 이 중 후자의 측면은 법률에 의한 구체화가 없더라도 이를 직접 소송상 행사할 수 있습니다. 다시 말해 건강하고 쾌적한 환경에서 살 수 있는 권리가 침해된 경우에는 헌법직접적 권리보호청구권이 성립합니다. 환경오염으로 인하여 생명이나 건강이 침해된 경우, 일반적으로는 민법상 불법행위책임으로 보호될 수 있으나, 그렇한 경우에는 헌법 제35조 제1항을 근거로 직접 법원에 보호를 요구할 수 있다고 보아야 할 것입니다. 왜냐하면 환경오염으로 인해 그러한 생명이나 건강이 침해되었는데도 관계법률에 그 침해를 배제할 수 있는 권리에 대한 근거규정이 없다고 보호받을 수 없다고 한다면 이는 헌법 제35조 제1항에 정면으로 반하는 결과가 되기 때문입니다. 또한 불법행위법 등 관계법률에 의해 이를 소송상 행사하는 경우에도 그 궁극적인 근거는 어디까지나 헌법 제35조 제1항의 규정에서 찾아야 하며 그렇게 해야만 헌법정신에 부합하는 결과가 될 것입니다. 반면 전자의 경우에는 헌법 제35조 제2항과 관련하여 직접 국가에 대하여 건강하고 쾌적한 환경을 조성·유지해 달라고 청구할 수 있는 권리 또는 법원에서 그 이행을 소구하는 권리가 헌법직접적으로 도출된다고 보는 데에는 이론적·현실적 무리가 따릅니다. 물론 후술하는 국가의 환경보호의무에 상응하여 최소한의 '건강하고 쾌적한 환경'을 조성·유지해 달라고 요구할 수 있는 적극적·이행청구권적 권리를 인정할 여지가 없는 것은 아닙니다. 다만, 무엇이 '최소한의 건강하고 쾌적한 환경의 조성·유지'인지 불분명하기 때문에 이를 구체화하는 법률이 없는 이상, 법원의 사법적극적 판례형성을 기대할 수밖에 없습니다.

1.3. 환경권에 대한 판례

　　환경권에 대한 판례의 태도는 소극적입니다. 우리 대법원의 주류적 견해는 환경권의 법적 성질에 있어 재산권적 이해를 벗어나하고 있습니다.[39] 판례는 일찍이 소극적 태도에서 출발했고,[40] 이후에도 기존의 입장을 고수하고 있습니다.[41]

이후 미약하나마 하급심 판례의 변화가 관측되었고,[42] 또한 환경권의 내용과 효력을 점점 더 정면에서 시인하는 듯 한 뉘앙스가 비록 다수 의견은 아니었지만, 헌법재판소와 대법원의 판례 중 보충의견이나 반대의견을 통해 확인됩니다.[43] 대법원 1999년 8월 19일 선고 전원합의체 판결의 다수의견에 대한 보충의견은 그러한 관점을 한 걸음 더 진전시킨 바 있습니다.[44]

---

39) 이흥훈. "환경오염피해 구제와 법원의 역할 -환경권의 해석에 있어-"(2016.5.28 제126회 한국환경법학회 학술대회 기조연설), 「환경법연구」 제38권 2호, 6.

40) 대법원 1995.5.23자 94마2218 결정(공작물설치금지가처분). 이 결정에 관해서는 윤진수, 환경권 침해를 이유로 하는 유지청구의 허용 여부, 「대법원판례해설」 23(95년 상반기 1995.12), 9-27; 김종률, "환경권의 사권성", 「판례연구」 13집(서울지방변호사회) 등을 참조.

41) 대법원 1995.9.15 선고 95다23378 판결(공사중지가처분이의); 1997.7.22 선고 96다56153 판결(공사금지가처분); 1999.7.27. 선고 98다47528 판결(공사금지청구).

42) 대구지방법원 김천지원 1995.7.14 선고 94가합2353 판결(손해배상(기)); 서울지법 남부지원 1994.2.23 선고 91가합23326 판결. 특히 부산고등법원 1995.5.18 선고 95카합5 판결이 주목을 끌었습니다. 이에 대한 상고심에서 대법원은 기존 판례를 고수하면서도 "헌법 제35조의 규정이 구체적인 사법상의 권리를 부여한 것이 아니고 달리 사법상의 권리로서의 환경권을 인정하는 명문의 법률규정이 없는데도 원심이 마치 신청인이 환경권에 기하여 방해배제를 청구할 수 있는 것처럼 설시하고, 또한 원심이 불법행위나 인격권에 기한 방해배제청구권을 이 사건 피보전권리의 하나로 들고 있는데 설령 소론과 같은 잘못이 있었다 하더라도, 그와 같은 잘못은 판결 결과에 영향을 미친다"고 지적함으로써 원심 판단을 번복했습니다(대법원 1995.9.15. 선고 95다23378 판결).

43) 헌법재판소 1998.12.24 선고 89헌마214, 90헌바16, 97헌바7 결정(도시계획법 제21조에 대한 위헌소원).

44) 대법원 1999.8.19 선고 98두1857판결(건축허가신청서반려처분취소) 중 정귀호, 이용훈대법관의 보충의견. 특히 이 보충의견은, 지난 날 대법원이 환경훼손의 우려가 있다며 농촌지역의 숙박시설에 대한 건축허가신청을 반려한 행정청의 반려처분취소 청구사건에서, '주변의 자연환경과 주민의 생활환경을 훼손할 우려가 있다는 사유는 건축허가를 불허할 만한 사유가 되지 못한다'는 견해를 피력한 나머지, 국민과 행정기관으로 하여금 <u>환경보전에 대한 법원의 태도에 관하여 의구심을 갖게 하는 결과</u>를 초래하였고, 그 결과 지방자치단체의 이른바 러브호텔 등의 무분별한 허가로 이어졌으며, 이러한 러브호텔의 난립은 한강변 등 농촌지역의 자연환경과 생활환경이 심각하게 훼손되는 결과를 가져왔다는 사실을 지적하여 주목을 받았습니다. 법원이 헌법 및 환경관련 법률의 정신을 외면한 채 법규의 자구에만 얽매인 법운용을 한 결과라는 반성이었습니다.

환경권의 구체적 내용에 관한 판례는 한결같지는 않습니다. 대체로 '건강하고 쾌적한 환경에서 살 권리'로서 환경권의 구체적 내용으로 고려되는 경우는 환경침해배제청구권과 쾌적한 환경조성청구권과, 일조권, 조망권·경관권, 자연환경향유권 등이 있습니다. 이와 관련하여 헌법 제35조 제1항에서 규정한 환경권의 내용에 '자연에 따라 주어지는 일조, 전망, 통풍, 정온 등의 외부적 환경을 차단당하지 않고 쾌적하게 생활할 수 있는 권리도 당연히 포함된다'는 입장을 분명히 한 하급심판례들이 주목을 끌었습니다.[45]

그러나 대법원은 이미 앞에서 보았듯이 '사법상의 권리로서 환경권을 인정하는 명문의 규정이 없는 한 환경권에 기하여 직접 방해배제청구권을 인정할 수 없다'는 전제 아래 사법상의 권리로서 일조권, 경관권·조망권, 종교적 환경권, 교육환경권 등을 이른바 '수인한도 초과'를 조건으로 산발적으로 인정하는 태도를 보였습니다.

[1] 환경권은 명문의 법률규정이나 관계 법령의 규정 취지 및 조리에 비추어 권리의 주체, 대상, 내용, 행사 방법 등이 구체적으로 정립될 수 있어야만 인정되는 것이므로, 사법상의 권리로서의 환경권을 인정하는 명문의 규정이 없는데도 환경권에 기하여 직접 방해배제청구권을 인정할 수는 없다.

[2] 어느 토지나 건물의 소유자가 종전부터 향유하고 있던 경관이나 조망, 조용하고 쾌적한 종교적 환경 등이 그에게 하나의 생활이익으로서의 가치를 가지고 있다고 객관적으로 인정된다면 법적인 보호의 대상이 될 수 있는 것이므로, 인접 대지 위에 건물의 건축 등으로 그와 같은 생활이익이 침해되고 그 침해가 사회통념상 일반적으로 수인할 정도를 넘어선다고 인정되는 경우에는 위 토지 등의 소유자는 그 소유권에 기하여 건물의 건축 금지 등 방해의 제거나 예방을 위하여 필요한 청구를 할 수 있고, 위와 같은 청구를 하기 위한 요건으로서 반드시 위 건물이 문화재보호법이나 건축법 등의 관계 규정에 위반하여 건축되거나 또는 그 건축으로 인하여 그 토지 안에 있는 문화재 등에 대하여 직접적인 침해가 있거나 그 우려가 있을 것을 요하는 것은 아니다.[46]

---

45) 대구지방법원 김천지원 1995.7.14 선고 94가합2353판결(손해배상(기). 또한 서울민사지법 남부지원 1994.2.23 선고 91가합23326판결(손해배상(기)청구사건)을 참조.

46) 대법원 1999.7.27 선고 98다47528 판결(공사금지청구). 同旨 대법원 1997.7.22 선고 96다56153 판결(공사금지가처분). 아울러 대학의 교육환경권에 관한 대법원 1995.9.15 선고 95다23378 판결(공사중지가처분이의)을 참조.

<위법한 재산권 침해로서 일조방해와 환경권 >

[다수의견] 토지의 소유자 등이 종전부터 향유하던 일조이익(日照利益)이 객관적인 생활이익으로서 가치가 있다고 인정되면 법적인 보호의 대상이 될 수 있는데, 그 인근에서 건물이나 구조물 등이 신축됨으로 인하여 햇빛이 차단되어 생기는 그늘, 즉 일영(日影)이 증가함으로써 해당 토지에서 종래 향유하던 일조량이 감소하는 일조방해가 발생한 경우, 그 일조방해의 정도, 피해이익의 법적 성질, 가해 건물의 용도, 지역성, 토지이용의 선후관계, 가해 방지 및 피해 회피의 가능성, 공법적 규제의 위반 여부, 교섭 경과 등 모든 사정을 종합적으로 고려하여 사회통념상 일반적으로 해당 토지 소유자의 수인한도를 넘게 되면 그 건축행위는 정당한 권리행사의 범위를 벗어나 사법상 위법한 가해행위로 평가된다.

[대법관 고현철, 김영란, 이홍훈, 김능환의 반대의견]

일조방해란 태양의 직사광선이 차단되는 불이익을 말하는 것이고, 그 일조방해의 정도가 사회통념상 일반적으로 인용하는 수인한도를 넘게 되면 사법상 위법한 가해행위로 평가된다. 헌법 제35조 제1항에 비추어 볼 때, 위법한 일조방해는 단순한 재산권의 침해에 그치는 것이 아니라 건강하고 쾌적한 환경에서 생활할 개인의 인격권을 침해하는 성격도 지니고 있다.[47]

<인접 건물 외벽 유리에서 나오는 강한 태양반사광으로 인한 생활방해와 참을 한도 >

[1] 인접 토지에 외벽이 유리로 된 건물 등이 건축되어 과도한 태양반사광이 발생하고 이러한 태양반사광이 인접 주거지에 유입되어 거주자가 이로 인한 시야방해 등 생활에 고통을 받고 있음(이하 '생활방해'라 한다)을 이유로 손해배상을 청구하려면, 그 건축행위로 인한 생활방해의 정도가 사회통념상 일반적으로 참아내야 할 정도(이하 '참을 한도'라 한다)를 넘는 것이어야 한다.

[2] 건축된 건물 등에서 발생한 태양반사광으로 인한 생활방해의 정도가 사회통념상 참을 한도를 넘는지는 태양반사광이 피해 건물에 유입되는 강도와 각도, 유입되는 시기와 시간, 피해 건물의 창과 거실 등의 위치 등에 따른 피해의 성질과 정도, 피해이익의 내용, 가해 건물 건축의 경위 및 공공성, 피해 건물과 가해 건물 사이의 이격거리, 건축법령상의 제한 규정 등 공법상 규제의 위반 여부, 건물이 위치한 지역의 용도와 이용현황, 피해를 줄일 수 있는 방지조치와 손해회피의 가능성, 토지 이용의 선후관계, 교섭 경과 등 모든 사정을 종합적으로 고려하여 판단해야 한다.[48]

결론적으로 '환경권에 관한 헌법 제35조의 규정이 개개의 국민에게 직접으

---

47) 대법원 2008.4.17 선고 2006다35865 전원합의체 판결.
48) 대법원 2021.3.11 선고 2013다59142 판결.

로 구체적인 사법상의 권리를 부여한 것이라고 볼 수 없고, 사법상 권리로서 환경권이 인정되려면 그에 관한 명문의 법률규정이 있거나 관계법령의 규정취지 및 조리에 비추어 권리의 주체, 대상, 내용, 행사방법 등이 구체적으로 정립될 수 있어야 한다'는 대법원 판례는 현재까지도 계속 유지되고 있습니다. 이 점은 2006년 6월 2일 환경권에 관한 헌법 제35조 제1항이나 자연방위권 등 헌법상 권리에 의하여 직접 한국철도시설공단에 대하여 고속철도 중 일부 구간의 공사 금지를 청구할 수 없고, 「환경정책기본법」 등 관계 법령의 규정 역시 그와 같이 구체적인 청구권원을 발생시키는 것으로 해석할 수 없다고 판시한 '천성산 도롱뇽' 사건 결정을 통해서도 재확인됩니다.

> [1] 신청인 도롱뇽의 당사자능력에 관하여
> 원심결정 이유를 기록에 비추어 살펴보면, 원심이 도롱뇽은 천성산 일원에 서식하고 있는 도롱뇽목 도롱뇽과에 속하는 양서류로서 자연물인 도롱뇽 또는 그를 포함한 자연 그 자체로서는 이 사건을 수행할 당사자능력을 인정할 수 없다고 판단한 것은 정당하고, 위 신청인의 당사자능력에 관한 법리오해 등의 위법이 없다.
>
> [2] 나머지 신청인들의 피보전권리로서의 환경권 및 자연방위권에 관하여
> 신청인 내원사, 미타암, 도롱뇽의 친구들이 환경권에 관한 헌법 제35조 제1항이나 자연방위권 등 헌법상의 권리에 의하여 직접 피신청인에 대하여 고속철도 중 일부 구간의 공사 금지를 청구할 수는 없고 환경정책기본법 등 관계 법령의 규정 역시 그와 같이 구체적인 청구권원을 발생시키는 것으로 해석할 수는 없으므로(대법원 1995.5.23자 94마2218 결정 등 참조), 원심이 같은 취지에서 신청인 내원사, 미타암의 신청 중 환경권이나 자연방위권을 피보전권리로 하는 부분 및 신청인 도롱뇽의 친구들의 신청(위 신청인은 천성산을 비롯한 자연환경과 생태계의 보존운동 등을 목적으로 설립된 법인 아닌 사단으로서 헌법상 환경권 또는 자연방위권만을 이 사건 신청의 피보전권리로서 주장하고 있다)에 대하여는 피보전권리를 인정할 수 없다는 취지로 판단한 것은 정당하고, 환경권 및 그에 기초한 자연방위권의 권리성, 신청인 도롱뇽의 친구들의 당사자적격이나 위 신청인이 보유하는 법률상 보호되어야 할 가치 등에 관한 법리오해 등의 위법이 없다.[49]

2. 국가의 환경보호임무

헌법은 제35조 제1항 후단에서 "…국가와 국민은 환경보전을 위하여 노력

---

49) 대법원 2006.6.2자 2004마1148, 1149 결정(공사착공금지가처분).

해야 한다"고 규정함으로써 환경보전을 위하여 노력해야 할 국가와 국민의 헌법적 의무를 부과하고 있습니다. 여기서 특히 주목할 것은 국가의 환경보호임무입니다(§35 ①). 국가의 환경보호임무는 무엇보다도 입법권자에 의해 입법을 통해 달성되어야 합니다. 만일 입법권자인 국회가 그 의무를 태만히 한다면 그것은 위헌적 입법부작위로 평가될 수밖에 없습니다. 헌법 제35조 제2항의 법률유보는 그런 뜻에서 입법권자에게 입법의무를 부과한 것입니다. 행정은 당연히 헌법의 구속력(§35 ①)에 따라 환경보호의무를 집니다. 행정의 환경보호의무는 일단 입법자에 의해 구체화된 환경법에 따라 이행되어야 하지만, 입법이 없더라도 행정은 헌법규정에 따라 환경을 보호해야 합니다. 사법은 재판을 통하여 환경권에 관한 헌법적 결정을 준수하고 구체화할 의무를 집니다. 또 입법을 통한 구체화가 없더라도 사법은 헌법규범으로부터 환경권의 구체적 내용을 해석해 내야하며, 이는 무권한의 법관법(法官法: Richterrecht) 형성 내지 법창조라고 볼 수 없습니다. 헌법의 규범적 구속력이 그 경우에도 작동하기 때문입니다. 이 헌법규정을 받아 「환경정책기본법」은 제4조에서 국가 및 지방자치단체에 환경계획 수립·시행의무를 부과하고 있습니다.

　헌법상 국가의 환경보호의무는 다양한 방향과 힘으로부터 도전을 받고 있습니다. 규제완화의 압력이 그 대표적 사례입니다. 환경규제는 기업이 경제활동으로 인한 환경오염이라는 사회적 비용을 사회에 전가하여 사회 전체에 후생상실의 결과를 끼치는 것을 시정하기 위해 '사회적 비용의 내부화'를 추구합니다. 환경규제는 환경오염으로 인한 자원배분의 왜곡을 시정하여 시장기능을 회복시키는 것이므로 경쟁을 저해하는 규제를 제거한다는 규제완화의 논리와도 일맥상통합니다. 오히려 시장기능의 회복을 위해 환경규제를 강화·내실화해야한다는 당위론적 요구가 나오는 배경입니다. 아울러 규제완화를 규제의 포기나 자유방임과 혼동해서는 안 된다는 것은 환경규제에 관하여 더욱 타당합니다.

Ⅳ. 환경정책의 법적 수단

　환경정책은 다양한 법적 수단을 통해 수행됩니다. 법형식을 기준으로 환경계획, 환경기준의 설정, 질서행정적 규제수단들, 환경보전을 위한 지역·지구의 지정, 공과(公課)·세제상 규제수단, 그리고 자금지원 등 조성수단과 행정지도·비공식적 행정작용을 포함하는 비권력적 행정수단 등으로 나누어 볼 수 있습니다.[50]

1. 명령적 규제와 경제유인적 규제

1.1. 환경정책의 주요수단으로서 명령적 규제와 경제적 유인수단

환경정책은 주로 환경규제행정과 환경보호를 위한 적극적 조성행정을 통해 수행됩니다. 환경규제행정은 사회적 규제(social regulation)의 하나로, 법령이나 행정행위 등을 통해 행해지는 명령적 규제(regulation by directives: command-and-control)와 개인이나 기업이 스스로 경제적 손익을 판단하여 합리적으로 선택하게 하여 목적을 달성하는 시장유인 규제(regulation by market incentives) 또는 경제유인(economic incentives) 규제로 나뉩니다.[51]

「환경정책기본법」은 명령적 규제와 경제적 유인수단을 환경정책의 도구로 삼고 있습니다. 법 제30조는 "정부는 환경보전을 위하여 대기오염·수질오염·토양오염 또는 해양오염의 원인이 되는 물질의 배출, 소음·진동·악취의 발생, 폐기물의 처리, 일조의 침해 및 자연환경의 훼손에 대하여 필요한 규제를 해야 한다"고 규정하고, 제32조는 "정부는 자원의 효율적인 이용을 도모하고 환경오염의 원인을 일으킨 자가 스스로 오염물질 배출을 줄이도록 유도하기 위하여 필요한 경제적 유인수단을 마련해야 한다"고 규정합니다.

1.2. 명령적 규제

명령적 규제란 국가나 지방자치단체가 일정한 기준(예: 「물환경보전법」상 배출허용기준)을 설정하고 이를 초과할 경우 방지시설의 개선·대체를 명하거나(개선명령) 또는 법령으로 직접 방지시설 설치를 명해 따르지 않을 때는 처벌 또는 조업정지

---

50) 이와 관련하여 OECD의 모든 회원국들과 그 밖의 나라에서 시행하고 있는 3200 여개의 환경정책수단에 관한 핵심적인 양적·질적 정보를 체계적으로 집약한 데이터베이스 PINE(Policy INstruments for the Environment)을 참조. OECD. (2017). PINE(https://www.oecd.org/environment/indicators-modelling-outlooks/PINE_ database_brochure. pdf)을 참조.

51) 최병선, 정부규제론, 457 이하.

등 제재를 가하는 경우를 말합니다. 명령적 규제 방식으로는 인·허가제(licence system)나 기준설정(standard setting)이 많이 사용됩니다. 배출허용기준이 대표적 예입니다.

1.3. 경제유인 규제

경제유인 규제의 전형적 예는 배출부과금제(emission charge system)입니다. 환경오염물질을 배출하는 업체에 대하여 배출부과금을 부과하는 방식입니다. 경제유인 규제의 종류로는 ① 배출과징금, 이용자과징금, 제품과징금 등과 같은 각종 부과금제도(charges), ② 매매가능배출권 또는 배출권거래제(marketable permits), ③ 적립금제도(deposit refund system), ④ 자금원조 등을 들 수 있습니다.[52]

1.4. 탄소중립·녹색성장을 위한 법적 수단

1.4.1. 「탄소중립·녹색성장기본법」

「탄소중립·녹색성장 기본법」은 2021년 탄소중립 사회로의 이행과 녹색성장의 추진을 위한 제도와 기반을 마련하려는 목적으로 제정되었습니다. 이 법은 2010년 경제와 환경의 조화 속에서 녹색기술과 녹색산업의 창출, 녹색건축물 및 녹색생활의 정착 등 저탄소 녹색성장을 체계적·효율적으로 추진하기 위해 제정된 한다는 취지로 제정된 「저탄소 녹색성장 기본법」의 규범체계와 내용을 발전적으로 승계하고 탄소중립의 관점에서 재구성한 것입니다. 이 법은 중장기 온실가스 감축목표 설정과 이를 달성하기 위한 국가기본계획의 수립·시행, 이행현황의 점검 등을 포함하는 기후위기 대응 체계를 정비하고, 기후변화영향평가 및 탄소흡수원의 확충 등 온실가스 감축시책과 국가·지자체·공공기관의 기후위기 적응대책 수립·시행, 정의로운전환 특별지구의 지정 등 정의로운 전환 시책, 녹색기술·녹색산업 육성·지원 등 녹색성장 시책을 포괄하는 정책수단과 이를 뒷받침할 기후대응기금 신설을 규정하고 있습니다.

「탄소중립·녹색성장 기본법」은 기존의 에너지관련법제, 환경관련법제를

---

52) OECD, Economic Instruments for Environmental Protection, 1989, Paris, 15. 시장유인 정책수단의 경험에 대한 설명으로는 http://ksgnotes1.harvard.edu/Research/wpaper.nsf/rwp/RWP00-004/$File/rwp00_004_stavins.pdf를 참조.

포괄하는 종합법이자 기본법의 위상을 가지고 있습니다. 그러나 기존의 환경법, 환경경제 관련법과의 관계 등 여전히 불확실성이 남아 있습니다.

1.4.2. 탄소중립·녹색성장을 위한 환경법적 수단들

「탄소중립·녹색성장 기본법」이 채택한 정책수단은 온실가스 감축(mitigation) 대책과 기후위기 적응(adaptation) 대책으로 구성되는데 각각 제5장(§§ 23-36)과 제6장(§§ 37-46)에서 규정하고 있습니다.

먼저, 감축대책으로 법은 정부에 기후변화영향평가, 온실가스감축인지 예산제도, 배출권거래제, 목표관리제, 탄소중립 도시, 지역 에너지 전환 지원, 녹색건축물, 녹색교통, 탄소흡수원 확충, 탄소포집·이용·저장기술, 국제 감축사업, 온실가스 종합정보관리체계 구축 등 온실가스 감축을 위한 제도·시책을 시행하도록 하고 있습니다(§§ 23-36).

다음, 적응대책으로 법은 정부·지방자치단체 및 기후위기 영향에 취약한 시설을 보유·관리하는 공공기관은 기후위기적응대책을 5년마다 수립·시행하도록 하고, 이 외에도 기후위기 감시·예측, 지역 기후위기 대응사업, 기후위기 대응을 위한 물 관리, 녹색국토의 관리, 농림수산 전환 촉진, 국가 기후위기 적응센터 지정 등 기후위기 적응을 위한 제도·시책을 시행하도록 하고 있습니다(§§ 37-46).

이러한 '감축과 적응'과는 달리 기존의 「저탄소 녹색성장 기본법」은 녹색성장을 위한 다양한 환경정책수단들과 함께 교토메커니즘에서 제시된 공동이행제도(JI), 청정개발체제(CDM) 등의 탄력적 환경관리수단(flexible mechanism)과 자율환경관리방식(voluntary agreement) 등을 규정하고 있었습니다. 탄력적 환경관리수단이란 국내 환경문제보다는 기후변화 관련 온실가스 문제를 접근하는 방법으로 국내외에서 각광을 받아 온 환경정책수단들을 말합니다.[53] 배출권거래제도, 공동이행제도, 청정개발체제 등 기후변화문제를 접근하는 데 가장 비용효율적인 수단들이지요. 이들 수단에 대해서는 국제적 사용에 대해서 완전한 합의가 이루어진 것은 없지만, 교토의정서(Kyoto Protocol)에서 구체적인 범위를 규율하고 있습니다. 배출거래제(ETS: Emission Trading System 의정서 17조)는 온실가스 배

---

53) 환경백서 2000, 제2부 제2장.

출한도가 부여된 국가간 실제배출량과 할당배출량의 차이에 해당하는 배출권을 자유롭게 거래할 수 있는 제도이고, 공동이행제(JI: Joint Implementation 의정서 6조)란 온실가스 배출의무를 가진 국가 혹은 그 국적을 가진 사업주체들이 공동으로 배출감축사업에 참여하고 그 부가적인 배출감축 성과를 참가당사자간 합의에 따라 분할하여 자국의 배출감축 의무할당량을 상쇄하는 데 쓸 수 있도록 하는 제도입니다. 그리고 청정개발체제(CDM: Clean Development Mechanism 의정서 12조)란 온실가스 배출의무를 가진 국가 혹은 그 국적을 가진 사업주체들이 그렇지 아니한 국가 혹은 그 국적을 가진 사업주체와 합의하여 공동으로 배출감축사업에 참여하고 배출감축의무를 진 참가당사자가 인증된 배출감축성과를 자국 배출감축 의무할당량의 일부로 상쇄하는 데 쓸 수 있도록 하는 제도를 말합니다.

1.5. 명령적 규제와 시장유인 규제의 비교 및 정책수단의 배합

명령적 규제는 통제지향적이고 규제효과가 직접적으로 나타나는 반면, 시장유인 규제는 유도적이고 탄력적이며 규제효과도 간접적으로 나타난다는 점에 기본적 차이가 있습니다. 환경정책 목적달성의 실효성 면에서는 명령적 규제방법이 보다 더 직접적이고 근본적인 수단으로 여겨지지만, 다른 한편에서는 규제대상의 자발적 협조나 경제적 효과 측면에서는 시장유인 규제방법이 더 합리적이라 할 수도 있습니다. 그러나 두 가지 접근방법이 상호배타적이거나 어느 것이 반드시 더 타당하다고 말할 수는 없습니다.[54]

명령적 규제는 규범준수로 발생하는 비용을 수범자에게 부담시키지만 재정적 유인이나 조성적 급부의 제공이 공공부문의 비용을 증가시키는 점을 감안하면, 일견 비용 면에서 경제유인 규제에 비해 훨씬 저렴하게 보일 수도 있습니다. 그러나 명령적 규제는 인허가를 발급하거나 피규제자의 행위를 감시하고 법위반에 제재를 가하는 등 규제법규의 실효성 확보를 위한 규범집행 비용을 발생시키며 이 비용은 결국 모든 납세자에 전가되기 때문에 비용 면에서 유리하지만은 않습니다.[55] 양자는 오히려 상호보완 관계에 설 수도 있고 또 경우에 따

---

54) Stavins, Robert N., "Market-Based Environmental Policies." Public Policies for Environmental Protection, eds. Paul R. Portney and Robert N. Stavins. Washington, D.C.: Resources for the Future, 2000.

55) Hucke, J., Regulative Politik, Das Beispiel Umweltschutz, in: Abschied

라 각각의 규제목적과 관련, 차등적인 적절성을 지닐 수도 있습니다.

<**명령적 규제와 시장유인적 규제의 비교**>

	명령적 규제	시장유인적 규제
특 징	통제지향적	유도적, 탄력적
규제효과	직접적	간접적
비 용	규범준수 비용을 수범자에게 부담시킴	공공부문의 비용 발생
	규범집행 비용 → 납세자에 전가	
예	배출시설 인·허가, 지도·점검, 행정감독 및 제재, 각종 환경관련기준에 의한 지시 및 통제	배출부과금, 환경개선부담금, 폐기물부담금, 수질개선부담금

전통적인 명령적 규제방식에 따른 규제가 계속 강화되어왔는데도 환경오염을 방지하는 데 소기의 성과를 거두지 못하는 사례가 늘어났고 이에 따라 오염의 유인구조(incentive structure)를 바꾸지 않는 한 규제효과를 거둘 수 없다는 인식이 확산되기 시작했습니다. 경제유인 규제를 통해 오염자들의 이해득실 계산에 영향을 미치고 유인구조를 바꾸어줌으로써 더욱 효과적으로 환경정책 목표를 달성할 수 있다는 경제유인 규제론이 점점 더 많은 공감을 얻게 된 것입니다.[56]

우리나라에서도 환경법은 주로 배출시설 인·허가, 지도점검이나 행정감독 및 제재처분, 그리고 각종 환경관련기준에 따른 지시 및 통제 등과 같은 명령통제적 환경정책(command and control)에 의존해 오다가, 1990년대 이후 직접적 규제수단 외에 다양한 경제 유인을 활용하는 방향으로 변화하기 시작합니다. 실례로 1992년부터 배출부과금(기본부과금·초과부과금), 환경개선부담금, 폐기물예치금·부담금, 수질개선부담금, 배출권거래제(marketable permit system) 등 경제유인 수단들이 도입·시행되었고 환경세 등 다양한 정책도구의 도입·확대방안이 추진 또는 검토되고 있습니다.

---

vom Recht? 1983, 50f.

56) A. Myrick Freeman III, Economics, Incentives, and Environmental Regulation, in Environmenal Policy(ed. by Norman J. Vig & Michael E. Kraft), 2000, 191-208.

앞에서 본 바와 같이 직접규제나 경제유인 규제 중 어느 것이 항상 더 효과적이라고 볼 수는 없습니다. 또 상호보완적이거나 차등적인 효용을 지니는 경우도 많습니다. 관건은 개별·구체적인 규제목적에 어떤 수단이 더 효과적인가, 다양한 규제수단들을 어떻게 배합하여 사용하는 것이 더 효과적인가에 있습니다. 구체적인 환경정책목적에 따라 직접규제, 경제 유인규제, 자율적 환경관리 등 여러 수단 중 가장 효과적인 것을 선택하거나 적합한 수단들을 연계시킨 정책배합(policy mix)을 찾아내 이를 과학기술·증거기반(science and evidence based)으로 검증하고 구체화시키는 것이 중요하고 또 현명한 방법입니다.

2. 현행법상 환경보호를 위한 법적 수단

2.1. 환경계획

환경보전이란 극히 복합적 과제이므로 종종 개개의 명령, 금지 및 인허가 등과 같은 개별적 결정만으로는 이를 달성할 수 없는 경우가 많습니다. 개별 결정들이 상호간에 조화되지 않으면 환경피해가 단지 지연되는 데 그치거나 환경정책이 실기(失機)해 버리는 결과를 막을 수 없습니다.[57] 그런 이유에서 계획이란 활동형식이 사전배려 원칙을 실현시키기 위한 가장 적합한 수단으로 사용됩니다.

현행법상 환경보호를 위한 계획의 유형은 적용범위에 따라, 종합적 환경계획(「환경정책기본법」 제14조에 근거한 국가환경종합계획), 영향권별 환경관리계획, 부문별 환경계획(자연환경보전법」 제8조에 따른 자연환경보전기본계획, 폐기물관리법 제10조에 따른 폐기물관리종합계획 등), 나아가 국토계획·도시계획 같이 종합계획 또는 전체공간계획의 일환으로 수립·추진되는 환경계획, 산림계획이나 하천정비기본계획 같이 다른 부문계획의 일부로서 추진되는 계획들로 나뉩니다.

환경계획은 그 수립 주체에 따라 중앙정부가 수립하는 국가계획과 지방자치단체가 지역적 특성을 감안하여 수립하는 지방환경계획으로 구분됩니다.

국가 및 지방자치단체가 환경계획을 수립할 때에는 「국토기본법」에 따른 국토계획과의 연계방안 등을 강구해야 하며(§4③), 환경부장관은 환경계획과 국

---

57) Kloepfer, S.596, Rn. 686.

토계획의 연계를 위하여 필요한 경우 적용범위, 연계방법 및 절차 등을 국토교통부장관과 공동으로 정할 수 있습니다(§ 4 ④). 「환경정책기본법」은 국토계획과 환경계획 간의 연계 강화를 위하여 국가환경종합계획 내용에 생태축에 관한 사항이 포함되도록 하고, 그 밖에 수자원의 효율적인 이용·관리에 관한 사항을 국가환경종합계획의 내용에 추가하고 있습니다(§ 15 개정 2021.1.5).

법은 환경부장관에게 환경적·사회적 여건 변화 등을 고려하여 5년마다 국가환경종합계획의 타당성을 재검토하고 필요한 경우 정비할 책무를 부과하는 한편(§ 16의2 ①), 국가환경종합계획을 정비할 경우 그 초안을 마련하여 공청회 등을 열어 국민, 관계 전문가 등의 의견을 수렴한 후 관계 중앙행정기관의 장과의 협의를 거쳐 확정하도록 의무화하고 있습니다(§ 16의2 ②). 환경부장관은 정비한 국가환경종합계획을 관계 중앙행정기관의 장, 시·도지사 및 시장·군수·구청장(자치구 구청장)에게 통보해야 합니다(§ 16의2 ③).

지방자치단체도 환경계획 수립·시행 의무를 집니다. 시·도지사는 국가환경종합계획에 따라 관할구역의 지역적 특성을 고려하여 해당 시·도의 환경계획을 수립·시행해야 하며(§ 18 ①), 시·도 환경계획을 수립하거나 변경하려면 그 초안을 마련하여 공청회 등을 열어 주민, 관계 전문가 등의 의견을 수렴해야 합니다(§ 18 ②). 시·도지사가 시·도 환경계획을 수립, 변경하려면 환경부장관의 승인을 받아야 하고(§ 18의2 ①), 환경부장관은 영향권별 환경관리를 위하여 필요하면 해당 시·도지사에게 시·도 환경계획의 변경을 요청할 수 있습니다(§ 18 ④). 시·도지사는 시·도 환경계획 수립·변경에 활용할 수 있도록 물, 대기, 자연생태 등 분야별 환경 현황에 대한 공간환경정보를 관리해야 합니다(§ 18 ⑤).

시장·군수·구청장도 국가환경종합계획과 시·도 환경계획에 따라 관할구역의 지역적 특성을 고려하여 시·군·구 환경계획을 수립·시행해야 합니다(§§ 19). 시·군·구 환경계획을 수립·변경하려면 시·도지사의 승인을 받아야 합니다(§ 19의2).

2.2. 기준설정

2.2.1. 환경관련 기준설정

기준설정(standard-setting)이란 일반적으로 법령으로 또는 행정결정에 따라 기준을 설정하고 이를 규제나 그 밖의 행정조치의 근거로 삼는 것을 말합니다.

환경법상 기준설정은 환경보전이란 목적을 달성하기 위하여 국가나 지방자치단체 등이 일정한 환경관련기준을 정하고 그것에 소정의 법적 효과를 결부시키는 것을 말합니다. 환경법상 기준설정 방식으로는 「환경정책기본법」(§ 12)에 따른 '환경기준'과 '지역환경기준', 「물환경보전법」(§ 32), 「대기환경보전법」(§ 16)에 따른 배출허용기준, 「가축분뇨의 관리 및 이용에 관한 법률」에 따른 방류수수질기준(§ 5), 「토양환경보전법」에 따른 토양오염우려기준(§ 14)과 토양오염대책기준(§ 16) 등이 있습니다.

< 환경관련기준의 종류 >

구 분	환경관련 기준	근거법령
수 질	수질환경기준(하천, 호수, 지하수, 해역), 먹는물수질기준, 방류수수질기준, 폐수배출허용기준	「환경정책기본법」, 「물환경보전법」, 「가축분뇨의 관리 및 이용에 관한 법률」
대 기	대기환경기준, 대기배출허용기준, 제작차 배출허용기준, 운행차 배출가스허용기준	「대기환경보전법」
소음·진동	소음 환경기준, 공장소음·진동 배출허용기준, 자동차 소음 허용기준(제작자동차, 운행자동차 건설 및 생활소음·진동규제기준)	「소음·진동관리법」
토양보전 및 유독물관리	토양오염 우려기준 및 대책기준, 농수산물 재배를 제한할 수 있는 오염기준, 유독물 및 관찰물질의 지정기준	「토양환경보전법」, 「화학물질관리법」

2.2.2. 환경기준

"환경기준"이란 쾌적한 환경을 보전하고 사람의 건강을 보호하기 위하여 요구되는 환경조건을 수치화한 환경질 기준(standards of environmental quality)을 말합니다. 「환경정책기본법」은 "환경기준"을 "국민의 건강을 보호하고 쾌적한 환경을 조성하기 위하여 국가가 달성하고 유지하는 것이 바람직한 환경상의 조건 또는 질적인 수준"으로 정의하고 있습니다(§ 3 8호).

「환경정책기본법」 제12조 제1항은 "국가는 생태계 또는 인간의 건강에 미치는 영향 등을 고려하여 환경기준을 설정해야 하며, 환경 여건의 변화에 따라 그 적정성이 유지되도록 해야 한다"고 규정합니다. 환경기준의 설정은 사회적 규제의 수단으로 널리 사용되는 기준설정(standard setting)의 한 유형이지만 규제기준과는 뚜렷이 구별되는 특성을 지닙니다.[58]「환경정책기본법」은 일본 공해대책기본법과 마찬가지로 종래의 환경행정의 기본이 되었던 배출허용기준 중심의 접근방법을 지양하고 환경기준의 설정을 환경정책의 기본으로 삼고 있습니다. 종래의 공해대책은 오염물질을 배출하는 발생원에 대한 농도규제를 중심으로 행해졌으나 발생원의 규모·수가 늘어남에 따라 개개의 발생원으로부터 오염물질배출량이 감소되더라도 오염의 총량은 오히려 확대되는 집적(集積)현상을 막을 수 없었습니다. 또 환경오염이 개별발생원으로부터 배출에만 기인하는 것이 아니라 인간의 일상활동, 부적절한 토지이용 및 하수도의 미정비 등과 같은 원인이 집적된 결과 발생하는 이상 이에 대한 대응도 총합적인 모습을 띄지 않을 수 없습니다. 그리하여 자연정화력을 초월하는 오염물질의 배출을 금지할 뿐만 아니라 환경이 지닌 자연정화력의 감소를 막기 위한 방법을 강구하는 것을 환경정책의 기본으로 삼아야 하며 이를 위해 이미 오염이 진행된 지역에서는 당해 지역환경의 정화목표를 설정하고 그 실현을 위한 규제·유도 등 대책을 강구해야 합니다. "환경기준"이란 바로 그와 같은 목표를 수량화한 것으로서,[59] 일반적으로「유지되어야 할 환경 조건에 관한 기준」[60]을 말합니다.

　　「환경정책의 잣대」인 환경기준은 대통령령으로 정하도록 되어 있습니다(§ 12 ②). 이에 따라「환경정책기본법」시행령 제2조는 법 제12조 제2항에 따른 환경기준을 정하고 있습니다. 법형식상 대통령령으로 정하는 이상, 환경기준은

---

58) 기준설정에 관해서는 Stephen Breyer, Regulation and its Reform, 1982, Ch.5, 96 이하를 참조.

59) 北村喜宜, 環境基準, 增刊 ジュリスト, 行政法の爭点, 256.

60) 일본의 경우 당초 성안과정에서 이와 같은 표현이 정부내 협의과정에서 정부의 행위를 법적으로 의무지우려는 성격을 지닌 것이 아니라 단순히 행정의 도달목표라는 점을 명확히 한다는 취지에서「유지될 것이 요망되는 환경상의 조건에 관한 기준」으로 완화되었으나, 오늘날 여전히 행정에 법적 의무를 지우는 것으로 해석되고 있습니다(이에 관하여는 北村喜宜, 앞의 글, 256-257을 참조). 한편 김남진 교수(II, 529)는 환경기준을 광의와 협의로 나누어 설명합니다. 환경기준이란 광의로는 특정 환경에 요구되는 일정요건을 전제로 이를 위하여 유지될 것이 요청되는 기준이며 여기에는 지역적 환경기준 외에도 노동에 적합한 작업장 환경조건, 교육에 적합한 실내조건에 관한 기준 등이 포함될 수 있는 반면, 환경정책기본법 상의 환경기준이란 협의의 개념, 즉 지역환경조건에 관한 기준만을 의미한다는 것입니다. 그러나「환경정책기본법」제10조 제1항의 환경기준을 지역환경조건에 관한 기준만으로 볼지에 대하여는 의문이 없지 않습니다.

행정청에 대한 관계뿐만 아니라 국민·사업자에 대한 관계에서도 일단 법(규범)적 구속력을 갖게 됩니다.[61] 그러나 그 규범적 효력의 내용이 오로지 행정에 대한 것이냐 아니면 개인이나 사업자에게도 미치느냐는 또 다른 문제입니다. 환경기준은 일종의 최저기준으로서 국민 개개인에게 그 기준을 하회하지 않는 환경여건에서 살 수 있는 권리 또는 법률상 이익을 부여하는 것인가, 아니면 단순히 행정에 유지·달성해야 할 목표만을 설정하는 데 불과한 것인가라는 문제가 제기됩니다. 환경기준이 환경행정의 기본지표로서 각 개별법에 의한 배출허용기준의 설정의 전제가 된다는 점, 따라서 양자가 상호 밀접한 관계에 있다는 점은 분명합니다.[62] 그러나 「환경정책기본법」규정만 본다면, 환경기준은 일단 국가 및 지방자치단체만을 수범자로 한다는 해석이 나옵니다. 즉 환경기준에 따라 개인이나 사업자에게 어떤 준수의무가 부과되는 것은 아닙니다: 환경기준은 직접적 규제기준이 아닙니다. 그렇다면 문제는 환경기준이 개인에게 권리 또는 법률상 이익을 부여하는가에 귀착됩니다. 이 문제는 행정에 대한 목표설정이 법적 의무의 성질을 띠는지 여부와 환경기준의 설정·유지의무에 관한 관계법규정의 취지가 개인의 법률상 이익을 보호하려는 데 있는지 여부에 따라 판단해야 합니다. 「환경정책기본법」제13조는 국가 및 지방자치단체에 제12조에 따른 「환경기준이 적절히 유지되도록」환경에 관련되는 법령의 제정과 행정계획의 수립 및 사업의 집행을 할 경우 같은 조 제1호 내지 제4호의 사항을 고려해야 한다고 규정합니다. 따라서 환경기준의 유지는 단순한 행정목표가 아니라 법적 목표라고 보아야 할 것입니다. 나아가 법은 제6조 제1항에서 환경권을 명문화하고 있습니다. 따라서 이미 설정된 환경기준을 근거로 또는 환경기준을 정한 대통령령을 보호법규로 삼아 개인이 자기의 법률상 이익을 주장하거나 그 침해를 이유로 권리보호를 구할 여지가 없지 않습니다. 다만 과연 어떤 것이 적정한 환경기준인지 법은 기껏해야 불확정개념을 통하여 단지 추상적인 지침만을 제공할 뿐입니다. 따라서 환경기준의 내용적 설정 자체에 관한 한, 결국 행정의 정책적·기술적 판단여지가 성립될 가능성이 크다는 점은 부정하기 어렵습니다.

　한편 개인이 환경기준을 설정·변경하는 대통령령의 취소·변경을 소구하거

---

　61) 따라서 일본에서와 같은 環境基準告示의 법적 성질을 둘러싼 논쟁의 여지는 없습니다. 이에 관하여는 北村喜宣, 같은 글, 257을 참조.

　62) 이것은 행정목표설에서도 인정하는 바입니다(전병성, 앞의 글, 98).

나 그 무효확인소송을 제기할 수 있는지도 불분명합니다. 취소소송의 경우, 법령에 대한 취소소송의 허용성문제로 귀착되는데 처분법규성이 인정된다든지 특별한 사정이 없는 한, 처분성을 인정하기는 곤란할 것입니다. 또 기준설정의 타당성 여하에 관해서도, 앞서 본 것처럼 「환경정책기본법」의 명백한 위반이 아닌 한, 행정청의 판단여지가 인정될 가능성이 큽니다. 환경기준에 대한 무효확인소송 역시 처분의 성립을 전제로 하는 처분무효확인소송의 형태로는 허용되기 어렵습니다. 대통령령의 위법·위헌 여부는 헌법 제107조 제2항에 따른 규범통제의 대상이지 행정소송의 대상은 아니라는 점을 상기할 필요가 있습니다.

일본에서도 환경기준은 행정의 목표, 다시 말해 행정이 달성하기 위하여 노력해야 할 목표를 나타내는 지표로서 제도화된 것이지만 행정에 이를 달성해야 할 법적 의무를 부과한다든지 사업자에 대한 규제기준으로서 직접 기능하는 것은 아니며 이러한 의미에서 시민(사업자)의 권리의무를 직접 규정하는 것은 아니라고 이해하는 것이 일반적입니다(行政目標說).[63] 그러나 예컨대 환경기준의 달성을 목적으로 하여 행해지는 총량규제제도하에서는, 백퍼센트 확실한 것은 아니라 해도, 총량규제기준이 환경기준으로부터 상당한 확실성을 가지고 결정되며, 게다가 양기준의 연계구조는 大氣汚染防止法 및 水質汚濁防止法이란 실정법의 근거를 가지므로[64] 그 한도에서는 환경기준이 단순한 노력목표라고는 할 수 없다는 반론이 있습니다.[65] 일본 공해대책기본법 제9조만을 본다면 환경기준은 추상적인 행정의 노력목표에 불과한 것이라고 하겠지만, 개별법에 따라 일정한 법적 구속력을 지니는 목표로 인정되는 이상, 그 법적 성격에 변화가 생긴 것으로 보아야 한다는 것입니다. 그러나 판례는 이산화질소(NO2)에 관한 환경기준을 현저히 완화시킨 환경기준개정고시의 취소를 구하는 항고소송에서 환경기준고

---

63) 北村喜宣, 같은 글, 257; 小高 剛, 「行政法各論」, 198; 岩田幸基 編, 「公害對策法解說」(東京, 新日本法規, 1971), 165.

64) 일본의 경우 總理府令으로 정한 배출기준은 환경기준이 유지달성될 수 있을 것을 목표로 설정되는 것이지만, 오직 환경기준으로부터 직접적 자동적으로 결정되는가 여부가 문제되는데, 이에 대하여 판례는 부정적이라고 합니다. 반면 대상으로 된 오염물질의 따라 다르지만 가령 유해물질에 관한 배수기준의 경우는 환경기준의 10배로 설정되어 있는데, 이는 배출수가 하천수보다 약 10배로 희석된다는 것을 想定해 역산하여 얻어진 수치라고 합니다.

65) 阿部泰隆, "相對的 行政處分槪念の提唱(二)", 「判例評論」 284호. 2 이하(「判例時報」1049호 172 이하), 1982, 10, 北村喜宣, 앞의 글, 257.

시는 정책상의 노력목표를 추상적으로 정립하는 행위이며 총량규제기준도 오직 환경기준으로부터 자동적으로 결정되지 않는 것이므로, 양 기준의 관계는 사실상의 것에 불과하다고 판시함으로써 그 고시의 처분성을 부정한 바 있습니다.[66]

환경기준은 다음과 같은 법규범적 의미를 가집니다.

첫째, 환경기준은 환경영향평가에서 환경목표 설정의 고려사항이 됩니다. 「환경영향평가법」 제5조는 환경보전목표를 설정함에 있어 '환경정책기본법 제12조에 따른 환경기준'을 고려해야 한다고 규정합니다. 또 제11조 제3항에서는 전략환경영향 평가항목 등을 결정할 때에는 환경기준 유지 등과 관련된 사항을 고려해야 한다고 규정하고 있습니다.

둘째, 환경기준은 오염물질 심사·평가의 기준이 됩니다. 실례로 「대기환경보전법」 제7조 제1항은 환경부장관이 대기 중에 존재하는 물질의 위해성을 독성, 생태계 영향, 배출량과 더불어 「환경정책기본법」 제12조에 따른 환경기준에 대비한 오염도를 기준으로 하여 심사·평가할 수 있다고 규정하고 있습니다.

셋째, 환경기준은 각 개별법이 허가나 신고와 관련하여 환경배려조항을 둔 경우, 그 기준으로 고려될 수 있습니다. 예컨대 배출시설에서 나오는 오염물질로 인하여 환경기준 유지가 곤란하거나 주민 건강, 재산, 동식물 생육에 중대한 위해를 가져올 우려가 있다고 인정될 경우 특별대책지역에서의 배출시설의 설치를 제한하도록 만드는 사유가 될 수 있습니다(「물환경보전법」 §33 ⑦; 「대기환경보전법」 §23 ⑧).

넷째, 환경기준은 가령 「대기환경보전법」 제22조의 경우처럼 총량규제의 기준 또는 근거를 제공하는 기능을 합니다. 즉 환경부장관은 대기오염상태가 환경기준을 초과하여 주민의 건강·재산이나 동·식물의 생육에 심각한 위해를 끼칠 우려가 있다고 인정하는 구역의 사업장에서 배출되는 오염물질을 총량으로 규제할 수 있습니다.

다섯째, 지역환경기준은 지역적 특수성을 반영하여 강화된 특별배출허용기

66) 東京地判 1981.9.17(「判例時報」 1014호 26). 그러나 민사상 손해배상청구에 있어서 환경기준은 오염의 受忍限度의 판단요소로 인정되고 있다고 합니다(大阪地判 1974.2.27, 「判例時報」 729호 3, 札幌地判 1980.10.14, 「判例時報」 988호 37).

준을 정하는 기준이 되기도 합니다. 예컨대, 「물환경보전법」 제32조 제3항처럼 지역환경기준을 유지하기가 곤란하다고 인정할 때에는 조례로 배출허용기준보다 엄격한 배출허용기준을 정할 수 있도록 되어 있습니다.

여섯째, 오염발생원에 대한 민사상의 손해배상청구나 유지청구소송에서 참을 한도(수인한도)를 판단하는 중요한 기준으로 고려될 수 있습니다.

끝으로, 환경기준은 각종 환경정책이나 제도의 도입 여부, 시행시기 등을 좌우하는 유용한 기준을 제공해 줍니다.

2019년 1월 15일 개정된 「환경정책기본법」은 환경기준이 국민의 생명·생태계에 직접적인 영향을 미치는 중요한 지표임을 고려하여 환경부가 이를 주기적으로 평가하도록 근거 규정을 신설하고, 알권리 보장 차원에서 환경기준 및 설정근거를 공표하도록 했습니다.

환경부장관은 환경기준의 적정성 유지를 위하여 5년의 범위에서 환경기준에 대한 평가를 실시하고, 그 결과를 지체없이 국회 소관 상임위원회에 보고해야 합니다(§ 12의3 ①, ②). 또한 국가 및 지방자치단체에 환경기준을 설정하거나 변경할 때에는 그 평가 결과를 반영하도록 했습니다(§ 12의3 ③). 아울러 환경부장관은 환경기준 및 그 설정 근거를 공표해야 합니다(§ 12의2 ①).

2.2.3. 배출허용기준

배출허용기준(permissible emission standards)이란 오염물질의 배출원에 대하여 오염물질을 배출할 수 있는 법적 허용한도를 정한 것을 말합니다. 배출허용기준은 환경기준을 달성하기 위한 수단의 하나지만 환경기준과는 달리 규제기준으로서 직접적 구속력을 가집니다.[67] 대표적인 예로는 「물환경보전법」 제32조, 「대기환경보전법」(§ 16)에 따른 배출허용기준, 「가축분뇨의 관리 및 이용에 관한 법률」에 의한 방류수수질기준(§ 13) 등이 있습니다. 예컨대 「물환경보전법」은 제32조에서 폐수배출시설에서 배출되는 오염물질의 배출허용기준을 환경부령으로 정하고 이를 초과할 경우 일정한 방지시설의 개선을 명하거나(같은 법 제39조에 따른 개선명령) 또는 위 기준을 초과하여 환경오염물질을 배출하는 업체에 대하여 배출부과금을 부과하도록 규정하는데, 여기서 배출허용기준은 그 법형

---

67) 송동수. (2001). "환경기준의 유형구분과 법적 성질", 「환경법연구」 제23권 제1호, 35-57, 44.

식이 법규명령일 뿐만 아니라 개선명령 등 규제명령에 의해 준수가 확보되고 배출부과금 부과의 기준이 된다는 점에서 법적 구속력을 가집니다.

환경부장관이 환경부령으로 배출허용기준을 정할 경우 관계중앙행정기관의 장과 협의의무가 부과되기도 합니다(「물환경보전법」§ 32 ②; 「대기환경보전법」§ 16 ②).

「대기환경보전법」처럼 시·도지사로 하여금 해당 지역에 적용되는 강화된 배출허용기준을 설정할 수 있도록 한 경우, 그 배출허용기준 설정에 대한 주민 의견 수렴이 필요하다는 요구가 제기되었습니다. 이에 2020년 12월 29일의 개정법률은 지역적으로 강화된 배출허용기준의 절차적 정당성을 확보하기 위하여 주민 등 이해관계자의 의견 청취를 의무화하였습니다. 시·도지사 또는 대도시의 장은 강화된 배출허용기준을 설정·변경하는 경우에는 조례로 정하는 바에 따라 미리 주민 등 이해관계자의 의견을 듣고, 이를 반영하도록 노력하여야 하며(§ 16 ④), 배출허용기준이 설정·변경된 경우에는 지체없이 환경부장관에게 보고하고 이해관계자가 알 수 있도록 필요한 조치를 하여야 합니다(§ 16 ⑤), 「물환경보전법」도 2021년 4월 13일의 개정법률에 동일한 내용의 조항을 신설하였습니다(§ 32 ④, ⑤).

배출허용기준은 앞에서 본 바와 같이 각종 개별 환경법들을 통해 환경기준과 일정한 관계를 맺을 수 있습니다. 실례로 「물환경보전법」은 제32조 제3항에서 특별시·광역시 또는 도로 하여금 「환경정책기본법」 제12조 제3항에 따른 지역환경기준의 유지가 곤란하다고 인정하는 때에는 조례로 제1항의 기준보다 엄격한 배출허용기준을 정할 수 있도록 수권하고 있습니다. 다만, 그 경우 배출허용기준의 설정은 제74조 제1항에 따라 제33조·제37조·제39조 및 제41조 내지 제43조에 따른 환경부장관의 권한이 시·도지사 또는 대도시의 장에게 위임된 경우에 한합니다(같은 조 단서). 시·도지사 또는 대도시의 장은 이와 같이 강화된 배출허용기준을 설정·변경하는 경우에는 조례로 정하는 바에 따라 미리 주민 등 이해관계자의 의견을 듣고, 이를 반영하도록 노력하여야 하며(§ 32 ④), 배출허용기준이 설정·변경된 때에는 이를 지체없이 환경부장관에게 보고하고 이해관계자가 알 수 있도록 필요한 조치를 해야 합니다(§ 32 ⑤). 배출허용기준은 궁극적으로는 환경기준의 달성을 위한 수단이라고 할 수 있습니다(예: 「가축분뇨의 관리 및 이용에 관한 법률」 § 13 '정화시설의 방류수수질기준'). 여기서 환경기준이 규제기준인 배출허용기준의 기초로 작용함을 알 수 있습니다.

배출허용기준의 설정은 각각의 단행법들에 따라 하위법령(환경부령)에 위임되어 있고(예: 「대기환경보전법」 § 16 ①; 「가축분뇨의 관리 및 이용에 관한 법률」 § 13 ① 방류수수질기준), 「환경정책기본법」 제38조에 따른 특별대책지역에 관하여는 각각 단행법에서 환경부장관이 특별배출허용기준을 정하도록 되어 있습니다(예: 「대기환경보전법」 § 16 ③; 「가축분뇨의 관리 및 이용에 관한 법률」 § 13 ②).

2.3. 환경영향평가

환경영향평가(Environmental Impact Assessment: EIA, Umweltverträglichkeitsprüfung: UVP)란 사전배려 또는 예방의 원칙(precautionary doctrine)에 입각한 환경정책수단입니다. 환경 위해요인을 사전에 예측·평가하여 저지·완화 방안을 모색할 수 있도록 해 주는 제도적 장치인데, 1977년 제정된 환경보전법에 따라 미국의 「국가환경정책법」(NEPA)을 모방하여 도입되었습니다. 1993년 6월 11일 「환경정책기본법」의 환경영향평가 관련 조항을 흡수, 개선한 「환경영향평가법」(법률 제4567호)이 제정되어 환경영향평가제도가 독자적인 면모를 갖추었습니다. 「환경영향평가법」은 이후 다른 법률과 통합되었다가 2008월 3월 28년 다시 단행법으로 분리, 독립했습니다. 2011년 7월 21일 전부개정된 「환경영향평가법」은 환경영향평가를 전략환경영향평가, 환경영향평가 및 소규모 환경영향평가 세 가지 유형으로 나누고, 평가체계별 절차·방법 등을 규정하는 등 환경영향평가 제도를 전면적으로 재편성했습니다.[68]

2.4. 직접적 규제수단들

「환경정책기본법」은 제30조 제1항에서 "정부는 환경보전을 위하여 대기오염·수질오염·토양오염 또는 해양오염의 원인이 되는 물질의 배출, 소음·진동·악취의 발생, 폐기물의 처리, 일조의 침해 및 자연환경의 훼손에 대하여 필요한 규제를 해야 한다"고 규정하고 있습니다. 환경보전을 위하여 사용할 수 있는 정책도구로서 이제까지 살펴본 계획, 환경영향평가, 지역·지구제 등이 갖는 중요성이 증대되고 있는 것은 사실이지만, 환경행정은 여전히 개별적 사안에서 법령 및 계획을 집행하기 위한 행정상 규제수단에 의존하고 있습니다. 이들은 전통적

---

68) 상세한 내용은 홍준형, 「환경법특강」, 2013, 박영사, 157-243을 참조.

인 경찰법적 배경에서 유래된 전형적인 질서행정 또는 침해행정의 수단들로 크게 신고, 등록, 표시 등 의무 부과, 인·허가제, 그리고 배출규제를 위한 명령·제재, 행정벌 등으로 나뉩니다.

<직접적 환경규제>

인·허가제	예방적 금지	일정한 행위의 법령 위배여부를 사전에 심사하여 문제가 없을 때 이를 허용	예) 배출시설의 설치, 변경허가(대기환경보전법 제23조)
	억제적 금지	사회적으로 유해하거나 바람직하지 못한 행위일반적 억제 위하여 금지, 예외적 금지 해제 허용여부는 관계행정청재량	예) 하천점용허가(하천법 제33조)
배출규제	배출허용기준 등과 같은 환경기준을 매개로 하여 적극적으로 상대방에게 행위의무 부과		
행정제재	배출규제조치들은 행정제재 성격의 명령, 조치 또는 행정대집행 등에 의해 준수 확보		

2.4.1. 인·허가제

환경규제수단 중에서 인·허가는 핵심적 지위를 차지합니다. 이것은 법률에 의한 허용유보부 금지(Verbot mit Erlaubnis- oder Genehmigungsvorbehalt) 방식으로, 다시 일정한 행위의 법령위배 여부를 사전에 심사하여 문제가 없을 때 이를 허용하는 '예방적 금지' 즉 '통제허가'(Kontrollerlaubnis)와 반대로 사회적으로 유해하거나 바람직하지 못한 행위를 일반적으로 억제하기 위하여 금지하고, 다만 예외적인 경우에만 금지를 해제하는 '억제적 금지' 즉, '예외적 승인'(Ausnahmebewilligung)으로 나뉩니다. 전자와 달리 억제적 금지의 경우 그 허용 여부가 행정의 재량에 맡겨져 있다는 점이 특징입니다. 「대기환경보전법」 제23조 제1항, 「물환경보전법」 제33조 제1항, 「소음·진동관리법」 제8조 등에 따른 배출시설의 설치·변경 허가는 배출부과금과 함께 배출규제의 양대축을 이루며 예방적 규제허가의 성질을 띱니다. 이에 비해, 하천법 제33조에 따른 하천점용허가는 공법상 특별사용권을 부여하는 것이므로 강학상 일종의 특허의 성질을 지니며 후자에 해당합니다.

2.4.2. 배출규제

환경행정은 인·허가제 외에 일정한 작위·부작위·수인 등의 의무를 부과하는 명령적 행위를 통해서도 수행됩니다. 배출허용기준 등을 근거로 적극적으로 상대방에게 일정한 행위의무를 부과하는 배출규제조치가 대표적인 예입니다. 「물환경보전법」과 「대기환경보전법」은 가동개시 신고를 한 후 조업중인 배출시설에서 배출되는 오염물질의 정도가 배출허용기준을 초과한다고 인정하는 때에는 기간을 정하여 사업자에게 그 오염물질의 정도가 배출허용기준 이하로 내려가도록 필요한 조치를 취하라는 명령, 즉 개선명령을 발할 수 있도록 하고 있습니다(「물환경보전법」 § 39; 「대기환경보전법」 § 33). 「소음·진동관리법」(§ 15) 역시 시·도지사에게 조업 중인 공장에서 배출되는 소음·진동의 정도가 배출허용기준을 초과하면 기간을 정하여 사업자에게 그 소음·진동의 정도가 배출허용기준 이하로 내려가는 데 필요한 조치를 취하라는 개선명령을 할 수 있게 하고 있습니다. 이 경우 개선명령은 가장 전형적인 규제하명에 해당합니다.

또한 환경부장관은 공공수역의 수질오염방지를 위하여 특히 필요하다고 인정하는 때에는 시·도지사, 시장·군수·구청장으로 하여금 관할구역의 하수관로, 공공폐수처리시설, 공공하수처리시설 또는 폐기물처리시설 등의 설치·정비 등을 하도록 할 수 있고(「물환경보전법」 § 12), 공공수역에 유류, 유독물, 농약 등을 누출·유출시키거나 분뇨, 축산폐수, 동물의 사체, 폐기물(지정폐기물 제외) 또는 오니(汚泥)를 버리는 행위로 인하여 공공수역이 오염되거나 오염될 우려가 있을 때 행위자 등이 당해 물질을 제거하는 등 오염 방지·제거 조치(방제조치) 의무를 이행하지 아니하면, 시·도지사가 당해 행위자 등에게 방제조치의 이행을 명할 수 있는데(「물환경보전법」 § 15 ③), 이 처분 역시 하명에 해당합니다.

환경규제를 위한 행정처분(하명)들은 배출허용기준의 준수 확보를 위해 행해지는 침익적 처분들로서 개개의 관계법규정에서 수권되고, 그 의무의 이행은 다시 일정한 행정제재적 성격을 갖는 명령·조치 또는 행정대집행 등을 통해 확보됩니다. 「물환경보전법」 제15조 제3항에 따른 방제조치명령이 불이행되거나 방제조치만으로는 수질오염의 방지나 제거가 곤란하다고 인정되면 시·도지사가 시장·군수·구청장(자치구청장)으로 하여금 행정대집행법에 따라 방제조치의 대집행을 할 수 있게 한 것(§ 15 ④)이 대표적인 예입니다.

2.4.3. 행정제재적 명령·조치

앞서 본 배출규제조치들은 다시 행정제재수단에 의해 이행이 확보됩니다. 「대기환경보전법」과 「물환경보전법」은 환경보전을 위한 규제명령위반에 대하여 조업정지명령·과징금처분·허가취소·위법시설에 대한 폐쇄조치 등 제재적 의미를 갖는 행정처분을 결부시킴으로써 그 의무이행을 확보하고 있습니다. 환경법상 의무이행 확보를 위한 수단들은 「소음·진동관리법」(조업정지명령, 허가취소, 위법시설폐쇄명령 등), 「화학물질관리법」(등록의 취소등, 과징금처분, 개선명령 등), 「가축분뇨의 관리 및 이용에 관한 법률」(허가 취소), 「해양환경관리법」(해양환경관리업자에 대한 영업정지명령·등록취소 등) 등에서도 유사하게 채용되고 있습니다.[69]

2.5. 배출부과금

배출부과금(emission charge or effluent charges)은 일반적으로 일정한 기준을 초과하는 공해배출량이나 잔류량에 대하여 부과되는 금전적 부담을 말합니다. 보통 오염물질 배출량에 단위당 일정 금액을 곱하여 산정되는데, 금전적 급부의무를 부과하여 피규제자들에게 오염물질 배출을 회피 또는 감축할 유인을 제공한다는 아이디어에 입각한 환경정책수단입니다. 배출부과금의 부과는 금전적 급부의무 부과라는 점에서 일견 조세부과와 비슷하여 공해배출세(emission taxes)라고도 불리지만, 배출허용기준을 초과하는 오염물질 배출에 대한 행정제재라는 점에서 조세와 다릅니다. 가령 「대기환경보전법」(§35), 「물환경보전법」(§41) 등이 배출허용기준을 초과하여 배출되는 오염물질로 인한 환경상의 피해를 방지하고 배출허용기준의 준수를 확보하기 위하여 그 배출허용기준을 초과하여 오염물질을 배출하는 업체에 대하여 대통령령으로 정하는 바에 따라 오염물질의 종류·배출기간·배출량 등을 기준으로 산정한 배출부과금을 부과하도록 한 것이 대표적인 예입니다. 이들 분야별 환경법에 따른 배출부과금은 의무위반자에게 부과하는 금전적 제재로서 일종의 과징금의 성격과 시장유인 규제수단의 의미를 지닙니다.

---

69) 법령으로 직접 일정한 방지시설(가축분뇨관리법 제12조에 의한 처리시설)의 설치의무를 부과하고 이에 따르지 않을 때 처벌 등 제재를 가하는 경우도 이에 해당합니다(같은 법 제50조 제7호).

배출부과금은 환경부장관이 부과·징수하는데, 그 대상은 대기분야의 경우, 대기오염물질로 인한 대기환경상의 피해를 방지하거나 줄이기 위하여 대기오염물질을 배출하는 사업자(제29조에 따라 공동 방지시설을 설치·운영하는 자를 포함)와 허가·변경허가를 받지 아니하거나 신고·변경신고를 하지 않고 배출시설을 설치 또는 변경한 자이고(「대기환경보전법」§35 ①), 수질분야의 경우, 수질오염물질로 인한 수질오염 및 수생태계 훼손을 방지하거나 감소시키기 위하여 수질오염물질을 배출하는 사업자(공공폐수처리시설, 공공하수처리시설 중 환경부령으로 정하는 시설을 운영하는 자를 포함한다) 또는 허가·변경허가를 받지 아니하거나 신고·변경신고를 하지 않고 배출시설을 설치하거나 변경한 자가 됩니다(「물환경보전법」§41 ①).

배출부과금은 배출허용기준을 초과한 오염물질에 부과하는 초과부과금과 배출허용기준 이내로 배출한 오염물질에 부과하는 기본부과금으로 구분하여 부과하도록 되어 있습니다(「대기환경보전법」§35 ②; 동 시행령§24 ①; 「물환경보전법」§41 ②: 동 시행령§41 ①).

2.6. 유인(인센티브)의 사용

환경정책의 목적을 달성하기 위하여 경제적 유인 등 각종 인센티브를 활용하는 것은 더 이상 이례적인 일이 아닙니다. 특히 경제유인적 수단들 가운데 가장 전형적인 시장유인적 규제수단은 '환경이용권 거래제'(handelbare Umweltnutzungsrechte)인데 이 범주에 속하는 규제방식으로는 배출권거래제(transferable permits)[70] 또는 배출면허거래제(Zertifikats- oder Lizenzmodell), 총량규제방식에 의한 배출상쇄제(Kompensationsmodell) 등이 있습니다.[71]

오염권판매제란 배출부과금제와 비슷하나 사후에 납부하는 것이 아니라 사전에 일정한 기준에 따라 책정된 오염권, 즉 오염배출권을 기업에 판매하는 제도를 말합니다. 이 제도는 수질오염방지와 관련하여 제안된 것으로 일정기간 동안 일정지역에 일정량의 오염물을 배출할 수 있는 오염배출권이 공개시장을 통해 판매되고 매입된 오염배출권은 기업간에 자유로이 양도될 수 있습니다. 이

---

70) Dale, J.H., Pollution, Property and Prices, 1968, 93-97; Koch, Hans-Joachim(Hrsg.), Umweltrecht, 2002, 115-116 § 3 Rn.119-120.

71) 이에 관한 논의로는 김연태, "시장경제적 수단에 의한 환경보호", 「公法研究」 제24집 제2호(1996.6), 429-456을 참조.

과정에서 각 기업은 배출권매입비용과 자체처리비용을 비교하여 매입 여부를 결정하게 됩니다.

이와 유사하지만 환경경제학의 관점에서 특히 관심을 끈 것은 오염면허거래제입니다. 이것은 환경행정 당국이 특정 오염물질 배출에 대해 일정 수의 오염권 또는 오염면허를 만들고 이를 주식시장처럼 시장에서 거래하도록 하는 방식입니다. 예를 들어 유해물질의 지역적 최대배출허용치(Maximaleimission)를 정하여 이를 등록된 "배출권"(Emissionsrechte)으로 나누고, 각 배출시설의 사업자들에게 배분하는 한편, 이 배출권들이 이전가능한 환경이용권(fungible Umweltnutzungsrechte)으로 해당 지역에서 전부 또는 분할되어 거래될 수 있도록 합니다. 자기에게 할당된 정도를 초과하여 오염물질을 배출하는 시설의 사업자는 시장에서 자기가 지불해야 했을 오염방지비용을 상회하지 않는 한도 내에서 필요한 만큼의 배출권을 매입할 수 있고 이 매입사실을 등록함으로써 자기의 배출을 합법화할 수 있습니다. 반면 자기에게 할당된 배출권을 그 한도까지 다 쓰지 않아도 되는 사업자는 자기의 배출권을 비축하거나 이월 또는 매각하게 될 것입니다. 이 거래로 형성되는 시장가격은 기업이 환경오염에 대해 지불해야 할 최적의 오염방지비용(optimale Reinhaltungskosten)으로서 일종의 환경공과금(Umweltabgabe)의 역할을 수행하게 됩니다.[72] 배출면허거래제는 시장 및 가격기구를 통하여 환경오염 문제의 효율적인 해결을 가능케 하는 제도로서, 기준설정이 갖는 단점을 어느 정도 극복하면서도 배출부과금제도의 장점을 살릴 수 있는 환경규제수단으로 평가되고 있습니다.[73] 이것은 경제적 효율성 외에도 민간부문의 자율적 의사결정을 유도하고 이에 따라 민간이 환경오염방지기술의 개발 및 수용을 보다 적극적으로 추진하게 함으로써, 경제성장과 인플레의 경우에도 다른 방안들 보다 효과적이라는 데 장점이 있으며, 미국의 경우 대기오염방지와 수질오염방지를 위하여 부분적으로 시행해 본 결과 탁월성이 입증되었다고 합니다.[74] 또한 배출권거래제는 탄소세보다도 더 효율적인 수단으로 평가되고 있습니다.[75]

---

72) Bender/Sparwasser, Umweltrecht, 2.Aufl., 1990, 35, Rn.94.

73) 최병선, 정부규제론, 491; Bender/Sparwasser, Umweltrecht, 3.Aufl., 1995, 52-53, Rn.1/136-138..

74) 최광, 환경오염과 국민경제, 1992, 262-263을 참조.

75) KRX 배출권시장 정보플랫폼(https://ets.krx.co.kr/contents/ETS/07/07010000/ ETS07010000.jsp)에 따르면 경제적 유인제도인 탄소세나 배출권거래제가 직접규제에 비해

<탄소세와 배출권거래제의 정책 비교>

	탄소세	배출권거래제
경제적 효율성	온실가스 감축을 달성하는 데 발생하는 총 저감비용을 줄이는 데 효과적	
기술개발 촉진	온실가스 감축과 관련된 신기술 도입 등 저감기술 개발 촉진	
형평성 및 배출자 부담	- 세수 환원 방법에 의해 결정 - 세수 활용방법에 따라 배출자 부담 변화	- 배출권의 할당방법과 경매 수입의 환원방법에의해 참여자의 부담변화
탄소가격 형평성 확보	- 세율의 적정수준 결정이 어려워 탄소가격에 대한 형평성 확보가 어려움	- 시장메커니즘에 의한 가격 형성으로 탄소가격 형평성 확보 용이
정책 수용성	- 조세저항이 있을 수 있고, 세수 활용방법에 따라 배출자 부담 의 차이가 클 수 있기에 특정 배출자들의 반대가 있을 수 있음 - 타 조세정책과의 조화 필요	- 배출권의 할당 방법과 전체 온실가스 감축 목표량의 수준에 대한 의견 수렴이 어렵기 때문에 정책 도입에 대한 산업계의 반대가 있을 수 있음
국제 연계	정부 간 협약을 통해서만 이루어 질 수 있음	배출권거래제를 도입한 타 국가들과 연계 가능

자료: KRX 배출권시장 정보플랫폼

오염면허거래제도 문제가 없는 것은 아닙니다. 가령 감시 등 통제비용이 소요된다는 점, (효과적인 질서법적 규제로) 이미 높은 수준의 배출규제가 유지되는 분야나 지역에서는 그 효율성에 한계가 따르고,[76] 환경오염이 지역경계를 넘어 확산될 경우 수인가능한 총량배출기준을 결정하기가 극히 어려운 경우도 생길 수 있고, 과학기술의 진보에 따라 배출허용기준이 완화될 경우 환경이용권도 그만큼 평가절하될 수밖에 없어 "환경의 시장상품화"(Vermarktung der Umwelt)를 가져올 뿐이라는 등 비판이 있습니다.[77]

한편 총량규제방식에 의한 배출상쇄제 또는 보상모델(Kompensationsmodell)은 일면 전술한 배출면허거래제와도 유사하나 총량규제를 전제로 하여 배출시

───────────

효율적이며, 탄소세와 배출권거래제를 시급성, 효과성, 효율성, 시행가능성, 정치적 수용성 등의 기준으로 비교할 경우 배출권거래제는 효율성 면에서만 탄소세와 비슷할 뿐 그 밖에 다른 모든 부문에서 탄소세보다 높다고 합니다.

76) Koch, Umweltrecht, 2002, 115, § 3 Rn.119.

77) Bender/Sparwasser, Umweltrecht, 2.Aufl., 1990, 35-36, Rn.1/95. 시장형성 의 곤란 등 그 밖의 단점에 관하여는 가령 최병선, 「정부규제론」, 491 이하를 참조.

설 상호간의 배출조정 내지 상쇄를 유도하는 제도로서, 어떤 배출업자에게 환경질서법상 배출제한을 면제받는 대신 이로 인하여 배출방지활동의 부족분을 다른 배출업자가 자기에게 부하된 환경보호의무 이상으로 보상적으로 부담하도록 하는 제도입니다. 이 모델에서는 일정한 유해물질에 대하여 한 업소(공장) 또는 복수 업소의 개별 배출시설 간에 배출권의 교환이 허용되며, 따라서 지역적으로 동일한 영향권을 갖는다면 하나의 업종단체 내에서 허용되게 됩니다. 배출량의 증가는 이러한 배출업종단체 내에서 필요한 배출감소조치를 통하여 보상되어야 합니다. 이 모델은 또한 공장밀집지역(Ballungsgebiet)에서 기존의 (배출지역별) 최대배출허용치가 준수되는 한, 기존 배출업소의 확장이나 신규업소의 설치를 가능케 합니다. 반면 최대허용치가 소진되면, 기존 배출시설의 확장이나 신규설치는 그 단체 내에 다른 시설이나 업소가 그 만큼 자기의 몫 이상으로 배출을 감소시키거나 방지할 경우에만 가능하게 됩니다.[78] 이 제도는 공해지역의 집중화를 꾀하여 공해지역 확산을 방지하려는 취지이지만, 자칫 인구가 밀집된 공장지역에 적용되면 지역주민이나 근로자들의 정치적 저항을 초래할 수 있다는 문제가 있습니다.[79]

배출권거래제(transferable permits), 배출면허거래제(Zertifikats-oder Lizenzmodell), 배출상쇄제(Kompensationsmodell) 같은 경제유인 규제방식은 특히 보호수준의 격차가 크고 장소적으로 건강유해물질 배출의 집중 문제(hot-spot 문제)가 없는 경우 효과를 거둘 수 있습니다. 초국경 온실가스 문제가 가장 전형적인 경우인데, 그런 의미에서 거래가능 환경이용권제도가 교토의정서 이래 지구 차원 기후변화 방지 전략으로 등장한 것도 하등 놀라운 일은 아닙니다.[80] 우리나라도 「온실가스 배출권의 할당 및 거래에 관한 법률」(약칭: 배출권거래법)에 따라 2015년부터 온실가스 배출권거래제(ETS)가 시행되고 있습니다.[81]

---

78) Bender/Sparwasser, 2.Aufl., 36, Rn.1/96.

79) 최병선, 493.

80) Koch, Umweltrecht, 2002, 116 § 3 Rn.120.

81) 배출권거래법은 「탄소중립·녹색성장 기본법」에 따른 국가 온실가스 감축목표를 효율적으로 달성하고 전 세계적인 기후변화 대응 노력에 적극 동참하기 위하여 온실가스를 다량으로 배출하는 업체에 온실가스 배출권을 할당하고 시장을 통해 거래할 수 있도록 하는 제도를 도입하려는 것을 목적으로 합니다. 배출권거래제 내용은 KRX배출권시장 정보플랫폼 (https://ets.krx.co.kr/contents/ETS/07/07010000/ETS 07010000.jsp)을 참조.

<온실가스 배출권거래제 개념도 >

각 기업은 할당받은 배출권의 범위 내에서 온실가스를 배출하고 여유분 또는 부족분은 타 업체와 거래를 할 수 있습니다. 기업은 각자 온실가스를 직접 감축하거나 시장에서 배출권 매입을 통해 배출허용량을 준수할 수 있습니다.

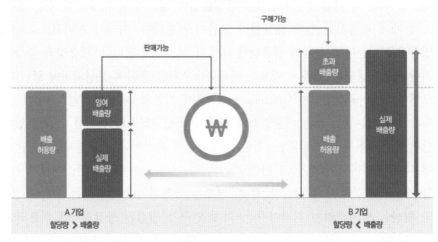

자료: RX출권시장보플랫폼(https://ets.krx.co.kr/contents/OPN/01/01050401/OPN01050401.jsp)

<배출권거래제의 평가 >

그러나 우리나라 온실가스 배출권거래제의 시행성과는 그리 긍정적이지는 않습니다. 실례로 1·2차 계획기간(2015-2020) 배출권 거래제가 국내 온실가스 감축 제도로서 제 역할을 했는지, 새롭게 시작된 3차 계획기간(2021-2025) 배출권 거래제는 탄소중립에 어느 정도 기여를 할 수 있을지를 점검한 결과, 지난 5년간 배출권 거래제가 기업의 온실가스 배출을 줄이는 데 기여를 하지 못했고, 2021년부터 새롭게 시행된 3차 배출권 거래제 역시도 현행대로 작동된다면 탄소중립을 이루는 데 큰 도움이 되지 못할 것이라는 평가가 나왔습니다.[82]

2.7. 자발적 협약

자발적 협약(voluntary agreement)은 직접 규제와 경제적 유인규제 외에 제3의 환경정책수단으로 각광을 받으며 1990년대 이후 유럽과 미국, 일본, 그리고 우리나라에서 활용되어 온 정책수단입니다. 자발적 협약이란 사업자가 행정기

---

82) 2021.3.11자 뉴스타파 기사 "프로젝트 1.5°C: 고장난 배출권 거래제… 온실가스 내뿜고 돈 번 기업들"(https://newstapa.org/article/eRQBR) 참조.

관에 특정 환경목표 달성을 약속하고 그 대신 연구개발과 혁신을 통한 공정을 개선하여 그에 상응하는 보조금을 받는 조건으로 맺는 행정기관과 기업간 협약을 말합니다. 이 협약은 쌍무적이면서 동시에 그 협약체결에 대한 자발성이 전제된다는 데 특성을 지닙니다. 기존의 다른 정책수단에 비해 강제력이 약하다는 점에서 환경적 효과성에 의문이 제기되기도 하지만, 규제비용 절감, 유연성, 이해관계자들간 협치 도모, 기업 환경의지 증진 및 활용 등 다양한 장점들이 알려져 있습니다.[83] 우리나라에서도 1998년 '에너지 절약 및 온실가스 배출감소를 위한 자발적 협약' 이래 폐기물, 재활용 분야, 에너지 관리, 미세먼지 대책, 대형발전소와의 대기오염물질 총량관리 저감 협약 등 대기환경 분야, 화학물질 배출 저감, 유해정보 알권리 강화 등 화학물질관리, 정유사와의 정화책임 이행 협약 등 토양환경 보전, 녹색구매 등 다양한 분야에서 활용되고 있습니다.[84]

자발적 접근(voluntary approach)은 경제적 정책수단이 아니라 회사나 기업들이 법적 의무를 넘어 스스로 그 환경적 성과를 개선하겠다고 약속하는 방식입니다. 자발적 협약은 합의 형성의 길을 열어주고 이해관계자들을 참여시킬 수 있게 되지만, 환경성과가 실제로 개선되는지 검증하기 위한 상시감독이 필요합니다.[85]

2.8. 통합적 환경규제

앞서 살펴본 환경정책수단들과는 다른 맥락에서 환경규제의 통합을 위한 시도가 주목을 끌고 있습니다. 환경오염시설의 통합관리를 위한 인·허가 통합이 대표적인 예입니다. 기존 환경오염 관리방식은 대기, 물, 토양 등의 환경 분야에 따라 개별적으로 이루어지고 있어 복잡하고 중복된 규제와 함께 개별 사업장의 여건을 반영하지 못했다는 반성을 토대로 일정 규모 이상의 사업장을

83) 정우현. (2012). 자발적 협약의 현황 진단 및 효과적 활용방안. 한국환경정책평가연구원 기본연구보고서.

84) 분야별 자발적 협약 실적에 관해서는 「환경백서」 2022, 특히 141, 146∞149(1회용품 사용 감량 등 포장폐기물억제), 165(폐차 재활용률 향상), 177(폐플라스틱 재활용), 410∞411(토양환경보전), 627(화학물질 배출저감), 631(생활화학제품 안전관리), 121, 701(산업계 녹색구매), 749(미세먼지 감축), 769(사업장 오염물질 총량관리) 등을 참조.

85) OECD. (2017). Policy INstruments for the Environment(https://www.oecd.org/environment/indicators-model ling-outlooks/PINE_database_brochure.pdf)을 참조.

대상으로 「대기환경보전법」 등 개별법에 따라 분산·중복된 배출시설 등에 대한 인·허가를 통합·간소화하는 입법조치가 단행되었습니다. 2015년 12월 22일 제정, 시행된 「환경오염시설의 통합관리에 관한 법률」(환경오염시설통합관리법)은 오염물질 등 배출을 효과적으로 줄이면서도 기술적·경제적으로 적용 가능한 환경관리기법인 최적가용기법(Best Available Technology)에 따라 개별 사업장의 여건에 맞는 맞춤형 허가배출기준 등을 설정하도록 하여 고비용·저효율 규제 체계를 개선하고 산업의 경쟁력을 높인다는 취지에서 통합관리방식을 뒷받침하고 있습니다.[86]

<통합관리법 적용대상 개별법 >

자료: 환경백서 2021, 166

통합관리법 적용대상은 환경에 미치는 영향이 큰 발전·철강·석유정제 등 시행령에 규정된 19개 업종의 대형사업장(대기 또는 수질 1·2종) 약 1,400여 개소로 적용대상 개별법은 위 그림에서 보는 바와 같습니다.

통합관리제 시행으로 기존 매체별 인·허가시 제출해야 했던 70여 종의 신청서류가 '통합환경관리계획서'로 일원화되었습니다. 통합허가를 받은 사업장은 5년마다 주기적으로 최초 통합허가시 부여된 허가조건과 허가배출기준에 대한 재검토를 받게 되며, 필요한 경우 허가조건과 허가배출기준을 변경해야 합니다. 검토결과 전반적인 환경관리 수준이 우수하다고 평가되면 검토주기를 3년의 범위에서 연장할 수 있습니다.[87]

---

86) 이에 관해서는 김홍균 (2016). "환경오염시설 통합관리에 관한 법률의 평가와 과제", 「환경법연구」, 제38권 제2호, 327-361을 참조.

87) 통합관리제도의 시행내역에 관하여 상세한 것은 환경백서 2022, 125∞127, 749, 768, 770를 참조.

< 통합환경관리제도의 골자 > (환경백서 2022, 130)

인허가 통합·시스템화	기술기반의 과학적 관리	환경관리 선진화

• 통합환경관리 계획서로 통합
• 담당기관 일원화
• 통합환경허가시스템 구축
• 시설별→사업장별 인허가
  (반복적, 과다한 인허가 감소)
	• 최적가용기법 기준서 마련
	  → 기술정보 제공
	• 배출영향분석을 통한
	  배출기준설정
	• 배출시설 입지 개선
		• 자율관리 확대(통계방식 적용,
		  재수검 기회 제공)
		• 적발단속 위주→정밀점검으로
		  문제해결 지향(수십 회 단속이
		  1~3년 1회 점검으로 전환)
		• 5~8년 주기 허가사항 재검토
		  →변경 유도

「대기환경보전법」, 「물환경보전법」 및 「소음·진동관리법」 등 각 개별법에서 배출시설과 방지시설의 안정적인 관리를 위해 "환경기술인"을 임명하도록 하고 있지만, 2017년 1월 1일 통합환경관리제도 도입 후 환경기술인과 별도로 사업장의 통합환경관리 업무를 수행할 전문인력의 필요성이 대두되었습니다. 이에 2022년 6월 10일의 개정법률은 배출시설 등 및 방지시설의 설치운영을 위해서는 통합환경관리인을 선임하도록 하고, 통합관리사업장의 허가기준 준수를 위한 관리·감독 등 통합환경관리인의 업무를 규정하였습니다(§21의2, §21의3 신설).

2.9. 환경오염에 대한 행정적·형사적 제재

환경문제는 현대국가의 「숙명적 과제」(Schicksalsaufgabe)입니다. 현대국가는 전쟁이나 범죄, 질병뿐만 아니라 날로 심각해지는 환경오염과 생태계파괴와도 투쟁해 나가지 않으면 안 됩니다. 과거 환경오염에 대한 국가적 대응은 공공 안녕질서를 유지하기 위한 경찰 차원에서 이루어졌습니다. '환경법의 前史'(prehistory)에 해당하는 이 시기에 환경법이라 부를 것이 있었다면 그것은 곧 경찰법이었습니다. 그러나 이후 경찰법에서 공해방지법으로 그리고 환경법으로의 변천 과정에서 환경문제에 대한 경찰의 기능과 역할은 대폭 축소되기에 이르렀고 환경보전은 더 이상 제복 경찰관의 임무가 아니라 환경전문가를 대동한 전문행정가의 규제행정의 과제라는 인식이 확산되었습니다. 일면 경찰의 기능이 집행경찰(Vollzugspolizei)의 그것으로 축소되고 타면 환경행정과 환경법이 독자적 행정분야로 분화되었습니다. 그러나 환경문제 해결을 위한 국가적 노력에도 불구하고 환경상태는 악화일로를 걸었고 환경법의 집행결함(Vollzugsdefizit)에 대한 무수한 사례들이 보고되었습니다. 환경법 또는 환경법상 정책수단들의 한계가 노출됨에 따라 전통적인 국가형벌권의 위하력(威嚇力)에 호소하려는 경향이 고개를 들었고 이는 환경오염행위를 범죄시하는 대중의 고조된 환경의식에 잘 영합되었습니다.[88] 이런 배경에서 환경오염의 범죄화전략(Kriminalisierungsstrategie)에 따라 환경형법(Umweltstrafrecht)이 대두되었습니다. 환경형법을 확충·강화해야 한다는 대중의 요구가 형법의 최후수단(ultima ratio)으로서의 성격이나 일탈행위에 대한 일반적 탈범죄화 경향(allgemeine Tendenz zur Entpönalisierung von abweichendem Verhalten)과 부합될 수 있는지는 의심스럽습니다. 또 형법이 원칙적으로 환경불법(Umweltunrecht)의 진정한 행위주체를 포착할 수 있을지도 의문입니다.[89] 그러나 환경범죄의 단속, 진압과 처벌이 이제 환경문제 해결을 위한 국가적 노력의 목록에서 빠질 수 없는 항목이 되었다는 것은 부인할 수 없습니다. 물론 국가는 이와 같은 환경범죄를 진압·처벌하는 외에도 이를 예방하고 그 밖의 (범죄를 구성하지 않는) 일반적인 환경법 위반행위의 단속을 지원하며 또 환경오염으로 인한 위험을 방지하거나 발생한 위험을 제거하는 등 다양한 임무를 통하여 환경문제의 해결에 관여합니다. 환경오염과 생태계파괴가 가속화되고 있는 상황에서 이들 영역들은 현대국가가, 법치국가적 조건을 준수하면서 효율성을 기할 수만 있다면, 마약사범, 밀수사범 또는 공중위생침해사범의 단속, 산업스파이의 수사, 개인정보침해의 단속 등과 함께 진정한 국민의 지지를 확보할 수 있는 전략적 부문이자 도전의 장이라 할 수 있습니다.

환경보호 목적을 관철시키는 최종적 수단으로 징역·벌금과 같은 행정형벌과 과태료와 같은 행정질서벌을 포함하는 행정벌이 부과될 수 있음은 물론입니다. 예컨대 「물환경보전법」이나 「대기환경보전법」 등이 벌칙에 관한 장에서 이러한 행정벌에 관한 규정을 두고 있고 「환경범죄 등의 단속 및 가중처벌에 관

---

88) 환경문제에 관한 범죄화전략은 우리나라에서도 한 실증적 연구에 따라 환경오염행위에 대한 국민 일반의 법감정에도 부합하는 것으로 조사된 바 있습니다(김익기/김성언, 「한국의 환경오염 및 환경범죄의 실태에 관한 연구」, 한국형사정책연구원, 1993, 169). 가령 수원지오염으로 사람이 사망한 경우는 방화나 상해보다도 높은 정도의 심각성을 띤 범죄라고 인식한다는 것입니다.

89) Kloepfer, Michael, Umweltrecht, in: Achterberg/Püttner, *Besonderes Verwaltungsrecht, II*, 1992, Rn.756.

한 법률」이 환경오염에 관한 업무상 과실범을 형사처벌하도록 하고 있는 것이 그 예입니다. 이러한 행정벌은 결국 법원의 재판에 의해 부과되는 것이라는 점에서 위에서 본 각종 실행수단과는 구별됩니다.

2.10. 환경정보공개제도

환경정보공개 역시 환경보호를 위한 매우 효과적인 수단으로 지목되어 왔습니다.[90] 환경정보공개제도는 2011년 「환경기술 및 환경산업 지원법」(환경기술산업법) 개정법률(법률 제10615호, 2011.4.28, 일부개정)에서 도입되었고, 이후 2015년 환경오염시설통합관리법에서 통합관리에 관하여 정보공개가 제도화되었습니다.

2.10.1. 환경기술산업법에 따른 정보공개

녹색기업 등의 자발적 환경개선 노력을 유도하고 국민의 환경정보 수요에 부응하기 위하여 사업활동에 수반되는 환경관리활동 내용을 공개할 필요가 있다는 취지에서 환경기술산업법은 녹색기업 등에 대하여 환경정보공개제도를 도입하여 자원절약 및 환경오염물질 배출 저감 목표와 실적, 녹색경영 등에 관한 정보를 의무적으로 공개하도록 하였습니다(제16조의8 및 제16조의9 신설).

제16조의8 제1항에 따라 환경정보 작성·공개의무는 다음과 같은 기업에 부과됩니다.

1. 제16조의2에 따른 녹색기업
2. 「자본시장과 금융투자업에 관한 법률」 제9조 제15항 제3호에 따른 주권상장법인 중 최근 사업 연도말 자산 총액이 대통령령으로 정하는 규모 이상인 기업
3. 그 밖에 대통령령으로 정하는 공공기관 및 환경영향이 큰 기업

환경정보공개제도는 중앙행정기관, 지방자치단체, 공공기관(일부), 국공립대학, 지방공사·공단(일부) 및 지방의료원(일부), 녹색기업, 환경영향이 큰 기업(온실가스 배출권할당 대상업체, 온실가스·에너지 목표관리업체), 주권상장법인(자산규모 2조원

---

90) 환경정보공개 일반에 대해서는 김남진, 「행정법 II」, 526; 拙稿, "환경정보의 기능과 환경정보공개제도", 「법학논총」(경원대, 1995), 277-312; "독일환경정보법의 제정에 관하여", 「환경법연구」 제16권, 1994), 61-90; "환경분쟁해결절차의 문제점과 대안", 「환경과 생명」 1994년 가을, 76-87 등을 참조.

이상) 등을 대상으로 합니다(시행령 § 22의10). 이들 대상기관은 다시 기관 고유 유형에 따라 6개 분야로 분류되어 분야별 환경정보공개항목이 차등화되어 있습니다.

작성·공개하여야 하는 환경정보는 다음과 같습니다(§ 16의8 ② 본문). 다만, 「부정경쟁방지 및 영업비밀보호에 관한 법률」 제2조 제2호에 따른 영업비밀에 해당하는 환경정보는 제외되어 있습니다(§ 16의8 ② 단서).

1. 환경보호, 자원절약, 환경오염물질 배출 저감 등의 관리("환경관리")를 위한 목표 및 주요 활동계획
2. 환경관리를 위한 제품 및 서비스의 개발·활용에 관한 사항
3. 환경관리 성과에 관한 사항
4. 「기후위기 대응을 위한 탄소중립·녹색성장 기본법」 제55조에 따른 녹색경영에 관한 사항

환경기술산업법의 환경정보공개조항과 공공기관의 정보공개에 관한 일반법인 정보공개법의 관계가 문제됩니다.

정보공개법은 제4조 제1항에서 "정보의 공개에 관하여는 다른 법률에 특별한 규정이 있는 경우를 제외하고는 이 법에서 정하는 바에 따른다"고 규정합니다. 정보공개법에 정보공개에 관한 일반법의 지위를 부여한 조항입니다. 예컨대 「교육관련기관의 정보공개에 관한 특례법」(교육기관정보공개법)은 정보공개법에 대한 관계에서 특별법의 지위를 가집니다. 이 점은 '정보의 공개 등에 관하여 이 법에서 규정하지 아니한 사항에 대하여는 정보공개법을 적용한다'고 명시한 교육기관정보공개법 제4조에 비추어 의문의 여지가 없습니다. 하지만 환경기술산업법은 이에 대해 아무런 규정을 두고 있지 않습니다. 따라서 정보공개법과 환경기술산업법의 환경정보공개조항을 막바로 통상적인 일반법-특별법 관계로 볼 수 있을지가 문제됩니다.

양자는 우선 적용대상의 범위가 다릅니다. 즉, 정보공개법은 같은 법 제2조 제3호에 따른 '공공기관'을 적용대상으로 하지만, 환경기술산업법상 환경정보공개는 중앙행정기관, 지방자치단체, 공공기관, 국공립대학 등과 녹색기업, 환경영향이 큰 기업 등을 대상으로 합니다. 다음으로 환경기술산업법은 환경정보공개 대상기관에 대하여 환경정보의 작성·공개를 의무화하고는 있지만 정보

공개법의 그것처럼 청구에 의한 정보공개는 아닙니다.

　이렇게 볼 때 일반법-특별법의 관계는 공공기관 중 양자에 공통적으로 적용대상이 되는 공공기관이 각각 정보공개의무를 지는 경우에 한해서만 성립한다고 보아야 합니다. 그런 두 가지 조건이 충족되는 경우에는 환경기술산업법상 환경정보공개조항이 우선 적용되지만, 그 조항에서 특별히 규정하지 않은 사항에 관해서는, 정보공개법이 보충적으로 적용됩니다. 따라서 환경기술산업법상 환경정보의 작성·공개의무를 지는 공공기관에 대해 정보공개법에 따라 그 공개를 청구할 수 있느냐 하는 물음도 긍정적으로 보아야 할 것입니다. 환경기술산업법에 환경정보 공개청구에 관한 조항이 없고, 또 그런 경우를 허용하지 아니한다는 명문의 배제조항이 없는 이상, 정보공개법의 일반법으로서의 지위에 따라 이를 부정할 수 없기 때문입니다. 그렇다면 '누구나' 환경기술산업법상 환경정보공개조항과 정보공개법 제9조 등에 따라 그와 같은 공공기관에 대하여 환경정보의 공개를 청구할 수 있다는 결론이 나옵니다.

　반면 환경기술산업법상 환경정보의 작성·공개의무를 지는 녹색기업, 환경영향이 큰 기업 등에 대해서는 그러한 공개청구를 인정할 수 없겠지요. 그와 같은 기업들은 정보공개법의 적용대상이 아니므로 보충적 적용의 여지가 없기 때문입니다. 하지만 다음에 보는 바와 같이 환경정보공개의무를 지는 대상기관은 한국환경산업기술원이 관리하는 환경정보공개검증시스템에 환경정보를 등록하게 되어 있고 따라서 그곳에 등록된 환경정보는 정보공개법에 따른 공개청구가 가능합니다. 따라서 그와 같은 기업의 환경정보 역시 한국환경산업기술원에 정보공개청구를 해서 접근할 수 있게 될 것입니다.

　한편 환경기술산업법 제16조의8, 제16조의9 및 시행규칙의 관련조항에 따른 「환경정보 공개제도 운영규정」(환경부고시 제2020-58호)은 제14조 제1항에서 환경정보 공개의 예외를 규정하고 있습니다. 이에 따라, 환경기술산업법상 환경정보의 작성·공개의무를 지는 '기관 등'('환경정보를 작성·공개하려는 기관 및 기업 등')은 다음 어느 하나에 해당하는 정보에 대하여는 제15조에 따라 비공개를 신청하여야 하며, 비공개 결정된 환경정보에 한하여 이를 공개하지 아니할 수 있도록 예외가 인정됩니다.

1. 「부정경쟁방지 및 영업비밀보호에 관한 법률」 제2조 제2호에 따른 영업비밀에 해당하는 환경정보
2. 「공공기관의 정보공개에 관한 법률」 제9조 제1항에 따른 비공개대상 정보
3. 다른 법령에 따라 비공개하기로 결정된 정보

기관 등은 위와 같은 정보가 기간의 경과 등으로 인하여 비공개의 필요성이 없어진 경우에는 당해 환경정보를 공개하여야 합니다(같은 조 제2항).

환경부고시로 위와 같은 비공개사유를 정해 정보공개의 예외를 둔 것은 그 법적 효력 면에서 논란의 여지가 없지 않습니다. 물론 부정경쟁방지법상 영업비밀이나 정보공개법상 비공개대상 정보를 배제한 것은 이미 법률로 정해져 있는 사항이어서 단순한 확인의 의미에 불과할 수도 있겠지만, 이를 대외적 구속력 유무가 논란될 수 있는 환경부고시로 규율하는 것은 문제의 소지가 있습니다. 다만, 이 조항은 환경정보의 공개의무를 지는 기관 등에 비공개신청권(반드시 신청을 해야 공개면제를 받을 수 있다는 의미)을 부여한 것이라는 점에서 눈여겨 볼 부분입니다. 환경기술산업법에 따른 공개를 저지할 수 있도록 한 것이어서 그에 상응하여 정보공개법의 보충적용에 의한 공개청구의 가능성을 염두에 둔 것이라고 볼 여지도 있지만, 그보다는 공공기관의 경우 정보공개법 제9조에 따른 비공개사유가 환경정보공개에도 적용된다는 것을 시사한 것이기 때문입니다.

환경정보공개의무를 지는 대상기관은 매년 6월 말까지 전년도 환경정보를 환경정보공개검증시스템(www.env-info.kr)에 등록하고, 한국환경산업기술원의 서류평가와 현장 확인을 거쳐 12월 국민에 공개하도록 되어 있습니다. 환경정보 공개대상기관이 환경정보를 공개하지 아니하거나 수정 요청에도 불구하고 수정하지 아니하는 경우에는 과태료가 부과됩니다. 환경정보 공개절차는 아래 그림에서 보는 바와 같습니다.

환경정보의 공개는 공개된 정보의 진실성이 담보되어야만 본연의 취지를 살릴 수 있습니다. 그런 뜻에서 법은 제16조의9에서 환경정보를 검증할 수 있도록 하고 있습니다. 즉, 환경부장관은 제16조의8에 따라 공개된 환경정보의 신뢰성을 확보하기 위하여 환경정보를 검증할 수 있고(§ 16의9 ①), 검증 결과, 공개된 환경정보가 사실과 다른 경우에는 수정을 요청할 수 있습니다(§ 16의9 ②).

< 환경정보 공개절차 >

출처: 환경백서 2022, 118.

법 제16조의8 제1항을 위반하여 환경정보를 공개하지 아니하거나 제16조의9 제2항에 따른 환경정보의 수정 요청에도 불구하고 환경정보를 수정하지 아니하면 300만원 이하의 과태료가 부과됩니다(§ 37).

환경정보의 공개 방법 및 절차, 검증 방법 및 절차 등 세부사항은 환경기술산업법 시행규칙으로 규율되고 있습니다(법률 § 16의8 ③; § 16의9 ③, §§ 33의13, 33의14; 환경부고시).

2.10.2. 환경오염시설통합관리법에 따른 정보공개

환경오염시설통합관리법 제27조 및 동법 시행규칙 제29조 제1항에 따라 환경부장관은 다음과 같은 정보를 공개할 의무를 집니다(§ 27 ①).

1. 법 제5조 제1항에 따른 사전협의 신청내용에 대하여 동법 제29조에 따라 지정된 환경전문 심사원이 검토한 내용
2. 법 제5조 제2항에 따른 사전협의 검토 결과
3. 법 제6조에 따른 허가 또는 변경허가의 신청 및 결정에 관한 정보등 법 제27조에서 공개하도록 규정되어 있는 사항
4. 법 제33조에 따른 연간보고서
5. 위 사항 외에 환경부령으로 정하는 정보

다만, 다음 어느 하나에 해당하는 정보는 공개하지 않을 수 있습니다(§ 27 ②).

1. 공개할 경우 국가안전보장·질서유지 또는 공공복리에 현저한 지장을 초래할 것으로 인정되는 경우
2. 기업의 영업비밀과 관련되어 일부 정보를 공개하지 아니할 필요가 있다고 인정되는 경우

환경오염시설통합관리에 관한 정보공개를 규정한 법 제27조는 정보공개법에 대한 관계에서 특별법에 해당합니다.

따라서 법 제27조 제1항 각호에 열거된 정보에 관해서는 환경오염시설통합관리법 제27조 및 동법 시행규칙 제29조 제1항이 우선 적용됩니다. 환경부장관에게 그와 같은 정보의 공개를 청구할 경우 이를 허용할 것인지는 일반법인 정보공개법이 보충적으로 적용되므로 그에 따라 결정해야 하는데, 의당 환경부장관이 법 제27조 제2항의 비공개사유나 정보공개법 제9조에 따른 비공개사유에 해당하지 않는 한 공개에 응해야 한다고 보아야 할 것입니다.

법 제27조에 따른 정보의 공개 여부를 심의하기 위하여 통합환경관리정보공개심의위원회를 두며(§ 27 ③), 환경부장관은 이 위원회의 심의를 거친 정보의 공개대상자에게 서면으로 통지하여 소명의 기회를 부여하여야 합니다(§ 27 ④ 제1문). 이 경우 공개대상자는 대통령령으로 정하는 바에 따라 정보의 보호를 요청할 수 있습니다(§ 27 ④ 제2문).

정보의 공개는 제28조 제1항에 따른 통합환경허가시스템 또는 환경부장관이 인정하는 인터넷 홈페이지에 게시하는 방법으로 하며(§ 27 ⑤), 정보공개의 방법·절차 및 통합환경관리정보공개심의위원회의 구성·운영 등에 관하여 필요한 사항은 대통령령으로 정하도록 위임되어 있습니다(§ 27 ⑥).

2.11. 기타 환경보호수단

환경행정에서 행위형식의 전문화·다양화는 불가피한 현상입니다. 환경행정의 중점이동이 특히 그 행위형식 면에서 관철된 결과 자금지원과 행정지도·기타 비공식적 행정작용 등 다양한 수단들이 환경보호를 위하여 사용되고 있습니다.

대표적으로 지도, 조사 등 비권력적인 행정지도가 환경보호를 위해 널리 활용되고 있습니다. 실례로 대법원은 지방자치단체가 악취에 관련된 주민들 의견을 청취하여 행정에 반영하려 노력하고 관할구역 내 악취배출시설인 원고의 공장에 관하여 조사하는 등 주민들이 지속적으로 촉구한 악취방지를 위하여 예방적·관리적 조치를 하는 것은 환경정책기본법이나 악취방지법의 입법취지에 부합하는 행정활동으로 적법하다고 판시한 바 있습니다.

<악취발생 등 환경법령 위반의 규제·관리를 위한 지방자치단체의 조사 등의 적법 여부 >

1. 피고 시의 시장은 환경정책기본법, 대기환경보전법, 악취방지법, 골재채취법, 도로교통법, 도로법 등 관련 법령에 따라 원고 공장이나 그 주변에서 발생 가능한 위법행위를 지도하거나 조사할 권한이 있고, 이 사건 조사·단속행위 전부터 원고의 공장과 그 주변에서는 악취 발생 이외에도 대기환경보전법위반, 골재채취법위반, 오염토양 정화조치 불이행, 개발제한구역에서의 불법 증축, 과적 화물차량 출입과 비산먼지 발생 등 여러 위법행위가 계속되어 왔다. 원고의 공장과 그 주변에서 벌어지는 이러한 반복적 위법행위에 대하여 법령상 규제 권한에 근거하여 조사·단속한 것을 두고, 피고 시가 실현하려 한 법령상의 행정목적을 도외시한 채 다른 부당한 목적이 있었다고 단정하기 어렵다.

2. '악취'는 환경오염의 하나로서 주민의 건강과 생활환경에 영향을 미친다. 피고 시가 악취에 관련된 주민들 의견을 청취하여 행정에 반영하려 노력하고 관할구역 내 악취 배출시설인 원고의 공장에 관하여 조사 등을 하는 것은 환경정책기본법이나 악취방지법의 입법취지에 부합하는 행정활동이다. 헌법상 국가와 국민의 환경보전의무를 바탕으로 주민의 건강과 생활환경의 보전을 위하여 사업장에서 배출되는 악취 등 환경오염을 규제·관리하고자 하는 목적의 행정활동이기 때문이다.

3. 악취 관련 민원이 수년간 지속되고, 복합악취나 지정악취물질이 3회 이상 배출허용기준을 초과하여 원고의 공장이 악취배출시설로 지정되었다는 것은 악취 발생이 빈번하고, 발생된 악취의 정도가 지역 주민 등의 건강 및 일상생활에 상당한 지장을 끼치는 수준에 이르렀다는 것을 의미한다. 따라서 피고 시로서는 주민들이 지속적으로 촉구한 악취방지를 위하여 예방적·관리적 조치를 할 필요성도 컸다. 경기도지사가 대기환경보전법상 대기배출시설 설치허가는 하였지만, 악취 발생 억제 조치는 여전히 미흡하다고 판단한 피고 시로서는 원고의 공장 가동이나 그로 인한 악취 배출 등을 감시할 필요가 있었다고 판단된다. 악취는 일단 발생하여 배출되면 그 확산과 피해를 막기 어렵기 때문이다.

4. 피고 시 소속 일부 공무원들이 주민들의 민원에 응대하고 불만을 진정시키는 과정에서 일부 부적절한 표현을 사용하였다는 점만으로 피고 안양시에 부당한 목적이 있었다고 단정할 수 없고, 이 사건 조사·단속행위의 필요성을 인정함에 있어서 손해배상청구소송과 동일한 정도의 증명이 요구되는 것도 아니다.

5. 행정기관이 사업자의 영업권과 국민의 환경권 사이의 이해관계를 조정하기 위하여 대기환경보전법, 악취방지법 등 환경관련 법령에 따른 행정활동을 한 결과 사업자의

영업활동에 불이익이 발생했다는 사정만으로 행정활동이 비례의 원칙을 위반한다고 단정할 수 없다.[91]

---

91) 대법원 2022.9.7 선고 2020다270909 판결(손해배상 청구의 소 (바) 파기환송(일부)). 아스콘 공장을 운영하는 원고가, 피고 안양시 공무원들이 원고 공장과 그 주변에서 실시한 이 사건 조사·단속행위가 위법하다고 주장하면서 손해배상을 청구한 사안에서, 원심은 피고 시의 이 사건 조사·단속행위는 원고로 하여금 공장 가동을 완전히 중단시키거나 이전하도록 압박할 목적으로 이루어져 그 목적이 부당하고, 비례의 원칙을 위반하였다고 판단하면서 피고 안양시의 손해배상책임을 인정하였으나, 대법원은 이 사건 조사·단속행위가 부당한 목적에서 이루어졌다거나 객관적 정당성을 잃은 위법한 행위라고 보기 어렵다고 판단하여 원심 판결을 파기환송한 사례입니다.

제3부

환경법 둘러보기

I. 탄소중립·녹색성장 기본법

1. 제정배경

최근 급격한 기후변화는 홍수, 가뭄, 한파, 산불 등의 자연재난과 화재, 감염병 등 사회재난, 일자리 감소 등 경제침체를 비롯한 전방위적인 기후위기로 표출되고 있고, 그 강도와 빈도도 전례 없이 커지고 있습니다.

2015년 수년간의 우여곡절을 겪은 후 채택된 「파리협정」은 당사국 모두에게 자발적 온실가스 감축목표 수립과 이행의무를 부과하였습니다. 이에 따라 EU, 미국, 영국, 일본 등 2050년까지 탄소중립을 앞다투어 선언하였고 우리 정부도 2020년 7월 그린뉴딜정책 발표, 같은 해 10월 2050년 탄소중립 목표를 선언하였습니다.

기존의 「저탄소 녹색성장기본법」을 토대로 한 기후위기 대응 체계는 최초로 국가 온실가스 감축목표를 설정하고, 국가 전체 온실가스 배출량의 약 70퍼센트를 포괄하는 온실가스 배출권거래제 출범의 기반을 다지는 등 2019년 우리나라 국가 온실가스 배출량 최초로 감소세 전환에 기여한 것이 사실이지만, 탄소중립사회 이행을 위한 온실가스 감축과 기후 위기 적응, 이행과정에서 일자리 감소나 지역경제·취약계층 피해최소화, 경제와 환경 조화 녹색성장 추진까지 아우르는 통합적 고려가 불충분하고 법률적 기반에 한계가 있다는 비판을 받았던 것도 사실입니다.

이에 2021년 9월 24일 제정된 「탄소중립·녹색성장 기본법」(법률 제18469호 시행 2022.9.25)은 중장기 온실가스 감축목표 설정과 이를 위한 국가기본계획의 수립·시행, 이행현황의 점검 등을 포함하는 기후위기 대응 체계 정비, 기후변화 영향평가 및 탄소흡수원의 확충 등 온실가스 감축시책과 국가·지자체·공공기관의 기후위기 적응대책 수립·시행, 정의로운 전환 특별지구의 지정등 정의로운 전환 시책, 녹색기술·녹색산업 육성·지원 등 녹색성장시책을 포괄하는 정책수단과 이를 뒷받침할 기후대응기금 신설로 탄소중립 사회로의 이행과 녹색성장의 추진을 위한 제도와 기반을 구축하기에 이르렀습니다.

2. 주요내용

2.1. 입법목적

이 법은 기후위기의 심각한 영향을 예방하기 위하여 온실가스 감축 및 기후위기 적응대책을 강화하고 탄소중립 사회로의 이행과정에서 발생할 수 있는 경제적·환경적·사회적 불평등을 해소하며 녹색기술과 녹색산업의 육성·촉진·활성화를 통해 경제와 환경의 조화로운 발전을 도모함으로써, 현재 세대와 미래 세대의 삶의 질을 높이고 생태계와 기후체계를 보호하며 국제사회의 지속가능 발전에 이바지하는 것을 목적으로 천명하고 있습니다(제1조).

2.2. 추진체계

법은 탄소중립사회로 이행을 위한 추진체계를 다음과 같이 설계하고 있습니다.

첫째, 정부는 2050년까지 탄소중립을 목표로 하여 탄소중립 사회로 이행하고 환경과 경제의 조화로운 발전을 도모하는 것을 국가비전으로 하며, 이를 실현하기 위한 국가전략을 수립하여야 합니다(§7).

둘째, 국가비전을 달성하기 위한 중장기감축목표를 설정하고, 그 이행현황을 매년 점검하며, 중앙행정기관·지방자치단체·공공기관은 부진·개선사항을 해당 기관의 정책 등에 의무적으로 반영하도록 되어 있습니다(§§7-8).

셋째, 정부는 국가비전 및 중장기감축목표를 달성하기 위해 20년을 계획기간으로 하는 국가 탄소중립 녹색성장 기본계획을 5년마다 수립·시행하도록 하고, 시·도지사와 시장·군수·구청장은 국가기본계획과 관할구역의 지역적 특성 등을 고려하여 10년을 계획기간으로 하는 시·도 탄소중립 녹색성장 기본계획 및 시·군·구 탄소중립 녹색성장 기본계획을 5년마다 수립·시행하도록 하도록 되어 있습니다(§§10-12).

넷째, 정부의 탄소중립 사회로의 이행과 녹색성장의 추진을 위한 주요 정책·계획과 그 시행에 관한 사항을 심의·의결하기 위하여 대통령 소속으로 2050

탄소중립녹색성장위원회를 설치하고, 지방자치단체별로는 2050 지방탄소중립 녹색성장위원회를 둘 수 있도록 설치근거를 마련하였습니다(§§ 15, 22).

2.3. 정책수단

2.3.1. 기후변화 대책

「탄소중립·녹색성장 기본법」이 채택한 정책수단은 온실가스 감축(mitigation) 대책과 기후위기 적응(adaptation) 대책으로 구성되는데 각각 제5장(§§ 23-36)과 제6장(§§ 37-46)에서 규정하고 있습니다.

(1) 감 축

법은 정부에 기후변화영향평가, 온실가스감축인지 예산제도, 배출권거래 제, 목표관리제, 탄소중립 도시, 지역 에너지 전환 지원, 녹색건축물, 녹색교통, 탄소흡수원 확충, 탄소포집·이용·저장기술, 국제 감축사업, 온실가스 종합정보 관리체계 구축 등 온실가스 감축을 위한 제도·시책을 시행하도록 하고 있습니다(§§ 23-36).

(2) 적 응

법은 정부·지방자치단체 및 기후위기 영향에 취약한 시설을 보유·관리하 는 공공기관은 기후위기적응대책을 5년마다 수립·시행하도록 하고, 이 외에도 기후위기 감시·예측, 지역 기후위기 대응사업, 기후위기 대응을 위한 물 관리, 녹색국토의 관리, 농림수산 전환 촉진, 국가 기후위기 적응센터 지정 등 기후위 기 적응을 위한 제도·시책을 시행하도록 하고 있습니다(§§ 37-46).

이러한 '감축과 적응'과는 달리 기존의 「저탄소 녹색성장 기본법」은 녹색성장을 위한 다 양한 환경정책수단들과 함께 교토메커니즘에서 제시된 공동이행제도(JI), 청정개발체제 (CDM) 등의 탄력적 환경관리수단(flexible mechanism)과 자율환경관리방식(voluntary agreement) 등을 규정하고 있었습니다. 탄력적 환경관리수단이란 국내 환경문제보다는 기후변화 관련 온실가스 문제를 접근하는 방법으로 국내외에서 각광을 받아 온 환경정책 수단들을 말합니다.[1] 배출권거래제도, 공동이행제도, 청정개발체제 등 기후변화문제를 접근하는 데 가장 비용효율적인 수단들이지요. 이들 수단에 대해서는 국제적 사용에 대

---

1) 환경백서 2000, 제2부 제2장.

해서 완전한 합의가 이루어진 것은 없지만, 교토의정서(Kyoto Protocol)에서 구체적인 범위를 규율하고 있습니다. 배출거래제(ETS: Emission Trading System 의정서 17조)는 온실가스 배출한도가 부여된 국가간 실제배출량과 할당배출량의 차이에 해당하는 배출권을 자유롭게 거래할 수 있는 제도이고, 공동이행제(JI: Joint Implementation 의정서 6조)란 온실가스 배출의무를 가진 국가 혹은 그 국적을 가진 사업주체들이 공동으로 배출감축사업에 참여하고 그 부가적인 배출감축 성과를 참가당사자간 합의에 따라 분할하여 자국의 배출감축 의무할당량을 상쇄하는 데 쓸 수 있도록 하는 제도입니다. 그리고 청정개발체제(CDM: Clean Development Mechanism 의정서 12조)란 온실가스 배출의무를 가진 국가 혹은 그 국적을 가진 사업주체들이 그렇지 아니한 국가 혹은 그 국적을 가진 사업주체와 합의하여 공동으로 배출감축사업에 참여하고 배출감축의무를 진 참가당사자가 인증된 배출감축성과를 자국 배출감축 의무할당량의 일부로 상쇄하는 데 쓸 수 있도록 하는 제도를 말합니다.

(3) 정의로운 전환

탄소중립으로 전환하는 과정에서 기후위기에 취약한 계층이나 인구집단, 지역과 산업 부문에 대한 배려와 대책이 필요하다는 인식이 공감대를 넓혀 왔습니다. 특히 급격한 기후변화에 따른 홍수, 가뭄, 한파, 산불 등의 자연재난과 화재, 감염병 등 사회재난으로부터 직접 타격을 입을 뿐만 아니라 일자리 감소, 지역경제의 위축, 침체 등 사회적·경제적 불평등에 다른 부문보다 더욱 심각한 양상으로 노출되거나 희생될 위험성이 커지고 있지요. 이에 법은 '정의로운 전환'이라는 표제 아래 제7장에서 정부에 기후위기 사회안전망을 마련하도록 하는 한편, '정의로운전환 특별지구'를 지정하며, 사업전환 지원, 자산손실 위험 최소화, 국민 참여 보장, 협동조합 활성화, 정의로운전환 지원센터 설립 등 정의로운 전환을 위한 제도·시책을 시행하도록 하였습니다(§§ 47-53).

① 기후위기 사회안전망 구축

정부는 기후위기에 취약한 계층 등의 현황과 일자리 감소, 지역경제의 영향 등 사회적·경제적 불평등이 심화되는 지역 및 산업의 현황을 파악하고 이에 대한 지원 대책과 재난대비 역량을 강화할 수 있는 방안을 마련하도록 하였습니다(§ 47).

② 정의로운 전환 특별지구의 지정 등

정부는 다음 각호의 어느 하나에 해당하는 지역을 위원회의 심의를 거쳐

정의로운전환 특별지구(이하 "특구"라 한다)로 지정할 수 있습니다(§ 48 ①).

1. 탄소중립 사회로의 이행 과정에서 급격한 일자리 감소, 지역경제 침체, 산업구조의 변화에 따라 고용환경이 크게 변화되었거나 변화될 것으로 예상되는 지역
2. 탄소중립 사회로의 이행 과정에서 사회적·경제적 환경의 급격한 변화가 예상되거나 변화된 지역으로서 대통령령으로 정하는 요건을 갖춘 지역
3. 그 밖에 위원회가 탄소중립 사회로의 이행 과정에서 발생할 수 있는 사회적·경제적 불평등을 해소하기 위하여 특구 지정이 필요하다고 인정하는 지역

정부는 위와 같은 지정사유가 소멸하는 등 대통령령으로 정하는 사유가 있는 경우 위원회의 심의를 거쳐 특구 지정을 변경 또는 해제할 수 있습니다(§ 48 ③).

정부는 특구로 지정된 지역에 대하여 다음과 같은 지원을 포함하는 대책을 수립·시행하여야 합니다(§ 48 ②).

1. 기업 및 소상공인의 고용안정 및 연구개발, 사업화, 국내 판매 및 수출 지원
2. 실업 예방, 실업자의 생계 유지 및 재취업 촉진 지원
3. 새로운 산업의 육성 및 투자 유치를 위한 지원
4. 고용촉진과 관련된 사업을 하는 자에 대한 지원
5. 그 밖에 산업 및 고용 전환을 촉진하기 위하여 필요한 행정상·금융상 지원 조치 또는 「조세특례제한법」 등 조세에 관한 법률에서 정하는 바에 따른 세제상의 지원 조치

③ 사업전환 지원

정부는 기후위기 대응 및 탄소중립 사회로의 이행 과정에서 영향을 받을 수 있는 대통령령으로 정한 업종에 종사하는 기업 중 「중소기업기본법」 제2조 제1항에 따른 중소기업자가 녹색산업 분야에 해당하는 업종으로의 사업전환을 요청하는 경우 이를 지원할 수 있습니다(§ 49 ①).

④ 자산손실 위험의 최소화 등

화석연료 기반의 탄소경제가 탄소중립경제로 전환하는 과정에서 정유, 석유화학, 조선, 자동차 산업과 온실가스 대량 배출 산업인 철강, 시멘트, 플라스틱 산업, 이들 산업이 보유한 자원의 매장량이나 시설이 급속히 가치가 사라질 것으로 전망되고 있습니다. 이들 자산을 '좌초자산'(stranded asset)이라 부르는데,

엄청난 규모의 좌초자산에 기인한 금융위기, 즉 '탄소 버블'(carbon bubble)의 위협도 경종을 울리고 있습니다.[2] 이러한 배경에서 「탄소중립·녹색성장 기본법」은 전환에 따른 자산손실 위험을 최소화할 수 있도록 다음과 같은 규정을 두었습니다.

정부는 온실가스 배출량이 대통령령으로 정하는 기준 이상에 해당하는 기업에 대하여 탄소중립 사회로의 이행이 기존 자산가치의 하락 등 기업 운영에 미치는 영향을 평가하고, 사업의 조기 전환 등 손실을 최소화할 수 있는 지원시책을 마련하여야 합니다(§ 50 ①).

또한 정부는 투자자 등의 보호를 위하여 기업 등 경제주체가 기후위기로 인한 자산손실 등의 위험을 투명하게 공시·공개하도록 하는 제도를 마련하여야 합니다(§ 50 ②).

⑤ 국민참여 보장을 위한 지원

법은 정부로 하여금 탄소중립 사회로의 이행을 위한 정책의 수립·시행 과정에서 국민참여를 보장하고 국가와 지방자치단체의 정책 제안 플랫폼을 통해 제안된 의견을 반영하기 위하여 「행정절차법」 제52조 및 제53조에 따라 필요한 행정적·재정적 지원을 할 수 있도록 하였습니다(§ 51 ①).

⑥ 협동조합 활성화

정부는 신·재생에너지의 보급·확산 등 에너지 전환과 탄소중립 사회로의 이행 과정에서 발생하는 이익을 공정하고 공평하게 공유하기 위하여 「협동조합 기본법」 제2조 제1호 및 제3호에 따른 협동조합 및 사회적 협동조합의 활동을 행정적·재정적·기술적으로 지원할 수 있습니다(§ 52 ①).

⑦ 정의로운전환 지원센터의 설립 등

법은 국가와 지방자치단체가 탄소중립 사회로의 이행 과정에서 일자리 감소, 지역경제 침체 등 사회적·경제적 불평등이 심화되는 산업과 지역에 대하여 그 특성을 고려한 정의로운전환 지원센터를 설립·운영할 수 있도록 하였습니다(§ 53 ①).

---

2) 이에 관해서는 제러미 리프킨 (2020) 안진환 역. 글로벌 그린 뉴딜 2028년 화석연료 문명의 종말 -그리고 지구 생명체를 구하기 위한 대담한 경제 계획. 민음사 참조.

2.3.2. 녹색성장 시책

법은 제8장에서 녹색성장을 위한 다양한 시책을 강구하고 있습니다. 정부는 녹색경제·녹색산업을 육성·지원하고, 녹색경영, 녹색기술 연구개발·사업화, 기후위기 대응을 위한 조세·금융, 녹색기술·녹색산업에 대한 지원·특례, 표준화·인증, 집적지·단지 조성, 일자리 창출, 정보통신 기술·서비스 시책, 순환경제 활성화 등 녹색성장을 위한 제도·시책을 시행하여야 합니다 (§§ 54-§§ 64).

2.3.3. 탄소중립 사회 이행과 녹색성장의 확산

법은 제9장에서 탄소중립 사회 이행과 녹색성장의 확산을 위한 정책적 처방을 내리고 있습니다. 이에 따라 지방자치단체는 탄소중립 사회 이행과 녹색성장 추진을 위한 탄소중립 지방정부 실천연대를 구성·운영할 수 있고, 정부는 녹색제품 등 생산·소비 문화의 확산, 녹색생활 운동 지원 및 교육·홍보, 탄소중립 지원센터 설립 등 탄소중립 사회 이행과 녹색성장이 사회 전반에 확산되도록 하기 위한 제도·시책을 시행하도록 되어 있습니다(§§ 65-§§ 68).

II. 환경정책기본법

1990년 8월 1일 제정되어 이듬해 2월부터 시행된 「환경정책기본법」(법률 제4257호)은 1990년 환경법 대분화 과정에서 초석(corner stone)이 되었습니다.[3] 당시까지만 해도 흔치 않았던 '기본법' 지위를 가진 이 법률은 향후 한국의 환경정책과 환경법 발전의 기틀을 만든 획기적인 법률이었습니다.[4] 환경정책기본법은 환경권에 관한 헌법이념에 근거하여 환경보전에 관한 국민의 권리·의무와 국가의 책무, 환경정책의 기본이념과 방향을 명확히 하고 분야별 개별법에 공통된 사항을 규정하고 있습니다.

---

3) 「환경정책기본법」의 제정배경에 관해서는 전병성, "우리나라 환경법의 발전과 환경정책기본법의 제정", 「환경법연구」, 제14권(1992), 88 이하를 참조.

4) 홍준형, "한국환경법의 발전과 환경법학회의 역할", 한국환경법학회 40년 기념 학술대회 기조발제문, 8-9.

환경정책기본법은 제1조에서 "이 법은 환경보전에 관한 국민의 권리·의무와 국가의 책무를 명확히 하고 환경정책의 기본이 되는 사항을 정하여 환경오염과 환경훼손을 예방하고 환경을 적정하게 관리·보전함으로써 모든 국민이 건강하고 쾌적한 삶을 누릴 수 있도록 함을 목적으로 한다"고 규정합니다. 이 조항은 「환경보전을 위하여 노력해야 할 국가와 국민의 헌법적 의무」를 규정한 헌법 제35조 제1항 제2문, 그리고 「환경정책기본법」 제4조와 더불어 가장 기본적이고 일반적인 환경법의 목적규범을 구성합니다.

1. 기본법으로서 환경정책기본법

「환경정책기본법」은 '기본법' 형식을 취하고 있습니다.[5] "환경보전에 관한 국민의 권리·의무와 국가의 책무를 명확히 하고 환경보전시책의 기본이 되는 사항을 정함으로써 환경오염으로 인한 위해를 예방하고 자연환경 및 생활환경을 적정하게 관리·보전"한다는 법목적은 그 기본법으로서의 위상을 잘 드러내 주고 있습니다.

기본법이란 일반적으로 중요한 국정 분야에 관한 정책과 입법의 근간을 이루는 사항을 정한 총괄규범을 말합니다. 이것은 일반법-특별법의 구별과는 달리 기본법-분야별 개별법이란 입법유형에 따른 실체적 개념입니다. 국내 문헌 가운데에는 기본법의 내용적 특성 또는 공통적 구성요소를 통해 그 성격을 규정하는 견해들이 있습니다. 가령 기본법을 "국가의 중요 목표를 달성하기 위하여 시책과 계획, 그리고 국가나 지방자치단체 등의 책무, 이를 추진할 범정부적인 조직체계 등을 규정함으로써 국가구성원의 목표달성을 위한 역량을 결집시키고, 그 목표를 구체적으로 실현하는 다른 법률(실시법)의 재·개정 및 해석의 지침이 되는 법률"이라고 정의하기도 합니다.[6] 이러한 관점은 현상적으로 '기본

---

5) 기본법의 법체계상 지위에 관해서는 조정찬, 1989, "법령상호간의 체계에 관한 연구", 「법제」 통권 제268호, 19이하; 박영도, 1993, "기본법의 법제상의 위치", 「법제연구」, 통권 제5호, 276 이하; 小早川光郎, 1993, 行政政策過程と"基本法", 「國際化時代の行政と法」(成田賴明 退官記念), 59를 참조. 기본법이란 관념의 용례에 관해서는 조정찬, 같은 글, 17이하와 박영도, 같은 글, 274-275를 참조. 아울러 김현준, 기본법의 정체성 문제와 이른바 행정기본법 명명의 오류, 법조 제68권 제4호(법조협회 2019.8.28, 통권 제736호) 7-41: http://dx.doi.org/10.17007/klaj.2019.68.4.001을 참조.

6) 김현준, 2019, 26.

법'이란 명칭을 가진 법률들이 가진 공통적 요소들(입법의 이념, 방향, 기본정책, 추진체계, 유관기관의 책임, 재정 등)에 착안한 것이어서 실용적 가치가 있지만, 기본법 종별에 따라 그 체계나 내용이 다양하므로 그 유개념적 속성을 일률적으로 정의해 주지는 못합니다. 그런 뜻에서 기본법이란 '중요한 국정 분야에 관한 기본정책, 입법방향 등을 설정하여 분야별 입법과 법령의 해석, 적용, 집행을 향도해 나가려는 입법권자의 의지를 반영한 총괄법규범'으로 파악하는 것이 온당합니다. 기본법이란 입법유형은 실은 일본에서 유래한 것인데, 일본의 기본법 개념 역시 대동소이합니다. 대표적으로 원용되는 일본 참의원법제국의 기본법 정의에 따르면, 기본법이란 "국정에 중요한 비중을 가지는 분야에 대하여 국가의 제도, 정책, 대책에 관한 기본방침·원칙·준칙·대강을 명시한 것"을 말합니다.[7]

한편 '기본법'이란 입법유형에 대한 헌법 규정은 없습니다. 헌법에 명문의 근거가 없는 한, 일반적 국법형식인 '법률'과 구별되는 '기본법'이란 입법유형을 따로 인정할 법적 근거 역시 존재하지 않습니다. 따라서 '超法律'(Supergesetz)[8] 또는 "같은 법률이면서 다른 법률의 상위에 위치하는 법"[9]으로서 기본법이란 범주를 인정할지는 회의적입니다.[10] 형식적으로 동등한 효력을 갖는 법률 사이에는 '특별법 우선의 원칙'(lex-specialis-Regel), '신법 우선의 원칙'(lex-posterior-Regel)에 따라 적용의 우선(Anwendungsvorrang)을 결정하지만,[11] 효력의 우선(Geltungsvorrang)에 관하여는 이렇다 할 법원칙이 존재하지 않습니다.[12] 형식적으로 동등한 효력을 지닌 복수의 법률 사이에 기본법이란 명칭 또는 기본법으로서의 내용을 근거로 효력의 우열을 가릴 수 있는지는 의문입니다. 물론 입법자의 의사를 중시하여 법률 해석 차원에서 우월성을 인정하는 입장도 있을 수

---

7) 일본의 기본법 성격에 관해서는 김현준, 2019, 9-12(각주 8) 등을 참조.

8) Breuer, Rüdiger, "Selbstbindung des Gesetzgebers durch Programm und Plangesetz", DVBl. 1970, 101.

9) 김철용, "행정규제와 민원고충처리", 「고시계」 1994/5, 89.

10) 同旨 김현준, "저탄소 녹색성장 기본법의 법적 성질 및 다른 법률과의 관계", 「공법연구」 제39집 제2호, 한국공법학회, 2010, 489-518, 501-502.

11) Maurer, Allgemeines Verwaltungsrecht, 12.Aufl., 1999, § 4 Rn.37ff.

12) 이에 관하여 마우러는 일반추상적인 법률이 그것을 집행하는 법률에 우선한다고 적고 있으나(Maurer, Allgemeines Verwaltungsrecht, 1999, 12.Aufl., § 4 Rn. 41), 논란이 있습니다(Püttner, "Unterschiedliche Rang der Gesetze?", DÖV 1970, 322ff.; Maurer, in: Festschrift für Obermayer, 1986, 101f.).

있습니다.[13]

그러나 헌법상 국회에 입법권이 부여된 일반적 국법형식인 법률과 달리 입법권자의 의사나 규율 내용의 특수성만을 가지고 '기본법'이란 새로운 법형식의 범주를 창설하는 결과를 정당화할 수 있을지는 극히 의심스럽습니다.[14] 또 어떤 법률에 기본법이란 명칭을 부여지 확립된 기준이 없고 또 입법 실제로도 그때그때 기본시책이나 계획, 프로그램, 대강, 기본조직 등을 규정하는 법률에 '기본법'이란 명칭을 붙여 왔을 뿐 통일적 기준이나 근거가 존재하지 않는 이상, '기본법'이란 법률 유형에 일반적으로 특수한 법적 효력을 부여하기는 사실상 곤란하다는 점도 고려해야 합니다.

그렇다면 「환경정책기본법」은 그 '기본법'이란 명칭·형식에도 불구하고 그 것을 구체화하기 위한 세부법, 즉 환경관련 개별법률에 대해 형식적으로 우월한 효력을 가진다고 볼 수는 없습니다. 그 법적 기능은 개별법 해석의 지침으로서 또는 입법정책적 방향제시 정도에 그칠 뿐입니다.[15] 「환경정책기본법」은 제6조의2에서 다른 법률과의 관계를 "환경정책에 관한 다른 법령 등을 제정하거나 개정하는 경우에는 이 법의 목적과 기본이념에 부합하도록 해야 한다"고 설정하는데 이 역시 기본법으로서 위상을 확보하기 위한 최소한의 장치로 이해됩니다.

2. 환경정책기본법의 주요내용

「환경정책기본법」은 총칙, 환경계획 수립등, 법제 및 재정상의 조치, 환경보전자문위원회, 보칙 등 5장과 부칙으로 이루어져 있습니다. 제1장 총칙(1-11)은 법의 목적, 기본이념, 정의, 국가 및 지방자치단체의 책무, 사업자의 책무, 국민의 권리와 의무, 오염원인자책임원칙, 환경오염등의 사전예방, 환경과 경제의 통합적 고려 등, 자원 등의 절약 및 순환적 사용 촉진, 보고 등을 규정합니다. 제2장 환경보전 계획수립등(12-39)에서는 제1절에서 환경기준의 설정 및 유지에 관한 규정들을 두고, 제2절에서 기본적 시책으로 국가환경종합계획의 수

---

13) 遠藤博也(1976), 70.

14) 朴英道(1993), 280.

15) 기본법의 법적 성질과 위상에 관해서는 박정훈, "입법체계상 기본법의 본질에 관한 연구 -일본의 기본법을 중심으로", 법조, 2009/12(Vol. 639), 272-317; 김현준, 2010, 489-518 등을 참조.

립·내용·시행, 환경보전중기종합계획의 수립, 시·도 및 시·군·구 환경계획의 수립 등, 국가환경종합계획 등의 공개, 개발계획·사업의 환경적 고려 등, 환경상태의 조사·평가, 환경친화적 계획기법등의 작성·보급, 환경정보의 보급 등, 환경보전에 관한 교육 등, 민간환경단체의 환경보전활동 촉진, 국제협력 및 지구환경보전, 환경과학기술의 진흥, 환경보전시설의 설치·관리, 환경보전을 위한 규제 등, 배출허용기준의 예고, 경제적 유인수단, 유해화학물질의 관리, 방사성물질에 의한 환경오염의 방지 등, 과학기술의 위해성 평가 등, 환경성질환에 대한 대책, 국가시책 등의 환경친화성 제고, 특별종합대책의 수립, 영향권별 환경관리 등을 규정하는 한편, 제3절에서 자연환경의 보전에 관한 기본적 사항을 정하고 있습니다. 제4절에서는 분쟁조정, 피해구제 및 환경오염의 피해에 대한 무과실책임(42-44), 제5절에서는 환경개선특별회계의 설치(45-53)에 관해 규정하고 있습니다. 이어서 제3장에서는 환경보전, 관리 등을 위한 법제 및 재정상의 조치로서 법제상의 조치 등, 지방자치단체에 대한 재정지원 등, 사업자의 환경관리 지원 조사·연구 및 기술개발에 대한 재정지원 등에 관한 규정들을 두고 (54-57), 제4장에서는 환경부장관 소속 환경정책 심의·자문기구로 환경정책위원회, 한국환경보전원에 관한 규정들(58-59)을 두고 있으며, 제5장 보칙(60-61)에서는 권한의 위임·위탁, 벌칙 적용시 공무원 의제에 관한 규정을 두고 있습니다. 앞서 대부분 설명되었으므로 상세한 설명은 생략합니다.

Ⅲ. 환경영향평가법

1. 환경영향평가와 환경영향평가법

환경영향평가(Environmental Impact Assessment: EIA, Umweltverträglichkeitsprüfung: UVP)는 '사전배려' 또는 '예방'의 원칙에 배경을 둔 환경정책수단입니다. 넓은 의미로는 정책(Policy), 계획(Plan), 프로그램(Program), 사업(Project) 등이 환경에 미칠 영향을 종합적으로 예측하고 분석·평가하는 과정으로, 환경파괴와 환경오염을 사전에 방지하여 환경적으로 건전하며 지속가능한 개발(Environmentally Sound and Sustainable Development, ESSD)을 달성하고자 하는 정책수단입니다.

1992년 리우선언의 '원칙 4'는 "지속가능한 발전을 성취하기 위하여 환경보호는 개발과정의 중요한 일부를 구성하며 개발과정과 분리시켜 고려되어서는 아니 된다"고 요구합니다. 환경영향평가는 개발과 환경의 통합을 구체화한 대표적인 제도적 수단입니다.

환경보호법제가 아무리 잘 정비되어 있어도 환경에 침해적 영향을 미치는 요인들을 사전에 파악하여 통제할 방법이 마련되지 않으면 실효적인 환경보전을 기대할 수 없고 오히려 불필요한 시간과 노력의 낭비를 낳을 뿐입니다. 그런 배경에서 환경영향평가는 환경 위해요인을 사전에 예측·평가하여 저지 또는 완화방안을 강구할 수 있도록 해 주는 매우 현명하고 효과적인 수단입니다. 이것은 1969년 미국의 「국가환경정책법」(National Environmental Policy Act: NEPA)에서 도입된 사전예방원칙(precautionary doctrine)에 따른 제도로,[16][17] 개발계획의 수립 또는 공사시행에 앞서 개발자로 하여금 미리 당해 개발이 환경에 미치는 영향을 조사·평가하게 하여 사업계획 승인과정에서 대책을 마련토록 하거나 인·허가 심사에 반영하는 등 규제와 결부시키게 됩니다.[18]

당초 이 제도는 주로 정부사업 추진시 보사부와 협의의무를 부과하는 수준에 그쳤고 그나마 관계부처의 이해 부족으로 사문화되다시피 하다가, 1979년 발족된 환경청의 활동에 힘입어 마련된 1981년 「환경영향평가서 작성에 관한 규정」에 따라 1982년부터 시행되기 시작했습니다. 미국의 경우 당초 소극적이었던 환경보호청(EPA)의 태도에도 불구하고 이 제도가 주로 환경단체들의 영향력행사와 의회의 이니시어티브로 도입, 활용되어

16) 이처럼 미국의 국가환경정책법 제102조(NEPA § 102)의 규정이 환경영향평가제도의 효시라 할 수 있습니다. 각국의 환경영향평가제도에 관하여는 전재경, 「환경영향평가법연구」(1994, 한국법제연구원): 전병성, "우리나라 환경법의 발전과 환경정책기본법의 제정", 「환경법연구」 제14집(1992), 112 이하를 참조.

17) 독일의 경우에도 1985년 6월 27일 의결된 「일정한 공적·사적 사업에 있어 환경영향평가에 관한 유럽공동체평의회 지침」(Die Richtlinie des Rates über Umweltverträglichkeitsprüfung bei bestimmten öffentlichen und privaten Projekten)을 국내에 실시하기 위한 시행법률(Umsetzungsgesetz)로서 1990년 2월 12일 제정된 법률에 따라 기본법(Stammgesetz)으로서 환경영향평가법(UVPG)이 제정되었습니다. 이 법률은 연방법 및 주법상 환경영향평가에 관한 특별한 규정이 없는 경우에만 보충적으로 적용되는데, 이에 따르면 환경영향평가는 동법 부속규정에 제한적으로 열거된 각종 사업의 인·허가 등을 위한 사전적 행정절차로서 실시되도록 되어 있습니다(Bender/Sparwasser, aaO, Rn.79(27).

18) 이러한 의미에서 환경영향평가를 비독립적 행정절차라고도 부를 수 있습니다(이에 관하여는 김성수, 고시계 1993/3, 96 및 각주 13의 문헌을 참조).

정부규제 측면 외에도 공공참여(public participation)의 측면이 부각되었습니다. 반면에 한국에서는 주로 행정규제 목적 아래 도입·시행되다가, 여소야대 정국에서 우여곡절 끝에 1990년에 가서 비로소 주민참여기회를 부여하는 방향으로 제도 정비가 이루어졌습니다.

현행 환경영향평가제도의 특성은 **환경부가 협의 주체가 되는 협의제도, 사업자를 환경영향평가 및 평가서 작성의무 주체로 했다는 점**, 환경평가 대상 사업과 항목을 법률로 명시했다는 점, 평가서 전문 검토기관이 있다는 점입니다.[19)]

환경영향평가의 대상, 절차 및 방법 등에 관한 사항을 따로 법률로 정하도록 한 「환경정책기본법」 규정(§41 ②)에 따라 「환경영향평가법」은 환경영향평가를 세부적으로 규율하고 있습니다. 법은 제1조에서 "환경에 영향을 미치는 계획 또는 사업을 수립·시행할 때에 해당 계획과 사업이 환경에 미치는 영향을 미리 예측·평가하고 환경보전방안 등을 마련하도록 하여 친환경적이고 지속가능한 발전과 건강하고 쾌적한 국민생활을 도모함"을 목적으로 천명하고 있습니다. 환경영향평가란 "환경에 영향을 미치는 실시계획·시행계획 등의 허가·인가·승인·면허 또는 결정 등을 할 때에 해당 사업이 환경에 미치는 영향을 미리 조사·예측·평가하여 해로운 환경영향을 피하거나 제거 또는 감소시킬 수 있는 방안을 마련하는 것"을 말한다고 정의되고 있습니다(§2 2호).

일반적으로 환경영향평가제도의 기능으로는 환경영향에 관한 정보를 정책결정권자에게 제공함으로써 정책 결정시 반영하도록 하는 정보제공 기능, 정보제공, 주민의견 청취 등의 일련의 환경영향평가 절차를 통하여 합의형성을 촉진하는 합의 형성기능, 정책결정권자에게 환경적인 측면에서 유용한 정보를 제공하여 친환경적인 계획을 수립하도록 유도하는 유도기능, 평가협의 또는 협의조건 미이행 제재 등 사후관리를 통한 규제기능 등이 있습니다.[20)] 우리나라의 경

---

19) https://www.eiass.go.kr/openapiguide/kei_html/chapter01.html.

20) 환경부 홈페이지(http://www.me.go.kr/web/185/me/c3/page3_12_10_1.jsp) 및 淺野 直人, 環境影響評價制度と法, 1998, 30-33을 참조. 이 제도는 첫째, 평가기법 및 정보·자료 등이 충분히 발달되지 못하여 미래에 대한 정확한 예측이 곤란하고, 둘째, 경제적 편익에 비하여 환경적 손실은 계량화 및 금전화가 상대적으로 어려워 각 대안간 과학적인 비교·검토가 곤란하며, 셋째, 개발과 보전의 조화수준에 대한 판단기준을 정하기 어려워 각 개인의 가치관(개발과 보전 사이의 가치준거)에 따라 서로 다른 의견이 제시될 우려가 있다는 한계가 있습니다(환경부, 「환경영향평가법」 해설, 2009.8, 5).

우, 환경영향평가는 '사업의 시행으로 인하여 자연환경, 생활환경 및 사회·경제환경에 미치는 해로운 영향을 예측·분석하고 이에 대한 대책 강구를 위한 평가'에 그칠 뿐, 환경영향평가의 결과를 그 대상사업의 승인(인·허가) 조건으로 삼는 데까지 이르지는 못하고 있습니다. 이처럼 현행 환경영향평가제도는 규제수단으로서 직접적 구속력이나 강도 면에서는 그 환경정책적 실효성을 기대하기 곤란하게 되어 있지만, 대상사업의 승인처분을 다툴 수 있는 원고적격의 인정범위 판단이나 의견수렴 등에 관한 행정절차법 요건 준수와 관련 법적으로 결정적 의미를 띨 수 있고, 환경영향평가 대상지역 주민들과의 분쟁해결에서도 중요한 결과를 가져올 수 있습니다.

아울러 환경영향평가제도는 사법부가 환경소송을 통해 환경정책과정에 영향을 미치는 통로 역할을 하게 됩니다. 특히 환경문제에 대한 법원의 태도에 따라 환경영향평가제도의 효용과 실효성이 좌우될 수 있습니다.

미국의 경험은 그 점을 잘 보여줍니다. '환경의 시대'였던 1970년대에는 고속도로건설, 댐건설사업 시행이나, 원자력발전소조업허가 등과 같이 연방정부가 자금지원프로젝트나 정부규제사업을 시행하기 전에 환경영향평가서(environmental impact statement: EIS)를 작성하도록 의무화한 국가환경정책법(NEPA)과 관련된 소송사건들이 크게 증가했습니다. 연방법원들은 이들 소송사건에서 관계행정기관들이 그와 같은 사업계획들의 모든 면을 레벤탈(Leventhal) 판사의 엄격심사(hard look)[21]를 제대로 준수하였다는 사실을 입증해야 한다고 주장하면서 매우 엄격한 입장을 취했고 다른 주법원들 역시 이해관계인들의 절차적 참여기회를 보장하기 위해 엄격한 태도를 견지했습니다. 그러나 1970년대말 연방대법원은 종전의 판례들을 번복하면서 국가환경정책법의 적용범위를 축소하기 시작했습니다. 버몬트양키판결(Vermont Yankee v. NRDC (1978))에서 연방대법원은 환경문제를 부적절하게 취급하였다는 이유로 원자력규제위원회(Nuclear Regulatory Commission: NRC)의 결정을 반려한 컬럼비아특별구 순회법원(District of Columbia Circuit Court)이 내린 두 건의 판결을 만장일치로 파기했습니다. 이 사건에서

---

21) 연방대법원도 이 법리를 수용했는데, 그 정점을 이룬 것은 오버톤공원판결(Citizens to Preserve Overton Park v. Volpe, 401 U.S.402(1971))이었습니다. 이 판결에서 연방대법원은 교통부가 1968년 연방보조고속도로법(Federal Aid Highway Act)에 따라 고속도로 건설을 위한 공원수용 결정을 내림에 있어 과도한 재량권을 행사하였다고 판시한 연방하급심판결을 지지했습니다. 엄격심사이론에 대하여는 백윤기, 미국 행정소송상 엄격심사원리에 관한 연구 -한국판례와의 비교분석을 중심으로-, 1995년 2월 서울대학교 법학박사학위논문을 참조.

렌퀴스트대법관(Justice William H. Rehnquist)은 순회법원이 원자력규제위원회의 재량권을 침해하고 자신의 정책적 선호를 전문가위원회의 그것에 우선 시켰다는 이유를 들어 순회법원을 질책했습니다. 이와 같이 자신들의 판결이 연방대법원에 따라 번번이 파기됨에 따라 연방법원들은 환경영향평가서의 작성을 일종의 서면절차(paper exercise)로 취급하기에 이르렀습니다. 그들은 일반적으로 환경영향평가서 작성의무의 준수 사실만 인정되면 정부의 사업계획들의 적법성을 인정하는 경향을 보였습니다. 그 결과 1980년대 들어 환경단체들이 오염통제와 자연자원관리 문제에 집중하게 됨에 따라 국가환경정책법 사건의 수가 극적으로 감소하게 되었습니다. 이처럼 법원이 환경영향평가제도에 대하여 어떠한 태도를 취하느냐에 따라 그 제도의 효용과 실효성에 영향이 미칠 수밖에 없는 것입니다.

종래 환경에 영향을 미치는 행정계획과 소규모 개발사업은 「환경정책기본법」에 따른 사전환경성검토, 대규모 개발사업은 「환경영향평가법」에 따른 환경영향평가의 대상이었으나, 같은 목적의 평가제도가 각각 다른 법률에 규정되어 평가절차가 복잡하고 사전환경성검토의 경우 서로 성격이 다른 행정계획과 개발사업을 대상으로 하여 개발사업에 대한 환경영향평가와 차별화가 곤란하고, 일부 절차의 중복으로 협의기간이 장기화되는 등 여러 가지 문제점들이 노출되었습니다. 이러한 문제점을 해소하기 위하여 2011년 7월 21일 이원화되어 있는 환경영향평가제도를 하나의 법률에 규정하여 평가절차를 합리적으로 개선하고, 환경영향평가제도의 체계성과 효율성을 높인다는 취지로 「환경영향평가법」이 전부 개정되었습니다(법률 제10892호). 이에 따라 환경영향평가를 전략환경영향평가, 환경영향평가 및 소규모 환경영향평가로 나누어 평가체계별 절차·방법 등을 구체적으로 규정하는 등 환경영향평가제도가 전면적으로 재편되었습니다.

< 환경영향평가제도의 개편 >

자료: 환경부, 「환경영향평가법」 전부개정법률안 설명자료, 2012.7

「환경영향평가법」은 그 밖에도 기존 사전환경성검토 대상 행정계획에 대하여 수립성격과 지역적 범위, 수립기간 등을 고려하여 정책계획과 개발기본계획으로 구분하고, 정책계획에 대하여는 평가서 초안 작성 및 주민의견수렴 절차를 거치지 않도록 하는 대신 전문가, 자문위원회 등을 활용하도록 개선하였고, 환경성검토협의회, 환경영향평가계획서심의위원회 및 이의신청심의위원회를 환경영향평가협의회로 통합하여 환경평가의 효율성을 제고했습니다. 아울러 개발기본계획 단계에서 전략환경영향평가서 초안에 대한 주민의견수렴을 이행한 경우, 환경영향평가서 초안 작성 및 의견수렴절차를 생략할 수 있도록 하되, 개발기본계획 단계의 주민의견수렴 절차 및 방법은 현행 환경영향평가 수준으로 강화했습니다(공청회 개최, 주민 의견 재수렴).

2. 환경영향평가 등의 기본원칙 등

2.1. 환경영향평가 등의 기본원칙

환경영향평가 등을 실시함에 있어 따라야 할 기본원칙은 다음과 같습니다.

1. 환경영향평가 등은 보전과 개발이 조화와 균형을 이루는 지속가능한 발전이 되도록 해야 한다.
2. 환경보전방안 및 그 대안은 과학적으로 조사·예측된 결과를 근거로 하여 경제적·기술적으로 실행할 수 있는 범위에서 마련되어야 한다.
3. 환경영향평가 등의 대상이 되는 계획 또는 사업에 대하여 충분한 정보 제공 등을 함으로써 환경영향평가 등의 과정에 주민 등이 원활하게 참여할 수 있도록 노력해야 한다.
4. 환경영향평가 등의 결과는 지역주민 및 의사결정권자가 이해할 수 있도록 간결하고 평이하게 작성되어야 한다.
5. 환경영향평가 등은 계획 또는 사업이 특정 지역 또는 시기에 집중될 경우에는 이에 대한 누적적 영향을 고려하여 실시되어야 한다.
6. 환경영향평가 등은 계획 또는 사업으로 인한 환경적 위해가 어린이, 노인, 임산부, 저소득층 등 환경유해인자의 노출에 민감한 집단에 미치는 사회·경제적 영향을 고려하여 실시되어야 한다.

2.2. 환경보전목표의 설정

환경영향평가 등을 하려는 자는 다음과 같은 기준, 계획 또는 사업의 성격, 토지이용 및 환경 현황, 계획 또는 사업이 환경에 미치는 영향의 정도, 평가 당시의 과학적·기술적 수준 및 경제적 상황 등을 고려하여 환경보전목표를 설정하고 이를 토대로 환경영향평가 등을 실시해야 합니다(§ 5).

> 1. 「환경정책기본법」 제12조에 따른 환경기준
> 2. 「자연환경보전법」 제2조 제14호에 따른 생태·자연도
> 3. 「대기환경보전법」, 「물환경보전법」 등에 따른 지역별 오염총량기준
> 4. 그 밖에 관계 법률에서 환경보전을 위하여 설정한 기준

과거에는 환경영향평가의 기준을 구 「환경정책기본법」 제10조에 따른 환경기준으로 삼는다고 규정했으나, 2003년 12월 30일의 개정법에서 이 기준들이 추가되었고, 이 기준에 따라 사업 시행으로 인한 환경영향과 평가 당시의 과학적 지식 및 경제적 상황 등을 고려하여 환경보전목표를 설정하고 이를 토대로 환경영향평가를 실시하게 한 것을 현행법에서 계승한 것입니다. 환경영향평가제도의 신뢰성 향상을 위한 것이지요.

3. 환경영향평가 등의 대상지역, 평가항목 및 환경영향평가협의회

3.1. 대상지역

환경영향평가 등은 계획의 수립이나 사업의 시행으로 영향을 받게 되는 지역으로서 환경영향을 과학적으로 예측·분석한 자료에 따라 그 범위가 설정된 지역, 즉 대상지역에 대하여 실시하도록 되어 있습니다(§ 6).

대상지역의 설정은 단순히 환경영향평가가 실시되는 지역적 한계를 설정한다는 차원에서뿐만 아니라 권리구제의 측면에서도 매우 중요한 의미를 가집니다. 대상지역 주민들에게 대상사업에 대한 승인처분을 다툴 수 있는 원고적격을 인정할수 있을지를 좌우하기 때문입니다. 이는 다음에 보는 판례를 통해 확인됩니다.[22]

---

22) 대법원 1998.9.22 선고 97누19571판결(발전소건설사업승인처분취소). 이 판결에 관하여는 홍준형, 『판례행정법』, 1999, 두성사, 97번 판례(1320-1336)를 참조. 또 대법원 1998.4.24 선고 97누3286 판결을 참조.

<대상지역주민의 승인처분 취소를 구할 원고적격 >

[1] 전원(電源)개발사업실시계획승인처분의 근거 법률인 전원개발에관한특례법령, 구 환경보전법령, 구 환경정책기본법령 및 환경영향평가법령 등의 규정 취지는 환경영향평가 대상사업에 해당하는 발전소건설사업이 환경을 해치지 아니하는 방법으로 시행되도록 함으로써 당해 사업과 관련된 **환경공익을 보호하려는 데 그치는 것이 아니라 당해 사업으로 인하여 직접적이고 중대한 환경피해를 입으리라고 예상되는 환경영향평가 대상지역 안의 주민들이 전과 비교하여 수인한도를 넘는 환경침해를 받지 아니하고 쾌적한 환경에서 생활할 수 있는 개별적 이익까지도 이를 보호하려는 데에 있으므로**, 주민들이 위 승인처분과 관련하여 갖고 있는 위와 같은 환경상 이익은 단순히 환경공익 보호의 결과로서 국민일반이 공통적으로 갖게 되는 추상적·평균적·일반적 이익에 그치지 아니하고 환경영향평가 대상지역 안의 주민 개개인에 대하여 개별적으로 보호되는 직접적·구체적 이익이라고 보아야 하고, 따라서 위 **사업으로 인하여 직접적이고 중대한 환경침해를 받게 되리라고 예상되는 환경영향평가 대상지역 안의 주민에게는 위 승인처분의 취소를 구할 원고적격이 있다.**

[2] **환경영향평가 대상지역 밖의 주민·일반 국민·산악인·사진가·학자·환경보호단체 등의 환경상 이익이나 전원(電源) 개발사업구역 밖의 주민 등의 재산상 이익에 대하여는 위 [1]항의 근거 법률에 이를 그들의 개별적·직접적·구체적 이익으로 보호하려는 내용 및 취지를 가지는 규정을 두고 있지 아니하므로**, 이들에게는 위와 같은 이익 침해를 이유로 전원개발사업실시계획승인처분의 취소를 구할 원고적격이 없다.

3.2. 분　야

환경영향평가는 계획의 수립이나 사업의 시행으로 영향을 받게 될 자연환경, 생활환경, 사회·경제 환경 등의 분야에 대하여 실시해야 합니다(§7①).

3.3. 평가항목

환경영향평가분야의 세부 평가항목, 즉 환경영향 평가항목 및 평가방법 등은 대통령령으로 위임되어(§7②) 시행령 제2조 제1항과 [별표 1]에 열거되어 있습니다.

3.4. 환경영향평가협의회

「환경영향평가법」은 환경평가 관련 사항의 심의를 위해 기존에 운영해오던 환경성검토협의회, 환경영향평가계획서심의위원회 및 이의신청심의위원회를 '환경영향평가협의회'로 통합하여 환경평가의 효율성을 제고하고자 했습니다. 환경부장관, 계획 수립기관의 장, 계획 또는 사업에 대하여 승인기관의 장 및 승인 등을 받지 않아도 되는 사업자는 다음에 열거된 사항을 심의하기 위하여 환경영향평가협의회를 구성·운영해야 합니다(§ 8 ①).

1. 평가 항목·범위 등의 결정에 관한 사항
2. 환경영향평가 협의내용의 조정에 관한 사항
3. 약식절차에 의한 환경영향평가 실시 여부에 관한 사항
4. 의견 수렴 내용과 협의내용의 조정에 관한 사항
5. 그 밖에 원활한 환경영향평가 등을 위하여 필요한 사항으로서 대통령령으로 정하는 사항

협의회는 환경영향평가분야에 관한 학식과 경험이 풍부한 자로 구성하되, 주민대표, 시민단체 등 민간전문가가 포함되어야 하며(§ 8 ② 본문), 「환경보건법」 제13조에 따라 건강영향평가를 실시해야 하는 경우에는 본문에 따른 민간전문가 외에 건강영향평가분야 전문가가 포함되어야 합니다(§ 8 ② 단서). 그 구성·운영 등에 필요한 사항은 대통령령으로 위임되어 있는데(§ 8 ③), 시행령 제4조, 제5조에서 협의회 구성, 운영 등을 규정하고 있습니다. 기존 평가계획심의위원회의 경우와 유사하지만, 위원 중 민간전문가를 반드시 포함시켜야 한다는 것이 달라진 점입니다(시행령 제4조 제2항 3호, 5호). 시행령은 제6조에서 위원의 제척·기피·회피 사유를 규정하고 있습니다.

4. 전략환경영향평가

"전략환경영향평가"란 환경에 영향을 미치는 계획을 수립할 때에 환경계획과의 부합 여부 확인 및 대안의 설정·분석 등을 통하여 환경적 측면에서 해당 계획의 적정성 및 입지의 타당성 등을 검토하여 국토의 지속가능한 발전을 도모하는 것을 말합니다(§ 2 i).

전략환경영향평가는 환경영향평가와 함께 대표적인 사전예방적 환경정책 수단입니다. 양자 모두 환경에 미치는 영향을 사전에 고려, 검토·평가하여 친환경적인 개발을 도모한다는 점에서는 공통점을 지니지만, 환경영향평가제도는

대규모 개발사업을 대상으로 계획이 확정된 후 사업 실시단계에서, 개발사업 시행에 따른 환경영향을 줄이는 방안을 중점 검토하는 제도인 반면, 전략환경영향평가는 환경에 영향을 미치는 계획을 수립할 때에 해당 계획의 적정성·입지 타당성을 환경적 측면에서 사전 검토한다는 점에서 차이가 있습니다. 환경영향평가가 사업실시단계에서 환경영향을 줄이는 방안을 위주로 하여 환경적으로 적정한 지역에 적정한 규모로 개발사업이 시행되는지에 대한 사전예방적 기능에 한계가 있기 때문에, 계획의 수립단계에서 사업의 적정성과 입지의 타당성 등 환경성을 사전 평가하려는 취지로 도입된 제도가 전략환경영향평가입니다.

4.1. 전략환경영향평가의 대상과 대상계획의 결정절차 등

4.1.1. 전략환경영향평가의 대상

「환경영향평가법」 제9조 제1항은 전략환경영향평가의 대상을 도시개발, 산업단지, 에너지 개발, 항만, 도로, 수자원, 철도, 공항 등 인프라 건설 등 총 18가지 계획으로 정하고 이들 계획을 수립하려는 행정기관 장에게 전략환경영향평가 실시의무를 부과하고 있습니다. 대상계획은 계획의 성격 등을 고려하여 다음과 같이 구분됩니다(§9 ②).

> 1. 정책계획: 국토의 전 지역이나 일부 지역을 대상으로 개발 및 보전 등에 관한 기본방향이나 지침 등을 일반적으로 제시하는 계획
> 2. 개발기본계획: 국토의 일부 지역을 대상으로 하는 계획으로서 다음 각 목의 어느 하나에 해당하는 계획
> 　가. 구체적인 개발구역의 지정에 관한 계획
> 　나. 개별 법령에서 실시계획 등을 수립하기 전에 수립하도록 하는 계획으로서 실시계획 등의 기준이 되는 계획

대상계획과 정책계획 및 개발기본계획의 구체적인 종류는 제10조의2에서 정한 절차를 거쳐 대통령령으로 정하도록 위임되어 있습니다(§9 ③; 시행령 §7 ② 및 별표 2). 정책계획은 관광개발기본계획, 유통산업발전기본계획, 국가철도망 구축계획 등 지역적 범위가 넓고, 기본방향이나 지침적 성격의 계획인 데 비하여 개발기본계획은 도시관리계획, 택지예정지구 지정, 산업단지의 지정, 재정비촉진계획 등 구체적인 개발구역의 지정에 관한 계획이 주종을 이룹니다.

한편, 다음과 같은 계획은 예외적으로 전략환경영향평가 실시의무가 면제됩니다(§ 10).

1. 국방부장관이 군사상 고도의 기밀보호가 필요하거나 군사작전의 긴급한 수행을 위하여 필요하다고 인정하여 환경부장관과 협의한 계획
2. 국가정보원장이 국가안보를 위하여 고도의 기밀보호가 필요하다고 인정하여 환경부장관과 협의한 계획

4.1.2. 전략환경영향평가의 대상과 대상계획 결정절차

종래 어떤 계획이 전략환경영향평가의 대상이 되는지 이를 결정하는 절차가 분명히 구체화되지 않아 불확실성이 있었습니다.이 문제점을 해결하기 위하여 2016년 5월 29일의 개정법은 제10조의2를 신설하여 계획수립부처가 환경부장관과 협의하여 전략환경영향평가 대상계획을 주기적으로 평가하고 이를 바탕으로 전략환경영향평가 대상계획의 추가 또는 제외 여부를 결정할 수 있도록 했습니다. 대상계획 결정 절차는 다음과 같습니다.

행정기관의 장은 소관 전략환경영향평가 대상계획에 대하여 대통령령으로 정하는 기간마다 계획에 따른 환경영향의 중대성, 환경성 평가의 가능성, 계획이 다른 계획 또는 개발사업 등에 미치는 영향 등을 고려하여 전략환경영향평가 실시 여부를 결정하고 그 결과를 환경부장관에게 통보해야 합니다(§ 10의2 ①). 전략환경영향평가를 실시하지 않기로 결정하려는 행정기관의 장은 그 사유에 대하여 관계 전문가 등의 의견을 청취해야 하고, 환경부장관과 협의를 거쳐야 합니다(§ 10의2 ②). 환경부장관은 협의요청을 받은 사유를 검토하여 전략환경영향평가가 필요하다고 판단되면 해당 계획에 대한 전략환경영향평가 실시를 요청할 수 있습니다(§ 10의2 ③).

행정기관의 장은 소관 전략환경영향평가 대상계획 중 다른 계획에서 실시한 전략환경영향평가와 내용이 중복되는 등 동일한 평가로 볼 수 있는 계획에 대하여는 대통령령으로 정하는 기간마다 검토하여 그 계획에 대한 전략환경영향평가를 생략할 수 있습니다. 이 경우 관계전문가 등의 의견 청취와 환경부장관 협의를 거쳐야 합니다(§ 10의2 ④).

4.1.3. 약식전략환경영향평가

2016년 5월 29일의 개정법은 제11조의2를 신설하여 입지 등 구체적인 사항을 정하고 있지 않거나 정량적인 평가가 불가능한 경우 등 일정한 사유가 있을 때 약식전략환경영향평가를 실시할 수 있도록 했습니다. 약식전략환경영향평가의 실시 여부는 전략환경영향평가 대상계획을 수립하려는 행정기관의 장이 결정하고, '평가 항목·범위·방법 등'을 간략하게 하여 평가를 실시합니다.

4.2. 전략영향평가의 준비: 평가 항목·범위 등의 결정

전략환경영향평가 대상계획에 대한 평가항목·범위 결정 절차는 일종의 스코핑(scoping) 제도입니다. 법은 스코핑시 환경적·생태적으로 가치가 큰 지역에 대한 계절적 특성변화까지 고려하도록 명시하고 스코핑 결과를 공개하도록 했습니다.

전략환경영향평가 대상계획을 수립하려는 행정기관의 장은 전략환경영향평가를 실시하기 전에 평가준비서를 작성하여 환경영향평가협의회의 심의를 거쳐 대상지역, 토지이용구상안, 대안 및 평가 항목·범위·방법 등을 결정해야 합니다(§ 11 ① 본문).

환경영향평가협의회의 심의는 개발기본계획의 사업계획 면적이 대통령령으로 정하는 규모 미만인 경우에는 생략할 수 있습니다(§ 11 ① 단서).[23]

행정기관 외의 자가 제안하여 수립되는 전략환경영향평가 대상계획의 경우에는 전략환경영향평가 대상계획을 제안하는 자가 평가준비서를 작성하여 전략환경영향평가 대상계획을 수립하는 행정기관의 장에게 전략환경영향 평가항목 등을 결정하여 줄 것을 요청해야 합니다(§ 11 ②). 요청을 받은 행정기관의 장은 대통령령으로 정하는 기간(30일) 내에 환경영향평가협의회의 심의를 거쳐 전략환경영향평가 대상계획을 제안자에게 그 결과를 통보해야 합니다(§ 11 ③; 시행령 § 9 전단).

전략환경영향평가 대상계획을 수립하려는 행정기관의 장이 전략환경영향평가항목 등을 결정할 때에는 해당 계획의 성격, 상위계획 등 관련 계획과의 부

---

23) 시행령 제8조는 심의를 생략할 수 있는 사업계획의 규모를 6만제곱미터로 정하고 있습니다.

합성 등 법 제11조 제4항 소정의 사항을 고려해야 합니다(§ 11 ④).

전략환경영향평가 대상계획을 수립하려는 행정기관의 장은 결정된 전략환경영향 평가항목 등을 대통령령으로 정하는 방법에 따라 공개하고 주민 등의 의견을 들어야 합니다(§ 11 ⑤ 본문). 다만, 전략환경영향 평가항목 등에 환경영향평가항목이 모두 포함되는 경우에는 공개를 생략할 수 있습니다(§ 11 ⑤ 단서).

4.3. 전략환경영향평가서 초안에 대한 의견 수렴 등

4.3.1. 전략환경영향평가서 초안 작성·의견수렴

사업 시행단계에서 사회적 갈등을 예방하려면 행정계획 단계에서부터 충분한 의견수렴이 필요하다는 주장이 끊임없이 제기되었지만, 사전환경성검토시 행정계획에 대한 의견수렴 절차·방법이 구체적이지 못해 실효를 거두지 못했습니다. 이러한 배경에서 정책계획과 개발기본계획에 대하여 다음과 같이 의견수렴절차가 강화되었습니다.

첫째, 종래 정책계획에 대해서는 의견수렴절차가 따로 정해져 있지 않았습니다. 이 문제점을 개선하기 위하여 2016년 5월 29일의 개정법은 정책계획을 수립하려는 행정기관의 장은 제16조에 따라 협의를 요청할 때 해당 계획의 전략환경영향평가서에 대한 행정예고를 「행정절차법」에 따라 실시하도록 의무화했습니다(§ 15의2).

둘째, 개발기본계획에 대한 전략환경영향평가의 경우에도 주민이 요구하면 공청회를 개최하고, 주민의견 재수렴 절차 명시, 의견수렴 결과 및 반영 여부 공개 등 개발기본계획 단계에서 주민의견 수렴 절차를 환경영향평가 수준으로 강화하고 있습니다.

개발기본계획을 수립하는 행정기관의 장은 전략환경영향 평가항목 등에 맞추어 전략환경영향평가서 초안을 작성한 후 제13조에 따라 주민 등의 의견을 수렴해야 합니다. 다만, 행정기관 외의 자가 제안하여 수립되는 개발기본계획의 경우에는 개발기본계획을 제안하는 자가 전략환경영향평가서 초안을 작성하여 개발기본계획을 수립하는 행정기관의 장에게 제출해야 하며(§ 12 ①), 개발기본계획을 수립하는 행정기관의 장은 전략환경영향평가서 초안을 환경부장관, 승인 등을 받아야 하는 계획의 경우에는 승인기관의 장, 그 밖에 대통령령으로 정하는 관계 행정기관 장에 제출하여 의견을 들어야 합니다(§ 12 ②).

4.3.2. 설명회·공청회를 통한 주민 등의 의견 수렴

(1) 설 명 회

개발기본계획을 수립하려는 행정기관의 장은 개발기본계획에 대한 전략환경영향평가서 초안을 공고·공람하고 설명회를 개최하여 해당 평가 대상지역 주민의 의견을 들어야 합니다(§ 13 ① 본문). 설명회는 전략환경영향평가의 기본적 의견수렴절차에 해당합니다.

개발기본계획을 수립하려는 행정기관의 장은 전략환경영향평가서 초안의 공람기간 내에 설명회를 개최해야 합니다(시행령 § 15 ①). 개발기본계획을 수립하려는 행정기관의 장은 개발기본계획 대상지역이 둘 이상의 시·군·구에 걸치는 경우에는 각각의 시·군·구에서 설명회를 해야 합니다(시행령 § 15 ② 본문). 다만, 개발기본계획을 수립하려는 행정기관의 장이 각각의 시장·군수·구청장과 협의한 경우에는 설명회를 하나의 시·군·구에서 개최할 수 있습니다(시행령 § 15 ② 단서).

개발기본계획을 수립하려는 행정기관의 장은 위와 같은 설명회를 개최하려는 경우 설명회 개최 7일 전까지 일간신문과 지역신문에 개발기본계획의 사업개요, 설명회 일시·장소 등을 각 1회 이상 공고해야 합니다(시행령 § 15 ③ 본문). 다만, 전략환경영향평가서 초안 공고사항에 포함하여 공고할 경우에는 그렇지 않습니다(시행령 § 15 ③ 단서).

(2) 공 청 회

설명회 외에 법이 제공하는 또 하나의 의견수렴 방법은 공청회입니다. 법은 사업자에게 주민 의견 수렴 의무를 부과하면서 그 방식은 설명회를 기본으로 하되 공청회를 2차적인 방법으로 규정하고 있습니다. 즉, 사업자는 설명회를 실시할 의무를 지지만 반드시 공청회를 실시해야 하는 것은 아닙니다. 공청회는 다음 두 가지 경우에 실시하게 됩니다.

첫째, 법은 대통령령으로 정하는 범위의 주민이 공청회의 개최를 요구하면 공청회를 반드시 개최하도록 의무화하고 있습니다(§ 13 ① 단서). 이 경우 개발기본계획을 수립하려는 행정기관의 장은 법 제13조 제1항 단서에 따라 다음 어느 하나에 해당하는 경우에는 공청회를 개최해야 합니다(시행령 § 16 ①).

1. 제14조에 따라 공청회 개최가 필요하다는 의견을 제출한 주민이 30명 이상인 경우
2. 제14조에 따라 공청회 개최가 필요하다는 의견을 제출한 주민이 5명 이상이고, 전략환경영향평가서 초안에 대한 의견을 제출한 주민 총수의 50퍼센트 이상인 경우

사업자에게 의견수렴방법에 관한 선택의 여지가 배제된다는 점에서 이 규정에 따른 공청회는 '필요적' 또는 '의무적' 공청회'입니다. 이러한 '필요적 공청회'는 사업자가 이를 거부할 수 없습니다. 사업자로서는 설명회나 공청회의 개최 자체를 꺼리겠지만,[24] '공청회'보다는 상대적으로 부담이 적은 '설명회'와 같은 방법을 선호할 가능성이 큽니다. 그러나 사업자의 입장에서도 추후 사업실시과정에서 예상되는 주민들의 반발을 고려하여 '공청회' 방식을 택하는 것이 더 합리적이라고 생각할 수도 있습니다. 그럼에도 불구하고 사전예방과 공공참여라는 환경영향평가제도의 본래적 취지에 비추어 볼 때, 사업자가 공청회 방식을 기피한다면 어떤 형태로든 주민들에게 이를 요구할 수 있는 권리를 인정할 필요가 있습니다. 그러한 취지에서 법은 주민요구에 의한 공청회를 도입한 것입니다.[25]

둘째, 법은 그 밖에 개발기본계획을 수립하려는 행정기관의 장은 전략환경영향평가서 초안의 공람기간이 끝난 후 관계 전문가 및 주민의 의견을 폭넓게 수렴할 필요가 있다고 인정하는 경우에는 공청회를 개최할 수 있도록 하고 있습니다(시행령§16②). 사업자가 설명회 대신 공청회를 택할 수 있고 반드시 공청회를 개최해야 하는 것은 아니라는 의미에서 사업자가 '공청회'의 개최를 택한 경우 이를 '임의적 공청회'라고 부를 수 있을 것입니다. 반면 여기서 '임의적'이란 말은 의견수렴방식의 선택에 관한 것일 뿐 어떠한 형식이든 의견수렴 절차의 실시 여부에 관한 것은 아닙니다. 즉, 사업자는 꼭 공청회를 열어야 하는 것은 아니지만 주민 의견수렴 절차는 반드시 거쳐야 합니다.

사업자가 의견수렴방법으로 이와 같은 임의적 공청회를 개최하면 법 제13조 제1항 본문의 요건을 충족하는 결과가 됩니다.

개발기본계획을 수립하려는 행정기관의 장은 위 두 가지 공청회를 개최하

---

24) 전재경, 앞의 보고서, 181.
25) 필요적 공청회는 구「환경영향평가법」제정 당시 정부 제출 법안에 포함되어 있지 않았으나 국회 심의과정에서 추가된 내용으로 환경영향평가에 대한 주민참여 기회를 확보한 제도적 개선의 결과입니다.

려는 경우에는 공청회를 개최하기 14일 전까지 일간신문과 지역신문에 개발기본계획의 개요, 공청회 일시 및 장소, 그 밖에 원활한 공청회 운영을 위하여 필요한 사항을 각각 1회 이상 공고해야 합니다(시행령 § 16 ③).

개발기본계획을 수립하려는 행정기관의 장은 공청회가 끝난 후 7일 이내에 환경부령으로 정하는 바에 따라 공청회 개최 결과를 개발기본계획 대상지역을 관할하는 시장·군수·구청장에게 통지해야 합니다(시행령 § 16 ④). 위에 설명한 사항 외에 공청회의 개최에 필요한 사항은 환경부령으로 정합니다(시행령 § 16 ⑤).

이와 관련하여 법은 개발기본계획을 수립하려는 행정기관의 장에게 개발기본계획이 생태계의 보전가치가 큰 지역, 환경훼손 또는 자연생태계의 변화가 현저하거나 현저하게 될 우려가 있는 지역 등으로서 대통령령으로 정하는 지역을 포함하는 경우에는 관계 전문가 등 평가 대상지역의 주민이 아닌 자의 의견도 들어야 한다는 의무를 부과하고 있습니다(§ 13 ②). 여기서 관계 전문가 등의 의견 수렴이 필요한 '대통령령으로 정하는 지역'이란 다음 어느 하나에 해당하는 지역을 말합니다(시행령 § 17).

1. 「국토의 계획 및 이용에 관한 법률」 제6조 제4호에 따른 자연환경보전지역
2. 「자연공원법」 제2조 제1호에 따른 자연공원
3. 「습지보전법」 제8조 제1항에 따른 습지보호지역 및 습지주변관리지역
4. 「환경정책기본법」 제38조에 따른 특별대책지역

(3) 의견 수렴 절차의 생략

의견 수렴 절차를 생략할 수 있는 경우는 두 가지입니다. 첫째, 의견 수렴 절차가 중복되어 계획·사업의 지연을 가져오는 경우가 적지 않았기 때문에 그 점을 감안하여 법은 개발기본계획을 수립하려는 행정기관의 장은 다른 법령에 따른 의견 수렴 절차에서 전략환경영향평가서 초안에 대한 의견을 수렴한 경우에는 제13조에 따른 의견 수렴 절차를 생략할 수 있도록 하고 있습니다(§ 14).

둘째, 법은 개발기본계획을 수립하려는 행정기관의 장이 책임질 수 없는 사유로 설명회나 공청회가 정상적으로 진행되지 못하는 등 대통령령으로 정하는 사유가 있는 경우에는 환경영향평가와 마찬가지로 설명회나 공청회를 생략할 수 있도록 하고 있습니다. 이 경우 대통령령으로 정하는 바에 따라 설명회 또는 공청회에 준하는 방법으로 주민 등의 의견을 들어야 합니다(§ 13 ③). 이는

종종 주민들의 실력행사등으로 공청회가 저지되는 사태가 빈발한 데 따른 대안을 제도화한 것으로서 시행령 제18조에서 이에 대한 상세한 규정을 두고 있습니다. 즉, 법 제13조 제3항에 따라 설명회나 공청회를 개최하지 아니할 수 있으려면 다음 어느 하나에 해당해야 합니다(시행령§18①).

> 1. 설명회가 주민 등의 개최 방해 등의 사유로 개최되지 못하거나 개최되었더라도 정상적으로 진행되지 못한 경우
> 2. 공청회가 주민 등의 개최 방해 등의 사유로 2회 이상 개최되지 못하거나 개최되었더라도 정상적으로 진행되지 못한 경우

개발기본계획을 수립하려는 행정기관의 장은 제1항에 따라 설명회 또는 공청회를 생략한 경우에는 법 제13조 제3항 후단에 따라 다음 구분에 따른 조치를 해야 하며, 그 밖의 방법으로 주민 등의 의견을 듣기 위하여 성실히 노력해야 합니다(시행령§18②).

> 1. 설명회를 생략한 경우: 다음 각 목에 해당하는 조치
>   가. 일간신문과 지역신문에 설명회를 생략하게 된 사유 및 설명자료 열람방법 등을 각각 1회 이상 공고
>   나. 개발기본계획 대상지역을 관할하는 시·군·구 또는 개발기본계획을 수립하려는 행정기관의 정보통신망 및 환경영향평가 정보지원시스템에 설명회를 생략하게 된 사유 및 설명자료 등을 게시
> 2. 공청회를 생략한 경우: 공청회를 생략하게 된 사유, 의견제출 시기 및 방법, 설명자료 열람 방법 등을 일간신문과 지역신문에 각각 1회 이상 공고

개발기본계획을 수립하려는 행정기관의 장이 공청회 생략 공고를 할 경우, 의견제출 시기 및 방법 등에 관하여 전략환경영향평가 대상지역을 관할하는 시장·군수·구청장과 협의해야 합니다(시행령§18③).

(4) 의견 수렴 결과와 반영 여부의 공개

법은 개발기본계획을 수립하려는 행정기관의 장에게 법 제13조 제1항 및 제2항에 따른 주민등의 의견 수렴 결과와 반영 여부를 대통령령으로 정하는 방법에 따라 공개하도록 의무화하고 있습니다(법§13④). 이에 따라 시행령 제19조는 의견 수렴 결과와 반영 여부를 개발기본계획 확정 이전에 개발기본계획 대

상지역을 관할하는 시·군·구 또는 개발기본계획을 수립하려는 행정기관의 정보
통신망 및 환경영향평가 정보지원시스템에 14일 이상 게시하도록 하고 있습니
다(시행령 § 19).

　　전략영향평가서 초안에 대한 의견제출 방법에 관하여는 시행령 제14조가
정하고 있습니다. 이에 따르면, 주민은 전략환경영향평가서 초안의 공람기간이
시작된 날부터 전략환경영향평가서 초안의 공람기간이 끝난 후 7일 이내에 개
발기본계획을 수립하려는 행정기관의 장에게 해당 계획의 수립으로 예상되는
환경영향, 환경보전방안 및 공청회 개최 요구 등에 대한 의견을 제출할 수 있습
니다(시행령 § 14).

(5) 의견 재수렴

① 계획 변경시

　　개발기본계획을 수립하려는 행정기관의 장은 제13조에 따라 의견 수렴 절
차를 거친 후 제18조에 따라 협의내용을 통보받기 전에 개발기본계획 대상지역
등 대통령령으로 정하는 중요한 사항을 변경하려는 경우에는 제11조부터 제14
조까지 규정에 따라 전략환경영향평가서 초안을 다시 작성하여 주민등의 의견
을 재수렴해야 합니다(§ 15 ①). 종래 계획이 변경된 경우 변경된 사항에 대한 주
민 등의 의견 수렴이 이루어지지 않아 갈등과 반발을 유발시키는 사례가 빈발
했기 때문에 그 시정을 위한 제도적 장치를 마련한 것입니다. 여기서 말하는
"대통령령으로 정하는 중요한 사항"이란 법 제16조에 따라 협의를 요청한 개발
기본계획의 규모의 30퍼센트 이상 증가하는 경우를 말합니다(시행령 § 20).

② 의견수렴절차 흠이 있는 경우

　　법 제13조 제4항에 따라 공개한 의견의 수렴 절차에 흠이 존재하는 등 환
경부령으로 정하는 사유가 있어 주민 등이 의견 재수렴을 신청하는 경우에는
제13조에 따라 주민 등의 의견을 다시 수렴해야 합니다(§ 15 ②). "환경부령으로
정하는 사유"란 시행규칙 제7조의2 제1항에 열거된 공고, 공람 규정의 위반,
설명회·공청회 불개최, 개발기본계획 개요 등 공공의무 위반 등입니다.

　　주민 등이 의견 재수렴을 신청하려는 경우에는 영 제13조에 따른 공람 기
간이 종료된 날(제1항 제7호의 경우에는 공청회가 끝난 날)부터 7일 이내에 의견 재수렴
신청서를 개발기본계획을 수립하려는 행정기관의 장에게 제출해야 합니다(시행

규칙 § 7의2 ②).

개발기본계획을 수립하려는 행정기관의 장은 법 제15조 제2항에 따라 다음 어느 하나에 해당하는 경우에는 주민 등의 의견을 재수렴해야 합니다(시행규칙 § 7의2 ③).

1. 제2항에 따라 의견의 재수렴을 신청한 주민 등이 30명 이상인 경우
2. 제2항에 따라 의견의 재수렴을 신청한 주민 등이 5명 이상이고, 전략환경영향평가서 초안에 대하여 의견을 제출한 주민 등 총수의 50퍼센트 이상인 경우

4.4. 전략환경영향평가서의 협의 등

전략환경영향평가서의 협의 등 절차는 전략환경영향평가서 작성, 협의 요청, 전략환경영향평가서 검토, 협의내용 통보, 협의내용 이행, 재협의, 변경협의 등으로 진행됩니다.

4.4.1. 전략환경영향평가서의 작성 및 협의 요청 등

법은 승인 등을 받아야 하는지 여부에 따라 절차를 달리 합니다. 즉, 승인 등을 받지 않아도 되는 대상계획을 수립하려는 행정기관의 장은 해당 계획을 확정하기 전에 전략환경영향평가서를 작성하여 환경부장관에게 협의를 요청하도록 되어 있습니다(§ 16 ①). 반면 승인 등을 받아야 하는 대상계획을 수립하는 행정기관의 장은 전략환경영향평가서를 작성하여 먼저 승인기관의 장에 제출하고, 승인기관의 장은 해당 계획에 대해 승인 등을 하기 전에 환경부장관에게 협의를 요청하도록 되어 있습니다(§ 16 ②).

전략환경영향평가서를 작성하는 자는 제12조 제2항 및 제13조 제1항부터 제3항까지의 규정에 따라 제시된 의견이 타당하다고 인정할 때에는 그 의견을 전략환경영향평가서에 반영해야 합니다(§ 16 ③).

4.4.2. 전략환경영향평가서의 검토, 보완요청, 반려, 재검토통보

(1) 검 토

환경부장관이 제16조 제1항 및 제2항에 따라 협의를 요청받은 경우에는 주민의견 수렴 절차 등의 이행 여부 및 전략환경영향평가서의 내용 등을 검토해야 합니다(§ 17 ①). 환경부장관은 전략환경영향평가서의 검토를 위하여 필요하

면 「정부출연연구기관 등의 설립·운영 및 육성에 관한 법률」에 따라 설립된 한 국환경정책·평가연구원 등 전략환경영향평가에 필요한 전문성을 갖춘 기관으로 서 대통령령으로 정하는 기관 또는 관계 전문가의 의견을 듣거나 현지조사를 의뢰하고, 관계 행정기관의 장에게 관련 자료의 제출을 요청할 수 있습니다(§ 17 ② 본문). 다만, 해양수산부장관 외의 자가 수립하는 계획으로서 그 대상지역에 「연안관리법」 제2조 제3호에 따른 연안육역(沿岸陸域)이 포함되어 있는 전략환경 영향평가서의 경우에는 해양수산부장관의 의견을 들어야 합니다(§ 17 ② 단서).

(2) 보완요청

환경부장관이 전략환경영향평가서를 검토한 결과 전략환경영향평가서를 보완할 필요가 있는 등 대통령령으로 정하는 사유가 있는 경우26)에는 전략환경 영향평가 대상계획을 수립하려는 행정기관의 장(승인 등을 받아야 하는 계획의 경우 승인 기관의 장을 말합니다: "주관 행정기관의 장")에게 전략환경영향평가서의 보완을 요청하거 나 보완을 전략환경영향평가 대상계획을 제안하는 자 등에게 요구할 것을 요청 할 수 있습니다(§ 17 ③ 제1문). 이 경우 보완 요청은 두 차례만 할 수 있습니다(§ 17 ③ 제2문).

(3) 반　려

환경부장관은 보완 요청을 하였음에도 요청한 내용의 중요한 사항이 누락 되는 등 전략환경영향평가서가 적정하게 작성되지 아니하여 협의를 진행할 수 없다고 판단하면, 또는 전략환경영향평가서가 거짓으로 작성되었다고 판단하면 전략환경영향평가서를 반려할 수 있습니다(§ 17 ④). 협의기관의 장은 전략환경영 향평가서가 거짓으로 작성되었다고 판단하는 경우 사전에 전문위원회의 검토 및 환경영향평가협의회의 심의를 거쳐야 하며, 다만, 전문위원회에서 거짓 작성 된 것으로 의결된 전략환경영향평가서를 반려하려는 경우 환경영향평가협의회 의 심의를 생략할 수 있습니다(시행령 § 23 ⑤).

(4) 재검토 통보

환경부장관은 다음 어느 하나의 경우 해당 전략환경영향평가 대상계획의

---

26) 전략환경영향평가서를 제21조에서 정하고 있는 작성 내용·방법 등에 따라 작성하 지 아니한 경우를 말합니다(시행령 § 23 ②).

규모·내용·시행시기 등을 재검토할 것을 주관 행정기관의 장에게 통보할 수 있습니다(§ 17 ⑤).

1. 해당 전략환경영향평가 대상계획을 축소·조정하더라도 그 계획의 추진으로 환경훼손 또는 자연생태계의 변화가 현저하거나 현저하게 될 우려가 있는 경우
2. 해당 전략환경영향평가 대상계획이 국가환경정책에 부합하지 아니하거나 생태적으로 보전가치가 높은 지역을 심각하게 훼손할 우려가 있는 경우

4.4.3. 협의내용의 통보기간 등

환경부장관은 협의를 요청받은 날부터 30일(협의기관의 장이 부득이한 사유로 그 기간을 연장한 경우에는 40일) 내에 주관 행정기관의 장에게 협의내용을 통보해야 하며, 다만, 부득이한 사정이 있을 때에는 기간을 연장할 수 있습니다(§ 18 ①; 시행령 § 25 전단).[27] 부득이한 사정으로 기간을 연장할 때에는 협의기간이 끝나기 전에 주관 행정기관의 장에게 그 사유와 연장한 기간을 통보해야 합니다(§ 18 ②).

환경부장관은 보완해야 할 사항이 경미하거나 해당 계획 수립·결정 전에 보완이 가능한 경우에는 해당 계획에 관련 내용을 반영할 것을 조건으로 주관 행정기관의 장에게 협의내용을 통보할 수 있습니다(§ 18 ③).

4.4.4. 협의내용의 이행

주관 행정기관의 장은 제18조에 따라 통보받은 협의내용을 해당 계획에 반영하기 위하여 필요한 조치를 하거나 대상계획을 제안하는 자 등에게 필요한 조치를 할 것을 요구해야 하며, 협의내용에 대한 조치를 한 날 또는 조치계획을 확정한 날부터 30일 이내에 그 조치결과 또는 조치계획을 환경부장관에 통보해야 합니다(§ 19 ①; 시행령 § 26 ①).

반면 협의내용을 해당 계획에 반영하기 곤란한 특별한 사유가 있을 때에는 주관 행정기관의 장은 대통령령으로 정하는 바에 따라 환경부장관과 협의한 후 해당 계획을 승인하거나 확정해야 합니다(§ 19 ②). 그 경우 협의내용을 해당 계획에 반영하기 곤란한 특별한 사유가 있을 때에는 그 내용 및 사유를 협의기관의 장에게 제출해야 하며, 협의기관의 장은 제출받은 날부터 20일 이내에 제출

---

27) 주관 행정기관의 장의 전략환경영향평가서 보완에 걸린 기간과 공휴일은 통보기간에 산입하지 않습니다(시행령 § 25 후단).

받은 내용에 대한 타당성을 검토하여 그 결과를 주관 행정기관의 장에게 통보해야 합니다(시행령 § 26 ②).

대상계획을 수립하는 자는 위 조치결과 및 조치계획을 성실히 이행할 의무를 집니다(§ 19 ③).

조치결과 또는 조치계획의 관리·감독 등에 관해서는 시행령이 다음과 같이 규정합니다. 즉, 협의기관의 장은 법 제19조 제1항에 따른 조치결과 또는 조치계획의 이행 여부를 확인하기 위하여 필요한 경우 주관 행정기관의 장에 대하여 협의내용의 이행 여부 및 이행 상황 등을 확인할 수 있고(시행령 § 27 ①), 확인결과 협의내용을 이행하지 아니한 사항에 대해서는 주관 행정기관의 장에게 그 이행을 위하여 필요한 조치를 할 것을 요청할 수 있습니다(시행령 § 27 ②). 주관 행정기관의 장은 협의기관의 장이 요청하는 경우 특별한 사유가 없으면 이에 따라야 합니다(시행령 § 27 ③).

4.4.5. 재 협 의

개발기본계획을 수립하는 행정기관의 장은 제16조부터 제18조까지의 규정에 따라 협의한 개발기본계획을 변경하는 경우로서 다음 어느 하나에 해당하는 경우에는 제11조부터 제19조까지의 규정에 따라 전략환경영향평가를 다시 해야 합니다(§ 20 ①).

1. 개발기본계획 대상지역을 대통령령으로 정하는 일정 규모 이상으로 증가시키는 경우
2. 협의내용에서 원형대로 보전하거나 제외하도록 한 지역을 대통령령으로 정하는 규모 이상으로 개발하거나 그 위치를 변경하는 경우

개발기본계획을 수립하려는 행정기관의 장은 다음 각호의 어느 하나에 해당하면 전략환경영향평가 재협의를 생략할 수 있습니다(§ 20 ②).

1. 전략환경영향평가 대상계획이 환경부장관과 협의를 거쳐 확정된 후 취소 또는 실효된 경우로서 협의내용을 통보받은 날부터 대통령령으로 정하는 기간을 경과하지 아니한 경우
2. 전략환경영향평가 대상계획이 환경부장관과 협의를 거친 후 지연 중인 경우로서 협의내용을 통보받은 날부터 대통령령으로 정하는 기간을 경과하지 아니한 경우

4.4.6. 변경협의

주관 행정기관의 장은 제16조부터 제18조까지의 규정에 따라 협의한 개발기본계획에 대하여 제20조 각호에 해당하지 아니하는 변경을 하려는 경우로서 대통령령으로 정하는 사항을 변경하려는 경우에는 미리 환경부장관과 변경 내용에 대하여 협의를 해야 합니다(§ 21 ①; 시행령 § 29 ①).

한편, 주관 행정기관의 장은 제16조부터 제18조까지의 규정에 따라 협의한 정책계획을 변경하려는 경우로서 대통령령으로 정하는 사항을 변경하려는 경우에는 환경부장관과 변경 내용에 대한 협의를 해야 합니다(§ 21 ②).

5. 환경영향평가

5.1. 의 의

「환경영향평가법」은 제2조 제2호에서, "환경영향평가"를 "환경에 영향을 미치는 실시계획·시행계획 등의 허가·인가·승인·면허 또는 결정 등("승인 등")을 할 때에 해당 사업이 환경에 미치는 영향을 미리 조사·예측·평가하여 해로운 환경영향을 피하거나 제거 또는 감소시킬 수 있는 방안을 마련하는 것"이라고 정의하고 있습니다.

그림출처: 환경영향평가정보지원시스템(https://www.eiass.go.kr/openapiguide/kei_htmlchapter01.html)

환경영향평가제도는 1981년 2월부터 시행되었으나, 초기에는 행정기관·정부투자기관에서 시행하는 사업만을 평가대상사업으로 정하였을 뿐만 아니라 환경영향평가제도에 대한 인식 또한 미흡하여 1980년대 말까지 환경영향평가 협의건수가 적었습니다. 그러나 1990년대 들어 환경에 대한 국민의 관심과 기대수준이 높아지고, 법령 개정을 통하여 대상사업의 범위가 확대되면서 환경영향평가 협의실적도 증가하기 시작하여 2000년대를 넘기면서 증가폭이 더 커지게 되었습니다. 2004년 이래 환경영향평가 실적이 계속 연 200건 이상으로 증가하였고 2011년 이후에도 그런 추세가 계속되고 있습니다. 환경영향평가 대상사업은 특히 개발사업도 도로건설, 도시개발, 산업단지 조성 등이 주종을 이루고 있습니다.

5.2. 환경영향평가 대상사업의 범위

5.2.1. 환경영향평가 대상사업

개발사업은 규모나 내용과 상관없이 일단 시행되게 되면 환경에 악영향을 미칠 가능성이 있으므로 가능한 한 환경에 영향을 미치는 모든 개발사업을 평가대상으로 삼는 것이 소망스럽습니다. 그러나 모든 개발사업을 환경영향평가 대상으로 삼는 것은 우선 실행가능성이 떨어집니다. 또 사업의 규모나 내용에 따라서는 환경영향평가를 거치지 않아도 무방한 경우도 있을 수 있고, 환경영향평가에 적지 않은 시간 및 비용 등이 소요된다는 점을 고려할 필요가 있습니다. 나아가 다른 법령에 따라 환경성이 검토되는 등 그 실익이 크지 않은 경우에는 환경영향평가대상에서 면제하는 것이 바람직한 경우도 있을 수 있습니다. 그런 이유에서 환경영향평가의 대상사업의 범위를 제한하는 것은 불가피한 측면이 없지 않습니다.

일반적으로 환경영향평가 대상사업의 선정기준은 골프장 건설 등 사업특성상 자연환경·생태계를 훼손할 우려가 큰 사업, 자연공원 집단시설지구 등 환경적으로 민감한 지역에서 시행되는 사업, 매립사업·댐건설 등 환경영향이 장기적·복합적으로 발생하여 쉽게 예측이 곤란한 사업, 그리고 택지·공단 조성 등 대기·수질오염 등 복합적 환경오염이 발생될 것으로 우려되는 사업 등에 맞춰지고 있습니다. 환경영향평가를 실시해야 할 대상사업의 범위는 법 제22조 제1항에 명시적으로 열거되어 있습니다.

1. 도시의 개발사업
2. 산업입지 및 산업단지의 조성사업
3. 에너지 개발사업
4. 항만의 건설사업
5. 도로의 건설사업
6. 수자원의 개발사업

7. 철도(도시철도를 포함한다)의 건설사업

8. 공항의 건설사업

9. 하천의 이용 및 개발 사업

10. 개간 및 공유수면의 매립사업

11. 관광단지의 개발사업

12. 산지의 개발사업

13. 특정 지역의 개발사업

14. 체육시설의 설치사업

15. 폐기물 처리시설의 설치사업

16. 국방·군사 시설의 설치사업

17. 토석·모래·자갈·광물 등의 채취사업

18. 환경에 영향을 미치는 시설로서 대통령령으로 정하는 시설의 설치사업[28]

법은 제22조 제2항에서 환경영향평가 대상사업의 구체적인 종류, 범위 등을 대통령령으로 정하도록 위임하고 있습니다. 따라서 환경영향평가 대상사업의 범위는 시행령 제31조 제2항은 법 제22조 제2항에 따른 환경영향평가 대상사업의 범위를 [별표 3]에서 구체화하고 있습니다. 별표에 열거된 대상사업들은 국가, 자치단체 등 공공기관 및 민간사업자가 시행하는 도시의 개발, 산업입지 및 공업단지의 조성, 에너지개발, 항만건설, 수자원개발 등과 같은 환경보전에 영향을 미치는 대규모사업들로 구성되어 있습니다.

한편, 「재난 및 안전관리기본법」 제37조에 따른 응급조치를 위한 사업, 국방부장관이 군사상 고도의 기밀 보호가 필요하거나 군사작전의 긴급한 수행을 위하여, 또는 국가정보원장이 국가안보를 위하여 고도의 기밀 보호가 필요하다고 인정하여 환경부장관과 협의한 사업은 대상에서 제외되어 있습니다(§ 23).

5.2.2. 시·도 등의 조례에 의한 환경영향평가

「환경영향평가법」은 날로 증가하는 각종 개발사업에 대하여 지방자치단체가 자율적·적극적으로 지역의 환경을 관리할 수 있는 여건을 조성한다는 취지에서 광역지방자치단체(시·도) 등이 조례에 따라 환경영향평가를 실시할 수 있는 길을 열어주고 있습니다.

---

28) "대통령령으로 정하는 시설"이란 「가축분뇨의 관리 및 이용에 관한 법률」 제2조 제8호 또는 제9호에 따른 처리시설 또는 공공처리시설을 말합니다(시행령 § 31 ①).

법 제42조 제1항에 따르면, 특별시·광역시·도·특별자치도 또는 인구 50만 이상의 시는 환경영향평가 대상사업의 종류 및 범위에 해당하지 아니하는 사업으로서 대통령령으로 정하는 범위에 해당하는 사업에 대하여 지역 특성 등을 고려하여 환경영향평가를 실시할 필요가 있다고 인정하면 해당 시·도의 조례로 정하는 바에 따라 그 사업을 시행하는 자로 하여금 환경영향평가를 실시하게 할 수 있습니다(§ 42 ① 본문). 다만, 제43조에 따른 소규모 환경영향평가 대상사업에 해당하는 경우에는 그렇지 않습니다(§ 42 ① 단서). '환경영향평가 대상사업의 종류 및 범위에 해당하지 아니하는 사업으로서 대통령령으로 정하는 범위에 해당하는 사업'이란 다음과 같습니다(시행령 § 58).

1. 별표 3에 따른 대상사업의 50퍼센트 이상 100퍼센트 미만인 규모의 사업
2. 별표 3에 따른 대상사업의 50퍼센트 미만인 규모의 사업 또는 별표 3에 따른 대상사업 외의 사업으로서 특별시장·광역시장·도지사(관할구역에서 인구 50만 이상의 대도시는 제외)·특별자치도지사 또는 인구 50만 이상의 대도시 시장이 미리 환경부장관과 협의한 범위의 사업

인구 50만 이상의 시의 경우에는 그 지역을 관할하는 도가 환경영향평가의 실시에 관한 조례를 정하지 아니한 경우에만 해당 시의 조례로 정하는 바에 따라 환경영향평가를 실시할 수 있습니다(§ 42 ②).

위 규정에 따라 환경영향평가를 실시하는 경우의 환경영향평가 분야 및 세부 항목, 환경영향평가서의 작성 및 의견 수렴과 환경영향평가서의 협의 및 협의내용의 관리 등의 절차, 그 밖에 필요한 사항은 해당 시·도의 조례로 정합니다(§ 42 ③).

5.3. 환경영향평가의 절차

환경영향평가는 평가서의 작성과 평가서의 협의과정 등 두 가지 단계로 진행됩니다. 환경영향평가제도는 그 대상사업의 종류와 규모를 법령에서 구체적으로 열거하고 「환경영향평가서 작성등에 관한 규정」(환경부 고시)에서 대상사업별로 중점적으로 평가할 항목을 규정하는 방식을 취하고 있습니다.

이러한 방식은 법적 안정성과 예측가능성을 확보해주는 장점도 없지 않지만, 지나치게 경직적이어서 환경영향평가에 있어 구체적 상황에 대응하기 위한

유연성이나 구체적 타당성을 기하기 어렵다는 단점이 있습니다. 이에 평가대상 사업을 절대적 평가대상과 상대적 평가대상으로 나누고 상대적 평가대상사업에 대하여는 입지여건 등을 고려하여 평가여부를 결정하는 스크리닝(screening)과 환경영향이 단순하고 평가방식이 정형화되어 있는 사업에 대하여는 그 절차를 대폭 간소화하는 약식평가제도의 도입, 그리고 불필요한 평가항목을 최소화하고 사업의 특성과 입지여건에 따른 효율적이고 경제적인 평가를 위해 스코핑 방식의 도입이 필요하다는 주장이 제기되어 왔습니다.[29]

> 우리나라는 평가대상사업을 법령에 구체적으로 명시하는 방식(positive list)을 취하고 있는 데 비하여 미국, 캐나다 등은 평가대상을 인간환경질에 중대한 영향을 미치는 행위 등으로 포괄적으로 규정하고 각 행위(사업, 정책 등) 별로 환경영향을 사전심사하여 평가 대상으로 삼을지 여부를 결정하는 방식(screening)을 채택하고 있고 일본과 영국, 독일 등 EU국가는 평가대상을 절대적 평가대상사업과 상대적 평가대상사업으로 구분하여 상대적 평가대상에 대하여 screening을 적용하는 절충형 제도를 채택하고 있습니다. 가령 독일의 경우 환경영향평가법(UVPG) 제5조에서 공식적인 환경영향평가절차 이전에 환경영향평가의 대상, 범위 및 방법 등 환경영향평가의 범위를 설정하기 위해 미리 협의하기 위한, 일종의 스코핑방식에 해당하는 사전검토절차를 제도화하고 있습니다.

환경영향평가의 절차는 환경영향 평가항목·범위 등의 결정, 평가서초안 작성, 의견수렴 및 평가서작성으로 이루어지는 평가서 작성절차, 평가서 제출 및 협의요청, 평가서 협의·검토, 협의내용 통보, 협의내용 반영확인·통보 등으로 이루어지는 평가서 협의절차, 그리고 협의내용 이행, 관리·감독 등으로 이루어지는 협의내용 관리절차를 통해 진행됩니다.

---

29) Bender/Sparwasser/Engel, Umweltrecht, 3.Aufl., § 1 Rn. 114. 주요 외국의 스크리닝과 스코핑 제도에 관하여는 김승열·임규홍, 환경·교통·재해 등에 관한 영향평가제도의 개선방안, 「법제개선연구」 제4집, 201-255, 226-232를 참조. 한편, 이 같은 스크리닝 및 스코핑 제도의 도입이 환경영향평가의 질을 한층 더 높이고 평가제도의 실효성을 제고시키겠지만 이들 제도의 도입에 앞서 이를 성공적으로 시행하고 있는 외국의 사례를 충분히 연구하고 우리나라 현실 여건 적합 여부에 대하여는 평가제도의 실효성 확보차원에서 충분한 검토가 있어야 한다는 신중론도 나오고 있습니다. 이에 대하여는 박대문, "환경영향평가제도의 발전과제",「환경영향평가제도 개선을 위한 세미나」(환경부/환경정책·평가연구원, 2000.4.7) 기조발표문을 참조.

5.3.1. 환경영향 평가항목·범위등의 결정(scoping)

환경영향평가를 대상사업의 종류나 특성을 가리지 않고 일률적으로 모든 분야, 모든 평가항목에 대해 실시하도록 하면 자칫 그 평가내용이 형식에 흐를 수 있습니다. 종래의 실태를 보면, 환경영향평가를 모든 범위에 걸쳐 산술적 평가로 일관함으로써 투입한 비용과 시간에 비해 결과가 부실한 평가로 끝나는 경우가 빈번했습니다. 이러한 문제점을 시정하기 위한 방법으로 대두된 것이 스코핑 방식, 즉 평가대상사업 지역의 특성, 환경영향의 중요도 등에 따라 필수적인 중점평가항목·범위를 사업자와 협의기관이 서로 협의·결정하도록 하는 방법이었습니다.

스코핑(scoping)이란 원래 미연방법령집 제1501부 '국가환경정책법과 행정청의 계획수립'(NEPA AND AGENCY PLANNING) 1501.7에서 규정된 제도입니다. 이에 따르면 환경영향평가에 앞서 처리할 문제들의 범위를 결정하고 제안된 조치와 관련된 중요한 문제들을 식별하기 위하여 조기에 개방된 협의과정을 거쳐야 합니다.

스코핑 방식은 2003년 12월 30일의 개정법에서 도입되었고, 현행 「환경영향평가법」은 이를 확대, 반영하였습니다. 종래, 환경영향평가 대상사업에 적용할 평가항목·범위 등을 사업자의 신청에 따라 결정하도록 하였으나, 운영주체인 승인기관은 업무부담 때문에 소극적이고, 사업자는 사업자대로 평가기간 및 평가항목이 늘어날 것을 우려하여 신청을 기피하는 등 문제가 있었습니다. 이에 「환경영향평가법」은 평가항목·범위 등을 결정하는 절차, 즉 스코핑을 모든 평가대상사업에 대해 의무화하고 있습니다.[30] 법은 사업자의 요청을 받은 승인기관의 장 또는 환경부장관이 환경영향평가협의회의 심의를 거쳐 평가항목·범위 등을 결정하도록 하는 한편, 평가항목·범위 등의 효력을 명시하고 있습니다.

스코핑의 절차는 평가준비서의 작성으로 시작됩니다. 법은 스코핑 절차를 승인 등의 필요 여부에 따라 두 가지로 나누어 규정합니다. 첫째, 승인 등을 받

---

30) 평가항목·범위 등 결정(Scoping) 절차는 '선택과 집중'을 통한 환경영향평가서의 질적 향상과 효율화를 목적으로 시범적·한시적으로 도입(2006)하였으나, 제도 도입으로 인해 평가서 작성비용, 협의기간, 보완사항 등이 전반적으로 감소한 반면, 환경평가제도 고객만족도는 매년 향상되는 등 운영성과가 좋아 항구적 제도로 변경하였다고 합니다(환경백서 2016, 80).

지 않아도 되는 사업자는 환경영향평가 실시 전에 평가준비서를 작성하여 대통령령으로 정하는 기간 내에[31] 환경영향평가협의회의 심의를 거쳐 환경영향평가 대상지역, 환경보전방안의 대안 및 평가 항목·범위·방법 등을 결정해야 합니다(§ 24 ①).

둘째, 승인 등을 받아야 하는 사업자는 평가를 실시하기 전에 평가준비서를 작성하여 승인기관의 장에게 위와 같은 평가항목 등을 정해 달라고 요청해야 합니다(§ 24 ②). 이로써 사업자는 스코핑을 요구할 권리를 가지는 동시에 의무를 지게 된 셈입니다.

환경부장관은 다음 어느 하나에 해당하는 요청을 받은 경우에는 환경영향평가항목 등을 결정할 수 있습니다(§ 24 ③).

1. 승인 등을 받지 아니하여도 되는 사업자가 환경영향평가협의회의 심의를 거치기 곤란한 부득이한 사유가 있거나 특별히 전문성이 요구된다고 판단하여 환경영향 평가항목 등을 정하여 줄 것을 요청한 경우
2. 승인 등을 받아야 하는 사업자가 환경영향평가협의회의 심의를 거치기 곤란한 부득이한 사유가 있거나 특별히 전문성이 요구된다고 판단하여 승인기관을 거쳐 환경영향 평가항목 등을 정하여 줄 것을 요청한 경우

이와 같은 요청을 받은 승인기관의 장이나 환경부장관은 30일 내에 환경영향평가협의회의 심의를 거쳐 환경영향 평가항목 등을 결정하여 사업자에게 통보해야 합니다(§ 24 ④; 시행령 § 32 ②).[32]

승인 등을 받지 않아도 되는 사업자 또는 승인기관의 장이나 환경부장관이 환경영향 평가항목 등을 결정할 때에는 다음 각호의 사항을 고려해야 합니다(§ 24 ⑤).

1. 제11조에 따라 결정한 전략환경영향 평가항목 등(개발기본계획을 수립한 환경영향평가 대상사업만 해당)
2. 해당 지역 및 주변 지역의 입지 여건
3. 토지이용 상황

─────────────

31) 환경영향평가 대상 사업계획을 수립한 날부터 법 제25조 제1항에 따른 환경영향평가서 초안 작성을 완료하기 전까지를 말합니다(시행령 § 32 ①).
32) 이 경우 사업자가 평가준비서를 보완하는 기간과 공휴일은 심의기간에 산입하지 않습니다(시행령 § 32 ②).

4. 사업의 성격

5. 환경 특성

6. 계절적 특성 변화(환경적·생태적으로 가치가 큰 지역)

사업자는 제11조에 따라 전략환경영향 평가항목 등이 결정된 경우에는 제24조 제1항 및 제2항에 따른 환경영향 평가항목 등의 결정절차를 거치지 아니할 수 있습니다(§ 24 ⑥ 제1문). 이 경우 제11조에 따라 결정된 전략환경영향 평가항목 등은 제1항부터 제5항까지의 규정에 따라 결정된 환경영향 평가항목 등으로 봅니다(§ 24 ⑥ 제2문).

승인기관장 등이나 환경부장관은 위와 같이 결정된 환경영향 평가항목 등을 대통령령으로 정하는 방법에 따라 공개하고 주민 등의 의견을 들어야 합니다(§ 24 ⑦). 시행령 제33조 제1항에 따르면, 환경영향 평가항목 등의 결정내용 공개는 그 결정된 날부터 20일 이내에 해야 하며, 해당 시장·군수·구청장 또는 승인기관장 등이 운영하는 정보통신망 및 환경영향평가 정보지원시스템에 14일 이상 내용을 게시하는 방법으로 공개해야 합니다(시행령 § 33 ①). 승인기관장 등 또는 협의기관의 장은 이렇게 공개된 환경영향 평가항목 등에 대하여 주민 등이 의견을 제출한 경우에는 이를 검토하여 법 제25조 제1항에 따른 환경영향 평가서 초안 또는 법 제51조 제1항에 따른 약식평가서에 그 내용을 포함해야 합니다(시행령 § 33 ②).

사업자는 법 제24조에 따라 결정된 환경영향 평가항목 등에 따라 환경영향평가서 초안을 작성하여 주민 등의 의견을 수렴함으로써 환경영향평가가 진행됩니다(§ 25 ①). 따라서 사업자들이 대상사업의 특성에 따라 환경영향평가를 받는 대신, 그렇지 않은 평가항목이나 범위에서는 환경영향평가의무에서 벗어날 수 있게 됩니다.

5.3.2. 환경영향평가서초안의 작성·제출

(1) 평가서초안의 작성

사업자는 법 제24조에 따라 결정된 환경영향 평가항목 등에 따라 환경영향평가서 초안을 작성하여 주민 등의 의견을 수렴해야 합니다(§ 25 ①).

<환경영향 평가서 초안과 평가서의 작성의무자 >

환경영향평가절차는 사업자가 평가서 초안을 작성하여 관계행정기관에 제출함으로써 시작됩니다. 환경영향평가 과정에서 환경부장관의 협의의 대상이 되는 것은 환경영향평가서입니다. 「환경영향평가법」은 환경영향평가서 초안과 평가서의 작성 의무를 모두 사업자에게 부과하고 있습니다. 여기서 사업자란 법 제22조에 따른 환경영향평가 대상사업의 사업계획을 수립하거나 그 사업을 시행하는 자를 말합니다. 이처럼 사업자에게 평가서 초안 작성의무를 부과한 것에 대하여는 환경영향평가의 객관성과 공정성을 기대하기 어렵다는 점에서 환경영향평가제도의 취지에 부합하지 않는다는 비판이 있을 수 있습니다.

평가서를 누가 작성하도록 할 것인가 하는 문제는 입법정책의 문제입니다. 평가서의 작성 주체로는 사업자, 행정기관, 제3의 전문기관을 생각할 수 있는데, ① 사업자를 평가서 작성주체로 하는 것은 원인자부담의 원칙에 충실하고, 사업자 스스로 환경영향을 예방, 최소화하도록 유도할 수 있는 장점이 있으나, 평가서의 부실작성 등 환경영향평가의 객관성·공정성을 기하기 어려운 측면이 있고, ② 행정기관을 평가서의 작성주체로 하는 것은 사업의 시행으로 인하여 초래될 환경영향에 대하여 국가등 공공부문이 책임을 지도록 한다는 장점이 있으나, 행정기관의 전문성·합리성을 확보하기 곤란하고, 인력·재정상의 부담이 크며, ③ 사업자도 아니고 행정기관도 아닌 제3의 전문기관으로 하여금 평가서를 작성하게 하는 절충형을 택할 경우 환경영향평가의 객관성·공정성·전문성·신뢰성 등을 제고할 수 있으나, 이 역시 추가적인 행·재정적 부담이 따릅니다. 우리나라는 대체로 ①을 기본으로 하여 ③을 부분적으로 혼합한 형태라고 합니다.[33)]

우리나라는 평가서 초안과 평가서 작성주체를 모두 사업자로 하고 있습니다. 즉, 환경영향평가서 초안은 사업자가 제24조에 따라 결정된 환경영향 평가항목 등에 따라 작성하여 주민 등의 의견을 수렴해야 하고(§ 25 ①), 환경영향평가서도 사업자가 작성·제출하도록 되어 있습니다. 승인 등을 받지 않아도 되는 사업자의 경우에는 환경부장관에게 협의를 요청할 때 환경영향평가서를 작성·제출하고, 승인 등을 받아야 하는 사업자는 환경영향평가서를 작성하여 승인기관의 장에게 제출해야 합니다(§ 27 ②).

평가서의 작성 주체를 누구로 할 것인가 하는 문제와 평가서 초안을 작성·제출할 의무를 누구에게 지울 것인가 하는 문제는 일단 서로 구별해 생각해 볼 필요가 있을 것입니다. 만일 평가서 초안은 사업자에게 작성·제출하도록 하더라도 환경부장관의 협의 대상이 되는 평가서 작성을 객관성·공정성·전문성·신뢰성을 가진 기관에 맡긴다면 크게 문제가 될 여지는 없을지 모릅니다. 평가서 초안 작성·제출에서 평가서 작성에 이르는 과정에서 승인기관장이나 환경부장관 등 공공기관이 유효적절한 통제기능을 담당하여 객관성, 타당성, 공정성을 확보하는 방안도 생각해 볼 수 있겠지만, 결국 환경부장관의 협의프로세

---

33) 김승열, 環境·交通·災害등에관한影響評價法, 「월간법제」 2000.10을 참조.

스를 통한 통제가 더욱 유효적절한 방법이 될 수도 있습니다. 현실적으로는 양자를 차별화하는 것이 그리 큰 의미는 없습니다. 평가서 초안이, 의견수렴, 환경영향평가협의회의 심의 등을 거친다 할지라도, 평가서에 실질적으로 반영될 가능성이 크고, 통상 환경영향평가를 대행하는 경우가 많고 대행업자가 환경영향평가 등의 평가서 초안뿐만 아니라 평가서 작성을 대행하는 경우가 일반적이기 때문입니다. 그렇다면, 평가서 초안부터 객관적 타당성, 공정성을 갖출 수 있도록 하는 데 초점을 맞출 필요가 있습니다. 그나마 승인기관의 장이나 환경부장관이 환경영향대상지역을 포함한 환경영향 평가항목 등을 결정하도록 하고(§ 24 ⑤) 그 결과를 공개하여 주민등의 의견을 듣도록 한 것(§ 24 ⑦)은 의미가 적지 않으며, 아울러 주민 등의 의견 수렴 결과와 반영 여부를 공개하도록 한 것(§ 25 ③; 시행령 § 43)이나 평가서 초안에 대한 의견수렴 범위와 관련하여 대상사업이 자연환경보전지역, 자연공원, 습지보호지역 및 습지주변관리지역, 특별대책지역 등이 포함될 경우, 해당 지역들의 생태적 가치와 특성을 고려하여 환경단체, 시민단체 등 지역 주민 외의 자의 의견을 수렴할 수 있도록 한 것(§ 25 ② 본문에 의한 § 13 ②의 준용)도 평가서 초안에 대한 사후적 통제수단으로 유용할 것으로 생각합니다.

평가서초안의 작성방법과 공고·공람의 방법 등 필요한 사항은 대통령령으로 정하도록 위임되어 있습니다(§ 25 ⑥). 이에 따라 환경영향평가서 초안에는 다음과 같은 사항이 포함되어야 합니다(시행령 § 34 ①).

1. 요약문
2. 사업의 개요
3. 환경영향평가 대상사업의 시행으로 인해 평가항목별 영향을 받게 되는 지역의 범위 및 그 주변지역에 대한 환경 현황
4. 법 제18조에 따라 전략환경영향평가에 대한 협의를 거친 경우 그 협의내용의 반영 여부
5. 법 제24조 제1항 및 제4항에 따른 환경영향 평가항목 등의 결정 내용 및 조치 내용
6. 다음 각 목에 대한 환경영향평가의 결과
    가. 환경영향 평가항목별 조사, 예측 및 평가의 결과
    나. 환경보전을 위한 조치
    다. 불가피한 환경영향 및 이에 대한 대책
    라. 대안 설정 및 평가
    마. 종합평가 및 결론
    바. 사후환경영향조사 계획

환경영향평가가 더 효과적으로 수행되도록 하려면 단지 사업의 환경영향을 분석·예측하는 데 그치지 않고 환경에 대한 악영향을 저감 또는 예방하기 위한

합리적인 대안들을 충분히 검토할 수 있어야 합니다. 시행령 제34조는 바로 그런 취지에서 환경영향 평가항목별 조사, 예측 및 평가의 결과, 환경보전을 위한 조치, 불가피한 환경영향 및 이에 대한 대책, 대안 설정 및 평가 등을 평가서 초안에 포함시키도록 의무화한 것입니다. 그러나 실제 환경영향평가과정에서 이러한 대안의 중요성이 그 본래의 취지대로 잘 다루어지지 않는 경향이 있고, 또 환경영향평가에서 고려되어야 할 대안의 대상과 범위가 제안된 사업이 초래할 수 있는 부정적 환경영향의 저감방안에 관한 대안에 국한되고 있어 문제가 되어 왔습니다. 가령 산림청의 경우처럼 제안된 산림관리계획에 대하여 최소한 몇 가지의 대안(현상유지안, 개발우선안, 생태우선안)들을 열거하고 이들 대안에 대한 환경영향평가를 실시하고 있는 미국의 예를 참고하여 최대한 합리적이고 활용가능한 대안들을 비교·검토하여 최종안을 선정하는 방식으로 제도를 개선·보완할 필요가 있습니다.[34)]

(2) 평가서초안의 제출

사업자는 법 제25조 제2항에 따라 환경영향평가서 초안을 다음 각호의 행정기관의 장에게 제출해야 합니다(시행령 §35 ①).

1. 환경영향평가 대상사업의 사업지역을 관할하는 시장·군수·구청장(해당 사업지역이 둘 이상의 시·군·구에 걸치는 경우에는 해당 사업지역의 면적 또는 길이가 가장 많이 포함되는 지역을 관할하는 시장·군수·구청장을 말한다)
2. 제1호에 따른 시장·군수·구청장("주관 시장·군수·구청장") 외에 환경영향평가 대상지역을 관할하는 시장·군수·구청장("관계 시장·군수·구청장")
3. 승인기관의 장
4. 협의기관의 장
5. 환경영향평가 대상지역을 관할하는 지방환경관서의 장(협의기관의 장이 되는 경우는 제외)
6 해당 사업지역을 관할하는 특별시장·광역시장·도지사·특별자치도지사

(3) 환경영향평가서 초안에 대한 의견 수렴

「환경영향평가법」은 사업자에게 평가서 작성에 있어 의견수렴 의무를 지우고 있습니다. 즉, 사업자는 제24조에 따라 결정된 환경영향 평가항목 등에 따

---

34) 미국 국가환경정책법상 환경영향평가에 있어 대안의 연구·개발에 관하여는 전재경. 앞의 보고서, 159 이하를 참조.

라 환경영향평가서 초안을 작성하여 환경영향평가서 초안을 공고·공람하고 주민 등의 의견을 수렴해야 합니다(§ 25 ①). 지역 주민의 의견수렴을 의무화한 것은 환경영향평가제도 본연의 취지에 맞게 '공공참여'(public participation)의 요구를 반영한 결과입니다. 환경영향평가서 초안에 대한 주민 등의 의견 수렴 절차에 관하여 제12조 및 제13조가 준용되므로(§ 25 ② 본문), 따라서 사업자는 평가서 초안을 공고·공람하고 설명회를 개최하여 해당 평가 대상지역 주민의 의견을 들어야 하며, 다만, 대통령령으로 정하는 범위의 주민이 공청회의 개최를 요구하면 공청회를 개최해야 합니다(§ 25 ② 본문에 따른 § 13 ①의 준용).

의견수렴은 평가서 초안의 공고·공람과 설명회 또는 공청회 등으로 진행됩니다. 의견수렴의 대상은 지역 주민, 주민 외의 자, 행정기관의 장 등 세 가지 범주로 나뉩니다.

(4) 평가서초안의 공고·공람

의견수렴 절차는 환경영향평가서 초안의 공고·공람으로부터 시작됩니다. 환경영향평가의 경우 평가서 초안의 공고 및 공람은 환경영향평가 대상사업의 사업지역을 관할하는 시장(「제주특별자치도 설치 및 국제자유도시 조성을 위한 특별법」 제11조 제2항에 따른 행정시장을 포함)·군수·구청장(자치구의 구청장)이 해야 하며(§ 25 ② 단서), 그 공고·공람의 방법 등 필요한 사항은 대통령령으로 정합니다(§ 25 ⑤). 시행령 제36조에 따르면, 주관 시장·군수·구청장은 천재지변 등 특별한 사유가 없으면 제35조 제1항에 따라 환경영향평가서 초안이 접수된 날부터 10일 이내에 다음 각호의 사항을 일간신문과 지역신문에 각각 1회 이상 공고하고, 20일 이상 60일 이내의 범위에서 환경영향평가 대상지역의 주민 등이 공람할 수 있게 해야 합니다. 이 경우 공휴일 및 토요일은 공람기간에 산입하지 않습니다(시행령 § 36 ①).

1. 사업의 개요
2. 환경영향평가서 초안에 대한 공람 기간 및 장소
3. 환경영향평가서 초안에 대한 의견(공청회 개최 여부에 대한 의견 포함)의 제출 시기 및 방법

주관 시장·군수·구청장은 공고 및 공람을 실시할 때에는 다음 구분에 따라 공고 및 공람을 실시한다는 사실 등을 게시해야 합니다(시행령 § 36 ②).

1. 해당 사업지역을 관할하는 시·군·구의 정보통신망: 공고 및 공람의 내용과 환경영향 평가서 초안 요약문
2. 환경영향평가 정보지원시스템: 공고 및 공람의 내용과 환경영향평가서 초안

주관 시장·군수·구청장은 위와 같은 공고를 하려면 공람 기간 및 장소 등에 대하여 미리 관계 시장·군수·구청장의 의견을 들어 그 내용을 결정해야 하며, 공람장소는 주관 시장·군수·구청장의 관할구역과 관계 시장·군수·구청장의 관할구역에 각각 1개소 이상 설치해야 합니다(시행령 § 36 ③).

한편 주관 시장·군수·구청장이 천재지변이나 그 밖의 특별한 사유 없이 환경영향평가서 초안이 접수된 날부터 20일 이내에 환경영향평가서 초안의 공고 또는 공람을 하지 아니한 경우에는 승인기관장 등이 주관 시장·군수·구청장을 대신하여 제36조에 따라 환경영향평가서 초안을 공고하고 주민에게 공람하게 할 수 있습니다(§ 37 ①).

(5) 주민 등의 의견 수렴

사업자는 환경영향평가서 초안에 대하여 주민 등의 의견을 수렴해야 합니다(§ 25 ①). 전술한 바와 같이 주민 의견 수렴 절차에 관하여는 제12조 및 제13조를 준용합니다(§ 25 ② 본문). 주민 의견의 수렴은 평가서초안에 대한 의견제출로 시작됩니다.

① 평가서초안에 대한 주민 등의 의견제출

평가서초안에 대한 주민 등의 의견제출 등에 관하여는 시행령 제38조가 정하고 있습니다. 이에 따르면, 주민은 환경영향평가서 초안의 공람기간이 시작된 날부터 환경영향평가서 초안의 공람기간이 끝난 후 7일 이내에 주관 시장·군수·구청장 또는 관계 시장·군수·구청장에게 해당 사업의 시행으로 예상되는 환경영향, 환경보전방안 및 공청회 개최 요구 등에 대한 의견을 제출할 수 있습니다. 이 경우 주민으로부터 의견을 제출받은 관계 시장·군수·구청장은 환경영향평가서 초안의 공람기간이 끝난 날부터 10일 이내에 제출받은 주민의 의견을 주관 시장·군수·구청장에게 통보해야 합니다(시행령 § 38 ①).

주관 시장·군수·구청장은 제1항 및 제2항에 따라 의견을 제출받거나 통보받은 경우에는 환경영향평가서 초안의 공람기간이 끝난 날부터 14일 이내에 제출받거나 통보받은 의견 및 공청회 개최 여부를 사업자에게 통지해야 하며, 이

경우 주관 시장·군수·구청장이 환경영향평가서 초안에 대하여 의견이 있는 경우에는 그 의견을 함께 통지할 수 있습니다(시행령 § 38 ③).

이처럼 주관행정기관의 장에게 주민의견수렴의 부적당을 이유로 한 평가서초안의 보완을 지시하도록 하지 않고, 평가서초안의 내용에 대한 의견이 있는 경우 단순히 의견을 통지할 수 있도록 한 데 대하여는 비판의 여지가 있습니다.

② 설명회 개최

사업자는 공고·공람한 평가서초안에 대한 설명회를 개최하여 해당 평가 대상지역 주민의 의견을 들어야 하며, 다만 대통령령으로 정하는 범위의 주민이 공청회의 개최를 요구하면 공청회를 개최해야 합니다(§ 25 ② 본문에 따른 § 13 ① 단서의 준용).

시행령에 따르면 사업자는 환경영향평가서 초안의 공람기간 내에 법 제25조 제2항에 따른 설명회를 개최하도록 되어 있습니다(시행령 § 39 ①).

사업자는 환경영향평가 대상사업이 둘 이상의 시·군·구에 걸치는 경우에는 각각의 시·군·구에서 설명회를 개최해야 하며, 다만, 사업자가 각각의 시장·군수·구청장과 협의한 경우에는 하나의 시·군·구에서 설명회를 개최할 수 있습니다(시행령 § 39 ②).

사업자는 설명회를 개최하려면 설명회 개최 7일 전까지 일간신문과 지역신문에 사업개요, 설명회 일시 및 장소 등을 각각 1회 이상 공고해야 합니다(시행령 § 39 ③ 본문). 다만, 제36조 제1항에 따른 환경영향평가서 초안 공고사항에 이를 포함하여 공고할 경우에는 그렇지 않습니다(시행령 § 39 ③ 단서).

③ 공청회의 개최 등

대통령령으로 정하는 범위의 주민이 공청회의 개최를 요구하면 공청회를 개최해야 합니다(§ 25 ② 본문에 따른 § 13 ① 단서의 준용). 이처럼 대통령령이 정하는 기준을 충족하는 주민 요구에 따른 공청회를 '필요적 공청회'라고 부릅니다. 필요적 공청회의 경우 시행령 제40조가 규정하는데, 이에 따르면, 사업자는 법 제25조 제2항에 따라 다음 각호의 어느 하나에 해당하는 경우에는 공청회를 개최해야 합니다(시행령 § 40 ①).

1. 제38조에 따라 공청회 개최가 필요하다는 의견을 제출한 주민이 30명 이상인 경우
2. 제38조에 따라 공청회 개최가 필요하다는 의견을 제출한 주민이 5명 이상이고, 환경영

향평가서 초안에 대한 의견을 제출한 주민 총수의 50퍼센트 이상인 경우

한편 법은 사업자에게도 환경영향평가서 초안의 공람기간이 끝난 후 관계 전문가·주민의 의견을 폭넓게 수렴할 필요가 있다고 인정하는 경우에는 공청회 개최 가능성을 부여하고 있습니다(시행령 § 40 ②).

사업자가 공청회를 개최하려면 공청회를 개최하기 14일 전까지 일간신문 과 지역신문에 다음 사항을 각각 1회 이상 공고해야 합니다(시행령 § 40 ③).

1. 사업의 개요
2. 공청회 일시 및 장소
3. 그 밖에 원활한 공청회 운영을 위하여 필요한 사항

사업자는 공청회가 끝난 후 7일 이내에 환경부령으로 정하는 바에 따라 공 청회 개최 결과를 주관 시장·군수·구청장 및 관계 시장·군수·구청장에게 통지 해야 합니다(시행령 § 40 ④). 그 밖에 공청회 개최에 필요한 사항은 환경부령으로 정합니다(시행령 § 40 ⑤).

④ 주민 등의 의견 수렴 결과 및 반영 여부 공개

사업자는 제1항 및 제3항에 따른 주민 등의 의견 수렴 결과와 반영 여부를 대통령령으로 정하는 방법에 따라 공개해야 합니다(§ 25 ④). 의견 수렴 결과 및 반영 여부는 사업계획 확정 이전에 해당 시장·군수·구청장 또는 승인기관장 등 이 운영하는 정보통신망 및 환경영향평가 정보지원시스템에 14일 이상 그 내용 을 게시해야 합니다(시행령 § 43).

⑤ 중요 사항 변경에 따른 주민 등의 의견 재수렴

법은 사업자가 제25조에 따른 의견 수렴 절차를 거친 후 제29조에 따라 협의내용을 통보받기 전까지 환경영향평가 대상사업 규모의 30퍼센트 이상 증 가되는 경우 등 대통령령으로 정하는 중요한 사항을 변경하려는 경우에는 제24 조 및 제25조에 따라 환경영향평가서 초안을 다시 작성하여 주민 등의 의견을 재수렴하도록 의무화하고 있습니다(§ 26).

(6) 주민 외의 자의 의견 수렴

법은 주민의 의견수렴을 의무화하는 데 그치지 않고 한 걸음 더 나아가서 주민 외의 자로부터도 의견을 수렴하도록 하고 있습니다. 즉, 대상사업장이 생

태계의 보전가치가 큰 지역으로서 대통령으로 정하는 지역을 포함하는 경우에는 관계 전문가 등 평가 대상지역의 주민이 아닌 자의 의견도 들어야 한다고 규정하여(§25 ② 본문에 의한 §13 ②의 준용) 대상사업의 시행으로 인하여 영향을 받게 되는 지역 주민이 아니더라도 관계 전문가 등 평가 대상지역의 주민이 아닌 자에게까지 의견 수렴의 범위를 확대한 것입니다. 이에 따라 시행령 제42조는 사업자는 법 제25조 제2항에 따라 다음 각호의 어느 하나에 해당하는 지역에서 환경영향평가 대상사업을 시행하려는 경우에는 관계 전문가 등 평가 대상지역의 주민이 아닌 자의 의견도 들어야 한다고 규정하고 있습니다.

1. 「국토의 계획 및 이용에 관한 법률」 제6조 제4호에 따른 자연환경보전지역
2. 「자연공원법」 제2조 제1호에 따른 자연공원
3. 습지보전법」 제8조 제1항에 따른 습지보호지역 및 습지주변관리지역
4. 「환경정책기본법」 제38조에 따른 특별대책지역

이와같이 '생태계의 보전가치가 큰 지역 등 대통령으로 정하는 지역', 즉 자연환경보전지역, 자연공원, 습지보호지역 및 습지주변관리지역, 특별대책지역 등에서 사업을 할 경우, 해당 지역들의 가치와 특성을 고려하여 환경단체, 시민단체 등 지역 주민 외의 자의 의견을 수렴할 필요가 있다는 취지에서 비롯된 조항입니다.[35]

(7) 관계 행정기관의 장의 의견 수렴

사업자는 평가서 초안을 다음 각호의 자에게 제출하여 의견을 들어야 합니다(§25 ② 본문에 따른 §12 ②의 준용).

1. 환경부장관
2. 승인기관의 장(승인 등을 받아야 하는 계획만 해당한다)
3. 그 밖에 대통령령으로 정하는 관계 행정기관의 장

---

35) 환경부·건설교통부, 구 통합영향평가법 설명자료 역시 '환경영향평가시 사업시행지역이 자연환경보전지역, 자연공원, 습지보호지역 등 생태적 보호가치가 큰 지역인 경우에는 종전과 달리 지역주민뿐만 아니라 관계전문가, 시민단체 등의 의견도 수렴하도록 하여 국민적 관심지역에 대한 의견수렴 대상을 확대한 것'이라고 서술하고 있습니다(2001.2: http://www.me.go.kr/DEPTDATA/200102/12162612/교육자료.hwp).

(8) 환경영향평가서 초안의 작성 및 의견 수렴 절차의 생략

법은 앞서 본 전략환경영향평가와 유사한 이유에서 다음 두 가지 경우에 환경영향평가서 초안의 작성 및 의견 수렴 절차를 생략할 수 있도록 하고 있습니다. 첫째는 절차 중복을 회피하기 위한 것이고, 둘째는 설명회나 공청회 개최 방해 등으로 인하여 평가서 초안 작성 및 의견 수렴 절차를 거치기 어려운 경우입니다.

① 절차의 중복 회피를 위한 의견 수렴 생략

「환경영향평가법」은 불필요한 절차의 중복을 회피하려는 취지에서 전략환경영향평가와의 관계에 관한 특례를 정하고 있습니다. 이에 따르면, 환경영향평가 대상사업에 대한 개발기본계획을 수립할 때에 제12조부터 제15조까지의 규정에 따른 전략환경영향평가서 초안의 작성 및 의견 수렴 절차를 거친 경우(제14조에 따라 의견 수렴 절차를 생략한 경우는 제외한다)로서 다음 각 요건에 모두 해당하는 경우 협의기관의 장과의 협의를 거쳐 제1항 및 제2항에 따른 환경영향평가서 초안의 작성 및 의견 수렴 절차를 거치지 아니할 수 있습니다(§ 25 ⑤).

1. 제18조에 따라 전략환경영향평가서 협의내용 통보받은 날부터 3년이 지나지 아니한 경우
2. 제18조에 따른 협의내용보다 사업규모가 30퍼센트 이상 증가되지 아니한 경우
3. 제18조에 따른 협의내용보다 사업규모가 제22조 제2항에 따라 대통령령으로 정하는 환경영향평가대상사업의 최소 사업규모 이상 증가되지 아니한 경우
4. 폐기물소각시설, 폐기물매립시설, 하수종말처리시설, 공공폐수처리시설 등 주민의 생활환경에 미치는 영향이 큰 시설의 입지가 추가되지 아니한 경우

사업자가 법 제25조 제5항에 따라 환경영향평가서 초안의 작성 및 의견 수렴 절차를 거치지 아니하려면 같은 항 각호의 요건 모두에 해당됨을 증명하는 서류를 작성하여 협의기관의 장에게 협의를 요청해야 하며, 승인 등을 받아야 하는 사업자는 승인기관의 장을 거쳐 협의를 요청해야 합니다(시행령 § 44 ①). 협의를 요청받은 협의기관의 장은 협의를 요청받은 날부터 30일 이내에 사업자에게 협의 결과를 통보해야 합니다(시행령 § 44 ②).

한편 사업자가 제1항에 따른 환경영향평가서 초안에 대하여 다른 법령에 따라 주민 등의 의견을 20일 이상 수렴하는 등 제2항의 절차에 준하여 수렴한

경우에는 제1항에 따라 주민 등의 의견을 수렴한 것으로 봅니다(§ 25 ③). 의견수렴 절차의 중복으로 인한 비효율을 방지하기 위한 조항이라고 볼 수 있습니다.

② 평가서 초안 작성 및 의견 수렴 절차를 거치기 어려운 경우

법 제25조 제2항에 따라 제13조 제3항이 준용되는 결과, 환경영향평가의 경우에도 책임질 수 없는 사유로 설명회나 공청회가 정상적으로 진행되지 못하는 등 대통령령으로 정하는 사유가 있는 경우에는 설명회나 공청회를 생략할 수 있습니다. 이 경우 대통령령으로 정하는 바에 따라 설명회 또는 공청회에 준하는 방법으로 주민 등의 의견을 들어야 합니다(§ 13 ③). 법 제25조 제2항에 따라 설명회나 공청회를 개최하지 아니할 수 있는 경우는 다음 각호의 어느 하나에 해당하는 경우를 말합니다(시행령 § 41 ①).

1. 설명회가 주민 등의 개최 방해 등의 사유로 개최되지 못하거나 개최되었더라도 정상적으로 진행되지 못한 경우
2. 공청회가 주민 등의 개최 방해 등의 사유로 2회 이상 개최되지 못하거나 개최되었더라도 정상적으로 진행되지 못한 경우

그동안 공청회 문화의 미성숙 등으로 인하여 설명회나 공청회가 정상적으로 진행되지 못해 의견수렴 절차에 차질이 빚어지는 일이 빈번했던 것이 사실입니다. 이 점을 감안하여 마련된 대안입니다. 즉, 사업자가 설명회나 공청회를 개최하였으나 사업자가 책임질 수 없는 사유로 정상적인 진행이 되지 못하는 등 대통령령으로 정하는 사유에 해당되는 경우에는 그 설명회나 공청회를 생략할 수 있도록 한 것입니다.

사업자는 설명회 또는 공청회를 생략한 경우에는 다음과 같은 조치를 해야 하며, 그 밖의 방법으로 주민 등의 의견을 듣기 위하여 성실히 노력해야 합니다(시행령 § 41 ②).

1. 설명회를 생략한 경우: 다음 각 목에 해당하는 조치
   가. 일간신문과 지역신문에 설명회를 생략하게 된 사유 및 설명자료 열람방법 등을 각각 1회 이상 공고
   나. 해당 시·군·구의 정보통신망 및 환경영향평가 정보지원시스템에 설명회를 생략하게 된 사유 및 설명자료 등을 게시
2. 공청회를 생략한 경우: 공청회를 생략하게 된 사유, 의견제출 시기 및 방법, 설명자료

열람방법 등을 일간신문과 지역신문에 각각 1회 이상 공고

사업자는 공고를 하려면 의견제출 시기 및 방법 등에 관하여 주관 시장·군수·구청장과 협의해야 합니다(시행령 § 41 ③).

5.3.3. 환경영향평가의 협의

(1) 평가서 제출·협의 요청

승인기관장 등은 환경영향평가 대상사업에 대한 승인 등을 하거나 환경영향평가 대상사업을 확정하기 전에 환경부장관에게 협의를 요청해야 하며, 이 경우 승인기관의 장은 환경영향평가서에 대한 의견을 첨부할 수 있습니다(§ 27 ①). 승인 등을 받지 않아도 되는 사업자(가령 사업자 자신이 그 사업계획 등에 대한 승인기관에 해당되는 경우의 사업자)는 제1항에 따라 환경부장관에게 협의를 요청할 경우 환경영향평가서를 작성해야 하며, 승인 등을 받아야 하는 사업자는 환경영향평가서를 작성하여 승인기관의 장에게 제출해야 합니다(§ 27 ②).

환경영향평가서는 다음과 같은 사항을 포함해야 합니다(법 § 27 ③; 시행령 § 46 ①).

1. 법 제24조 제1항 또는 제2항에 따른 환경영향 평가항목 등의 결정 및 조치 내용
2. 제33조 제2항에 따른 주민 등의 의견 검토 내용
3. 제34조 제1항 각호의 사항
4. 환경영향평가서 초안에 대한 주민, 전문가, 관계 행정기관의 의견 및 이에 대한 사업자의 검토의견
5. 부록
   가. 환경영향평가시 인용한 문헌 및 참고한 자료
   나. 환경영향평가에 참여한 사람의 인적사항
   다. 용어 해설 등

협의는 "협의기준"에 의해 이루어집니다. 협의기준이란 사업의 시행으로 영향을 받게 되는 지역에서 다음 어느 하나의 기준으로는 「환경정책기본법」 제12조에 따른 환경기준을 유지하기 어렵거나 환경의 악화를 방지할 수 없다고 인정하여 사업자 또는 승인기관의 장이 해당 사업에 적용하기로 환경부장관과 협의한 기준을 말합니다.(법 § 2 5호).

가. 「가축분뇨의 관리 및 이용에 관한 법률」 제13조에 따른 방류수수질기준

나. 「대기환경보전법」 제16조에 따른 배출허용기준

다. 「물환경보전법」 제12조 제3항에 따른 방류수 수질기준

라. 「물환경보전법」 제32조에 따른 배출허용기준

마. 「폐기물관리법」 제31조 제1항에 따른 폐기물처리시설의 관리기준

바. 「하수도법」 제7조에 따른 방류수수질기준

사. 「소음·진동관리법」 제7조에 따른 소음·진동의 배출허용기준

아. 「소음·진동관리법」 제26조에 따른 교통소음·진동 관리기준

자. 그 밖에 관계 법률에서 환경보전을 위하여 정하고 있는 오염물질의 배출기준

(2) 평가서의 제출 및 협의 요청 시기

평가서의 협의 요청시기 및 제출방법 등은 대통령령으로 정하도록 위임되어 있습니다(법§27③; 시행령§47① 및 별표 3). 사업자로부터 평가서를 제출받은 승인기관의 장은 평가서를 제출받은 날부터 10일 이내에 환경부장관에게 평가서에 대한 협의를 요청해야 합니다(시행령§47②).

평가서의 제출시기 또는 협의요청 시기는 대상사업에 따라 차이가 있지만, 「환경영향평가법 시행령」[별표 3]「환경영향평가 대상사업의 구체적인 종류, 범위 및 협의 요청시기(제31조 제2항 및 제47조 제2항 관련)」에서 볼 수 있는 바와 같이, 주로 실시계획의 승인·인가 이전으로 되어 있는 경우가 많습니다.

이렇게 평가서의 제출시기를 실시계획 이전으로 한 것은 물론 환경영향평가의 사전적·예방적 제도로서의 성질을 고려하여 그 실효성을 확보하기 위한 것이라 할 수 있습니다. 대상사업의 실시계획이 승인된 후, 즉 그 실시단계에 비로소 환경영향평가가 행해질 경우 환경영향의 사전적 고려라는 제도 본래의 취지가 몰각되거나 환경영향평가를 통해 다만 사업계획을 합리화시키는 결과가 초래될 수 있기 때문입니다. 그러나 환경영향평가의 시기가 사업실시계획의 승인 직전이기 때문에 개발사업자는 이미 사업의 공사준비가 완료된 상태에서 평가가 이루어지기 때문에 환경영향저감방안이란 실은 시공상의 보완에 불과할 뿐 근본적인 사전예방효과를 발휘하지 못하는 경우가 많다는 문제가 있습니다. 실제로 환경영향평가의 실태를 보면 환경영향평가의 결과에 따라 개발사업들이 착수되기 전에 중단되는 예는 극히 드물고 공사 진행 후에야 환경에 미치는 악영향과 그 심각성을 알게 되는 사례가 허다합니다. 그러므로 환경영향평가제도

의 사전예방 기능을 제대로 기대하려면 사업의 실시계획 이전이 아니라 사업계획 자체의 결정·승인 이전에 미리 환경영향평가서가 작성·제출되도록 하여 사업계획 자체의 적정성을 검토할 수 있도록 하는 것이 바람직합니다. 사업계획이 결정·승인된 후 실시계획의 승인 등 이전에 평가를 한다고 해도 이는 사업 시행을 전제로 한 것이기 때문에 자칫 사업 시행에 따른 환경문제의 저감방안만을 제시하는 데 그칠 뿐 사업계획의 결정 자체에 영향을 미치지는 못하기 때문입니다.[36)]

<환경영향평가서 제출시기와 관련한 대법원 판례>

[1]. 어느 행정행위가 기속행위인지 재량행위인지 여부는 이를 일률적으로 규정지을 수 없고, 당해 처분의 근거가 된 규정의 형식이나 체제 또는 문언에 따라 개별적으로 판단해야 한다(대법원 1997. 12. 26 선고 97누15418 판결, 대법원 2008.5.29 선고 2007두18321 판결 등 참조). 그리고 법원이 이러한 재량행위에 대한 사법심사를 함에 있어서는 행정청의 재량에 기한 공익판단의 여지를 감안하여 당해 행위에 재량권의 일탈·남용이 있는지 여부만을 심사하는바, 사실오인, 비례·평등의 원칙 위반, 당해 행위의 목적 위반이나 동기의 부정 등이 없는 한 재량권을 일탈·남용하였다고 할 수 없다(대법원 2001.2.9 선고 98두17593 판결, 대법원 2007.5.31 선고 2005두1329 판결 등 참조).

[2]. 국방·군사시설 사업에 관하여 환경영향평가서 제출시기 및 협의요청시기를 정한 이 사건 시행령규정인 구 환경영향평가법 시행령(2010.2.4,대통령령 제22107호로 개정되기 전의 것) 제23조 [별표 1] 제16호 (가)목의 **'기본설계의 승인 전'은 구 건설기술관리법 시행령(2009. 11. 26. 대통령령 제21852호로 개정되기 전의 것) 제38조의9 소정의 '기본설계의 승인 전'을 의미하는 것으로 해석해야지 이를 구 국방사업법상 '실시계획'의 승인 전을 의미하는 것으로 해석할 것은 아니다.**

[3]. 구 환경정책기본법령, 환경영향평가법령 및 구 국방사업법령의 내용과 체제에 비추어 보면, 구 환경정책기본법령 및 환경영향평가법령은 사전환경성검토와 환경영향평가가 갖는 각각의 고유한 목적과 기능, 구 국방사업법 제4조에 따른 국방·군사시설사업에 대한 실시계획 승인의 법적 성격 등을 고려하여, **구 국방사업법상 국방·군사시설사업에 대하여 실시계획 승인처분 전에 사전환경성검토와 환경영향평가를 모두 거칠 것을 요구하는 것이 아니라, 그 법적 성격이 사업지역의 지정 단계에 불과한 실시계획 승인 전에는 구 환경정책기본법에 따라 환경측면의 적정성 및 입지의 타당성을 검토하는 사전환경성검토를, 구 건설기술관리법령상 기본설계의 승인 전에는 법에 따라 환경보전방안을**

---

36) 同旨 전재경, 「환경영향평가법연구」, 240-241.

강구하는 환경영향평가를 각 거치도록 규정한 것으로 해석하는 것이 합리적이다.[37)

"구 국방사업법상 국방·군사시설사업의 경우 실시계획의 승인 전에 사전환경성검토와 환경영향평가를 모두 거칠 것이 요구되는 것이 아니라 구 국방사업법상 실시계획의 승인 전에는 사전환경성검토를, 구 건설기술관리법령상 기본설계의 승인 전에는 환경영향평가를 각 거쳐야 하는 것이므로, **기본설계의 승인 전에 환경영향평가를 거치지 아니하였다고 하더라도 이로 인하여 구 국방사업법상 실시계획의 승인까지 위법하게 되는 것은 아니다.**"[38)

(3) 평가서의 검토·보완

환경영향평가서가 제출되었다고 해서 관할 행정청이 이에 구속되는 것은 아닙니다. 환경영향에 대한 최종적인 평가·검토의 권한은 환경부장관에게 있습니다(§§ 28-29).

환경부장관은 제27조 제1항에 따라 협의를 요청받은 경우에는 주민의견 수렴 절차 등의 이행 여부 및 환경영향평가서의 내용 등을 검토해야 합니다(§ 28 ①). 협의기관의 장이 검토해야 할 사항은 다음과 같습니다(시행령 § 48 ①).

1. 협의대상 여부 등 형식적 요건에 관한 사항
2. 주민 등의 의견 수렴 절차 이행 및 주민의견 반영에 관한 사항
3. 환경영향평가서 내용의 타당성 여부

환경영향평가서를 검토할 때에 필요하면 환경영향평가에 필요한 전문성을 갖춘 기관으로서 대통령령으로 정하는 기관 또는 관계 전문가의 의견을 듣거나 현지조사를 의뢰할 수 있고, 사업자 또는 승인기관의 장에게 관련 자료의 제출을 요청할 수 있습니다(§ 28 ② 본문). 다만, 한국환경연구원과 해양수산부장관(해양

37) 대법원 2012.7.5 선고 2011두19239 전원합의체 판결(군사시설사업실시계획승인처분무효확인 등). 이 사건 판결은 이른바 강정마을 해군기지 설치에 관한 사건입니다. 이 사건 원심인 서울고등법원은 이 사건 시행령규정의 '기본설계의 승인 전'은 이 사건 국방·군사시설사업에 대한 '실시계획의 승인 전'을 의미한다는 전제하에, 사업시행자인 해군참모총장이 이 사건 실시계획 승인처분 전에 피고에게 사전환경성검토서만 제출하였을 뿐 환경영향평가서를 제출하지 않았다는 이유로 이 사건 실시계획 승인처분이 무효라고 판시하였고, 대법원이 이를 파기환송한 것입니다. 이 판결에는 피고의 상고이유에 대한 판단에 관하여 대법관 전수안, 대법관 이상훈의 반대의견이 붙어 있습니다.

38) 대법원 2012.7.5 선고 2010두20423 판결(국방·군사시설사업실시계획승인처분무효확인).

환경에 영향을 미치는 사업으로서 대통령령으로 정하는 사업만)의 의견을 들어야 합니다(§ 28 ② 단서).

협의기관의 장은 환경영향평가서를 검토할 때에 필요하면 관계 전문가의 의견을 듣거나(시행령 § 48 ③), 환경영향평가서의 검토를 위하여 필요한 경우 승인 기관의 장에게 관련 자료 등의 제출을 요청할 수 있고, 이 경우 승인기관의 장은 특별한 사유가 없으면 이에 따라야 합니다(시행령 § 48 ④). 이는 환경부장관이 평가서 검토시 승인기관의 장 등에게 보완을 요구하는 경우 그 실효성을 확보하기 위한 것입니다.

협의기관의 장이 환경영향평가서의 검토 결과 취할 수 있는 조치는 보완·조정, 반려, 재검토 통보 세 가지입니다.

① 보완·조정요구

법은 제28조 제3항에서 평가서 작성에 관하여 환경부장관이 보완·조정을 요구할 수 있도록 하고 있습니다. 즉 환경부장관은 환경영향평가서를 검토한 결과 환경영향평가서 또는 사업계획 등을 보완·조정할 필요가 있는 등 대통령령으로 정하는 사유가 있는 경우에는 승인기관장 등에게 환경영향평가서 또는 사업계획 등의 보완·조정을 요청하거나 보완·조정을 사업자 등에게 요구할 것을 요청할 수 있습니다(§ 28 ③ 제1문). 여기서 "대통령령으로 정하는 사유"란 다음 어느 하나에 해당하는 경우를 말합니다(시행령 § 48 ②).

1. 환경영향평가서가 제46조에 따른 작성 내용·방법 등에 따라 작성되지 아니한 경우
2. 환경영향평가 대상사업의 시행으로 환경에 해로운 영향을 미칠 우려가 있어 사업계획 등의 조정이나 보완이 필요하다고 인정하는 경우

보완·조정의 요청은 두 차례만 할 수 있으며, 요청을 받은 승인기관장 등은 특별한 사유가 없으면 이에 따라야 합니다(§ 28 ③ 제2문).

② 반 려

환경부장관은 제3항에 따라 보완·조정의 요청을 하였음에도 불구하고 요청한 내용의 중요한 사항이 누락되는 등 환경영향평가서 또는 해당 사업계획이 적정하게 작성되지 아니하여 협의를 진행할 수 없다고 판단되는 경우, 또는 환경영향평가서가 거짓으로 작성되었다고 판단하는 경우에는 환경영향평가서를 반려할 수 있습니다(§ 28 ④).

③ 재검토 통보

환경부장관은 다음 어느 하나에 해당하는 경우에는 해당 환경영향평가 대상사업의 규모·내용·시행시기 등을 재검토할 것을 승인기관장 등에게 통보할 수 있습니다(§ 28 ⑤).

1. 해당 환경영향평가 대상사업을 축소·조정하더라도 해당 환경영향평가 대상사업이 포함된 사업계획의 추진으로 환경훼손 또는 자연생태계의 변화가 현저하거나 현저하게 될 우려가 있는 경우
2. 해당 환경영향평가 대상사업이 포함된 사업계획이 국가환경정책에 부합하지 아니하거나 생태적으로 보전가치가 높은 지역을 심각하게 훼손할 우려가 있는 경우

사업자나 승인기관의 장은 제5항에 따라 통보받은 재검토 내용에 대하여 이의가 있으면 환경부장관에게 재검토 내용을 조정하여 줄 것을 요청할 수 있습니다. 이 경우 조정 요청의 절차 및 조정 여부의 결정 등에 관하여는 제31조를 준용합니다(§ 28 ⑥).

(4) 협의결과의 처리

① 협의내용의 통보

환경부장관은 제27조 제1항에 따라 협의를 요청받은 날부터 45일 안에 승인기관장 등에게 협의내용을 통보해야 합니다(§ 29 ① 본문). 부득이한 사정이 있을 때에는 그 기간을 연장할 수 있습니다(법 § 29 ① 단서 협의기관의 장이 부득이한 사유로 그 기간을 연장한 경우에는 60일). 사업자가 환경영향평가서를 보완하는 데 걸린 기간과 공휴일은 통보기간에 산입하지 않습니다(시행령 § 50). 환경부장관은 제1항에 따라 협의내용 통보기간을 연장할 때에는 협의기간이 끝나기 전까지 승인기관장 등에게 그 사유와 연장한 기간을 통보해야 합니다(법 § 29 ②).

환경부장관은 다음 어느 하나에 해당하는 경우에는 해당 사업계획 등에 관련 내용을 반영할 것을 조건으로 승인기관장 등에게 협의내용을 통보할 수 있습니다(법 § 29 ④).

1. 보완·조정해야 할 사항이 경미한 경우
2. 해당 사업계획 등에 대한 승인 등을 하거나 해당 사업을 시행하기 전에 보완·조정이 가능한 경우

② 협의내용의 반영 등

법은 사업자가 협의내용에 따른 필요한 조치를 할 수 있도록 하기 위하여 협의내용을 통보받은 승인기관의 장에게 이를 지체없이 사업자에게 통보하도록 의무를 부과하고 있습니다(§ 29 ③). 사업자나 승인기관의 장은 제29조에 따라 협의내용을 통보받았을 때에는 그 내용을 해당 사업계획 등에 반영하기 위하여 필요한 조치를 해야 합니다(§ 30 ①).

승인기관의 장은 사업계획 등에 대하여 승인 등을 하려면 협의내용이 사업계획 등에 반영되었는지를 확인해야 하며, 협의내용이 사업계획 등에 반영되지 아니한 경우에는 이를 반영하게 해야 합니다(§ 30 ②).

이것은 협의내용의 반영을 사업계획 등에 대한 승인 등의 요건으로 삼도록 함으로써 협의내용의 이행을 확보하려는 규정이라 할 수 있습니다.

법은 환경부장관이 협의내용의 반영여부를 확인할 수 있도록 하기 위하여 승인기관장 등은 사업계획 등에 대하여 승인 등을 하거나 확정을 하였을 때에는 협의내용의 반영 결과를 환경부장관에게 통보하고(§ 30 ③), 환경부장관은 통보받은 결과에 협의내용이 반영되지 아니한 경우 승인기관장 등에게 협의내용을 반영하도록 요청할 수 있도록 했습니다. 이 경우 승인기관장 등은 특별한 사유가 없으면 이에 따라야 합니다(§ 30 ④).

이와 관련하여 시행령 제51조는 승인기관장 등은 법 제30조 제3항에 따라 협의기관의 장에게 협의내용의 반영 여부 및 반영 내용을 통보하는 경우에는 법 제29조 제1항에 따른 협의내용을 반영한 대상사업 또는 그 사업계획의 승인 등을 하거나 확정한 날부터 30일 이내에 해야 한다고 규정하고 있습니다.

③ 조정요청

사업자 또는 승인기관의 장은 제29조에 따라 통보받은 협의내용에 대하여 이의가 있으면 환경부장관에게 협의내용을 조정하여 줄 것을 요청할 수 있습니다. 이 경우 승인 등을 받아야 하는 사업자는 승인기관의 장을 거쳐 조정을 요청해야 합니다(§ 31 ①).

표현은 '조정 요청'이라고 되어 있으나 실질적으로는 일종의 이의신청이라고 볼 수 있습니다. 협의내용에 대한 조정요청(이의신청)의 범위와 관련하여 사업자가 평가서에 포함시켜 이미 제시한 바 있는 내용은 그 대상이 되지 않으며 협의과정에서 협의기관이 추가로 제시한 내용에 대하여만 조정요청이 가능하다고 보아야 할 것입니다.[39) 법 제31조 제1항에 따라 협의내용에 대하여 조정을 요청하려는 자는 법 제29조에 따라 협의내용을 통보받은 날부터 90일 이내에 협의기관의 장에게 다음 사항을 포함한 서류를 제출해야 합니다(시행령 § 52).

　　1. 조정 요청의 내용 및 사유
　　2. 변경하려는 협의내용
　　3. 협의내용의 변경에 따른 환경영향의 분석

　조정요청을 받은 환경부장관은 30일(부득이한 사정으로 그 기간을 연장한 경우에는 40일. 이 경우 조정 요청을 보완하는 기간과 공휴일 및 토요일은 통보기간에 산입하지 않습니다.) 안에 환경영향평가협의회의 심의를 거쳐 조정 여부를 결정하고 그 결과를 사업자나 승인기관의 장에게 통보해야 합니다(§ 31 ②; 시행령 § 53).

　승인기관장 등은 협의내용의 조정을 요청하였을 때에는 제2항에 따른 통보를 받기 전에 그 사업계획 등에 대하여 승인 등을 하거나 확정을 하여서는 아니 됩니다(§ 31 ③ 본문). 다만, 조정 요청과 관련된 내용을 사업계획 등에서 제외시키는 경우에는 그렇지 않습니다(§ 31 ③ 단서).

5.3.4. 재협의

　사업자가 환경영향평가협의내용을 통보받은 후 장기간 사업을 착공하지 않을 경우 그 사이의 주변환경여건이 변화하여 협의내용의 실효성이나 타당성이 상실되거나 저하되는 경우가 생길 수 있습니다. 종전에는 협의를 한 후 오랜 기간이 경과하여 환경여건이 변화해도 재협의를 할 수 없어 환경영향평가의 실효를 기할 수 없었습니다. 이러한 문제점을 해결하기 위하여 1997년 3월 7일의 구 「환경영향평가법」 이래 평가서 재협의에 관한 규정을 두게 되었고 현행법에서 이를 계승한 것입니다.

　「환경영향평가법」은 제27조부터 제29조까지의 규정에 따라 협의한 사업계획 등을 변경하는 경우로서 다음 어느 하나에 해당하는 경우에는 승인기관장 등이 환경부장관에게 재협의를 요청하도록 의무화하고 있습니다(§ 32 ①).

---

39) 김승열, 環境·交通·災害등에관한影響評價法, 「월간법제」 2000.10.

1. 사업계획 등을 승인하거나 사업계획 등을 확정한 후 대통령령으로 정하는 기간 내에 사업을 착공하지 아니한 경우. 다만, 사업을 착공하지 아니한 기간 동안 주변 여건이 경미하게 변한 경우로서 승인기관장 등이 환경부장관과 협의한 경우는 그러하지 아니하다.
2. 환경영향평가 대상사업의 면적·길이 등을 대통령령으로 정하는 규모 이상으로 증가시키는 경우
3. 제29조 또는 제31조에 따라 통보받은 협의내용에서 원형대로 보전하거나 제외하도록 한 지역을 대통령령으로 정하는 규모 이상으로 개발하거나 그 위치를 변경하는 경우
4. 대통령령으로 정하는 사유가 발생하여 협의내용에 따라 사업계획 등을 시행하는 것이 맞지 아니 하는 경우

재협의에 관하여는 제24조부터 제31조까지의 규정을 준용합니다(§ 32 ③). 승인기관장 등은 다음 중 하나에 해당하면 재협의 요청을 생략할 수 있습니다 (§ 32 ②).

1. 환경영향평가 대상사업이 환경부장관과 협의를 거쳐 확정되거나 승인 등을 받고 취소 또는 실효된 경우로서 협의내용을 통보받은 날부터 대통령령으로 정하는 기간을 경과하지 아니한 경우
2. 환경영향평가 대상사업이 환경부장관과 협의를 거친 후 지연 중인 경우로서 협의내용을 통보받은 날부터 대통령령으로 정하는 기간을 경과하지 아니한 경우

5.3.5. 변경협의

사업자는 제27조부터 제29조까지의 규정에 따라 협의한 사업계획 등을 변경하는 경우로서 제32조 제1항 각호에 해당하지 아니하는 경우에는 사업계획 등의 변경에 따른 환경보전방안을 마련하여 이를 변경되는 사업계획 등에 반영해야 합니다(§ 33 ①). 승인 등을 받아야 하는 사업자는 제1항에 따른 환경보전방안에 대하여 미리 승인기관의 장의 검토를 받아야 하며, 다만, 환경부령으로 정하는 경미한 변경사항에 대하여는 그렇지 않습니다(§ 33 ②). 승인기관장 등은 제1항 및 제2항에 따라 환경보전방안을 마련하거나 검토할 때 대통령령으로 정하는 사유에 해당하면 환경부장관의 의견을 들어야 합니다(§ 33 ③).

5.3.6. 사전공사의 금지 등

사업자는 제27조부터 제29조까지 및 제31조부터 제33조까지의 규정에 따

른 협의·재협의 또는 변경협의의 절차를 거치지 아니하거나 절차가 끝나기 전
(공사가 일부 진행되는 과정에서 재협의 또는 변경협의의 사유가 발생한 경우에는 재협의 또는 변경협
의의 절차가 끝나기 전을 말한다)에 대상사업의 공사를 하여서는 아니 됩니다(§34①).
다만, 착공 준비를 위한 현장사무소 설치 공사나 경미한 공사 등 같은 조항 단
서에 해당하는 공사는 예외입니다.

승인기관의 장은 제27조부터 제33조까지의 규정에 따른 협의·재협의 또는
변경협의의 절차가 끝나기 전에 사업계획 등에 대한 승인 등을 하여서는 안 되
며(§34②), 승인 등을 받아야 하는 사업자가 이에 위반하여 공사를 시행한 때에
는 해당 사업의 전부 또는 일부에 대한 공사중지를 명해야 합니다(§34③).

환경부장관은 사업자가 제1항을 위반하여 공사를 시행하였을 때에는 승인
등을 받지 않아도 되는 사업자에게 공사중지, 원상복구 또는 그 밖에 필요한 조
치를 할 것을 명령하거나 승인기관의 장에게 공사중지, 원상복구 또는 그 밖에
필요한 조치를 명할 것을 요청할 수 있고, 승인기관장 등은 특별한 사유가 없으
면 이에 따라야 합니다(§34④).

5.3.7. 협의내용의 이행 및 관리 등

구 「환경정책기본법」은 제28조에 환경부장관으로 하여금 환경영향평가서
에 대한 협의내용의 이행여부를 조사·확인하도록 하고 사업자가 이 협의내용을
이행하지 않을 경우에는 관계행정기관의 장에게 시정을 위한 필요한 조치를 할
것을 요청하도록 하는 사후관리제도를 두고 있었습니다. 「환경정책기본법」이
이처럼 독특한 사후관리절차를 도입했던 것은 환경영향평가의 실효성 확보를
위한 것이었습니다. 그러나 사후관리제도는 그 효과 면에서 협의내용을 이행치
않거나 사전공사를 시행하는 사업자에겐 이행의 촉구나 사업의 일시적인 중지
를 요청할 수 있을 뿐, 그 이상의 제재를 가할 수 없어 사업시행자가 환경영향
평가를 무시해도 환경부로서는 속수무책인 실정이라는 비판을 받았습니다.[40]
「환경영향평가법」은 이 점을 감안하여 사후관리제도를 계승하되 실효성 측면을
강화하여 제3장 제4절에서 협의내용의 이해 및 관리 등에 관한 규정들을 두고
있습니다.

---

40) 중앙일보 1992년 10월 6일자 사설을 참조.

(1) 사업자의 의무

「환경영향평가법」은 제35조에서 사업자의 의무를 규정하고 있습니다. 그 밖에도 사후환경영향조사, 사업착공 등의 통보, 협의내용 등에 대한 이행의무의 승계 등을 규정한 제36조부터 제38조까지의 규정도 사업자의 의무에 관한 것이라고 볼 수 있습니다. 환경영향평가에서 사업자의 의무는 협의내용 이행의무(관리대장 비치, 관리책임자 지정 포함), 사후환경영향조사의무, 사업착공등의 통보의무 등으로 나누어 볼 수 있습니다.

사업자의 의무에 관한 규정들은 결국 환경영향평가 협의내용의 이행을 확보하려는 데 그 취지를 둔 것으로서 사업자가 그러한 의무를 얼마나 잘 이행하도록 하느냐 하는 것이야말로 환경영향평가제도의 실효성을 좌우하는 결정적인 관건이 됩니다. 이러한 견지에서 사업자의 의무이행을 확보하기 위하여 벌칙이 부과됩니다.

사업자가 사업을 양도하거나 사망한 경우 또는 법인이 합병한 경우에는 그 양수인이나 상속인 또는 합병 후 존속하는 법인이나 합병에 따라 설립되는 법인이 제35조부터 제37조까지의 규정에 따른 의무를 승계합니다(§ 38 ① 본문). 다만, 양도·상속 또는 합병으로 이전되는 시설의 운영자가 따로 있는 경우에는 그 시설의 운영자가 그 의무를 승계합니다(§ 38 ① 단서). 종전 사업자의 의무를 승계한 사업자(같은 항 단서에 따라 의무를 승계한 운영자 포함)는 협의내용의 이행 상황과 승계 사유 등 환경부령으로 정하는 사항을 승계일 날부터 30일 이내에 승인기관의 장과 환경부장관에게 통보해야 합니다(§ 38 ②).

① 협의내용 이행의무

사업자는 사업계획 등을 시행할 때에 사업계획 등에 반영된 협의내용을 이행해야 합니다(§ 35 ①). 사업자는 협의내용을 성실히 이행하기 위하여 환경부령으로 정하는 바에 따라 협의내용을 적은 관리대장에 그 이행 상황을 기록하여 공사현장에 갖추어 두어야 하며(§ 35 ②), 사업자는 협의내용이 적정하게 이행되는지를 관리하기 위하여 협의내용 관리책임자를 지정하여 환경부령으로 정하는 바에 따라 환경부장관과 승인기관의 장(승인 등을 받아야 하는 대상사업만)에게 통보해야 합니다(§ 35 ③).

② 사후환경영향조사의무

「환경영향평가법」은 2015년 1월 20일의 법개정을 통해 사후환경영향조사의 결과 및 조치 내용 등의 검토를 의무화하는 한편, 같은 해 3월에는 같은법 시행령 개정을 통해 사후환경영향조사 결과 등에 대한 검토기관을 5개(국립환경과학원, 국립생물자원관, 한국환경정책·평가연구원, 한국환경공단, 국립생태원)로 지정했습니다.

이에 따라 사업자는 해당 사업을 착공한 후에 그 사업이 주변 환경에 미치는 영향을 조사하고("사후환경영향조사"), 그 결과를 환경부장관과 승인기관의 장(승인 등을 받아야 하는 대상사업만)에게 통보해야 합니다.

사후환경영향조사 결과 주변 환경의 피해를 방지하기 위하여 조치가 필요한 경우에는 지체없이 그 사실을 환경부장관과 승인기관의 장에게 통보하고 필요한 조치를 해야 합니다(§ 36 ②). 환경부장관은 제1항에 따른 사후환경영향조사의 결과 및 제2항에 따라 통보받은 사후환경영향조사의 결과 및 조치의 내용 등을 검토하고 그 내용을 대통령령으로 정하는 방법에 따라 공개해야 합니다(§ 36 ③). 환경부장관은 사후환경영향조사의 결과 및 조치의 내용 등을 검토할 때에 필요하면 관계 전문가 또는 대통령령으로 정하는 기관의 의견을 듣거나 현지조사를 의뢰할 수 있고, 사업자 또는 승인기관의 장에게 관련 자료의 제출을 요청할 수 있습니다(§ 36 ④).

이것은 유엔유럽경제위원회(Economic Commission for Europe: ECE)에서 1990년 가맹국정부에 권고한 '사업후영향분석' 또는 '사후프로젝트분석'(post project analysis: PPA)과 유사한 제도로서 환경영향평가에 '환류장치'(feedback)를 장착함으로써 환경영향평가의 효과를 검토하고 그 기능 및 절차를 개선하기 위한 것이라 할 수 있습니다.[41]

③ 사업착공등의 통보의무

사업자는 사업을 착공, 준공, 3개월 이상의 공사 중지 또는 3개월 이상 공사를 중지한 후 재개하려는 경우에는 환경부령으로 정하는 바에 따라 환경부장관과 승인기관의 장(승인 등을 받아야 하는 환경영향평가 대상사업만 해당)에게 그 내용을 통보해야 합니다(§ 37 ①). 사업착공등을 통보받은 승인기관의 장은 해당 내용을 평가 대상지역 주민에게 대통령령으로 정하는 방법에 따라 공개해야 합니다(§ 37 ②).

---

41) PPA에 관하여 상세한 것은 전재경, 앞의 보고서, 197-206을 참조.

(2) 협의내용의 관리·감독

① 협의내용의 이행 여부 확인

법은 일차적으로 승인기관의 장에게 사업자의 협의내용 이행여부를 감독할 책임을 부여하고 있습니다. 즉 승인기관의 장은 승인 등을 받아야 하는 사업자가 협의내용을 이행하였는지를 확인해야 합니다(§ 39 ①).

환경부장관 또는 승인기관의 장은 사업자에게 협의내용의 이행에 관련된 자료를 제출하게 하거나 소속 공무원을 사업장에 출입하여 조사하게 할 수 있으며, 이 경우 조사에 관하여는 제60조 제2항 및 제3항을 준용합니다(§ 39 ②).

승인기관장 등은 해당 사업의 준공검사를 하려는 경우에는 협의내용의 이행 여부를 확인하고 그 결과를 환경부장관에게 통보해야 하며, 이 경우 필요하면 환경부장관에게 공동으로 협의내용의 이행 여부를 확인하여 줄 것을 요청할 수 있습니다(§ 39 ③).

② 협의내용 불이행시 조치

승인기관의 장은 승인 등을 받아야 하는 사업자가 협의내용을 이행하지 아니한 때에는 그 이행을 위하여 필요한 조치를 명해야 하며(§ 40 ①), 승인 등을 받아야 하는 사업자가 그 조치명령을 이행하지 아니하여 환경에 중대한 영향을 미친다고 판단하는 때에는 그 사업의 전부 또는 일부에 대한 공사중지명령을 해야 합니다(§ 40 ②).

이 같은 승인기관 장의 조치명령은 그 문언상 표현에 비추어 재량을 허용하지 않는 기속행위의 성질을 가지는 것으로 판단됩니다. 다만, '협의내용 불이행시 그 이행을 위하여 필요한 조치'가 무엇인지에 대한 판단이나 그 협의내용 이행을 위한 조치명령을 이행하지 아니하여 환경에 중대한 영향을 미치는지 여부에 대한 판단에 있어 승인기관의 장에게 일종의 판단여지(Beurteilungsspielraum)가 인정될 수 있는 경우가 있을 수 있습니다.

승인기관의 장이 조치명령 또는 공사중지명령을 하거나 사업자가 제3항에 따른 조치를 하였을 때에는 지체없이 그 내용을 환경부장관에게 알려야 합니다(§ 40 ④).

한편, 환경부장관은 협의내용에 협의기준에 대한 내용이 포함되어 있으면 협의기준 준수 여부를 확인해야 하며(§ 40 ③), 협의내용의 이행을 관리하기 위하여 또는 사후환경영향조사의 결과 및 조치의 내용 등을 검토한 결과 주변 환경의 피해를 방지하기 위하여 필요하다고 인정하는 경우에는 승인 등을 받지 않아도 되는 사업자에게 공사중지나 그 밖에 필요한 조치를 할 것을 명령하거나, 승인기관의 장에게 공사중지, 원상복구 또는 그 밖에 필요한 조치를 할 것을 명령하도록 요청할 수 있습니다. 이 경우 승인기관장 등은 특별한 사유가 없으면 이에 따라야 합니다(§ 40 ④). 이는 종래 협의기준초과부담금제도를 폐지한 대신 신설된 조항입니다. 평가서에 제시된 협의기준을 환경영향평가 협의내용에 포함시켜 승인기관의 장이 그 이행 여부를 확인하고 사업자가 이를 이행하지 아니한 때에는 필요한 조치를 명령하도록 하는 등 협의내용과 같이 관리·감독하도록 하고, 협의기준을 초과하여 배출한 사업자가 조치명령 또는 조치요청을 받고도 이를 이행하지 아니한 경우에는 과태료를 부과하도록 한 것입니다.

승인기관의 장이 조치명령 또는 공사중지명령을 하거나 사업자가 제4항에 따른 조치를 하였을 때에는 지체없이 그 내용을 환경부장관에게 통보해야 합니다(§ 40 ⑤).

환경부장관 또는 승인기관의 장은 제40조 제4항에 따라 원상복구할 것을 명령해야 하는 경우에 해당하지만 원상복구가 주민의 생활, 국민경제, 그 밖에 공익에 현저한 지장을 초래하여 현실적으로 불가능하면 원상복구를 갈음하여 총공사비의 3퍼센트 범위에서 과징금을 부과할 수 있습니다(§ 40의2 ①). 과징금이 체납된 경우 국세 체납처분의 예 또는 「지방세외수입금의 징수 등에 관한 법률」에 따라 강제징수합니다(§ 40의2 ③).

③ 재 평 가

법은 제41조에서 환경부장관은 해당 사업을 착공한 후에 환경영향평가 협의 당시 예측하지 못한 사정이 발생하여 주변 환경에 중대한 영향을 미치는 경우로서 제36조 제2항 또는 제40조에 따른 조치나 조치명령으로는 환경보전방안을 마련하기 곤란한 경우 또는 제53조 제5항 제2호를 위반하여 환경영향평가서 등과 그 작성의 기초가 되는 자료를 거짓으로 작성한 경우에는 승인기관장 등과의 협의를 거쳐 한국환경정책·평가연구원의 장 또는 관계 전문기관 등의 장에게 재평가를 하도록 요청할 수 있도록 하고 있습니다.

한국환경정책·평가연구원의 장 또는 관계 전문기관 등의 장은 이러한 재평가 요청을 받았을 때에는 해당 사업계획 등에 대하여 재평가를 실시하고 그 결과를 대통령령으로 정하는 기간 이내에 환경부장관과 승인기관장 등에게 통보해야 합니다(§ 41 ②).

환경부장관이나 승인기관장 등은 재평가의 결과를 통보받은 때에는 재평가 결과에 따라 환경보전을 위하여 사업자에게 필요한 조치를 하게 하거나 다른 행정기관의 장 등에게 필요한 조치명령을 하도록 요청할 수 있습니다(§ 41 ③).

6. 소규모 환경영향평가

"소규모 환경영향평가"란 환경보전이 필요한 지역이나 난개발(亂開發)이 우려되어 계획적 개발이 필요한 지역에서 개발사업을 시행할 때에 입지의 타당성과 환경에 미치는 영향을 미리 조사·예측·평가하여 환경보전방안을 마련하는 것을 말합니다(§ 2 제3호).

소규모 환경영향평가는 구 「환경정책기본법」의 사전환경성검토(개발사업)를 모태로 하여 도입된 제도로서, 종래 사전환경성검토 대상 중 행정계획은 전략환경영향평가로, 개발사업은 소규모 환경영향평가로 그 명칭을 변경하여 「환경영향평가법」에 통합했습니다. 이 제도는 대형 개발사업에 비해 입지선정 및 인·허가 절차가 쉬운 소규모 개발사업의 난립 등 난개발 방지 역할을 하리라는 기대 아래 출범했습니다.[42]

그동안 환경영향평가서 작성 및 협의절차가 사업 및 지역적 특성에 대한 고려 없이 일률적인 절차에 따라 진행되어 평가서 작성기간 및 협의기간이 장기화되는 문제점이 있었습니다. 이러한 문제점을 해소하기 위하여 「환경영향평가법」은 대상사업 중 환경영향이 적은 사업에 대하여 평가서초안과 평가서를 하나의 절차로 흡수·통합하여 협의절차를 간소화한 간이평가절차를 도입하고, 간이평가절차의 대상사업 여부는 사업의 규모, 지역의 특성 등을 고려하여 평가계획서심의위원회의 심의를 거쳐 결정하도록 했습니다.

이후 2011년 7월 21일 「환경영향평가법」 개정으로 환경영향평가 유형이 재편됨에 따라 이 제도는 종래 사전환경성검토대상이었던 소규모 개발사업을 포함하여 '소규모 환경영향평가'로 변경되었습니다.

소규모 환경영향평가는 지속적으로 증가 추세를 보이고 있습니다. 환경영

---

42) 환경백서 2016, 93, 98.

향평가 정보지원시스템(EIASS)에 접수된 2018년도 소규모 환경영향평가 건수는 총 5,738건, 2019년도 3,690건으로 사업 건수가 계속 증가해 왔습니다. 분야별로는 관리지역[계획](10,000㎡ 이상), 관리지역[보전](5,000㎡ 이상), 관리지역[생산](7,500㎡ 이상), 농림지역(7,500㎡ 이상)이 주종을 이룹니다.[43] 소규모 환경영향평가는 「환경영향평가법」 제4장에서 규율하고 있습니다.

7. 환경영향평가서 등의 공개

그동안 주민 등이 공개를 요구하는 경우에 한하여 환경영향평가 관련 서류를 공개하도록 하고 있었고, 평가서초안의 경우 주민 등의 의견을 수렴하기 위하여 공개하고 있을 뿐이어서, 충분한 의견수렴이 곤란하고, 주민 등이 제시한 의견이 어떻게 반영되었는지 확인하기 어려운 문제점이 있었습니다. 이런 문제점을 해소하기 위하여 2008년 3월 28일의 개정법은 환경영향평가과정에 주민 등의 참여를 활성화하고 평가의 공정성 및 객관성 향상 및 평가대상 사업장에 대한 외부감시 강화를 도모하려는 취지에서 환경영향평가서 등의 공개에 관한 제45조를 신설하여 환경부장관으로 하여금 다른 법령에 따라 특별히 공개가 제한되는 경우를 제외하고는 평가서초안뿐만 아니라 최종 평가서, 사후환경영향조사 결과 등 환경영향평가 관련 서류를 원칙적으로 공개하도록 하되, 해당 사업의 영업비밀 등을 이유로 사업자 또는 승인기관의 장이 전부 또는 일부의 비공개를 요청하는 경우에는 이를 공개하지 아니할 수 있도록 했습니다.[44] 현행 「환경영향평가법」은 제66조에서 이를 계승하고 있습니다. 환경부장관은 다른 법령에 따라 공개가 제한되는 경우를 제외하고는 제70조 제3항에 따른 정보지원시스템 등을 이용하여 환경영향평가서 등을 공개할 수 있으나(§66①), 환경영향평가서 등을 제출한 자가 다음 중 하나에 해당하는 사유로 환경영향평가서 등의 전부 또는 일부의 비공개를 요청한 경우에는 비공개, 공개 범위 제한 또는

---

43) 환경영향평가정보지원시스템(https://www.eiass.go.kr/statistic/statusList.do).

44) 이것은 주민등이 요구하는 경우 승인기관장 등 또는 평가서협의기관장이 환경영향평가 관련 서류를 공개하도록 한 2003년 12월 30일의 개정법 제6조의2를 이어 받은 것입니다. 공개의 범위 및 절차는 「공공기관의 정보공개에 관한 법률」에서 정하는 바에 따르지만, 이로써 주민 등에게 특별법에 의한 정보공개청구권이 부여된 셈이어서, 환경영향평가의 투명성 제고에 크게 기여할 것으로 기대되었습니다.

다른 시기에 공개를 할 수 있습니다(§ 66 ②).

1. 군사상의 기밀보호 등 국가안보를 위하여 필요한 경우
2. 환경영향평가서 등에 해당 사업의 영업비밀 등이 포함되어 있는 경우
3. 해당 계획 또는 사업의 추진에 현저한 지장을 줄 것으로 판단되어 공개의 범위·시기 등을 정하여 요청한 경우

평가서 등의 공개 시기, 방법 등에 필요한 사항은 대통령령으로 위임되어 있습니다(§ 66 ③). 그리고 법 제66조 제1항부터 제3항까지에서 규정한 사항 외에 환경영향평가서 등의 공개와 관련하여 이 법에서 정하지 아니한 사항은 「공공기관의 정보공개에 관한 법률」에서 정하는 바에 따릅니다(§ 66 ④).

8. 환경영향평가 등에 관한 특례

8.1. 개발기본계획과 사업계획의 통합 수립 등에 따른 특례

2011년 7월 21일의 전부개정법은 해당 법령에 따라 개발기본계획과 환경영향평가 대상사업에 대한 계획을 통합하여 수립하는 경우에는 전략환경영향평가와 환경영향평가를 통합하여 검토하되, 전략환경영향평가 또는 환경영향평가 중 하나만 실시할 수 있도록 하여 환경영향평가 등에 따른 부담을 완화했습니다. 즉, 개발기본계획과 환경영향평가 대상사업에 대한 계획을 통합하여 수립하는 경우에는 제2조 제1호 및 제2호에도 불구하고 전략환경영향평가와 환경영향평가를 통합하여 검토하되, 전략환경영향평가 또는 환경영향평가 중 하나만을 실시할 수 있습니다(§ 50 ①).

제16조 제1항 및 제2항에 따른 전략환경영향평가 대상계획에 대한 협의시기와 제27조 제1항에 따른 환경영향평가 대상사업에 대한 협의시기가 같은 경우에는 환경영향평가만을 실시할 수 있습니다. 이 경우 제11조에 따른 전략환경영향 평가항목 등을 포함하여 환경영향평가서를 작성해야 합니다(§ 50 ②).

8.2. 환경영향평가의 협의 절차 등에 관한 특례

법은 환경에 미치는 영향이 적은 사업임에도 일률적으로 환경영향평가 등을 실시해야 하는 데 따르는 부담을 완화하려는 취지에서 약식절차에 의한 환

경영향평가가 가능하도록 특례를 인정하고 있습니다. 이에 따르면, 환경영향평가 대상사업 중 환경에 미치는 영향이 적은 사업으로서 대통령령으로 정하는 사업에 대하여는 사업자가 대통령령으로 정하는 환경영향평가서("약식평가서")를 작성하여 제25조에 따른 의견 수렴과 제27조에 따른 협의 요청을 함께 할 수 있도록 하고 있습니다(§ 51 ①).

승인 등을 받지 않아도 되는 사업자는 환경영향 평가항목 등을 결정할 때 협의회의 심의를 거쳐 약식절차에 따라 환경영향평가를 실시할 수 있는지를 결정합니다(§ 51 ②).

사업자는 승인기관의 장 또는 환경부장관에게 제24조 제2항 또는 제3항에 따라 환경영향 평가항목 등을 결정하여 줄 것을 요청할 때에 약식절차에 따라 환경영향평가를 실시할 수 있는지 여부를 결정하여 줄 것을 함께 요청할 수 있습니다(§ 51 ③).

승인기관의 장이나 환경부장관은 제3항에 따른 요청을 받으면 환경영향평가협의회의 심의를 거쳐 약식절차에 의한 환경영향평가 실시 여부를 결정하고 대통령령으로 정하는 기간 내에 그 결과를 사업자에게 통보해야 합니다(§ 51 ④). 약식절차에 따라 환경영향평가를 실시할 수 있는지 여부를 결정할 때에는 제24조 제5항을 준용합니다(§ 51 ⑤).

8.3. 약식절차의 완료에 따른 평가서의 작성 등

승인 등을 받지 않아도 되는 사업자는 제51조 제1항에 따라 의견 수렴 절차와 협의 절차를 마치면 제출된 의견과 협의내용 등이 포함된 환경영향평가서를 다시 작성해야 합니다(§ 52 ① 본문). 다만, 제출된 의견과 협의내용이 다른 경우에는 환경부장관의 의견을 들어야 합니다(§ 52 ① 단서).

승인 등을 받아야 하는 사업자는 제51조 제1항에 따라 의견 수렴 절차와 협의 절차를 마치면 제출된 의견과 협의내용 등이 포함된 환경영향평가서를 다시 작성하여 승인기관의 장에게 제출해야 하며, 다만, 제출된 의견과 협의내용이 다른 경우에는 승인기관의 장을 거쳐 환경부장관의 의견을 들어야 합니다(§ 52 ②).

9. 환경영향평가와 행정쟁송

환경영향평가와 관련한 행정소송에서 주요 쟁점은 원고적격, 처분성, 그리고 환경영향평가의 하자와 승인 등의 위법무효 여부와의 관계 문제 등으로 집약됩니다.

9.1. 원고적격

9.1.1. 처분 취소를 구할 법률상 이익 판단시 근거법률 문제

어떤 개발사업이 환경영향평가 대상사업에 해당하면 그 개발사업에 대한 승인처분 등에 관해서는 해당 근거법령뿐만 아니라 환경영향평가법령도 당해 변경승인 및 허가처분에 직접적인 영향을 미치는 근거 법률이 됩니다. 실례로 대법원은 조성면적 10만㎡ 이상이어서 환경영향평가 대상사업에 해당하는 당해 국립공원 집단시설지구개발사업에 관하여 당해 변경승인 및 허가처분을 함에 있어 반드시 자연공원법령 및 환경영향평가법령 소정의 환경영향평가를 거쳐서 그 환경영향평가의 협의내용을 사업계획에 반영시키도록 해야 하는 것이니만큼 자연공원법령뿐 아니라 환경영향평가법령도 당해 변경승인 및 허가처분에 직접적인 영향을 미치는 근거 법률이 된다고 판시한 바 있습니다.[45]

> **< 환경영향평가법령과 처분의 근거법령 >**
>
> "각 관련 규정에 의하면, 폐기물처리시설 설치기관이 1일 처리능력이 100t 이상인 폐기물처리시설을 설치하는 경우에는 폐촉법에 따른 환경상 영향조사 대상에 해당할 뿐만 아니라 **환경영향평가법에 따른 환경영향평가 대상사업에도 해당하므로 폐촉법령뿐만 아니라 환경영향평가법령도 위와 같은 폐기물처리시설을 설치하기 위한 폐기물소각시설 설치계획 입지결정·고시처분의 근거 법령이 된다**고 할 것이고, 따라서 <u>위 폐기물처리시설 설치계획입지가 결정·고시된 지역 인근에 거주하는 주민들에게 위 처분의 근거 법규인 환경영향평가법 또는 폐촉법에 의하여 보호되는 법률상 이익이 있으면 위 처분의 효력을 다툴 수 있는 원고적격이 있다.</u>"[46]

---

45) 대법원 1998.4.24 선고 97누3286 판결.
46) 대법원 2005.5.12 선고 2004두14229 판결(폐기물처리시설입지결정및고시처분취소).

9.1.2. 환경영향평가 대상지역과 원고적격

(1) 환경영향평가 대상지역 안의 주민의 경우

대법원은 환경영향평가 **대상지역 안의 주민**의 경우, 대상사업의 승인처분과 관련하여 특단의 사정이 없는 한, 환경상의 이익에 대한 침해 또는 침해 우려가 있는 것으로 사실상 추정되므로 그 **처분의 취소를 구할 원고적격이 있다**고 판시해 오고 있습니다. 그 근거는 다음과 같습니다.

첫째, 환경영향평가 **대상사업에 대한 승인처분 등의 근거법령뿐만 아니라 환경영향평가법령도 당해 변경승인 및 허가처분에 직접적인 영향을 미치는 근거 법률**이 됩니다. 이 점 이미 앞에서 살펴본 바와 같습니다.

둘째, 승인처분에 대한 취소소송 또는 무효등확인소송의 원고적격에 관하여 **승인처분의 근거법령 및 환경영향평가법령 등의 취지**는 당해 사업과 관련된 환경공익을 보호하려는 데 그치는 것이 아니라 당해 사업으로 인하여 직접적이고 중대한 환경피해를 입으리라고 예상되는 환경영향평가 **대상지역 안의 주민들이 전과 비교하여 수인한도를 넘는 환경침해를 받지 않고 쾌적한 환경에서 생활할 수 있는 개별적 이익까지도 이를 보호하려는 데에 있으므로** 환경영향평가 대상지역 안의 주민은 승인처분의 취소를 구할 원고적격을 가진다는 것입니다. 환경영향평가 대상지역 안의 주민들이 그 대상사업인 전원개발사업실시계획 승인처분의 취소를 구할 원고적격을 가진다고 판시한 사례나 국립공원용화집단시설지구개발사업으로 인하여 직접적이고 중대한 환경피해를 입으리라고 예상되는 환경영향평가 대상지역 안의 주민에게 환경영향평가 대상사업에 관한 변경승인 및 허가처분의 취소를 구할 원고적격이 있다고 판시한 사례 등이 그 예입니다.[47] 특히 대법원의 97누19571 판결에서는 환경영향평가 대상지역 밖의 주민·일반 국민·산악인·사진가·학자·환경보호단체 등의 환경상 이익이나 전원(電源)개발사업구역 밖의 주민 등의 재산상 이익에 대하여는 그 근거 법률에 그들의 개별적·직접적·구체적 이익으로 보호하려는 내용 및 취지를 가지는 규정을 두고 있지 아니하므로, 이들에게는 그런 이익 침해를 이유로 전원개발사업실시계획승인처분 취소를 구할 원고적격이 없다고 판시한 바 있습니다.

---

47) 대법원 1998.9.22 선고 97누19571판결; 1998.4.24 선고 97누3286 판결 등.

(2) 환경영향평가 대상지역 밖의 주민 등

대법원은 유명한 새만금사건판결에서 환경영향평가 대상지역 밖의 주민에게도 원고적격을 인정받을 수 있는 가능성을 열어주었습니다. 즉 <u>대상지역 밖의 주민이라 할지라도 공유수면매립면허처분 등으로 인하여 그 처분 전과 비교하여 수인한도를 넘는 환경피해를 받거나 받을 우려가 있는 경우</u>에는, 공유수면매립면허처분 등으로 인하여 <u>환경상 이익에 대한 침해 또는 침해우려가 있다는 것을 입증함으로써 그 처분 등의 무효확인을 구할 원고적격을 인정받을 수 있다</u>고 판시한 것입니다. 이로써 일견 환경영향평가 대상지역 밖에 거주 여부를 기준으로 원고적격 유무를 판단한 듯한 인상을 주었던 기존의 판례[48]에 비해 한층 진일보한 태도를 보였습니다.[49]

사실 대법원은 이미 2005년 3월 11일 선고 2003두13489 판결에서 '구 폐촉법 등 관계 규정의 취지는 처리능력이 1일 50t인 소각시설을 설치하는 사업으로 인하여 직접적이고 중대한 환경상의 침해를 받으리라고 예상되는 직접영향권 내에 있는 주민들이나 폐기물소각시설의 부지경계선으로부터 300m 이내의 간접영향권 내에 있는 주민들이 사업 시행 전과 비교하여 수인한도를 넘는 환경피해를 받지 않고 쾌적한 환경에서 생활할 수 있는 개별적인 이익까지도 이를 보호하려는 데에 있다 할 것이므로, 위 주민들이 소각시설입지지역결정·고시와 관련하여 갖는 위와 같은 환경상의 이익은 주민 개개인에 대하여 개별적으로 보호되는 직접적·구체적 이익으로서 그들에 대하여는 특단의 사정이 없는 한 환경상의 이익에 대한 침해 또는 침해우려가 있는 것으로 사실상 추정되어 폐기물 소각시설의 입지지역을 결정·고시한 처분의 무효확인을 구할 원고적격이 인정된다고 할 것이고, 한편 <u>폐기물소각시설의 부지경계선으로부터 300m 밖에 거주하는 주민들도</u> 위와 같은 소각시설 설치사업으로 인하여 사업 시행 전과 비교하여 수인한도를 넘는 환경피해를 받거나 받을 우려가 있음에도 폐기물처

48) 대법원 1998.9.22 선고 97누19571판결(발전소건설사업승인처분취소; 1998.4.24 선고 97누3286 판결(공원사업시행허가처분취소); 1998.9.4 선고 97누19588 판결(부지사전승인처분취소); 2001.7.27 선고 99두2970 판결(용화집단시설지구기본설계변경승인처분취소); 2004.12.9 선고 2003두12073 판결(납골당허가처분무효확인) 등을 참조. 특히 환경영향평가 대상지역 밖의 주민·일반국민·산악인·사진가·학자·환경보호단체 등의 환경상 이익이나 전원개발사업구역 밖의 주민 등의 재산상 이익에 대하여는 그 근거 법률에 이를 그들의 개별적·직접적·구체적 이익으로 보호하려는 내용 및 취지를 가지는 규정을 두고 있지 아니하므로, 이들에게는 그 같은 이익 침해를 이유로 이 사건 승인처분의 취소를 구할 원고적격이 없다고 판시한 대법원 1998.9.22 선고 97누19571 판결을 참조.

49) 대법원 2006.3.16 선고 2006두330 전원합의체 판결(정부조치계획취소 등).

리시설 설치기관이 주변영향지역으로 지정·고시하지 않는 경우 같은 법 제17조 제3
항 제2호 단서 규정에 따라 당해 폐기물처리시설의 설치·운영으로 인하여 환경상 이
익에 대한 침해 또는 침해우려가 있다는 것을 입증함으로써 그 처분의 무효확인을
구할 원고적격을 인정받을 수 있다'고 판시하여 그와 같은 판시 방향을 시사하였습
니다.[50]

새만금사건판결에서 대법원은 원고적격이 인정된 새만금사업의 환경영향
평가 대상지역에 거주하는 원고 143명을 제외한 나머지 환경영향평가 대상지
역 밖에 거주하는 원고들에 대하여, '환경영향평가 관련 법령에 따라 일반 국민
이 공통적으로 가지는 추상적·간접적인 환경상 공익을 넘어 개별적·직접적·구
체적 이익이 있다는 점에 대하여 아무런 입증이 없으므로', 환경상 이익의 침해
를 이유로 이 사건 각 처분의 무효확인소송을 제기할 법률상 이익이 없다고 판
시한 원심판결을 수용했습니다. 즉, 이들 원고들은 이 사건 공유수면매립과 농
지개량사업에 관한 환경영향평가 대상지역(군산시, 김제시, 부안군) 내의 주민이 아
니어서, 이 사건 사업으로 인하여 직접적·구체적인 환경상의 이익이 침해된다
고 할 수 없고, 수인한도를 넘는 환경피해를 받을 수 있다는 점을 입증하지 못
하고 있으며, 헌법이나 「환경정책기본법」에 규정된 환경권에 관한 규정만으로
는 이 사건 각 처분에 관한 구체적인 권리가 부여된 것으로 볼 수 없으므로 그
무효확인을 구할 원고적격을 인정할 수 없다는 것입니다.[51] 대법원은 다음 판
결에서도 같은 입장을 재확인했습니다.

"행정처분의 근거법규 또는 관련법규에 그 처분으로써 이루어지는 행위등 사업으로 인
하여 환경상 침해를 받으리라고 예상되는 영향권의 범위가 구체적으로 규정되어 있는 경
우에는, 그 **영향권내의 주민들에 대하여는** 당해 처분으로 인하여 직접적이고 중대한 환
경피해를 입으리라고 예상할 수 있고, 이와 같은 환경상의 이익은 주민 개개인에 대하여
개별적으로 보호되는 직접적·구체적 이익으로서 그들에 대하여는 **특단의 사정이 없는
한 환경상 이익에 대한 침해 또는 침해 우려가 있는 것으로 사실상 추정되어 법률상 보
호되는 이익으로 인정됨으로써 원고적격이 인정되며**, 그 **영향권 밖의 주민들은** 당해 처

---

50) 대법원 2005.3.11 선고 2003두13489 판결(쓰레기소각장입지지역결정고시취소청구).

51) 이 판결에 대해서는 홍준형, "공공정책에 대한 사법적 결정의 법이론적 한계(Ⅰ):
대법원의 새만금사건 판결을 중심으로", 법제 580호(2006.4), 46-68; "공공정책에 대한 사
법적 결정의 법이론적 한계(2)" 법제 581호(2006.5), 30-53을 참조.

분으로 인하여 그 처분 전과 비교하여 수인한도를 넘는 환경피해를 받거나 받을 우려가 있다는 자신의 환경상 이익에 대한 침해 또는 침해 우려가 있음을 증명해야만 법률상 보호되는 이익으로 인정되어 원고적격이 인정된다(대법원 2006.3.16 선고 2006두330 전원합의체판결, 대법원 2006.12.22 선고 2006두14001 판결 등 참조)."[52]

대법원의 이 판례에 대해서는 최근 원고적격의 문제를 증명책임 전환의 문제로 해결하는 오류를 범한 것이라는 비판이 제기되었습니다. 즉, 개별법령 규정에서 도출할 수 없는 개인적 공권을 입증책임의 전환으로 해결하려는 것은, 환경오염 입증책임의 곤란 등으로 원고적격의 부인을 가져올 뿐만 아니라, 남소 문제를 야기할 수 있다는 것입니다.[53]

사실 대법원 판례는 환경영향평가 대상지역 거주 여부에 따라 원고적격을 판단하는 데 따르는 경직성을 완화하려는 취지에서 나온 것으로 이해됩니다. 즉, 평가 대상지역은 평가서초안이나 평가서를 작성하는 사업자나 그 대행자에 의해 설정되므로 '직접적이고 중대한 환경피해의 우려'가 있는 지역과 평가 대상지역이 상호 일치하지 않을 경우는 얼마든지 있을 수 있습니다. 평가 대상지역 안의 주민 중에도 현실적으로 전혀 피해를 입거나 입을 가능성이 없는 사람이 있을 수 있고, 지역 밖의 주민의 경우도 현실적으로 피해가 예상되어 사법심사를 받을 필요가 있다고 인정될 수 있기 때문입니다.[54] 따라서 '직접적이고 중대한 환경피해의 우려'를 주장·입증할 경우 비록 평가 대상지역 밖에 거주하더라도 원고적격을 인정받아야 하며,[55] 대법원의 판례는 바로 그런 가능성을 열어 놓고자 하는 의도에서 나온 것이라 할 수 있습니다. 그러나 위 새만금사건 판결을 통해 나타난 대법원의 판례는 대상지역 밖에 거주하는 주민들에게도 원고적격을 인정할 여지가 있다는 점을 시사하면서도 그 경우 비교적 엄격한 증명책임('입증책임')을 부과하고 있다는 점에서 논란의 여지를 남기고 있습니다. 대

---

52) 대법원 2010.4.15 선고 2007두016127판결(공장설립승인처분취소 파기환송).

53) 정남철. (2006). "환경소송과 인인보호 -소위 새만금사건과 관련하여-", 「환경법연구」 제28권 1호, 239-268, 249; 김연태, "환경행정소송상 소송요건의 문제점과 한계 -원고적격과 대상적격을 중심으로- ",「환경법의 법리와 법정책」(서울대학교 환경에너지법센터 주최 제3차 학술포럼 발표논문집 2010.11.27), 45-86, 51.

54) 조홍식, "분산이익소송에서의 당사자적격", 「판례실무연구」 Ⅳ(비교법실무연구회 편), 박영사 (2000.9), 458을 참조.

55) 박재완, 환경행정소송에서의 원고적격, 「재판자료」 제94집 (2002), 법원도서관, 217.

법원의 판례 태도를 선해할 경우 원고적격 유무가 직권조사사항이라는 점에 비추어 직권탐지주의를 활용하여 원고적격을 판단할 수 있다는 뜻으로 이해할 여지도 없는 것은 아닙니다. 그러나 대법원이 위 판결에서 '공유수면매립면허 처분 등으로 인하여 그 처분 전과 비교하여 수인한도를 넘는 환경피해를 받거나 받을 우려가 있는 경우'라고 전제하면서도, 다시 '공유수면매립면허처분 등으로 인하여 환경상 이익에 대한 침해 또는 침해우려가 있다는 것을 입증함으로써 그 처분 등의 무효확인을 구할 원고적격을 인정받을 수 있다'고 전제하고 이를 근거로 '수인한도를 넘는 환경피해를 받을 수 있다는 점을 입증하지 못하고 있다는 것'을 이유로 원고적격을 부인하는 쪽으로 나아간 점은 그러한 선해의 여지를 배제하는 것이 판례의 취지가 아닌가 하는 의심을 낳습니다. 그런 맥락에서 대법원의 판례에도 불구하고 증명책임에 따른 애로를 직권탐지주의를 활용함으로써 타개해 나가는 것이 바람직하다는 견해도 설득력이 있습니다.[56)]

(3) 대상지역 설정 자체에 대한 불복

「환경영향평가법」에 따르면 '환경영향평가 등은 계획의 수립이나 사업의 시행으로 영향을 받게 되는 지역으로서 환경영향을 과학적으로 예측·분석한 자료에 따라 그 범위가 설정된 지역에 대하여 실시해야 합니다(§6). 이와 관련 시행령 제2조 제2항은 "법 제7조 제2항에 따른 환경영향평가분야의 평가는 법 제6조에 따른 환경영향평가 등의 대상지역에 대한 현지조사 및 문헌조사를 기초로 환경영향을 과학적으로 예측·분석하는 방법으로 해야 한다"고 규정합니다. 환경영향평가 대상지역은 법 제24조 소정의 "환경영향 평가항목 등"의 일부로서 실제로 누가 대상지역을 설정할 수 있는 권한을 가지는지는 그 대상사업이 승인 등을 받아야 하는지 여부에 따라 달라집니다. 즉, 승인 등을 받지 않아도 되는 사업자는 환경영향평가를 실시하기 전에 평가준비서를 작성하여 환경영향평가서 초안 작성 완료 전까지(시행령§32①) 환경영향평가협의회의 심의를 거쳐 ("환경영향 평가항목 등"의 내용으로서) 대상지역을 결정하도록 되어 있습니다(§24①). 반면, 승인 등을 받아야 하는 사업자는 환경영향평가 실시 전에 평가준비서를 작성하여 승인기관의 장에게 환경영향 평가항목 등을 정하여 줄 것을 요청해야

---

56) 김연태, 앞의 글, 54-55.

합니다(§24 ②). 환경부장관도 대상지역을 결정할 수 있습니다. 즉, 승인 등을 받지 않아도 되는 사업자가 필요하다고 인정하여 환경영향 평가항목 등을 정하여 줄 것을 요청한 경우나 승인 등을 받아야 하는 사업자가 승인기관의 장과 협의한 후 승인기관을 거쳐 환경영향 평가항목 등을 정하여 줄 것을 요청한 경우에는 환경부장관도 대상지역을 결정할 수 있습니다(§24 ③). 승인 등을 받아야 하는 사업자의 경우 승인기관의 장과 환경부장관이 그러한 요청을 받으면 30일 내에 환경영향 평가항목 등을 결정할 수 있도록 되어 있어(§24 ④; 시행령 §32 ②), 이들이 "환경영향 평가항목 등"을 결정할 때 그 대상지역도 결정하게 됩니다. 한편 전략환경영향평가의 경우 평가 대상지역은 그 대상계획을 수립하려는 행정기관의 장이 평가 실시 전 평가준비서를 작성하여 환경영향평가협의회의 심의를 거쳐 결정하도록 되어 있습니다(§11 ①).

　　환경영향평가 대상지역의 설정은 단순히 환경영향평가가 실시되는 지역적 한계를 설정한다는 차원에서뿐만 아니라 환경법상 권리구제의 측면에서도 매우 중요한 의미를 가집니다. 그 대상지역에 거주하는 주민들에게는 환경영향평가 대상사업에 대한 행정소송에 있어 환경상 이익의 침해 또는 침해 우려가 있는 것으로 사실상 추정되어 그 사업에 대한 승인처분을 다툴 수 있는 원고적격을 인정받을 수 있기 때문입니다. 이는 앞서 본 바와 같은 일련의 판례를 통해 분명히 확인됩니다.[57)]

　　이처럼 환경영향평가 대상지역의 설정은 지역 주민 등에게 원고적격 유무를 좌우하는 등 중요한 법적 효과를 미치기 때문에 이를 둘러싸고 법적 분쟁이 제기될 여지도 없지 않습니다. 이와 관련하여 다음과 같은 쟁점들이 대두됩니다.

　　먼저, 대상지역을 최종적으로 누가 결정하는 것으로 볼 것인가, 다시 말해 환경행정소송에서 법원이 환경영향평가 대상지역을 판단함에 있어 평가서상의 환경영향평가 대상지역에 구속되는지가 문제될 수 있습니다.

　　이와 관련하여 '사업자결정설'과 '법원결정설'이 대립할 수 있습니다. 실제로 사업자 또는 환경영향평가 대행자가 작성한 환경영향평가서에서 환경영향을

---

57) 대법원 1998.9.22 선고 97누19571 판결(발전소건설사업승인처분취소). 이 판결에 관하여는 홍준형, 「판례행정법」, 1999, 두성사, 97번 판례(1320-1336)를 참조. 또한 대법원 1998.4.24. 선고 97누3286 판결을 참조.

받게 되는 것으로 예측·분석한 지역이 환경영향평가 대상지역이 된다는 사업자 주체설과 법원이 원고적격 유무를 판단함에 있어서 환경영향평가 대상사업의 시행으로 인하여 영향을 받게 되는 지역 안의 주민인지 여부를 판단해야 한다는 법원주체설이 대립하고 있습니다.[58] 이에 관해서는 법원주체설이 다수의 지지를 받고 있다고 판단됩니다. 즉, 환경행정소송에서 법원이 원고적격 유무를 판단할 경우 환경영향평가서의 내용에 구속될 것이 아니라, 소송자료와 증거자료 등을 종합하여 원고가 대상사업의 시행으로 인하여 영향을 받게 되는 지역 안의 주민인지 여부를 판단해야 한다는 것입니다.[59] 대법원 판례에서 원고적격 유무 판정을 위해 사용하는 도구개념으로서 환경영향평가 대상지역은, 법 제6조가 명시하고 있는 바와 같이 '환경영향평가 대상사업의 시행으로 인하여 환경영향을 받게 되는 지역으로서 환경영향을 과학적으로 예측·분석한 자료에 따라 범위가 설정된 지역'으로서 어디까지나 법원에 의해 최종적으로 판정되어야 할 문제이지 환경영향평가서나 그 초안을 작성하는 사업자나 그 대행자의 설정에 맡길 문제는 아닙니다. 특히 환경영향평가서를 작성함에 있어 사업자 등은 환경영향평가 대상지역을 가능한 한 좁게 설정할 개연성이 높기 때문에 환경영향평가 대상지역의 결정이 사업자 등의 설정에 따라 좌우되도록 하는 것은 환경영향평가제도의 취지에도 반하는 것이기 때문입니다.[60]

다음, 대상지역 설정 자체를 다투고자 하는 경우 그 대상을 누구의 무슨 행위, 그리고 어느 시점에서 행해진 행위로 할 것인지도 문제될 수 있습니다. 특히 대상지역의 설정 시점과 관련하여, 평가계획서의 심의 종료시, 평가서초안 작성시, 평가서 작성시, 협의 절차 종료시점, 또는 승인 등을 받아야 하는 사업자의 경우에는 승인처분 등이 행해진 시점인지 등 언제 대상지역이 설정되고 그 결과 원고적격을 가지는 대상지역 안의 주민의 범위가 결정되는지가 분명하

---

58) 이에 관해서는 김향기, "행정소송의 원고적격에 관한 연구", 「환경법연구」 제31권 제2호, 2009, 252를 참조.

59) 김연태, 앞의 글, 49; 임영호, "폐기물처리시설의 주변영향지역 밖에 거주하는 주민들이 소각장 입지지역결정·고시처분의 무효확인을 구할 원고적격이 있는지 여부", 대법원 판례해설 제55호, 2005.12, 196; 김수일, "1일 처리능력 100톤 이상인 폐기물소각시설을 설치하기 위한 폐기물처리시설설치계획 입지결정·고시처분의 효력을 다투는 소송에 있어서 인근 주민들의 원고적격", 특별법연구 제7권, 박영사, 2005, 235 등을 참조.

60) 김연태, 같은 곳.

지 않습니다.

첫째, 대상지역의 설정은 일단 협의절차의 대상이 되는 평가서가 제출된 시점에 이루어진다고 보아야 할 것입니다. 평가서초안에 대한 의견수렴과정에서 그 대상지역이 수정 또는 변경될 여지가 있다는 점을 고려할 때 그때까지는 대상지역은 아직 유동적이라고 볼 수 있기 때문입니다.

둘째, 사업자 등이 작성, 제출한 평가서 초안이나 평가서에서 설정된 대상지역이 법 제9조 소정의 대상지역에 해당하는지 여부, 즉 같은 조항에서 말하는 대상지역 요건을 충족하는지 여부에 대한 최종적인 판단, 그리고 이를 준거로 한 원고적격 인정 여부에 대한 판단은 법원의 권한이라고 보아야 할 것입니다. 만일 사업자가 법 제6조 소정의 대상지역 정의에 위반하여 대상지역을 설정하였다면 이는 평가계획서 심의나 협의 절차를 통해 시정해야 할 문제이고, 그렇게 되지 않을 경우에는 결국 환경영향평가 자체의 적정성이 문제될 수 있습니다. 소송과정에서 대상지역 설정의 적법 여부가 다투어지거나 그에 관한 오류가 있었다는 사실이 판명된다면 법원은 이 문제를 판단해야 합니다. 법원이 소송자료나 변론 등을 통해 대상지역을 정정할 수 있을 경우에는 그에 따라 대상지역을 판단하고 이를 토대로 삼아 원고적격 인정 여부를 판단하게 될 것입니다.

셋째, 대상지역은 어디까지나 평가의 대상지역이므로 사업계획상 사업 대상지역과는 개념적으로 구별되어야 합니다. 사업계획상 대상지역과 환경영향평가의 대상지역의 관계에 관해서는 환경영향평가법령에 특별한 규정이 없고 또 이론상으로도 특별히 논의되고 있지는 않습니다. 다만, 환경영향평가제도의 목적이나 취지에 비추어 볼 때, 평가 대상지역을 설정함에 있어 통상 사업계획상의 사업 대상지역을 토대로 삼아야 하고, 그와 무관한 지역을 대상지역으로 설정하거나 사업 대상지역의 범위를 크게 하회하는 것은 허용되지 아니하며 다만, 양자가 전적으로 일치해야 하는 것은 아니고 통상 사업 대상지역에 비해 환경영향 평가지역이 더 넓을 수도 있다는 점 등은 특별한 명문의 규정이나 이론적 설명이 없더라도 누구나 수긍할 수 있을 것입니다. 마찬가지로 평가 대상지역의 수정이나 변경도 그러한 기준에 따라 허용 여부를 판단할 수밖에 없을 것입니다.

평가 대상지역이 '환경영향평가 대상사업의 시행으로 영향을 받게 되는 지역으로서 환경영향을 과학적으로 예측·분석한 자료에 따라 그 범위가 설정된 지역'보다 좁게 설정하거나 수정·변경하는 경우도 있을 수 있습니다. 그 경우 평가 대상지역이 사업계획 또는 사업계획상 대상지역을 충실히 반영하지 못하게 되므로 그에 대한 법적 평가가 문제됩니다. 가령 사업계획 변경 없이 단지 평가 대상지역을 지나치게 협소하게 설정했다면 이는 후속 절차가 진행되어 환경영향평가가 종료되더라도 이를 적법한 환경영향평가로 볼 수 없게 만들 것입니다.

대상지역 설정행위 자체는, 환경영향평가협의회의 심의나 평가서에 반영되어 협의를 거쳤다는 점에 비추어 그 법적 성질여하가 논란될 수는 있으나, 평가계획서든 평가서초안이든 아니면 평가서든 결국 사업자에게 귀속될 수밖에 없고 따라서 이를 독립적인 행정소송의 대상으로 삼기는 어렵지 않을까 생각됩니다. 승인 등을 받아야 하는 사업자의 경우에는 그 사업에 대한 승인 등의 처분을 대상으로 행정소송을 제기하여 원고적격 유무 또는 본안에 있어 환경영향평가의 적법 여하와 연결하여 다툴 수밖에 없을 것입니다.

환경영향평가 대상사업 해당 여부를 둘러싼 다툼 또한 마찬가지입니다.[61] 반면 법 제10조 제3항에 따른 승인 등을 받지 않아도 되는 사업자의 경우에는 환경영향평가의 근거법령과의 관계에서 대상지역 설정의 잘못이 환경영향평가에 어떤 효과를 미쳤는지, 나아가 그것이 환경영향평가의 적법성 판단에 어떤 영향을 미치는지를 구체적 사안에 따라 판단해야 할 것입니다. 가령 승인 등은 없더라도, 대상지역을 잘못 설정하여 환경영향평가를 실시하였다면, 그 해당 근거법에서 정한 요건을 충족시키지 못한 것이 되어 사업시행 자체가 위법한 것으로 돌아가는 경우도 생길 수도 있을 것입니다. '승인 등을 받지 않아도 되는 사업자'는 '사업자 자신이 그 사업계획 등에 대한 승인기관에 해당되는 경우의 사업자'인 경우가 많은데, 그렇다면 경우에 따라서는 사실행위로서 사업계획 등에 대한 공법상 당사자소송을 제기할 수 있게 되거나, 사업계획 등의 위법성을 주장하여 국가배상법상 손해배상책임을 추궁할 수 있게 될 여지가 있습니다.

끝으로, 승인 등을 받지 않아도 되는 사업자(전략환경영향평가의 경우 대상계획을 수립하려는 행정기관의 장)에게 대상지역을 설정하도록 한 것(물론 환경영향평가협의회의

---

61) 이에 관해서는 김홍균, 환경법, 2010, 홍문사, 160-161을 참조.

심의를 거칠지라도)이 입법정책상 타당한 것이었는지 여부가 논란될 수 있습니다. 이에 대해서는 환경영향평가서를 사업자가 작성하여 제출하도록 한 것에 대한 것과 마찬가지의 비판이 제기될 것입니다.

9.2. 처 분 성

행정소송법상 처분성은 승인 등을 받아야 하는 사업자의 경우에는, 환경영향평가법상 "승인 등"이 '환경에 영향을 미치는 실시계획·시행계획 등의 허가·인가·승인·면허 또는 결정 등'으로 정의되고 있는 이상(§2 제2호 전단), 특별히 문제되지 않습니다. 문제는 승인 등을 받지 않아도 되는 사업자의 경우인데, 승인 등을 받지 않아도 되는 사업계획 등이 확정된 경우 그 사업계획 등에 처분성을 인정하기 어렵기 때문입니다. 그 경우 사업계획 등의 법적 성질은 '사업자 자신이 그 사업계획 등에 대한 승인기관에 해당되는 경우'가 많다는 점, 그리고 사업계획 등에 대해 환경영향평가를 거치도록 규정한 근거법령과의 관계를 고려하여 구체적으로 판단해야 할 문제입니다. 가령 환경영향평가가 환경영향평가법령으로나 그 근거법령에 위반하면 그 사업계획 등은 위법을 면치 못할 것이고 따라서 환경영향평가를 거치도록 규정한 근거법령 위반으로 귀결되겠지만, 관할행정청의 승인 등이 수반되지 않는 이상, 특별한 사정이 없다면 이를 처분이라고 보기는 어려울 것입니다.

한편 환경영향평가법상 의무화된 협의의 경우 처분성 인정 여부가 논란될 수 있습니다. 동의까지를 요구하지는 않는다 하더라도 단순히 자문을 구하라거나 협조요청을 구하라는 의미가 아닌 점, 그 의견을 따라 처분을 하라는 의미가 강한 공권력 행사라는 점, 쌍방간 의사의 조정이 아닌 환경부장관의 일방적인 심사라는 점, 사실상 승인의 요건으로 작용한다는 점 등에 비추어서 행정소송의 대상이 되는 처분으로 볼 여지가 있고 사업자나 승인기관의 장이 협의내용에 대하여 이의신청을 할 수 있도록 한 것도 처분성 개념을 간접적으로 뒷받침하는 것이라고 보는 견해가 있습니다.[62]

참고로 "국방·군사시설 사업에 관한 법률 및 구 산림법(2002.12.30, 법률 제6841호로 개정되기 전의 것)에서 보전임지를 다른 용도로 이용하기 위한 사업에 대하여 승인 등 처분

---

62) 김홍균, 환경법, 2010, 163.

을 하기 전에 미리 산림청장과 협의를 하라고 규정한 의미는 그의 자문을 구하라는 것이지 그 의견을 따라 처분을 하라는 의미는 아니라 할 것이므로, 이러한 협의를 거치지 아니하였다고 하더라도 이는 당해 승인처분을 취소할 수 있는 원인이 되는 하자 정도에 불과하고 그 승인처분이 당연무효가 되는 하자에 해당하는 것은 아니라고 봄이 상당하다"는 판례가 있고,[63] "구 택지개발촉진법(1999.1.25, 법률 제5688호로 개정되기 전의 것)에 의하면, 택지개발은 택지개발예정지구의 지정(제3조), 택지개발계획의 승인(제8조), 이에 기한 수용재결 등의 순서로 이루어지는바, 위 각 행위는 각각 단계적으로 별개의 법률효과가 발생되는 독립한 행정처분이어서 선행처분에 불가쟁력이 생겨 그 효력을 다툴 수 없게 된 경우에는 선행처분에 위법사유가 있다고 할지라도 그것이 당연무효의 사유가 아닌 한 선행처분의 하자가 후행처분에 승계되는 것은 아니라고 할 것인데, 같은 법 제3조에서 건설부장관이 택지개발예정지구를 지정함에 있어 미리 관계중앙행정기관의 장과 협의를 하라고 규정한 의미는 그의 자문을 구하라는 것이지 그 의견을 따라 처분을 하라는 의미는 아니라 할 것이므로 이러한 협의를 거치지 아니하였다고 하더라도 이는 위 지정처분을 취소할 수 있는 원인이 되는 하자 정도에 불과하고 위 지정처분이 당연무효가 되는 하자에 해당하는 것은 아니다"라고 한 판례가 있으나,[64] 이들 판례는 환경영향평가법상의 협의에 관한 것도 아니고 또 그 협의 역시 환경영향평가의 일환으로 행해지는 협의와는 내용이 상이하여 이 문제에 원용하기에는 적합하지 않습니다.

생각건대, 「환경영향평가법」에서 사업자에게 환경영향평가 대상사업을 시행하면서 사업계획 등에 반영된 협의내용을 이행해야 할 법적 의무를 부과하고 있고(§35①), 승인기관의 장은 승인 등을 받아야 하는 사업자가 협의내용을 이행하지 아니한 때에는 그 이행을 위하여 필요한 조치를 명해야 하며(§40①), 승인 등을 얻어야 하는 사업자가 그 협의내용 이행을 위한 조치명령을 이행하지 아니하여 환경에 중대한 영향을 미치는 것으로 판단되는 때에는 그 사업의 전부 또는 일부에 대한 공사중지명령을 해야 한다고 규정되어 있는 점(§40②), 더욱이 협의는 쌍방간 의사의 조정이 아니라 환경부장관의 일방적인 심사이며,[65] 사업자나 승인기관의 장이 협의내용에 대하여 이의신청을 할 수 있도록 한 것 등을 감안할 때, 협의에 법적 구속력이 인정된다는 점에서 이를 행정소송의 대

---

63) 대법원 2006.6.30 선고 2005두14363 판결(국방군사시설사업실시계획승인처분무효확인).

64) 대법원 2000.10.13 선고 99두653 판결(토지수용재결처분취소 공 2000.12.1(119), 2338).

65) 천병태·김명길, 환경법, 1997, 삼영사, 157; 조현권, 환경법 이론과 실무-, 1999, 법률문화원, 246.

상이 되는 처분으로 볼 여지도 없지 않다고 생각합니다. 하지만, 협의는 그 내용이 단순한 권고로부터 구체적인 행위의무의 부과에 이르기까지 다양할 수 있어 이를 일률적으로 처분성 유무를 일반화하기에는 무리가 따릅니다. 협의내용의 불이행에 대해 법적 제재가 따르기는 하지만, 이는 협의가 처분임을 전제로 그것이 처분으로서 가지는 내용적 구속력 자체에 따른 것이 아니라 「환경영향평가법」이 그 제도의 실효를 담보하려는 취지에서 특칙을 둔 데 따른 것이라고 이해됩니다. 따라서 환경부장관의 협의는 그 내용에 따라 처분성을 인정할 수 있는 경우와 그렇지 못한 경우가 있을 수 있다고 생각합니다.

이와 같이 협의 가운데 처분에 해당하는 경우가 있을 수 있다면, 이는 특히 승인 등을 받지 않아도 되는 사업자가 협의내용에 불복할 경우, 이를 행정소송을 통해 다툴 수 있는 거점을 제공하는 결과가 될 것입니다. 반면 승인 등을 받아야 하는 사업자의 경우에는, 협의가 처분성을 가질 경우와 그렇지 못할 경우로 나누어 볼 수 있습니다. 협의가 처분성을 가질 경우 협의를 대상으로 행정소송을 제기할 수도 있고 승인 등의 처분을 기다려 그것을 대상으로 행정소송을 제기할 수도 있게 될 것입니다. 반대로 협의가 처분성을 가지지 못할 경우에는 결국 승인 등의 처분을 기다려 그것을 대상으로 행정소송을 제기할 수 있을 뿐 협의 그 자체를 대상으로 행정소송을 제기할 수는 없을 것입니다. 그 경우 협의는 승인 등의 처분에 이르는 일종의 행정절차라고 볼 수 있으므로 협의를 결여하거나 협의에 하자가 있는 때에는 절차적 하자로서 경우에 따라 승인 등의 처분을 위법하게 만드는 사유가 될 수도 있을 것입니다.

9.3. 환경영향평가의 하자와 승인 등에 대한 행정소송

환경영향평가의 하자가 행정소송에서 승인 등 처분의 효력에 어떠한 영향을 미치는지는 이를 환경영향평가를 거치지 않고 승인 등 처분을 한 경우, 부실한 환경영향평가에 따라 승인 등 처분을 한 경우, 그리고 환경영향평가에 절차적 하자가 있는 경우 그에 따른 승인 등 처분의 효력, 세 가지로 나누어 볼 수 있습니다.

9.3.1. 환경영향평가를 거치지 않고 한 승인 등 처분의 효력

환경영향평가 대상사업에 대하여 환경영향평가를 거치지 않고 나아가 환경부장관 협의도 하지 않은 채 승인 등 처분을 한 경우, 대법원은 비교적 일관되게 그 같은 처분이 위법하며 그 하자는 법규의 중요한 부분을 위반한 중대한 것이고 객관적으로도 명백한 것이어서 당연무효라고 판시해 왔습니다.

> "구 환경영향평가법(1999.12.31, 법률 제6095호 환경·교통·재해 등에 관한 영향평가법 부칙 제2조로 폐지) 제1조, 제3조, 제9조, 제16조, 제17조, 제27조 등의 규정 취지는 환경영향평가를 실시해야 할 사업(이하 '대상사업'이라 한다)이 환경을 해치지 아니하는 방법으로 시행되도록 함으로써 **당해 사업과 관련된 환경공익을 보호하려는 데 그치는 것이 아니라, 당해 사업으로 인하여 직접적이고 중대한 환경피해를 입으리라고 예상되는 환경영향평가 대상지역 안의 주민들이 전과 비교하여 수인한도를 넘는 환경침해를 받지 아니하고 쾌적한 환경에서 생활할 수 있는 개별적 이익까지도 보호하려는 데**에 있는 것이다. 그런데 환경영향평가를 거쳐야 할 대상사업에 대하여 환경영향평가를 거치지 아니하였음에도 불구하고 승인 등 처분이 이루어진다면, 사전에 환경영향평가를 함에 있어 평가대상지역 주민들의 의견을 수렴하고 그 결과를 토대로 하여 환경부장관과의 협의내용을 사업계획에 미리 반영시키는 것 자체가 원천적으로 봉쇄되는바, 이렇게 되면 <u>환경파괴를 미연에 방지하고 쾌적한 환경을 유지·조성하기 위하여 환경영향평가제도를 둔 입법 취지를 달성할 수 없게 되는 결과를 초래할 뿐만 아니라 환경영향평가 대상지역 안의 주민들의 직접적이고 개별적인 이익을 근본적으로 침해하게 되므로, 이러한 행정처분의 하자는 법규의 중요한 부분을 위반한 중대한 것이고 객관적으로도 명백한 것이라고 하지 않을 수 없어, 이와 같은 행정처분은 당연무효</u>이다."[66]

9.3.2. 부실한 환경영향평가와 그에 따른 승인 등 처분의 효력

대법원은 환경영향평가를 거친 이상 그 내용이 다소 부실하다 하더라도, 그 부실의 정도가 환경영향평가제도를 둔 입법 취지를 달성할 수 없을 정도이어서 환경영향평가를 하지 아니한 것과 다를 바 없는 정도의 것이 아닌 이상, 그 부실은 당해 승인 등 처분에 재량권 일탈·남용의 위법이 있는지 여부를 판단하는 하나의 요소로 됨에 그칠 뿐, 그 부실로 인하여 당연히 당해 승인 등 처분이 위법하게 되는 것이 아니라고 판시하여 부실한 환경영향평가에 관해서는 다소 법적 통제를 완화하는 태도를 보였습니다. 실례로 한국고속철도건설공단의 경부고속철도 서울차량기지 정비창 건설사업에 관한 환경영향평가 내용의 부실의 정도가 환경영향평가제도를 둔 입법 취지를 달성할 수 없을 정도이어서

---

66) 대법원 2006.6.30 선고 2005두14363 판결(국방군사시설사업실시계획승인처분무효확인).

환경영향평가를 하지 아니한 것과 다를 바 없는 정도의 것은 아니라는 이유로
위 사업의 실시계획의 승인처분이 위법하지 아니하다고 한 사례가 있습니다.

> "환경영향평가를 거치지 아니하였음에도 승인 등 처분을 하였다면 그 처분은 위법하다
> 할 것이나, 그러한 절차를 거쳤다면, 비록 그 <u>환경영향평가의 내용이 다소 부실하다 하더</u>
> <u>라도, 그 부실의 정도가 환경영향평가제도를 둔 입법 취지를 달성할 수 없을 정도이어</u>
> <u>서 환경영향평가를 하지 아니한 것과 다를 바 없는 정도의 것이 아닌 이상 그 부실은</u>
> <u>당해 승인 등 처분에 재량권 일탈·남용의 위법이 있는지 여부를 판단하는 하나의 요소</u>
> <u>로 됨에 그칠 뿐, 그 부실로 인하여 당연히 당해 승인 등 처분이 위법하게 되는 것이 아</u>
> <u>니다.</u>"[67]

한편 대법원은 환경영향평가를 거쳐야 할 대상사업에 대하여 처분이 이루
어진 경우, 법원으로서는 먼저 구 「환경영향평가법」에 따라 환경영향평가절차
가 제대로 진행되었는지 여부와 환경영향평가절차가 제대로 진행되었다면 환경
영향평가서를 기초로 환경영향평가의 내용이 부실한지 여부를 따져야 하고, 만
약 환경영향평가의 내용이 부실하다면 그 부실의 정도가 환경영향평가제도를
둔 입법 취지를 달성할 수 없을 정도이어서 환경영향평가를 하지 아니한 것과
다를 바 없는 정도인지 여부, 그 부실의 정도가 환경영향평가제도를 둔 입법 취
지를 달성할 수 없을 정도에 이르지 아니한 경우에는 그 부실로 인하여 당해 처
분에 재량권 일탈·남용의 위법이 있는지 여부 등을 심리하여 그 결과에 따라
당해 처분의 적법 여부를 판단해야 한다고 판시하고 있습니다.

> "구 환경영향평가법에 따라 환경영향평가를 거쳐야 할 대상사업에 대하여 처분이 이루
> 어진 경우 법원으로서는 먼저 구 환경영향평가법에 따라 환경영향평가절차가 제대로 진
> 행되었는지 여부와 환경영향평가절차가 제대로 진행되었다면 환경영향평가서를 기초로
> 환경영향평가의 내용이 부실한지 여부를 따져야 할 것이고, <u>만약 환경영향평가의 내용이</u>
> <u>부실하다면 그 부실의 정도가 환경영향평가제도를 둔 입법 취지를 달성할 수 없을 정도</u>
> <u>이어서 환경영향평가를 하지 아니한 것과 다를 바 없는 정도인지 여부, 그 부실의 정도</u>
> <u>가 환경영향평가제도를 둔 입법 취지를 달성할 수 없을 정도에 이르지 아니한 경우에는</u>
> <u>그 부실로 인하여 당해 처분에 재량권 일탈·남용의 위법이 있는지 여부 등을 심리하여</u>

---

67) 대법원 2001.6.29 선고 99두9902 판결(경부고속철도서울차량기지정비창건설사업실
시계획승인처분취소). 同旨 대법원 2006.3.16 선고 2006두330 전원합의체 판결(정부조치계획
취소 등).

그 결과에 따라 당해 처분의 적법 여부를 판단해야 할 것이다."[68]

또한 대법원은 국립공원 관리청이 국립공원 집단시설지구개발사업과 관련하여 그 시설물기본설계 변경승인처분을 하면서 환경부장관과 협의를 거친 이상, 환경영향평가서의 내용이 환경영향평가제도를 둔 입법 취지를 달성할 수 없을 정도로 심히 부실하다는 등의 특별한 사정이 없는 한, 공원관리청이 환경부장관의 환경영향평가에 대한 의견에 반하는 처분을 하였다고 하여 처분이 위법하다고 할 수는 없다고 판시한 바 있습니다.[69]

또 하급심판결 중에는 환경영향평가서에 일부 오기나 누락이 있는 정도의 내용상 부실이 있는 경우, 그로 인하여 환경영향평가제도를 둔 입법 취지를 달성할 수 없을 정도여서 환경영향평가를 하지 않은 것과 같다고 보기 어려울 뿐만 아니라 그러한 환경영향평가를 기초로 한 국토이용개발계획 변경결정과 골프장 사업계획 변경승인에 재량권을 일탈하거나 남용한 위법이 있다고 볼 수 없다고 한 사례가 있습니다.[70]

9.3.3. 절차적 하자

환경영향평가가 앞서 살펴본 절차에 따라 이루어지지 못한 흠이 있는 경우, 가령 의견수렴절차에 흠이 있는 경우. 그것이 환경영향평가의 적법성, 사업계획 등의 효력에 미치는 영향, 나아가서는 (승인 등을 받아야 하는 사업자의 경우) 그에 따른 승인 등 처분의 효력에 어떤 영향을 주는지 여부가 문제됩니다. 국내문헌상 이렇다 할 논의가 없으나, 일반 행정절차법상 절차적 하자와 처분의 효력에 관한 문제와 근본적으로 다른 점은 없다고 볼 수 있습니다. 다만, 승인 등을 받지 않아도 되는 사업계획 등에 있어 환경영향평가의 절차적 하자가 그 사업계

---

68) 대법원 2004.12.9 선고 2003두12073 판결(납골당허가처분무효확인). 또한 대법원 2001.7.27 선고 99두2970 판결(용화집단시설지구기본설계변경승인처분취소)를 참조.

69) 대법원 2001.7.27 선고 99두5092 판결(공원사업시행허가처분취소재결취소 공 2001.9.15(138), 1973). 대법원은 따라서 피고 환경부장관이 이 사건 자연공원사업에 관하여 부정적인 의견을 회신하였음에도 내무부장관과 공단이사장이 위 변경처분 및 이 사건 처분을 한 것은 환경영향평가 협의내용을 제대로 반영하지 않은 것으로서 자연공원법령 및 환경영향평가법령에 위배한 하자가 있다는 취지의 원심 판단 부분은 잘못이라고 판시했습니다.

70) 광주고법 2007.4.26 선고 2003누1270 판결(국토이용개발계획변경결정취소등 확정 각공2008상, 565).

획 등의 효력에 어떤 영향을 미치는지는 그 처분성을 인정할 수 없다면, 행정절차법상 처분절차의 범위를 넘어서는 문제가 될 것이고, 승인 등을 받아야 하는 경우에는 환경영향평가의 절차적 하자가 최종단계에서 행해지는 승인 등 처분의 효력에 어떤 영향을 미치는가 하는 문제가 될 것입니다.

한편, 환경영향평가에 있어 의견수렴 절차를 거치지 않은 경우 그 법적 효과에 관해서는 서울행정법원의 판결이 주목됩니다. 서울행정법원은 군산화력발전소 부지에 건립하는 복합화력발전소 공사계획 인가처분에 환경영향평가 대상지역에 포함되는 서천군 주민들의 의견수렴 절차를 거치지 않고 온배수의 영향에 관한 예측의 충실성이 떨어지는 등 환경영향평가의 시행에서 다소 부실하게 이루어진 하자가 있음을 인정하면서도, 그 하자가 중대·명백하다고 볼 수 없어 취소사유에 불과하고, 위 처분을 취소하는 것이 오히려 현저히 공공복리에 적합하지 않다고 보아 사정판결을 했습니다.

[1] 검은머리물떼새는 자연물이고, 비록 자연물에 대한 보호의 필요성이 크다고는 하나 자연 내지 자연물 자체에 대하여 당사자능력을 인정하고 있는 현행 법률이 없으며, 이를 인정하는 관습법도 존재하지 않으므로, 복합화력발전소 공사계획 인가처분에 대한 검은머리물떼새의 취소 또는 무효확인을 구하는 소는 당사자적격을 인정할 수 없어 부적법하다고 한 사례.

[2] 군산화력발전소 부지에 건립하는 복합화력발전소 공사계획 인가처분에 군산시 주민들을 상대로 한 의견수렴 절차만 이루어지고 환경영향평가 대상지역에 포함되는 서천군 주민들의 의견수렴 절차를 거치지 않고 온배수의 영향에 관한 예측의 충실성이 떨어지는 등 환경영향평가의 시행에서 다소 부실하게 이루어진 하자가 있으나, 군산시 주민들에 대한 의견수렴 절차를 거친 점, 환경영향의 평가 항목 대부분의 대상지역이 발전소 주변지역이나 해역으로 설정되어 있어 서천군이 그 범위에 포함되어 있는지 여부가 명백한 것은 아닌 점, 그 **부실의 정도가 환경영향평가제도를 둔 입법 취지를 달성할 수 없을 정도이어서 환경영향평가를 하지 않은 것과 다를 바 없을 정도라고 보기 어려운 점 등에 비추어, 그 하자가 중대·명백하다고 볼 수 없어 취소사유에 불과하고,** 위 처분을 취소할 경우 전력수급기본계획에 따른 안정적인 전력공급에 차질이 생길 수 있는 점, 상당한 기간 동안 막대한 자금이 투입된 복합화력발전소가 무용지물이 됨으로써 적지 않은 사회적 손실이 예상되는 점 등에 비추어, 위 처분을 취소하는 것이 오히려 현저히 공공복리에 적합하지 않다고 보아 사정판결을 한 사례.[71]

---

71) 서울행법 2010.4.23 선고 2008구합29038 판결(공사계획인가처분취소등 확정 각공

한편, 대법원은 환경영향평가업자가 환경영향평가서 등을 작성함에 있어 통상적인 주의로 확인할 수 있음에도 불구하고 멸종위기야생동·식물 및 천연기념물 등을 누락하여 환경영향평가서 등의 검토·협의기관이 적절하게 검토하기 어렵게 하거나 환경영향평가서 등의 신뢰를 크게 떨어뜨렸다면, 구 환경영향평가법령에 규정된 '환경영향평가서 등을 부실하게 작성한 경우'에 해당하지만, 환경영향평가서 등의 부실 작성 여부 판단에 있어서는 환경영향조사가 시행된 지점 또는 지역의 조사환경 및 조건 등을 고려하여 같은 업무 또는 분야에 종사하는 평균적인 관련 전문가에게 요구되는 통상적인 주의의무를 기준으로 하면 족하고, 이를 넘어서 관련 전문가들이 실제로 환경영향조사가 시행된 지점 또는 지역에서 멸종위기야생동·식물 및 천연기념물 등을 확인하는 절차를 거친 이후에야 부실작성으로 판단할 수 있다는 의미로 볼 것은 아니면서 사업지구 내 수리부엉이 서식 사실을 누락하여 받은 업무정지처분은 위법하지 않다고 판시하였습니다.

< '환경영향평가서 등의 부실 작성' 판단기준 >

1. 환경영향평가서 등의 범위

구 환경영향평가법(2017. 1. 17. 법률 제14532호로 개정되기 전의 것) 제54조, 구 환경영향평가법 시행령(2018.11.27, 대통령령 제29311호로 개정되기 전의 것) 제68조 제2항, 제3항은 환경영향평가를 대행할 수 있는 환경영향평가업의 등급을 제1종 및 제2종으로 구분하여 등급별로 등록에 필요한 기술인력 및 시설·장비기준 등을 정하고, 제2종 환경영향평가업의 업무 범위를 제1종 환경영향평가업의 업무 범위 중 '구 환경영향평가법 시행령 제68조 제3항 제1호 각목의 평가서 또는 조사서 작성에 필요한 자연생태환경 분야의 조사, 영향 예측·평가 및 보전방안에 관한 작성 대행 업무'로 규정하고 있다.

위 규정에 따른 제2종 환경영향평가업자 제도는 2011.7.21, 법률 제10892호로 환경영향평가법 전부개정 시 신설된 제도로서, 기술인력 및 시설·장비기준 등을 갖추고 환경영향평가업 등록을 한 자에 한하여 자연생태환경 분야의 조사, 영향 예측·평가 및 보전방안마련에 관한 업무를 전문적으로 수행하도록 함으로써 자연생태환경 분야에 대한 환경영향평가업의 전문성과 신뢰성을 담보하고 제2종 환경영향평가업자에 대하여도 위 업무에 관하여 제1종 환경영향평가업자에 준하는 법령상 의무와 책임을 부담하도록 하려는 취지이다.

2010상, 905). 김현준, "환경권, 환경행정소송 그리고 사법접근성", 사법 17호, 사법발전재단 2011을 참조.

이러한 관련 규정의 내용 및 취지 등을 고려하면, 제2종 환경영향평가업자는 그 업무범위인 '구 환경영향평가법 시행령 제68조 제3항 제1호 각목의 평가서 또는 조사서 작성에 필요한 자연생태환경 분야의 조사, 영향 예측·평가 및 보전방안에 관한 작성 대행 업무'에 관하여 제1종 환경영향평가업자와 같은 정도의 주의의무를 가진다. 그리고 제2종 환경영향평가업자가 위 업무 수행의 결과물로 작성한 서류는 특별한 사정이 없는 한 '환경영향평가서 등 작성의 기초가 되는 자료'에 불과한 것이 아니라 '환경영향평가서 등'에 해당한다고 할 것이다. 이는 제2종 환경영향평가업자가 구 환경영향평가법 시행령 제68조 제4항에 따라 제1종 환경영향평가업자로부터 위 업무를 도급받아 한 경우에도 마찬가지이다.

2. '환경영향평가서 등의 부실 작성'의 의미

구 환경영향평가법 제56조 제1항 제2호는 환경영향평가업자의 준수사항으로 "환경영향평가서 등과 그 작성의 기초가 되는 자료를 거짓으로 또는 부실하게 작성하지 아니할 것"을 규정하고 있고, 제2항은 "제1항 제2호에 따른 거짓 또는 부실 작성의 구체적인 판단기준은 환경부령으로 정한다"고 규정하고 있다. 그 위임에 따라 구 환경영향평가법 시행규칙(2018.11.29, 환경부령 제780호로 개정되기 전의 것) 제23조 [별표 2] 제2호는 '환경영향평가서 등의 부실 작성에 대한 판단기준'에 관하여 '다음 각 목의 사항을 성실하게 수행하지 않거나 소홀히 하여 환경영향평가서 등의 검토·협의기관이 적절하게 검토하기 어렵게 하거나 환경영향평가서 등의 신뢰를 크게 떨어뜨리는 경우를 말한다'고 규정하면서, 사목에서 '환경영향조사가 시행된 지점 또는 지역에서 협의기관의 장이 선정한 2명 이상의 관련 전문가가 통상적인 주의로 확인할 수 있음에도 불구하고 멸종위기야생동·식물 및 천연기념물 등을 누락한 경우'를 규정하고 있다.

이러한 관련 규정의 내용과 취지, 체계 등을 고려하면, 환경영향평가업자가 환경영향평가서 등을 작성함에 있어 통상적인 주의로 확인할 수 있음에도 불구하고 멸종위기야생동·식물 및 천연기념물 등을 누락하여 환경영향평가서 등의 검토·협의기관이 적절하게 검토하기 어렵게 하거나 환경영향평가서 등의 신뢰를 크게 떨어뜨렸다면, 구 환경영향평가법령에 규정된 '환경영향평가서 등을 부실하게 작성한 경우'에 해당한다.

3. 부실 작성 판단과 절차적 위법 유무

구 환경영향평가법 시행규칙 제23조 [별표 2] 제2호 사목은 부실작성에 대한 판단기준으로 '환경영향조사가 시행된 지점 또는 지역에서 협의기관의 장이 선정한 2명 이상의 관련 전문가가 통상적인 주의로 확인할 수 있음에도 불구하고 멸종위기야생동·식물 및 천연기념물 등을 누락한 경우'를 규정한다.

여기서 **환경영향평가서 등이 부실하게 작성되었는지 판단함에 있어서는 환경영향조사가 시행된 지점 또는 지역의 조사환경 및 조건 등을 고려하여 같은 업무 또는 분야에 종사하는 평균적인 관련 전문가에게 요구되는 통상적인 주의의무를 기준으로 하면 족하다. 이를 넘어서 관련 전문가들이 실제로 환경영향조사가 시행된 지점 또는 지역에서**

멸종위기야생동·식물 및 천연기념물 등을 확인하는 절차를 거친 이후에야 부실작성으로 판단할 수 있다는 의미로 볼 것은 아니다.[72]

9.4. 요 약

앞에서 살펴본 판례들을 종합하면 다음과 같은 결과가 나옵니다. 첫째, **환경영향평가를 거쳐야 할 대상사업에 대하여 환경영향평가를 거치지 않고 나아가 환경부장관과의 협의도 하지 않은 채 한 승인 등 처분은 당연무효입니다.** 둘째, **환경영향평가서의 내용이 환경영향평가제도를 둔 입법 취지를 달성할 수 없을 정도로 심히 부실하다는 등의 특별한 사정이 있는 경우, 그에 따른 승인 등의 처분은 위법합니다.** 셋째, 첫째와 둘째 경우 이외에는 환경부장관과의 협의를 거친 이상, <u>환경영향평가서의 내용이 부실하거나 승인기관의 장이 환경부장관의 환경영향평가에 대한 의견에 반하는 처분을 하였다고 해도 그 처분이 위법하다고 할 수는 없습니다.</u> 넷째, 환경영향평가의 내용이 다소 부실하다 하더라도, 그 부실의 정도가 환경영향평가제도를 둔 입법 취지를 달성할 수 없을 정도이어서 환경영향평가를 하지 아니한 것과 다를 바 없는 정도의 것이 아닌 이상 그로 인해 승인 등 처분이 위법하게 되는 것이 아니지만, 그 **부실은 당해 승인 등 처분에 재량권 일탈·남용의 위법이 있는지 여부를 판단하는 하나의 요소가 됩니다.** 다섯째, **환경영향평가의 절차상 하자**는 승인 등을 받아야 하는 사업계획 등의 경우에는 하자의 경중에 따라 다르겠지만 승인 등 처분을 위법하게 만드는 사유가 될 수 있고, 승인 등을 받지 않아도 되는 사업계획 등의 경우에는 하자에 관한 일반법리에 따라 그 위법 여부를 판단할 수밖에 없을 것입니다.

환경영향평가제도는 행정소송을 통한 뒷받침이 없이는 그 실효를 기하기 어렵습니다. 특히 법원이 환경영향평가제도에 대하여 어떠한 태도를 취하느냐에 따라 그 제도적 효용과 실효성이 달라질 수밖에 없습니다. 이와 같은 관점

---

72) 대법원 2023.2.2 선고 2019두36025 판결(업무정지처분취소(바) 파기환송). 피고(한강유역환경청장)가 멸종위기야생동물이자 천연기념물인 수리부엉이의 서식사실 누락을 이유로 원고에게 3개월의 업무정지처분을 하였으나, 대법원은 '환경영향평가서 등'을 '부실하게 작성'한 경우로 보면서도, 구 환경영향평가법 시행규칙 제23조 [별표2] 제2호 사목에 따라 이 사건 처분을 함에 있어 관련 전문가의 현지확인 절차를 거치지 않았다고 하여 절차상 하자가 있다고 볼 수는 없다고 판시하여 이와 달리 판단한 원심판결을 파기·환송한 사건입니다.

에서 환경영향평가에 관한 행정소송에서 제기된 주요 법적 쟁점 가운데 특히 원고적격, 처분성, 그리고 환경영향평가의 하자와 승인 등의 위법무효 여부와의 관계 문제 등을 중심으로 이에 관한 대법원 판례와 학설을 통해 분석, 검토한 결과 원고적격에 관한 한 환경영향평가지역 거주 여부에 지나치게 얽매이지 아니하고 환경상 이익의 침해 가능성을 실질적으로 판단해야 할 필요가 있으며, 대상지역 결정과 처분성의 인정 범위 및 여부 등에 관한 불확실성이 존재한다는 점을 확인할 수 있었습니다. 그리고 환경영향평가의 구속력과 관련하여 대법원이 대상사업에 대한 환경영향평가를 거치지 아니하거나 환경부장관과 협의도 하지 않은 채 한 승인 등 처분은 당연무효라고 보면서도 평가서의 내용이 환경영향평가제도를 둔 입법 취지를 달성할 수 없을 정도로 심히 부실하다는 등의 특별한 사정이 없는 한, 환경부장관과의 협의를 거쳤다면, 평가서의 내용이 부실하거나 승인기관의 장이 환경부장관의 환경영향평가에 대한 의견에 반하는 처분을 하였다고 해도 그 처분이 위법하다고 할 수는 없다는 입장을 취하고 있음을 확인했습니다. 이는 법원만의 책임은 아니고 입법설계상의 제약과 그에 따른 법해석상 한계에서 비롯된 결과이기는 하지만, 환경영향평가제도의 실효성을 크게 저하시키는 결과를 초래하고 있다는 점에서 심각한 문제점으로 검토해 보아야 할 것입니다. 무엇보다도 사업계획 등과 관련한 핵심적인 환경영향에 대해서는 법원이 '엄격심사'(hard look)의 잣대를 적용하여 심사함으로써 평가의 내용이 환경영향평가제도를 둔 입법 취지를 달성할 수 없을 정도로 심히 부실하다는 등의 특별한 사정을 적극적으로 구체화해 나가려는 자세가 필요합니다. 이와 같은 환경영향평가에 대한 엄격심사의 원칙이 확립되지 않으면 적지 않은 비용과 시간, 노력, 그리고 결코 용이하지 않은 갈등을 겪으면서도 환경영향평가가 자칫 일종의 요식절차나 사업자의 면죄부로 전락하고 그 자체가 또 다른 갈등을 유발하는 바람직하지 못한 결과가 될 수 있기 때문입니다.

10. 환경영향평가제도의 문제점과 개선방안

10.1. 전략환경영향평가

전략환경영향평가에 대해서는, 운영 측면에서 평가기간의 장기간 소요, 환경평가서의 작성 및 검토 내용의 차별성 부족, 계획 단계를 고려하지 않은 정보 요구, 전략환경영향평가와 환경영향평가 단계의 협의기능 모호성 등이 문제점으로 지적됩니다. 대안 설정과 관련해서는 체계적 대안 검토 미흡, 대안 설정 시기가 늦다는 점, 제3의 대안 부족 등이,[73] 환경영향평가협의회와 관련해서는 서면평가 위주, 천편일률적 평가준비서 등 부실 운영, 환경정보 제공 및 대안설정 기능 미흡, 전략환경영향평가 단계 및 환경 영향평가 단계에서 협의회 차별성 부족 등이,[74] 그리고 주민참여 측면에서는 주민의견의 실효성 부족, 주민참여 방법론 부재, 승인기관의 역할 부족 등[75]의 문제점이 거론됩니다.

개선방안으로는, 전략환경영향평가 운영에 있어 약식 환경영향평가의 활용 등으로 환경영향평가 절차 간소화, 전략환경영향평가와 환경영향평가의 기능 분리를 통한 차별성을 확보가, 대안의 설정 및 평가 측면에서는 대안 평가의 시기 조정과 제3의 대안 마련을 통하여 대안의 다양성과 대안 평가의 실효성 확보, 그리고 환경영향평가협의회 부문의 개선방안으로는 전략과 환경영향평가 단계의 협의회 통합, 스코핑 기능 강화, 협의회 운영의 전담기관 담당 방안 등, 주민참여와 관련한 문제점 개선을 위해 주민참여를 절차적 조건이 아니라 환경평가 각 단계별로 참여하고 결과를 제공받는 순환형으로 바꾸고, 주민의견 수렴을 위한 방법론을 개발할 필요가 있다는 의견이 제시되고 있습니다.[76]

10.2. 환경영향평가

환경영향평가에 대해서는 특히 의견수렴 절차의 문제점으로 지적되어 왔습니다. 무엇보다도 「환경영향평가법」이 주민의견 수렴을 위해 제공하는 주된 수단인 공청회가 주민 등의 방해로 공청회가 무산되거나 실시되더라도 파행을 면치 못하고 때로는 형식적 통과의례로 끝나는 등 주민과 의미 있는 소통을 통해 환경에 대한 해로운 영향을 최소화시킨다는 환경영향평가제도 본연의 취지를 살리지 못하는 일이 빈번하다는 것이 가장 심각한 문제입니다. 아울러 공청회를

---

73) 사공희 외(2018), 「개발기본계획의 전략환경영향평가 운영의 성과분석 및 발전방향 연구」, 한국환경정책·평가연구원, 142-143을 참조.

74) 사공희 외(2018), 146-147.

75) 사공희 외(2018), 147-148.

76) 사공희 외 (2018), 149-156.

사업자가 주관하니 주민이나 전문가의 의견이 결국 사업자의 판단대로 처리되는 경향이 있고 공청회 진행이 쌍방향적인 토의보다는 각각의 진술과 답변이 일회성에 그친다는 점도 공청회 운영의 문제점으로 지적되고 있습니다.[77] 사실 주민들이나 행정관료들 모두 주민의견수렴 절차를 사업을 밀어붙이기 위해 그 전에 임박해서 일종의 통과의례로 거치는 일회성 요식절차로 인식하는 것이 문제입니다. 우리나라 환경영향평가 제도에서 주민참여는 일회성 행사로 인식되고 있어, 평가서 초안을 대상으로 주민의견을 수렴하면 더 이상 주민의견을 수렴하지 않아도 된다고 인식하고 있다는 지적이 나오는 이유입니다.[78]

「환경영향평가법」이 제공하는 또 다른 의견수렴방식인 설명회 역시 그 운영현황을 볼 때, 설명회에서 사업계획 변경에 대한 책임이 없는 자가 답변함으로써 주민의 의견에 대응하기 어렵고, 설명회의 내용이 어려워서 주민들이 이해하기 어렵다는 점이 문제점으로 거론되고 있습니다.[79]

한편, 주민의 방해 등으로 설명회 및 공청회가 무산된 경우에 생략할 수 있도록 한 제13조, 전략환경영향평가 때 주민의 의견을 수렴한 경우에는 환경영향평가시 주민참여를 생략할 수 있도록 한 제25조를 둘러싼 논란이 있습니다.[80]

개선방안은 다양하지만, 공청회의 경우 사업자가 주관하는 일회성 행사로 끝나지 않고 그 주관자나 수행방식 면에서 공정한 소통과 숙의가 이루어질 수 있도록 보장하는 방안이 중요할 것입니다. 그런 맥락에서 사업자가 아닌 협의기관(또는 승인기관)이 사업자와 주민 등의 견해 차이를 듣는 자리로 자리매김하고(즉 협의기관이 또는 승인기관이 주관할 것), 공청회 진행을 사업자와 주민의 토의를 반복하여 논점을 명확히 하는 운영방안 등이 제시되고 있습니다.[81]

설명회의 경우에도 설명회에 사업자 내부의 책임 있는 자가 답변에 나서도록 하고, 환경영향평가 해설사 또는 환경영향평가 상담창구를 마련하는 방안 등

---

77) 조공장, 주용준 (2015). 「환경영향평가 설명회·공청회 운영현황 분석」. 한국환경정책·평가연구원, 44.

78) 이상윤, 주용준 (2016), 「환경영향평가에서 활용 가능한 주민참여 방법 기초 연구」, 한국환경정책·평가연구원, 26.

79) 조공장, 주용준, 앞의 보고서. 44.

80) 조공장, 주용준, 앞의 보고서. 45.

81) 조공장, 주용준, 앞의 보고서. 44.

이 주장됩니다.[82]

의견수렴절차의 생략 문제에 대한 개선방안은 크게 두 가지입니다. 먼저 제13조와 관련하여서는 설명회 공청회가 무산된 경우에 화상회의를 개최하거나 승인기관 주최의 의견수렴회를 개최하는 등의 대체수법을 마련해야 하고, 제25조와 관련하여서는 전략환경영향평가와 환경영향평가의 성격이 다르므로 중복되지 않는 것에 대해서는 의견수렴이 가능하도록 해야 한다는 것입니다.

10.3. 소규모 환경영향평가

최근 소규모 환경영향평가를 진행한 사업 수가 크게 증가하고 있으나, 실제로 환경훼손이나 환경영향이 크게 발생할 것으로 예상됨에도 불구하고 면적 기준에 따라 소규모 환경영향평가만을 실시하는 경우도 증가하여 문제가 되고 있습니다. 가령 연접개발사업은 전체적으로 환경영향평가 대상 규모 이상임에도 불구하고 개별적으로 소규모 환경영향평가를 실시하여 주민공람 및 의견수렴 절차나 사후환경영향조사를 면하는 경우가 적지 않고, 양호하게 보전된 농경지나 산림, 저수지와 연접한 생태민감지역에서의 대규모 주거시설 조성을 위한 지구단위계획의 경우, 도시지역에서 시행된다는 사유로 소규모 환경영향평가만으로 규제를 피하는 편법적 수단으로 활용되는 문제가 있습니다.[83]

또한 사회적으로 문제가 되고 있는 육상태양광발전을 포함한 재생에너지개발사업과 도시개발사업의 소규모 환경영향평가 사례를 중심으로 하여 대규모 개발사업임에도 불구하고 환경영향평가협의회나 주민의견 수렴 없이 간략하게 소규모 환경영향평가만을 실시하여 공사 시와 운영시 사후환경영향조사를 면하는 문제라든가, 「산지관리법 시행령」 등에서 확인할 수 있듯이 명목상으로는 환경영향평가 실시를 사유로 주민동의나 의견수렴 절차를 면제해 주지만 정작 소규모 환경영향평가를 실시할 경우 주민의견수렴 절차가 생략되어 법취지와 상반되는 결과를 피하기 어렵다는 문제가 지적되고 있습니다.

---

82) 조공장, 주용준, 앞의 보고서. 45.

83) 이상범, 하지연 (2018), 「소규모환경영향평가제도 개선을 위한 기초연구: 도시개발과 재생에너지개발을 중심으로」, 한국환경정책·평가연구원, 29.

소규모 환경영향평가 대상인 토석채취허가의 경우 「산지관리법 시행령」 제36조 제3항에 따르면 일부 생활환경민감지역에서 이루어지는 사업에 대해서는 주민 동의를 구하도록 되어 있으나 「환경영향평가법」에 따른 소규모환경영향평가를 거친 경우는 제외한다고 명시되어 있어(같은 항 제3호), 소규모 환경영향평가에서 주민공람이나 의견수렴이 이루어지지 않고 있음을 고려할 때 사업추진 과정에서 주민의견수렴절차는 생략되는 결과가 됩니다.

이들 문제점을 해결하려면 우선 전략환경영향평가, 환경영향평가, 소규모 환경영향평가의 대상사업기준을 더욱 상세하게 연계함으로써 대규모 개발사업에서 환경영향평가를 거치지 않고 소규모 환경영향평가만 실시하는 데 따르는 문제를 해소해 나가는 것이 우선입니다. 무엇보다도 사업유형에 따라 사업시행에 따른 환경영향이 다르다는 점을 고려하지 않고 환경영향평가 대신 소규모 환경영향평가 대상으로 삼아서는 안 될 것입니다. 가령 면적 사업의 특성을 가지는 육상태양광발전사업과 선형 사업의 특성을 가지는 육상풍력발전사업의 차이점을 고려하여 환경영향평가 대상사업 기준을 강화하고, 소규모 환경영향평가는 주민의견 수렴이나 환경영향평가협의회 개최 없이 진행할 수 있는 실제 소규모 개발사업에 한해서만 실시하도록 하여 대상사업을 제한할 필요가 있습니다.[84]

나아가 식생 및 지형 훼손 등 환경영향이 큰 사업은 사업규모와 관계없이 환경영향평가 대상사업으로 정할 수 있도록 스크리닝 제도를 도입할 필요가 있습니다.[85]

끝으로 소규모 환경영향평가에서도 실질적인 주민공람 및 의견 수렴이 가능하도록 관련 절차를 개선하는 한편, 환경영향평가협의회를 통한 소규모 환경영향평가 실효성을 제고하는 것도 대안이 될 수 있을 것입니다. 특히 소규모 환경영향평가에 대한 환경영향평가협의회가 개최되면, 주민공람이나 주민의견 수렴의 필요성과 방법에 대해 결정할 수 있게 될 것이므로 사회갈등 발생 가능성을 크게 낮출 수 있을 것으로 기대됩니다.[86]

---

84) 이상범, 하지연 (2018), 같은 곳.
85) 이상범, 하지연 (2018), 앞의 보고서, 30.
86) 앞의 보고서, 31.

Ⅳ. 대기환경법: 대기환경보전법·미세먼지대책관련법

대기환경의 보전은 건강한 삶의 필요조건인 맑은 공기를 지키는 것이 핵심이지만 거기에 머물지 않습니다. 지구환경, 동아시아를 포함한 국내외 대기환경의 보전, 그리고 지구 수준에서 진행되어 온 기후변화, 즉 기후위기와 재앙에 어떻게 대처할 것인가 하는 절박한 과제가 대두되고 있습니다.

대기환경 보전을 위한 법은 크게 전통적인 환경규제법인 대기환경보전법, 기후변화대책 관련법, 최근 현안으로 떠오른 미세먼지대책법 등 세 가지 클러스터로 이루어집니다. 기후변화와 미세먼지 대책 관련법은 일련의 특별법들과 「대기환경보전법」 등 관련 분야 법령에 산재하고 있습니다.

1. 대기환경보전법

1.1. 개 관

「대기환경보전법」은 대기환경행정의 수요 증가, 전문화·다양화 추세에 신속히 대처하기 위하여 대기배출시설, 비산먼지, 자동차배출가스 등 각종 대기환경정책을 종합 조정할 수 있는 독자적 개별법으로서 종래 환경보전법의 구성부분을 분리하여 단행법으로 제정한 것입니다. 「대기환경보전법」은 제1조에서 "대기오염으로 인한 국민건강 및 환경상의 위해를 예방하고 대기환경을 적정하게 관리·보전함으로써 모든 국민이 건강하고 쾌적한 환경에서 생활할 수 있게 한다"는 법목적을 명시하고 있습니다.

「대기환경보전법」은 대기오염물질[87]에 대한 배출규제의 유형을 크게 세 부문으로 나누어 고정오염원인 사업장 등의 대기오염물질 배출 규제(제2장: §§ 16-40), 생활환경상 대기오염물질배출 규제(제3장: §§ 41-45의3), 그리고 이동오염원인 자동차·선박 등의 배출가스 규제(제4장: §§ 46-76)에 관한 규정들을 두고 있었습니다. 2013년 4월 5일 개정법률(법률 제11750호)에서 자동차 온실가스 배출

---

87) 대기오염물질이란 대기오염의 원인이 되는 가스·입자상물질 또는 악취물질로서 환경부령으로 정하는 것을 말합니다(§ 2 1호).

관리에 관한 제5장(§§ 76의2-76의8)을 추가함에 따라 「대기환경보전법」의 규제는 네 가지 부문으로 재편되었고, 2016년 12월 27일 개정법률(법률 제14487호: 2017년 11월 28일부터 시행)에서 냉매의 관리에 관한 제5장의2(§§ 76의9-76의15)가 추가로 신설되었습니다. 「대기환경보전법」은 제6장에 보칙(§§ 77-88)을, 제7장에 벌칙(§§ 89-95)을 두고 있습니다.

1.2. 대기환경보전을 위한 상시측정 등

1.2.1. 상시측정을 위한 측정망 및 환경위성 관측망의 구축·운영

환경부장관은 전국적인 대기오염 및 기후·생태계 변화 유발 물질의 실태를 파악하기 위하여 환경부령으로 정하는 바에 따라 측정망을 설치하고 대기오염도 등을 상시 측정해야 하며(§ 3 ①), 특별시장·광역시장·특별자치시장·도지사 또는 특별자치도지사("시·도지사")는 해당 관할구역 안 대기오염 실태 파악을 위하여 측정망을 설치하여 대기오염도를 상시 측정하고, 그 측정 결과를 환경부장관에게 보고해야 합니다(§ 3 ②). 환경부장관은 대기오염도에 관한 정보에 국민이 쉽게 접근할 수 있도록 측정결과를 전산처리할 수 있는 전산망을 구축·운영할 수 있습니다(§ 3 ③). 2016년 1월 27일의 개정법률은 제3조의2를 신설하여 환경부장관이 대기환경 및 기후·생태계 변화 유발 물질 감시와 기후변화의 환경영향 파악을 위하여 환경위성관측망을 구축·운영하고, 관측된 정보를 수집·활용할 수 있도록 했습니다(§ 3의2 ①).

1.2.2. 대기오염물질에 대한 심사·평가

법은 제7조에 따라 환경부장관은 대기 중에 존재하는 물질의 위해성을 다음과 같은 기준에 따라 심사·평가할 수 있습니다(§ 7 ①).

1. 독성
2. 생태계에 미치는 영향
3. 배출량
4. 「환경정책기본법」 제12조에 따른 환경기준에 대비한 오염도

1.2.3. 대기오염도 예측·발표

법은 대기오염의 영향을 최소화하기 위하여 환경부장관에게 대기오염도 예측 및 결과 발표 의무를 지우고 있습니다(§7의2). 대상 지역, 대상 오염물질, 예측·발표의 기준 및 내용 등 대기오염도의 예측·발표에 필요한 사항은 대통령령으로 정하도록 위임되어 있는데(§7의2 ③), 시행령 제1조의4 제1항에 따르면, 대기오염도 예측·발표의 대상 지역은 대기오염의 정도, 인구, 지형 및 기상 특성을 고려하여 환경부장관이 정하여 고시합니다.

대상 오염물질은 미세먼지(PM-10), 초미세먼지(PM-2.5) 및 오존(O3)로 지정되어 있습니다(시행령 §1의4 ②).

1.3. 대기오염경보제

대기오염경보제[88]는 「대기환경보전법」 제8조에 근거를 두고 있습니다. 이에 따르면 시·도지사는 대기오염도가 「환경정책기본법」 제12조에 따른 대기환경기준을 초과하여 주민의 건강·재산이나 동식물의 생육에 심각한 위해를 끼칠 우려가 있다고 인정되면 그 지역에 대기오염경보를 발령할 수 있습니다(§8 ① 제1문). 대기오염경보의 발령사유가 없어진 경우에는 즉시 이를 해제해야 합니다(§8 ① 제2문). 시·도지사는 대기오염경보가 발령된 지역의 대기오염을 긴급하게 줄일 필요가 있다고 인정하면 기간을 정하여 그 지역에서 자동차의 운행을 제한하거나 사업장의 조업 단축을 명하거나 그 밖에 필요한 조치를 할 수 있고(§8 ②), 자동차 운행제한·사업장의 조업 단축 등을 명령받은 자는 정당한 사유가 없으면 그에 따라야 합니다(§8 ③).

대기오염경보의 대상지역·대상오염물질·발령기준·경보단계 및 경보단계별 조치 등에 필요한 사항은 대통령령으로 정하도록 위임되어 있는데(§8 ④), 시행령 제2조에 따르면, 대기오염경보의 대상지역은 특별시장·광역시장·특별자치시장·도지사 또는 특별자치도지사가 필요하다고 인정하여 지정하는 지역으로 되어 있습니다(시행령 §2 ①). 대기오염경보대상 오염물질 역시 미세먼지(PM-10), 초

---

88) 대기오염경보제는 통상 '오존경보제'라고 알려져 종래 두 가지 용어가 혼용되었습니다. 오존 못지않게 미세먼지 문제가 날로 심각해지는 상황을 감안하여 '대기오염경보제'로 부르는 것이 온당할 것입니다.

미세먼지(PM-2.5) 및 오존(O3) 세 가지로 정해져 있습니다(시행령 § 2 ②).

대기오염경보의 단계는 대상 오염물질의 농도에 따라 다음과 같이 구분하되, 단계별 오염물질의 농도기준은 환경부령에 위임되어 있습니다(시행령 § 2 ③),

1. 미세먼지(PM-10): 주의보, 경보
2. 초미세먼지(PM-2.5): 주의보, 경보
3. 오존(O3): 주의보, 경보, 중대경보

시행규칙 제14조는 대기오염경보단계별 오염물질의 농도기준을 [별표 7]에서 구체화하고 있습니다.

1.4. 기후·생태계 변화유발물질의 배출 억제

「대기환경보전법」은 제9조 제1항에서 정부에 기후·생태계 변화 유발 물질의 배출을 줄이기 위하여 국가간 환경정보와 기술을 교류하는 등 국제적인 노력에 적극 참여할 책무를, 제2항에서는 환경부장관에게 기후·생태계 변화 유발 물질 배출저감을 위한 연구 및 변화 유발 물질의 회수·재사용·대체물질 개발에 관한 사업, 배출 조사 및 관련 통계 구축, 배출저감 및 탄소시장 활용 등에 관한 사업을 추진할 의무를 부과하고 있습니다.

"기후·생태계 변화 유발 물질"이란 지구 온난화 등으로 생태계의 변화를 가져올 수 있는 기체상물질(氣體狀物質)로서 온실가스와 환경부령으로 정하는 것을 말합니다(§ 2 제2호). "온실가스"란 적외선 복사열을 흡수하거나 다시 방출하여 온실효과를 유발하는 대기 중의 가스상태 물질로서 이산화탄소, 메탄, 아산화질소, 수소불화탄소, 과불화탄소, 육불화황을 말합니다(§ 2 3호).

1.5. 대기환경개선 종합계획의 수립 등

대기오염물질과 온실가스를 줄여 대기환경을 개선한다는 정책목표를 달성하려면 단기적·개별적인 정책수단만으로는 안 되고 장기적·종합적인 정책수단으로서 계획을 동원하지 않을 수 없습니다. 이러한 배경에서 법은 환경부장관에게 대기환경개선 종합계획을 10년마다 수립하여 시행하도록 명문화하고 있습니다(§ 11 ①). 종합계획에 포함되어야 할 사항은 제11조 제2항에 명시되어 있습니다.

환경부장관은 종합계획을 수립할 경우 미리 관계 중앙행정기관의 장과 협의하고 공청회 등을 통하여 의견을 수렴해야 합니다(§ 11 ③). 종합계획은 그 수립일부터 5년이 지나거나 종합계획의 변경이 필요하다고 인정되면 그 타당성을 검토하여 변경할 수 있습니다. 이 경우 미리 관계 중앙행정기관의 장과 협의해야 합니다(§ 11 ④).

1.6. 사업장의 오염물질배출규제

「대기환경보전법」은 제2장에서 사업장으로부터 배출되는 대기오염물질에 관한 배출규제수단들을 규율하고 있습니다. 그 중 중요한 것만을 살펴보기로 합니다.

1.6.1. 배출허용기준

(1) 개념과 종류

배출허용기준(emission standard)은 규제기준(regulatory standard)으로, 그 위반 또는 초과 시 각종 명령적 규제수단들이 가동되는 전제나 기준이 됩니다. 배출허용기준은 관계중앙행정기관의 장과 협의를 거쳐 환경부장관이 환경부령으로 정하도록 되어 있습니다(§ 16 ①, ②). 배출허용기준은 전국적·일반적 기준입니다.

전국적·일반적 기준에 예외가 되는 배출허용기준은 두 가지입니다. 그 중 하나는 시·도의 조례로 설정하는 지역별배출허용기준이며 다른 하나는 특별대책지구에 대하여 환경부장관이 설정하는 배출허용기준입니다.

먼저, 법은 특별시·광역시·특별자치시·도(그 관할구역 중 인구 50만 이상 시는 제외)·특별자치도("시·도") 또는 특별시·광역시 및 특별자치시를 제외한 인구 50만 이상 시("대도시")에 「환경정책기본법」 제12조 제3항에 따른 <u>지역 환경기준의 유지가 곤란하다고 인정되거나</u> 「대기관리권역의 대기환경개선에 관한 특별법」 제2조 제1호에 따른 <u>대기관리권역의 대기질에 대한 개선을 위하여 필요하다고 인정되면</u>, 그 시·도 또는 대도시의 조례로 <u>전국 배출허용기준보다 강화된 배출허용기준</u>(기준 항목의 추가 및 기준의 적용 시기를 포함)을 정할 수 있도록 수권하고 있습니다(§ 16 ③ 본문). <u>시·도지사 또는 대도시의 시장은 배출허용기준을 설정·변경하는 경우에는 조례로 정하는 바에 따라 미리 주민 등 이해관계자의 의견을 듣고, 이를 반영하도록 노력해야 하며</u>(§ 16 ④), 배출허용기준이 설정·변경된 경우에는 지체없이 환경부장관에게 보고하고 이해 관계자가 알 수 있도록 필요한 조치를 해야 합니다(§ 16 ⑤). 조례에 따른 배출허용기준이 적용되는 시·도 또는 대도시에 그 기준이 적용되지 아니하는 지역이 있으면 그 지역에 설치되었거나 설치되는 배출시설에도 조례에 의한 배출허용기준을 적용합니다(§ 16 ⑦). 그러나 시도별로 엄격한 배출허용기준을 정하고 있는 사례는 아직은 그리 많지 않습니다.[89]

두 번째는 환경부장관이 「환경정책기본법」 제38조에 따른 특별대책지역의 대기오염 방지를 위하여 필요하다고 인정하는 때에 정하는 배출허용기준입니다. 환경부장관은 대기오염 방지를 위하여 필요하다고 인정하면 그 지역에 설치된 배출시설에 대하여 법 제16조 제1항의 기준보다 엄격한 배출허용기준을 정할 수 있고, 그 지역에 새로 설치되는 배출시설에 대하여 특별배출허용기준을 정할 수 있습니다(§ 16 ⑥). 이는 특별대책지역에 설치되어 있는 신규배출시설에 대하여 특별배출허용기준을 정할 수 있도록 하여 일부 대기오염이 심한 지역의 대기오염에 효과적으로 대처할 수 있도록 하기 위한 것입니다.[90]

(2) 법적 성질

배출허용기준은 환경기준과는 달리 주로 사업장이나 시설 단위의 개별적 오염물질배출을 통제하기 위한 기준입니다. 배출허용기준은 배출시설에서 배출되는 오염물질의 최대허용농도로서 법적 구속력을 갖는 규제기준이며, 사업장의 경영자 또는 관리자를 수범자로 하여 위반시 처벌의 대상이 되는 등 구체적인 법적 효력을 발생합니다. 실례로 법 제33조는 환경부장관 또는 시·도지사는 제30조에 따른 신고를 한 후 조업 중인 배출시설에서 나오는 오염물질의 정도가 제16조나 제29조 제3항에 따른 배출허용기준을 초과한다고 인정하면 대통

---

89) 실제 「대기환경보전법」 제16조 제3항에 따른 시·도 조례로 엄격한 배출허용기준을 정한 사례로 서울특별시가 있는데, 서울시에서는 소각시설, 발전시설에 대한 질소산화물 배출허용기준을 엄격하게 정해 시행하고 있습니다.

90) 「대기환경보전법」 제16조 제3항, 제5항 및 제6항에 따라 일반 배출허용기준보다 강화된 기준을 적용하는 경우로는 산업단지와 같이 대기오염이 심하여 「환경정책기본법」에 따라 대기보전특별대책지역으로 지정된 지역에 적용하는 신규 배출시설에 대한 '특별배출허용기준'이 있습니다. 특별대책지역으로 지정된 곳은 울산·미포, 온산 국가산업단지(1986.3.18 지정사유: 아황산가스 피해)와 여천국가산업단지 및 확장단지(1996.9.20 지정사유: 휘발성유기화합물질 및 악취물질의 피해) 두 곳이 있는데, 이 곳에 대해서는 "대기보전특별대책지역 지정 및 동지역내 대기오염저감을 위한 종합대책 고시(2018.2.9, 환경부고시 제2018-23호)"에 따라 특별배출허용기준이 적용되고 있습니다(http://www.law.go.kr/DRF/lawService.do?OC=mepr &target=admrul&ID=2100000114415&type=HTML&mobileYn=).

령령으로 정하는 바에 따라 기간을 정하여 사업자(제29조 제2항에 따른 공동 방지시설의 대표자를 포함)에게 그 오염물질의 정도가 배출허용기준 이하로 내려가도록 필요한 조치를 취할 것을 명하는 '개선명령'을 내릴 수 있도록 하고 있습니다

(3) 문 제 점

현행법상 배출허용기준에 대하여는 몇 가지 측면에서 비판이 제기되고 있습니다. 먼저, 배출허용기준의 설정이 행정절차법상 입법예고에 관한 규정이나 법제업무운영규정 등에 의한 절차적 통제를 제외하고는 환경부장관에게 일임되어 있다는 문제가 있습니다. 배출허용기준의 설정과정에서 그러한 정부입법에 대한 절차적 통제 외에 이해관계인의 참여 및 의견수렴의 기회가 주어지지 않고 있는 것도 문제입니다.

또한 배출허용기준은 가스상 물질의 경우 ppm(입자상 물질의 경우 ㎎/S㎥단위) 등으로 표현되는 농도기준이라는 점에서 오염물질 배출시설의 증가를 통제할 수 없고 배출허용기준이 잘 준수된다 하더라도 환경상태의 악화 자체를 근본적으로 막을 수는 없다는 점, 둘째, 후술하는 바와 같이 배출허용기준에 의거한 배출부과금제만으로는 배출허용기준에는 미달하지만 환경에 축적되는 오염원을 효과적으로 규제하기 어렵다는 점, 셋째, 배출부과금의 부과를 좌우하는 규제기준의 준수 여부를 판단함에 있어 측정대상이 배출시의 농도에 국한되어 있기 때문에 이를 회피할 수 있는 탈법행위의 가능성, 가령 배출허용기준을 넘지 않도록 하기 위하여 가스를 섞어 배출시키는 등 탈법행위의 가능성이 상존하며, 이에 대한 당국의 적발·통제가 용이하지 않다는 점 등 여러 가지 문제가 있습니다. 배출허용기준과 배출부과금을 결합시킨 배출규제가 비교적 성공적으로 집행되었음에도 불구하고 총체적 환경의 질을 개선·향상시키는 데 이르지 못한 것도 바로 그런 문제점들에 기인하는 것으로 여겨지고 있습니다. 현행법상 환경오염의 규제기준인 배출허용기준이 농도기준으로만 적용되는 한, 환경의 총체적인 질의 악화를 방지할 수 있을 것으로 기대하기는 곤란합니다. 따라서 대기오염상태가 환경기준을 초과하여 생활환경에 중대한 위해를 가져올 우려가 있는 구역이나 특별대책지구 내 중 사업장이 밀집되어 있는 구역에 대하여 할 수 있도록 규정된 총량규제의 확대가 필요합니다. 그러나 총량규제는 「대기환경보전법」상 명문의 규정이 있음에도 불구하고(§ 22) 오염원별로 정확한 배출량, 기

여도 등을 파악해야 하고, 정책수립과정이 복잡하며, 또한 경제상황에 영향을 많이 받기 때문에 실시하기가 용이하지 않았던 것이 사실입니다.[91]

1.6.2. 대기오염물질의 배출원 및 배출량 조사

대기환경보전 정책을 수립, 추진하려면 대기오염물질의 배출원 및 배출량을 조사하여 현황을 파악하는 것이 선행되어야 합니다. 이러한 배경에서 환경부장관은 종합계획, 「환경정책기본법」 제14조에 따른 국가환경종합계획(같은 법 제16조의2제1항에 따라 정비한 국가환경종합계획을 포함)과 「대기관리권역의 대기환경개선에 관한 특별법」 제9조에 따른 권역별 대기환경관리 기본계획을 합리적으로 수립·시행하기 위하여 전국의 대기오염물질 배출원 및 배출량 조사 의무를 집니다(§ 17 ①). 시·도지사 및 지방 환경관서의 장은 환경부령으로 정하는 바에 따라 관할구역의 배출시설 등 대기오염물질의 배출원 및 배출량을 조사해야 합니다(§ 17 ②).

1.6.3. 총량규제

법은 제22조에서 총량규제의 근거를 마련해 두었습니다. 환경부장관은 대기오염 상태가 환경기준을 초과하여 주민의 건강·재산이나 동식물의 생육에 심각한 위해를 끼칠 우려가 있다고 인정하는 구역 또는 특별대책지역 중 사업장이 밀집되어 있는 구역의 경우 그 구역 사업장에서 배출되는 오염물질을 총량으로 규제할 수 있습니다(§ 22 ①).

총량규제의 항목과 방법, 그 밖에 필요한 사항은 환경부령으로 정하도록 위임되어 있는데(§ 22 ②), 시행규칙 제24조에 따르면, 환경부장관은 법 제22조에 따라 그 구역의 사업장에서 배출되는 대기오염물질을 총량으로 규제하려는 경우에는 다음 각호의 사항을 고시해야 합니다.

1. 총량규제구역
2. 총량규제 대기오염물질
3. 대기오염물질의 저감계획
4. 그 밖에 총량규제구역의 대기관리를 위하여 필요한 사항

---

91) 일본의 경우에도 총량규제방식은 지역환경의 보전을 위하여 우수한 방법이지만 현실적으로는 지역의 환경허용량의 산정이 기술적으로 곤란하며 가령 총배출량이 산정될 수 있다고 해도 개별적으로 사업자 등에게 공평하게 할당하는 방법을 찾기가 어렵다는 난점이 있다고 지적됩니다(小高 剛, 行政法各論, 190).

1.6.4. 배출시설과 방지시설의 설치·운영

(1) 배출시설의 설치·운영

배출시설의 설치·변경에는 허가제와 신고제가 병용되고 있습니다. 즉, 시·도지사의 허가를 받거나 시·도지사에게 신고해야 합니다.

「대기환경보전법」 제23조 제1항에 따르면 배출시설을 설치하려는 자는 대통령령으로 정하는 바에 따라 시·도지사의 허가를 받거나 시·도지사에게 신고해야 하며, 다만, 시·도가 설치하는 배출시설, 관할 시·도가 다른 둘 이상의 시·군·구가 공동으로 설치하는 배출시설에 대해서는 환경부장관의 허가를 받거나 환경부장관에게 신고해야 합니다.

같은 법 시행령 제11조 제1항은 설치허가를 받아야 하는 배출시설의 범위를 특정대기유해물질[92]이 환경부령으로 정하는 기준 이상으로 발생되는 배출시설과 「환경정책기본법」 제38조에 따라 지정·고시된 특별대책지역에 설치하는 배출시설[93]로 한정하고 있습니다. 따라서 그 밖의 배출시설의 설치·변경은 신고를 하도록 하고 있습니다(시행령 § 11 ②). 설치허가를 받은 자가 허가받은 사항 중 대통령령으로 정하는 중요한 사항을 변경하고자 하는 때에는 변경허가를 받아야 하고, 그 외의 사항을 변경하고자 하는 때에는 변경신고를 해야 합니다(「대기환경보전법」 § 23 ②).

이처럼 배출시설허가제를 신고제와 병용체제로 바꾼 것은 대기와 수질 분야에서 우리나라 환경규제시스템의 양대 축을 이루었던 배출시설허가제를 경제적 규제완화의 논리에 의해 크게 후퇴시키는 결과를 가져왔습니다. 규제완화 차원에서 단행된 이러한 제도변화의 타당성 여부는 여론의 우려와 비판을 불러일으켰을 뿐만 아니라 환경부, 통상산업부(현재의 산업자원부) 등 관련부처 사이에서도 치열한 논란의 대상이 되었습니다. 그러나 더욱 심각한 문제는 이들 법규정이 허가제와 신고제의 대상범위의 결정을 대통령령에 포괄적으로 위임했다는 데 있습니다. 주지하듯이 우리나라 환경법상 배출규제체제는 배출허용기준에 의한 배출부과금 등 각종 규제명령과 배출시설허가제를 양축으로 삼아 구축

---

92) 특정대기유해물질이란 유해성대기감시물질 중 제7조에 따른 심사·평가 결과 저농도에서도 장기적인 섭취나 노출에 의하여 사람의 건강이나 동식물의 생육에 직접 또는 간접으로 위해를 끼칠 수 있어 대기 배출에 대한 관리가 필요하다고 인정된 물질로서 환경부령으로 정하는 것을 말합니다(§ 2 9호).

93) 다만, 특정대기유해물질이 제1호에 따른 기준 이상으로 배출되지 아니하는 배출시설로서 별표 1의3에 따른 5종사업장에 설치하는 배출시설은 제외합니다(시행령 § 11 ① ii 단서).

된 것인데, 배출시설허가제를 신고제로 바꾼다는 것은 배출시설의 설치·변경에 대한 사전적 통제를 사후적 감독으로 전환시킴으로써 사실상 배출시설설치·변경을 자유화하는 결과를 가져옵니다. 그 환경정책적 의미나 오염물질 배출행태에 미치는 영향의 중대성에 대하여는 별도의 설명을 요하지 않습니다. 그러나 그처럼 중대한 문제를 아무런 기준도 정하지 않은 채 '허가를 받거나 신고해야 한다'는 무책임한 양자택일식 규정을 바탕으로 하여 대통령령에 모두 위임해버림으로써 배출시설허가제의 적용범위에 관한 입법권은 실질적으로 정부에 위양해 버린 것이나 마찬가지의 결과가 되었습니다. 이후 제정된 시행령은 허가사항을 제한적으로 열거하고 그 밖의 경우에는 신고를 하면 되도록 개방하여 결과적으로 허가제를 원칙적 신고제로 바꾸어 버렸습니다. 즉, 설치허가를 받아야 하는 배출시설을 제한적으로 열거하고, 그 밖의 경우에는 신고제에 따르도록 한 것입니다.

신고의 경우, 환경부장관 또는 시·도지사는 신고 또는 변경신고를 받은 날부터 환경부령으로 정하는 기간 내에 그 수리 여부를 신고인에게 통지해야 합니다(§23 ⑤). 그 기간 내에 신고수리 여부 또는 민원 처리 관련 법령에 따른 처리기간의 연장 여부를 신고인에게 통지하지 아니하면 그 기간(민원 처리 관련 법령에 따라 처리기간이 연장 또는 재연장된 경우에는 해당 처리기간)이 끝난 날의 다음 날에 신고를 수리한 것으로 봅니다(§23 ⑥). 신고제도를 수리가 필요한 신고와 필요하지 않은 신고로 구분하고, 처리기간 내에 신고의 수리가 없으면 수리된 것으로 간주하여 규제의 명확성을 기한다는 취지로 2019년 1월 15일의 개정법률에서 신설된 조항에 따른 결과입니다.

① 배출시설 설치허가의 법적 성질

대기환경보전법상 배출시설 설치허가의 법적 성질은 기속행위로 볼 수 있습니다. 대법원은 그런 견지에서 배출시설 설치허가 신청이 허가기준에 부합하고 허가제한사유에 해당하지 않는 경우, 환경부장관은 이를 허가해야 하지만, 다만, 구 대기환경보전법시행령 제12조 각호에서 정한 사유에 준하는 사유로서 환경기준의 유지가 곤란하거나 주민의 건강·재산, 동식물의 생육에 심각한 위해를 끼칠 우려가 있다고 인정되는 등 중대한 공익상의 필요가 있을 때에는 허가를 거부할 수 있다고 판시하여 기속행위임을 전제로 하되 일정한 예외사유가 있는 경우 '거부재량'을 인정한 바 있습니다.

<대기환경보전법상 배출시설설치허가와 수도권대기특별법상 총량관리사업장설치 허가의 성질 >

[1] 구 대기환경보전법(2011.7.21, 법률 제10893호로 개정되기 전의 것, 이하 같다) 제2조 제9호, 제23조 제1항, 제5항, 제6항, 같은 법 시행령(2010.12.31, 대통령령 제22601호로 개정되기 전의 것, 이하 같다) 제11조 제1항 제1호, 제12조, 같은 법 시행규칙 제4조, [별표 2]와 같은 배출시설 설치허가와 설치제한에 관한 규정들의 문언과 그 체제·형식에 따르면 **환경부장관은 배출시설 설치허가 신청이 구 대기환경보전법 제23조 제5항에서 정한 허가 기준에 부합하고 구 대기환경보전법 제23조 제6항, 같은 법 시행령 제12조에서 정한 허가제한사유에 해당하지 아니하는 한 원칙적으로 허가를 해야 한다**. 다만 배출시설의 설치는 국민건강이나 환경의 보전에 직접적으로 영향을 미치는 행위라는 점과 대기오염으로 인한 국민건강이나 환경에 관한 위해를 예방하고 대기환경을 적정하고 지속가능하게 관리·보전하여 모든 국민이 건강하고 쾌적한 환경에서 생활할 수 있게 하려는 구 대기환경보전법의 목적(제1조)등을 고려하면, **환경부장관은 같은 법 시행령 제12조 각호에서 정한 사유에 준하는 사유로서 환경 기준의 유지가 곤란하거나 주민의 건강·재산, 동식물의 생육에 심각한 위해를 끼칠 우려가 있다고 인정되는 등 중대한 공익상의 필요가 있을 때에는 허가를 거부할 수 있다고 보는 것이 타당하다.**[94]

[2] 구 수도권 대기환경개선에 관한 특별법(2013.3.23, 법률 제11690호로 개정되기 전의 것, 이하 '구 수도권대기환경특별법'이라 한다) 등 대기오염물질 총량관리사업장 설치의 허가 또는 변경허가에 관한 규정들의 문언 및 그 체제·형식과 함께 구 수도권대기환경특별법의 입법 목적, 규율 대상, 허가의 방법, 허가 후 조치권한 등을 종합적으로 고려할 때, **구 수도권대기환경특별법 제14조 제1항에서 정한 대기오염물질 총량관리사업장 설치의 허가 또는 변경허가는** 특정인에게 인구가 밀집되고 대기오염이 심각하다고 인정되는 수도권 대기관리권역에서 총량관리대상 오염물질을 일정량을 초과하여 배출할 수 있는 특정한 권리를 설정하여 주는 행위로서 그 처분의 여부 및 내용의 결정은 행정청의 재량에 속한다.

② 다른 법령에 따른 허가 등의 의제

배출시설 허가 등에는 배출시설규제의 통합관리라는 관점에서 다른 법령에

---

94) 반면 이 사건 판결에서 구 수도권 대기환경개선에 관한 특별법 제14조 제1항에서 정한 대기오염물질 총량관리사업장 설치의 허가 또는 변경허가 처분의 여부 및 내용의 결정은 행정청의 재량에 속한다고 판시한 점에 유의할 필요가 있습니다.

따른 허가 등의 의제라는 법적 효과가 수반되기도 합니다. 대표적인 예로 「대기환경보전법」 제24조를 들 수 있습니다.[95] 이에 따르면, 배출시설을 설치하려는 자가 제23조 제1항부터 제3항까지 규정에 따라 배출시설 설치의 허가 또는 변경허가를 받거나 신고 또는 변경신고를 한 경우에는 그 배출시설에 관련된 다음 각호의 허가 또는 변경허가를 받거나 신고 또는 변경신고를 한 것으로 봅니다(§ 24 ①).

> 1. 「물환경보전법」 제33조 제1항부터 제3항까지의 규정에 따라 배출시설의 설치허가·변경허가 또는 신고·변경신고
> 2. 「소음·진동관리법」 제8조 제1항이나 제2항에 따른 배출시설의 설치허가나 신고·변경신고

　환경부장관 또는 시·도지사는 위와 같은 설치허가 또는 변경허가를 하려면 각각 허가 또는 신고의 권한이 있는 관계 행정기관의 장과 협의해야 합니다(§ 24 ②). 관계 행정기관의 장은 협의를 요청받은 날부터 20일 이내에 의견을 제출해야 하고(§ 24 ③), 그 기간(「민원 처리에 관한 법률」 제20조 제2항에 따라 회신기간을 연장한 경우에는 그 연장된 기간) 내에 의견을 제출하지 아니하면 협의가 이루어진 것으로 봅니다(§ 24 ④). 의제를 받으려는 자는 허가 또는 변경허가를 신청하거나 신고 또는 변경신고를 할 때에 해당 법률에서 정하는 관련 서류를 함께 제출해야 합니다(§ 24 ⑥).

(2) 방지시설의 설치·운영

① 방지시설의 설치의무

　법은 배출시설의 설치허가 또는 변경허가를 받은 자 또는 신고·변경신고를 한 자(사업자)에게 해당 배출시설을 설치하거나 변경할 때에는 그 배출시설로부터 나오는 오염물질이 제16의 배출허용기준 이하로 배출될 수 있도록 대기오염방지시설을 설치할 의무를 부과하고, 다만 대통령령으로 정하는 기준에 해당하는 경우에는 방지시설 설치의무를 면제하고 있습니다(§ 26 ①). 방지시설 설치의무를 면제받아 배출시설을 설치·운영하는 자는 다음 각호의 어느 하나에 해당

---

95) 이 조항은 규제완화의 기치로 2002년 12월 26일의 개정법률에 신설된 제10조의2를 승계한 것입니다.

하는 경우에는 방지시설을 설치해야 합니다(§ 26 ②).

1. 배출시설의 공정을 변경하거나 사용하는 원료나 연료 등을 변경하여 배출허용기준을
   초과할 우려가 있는 경우
2. 그 밖에 배출허용기준의 준수 가능성을 고려하여 환경부령으로 정하는 경우

환경부장관은 연소조절에 의한 시설 설치를 지원할 수 있고, 업무의 효율적 추진을 위해 그 지원 업무를 관계 전문기관에 위탁할 수 있습니다(§ 26 ③).

② 공동방지시설의 설치

한편 산업단지나 그 밖에 사업장이 밀집된 지역의 사업자는 배출시설로부터 나오는 오염물질의 공동처리를 위한 공동방지시설을 설치할 수 있습니다(§ 29 ① 제1문). 이 경우 각 사업자는 사업장별로 그 오염물질에 대한 방지시설을 설치한 것으로 봅니다(§ 29 ① 제2문). 공동방지시설의 배출허용기준은 제16조에 따른 배출허용기준과 다른 기준을 정할 수 있습니다(§ 29 ③). 사업자가 공동방지시설을 설치·운영할 때에는 그 시설의 운영기구를 설치하고 대표자를 두어야 합니다(§ 29 ②).

(3) 배출시설·방지시설의 설치·운영과 관련한 사업자의 의무

법은 배출시설·방지시설의 설치·운영과 관련, 사업자에게 각종 의무를 부과하고 있습니다. 배출시설·방지시설의 가동개시신고의무(§ 30 ①), 배출시설·방지시설의 정상가동의무(특히 § 31 ① 5호), 조업시 환경부령으로 정하는 바에 따라 배출시설 및 방지시설의 운영상황을 기록·보존할 의무(§ 31 ②), 측정기기의 부착 등의 의무(§ 32) 등이 그것입니다.

<원격자동감시시스템(TMS)의 구축·운영 >

굴뚝배출가스자동감시체제(TMS) 또는 굴뚝원격자동감시체계는 과학적 상시감시를 통해 대기오염으로 인한 피해를 미연에 방지할 수 있을 뿐만 아니라 총량규제실시, 배출권거래제 도입 등과 같은 오염물질 총량관리를 위한 사전적 인프라 구축 측면에서도 매우 큰 의의를 가집니다. 굴뚝별로 오염물질의 성분별 배출상태, 생산공정, 가동상태 등을 실시간대로 별도 파악할 수 있기 때문에 단속의 효율성을 높일 수 있고, 긴급사태의 예측 및 사고의 신속대처, 공정관리 등에 활용할 수 있는 등 많은 효과가 있어 그 설치가 계속 확대되는 추세입니다. 굴뚝자동측정기기는 먼지, SO_x, NO_x, NH_3, HCl, HF, CO 항목을 연속적으로 측정하여 5분마다 측정데이타를 생산하여 30분 평균치를 1회 자료로 활용합니

다. 1986년 울산특별대책지역부터 시작하여 1991년 여수, 2002년 수도권(대기환경규제지역), 2003년에 중부권(기타지역) 1종 대기배출사업장으로 부착이 확대되어 측정자료를 관할 관제센터로 전송중입니다. 초기에는 기술적 난점(측정, 전송 등)이 있었지만, 현재는 이러한 문제점들이 해결되어 측정자료 전송율이 100%에 이르고, 상대 정확도 시험 실시 등으로 자료의 질도 크게 향상되었다고 합니다. 2002년말 전국 4개 관제센터 구축이 완료되었고, 2009년 12월 기준 총 515 사업장에서 1,336개의 굴뚝에 굴뚝자동측정기기가 부착되어 작동되고 있습니다.[96]

환경부장관은 측정결과를 전산처리할 수 있는 전산망을 운영하는 경우 대통령령으로 정하는 방법에 따라 인터넷 홈페이지 등을 통하여 측정결과를 실시간으로 공개하고, 그 전산처리한 결과를 주기적으로 공개해야 합니다. 다만, 제33조 및 제34조에 따라 배출허용기준을 초과한 사업자에게 행정처분을 하거나 제35조에 따라 배출부과금을 부과하는 경우에는 전산처리한 결과를 사용해야 합니다(§ 32 ⑧).

법은 사업자가 위에서 살펴 본 각종의무를 이행하지 아니하는 경우 허가취소, 형벌 등의 제재수단을 마련하고 있습니다. 즉, 사업자가 제36조 각호의 어느 하나에 해당하는 행위를 하면, 허가 취소 등의 사유가 될 수 있고(§ 36), 허가나 변경허가를 받지 아니하거나 거짓으로 허가나 변경허가를 받아 배출시설을 설치 또는 변경하거나 그 배출시설을 이용하여 조업한 자, 방지시설을 설치하지 않고 배출시설을 설치·운영한 자, 희석배출, 불법배출관 등의 설치 등 제31조 제1항 제1호나 제5호에 해당하는 행위를 한 자, 제34조 제1항에 따른 조업정지명령을 위반하거나 같은 조 제2항에 따른 조치명령을 이행하지 아니한 자, 제36조에 따른 배출시설의 폐쇄나 조업정지에 관한 명령을 위반한 자 등은 7년 이하의 징역 또는 1억원 이하의 벌금에 처하도록 되어 있습니다(§ 89 제1호-제5호).[97] 그 밖에 제23조 제1항에 따른 신고를 하지 아니하거나 거짓으로 신고를

---

96) 환경부, 녹색성장을 위해 준비된 시스템_굴뚝TMS, http://www.me.go.kr/web/420/ inform/common/board/detail.do?boardId=inform_03_01&idx=171887). 또한 www.cleansys. or.kr을 참조.

97) 이것은 종래 환경보전법이 3년 이하의 징역 또는 1500만원 이하의 벌금으로 하고 있었으나 거의 실형선고가 행해지지 않았던 것을 「대기환경보전법」이 5년 이하의 징역과 3천만원 이하의 벌금으로 상향조정했다가 1991년의 낙동강 사건 이후에 다시 상향조정한 것입니다.

하고 배출시설을 설치 또는 변경하거나 그 배출시설을 이용하여 조업한 자, 제32조 제1항에 따른 측정기기의 부착 등의 조치를 하지 아니한 자 등은 5년 이하의 징역 또는 5천만원 이하의 벌금에 처하도록 되어 있습니다(§ 90).

1.6.5. 배출부과금

(1) 규제수단으로서 배출부과금

법은 배출허용기준의 준수를 확보하기 위한 일종의 경제적 유인에 의한 규제방식으로서 배출부과금(emission charge)제도를 채용하고 있습니다(§ 35). 종래의 배출부과금제도는 배출허용기준이란 규제기준의 설정과 부과금이란 경제유인적 규제방식을 결합시킨 일종의 초과배출부과금제(non-compliance charge system)였습니다.

(2) 배출부과금의 부과 및 감면

법은 제35조 제1항에서 환경부장관 또는 시·도지사에게 대기오염물질로인한 대기환경상의 피해를 방지 또는 줄이기 위하여 대기오염물질을 배출하는 사업자(제29조에 따른 공동 방지시설 설치·운영자 포함)와 제23조 제1항부터 제3항까지의 규정에 따른 허가·변경허가를 받지 아니하거나 신고·변경신고를 하지 않고 배출시설을 설치 또는 변경한 자에 대하여 배출부과금을 부과·징수하도록 규정하고 있습니다(§ 35 ①).

배출부과금 중 기본부과금은 매 반기별로 부과(연2회)하는데, 일정한 사유가 있는 경우에는 이를 면제 또는 감면할 수 있도록 되어 있습니다. 배출허용기준의 30% 미만 배출시설, 중소기업의 TMS 부착시설, 대기관리권역내 총량관리 사업장, 자발적 협약 체결 사업장, 청정연료 사용시설, 군사시설 등은 대통령령으로 정하는 바에 따라 기본부과금이 면제됩니다(§ 35의2 ①). 또 대통령령으로 정하는 배출시설을 운영하는 사업자나, 다른 법률에 따라 대기오염물질의 처리비용을 부담하는 사업자에 대해서는 기본부과금을 감면할 수 있습니다(§ 35의2 ②).

초과부과금의 경우에는 배출허용기준 초과 시점부터 개선 완료가 확인된 시점까지 배출량을 산정하여 부과하며, 법적 기준인 배출허용기준을 위반한 경우이므로 초과부과금에 대해서는 기본부과금과 달리 면제 규정이 없습니다.

(3) 배출부과금의 종류·산정기준

배출부과금은 초과부과금과 기본부과금으로 구분하여 부과합니다(§ 35 ②).

1. 기본부과금: 대기오염물질을 배출하는 사업자가 배출허용기준 이하로 배출하는 대기
   오염물질의 배출량 및 배출농도 등에 따라 부과하는 금액
2. 초과부과금: 배출허용기준을 초과하여 배출하는 경우 대기오염물질의 배출량과 배출
   농도 등에 따라 부과하는 금액

배출부과금을 부과할 때에는 다음 사항을 고려해야 합니다(§ 35 ③).

1. 배출허용기준 초과 여부
2. 배출되는 대기오염물질의 종류
3. 대기오염물질의 배출 기간
4. 대기오염물질의 배출량
5. 제39조에 따른 자가측정을 하였는지 여부
6. 그 밖에 대기환경의 오염 또는 개선과 관련되는 사항으로서 환경부령으로 정하는 사항

배출부과금의 산정방법 및 산정기준 등 필요한 사항은 대통령령으로 정하되(§ 35 ④ 본문), 초과부과금은 대통령령으로 정하는 바에 따라 그 산정기준을 적용한 금액의 10배의 범위에서 위반 횟수에 따라 가중하며, 이 경우 위반횟수는 사업장의 배출구별로 위반행위 시점 이전의 최근 2년을 기준으로 산정합니다(§ 35 ④ 단서).

배출부과금의 산정방법 및 산정기준 등에 관해서는 시행령 제24조 내지 제29조에서 상세히 규정하고 있습니다.

(4) 부과금부과대상 오염물질의 종류

기본부과금은 황산화물, 먼지 및 질소산화물을 배출하는 1-3종 사업장이 부과대상입니다(시행령 § 23 ①).

초과부과금의 부과대상이 되는 오염물질의 종류는 시행령에 열거되어 있는데(시행령 § 23 ②), 2022년 기준 대기오염물질 9종(먼지, 황산화물, 암모니아, 염화수소, 황화수소, 이황화탄소, 불소화합물, 시안화수소, 질소산화물) 등으로 이들 오염물질의 배출허용기준을 초과한 1-5종 사업장이 부과대상입니다.

(5) 배출부과금의 징수 등

환경부장관 또는 시·도지사는 배출부과금을 내야 할 자가 납부기한까지 내지 아니하면 가산금을 징수하며(§ 35 ⑤), 가산금에 대하여는 「지방세징수법」 제30조 및 제31조를 준용합니다(§ 35 ⑥). 배출부과금 및 가산금은 「환경정책기본법」에 따른 환경개선특별회계의 세입으로 합니다(§ 35 ⑦).

환경부장관 또는 시·도지사는 배출부과금이나 가산금을 내야 할 자가 납부기한까지 내지 아니하면 국세 체납처분의 예 또는 「지방행정제재·부과금의 징수 등에 관한 법률」에 따라 징수합니다(§ 35 ⑨).

배출부과금의 납부를 명하는 행위는 금전급부의무를 부과하는 침익적 또는 부과적 행정행위입니다. 따라서 배출부과금부과처분에 대해서는 취소소송등 행정소송에 의한 권리구제가 열려 있고, 과다 산정된 배출부과금의 납부는 그 부과처분의 위법성을 선결문제로 하여 부당이득반환청구의 대상이 될 수 있습니다.

(6) 배출부과금 납부의무의 승계 등

「대기환경보전법」은 제27조에서 사업자가 배출시설이나 방지시설을 양도하거나 사망한 경우 또는 사업자인 법인이 합병한 경우에는 그 양수인이나 상속인 또는 합병 후 존속하는 법인이나 합병에 따라 설립되는 법인은 허가·변경허가·신고 또는 변경신고에 따른 사업자의 권리·의무를 승계하도록 하여 그 권리나 의무이행의 공백이 발생하지 아니하도록 배려하고 있는데, 이것은 당연히 배출부과금 납부의무에 관해서도 적용됩니다. 법은 제35조의4에서 배출부과금의 징수유예·분할납부 및 징수절차를 규정하고 있습니다.

1.6.6. 규제명령

(1) 개선명령, 조업정지명령 등 배출규제명령

배출허용기준에 위반한 사업장에 대한 규제조치로는 개선명령, 조업정지 등이 있습니다(§§ 33-34). 환경부장관 또는 시·도지사는 제30조에 따른 신고를 한 후 조업 중인 배출시설에서 나오는 오염물질의 정도가 제16조나 제29조 제3항에 따른 배출허용기준을 초과한다고 인정하면 대통령령으로 정하는 바에 따라 기간을 정하여 사업자(제29조 제2항에 따른 공동 방지시설 대표자 포함)에게 그 오염물질의 정도가 배출허용기준 이하로 내려가도록 필요한 조치를 취할 것을 명할 수 있고(개선명령: § 33), 개선명령을 받은 자가 개선명령을 이행하지 아니하거나 기간 내에 이행은 했으나 검사결과 배출허용기준을 계속 초과하면 해당 배출시설의 전부 또는 일부의 조업정지를 명할 수 있습니다(§ 34 ①).

(2) 과징금 처분

법은 위와 같은 조업정지명령 대신 과징금을 부과할 수 있는 길을 열어놓고 있습니다. 환경부장관 또는 시·도지사는 다음 중 어느 하나에 해당하는 배출시설을 설치·운영하는 사업자에 대하여 제36조에 따라 조업정지를 명해야 하는 경우로서 그 조업정지가 주민의 생활, 대외적인 신용·고용·물가 등 국민경제, 그 밖에 공익에 현저한 지장을 줄 우려가 있다고 인정되는 경우 등 그 밖에 대통령령으로 정하는 경우에는 조업정지처분을 갈음하여 2억원 이하의 과징금을 부과할 수 있습니다(§ 37 ①).

1. 「의료법」에 따른 의료기관의 배출시설
2. 사회복지시설 및 공동주택의 냉난방시설
3. 발전소의 발전 설비
4. 「집단에너지사업법」에 따른 집단에너지시설
5. 「초·중등교육법」 및 「고등교육법」에 따른 학교의 배출시설
6. 제조업의 배출시설
7. 그 밖에 대통령령으로 정하는 배출시설

그러나 방지시설설치의무 위반, 개선명령 불이행 등의 사유가 있으면 조업정지처분을 갈음하여 과징금을 부과할 수 없습니다(§ 37 ②).

환경부장관 또는 시·도지사는 사업자가 과징금을 납부기한까지 내지 아니하면 국세 체납처분의 예 또는 「지방행정제재·부과금의 징수 등에 관한 법률」에 따라 징수하며(§ 37 ④), 징수한 과징금은 환경개선특별회계의 세입으로 합니다(§ 37 ⑤).

조업정지처분에 갈음하여 과징금을 부과할 수 있도록 한 이 조항은(제20조의2 현행 제37조)는 1997년 8월 28일의 법개정시 신설된 것으로 일종의 규제완화 차원에서 사업자가 과징금을 납부하는 대신 조업정지명령을 면하게 함으로써 조업을 계속할 수 있도록 한 것입니다. 그러나 「대기환경보전법」 제16조에 따

른 배출허용기준 또는 제33조에 의한 개선명령의 준수를 과징금이라는 금전적 수단에 의해 대체할 수 있도록 함으로써 특히 지불능력이 충분한 사업자의 경우, 그리고 위반행위에 대한 정규적인 단속·적발에 대한 예측가능성이 확보되지 않을 경우, 자칫 처음부터 금전적 수단으로 규제를 회피하도록 만드는 결과를 초래할 우려가 있습니다.

(3) 긴급규제명령

법은 환경부장관 또는 시·도지사는 대기오염으로 주민의 건강상·환경상의 피해가 급박하다고 인정하면 환경부령으로 정하는 바에 따라 즉시 그 배출시설에 대하여 조업시간의 제한이나 조업정지, 그 밖에 필요한 조치를 명할 수 있도록 하고 있습니다(§34 ②).[98] 이 조항과 관련하여 주민이 이 규정을 근거로 환경부장관 또는 시·도지사에게 배출시설에 대하여 조업정지등 필요한 조치를 취해 달라고 요구할 수 있는 공법상 권리, 즉 행정개입청구권(Rechtsanspruch auf Einschreiten)이 인정될 수 있는지 문제됩니다. 관건은 공권의 성립요건, 즉 강행규범성과 사익보호규범성이 인정될 수 있느냐에 놓여 있습니다. 문언상 '주민의 건강상·환경상의 피해'라는 요건 하에 즉시 필요한 조치를 명할 수 있도록 되어 있는 이상, 이 규정이 보호규범(Schutznorm), 즉 공익뿐만 아니라 사익도 아울러 보호하려는 것임은 어렵지 않게 인정됩니다. 따라서 그 강행규범성만이 문제가 된다 할 것입니다. 이 규정은 그 표현상 "…할 수 있다"는 형식의 가능규정(Kann-Vorschrift)으로 되어 있어 일단 환경부장관(시·도지사)에게 재량권을 수권하고 있는 것으로 추정할 수 있습니다. 그러나 같은 법 제34조 제1항의 경우라면 몰라도 제34조 제2항의 경우에는 이를 반드시 재량수권규정으로 새길 것인가에 관해서는 의문이 없지 않습니다. 가능규정이라 하여 그것이 언제나 재량권을 수권하는 것은 아닙니다.

이 조항을 기속규정으로 본다면 그런 규제권한 발동을 청구할 수 있는 권리, 즉 행정개입청구권을 인정할 여지가 있습니다. 다만 이 법조항의 문언만 가지고 그것이 재량수권규정인지 아니면 기속규정인지 판단하기는 어렵습니다.

---

98) 이 권한은 「대기환경보전법」 법 제87조 제1항에 따라 시·도지사에게 위임되어 있습니다(시행령 §63조 제1항 6호).

이와 관련하여 「대기환경보전법」 시행규칙 제41조는 "유역환경청장, 지방환경청장, 수도권대기환경청장 또는 시·도지사는 대기오염이 주민의 건강이나 환경에 급박한 피해를 준다고 인정하면 법 제34조 제2항에 따라 대기오염물질 등의 배출로 예상되는 위해와 피해의 정도에 따라 사용연료의 대체, 조업시간의 제한 또는 변경, 조업의 일부 또는 전부의 정지를 명하되, 위해나 피해를 가장 크게 주는 배출시설부터 조치해야 한다"고 규정하는데 이것은 일종의 비례원칙, 특히 법익침해최소한의 원칙에 의거하여 제34조 제2항에 따른 명령의 방법을 제한한 것으로 볼 수 있습니다. 이렇듯 시행규칙이 법 제34조 제2항의 문언형식에도 불구하고 시·도지사의 명령권 행사의 방법과 대상의 우선순위를 불확정개념을 사용하여 비교적 구체적으로 한정한 것은 법 제34조 제2항이 결정재량이 아니라 선택재량만을 인정한 규정이라는 것을 전제로 한 것이 아닌가 하는 추정을 가능케 합니다.

이 규정을 그 문언대로 재량규정으로 본다면 어떤 결론이 나올까요? 이미 앞에서 지적한 바와 같이 「대기환경보전법」 제34조 제2항이 공익과 함께 주민의 건강상의 위해와 환경상의 피해를 방지하기 위한 것이라고 해석한다면, 다시 말해 주민의 사익을 아울러 보호하려는 것이라고 해석된다면 문제해결의 관건은 오로지 그 강행규범성 여하에 귀착됩니다. 설령 이 조항을 재량규정이라 보더라도 '주민의 건강상의 위해와 환경상의 피해가 급박하다고 인정되는 경우'라면 '재량권 수축'(Ermessensschrumpfung)이 일어난다고 볼 여지가 있습니다. 즉 행정개입청구권의 충분조건의 하나로서 침해되는 법익의 중대성(Schwere der Störung oder Gefährdung)이 인정될 수 있기 때문입니다. 따라서 문제는 과연 주민에게 실제로 그러한 건강상의 위해와 환경상 피해가 급박하다고 볼 수 있는지입니다. '급박한 건강상 위해와 환경상 피해'의 존재 여부는 불확정법률개념에 의한 요건규정이고, 불확정개념의 해석·적용은 행정청의 재량에 맡겨진 것이 아니라 원칙적으로 법원의 심사로 판단해야 할 문제입니다. 따라서 「대기환경보전법」 제34조 제2항을 재량규정으로 보더라도 주민은 이 조항을 근거로 행정개입청구권을 가진다는 이론구성이 가능합니다.

요컨대, 「대기환경보전법」 제34조 제2항이 행정청에 일정한 공권력 발동권을 부여하는 것이라면(수권규정), 행정청은 그 공권력 발동에 관하여 재량을 갖지만 그 경우에도 주민에게는 하자 없는 공권력발동을 구할 권리가 성립할 수 있습니다. 만일 주민에게 '건강상의 위해와 환경상 피해가 급박하다면' 행정개입의 재량은 행정개입의 의무로 수축되며 무하자재량행사청구권은 행정개입청구권으로 전환됩니다.[99] 그리하여 주민은 시·도지사에게 제3자인 당해 배출시설에 대한 「대기환경보전법」 제34조 제2항 소정의 공권력 발동 내지 행정규제조치를 해달라고 요구할 공법상 권리가 인정된다는 결론에 이릅니다.

한편 환경부장관 또는 시·도지사는 사업자가 제36조 각호의 어느 하나에 해당하는 행위를 하면 배출시설의 설치허가 또는 변경허가를 취소하거나 배출시설의 폐쇄를 명하거나 6개월 이내의 기간을 정하여 배출시설 조업정지를 명할 수 있습니다. 다만, 제1호·제2호·제10호·제11호 또는 제18호부터 제20호까지의 어느 하나에 해당하면 배출시설의 설치허가 또는 변경허가를 취소하거나 폐쇄를 명해야 합니다(§36①). 또 위법시설, 즉 허가를 받지 아니하거나 신고를 하지 않고 배출시설을 설치하거나 사용하는 자에게 그 배출시설의 사용중지를 명해야 하며, 다만, 그 배출시설을 개선하거나 방지시설을 설치·개선하더라도 그 배출시설에서 배출되는 오염물질의 정도가 제16조에 따른 배출허용기준 이하로 내려갈 가능성이 없다고 인정되거나 그 설치장소가 다른 법률에 따라 그 배출시설의 설치가 금지된 경우에는 그 배출시설의 폐쇄를 명해야 합니다(§38①).[100]

1.7. 생활환경상 대기오염물질 배출규제

「대기환경보전법」은 생활환경상 대기오염물질 배출규제를 위하여 제3장(§§41-45)에 연료규제와 비산먼지의 규제, 휘발성유기화합물의 규제 등 규정을 두고 있습니다.

1.7.1. 연료용 유류 및 그 밖의 연료의 황함유기준 설정 등

생활환경상 대기오염물질의 배출규제는 무엇보다도 연료용 유류 및 그 밖에 연료의 황함유량을 통제함으로써 이루어집니다. 이를 위해 환경부장관은 연료용 유류 및 그 밖에 연료에 대하여 관계중앙행정기관의 장과 협의하여 그 종

---

99) 건강 및 환경상 침해의 급박성에 비추어 볼 때 민사상 권리구제의 가능성과 관련하여 적용되는 보충성의 원칙(Subsidiaritätsprinzip)은 여기서는 문제 되지 않습니다. 이에 관하여 자세한 것은 김남진, 「행정법의 기본문제」, 1992, 127 이하를 참조.

100) 종래 그 명령을 이행하지 않는 사업자에 대하여 그 실질적인 이행강제수단을 확보하기 위하여 단전·단수조치를 관계기관의 장에게 요청할 수 있도록 하여 공급거부조치를 규정한 구법상의 제21조 제2항은 1999년 4월 15일 법개정으로 삭제되었습니다.

류별로 황의 함유허용기준(황함유기준)을 정하고(§41①), 이렇게 황함유기준이 정해진 연료는 대통령령으로 정하는 바에 따라 그 공급지역과 사용시설의 범위를 정하고 관계 중앙행정기관의 장에게 지역별 또는 사용시설별로 필요한 연료의 공급을 요청할 수 있습니다(§41②).

위와 같은 공급지역 또는 사용시설에 연료를 공급·판매하거나 같은 지역 또는 시설에서 연료를 사용하려는 자는 황함유기준을 초과하는 연료를 공급·판매하거나 사용하여서는 안 됩니다(§41③ 본문). 다만, 황함유기준을 초과하는 연료를 사용하는 배출시설로서 환경부령으로 정하는 바에 따라 제23조에 따른 배출시설 설치의 허가 또는 변경허가를 받거나 신고 또는 변경신고를 한 경우에는 황함유기준을 초과하는 연료를 공급·판매하거나 사용할 수 있습니다(§41③ 단서).

시·도지사는 위와 같이 정해진 연료의 공급지역과 시설에 황함유기준을 초과하는 연료를 공급·판매하거나 사용하는 자(§41③ 단서에 해당하는 경우는 제외)에 대하여 대통령령으로 정하는 바에 따라 당해 연료의 공급·판매 또는 사용을 금지 또는 제한하거나 필요한 조치를 명할 수 있습니다(§41④).

1.7.2. 연료 제조·사용 등의 규제

법은 연료사용으로 인한 대기오염을 방지하기 위하여 연료제조·사용 등에 대한 규제수단들을 마련하고 있습니다. 먼저, 환경부장관 또는 시·도지사는 연료의 사용으로 인한 대기오염을 방지하기 위하여 특히 필요하다고 인정하면 관계 중앙행정기관의 장과 협의하여 대통령령으로 정하는 바에 따라 그 연료를 제조·판매하거나 사용하는 것을 금지 또는 제한하거나 필요한 조치를 명할 수 있습니다(§42 본문). 다만, 대통령령으로 정하는 바에 따라 환경부장관 또는 시·도지사의 승인을 받아 그 연료를 사용하는 자에 대하여는 그렇지 않습니다(§42 단서).

1.7.3. 비산먼지의 규제

비산먼지란 '일정한 배출구 없이 대기 중에 직접 배출되는 먼지'를 말합니다. 비산먼지가 주민의 건강이나 생활환경에 심각한 위해를 끼칠 수 있다는 것은 이미 잘 알려진 사실입니다. 그러나 「대기환경보전법」은 비산먼지의 규제를 일정한 범위의 사업, 즉 '비산먼지를 발생시키는 사업으로서 대통령령으로 정하는 사업'에 국한시키고 있습니다. 즉, 그러한 사업을 하려는 자는 환경부령으로 정하는 바에 따라 특별자치시장·특별자치도지사·시장·군수·자치구청장에게 신고하고 비산먼지의 발생을 억제하기 위한 시설을 설치하거나 필요한 조치를 해야 하며, 이를 변경하고자 하는 때에도 또한 같습니다(§43 ①).

위와 같은 사업의 구역이 둘 이상의 특별자치시·특별자치도·시·군·구(자치구)에 걸쳐 있는 경우에는 그 사업 구역의 면적이 가장 큰 구역(법 제43조 제1항에 따른 신고 또는 변경신고를 할 때 사업의 규모를 길이로 신고하는 경우에는 그 길이가 가장 긴 구역)을 관할하는 특별자치시장·특별자치도지사·시장·군수·구청장("관할 행정청")에게 신고해야 합니다(법§43 ②)

관할 행정청은 법 제43조 제1항에 따른 신고 또는 변경신고를 받은 경우 그 내용을 검토하여 이 법에 적합하면 신고 또는 변경신고를 수리해야 합니다(법§43 ③).

관할 행정청은 비산먼지의 발생억제를 위한 시설의 설치 또는 필요한 조치를 하지 아니하거나 그 시설이나 조치가 적합하지 아니하다고 인정하는 경우에는 그 사업을 하는 자에게 필요한 시설의 설치나 조치의 이행 또는 개선을 명할 수 있고(법§43 ④), 그 명령을 이행하지 아니하는 자에 대하여는 그 사업을 중지시키거나 시설 등의 사용 중지 또는 제한을 명할 수 있습니다(법§43 ⑤). 또 신고 또는 변경신고를 수리한 관할 행정청은 해당 사업이 걸쳐 있는 다른 구역을 관할하는 행정청이 그 사업을 하는 자에 대하여 제4항 또는 제5항에 따른 조치를 요구하는 경우 그에 해당하는 조치를 명할 수 있습니다(법§43 ⑥). 그와 같은 요구를 받고도 해당 관할 행정청이 정당한 사유 없이 해당 조치를 명하지 않으면 환경부장관 또는 시·도지사가 해당 조치를 이행하도록 권고할 수 있으며, 그 권고를 받은 행정청은 특별한 사유가 없으면 이에 따라야 합니다(법§43 ⑦).

1.7.4. 휘발성 유기화합물질의 규제

(1) 규제의 필요성

일반적으로 휘발성 유기화합물질(VOCs: volatile organic compounds)이란 상온·상압에서 대기 중으로 가스형태로 배출되는 탄소와 수소로 이루어진 물질을 말합니다. 증기압이 높아 대기 중으로 쉽게 증발되고, 대기 중에서 질소산화물과 공존시 태양광의 작용을 받아 광화학반응을 일으켜 오존 등 광화학 산화성 물질을 생성시켜 광화학스모그를 유발하는 물질을 총칭하는 개념입니다. 이것은 대기 중에서 태양광선에 의해 질소산화물(NOx)과 광화학적 산화반응을 일으켜 지표면의 오존농도를 증가시켜 스모그현상을 일으키는 유기화합물질입니다. 대표적인 예로는 벤젠, 톨루엔, 프로판, 부탄 등이 있습니다. 휘발성유기화합물은 산업체에서 많이 사용되는 용매와 화학 및 제약공장 플라스틱의 건조공정에서 배출되는 유기가스 등까지 매우 다양하며, 저비점 액체연료, 파라핀, 올레핀, 방향족화합물등 우리 생활주변에서 흔하게 사용되는 탄화수소류들이 거의 VOC입니다.

휘발성유기화합물은 「대기환경보전법」 제2조 제10호에 따라 탄화수소류 중 석유화학제품, 유기용제, 그 밖의 물질로서 환경부장관이 관계 중앙행정기관의 장과 협의하여 고시하게 되어 있습니다.

이 화합물은 다양한 배출원에서 배출되는데 유기용제 사용 분야가 가장 큰 배출원이고, 자동차 등 도로·비도로 이동오염원에서 발생하는 비율이 그 뒤를 잇고 있습니다. 일반적으로 이동배출원인 자동차, 도장시설등 용제를 다량 사용하는 시설, 그리고 주유소 및 석유 저장·출하시설 또는 세탁소 및 그 밖의 배출원에서 배출되는 것으로 알려져 있습니다.

VOC는 독성화학물질이면서 성층권의 오존층 파괴물질이고 지구온난화에도 영향을 미칩니다. 휘발성유기화합물은 일반 대기오염물질과 달리 배출원이 굴뚝으로 고정되어 있지 않고 저장시설, 수송수단 및 공정 중 증발 또는 누출되는 등 배출원이 불특정하여 배출원 관리가 어렵습니다. 개별 VOC별 배출량 산정과 분석에도 어려움이 있습니다.

(2) 신 고 제

법은 제44조에서 휘발성 유기화합물질에 대한 규제조치를 강구하고 있습니다. 이에 따르면 특별대책지역이나 대기관리권역, 또는 두 가지 지역 외에 휘발성유기화합물 배출로 인한 대기오염을 개선할 필요가 있다고 인정되는 지역으로 환경부장관이 관계 중앙행정기관의 장과 협의하여 지정·고시하는 "휘발성유기화합물 배출규제 추가지역"에서 휘발성유기화합물을 배출하는 시설로서 대통령령으로 정하는 시설을 설치하려는 자는 환경부령으로 정하는 바에 따라 환경부장관 또는 시·도지사 또는 대도시 시장에게 신고해야 합니다(§ 44 ①). 신고를 한 자가 신고한 사항 중 환경부령으로 정하는 사항을 변경하려면 변경신고를 해야 합니다(§ 44 ②). 시·도지사 또는 대도시 시장은 신고 또는 변경신고를 받은 날부터 7일 이내에 신고 또는 변경신고 수리 여부를 신고인에게 통지해야 하며(§ 44 ③), 그 기간 내에 신고수리 여부 또는 민원 처리 관련 법령에 따른 처리기간의 연장 여부를 신고인에게 통지하지 아니하면 그 기간(민원 처리 관련 법령에 따라 처리기간이 연장 또는 재연장된 경우에는 해당 처리기간)이 끝난 날의 다음 날에 신고를 수리한 것으로 봅니다(§ 44 ④). 이것은 배출시설 신고제의 경우와 마찬가지로 처리기간 내에 신고의 수리가 이루어지지 않은 경우 수리된 것으로 간주함으로써 규제의 명확성을 기하려는 취지에서 2019년 1월 15일 법개정에서 신설된 조항에 따른 결과입니다.

특별대책지역이나 대기관리권역 또는 휘발성유기화합물 배출규제 추가지역에서 신고대상 시설을 설치하려는 자는 휘발성유기화합물의 배출을 억제하거나 방지하는 시설을 설치하는 등 휘발성유기화합물의 배출로 인한 대기환경상 피해가 없도록 조치해야 합니다(§ 44 ⑤). 이 조치의무를 위반할 경우 시·도지사 또는 대도시 시장은 휘발성유기화합물을 배출하는 시설 또는 그 배출의 억제·방지를 위한 시설의 개선 등 필요한 조치를 명할 수 있습니다(§ 44 ⑨). 이러한 시설의 제작자(수입판매자 포함)와 설치자에게는 검사의무가 부과됩니다(§ 45의3 ①).

휘발성유기화합물의 배출을 억제·방지하기 위한 시설의 설치 기준 등은 환경부령으로 정하며(§ 44 ⑥), 시·도 또는 대도시는 그 시·도 또는 대도시의 조례로 그 기준보다 강화된 기준을 정할 수 있습니다(§ 44 ⑦). 이와 같이 강화된 기준이 적용되는 시·도 또는 대도시에 법 제44조 제1항에 따라 환경부장관에게 설치신고를 하였거나 설치신고를 하고자 하는 시설이 있는 경우에는 그 시설의 휘발성유기화합물 억제·방지시설에 대하여도 제7항에 따라 강화된 기준을 적용합니다(§ 44 ⑧).

(3) 도료의 휘발성유기화합물함유기준 등

법은 도료(塗料)에 대한 휘발성유기화합물 함유기준을 환경부령으로 정하여(§ 44의2 ①), 도료를 제조하거나 수입하여 공급하거나 판매하는 자와 그 외에 도료를 공급하거나 판매하는 자에게 휘발성유기화합물 함유기준을 초과하는 도료를 공급 또는 판매할 수 없도록 금지하고 있습니다(§ 44의2 ②).

(4) 기존 휘발성유기화합물 배출시설에 대한 규제

법은 제45조에서 기존 휘발성유기화합물 배출시설에 대해 별도의 규제 근거를 마련해 두고 있습니다. 이에 따라 특별대책지역, 대기관리권역 또는 휘발성유기화합물 배출규제 추가지역으로 지정·고시될 당시 그 지역에서 휘발성유기화합물을 배출하는 시설을 운영하고 있는 자는 특별대책지역, 대기관리권역 또는 휘발성유기화합물 배출규제 추가지역으로 지정·고시된 날부터 3개월 이내에 제44조 제1항에 따른 신고를 해야 하며, 특별대책지역, 대기관리권역 또는 휘발성유기화합물 배출규제 추가지역으로 지정·고시된 날부터 2년 이내에 제44조 제5항에 따른 조치를 해야 합니다(§ 45 ①). 제45조 제1항에 따른 휘발성유기화합물의 배출을 억제하거나 방지하는 시설의 제작자(수입판매자 포함)와 설치자에게는 검사의무가 부과되어 있습니다(§ 45의3 ①).

1.8. 자동차·선박 등의 배출가스 규제

대기오염물질배출량 중 일산화탄소(CO), 질소산화물(NOx), 미세먼지(PM10) 등의 많은 부분이 자동차에서 배출되는 것으로 보고되고 있습니다. 특히 수도권은 자동차가 차지하는 오염물질 배출비중이 전국평균에 비해 훨씬 더 높게 나타나며, 이러한 현상은 전세계 대도시에서 공통된 현상으로 대도시에서 도로이동오염원 관리의 중요성을 뒷받침해 줍니다.[101]

「대기환경보전법」은 제4장(§§ 46-76)에서 자동차[102]·선박 등의 배출가스를 규제하고 있습니다. 이를 위하여 제작차배출허용기준, 제작차배출허용기준 관련 연구·개발 등에 대한 지원, 기술개발 지원, 제작차 인증, 제작차배출허용기준 검사 등, 결함확인 및 시정 등, 운행차배출허용기준, 저공해자동차 운행 등, 공회전제한, 배출가스저감장치 인증 등, 운행차 수시점검, 배출가스 검사, 운행차의 개선명령, 자동차연료·첨가제 또는 촉매제 규제, 검사업무의 대행, 선박의 배출허용기준 등에 관한 규정들을 두고 있습니다.

---

101) 환경백서 2016, 300; 수도권대기환경청 홈페이지 오염원별배출량자료(https://www.me.go.kr/mamo/web/ index?menuId=590: 2021.3.15 접속) 등을 참조.

102) 여기서 자동차란「자동차관리법」제2조 제1호에 규정된 자동차와「건설기계관리법」제2조 제1호에 따른 건설기계 중 주행특성이 가목에 따른 것과 유사한 것으로서 환경부령으로 정하는 것을 말합니다(§ 2 13호).

1.8.1. 제작차의 배출허용기준, 제작차인증·검사 등

(1) 제작차의 배출허용기준 및 인증

「대기환경보전법」은 자동차(원동기 및 저공해자동차 포함)를 제작·수입하고자 하는 자동차제작자는 그 자동차, 즉 "제작차"에서 배출되는 대통령령(시행령§46)으로 정하는 오염물질("배출가스")이 환경부령으로 정하는 허용기준, 즉 제작차배출허용기준에 적합하게 제작해야 하고,[103] 저공해자동차 또는 저공해건설기계[104]에 사용될 원동기를 제작하려는 자동차제작자는 환경부령으로 정하는 별도의 허용기준, 즉 "저공해자동차등의배출허용기준"에 맞도록 제작해야 한다고 규정합니다(§46 ①). 환경부장관이 위 각 기준을 정하는 환경부령을 정하는 경우 관계 중앙행정기관의 장과 협의해야 합니다(§46 ②). 그리고 자동차제작자는 제작차에서 나오는 배출가스가 환경부령으로 정하는 배출가스보증기간[105] 동안 제작차배출허용기준에 맞게 성능을 유지하도록 제작해야 한다고 규정하고 있습니다(§46 ③).

자동차제작자는 제48조 제1항에 따라 인증받은 내용과 다르게 배출가스 관련 부품의 설계를 고의로 바꾸거나 조작하는 행위를 하여서는 아니 됩니다(§46 ④). 이 조항은 2015년 폭스바겐 배출가스 조작 및 인증서류 위조 사건을 계기로 2016년 1월 27일의 개정법률(법률 제13874호)에서 신설된 것인데, 자동차제작자가 인증 받은 내용과 다르게 배출가스 관련 부품의 설계를 고의로 바꾸거나 조작하는 행위에 대하여는 벌칙을 부과할 수 있도록 함으로써 임의설정 등의 행위로 인한 대기질 악화를 방지하고 국민건강을 보호하려는 취지에 따른 것입니다. 이러한 금지를 위반한 자에 대하여는 7년 이하의 징역 또는 1억원

---

103) 배출가스종류별 제작차배출허용기준은 시행규칙 별표 17에 정해져 있습니다.

104) "저공해건설기계"란 '대기오염물질의 배출이 없거나, 제작차 배출허용기준보다 대기오염물질을 적게 배출하는 건설기계'를 말합니다(§2 16의2호). 건설현장 등 비도로 부분에서 배출되는 미세먼지가 점차 증가하여 건설기계의 배출가스 관리 필요성이 대두됨에 따라 저공해건설기계 보급 및 노후 건설기계 조기폐차 등 저공해조치를 활성화하기 위한 법개정(2022.12.27)에 따라 정의조항이 신설되었습니다. 아울러 배출가스저감장치 및 저공해엔진 범위에 건설기계의 오염물질을 줄이기 위한 장치 및 엔진이 포함되었습니다(§2 17, 18호).

105) 제작차의 배출가스가 제작차배출허용기준에 적합하게 배출되어야 하는 최소기간(§32)을 말하며 배출가스보증기간은 시행규칙 별표 18에 각각 정해져 있습니다(시행규칙 §§ 62-63).

이하의 벌금에 처하도록 함으로써 실효를 기하고 있습니다(§46 ④, §89 제6의2호).

제작차의 오염물질 배출을 저감시키기 위하여 법은 제47조에서 국가가 자동차 및 건설기계로 인한 대기오염을 줄이기 위하여 다음과 같은 시설 등의 기술개발 또는 제작에 필요한 재정적·기술적 지원을 할 수 있도록 하고 있습니다(§47 ①).

> 1. 저공해자동차 및 그 자동차에 연료를 공급하는 시설 중 환경부장관이 정하는 시설
> 1의2. 저공해건설기계 및 그 건설기계에 연료를 공급하기 위한 시설 중 환경부장관이 정하는 시설
> 2. 배출가스저감장치
> 3. 저공해엔진

환경부장관은 환경개선특별회계에서 위와 같은 기술개발 또는 제작에 필요한 비용의 일부를 지원할 수 있습니다(§47 ②).

또한 자동차제작자가 자동차를 제작하려면 미리 환경부장관으로부터 그 자동차의 배출가스가 배출가스보증기간에 제작차배출허용기준(저공해자동차등의배출허용기준 포함)에 맞게 유지될 수 있다는 인증을 받아야 합니다(§48 ① 본문). . 다만, 환경부장관은 대통령령으로 정하는 자동차에는 인증을 면제하거나 생략할 수 있습니다(§48 ① 단서; 시행령 §47). 법은 환경부장관이 제48조에 따른 인증시험 업무를 효율적으로 수행하기 위하여 필요한 경우에는 전문기관을 지정하여 인증시험업무를 대행하게 할 수 있도록 하고 이에 관하여 필요한 사항들을 규율하고 있습니다(§§ 48의2-48의3).

법은 인증을 받은 자에 일정한 귀책사유가 있거나 인증 받은 사항에 변동이 생긴 경우에는 인증을 취소할 수 있도록 하고 있습니다(§55 단서). 이는 이론상 일종의 철회에 해당합니다. 이에 따라 환경부장관은 다음 중 어느 한 가지 사유에 해당하는 경우에는 인증을 취소할 수 있습니다. 법규정 표현만 가지고 보면 이 경우 인증의 취소여부는 환경부장관의 재량에 속하는 것 같습니다. 그러나 법이 제1호나 제2호에 해당하면 그 인증을 취소해야 한다고 명시적으로 규정하고 있어(§55 단서), 이 경우는 기속행위라고 보아야 할 것이고, 그 밖의 경우에도 명령위반이나 결함시정명령 불이행을 사유로 하는 이상 실제로 발생한 취소사유와 인증취소 사이에 적정한 비례관계가 유지되어야 합니다.

1. 거짓 또는 그 밖에 부정한 방법으로 인증을 받은 경우
2. 제작차에 중대한 결함이 발생되어 개선을 하여도 제작차배출허용기준을 유지할 수 없는 경우
3. 제50조 제7항에 따른 자동차의 판매 또는 출고 정지 명령에 위반한 경우
4. 제51조 제4항 또는 제6항에 따른 결함시정명령을 이행하지 아니한 경우

(2) 제작차배출허용기준 검사 등

환경부장관은 제48조에 따른 인증을 받아 제작한 자동차의 배출가스가 제작차배출허용기준에 적합한지의 여부를 확인하기 위하여 대통령령으로 정하는 바에 따라 검사를 해야 합니다(§ 50 ①). 검사의 종류로는 제작중인 자동차의 제작차배출허용기준 적합여부를 수시로 확인하기 위하여 필요한 경우에 실시하는 수시검사와 제작중인 자동차의 제작차배출허용기준 적합여부를 확인하기 위하여 자동차의 종류별로 제작 대수(臺數)를 고려하여 일정 기간마다 실시하는 정기검사가 있습니다(시행령 § 48 ①). 환경부장관은 자동차제작자가 환경부령으로 정하는 인력 및 장비를 갖추어 환경부장관이 정하는 검사 방법 및 절차에 따라 검사를 실시한 때에는 대통령령으로 정하는 바에 따라 정기검사를 생략할 수 있습니다(§ 50 ②; 시행령 § 49). 환경부장관은 자동차제작자가 검사를 위한 인력과 장비를 적정하게 관리하는지를 환경부령으로 정하는 기간마다 확인해야 하며(§ 50 ③), 검사를 할 때 특히 필요한 경우에는 환경부령으로 정하는 바에 따라 자동차제작자의 설비를 이용하거나 따로 지정하는 장소에서 검사할 수 있습니다(§ 50 ④).

법은 제작차배출허용기준의 실효를 기하기 위하여 환경부장관에게 판매정지, 출고정지 또는 이미 판매된 자동차에 대한 배출가스 관련 부품 교체 명령, 즉 리콜(recall)을 할 수 있는 권한을 부여하고 있습니다. 즉, 환경부장관은 검사 결과 불합격된 자동차의 제작자에게 그 자동차와 동일한 조건으로 환경부장관이 정하는 기간에 생산된 것으로 인정되는 같은 종류의 자동차에 대하여 판매정지나 출고정지를 명할 수 있고, 이미 판매된 자동차에 대하여는 배출가스 관련 부품의 교체를 명할 수 있습니다(§ 50 ⑦). 이러한 명령에도 불구하고 제작자가 의무를 이행하지 않을 경우를 대비하여 법은 한 단계 더 강력한 조치를 취할 수 있는 법적 근거를 마련했습니다. 이에 따르면, 자동차제작자가 배출가스 관련 부품의 교체 명령을 불이행하거나 검사 결과 불합격된 원인을 부품 교체로

시정할 수 없는 경우 환경부장관은 자동차제작자에게 대통령령으로 정하는 바에 따라 자동차의 교체, 환불 또는 재매입을 명할 수 있습니다(§50⑧). 이 조항은 2015년 인증받은 내용과 달리 배출가스 관련부품 설계를 고의로 바꾸거나 조작하다 적발된 세칭 '디젤게이트'라 불린 폭스바겐 사태[106]를 계기로 2016년 12월 27일 개정법률에서 신설된 것입니다.

< 2016년 12월 27일 법개정의 결과 >

기존 내용	개정법률 내용
자동차의 교체 명령(제50조)	자동차제작자가 배출가스 관련 부품의 교체명령을 이행하지 않거나 부품 교체로 배출가스 검사 불합격 원인을 시정할 수 없는 경우 환경부장관이 자동차의 교체, 환불, 재매입을 명할 수 있도록 함(제50조 제8항 신설)
과징금(제56조) 매출액 3%, 상한액 100억원	자동차 배출가스 과징금의 부과율을 현행 매출액의 3%에서 5%로 인상, 과징금 상한액을 500억원으로 상향 조정(제56조 제1항 각호 외의 부분).
	거짓이나 그 밖의 부정한 방법으로 배출가스 관련 인증 또는 변경인증을 받은 경우를 과징금 부과대상에 추가(제56조 제1항 제2호).
5년 이하 징역 또는 3천만원 이하 벌금 (제90조)	자동차 부품의 결함시정명령을 위반한 자 등에 대한 벌칙을 현행 5년 이하 징역 또는 3천만원 이하 벌금에서 5년 이하 징역 또는 5천만원 이하 벌금으로 상향 조정(제90조 각호 외의 부분).
	부품 교체, 자동차 교체, 환불, 재매입 명령을 이행하지 아니한 자를 5년 이하 징역 또는 5천만원 이하 벌금에 처하도록 함(제90조 제6호의2 신설).

< 폭스바겐 사태와 대기환경보전법 개정 >

환경부는 2015년 11월 폭스바겐 사건이 발생하자 2016년 1월 27일 대기환경보전법 개정(법률 제13874호)을 성사시켜 과징금 상한액을 종전 10억원에서 100억원으로 올렸으나, 상한액 100억원으로는 유사 사건의 재발방지 효과가 미흡하다는 지적을 받았습니다.

---

106) 2015년 11월 폭스바겐이 배출가스를 조작하고 또 인증 서류를 위조한 사실이 드러났음에도 소비자들에게 제대로 된 배상 및 사회적 책임을 다하지 않아 사회적 물의를 일으킨 사건을 말합니다. 2017년 1월 11일 서울중앙지검 형사5부(부장 최기식)는 배출가스 조작으로 고발된 폭스바겐 한국법인에 대한 11개월간 수사를 마치고 요하네스 타머 아우디폭스바겐코리아(AVK) 총괄사장, 박동훈 전 폭스바겐코리아 사장 등 폭스바겐 한국법인 전·현직 임직원 5명을 불구속 기소하고, AVK 법인도 재판에 넘겼습니다. 이른바 '디젤게이트'는 2015년 9월 미국 환경보호청(EPA)이 폭스바겐의 배출가스 조작사실을 발표하며 불거진 이래 독일, 미국, 프랑스, 이탈리아 등 세계 각지에서 일제히 수사를 받았고, 한국에서도 2016년 1월 환경부 고발과 더불어 수사가 개시됐습니다(http://biz.chosun.com/site/data/html_dir/2017/01/11/2017011102038.html?를 참조).

이에 자동차 제작사들의 불법행위로부터 소비자들의 권익을 보호한다는 취지 아래 자동차 제작자(수입사 포함)가 대기환경보전법을 위반할 경우 환경부장관이 제작자에게 기존의 차량교체명령 외에 신차 가격 환불명령과 중고차 재매입명령을 내릴 수 있는 제도를 신설하고, 과징금 상한액을 500억원으로 상향하는 한편, 환경부장관의 명령을 이행하지 않은 제작사에게는 5년 이하의 징역 또는 5000만원 이하의 벌금을 부과할 수 있도록 벌칙조항을 강화하는 내용으로 2016년 12월 27일 다시 법률이 개정되었습니다.

(3) 결함확인검사 및 결함시정명령

자동차제작자는 배출가스 보증기간 내에 운행중인 자동차에서 나오는 배출가스가 배출허용기준에 맞는지 환경부장관의 결함확인검사를 받아야 합니다(§ 51 ①).

환경부장관은 결함확인검사에서 검사 대상차가 제작차배출허용기준에 맞지 아니하다고 판정되고, 그 사유가 자동차제작자에게 있다고 인정되면 그 차종에 대하여 결함을 시정하도록 명해야 합니다(§ 51 ④ 본문). 이는 종래 결함시정을 '명할 수 있다'고 했던 것을 '명해야 한다'로 강화한 것입니다. 다만, 자동차제작자가 검사 판정 전에 결함사실을 인정하고 스스로 그 결함을 시정하려는 경우에는 결함시정명령을 생략할 수 있는데(§ 51 ④ 단서), 제작자의 자발적 결함시정노력을 촉진하기 위한 규정으로 이해됩니다.

이와 같이 결함시정명령을 받거나 스스로 자동차의 결함을 시정하려는 자동차제작자는 환경부령으로 정하는 바에 따라 그 자동차의 결함시정에 관한 계획을 수립하여 환경부장관의 승인을 받아 시행하고, 그 결과를 환경부장관에게 보고해야 하며(§ 51 ⑤), 환경부장관은 결함시정결과를 보고받아 검토한 결과 결함시정계획이 이행되지 아니한 경우, 그 사유가 결함시정명령을 받은 자 또는 스스로 결함을 시정하고자 한 자에게 있다고 인정하는 경우에는 기간을 정하여 다시 결함시정을 명해야 합니다(§ 51 ⑥).

결함시정계획을 수립·제출하지 아니하거나 환경부장관의 승인을 받지 못한 경우에는 결함을 시정할 수 없는 것으로 보며(§ 51 ⑦), 환경부장관은 자동차제작자가 제4항 본문 또는 제6항에 따른 결함시정명령을 이행하지 아니하거나 제7항에 따라 결함을 시정할 수 없는 것으로 보는 경우에는 자동차제작자에게 대통령령으로 정하는 바에 따라 자동차의 교체, 환불 또는 재매입을 명할 수 있습니다(§ 51 ⑧). 이것은 2020년 12월 29일의 개정법률에서 결함시정명령의 실효성을 강화한 결과입니다.

(4) 부품의 결함 보고·시정

법은 제52조에서 부품의 결함시정에 관한 사항을, 제53조에서는 부품의 결함 보고 및 시정에 관한 사항을 각각 규율하고 있습니다.

배출가스보증기간 내에 있는 자동차의 소유자 또는 운행자는 환경부장관이 산업통상자원부장관 및 국토교통부장관과 협의하여 환경부령으로 정하는 배출가스관련부품이 정상적인 성능을 유지하지 아니하는 경우에는 자동차제작자에게 그 결함을 시정할 것을 요구할 수 있고(§52①), 이에 따라 결함의 시정을 요구받은 자동차제작자는 지체없이 그 요구사항을 검토하여 결함을 시정해야 합니다(§52② 본문). 다만, 자동차제작자가 자신의 고의나 과실이 없음을 입증한 경우에는 그렇지 않습니다(§52② 단서). 환경부장관은 제2항 본문에 따라 부품의 결함을 시정해야 하는 자동차제작자가 정당한 사유 없이 그 부품의 결함을 시정하지 아니한 경우에는 환경부령으로 정하는 기간 내에 결함의 시정을 명할 수 있습니다(§52③).

환경부장관은 부품의 결함 건수 또는 결함 비율이 대통령령으로 정하는 요건에 해당하는 경우에는 해당 자동차제작자에게 환경부령으로 정하는 기간 이내에 그 부품의 결함을 시정하도록 명해야 합니다(§53③ 본문). 다만, 자동차제작자가 그 부품의 결함에도 불구하고 배출가스보증기간 동안 자동차가 제작차배출허용기준에 맞게 유지된다는 것을 입증한 경우에는 그렇지 않습니다(§53③ 단서).

(5) 인증의 취소 및 과징금 처분

① 인증의 취소

환경부장관은 다음 어느 하나에 해당하는 경우에는 인증을 취소할 수 있습니다(§55 본문). 다만, 제1호나 제2호에 해당하는 경우에는 그 인증을 취소해야 합니다(§55 단서).

1. 거짓이나 그 밖의 부정한 방법으로 인증을 받은 경우
2. 제작차에 중대한 결함이 발생되어 개선을 하여도 제작차배출허용기준을 유지할 수 없는 경우
3. 제50조 제7항에 따른 자동차의 판매 또는 출고 정지명령을 위반한 경우
4. 제51조 제4항이나 제6항에 따른 결함시정명령을 이행하지 아니한 경우

② 과징금 처분

환경부장관은 자동차제작자가 다음 각호의 어느 하나에 해당하는 경우에는 그 자동차제작자에 대하여 매출액에 100분의 5를 곱한 금액을 초과하지 아니하는 범위에서 과징금을 부과할 수 있습니다(§56 ① 제1문). 과징금 상한액은 500억원입니다(§56 ① 제2문). 앞서 본 배경에서 단행된 2016년 12월 27일의 법개정에 따른 결과입니다.

> 1. 제48조 제1항을 위반하여 인증을 받지 아니하고 자동차를 제작하여 판매한 경우
> 2. 거짓이나 그 밖의 부정한 방법으로 제48조에 따른 인증 또는 변경인증을 받은 경우
> 3. 제48조 제1항에 따라 인증받은 내용과 다르게 자동차를 제작하여 판매한 경우

과징금은 위반행위의 종류, 배출가스의 증감 정도 등을 고려하여 대통령령으로 정하는 기준에 따라 부과합니다(§56 ②).

1.8.2. 운행차의 배출허용기준, 개선명령 등

「대기환경보전법」은 운행차에 대해서도 배출가스로 인한 대기오염을 줄이기 위한 규제장치들을 마련하고 있습니다.

(1) 운행차배출허용기준 준수의무 및 점검

법은 자동차소유자에게 그 자동차에서 배출되는 배출가스가 환경부령으로 정하는 운행차배출허용기준에 적합하게 운행하거나 운행하게 할 의무를 부과합니다(§57). 이를 뒷받침하기 위하여 법은 환경부장관, 특별시장·광역시장·특별자치시장·특별자치도지사·시장·군수·구청장은 자동차에서 배출되는 배출가스가 제57조에 따른 운행차배출허용기준에 맞는지 확인하기 위하여 도로나 주차장 등에서 자동차의 배출가스 배출상태를 수시로 점검하도록 의무화하고 있습니다(§61 ①). 자동차 운행자도 점검에 협조해야 하며 이에 따르지 아니하거나 기피 또는 방해하여서는 아니 됩니다(§61 ②).

(2) 운행차 배출가스 정기검사

법은 자동차 소유자에게 「자동차관리법」 제43조 제1항 제2호와 「건설기계관리법」 제13조 제1항 제2호에 따라 그 자동차에서 나오는 배출가스가 운행차배출허용기준에 맞는지를 검사하는 운행차 배출가스 정기검사를 받도록 하고

있습니다(§ 62 ① 본문). 다만, 저공해자동차 중 환경부령으로 정하는 자동차와 제 63조에 따른 정밀검사 대상 자동차의 경우에는 해당 연도의 배출가스 정기검사 대상에서 제외합니다(§ 62 ① 단서). 이륜자동차도 전기이륜자동차 등 환경부령으로 정하는 이륜자동차를 제외하고는 이륜자동차정기검사를 받아야 합니다(§ 62 ②).

법은 2004년 12월 31일 개정법률(법률 7295호) 이래 운행차 배출가스 정밀 검사의 대상을 확대하여 대기관리권역과 인구 50만 이상의 도시지역 중 대통령 령으로 정하는 지역에 등록된 자동차의 소유자에게 관할 시·도지사가 그 시·도 의 조례로 정하는 바에 따라 실시하는 운행차 배출가스 정밀검사를 받도록 하 고(§ 63 ①), 저공해자동차 중 환경부령으로 정하는 자동차 등에 한하여 정밀검사 를 면제해 주고 있습니다(§ 63 ②).

(3) 저공해자동차의 권장

법은 저공해자동차의 운행 등을 권장하기 위한 법적 장치를 마련했습니다. 시·도지사 또는 시장·군수는 관할 지역의 대기질 개선 또는 기후·생태계 변화 유발물질 배출감소를 위하여 필요하다고 인정하면 그 지역에서 운행하는 자동 차 및 건설기계 중 차령과 대기오염물질 또는 기후·생태계 변화유발물질 배출 정도 등에 관하여 환경부령으로 정하는 요건을 충족하는 자동차 및 건설기계의 소유자에게 그 시·도 또는 시·군의 조례에 따라 그 자동차 및 건설기계에 대하 여 다음 각호의 어느 하나에 해당하는 조치를 하도록 명령하거나 조기에 폐차 할 것을 권고할 수 있습니다(§ 58 ①).

> 1. 저공해자동차 또는 저공해건설기계로의 전환
> 2. 배출가스저감장치의 부착 또는 교체 및 배출가스 관련 부품의 교체
> 3. 저공해엔진(혼소엔진 포함)으로의 개조 또는 교체

「수도권 대기환경개선에 관한 특별법」의 저공해자동차의 보급, 구매 등에 관한 조항들을 이관받은 「대기환경보전법」은 2021년 4월 13일의 개정법률에 서 일부 조항을 신설하여 저공해자동차의 보급 확산과 지원 대책을 강화한 바 있습니다. 제58조의2(저공해자동차의 보급), 제58조의3(저공해자동차 보급실적의 이월·거래 등), 제58조의4(저공해자동차 보급 기여금), 제58조의5(저공해자동차의 구매·임차 등), 제58 조의6(저공해자동차의 구매·임차 계획), 제58조의7(저공해자동차의 구매·임차 실적), 제58조

의8(저공해자동차의 구매·임차 촉진을 위한 협조요청), 제58조의9(저공해자동차 관련 정보의 제공 등), 제58조의10 (수소연료공급시설 배치계획의 수립), 제58조의11(수소연료공급시설 설치계획의 승인), 제58조의12(인·허가 등의 의제)이 그것입니다.

(4) 공회전 제한

법은 제59조에서 공회전을 제한하는 규정을 두고 있습니다. 시·도지사는 자동차의 배출가스로 인한 대기오염 및 연료 손실을 줄이기 위하여 필요하다고 인정하면 그 시·도의 조례로 정하는 바에 따라 터미널, 차고지, 주차장 등의 장소에서 자동차의 원동기를 가동한 상태로 주차하거나 정차하는 행위를 제한할 수 있습니다(§ 59 ①). 시·도지사는 대중교통용 자동차 등 환경부령으로 정하는 자동차에 대해 시·도 조례에 따라 공회전제한장치 부착을 명령할 수 있고(§ 59 ②), 부착 명령을 받은 자동차 소유자에 대하여는 국가나 지방자치단체가 예산 범위에서 필요한 자금을 보조하거나 융자할 수 있습니다(§ 59 ③).

법은 그 밖에도 배출가스저감장치 및 공회전제한장치의 인증 등(제60조), 배출가스저감장치 등의 관리(제60조의2), 배출가스저감장치 등의 저감효율 확인검사(제60조의3), 배출가스저감장치 등의 수시검사(제60조의4)에 관한 규정을 두고 있습니다.

1.8.3. 운행차의 개선명령 및 운행정지

법 제61조에 따른 운행차에 대한 점검 결과 그 배출가스가 운행차배출허용기준을 초과하는 경우, 환경부장관, 특별시장·광역시장·특별자치시장·특별자치도지사·시장·군수·구청장은 환경부령으로 정하는 바에 따라 자동차소유자에게 개선을 명할 수 있고(§ 70 ①), 이 같은 개선명령을 받은 자는 환경부령으로 정하는 기간 이내에 전문정비사업자에게 정비·점검 및 확인검사를 받아야 합니다(§ 70 ②). 제2항에도 불구하고 배출가스 보증기간 이내인 자동차로서 자동차 소유자의 고의 또는 과실이 없는 경우(고의 또는 과실 여부는 자동차제작자가 입증해야 한다)에는 자동차제작자가 비용을 부담하여 정비·점검 및 확인검사를 해야 하며, 다만, 자동차제작자가 직접 확인검사를 할 수 없는 경우에는 전문정비사업자, 「자동차관리법」 제44조의2에 따른 종합검사대행자 또는 같은 법 제45조의2에 따른 종합검사 지정정비사업자에게 확인검사를 위탁할 수 있습니다(§ 70 ③).

환경부장관, 특별시장·광역시장·특별자치시장·특별자치도지사·시장·군수·

구청장은 제70조 제1항에 따른 개선명령을 받은 자동차 소유자가 같은 조 제2
항에 따른 확인검사를 환경부령으로 정하는 기간 이내에 받지 않으면 10일 이
내의 기간을 정하여 해당 자동차의 운행정지를 명할 수 있습니다(§ 70의2 ①).

1.8.4. 선박의 배출허용기준 등

법은 선박에 대해서도 배출허용기준을 정하고 이를 토대로 규제할 수 있는
법적 근거를 마련하고 있습니다. 이에 따라, 선박 소유자는 「해양환경관리법」
제43조 제1항에 따른 선박의 디젤기관에서 배출되는 대기오염물질 중 대통령
령으로 정하는 대기오염물질을 배출할 때 환경부령으로 정하는 허용기준에 맞
게 해야 합니다(§ 76 ①).

환경부장관은 제1항에 따른 허용기준을 정할 때에는 미리 관계 중앙행정기
관의 장과 협의해야 합니다(§ 76 ②). 환경부장관은 필요하다고 인정하면 제1항에
따른 허용기준의 준수에 관하여 해양수산부장관에게 「해양환경관리법」 제49조
부터 제52조까지 규정에 따른 검사를 요청할 수 있습니다(§ 76 ③).

1.9. 자동차 온실가스 배출 관리

1.9.1. 자동차 온실가스 배출 관리의 필요성

수송부문의 에너지효율 개선은 상대적으로 감축 여지가 커서 국가 전체의
온실가스를 줄일 수 있는 매우 효과적인 방법으로 평가됩니다. 수송부문에서 배
출되는 온실가스의 대종을 이루는 것은 단연 자동차 온실가스입니다. 온실가스
감축이라는 정책목표를 달성함에 있어 자동차 온실가스 배출 관리의 중요성이
그만큼 커질 수밖에 없는 배경입니다. 아울러 자동차에서 배출되는 온실가스 저
감으로 대기오염물질의 동시 저감 효과를 거둘 수 있어 자동차 온실가스 규제
로 대기환경 개선 효과도 기대할 수 있습니다.

「저탄소 녹색성장 기본법」은 제47조 제1항에서 "자동차 등 교통수단을 제작하
려는 자는 그 교통수단에서 배출되는 온실가스를 감축하기 위한 방안을 마련해야 하
며, 온실가스 감축을 위한 국제경쟁 체제에 부응할 수 있도록 적극 노력해야 한다"
고 규정하고 있고 이를 토대로 「대기환경보전법」은 2013년 4월 5일 법개정을 통해
자동차 온실가스 배출 관리에 관한 제5장을 추가하여 법적 규제를 강화했습니다.

1.9.2. 자동차 온실가스 배출허용기준

자동차 온실가스 배출 규제의 기준으로 자동차 평균에너지소비효율기준과 자동차 온실가스 배출허용기준 두 가지를 생각해 볼 수 있습니다. 두 가지 모두 나름대로 규제 효과를 거둘 수 있는 방법이지만 두 가지를 모두 요구할 경우 자칫 이중규제가 될 우려가 있습니다. 그런 이유에서 「탄소중립기본법」은 제32조 제2항에서, "정부는 자동차의 평균에너지소비효율을 개선함으로써 에너지 절약을 도모하고, 자동차 배기가스 중 온실가스를 줄임으로써 쾌적하고 적정한 대기환경을 유지할 수 있도록 자동차 평균에너지소비효율기준 및 자동차 온실가스 배출허용기준을 각각 정하되, 이중규제가 되지 않도록 자동차 제작업체(수입업체를 포함한다)로 하여금 어느 한 기준을 택하여 준수토록 하고 측정방법 등이 중복되지 않도록 해야 한다"고 규정하여 자동차제작자에게 선택권을 부여했습니다.

「대기환경보전법」은 이와 같은 「탄소중립기본법」 제32조 제2항을 토대로 하면서도 그 중 자동차 온실가스 배출허용기준을 규제의 거점으로 삼았습니다. 「대기환경보전법」 제76조의2에 따르면, 자동차제작자는 「탄소중립기본법」 제32조 제2항에 따라 자동차 온실가스 배출허용기준을 택하여 준수하기로 한 경우, 환경부령으로 정하는 자동차에 대한 온실가스 평균배출량이 환경부장관이 정하는 온실가스 배출허용기준에 적합하도록 자동차를 제작·판매해야 합니다.

1.9.3. 자동차 온실가스 배출량 보고

법은 자동차제작자에게 제76조의2에 따른 환경부령으로 정하는 자동차를 판매하고자 할 경우 환경부장관이 지정하는 시험기관에서 해당 자동차의 온실가스 배출량을 측정하고 그 측정결과를 환경부장관에게 보고할 의무를 부과하고 있습니다(§76의3 ① 본문). 다만, 환경부령으로 정하는 장비 및 인력을 보유한 자동차제작자의 경우에는 자체적으로 온실가스 배출량을 측정하여 그 측정결과를 보고할 수 있습니다(§76의3 ① 단서).

환경부장관은 자동차제작자가 보고한 측정결과에 보완이 필요한 경우 30일 이내에 자동차제작자에게 측정결과의 수정 또는 보완을 요청할 수 있고, 이 경우 자동차제작자는 정당한 사유가 없으면 이에 따라야 합니다(§76의3 ②).

1.9.4. 자동차 온실가스 배출량의 표시

소비자에 대한 관계에서도 온실가스를 적게 배출하는 자동차의 사용·소비를 촉진시킬 수 있는 정책수단이 필요합니다. 이러한 견지에서 법은 자동차제작자에게 표시의무를 부과하고 있습니다. 이에 따라 자동차제작자는 온실가스를 적게 배출하는 자동차의 사용·소비가 촉진될 수 있도록 환경부장관에게 보고한 자동차 온실가스 배출량을 해당 자동차에 표시해야 합니다(§ 76의4 ①).

1.9.5. 배출허용기준 및 평균에너지소비효율기준의 적용·관리 등

앞서 살펴본 바와 같이 「저탄소 녹색성장 기본법」에서 자동차 온실가스 배출 규제의 기준으로 채택한 자동차 평균에너지소비효율기준과 자동차 온실가스 배출허용기준이 효과를 발휘하려면 그 준수 여부의 확인이 선행되어야 하며 이를 바탕으로 피규제자인 자동차제작자들이 실제 온실가스 평균배출량을 낮추거나 평균에너지소비효율을 높이도록 유인할 수단이 필요합니다. 「대기환경보전법」은 이를 위하여 자동차제작자에게 자료제출의무를 부과하는 한편, 기준 준수 실적치를 환산하여 이를 이월 사용하거나 자동차제작자 간에 거래할 수 있고 또 초과분을 사후에 상환할 수 있도록 하는 일종의 자동차 온실가스 거래제를 도입했습니다.

이에 따라 자동차제작자는 자동차 온실가스 배출허용기준 또는 평균에너지소비효율기준(「탄소중립기본법」 제32조 제2항에 따라 산업통상자원부장관이 정하는 평균에너지소비효율기준) 준수 여부 확인에 필요한 판매실적 등 환경부장관이 정하는 자료를 환경부장관에게 제출해야 합니다(§ 76의5 ①).

자동차제작자는 해당 연도의 온실가스 평균배출량 또는 평균에너지소비효율이 온실가스 배출허용기준 또는 평균에너지소비효율기준 이내인 경우 그 차이분을 다음 연도부터 환경부령으로 정하는 기간 동안 이월하여 사용하거나 자동차제작자간에 거래할 수 있으며, 해당 연도별 온실가스 평균배출량 또는 평균에너지소비효율이 온실가스 배출허용기준 또는 평균에너지소비효율기준을 초과한 경우에는 그 초과분을 다음 연도부터 환경부령으로 정하는 기간 내에 상환할 수 있습니다(§ 76의5 ②).

1.9.6. 과 징 금

「대기환경보전법」은 자동차제작자의 온실가스 배출허용기준 준수를 강제하기 위하여 제재적 과징금을 부과할 수 있도록 했습니다. 환경부장관은 온실가스 배출허용기준을 준수하지 못한 자동차제작자에게 초과분에 따라 대통령령으로 정하는 매출액에 100분의 1을 곱한 금액을 넘지 않는 범위에서 과징금을 부과·징수할 수 있습니다. 다만, 제76조의5 제2항에 따라 자동차제작자가 초과분을 상환하는 경우에는 그렇지 않습니다(§ 76의6 ①).

과징금의 산정방법·금액, 징수시기, 그 밖에 필요한 사항은 대통령령으로 정하며, 이 경우 과징금의 금액은 평균에너지소비효율기준을 준수하지 못하여 부과하는 과징금 금액과 동일한 수준이 될 수 있도록 정합니다(§ 76의6 ②).

과징금을 내야 할 자가 납부기한까지 내지 아니하면 환경부장관이 국세 체납처분의 예에 따라 징수하고(§ 76의6 ③), 징수한 과징금은 「환경정책기본법」에 따른 환경개선특별회계의 세입으로 산입합니다(§ 76의6 ④).

1.10. 냉매의 관리

기후·생태계에 변화를 유발할 수 있는 물질인 냉매(冷媒)의 관리가 시급한 과제로 대두됨에 따라 2017년 11월 28일의 개정법률은 제5장의2를 신설하여 냉매에 대한 기본적인 규제 근거를 마련했습니다. 그 내용을 간략히 살펴보면 다음과 같습니다.

먼저 법은 제76조의9에서 냉매사용기기에서 배출되는 냉매를 줄이기 위한 관리기준을 정하도록 했습니다.

환경부장관은 냉매의 관리를 위하여 필요한 경우 관계 중앙행정기관의 장에게 관련 자료를 요청할 수 있고, 요청을 받은 기관의 장은 특별한 사유가 없으면 이에 협조해야 합니다(§ 76의9 ②).

법은 냉매사용기기의 소유자·점유자 또는 관리자("소유자등")에게도 냉매관리기준을 준수하여 냉매사용기기를 유지·보수하거나 냉매를 회수·처리할 의무를 부과하고 있습니다(§ 76의 10 ①).

1.11. 대기환경보전법상 불이익처분, 행정절차

이 법에 의한 각종 규제명령으로나 그 밖의 행정처분 등 불이익처분을 할 경우 그 상대방에게 의견청취절차를 보장하는 것이 중요한 문제로 제기됩니다. 환경부장관, 시·도지사 또는 시장·군수·구청장은 제85조 각호에 열거된 처분을 하려면 청문을 해야 합니다(§85). 이는 행정절차법 제22조 제1항 제1호가 규정하는 '다른 법령 등에서 청문을 실시하도록 규정하고 있는 경우'에 해당합니다. 청문은 행정절차법이 규정하는 바에 따라 실시해야 합니다. 청문실시대상 이외의 불이익처분에 대하여는 행정절차법 제22조 제3항의 규정에 따라 처분의 상대방에게 의견제출의 기회를 주면 족합니다.

2. 미세먼지의 법적 규제

2.1. 미세먼지 문제와 발생현황

미세먼지 문제는 최근 환경정책의 급박한 현안으로 대두되고 있습니다. 특히 생활과 건강에 호흡기 및 심혈관 질환 등을 유발하는 심각한 요인으로 지목되기 때문입니다. 사실 미세먼지 문제는 과잉공포 우려가 나올 정도로 국민 모두의 삶을 위협하는 수준에 이르고 있습니다. 실제로 우리나라 국민이 가장 불안을 느끼는 위험 요소는 미세먼지인 것으로 나타나고 있습니다. 급기야 미세먼지가 싫어 좋은 공기를 찾아 나라 밖으로 이주하는 사람들을 뜻하는 '에어노마드'(Air Nomad) 족이란 신조어까지 출현했습니다.[107]

「미세먼지 저감 및 관리에 관한 특별법」은 제2조 제1호에서 "미세먼지"란 「대기환경보전법」 제2조 제6호에 따른 먼지 중 다음 각 목의 흡입성먼지를 말한다고 규정하고 있습니다.

　　가. 입자의 지름이 10마이크로미터 이하인 먼지(PM-10: 미세먼지)
　　나. 입자의 지름이 2.5마이크로미터 이하인 먼지(PM-2.5: 초미세먼지)

대기환경보전법 시행령 역시 법 제8조 제4항에 따른 대기오염경보의 대상 오염물질을 「환경정책기본법」 제12조에 따라 환경기준이 설정된 오염물질로

---

107) 조선일보 2019. 3. 17(http://news.chosun.com/site/data/html_dir/2019/03/15/2019031501788.html).

정하면서, PM10을 '미세먼지'로, PM2.5를 '초미세먼지'로 구분하고 있습니다 (대기환경보전법 시행령 § 2 ②).

2021년 기준 전국의 초미세먼지(PM2.5) 농도는 18$\mu g/m^3$으로, LA 13.8$\mu g/m^3$, 런던 11$\mu g/m^3$에 비해 30-64% 정도 높은 수준입니다. 특히, 미세먼지(PM10) 보다 입자크기가 더 작은 초미세먼지(PM2.5)는 국민건강 측면에서 보면 인체위해성이 더 높아 문제의 심각성을 가중시키고 있습니다. 이는 중국, 몽골 등 주변국 영향(황사 등)과 기상여건, 인구·산업 밀집 등 구조적 취약성에서 기인하는 결과로 여겨지고 있습니다. 지리적으로 편서풍 지역에 위치하여 상시 주변국으로부터 황사, 미세먼지 영향을 받게 되어 있고, 미세먼지를 씻어 내는 강우가 여름철에 편중되어 겨울·봄철에는 강수가 극히 적기 때문에 유럽과 같은 미세먼지 세정효과를 기대하기 어려울 뿐만 아니라, 특히 우리나라 주변에서 자주 발생하는 대륙성 고기압으로 인한 대기정체현상으로 고농도 미세먼지가 발생하는 등 기상적 여건 또한 불리합니다. 미세먼지 관리의 제약요인으로 작용하는 이와 같은 지리적·기상적 여건에 세계적으로 높은 인구밀도와 함께 수도권 중심의 인구·차량 집중에 따른 도시화, 제조업 중심의 산업화 요인이 결합하면서 초미세먼지 농도가 높게 나타나는 것으로 이해되고 있습니다.[108]

황사, 스모그 현상과 함께 찾아오는 고농도 미세먼지는 대기질을 악화시키고 시민들의 건강에 위해를 초래하는 중대한 위협요인입니다. 특히 입자가 미세하여 건강위해성이 더 큰 미세먼지(PM2.5)는 코, 구강, 기관지에서 걸러지지 않고 우리 몸 속까지 스며들어 알레르기성 비염, 기관지염, 폐기종, 천식, 폐포 손상 등을 유발하고 조기사망 위험을 증가시키는 으로 알려지고 있습니다. 세계보건기구(WHO) 산하 국제암연구소는 2013년 미세먼지를 1군 발암물질로 지정했고, 2016년 연간 650만명이 미세먼지 대기오염으로 조기 사망한다고 발표했습니다.

미세먼지 문제는 국민경제에도 막대한 손실을 입히고 있습니다. 일례로 2018년 미세먼지로 인한 경제적 비용은 4조 230억원에 달하는 것으로 추정되며 이는 명목 국내총생산(GDP)의 0.2% 수준이라는 보고가 나왔습니다.[109]

---

108) 환경백서 2022, 543.
109) 현대경제연구원, '미세먼지에 대한 국민 인식 조사' 보고서, 한국경제주평, 2019.3, 15.(http://hri.co.kr/).

미세먼지의 위협에 대한 국민의 우려가 높은 것도 그런 배경에서 충분히 이해됩니다. 실례로 2022년 통계청이 국민 36,000여 명을 대상으로 실시한 사회조사 결과에 따르면, 국민들이 환경문제 중 불안감을 느끼는 부문으로 미세먼지가 64.6%로 1순위에 꼽혔습니다. 이는 2020년 72.9%보다 개선된 수치지만, 2순위인 기후변화(45.9%)이나 3순위인 방사능(53.5%)보다 여전히 높은 수준입니다.[110] 마음껏 숨 쉴 수 있는 가장 기본적인 권리, 환경권에 대한 국민의 바람과 요구가 여실히 드러난 조사 결과입니다.[111]

2.2. 미세먼지 대책

미세먼지의 발생원인과 양상, 경제사회적 파급효과 등을 감안할 때 통합적 접근이 필요하고 또 적절합니다. 하지만 단순한 환경기술적 기대효과나 경제적 해법만으로는 부족하고 대안 수립과 집행에 관한 사회적 합의와 지지를 받아야 소기의 성과를 거둘 수 있습니다.

최근 호흡기 및 심혈관 질환 등을 유발하는 미세먼지 문제가 환경정책의 급박한 현안으로 대두되고 이에 대한 대책을 요구하는 여론이 비등함에 따라 일련의 미세먼지 대책법률들이 제정 또는 개정되었습니다.

먼저 2018년 국민건강을 위협하는 미세먼지 문제에 대한 근본적 대책이 필요하다는 여론에 따라 미세먼지 원인 규명, 배출 저감 및 효율적 관리를 위한 「미세먼지 저감 및 관리에 관한 특별법」이 제정되었습니다. 이 법률 제정에도 불구하고 미세먼지 문제가 더욱 악화되자 보다 강력하고 포괄적인 대책이 요구되었고 이에 2019년 들어 미세먼지 대책을 담은 일련의 입법이 단행되었습니다. 즉, 미세먼지를 '사회재난'에 포함시켜 미세먼지 문제 해결에 예비비 등 국가 예산 투입을 가능케 하는 등 '미세먼지'에 따른 피해를 재난으로 관리하도록 하는 내용의 「재난 및 안전관리기본법」 개정, 수도권 지역에 시행 중인 대기관리권역 지정제도를 대기오염이 심각하다고 인정되는 지역과 인접 지역까지 확대 적용한 「대기관리권역의 대기환경개선에 관한 특별법」의 제정, 가정·협동어린이집, 실내어린이 놀이시설까지 실내공기질 관리법 적용 대상으로 포함시키

---

110) 통계청 누리집(https://kostat.go.kr/boardDownload.es?bid=219&list_no=421772&seq=24).

111) 환경백서 2022, 544.

는 내용의 「실내공기질 관리법」 개정, "대기환경규제지역" 제도의 폐지, 저공해차 의무보급제도 도입 등 광역적 대기환경개선 대책 추진을 위한 제도적 개선사항을 반영한 「대기환경보전법」의 개정, 국가미세먼지정보센터의 설치·운영 규정을 강화한 「미세먼지 저감 및 관리에 관한 특별법」 개정, 일반인도 액화석유가스(LPG) 차량을 구매할 수 있도록 한 「액화석유가스의 안전관리 및 사업법」의 개정, 항만지역의 미세먼지 대책을 담은 「항만대기특별법」의 제정, 성장기 학생들을 미세먼지로부터 보호하기 위한 「학교보건법」 개정이 단행되었습니다. 미세먼지 문제 해결을 위한 입법조치를 살펴보면 다음과 같습니다.

2.2.1. 「미세먼지 저감 및 관리에 관한 특별법」 제정 및 개정

2018년 국민건강을 위협하는 가장 중요한 문제로 대두된 미세먼지 문제에 대한 근본적 대책이 필요하다는 여론에 따라 미세먼지 원인 규명, 배출 저감 및 효율적 관리를 위한 「미세먼지 저감 및 관리에 관한 특별법」(약칭: 미세먼지법)이 제정되었습니다.

미세먼지법은 미세먼지를 「대기환경보전법」 제2조 제6호에 따른 먼지 중 각 목의 흡입성먼지로, 대기 중에서 미세먼지로 전환되는 질소산화물 등의 물질을 "미세먼지 생성물질"로 정의했습니다(§2). 법은 미세먼지 저감 및 관리를 효율적으로 추진하기 위하여 국무총리를 위원장으로, 대통령령으로 정하는 관계 중앙행정기관의 장 등을 위원으로 하는 국무총리 소속의 미세먼지특별대책위원회를 두고(§§10-11), 미세먼지 저감 및 관리의 원활한 추진과 미세먼지특별대책위원회의 사무 및 운영의 효율적인 지원을 위하여 국무총리 소속으로 미세먼지 개선기획단을 설치하도록 하는 한편(§12), 그리고 미세먼지 배출량의 정확한 산정과 관련 정보의 효율적 관리를 위하여 환경부장관 소속으로 국가미세먼지정보센터를 설치하도록 했습니다(§17).[112] 시급한 미세먼지 문제 해결을 위한 조사연구·교육 및 기술개발 등의 업무를 수행하는 기관 또는 법인·단체 중에서 요건을 갖춘 자를 "미세먼지연구·관리센터"로 지정하여, 업무 수행에 필요한 비용의 전부 또는 일부를 지원할 수 있도록 했습니다(§25의2).

---

112) 이후 법개정으로 미세먼지 정보 관리·지원 업무의 선택과 집중을 위해 국가미세먼지정보센터의 설치·운영규정은 기존의 임의규정에서 강행규정으로 변경되었고 그 기능에 발생원인, 정책영향 등의 분석이 추가되었습니다(제17조).

미세먼지법은 정부에 게 5년마다 미세먼지관리종합계획을 수립하여 미세먼지특별대책위원회의 심의를 거쳐 확정하고, 시·도지사는 종합계획의 시행을 위한 세부계획을 수립할 책무를 부과하고 있습니다(§§ 7-8).

미세먼지법에 따른 미세먼지 저감을 위한 조치는 다음과 같습니다.

(1) 비상저감조치

비상저감조치를 발동할 수 있는 1차적 권한은 시·도지사에게 부여되어 있습니다. 즉, 시·도지사는 환경부장관이 정하는 기간 동안 초미세먼지 예측 농도가 환경부령으로 정하는 기준에 해당하는 경우 미세먼지를 줄이기 위한 다음 각호의 비상저감조치를 시행할 수 있습니다(§ 18 본문).

1. 대통령령으로 정하는 영업용 등 자동차를 제외한 자동차의 운행 제한
2. 「대기환경보전법」 제2조 제11호에 따른 대기오염물질배출시설 중 환경부령으로 정하는 시설의 가동시간 변경, 가동률 조정 또는 같은 법 제2조 제12호에 따른 대기오염방지시설의 효율 개선
3. 비산먼지 발생사업 중 건설공사장의 공사시간 변경·조정
4. 그 밖에 비상저감조치와 관련하여 대통령령으로 정하는 사항

2개 이상의 시·도에 광역적으로 비상저감조치가 필요한 경우, 환경부장관이 해당 시·도지사에게 비상저감조치 시행을 요청할 수 있고, 요청받은 시·도지사는 정당한 사유가 없으면 이에 따라야 합니다(§ 18 단서).

(2) 배출시설 등에 대한 가동조정 등

환경부장관은 계절적, 비상시적 요인 등으로 미세먼지 저감·관리를 효율적으로 수행하기 위하여 필요하다고 인정하는 경우 관계 중앙행정기관의 장, 지방자치단체의 장 또는 시설운영자에게 대기오염물질 배출시설에 대한 가동률 조정을 요청할 수 있습니다(§ 21).

(3) 미세먼지 집중관리구역의 지정 등

법은 시·도지사, 시장·군수·구청장에게 관할구역 내에 미세먼지 집중관리구역을 지정하고 미세먼지 저감 개선사업을 지원할 수 있도록 했습니다(§ 22).

(4) 취약계층의 보호

미세먼지법은 정부에 어린이·노인 등 미세먼지로부터 취약한 계층의 건강을 보호하기 위하여 일정 농도 이상 시 야외 단체활동 제한, 취약계층 활동공간 종사자에 대한 교육 등 취약계층 보호대책을 마련할 책무를 부과하고 있습니다 (§ 23).

2.2.2. 「대기관리권역의 대기환경개선에 관한 특별법」의 제정

보다 근본적인 차원의 미세먼지 원인 규명 및 대책 마련이 시급히 요구되는 상황에서 「대기관리권역의 대기환경개선에 관한 특별법」이 제정되었습니다. 이 법은 미세먼지의 국민건강 위해를 예방하고 보다 쾌적한 생활환경 조성을 위해 종래 수도권지역에 시행중인 대기관리권역 지정제도를 대기환경기준을 초과하거나 초과할 우려가 있는 지역까지 확대하는 등 체계적·광역적 대기환경개선 대책을 추진하는 데 취지를 두고 있습니다. 즉, 이 법은 대기관리권역 지정제도의 적용범위를 대기오염이 심각하다고 인정되는 지역과 인접 지역까지 확대하고(§ 2), 환경부장관으로 하여금 대기관리권역으로 지정된 지역의 대기질 개선을 위한 권역별 대기환경관리 기본계획을 5년마다 수립하도록 하는 한편(§ 9), 대기관리권역 내 시·도지사는 대기환경관리 기본계획의 시행을 위한 시행계획을 수립하여 환경부장관의 승인을 받고, 매년 추진실적을 환경부장관에게 보고하도록 했습니다(§ 10). 아울러 권역별 대기환경관리에 관한 중요 내용의 심의를 위해 권역별로 대기환경관리위원회와 실무위원회를 두도록 했습니다(§§ 12-13).

다른 한편, 법은 대기관리권역 내에서 대통령령으로 정하는 대기오염물질을 배출하는 사업장에 대해 오염물질 총량관리를 시행하고, 배출량 측정을 위한 자동측정기기를 부착하도록 하며, 국가 및 지자체에서 이에 대한 비용을 지원할 수 있도록 했습니다(§§ 15-25).

또한 법은 대기관리권역 내에서 운행하는 특정경유자동차에 대해 배출가스 저감장치 부착 등 저공해 조치를 취하도록 하고(§ 26), 배출가스저감장치 미부착 경유자동차 등에 대해 지자체 조례로 정하는 바에 따라 운행을 제한할 수 있도록 하여(§ 29) 미세먼지 배출의 주요 원인으로 지목되어 온 경유차규제를 강화했습니다. 아울러 시·도지사에게 노후 건설기계 저공해화 계획을 수립·시행하도록 하고, 행정·공공기관은 토목·건축사업에서 저공해조치된 건설기계를 사용하도록 하여(§ 31), 건설기계 규제도 강화하고 있습니다.

끝으로 법은 대기관리권역 내 위치한 공항의 운영자에게 사용하는 설비나 장비 등으로부터 배출되는 배출가스에 대해 자체 대기개선계획을 수립해 시·도 지사의 승인을 받도록 하고, 시·도 지사는 시·도 시행계획에 이를 반영하도록 함으로써(§ 33), 공항에서 배출되는 미세먼지에 대한 간접적 규제방안을 도입했습니다.

2.2.3. 「실내공기질 관리법」 개정

세계보건기구(WHO)산하 국제암연구소(IARC)에서 발표한 1군 발암물질인 미세먼지에 대한 국민의 우려가 커지고 있어 국민들이 많은 시간을 보내는 지하역사, 대중교통차량 등의 실내공기질 관리가 시급한 과제로 부상하게 되었습니다.

기존 「실내공기질 관리법」은 「영유아보육법」에 따른 어린이집 중 국공립어린이집, 법인어린이집, 직장어린이집 및 민간어린이집만 적용대상으로 삼고 있어, 가정어린이집과 협동어린이집은 동 법률의 적용대상에서 제외되어 있고, 「어린이놀이시설 안전관리법」에 따른 실내어린이 놀이시설 역시 동 법률의 적용대상에서 제외되어, 성인에 비해 면역력이 취약한 어린이들을 위한 실내공기질 관리가 필요한 실정입니다.

개정법은 열악한 실내공기질로부터 어린이의 건강하기 위해 「영유아보육법」에 따른 가정어린이집과 협동어린이집, 「어린이놀이시설 안전관리법」에 따른 실내어린이 놀이시설을 현행법의 적용대상에 추가하고(§ 3), 어린이, 노인, 임산부 등 오염물질에 노출될 경우 건강피해 우려가 큰 취약계층이 주로 이용하는 다중이용시설로서 대통령령으로 정하는 시설과 미세먼지 등 대통령령으로 정하는 오염물질에 대하여는 더욱 엄격한 실내공기질 유지기준을 적용하도록 했습니다(§ 5).

또한 개정법은 지하역사의 실내공기질 측정기기 부착을 의무화하고, 측정기기로 측정한 결과를 공개하도록 하며, 환경부령으로 정하는 기준에 따라 측정기기를 운영·관리하도록 하고, 이를 위반하는 경우 500만원 이하의 과태료를 부과하도록 했습니다(§ 4의7 등). 개정법은 대중교통차량의 운송사업자가 대중교통차량의 실내공기질을 스스로 측정하거나 환경부령으로 정하는 자로 하여금 측정하도록 하는 한편, 이를 위반하는 경우 500만원 이하의 과태료를 부과하도록 했습니다(§ 9의2 등).

개정법은 환경부장관에게 대중교통시설의 실내공기질을 쾌적하게 유지하고 관리하기 위하여 대중교통시설의 소유자 등에게 환경부령으로 정하는 공기정화설비를 설치하도록 하거나 그 밖에 실내공기질 관리를 위한 조치를 하도록 하고, 관계 중앙행정기관의 장, 시·도지사와 협의하여 미세먼지 저감방안을 포함한 지하역사 공기질 개선대책을 5년마다 수립·시행하도록 하여 환경부장관 등 관계기관의 책임을 강화하고 있습니다(§ 9의4 등).

2.2.4. 「대기환경보전법」의 개정

전국적인 미세먼지 오염심화에 대한 효과적인 저감대책 추진을 위해 현행 대기환경규제지역 지정제도를 대신하여 「대기관리권역의 대기환경개선에 관한 특별법」을 제정함에 따라 "대기환경규제지역" 제도를 폐지하고(§§ 19-21), 대기환경규제지역에서 시행되고 있는 각종 대기오염저감제도의 적용범위 등을 정비했습니다.

「수도권 대기환경개선에 관한 특별법」의 저공해자동차 정의 규정을 자동차 배출가스 관리에 관한 일반법인 「대기환경보전법」으로 일원화하여 종류 및 배출허용기준 등과 함께 규정하는 한편(§§ 2 xⅵ, 46, 48), 「수도권 대기환경개선에 관한 특별법」에서 규정하는 저공해자동차의 보급, 구매 등에 관한 사항도 저공해을 감안해 「대기환경보전법」으로 일원화하여 규정했습니다(§§ 60의2-60의3). 자동차 보급업무 등이 전국적으로 시행되고 있는 점을 감안해 「대기환경보전법」으로 이관했습니다(§§ 58의2-58의9). 또한 배출가스저감장치에 대한 인증 및 사후관리, 수시검사 관련 업무를 배출가스저감장치 부착 관련 업무 등이 전국적으로 시행되는 점

그 밖에도 대기환경규제지역에서 시행되는 휘발성유기화합물 배출시설 신고제도와 운행차 배출가스 정밀검사를 「대기관리권역의 대기환경개선에 관한 특별법」에 따라 지정된 "대기관리권역"에 각각 적용하도록 하고(§§ 44-45, 63), 노후 건설기계(특정건설기계)에 대한 저공해조치명령 및 저공해조치시 예산지원 등을 할 수 있도록 했습니다(§ 58).

2.2.5. 그 밖의 입법조치

그 밖에 항만지역 미세먼지 등 대기오염물질 배출의 저감과 효율적 관리를 위하여 「항만대기특별법」이 제정되었고, 「재난 및 안전관리기본법」을 개정, "미세먼지로 인한 피해"를 '사회재난'의 하나로 명시하여 '미세먼지' 피해를 재난으로 관리할 수 있는 길을 열었으며, 「액화석유가스의 안전관리 및 사업법」 개정, 「학교보건법」 개정이 단행되었습니다.

V. 물관리기본법·물환경법

1. 물관리기본법

1.1. 「물관리기본법」 제정과 물관리일원화

물환경의 보전은 수질 및 수생태계의 보호·유지는 물론 수자원의 개발과 확보, 공급과 수요관리 등과도 불가분의 관련을 맺는 문제입니다. 따라서 물환경정책은 국가 전체의 물관리정책의 틀 안에서 수립되고 수행되어야 합니다. 반면 국가 수준에서 물관리를 위한 역할과 권한의 배분은 나라와 시대에 따라 그리고 정부조직 설계에 따라 달라집니다.

과거 물관리체제는 다원화되어 있었습니다. 수량(수자원)관리기능은 국토교통부가, 수질관리기능은 환경부가, 그리고 하천관리는 국토교통부가, 수생태계관리는 환경부가 각각 담당하고 있었습니다. 그러나 관련 환경단체와 전문가들로부터 물관리일원화를 촉구하는 목소리가 끊이지 않았고, 2018년 문재인정부가 들어 서면서 대통령선거공약 이행 차원에서 물관리일원화를 단행했습니다. 물관리일원화 정책을 뒷받침하기 위하여 「물관리기본법」 등 물관리일원화 관련 3법이 제정, 시행되었습니다.

1.1.1. 정부조직법 개정

물관리일원화는 물관리정책에 관한 중앙행정기관간 관할 배분을 수반합니다. 이에 따라 「정부조직법」 개정으로 국토교통부의 '수자원의 보전·이용 및 개발'에 관한 사무가 환경부로 이관되었고 이에 따라, 「수자원의 조사·계획 및 관리에 관한 법률」("수자원법"), 「댐건설 및 주변지역지원 등에 관한 법률」("댐건설법"), 「친수구역활용에 관한 특별법」("친수구역법"), 「지하수법」, 「한국수자원공사법」 등 수자원 관련 5개 법률도 환경부 소관으로 바뀌었습니다. 당시 하천 관리 기능 및 「하천법」, 「하천편입토지보상법」 등 2개 법률은 국토교통부 소관으로 두고, 「하천법」 중 수량 관련 기능만 환경부로 이관되었으나, 이후 2020년 12월 31일 정부조직법 개정(법률 제17814호 §39 ① 및 부칙 §4)으로 물관리 일원화의 취지에 따라 통합된 물관리정책을 체계적으로 수행할 수 있도록 국토교통부 소관이었던 하천에 관한 사무가 환경부로 이관되었습니다.

「한국수자원공사법」도 환경부로 이관되었습니다. 이에 따라 2018년 기준 직원수 총 4,856명, 예산 총 4조 5천억원인 국내 대표적 물관리 전문 공기업인 한국수자원공사의 감독 및 주무관청이 국토부에서 환경부로 변경되었습니다.

1.1.2. 물관리기본법의 제정

물관리는 크게 수량, 수질, 수재해 분야로 이루어지는데, 물관리기능이 다수 부처에 분산되어 사업 간 연계성 부족, 사업 중복으로 인한 예산 낭비 등의 문제가 있었습니다. 또한 집중호우로 인한 주요 도시지역과 지류하천의 홍수 피해, 녹조 발생, 하천생태계 변화 등 물관리 현안이 증가하고, 수자원 개발·이용 관련 분쟁이 지속적으로 발생함에 따라 입법적 해결책이 요구되었습니다. 이에 물관리의 기본이념 및 원칙을 마련하고, 국가 차원의 통합적 물관리 및 유역중심 물관리를 위한 국가물관리위원회와 유역물관리위원회를 설치하는 등 지속가능한 물순환 체계의 확립과 국민의 삶의 질 향상을 목적으로 「물관리기본법」(2018 6.8.)이 제정되었습니다.

이 법은 지속가능한 물관리 체계 확립을 위해 ① 물관리의 기본이념 및 원칙, ② 국가·유역물관리위원회의 설치 등을 규정하고 있습니다. 이에 따르면, 누구든지 사용 목적에 적합한 수질의 물을 안정적으로 공급받아 이용할 수 있고, 가뭄·홍수 등의 재해로부터 안전하게 보호받으며 건강하고 쾌적한 물환경에서 삶을 누릴 권리를 가집니다(§4①). 법은 물관리의 기본원칙으로 물의 공공성(§8), 건전한 물순환[113](§9), 수생태환경의 보전(§10), 유역별 관리(§11), 전주

---

113) "물순환"이란 「물관리기본법」 제2조 1호에 따르면 "강수(降水)가 지표수와 지하수

기 물순환과정에 따른 통합 물관리(§ 12), 협력과 연계 관리(§ 13), 물의 배분(§ 14), 물수요관리(§ 15), 물사용 허가(§ 16), 비용부담(§ 17)에 관한 원칙을 명문화했습니다. 이어서 물관리 거버넌스에 관하여 대통령 소속으로 국무총리와 민간 1인을 공동위원장으로 하는 국가물관리위원회를 설치하여 국가물관리기본계획의 심의·의결, 물분쟁의 조정, 국가계획의 이행여부 평가 등을 담당하게 하고, 국가물관리위원회에 환경부장관과 민간 1인이 공동위원장인 유역물관리위원회를 두어 유역물관리종합계획의 심의·의결 등의 기능을 수행하도록 했습니다. 국가·유역물관리위원회는 공무원이 아닌 위원이 전체의 과반수가 되도록 하여 민간 참여를 강화했습니다.

국가물관리기본계획은 환경부장관이 국가물관리위원회 심의를 거쳐 매 10년마다 수립하도록 하고, 유역물관리종합계획은 유역물관리위원회 위원장이 유역·국가물관리위원회의 심의를 거쳐 수립하도록 했습니다. 국가물관리기본계획의 내용은 국가 물관리 정책의 기본목표 및 추진방향, 가뭄·홍수 등 수재해 예방, 물의 공급·이용·배분과 수자원의 개발·보전 및 중장기 수급전망, 물분쟁 조정의 원칙 및 기준 등으로 구성되고, 유역물관리기본계획은 유역의 물관련 여건 변화 및 전망, 유역 수자원의 공급·이용·배분, 유역 물관리 비용 추계와 재원조달 방안 등을 담도록 되어 있습니다.

<물관리 일원화와 환경부의 홍수 대응 실패 >

2020년 8월부터 9월초까지 역대 최장 장마와 집중호우로 인한 수해 현장을 통해 수십 년간 축적된 치수 역량의 실종을 목격한 한 전문가는 안타깝지만 환경부의 홍수 대응 실패는 예견된 일이었다고 지적했습니다. 그 원인은 첫째, 치수 역량이 양적으로 축소되었고 (인적·재정적 후퇴), 둘째, 질적인 면에서도 치수 전문인력의 소실, 치수 관련 전문기관들의 비전문적 인사 등의 문제가 드러났으며, 셋째, 치수 역량의 약화에 대한 외부 전문가들의 우려를 경청하지 않고 수량·수질 통합 관리에 몰두해 왔고, 넷째, 물 관련 재해 분야 국가 연구·개발(R&D)의 정체, 미래지향적 기술개발의 지체 등 치수 분야 과학기술의 전문성이 약화되었다는 데 있다는 것입니다: "물 관리 일원화란 홍수 조절(治水), 물 공급(利水), 맑은 물(水質)이라는 삼각 축으로 구성된다. 하지만 환경부가 이 세 가지 중 하나만 들여다보고 있는 동안, 이번에 최장 장마와 수해에서 시험대에 올랐다. 환경부는 물 관

로 되어 하천·호수·늪·바다 등으로 흐르거나 저장되었다가 증발하여 다시 강수로 되는 연속된 흐름"을 말합니다.

리 일원화 권한을 부여받았지만 제 역할을 못했다."[114]

문제는 이런 일이 해마다 반복되고 있다는 사실입니다. 2022년 서울에서 115년 만에 가장 큰 폭우로 저지대 반지하 주택이 집중 피해를 당한 지 일년도 지나지 않아 2023년 7월 '극한호우'[115]로 2011년 이래 가장 큰 인명피해를 입었고, 특히 14명의 목숨을 앗아간 청주시 오송 지하차도 침수 사고를 계기로 환경부의 물관리 역량이 다시금 도마 위에 올랐습니다. 오송 지하차도 참사의 원인이 된 미호강 관리 책임을 둘러싸고, 물관리체계상 환경부 소관으로 되어 있지만, 충북도와 청주시에 위임, 재위임되면서 책임 소재 공방을 불러일으켰습니다. 환경부는 국가하천 중 5대강 본류와 경인 아라뱃길 등 일부만 직접 관리하고, 나머지는 지방자치단체에 위임하고 있는데, 미호강 역시 환경부가 충청북도에 위임하고, 충북도가 다시 청주시에 재위임한 상태였습니다. 미호강 범람의 직접 원인으로 지목된 임시제방은 행정중심복합도시건설청(행복청)이 진행하는 미호천교 증설공사 과정에서 가설된 것인데, 이 공사에 대한 하천점용 허가는 청주시가 아닌, 환경부 산하 금강유역환경청이 관장하기 때문에 공사허가를 내준 환경부와 미호강 관리를 위임받은 청주시가 사전에 위험성을 인지하고 제대로 점검했는지가 쟁점으로 떠올랐습니다. 이처럼 사고가 나면 책임을 놓고 중앙부처와 지자체가 옥신각신할 수밖에 없는 구조입니다. 이들 관계기관이 서로 책임을 회피하려고 비난게임(blame game)이 해마다 벌어지니 환경부의 치수역량에 대한 의문이 고개를 들 수밖에 없습니다. 2021년 6월 물관리정책실을 신설하여 국토부 출신 공무원을 일부 영입했던 환경부는 최근 사태를 겪은 후 부랴부랴 치수 전문가를 중용하고, 수해 우려가 큰 지방하천은 환경부가 직접 관리하는 방안 등 대책을 내놓았지만, 수질 관리 업무가 주력인 환경부가 수해 관련 컨트롤타워 역할을 감당할 수 있을지 의문을 불식시키지 못하고 있습니다.

1.2. 물기술산업법의 제정

「물기술산업법」(2018.6.8)은 물관리기술의 체계적인 발전 기반을 조성하고 물산업 진흥을 통해 국민의 삶의 질 향상과 지속가능한 물순환 체계를 구축한다는 목적으로 제정되었고, 물관리기술 발전 및 물산업 진흥을 위한 기본계획(정부)과 시행계획(지자체)의 수립·시행, 물관리기술 개발·보급 촉진을 위한 물기

---

114) 김영오, "환경부는 왜 홍수 대응에 실패했나", 중앙일보 2020.9.3 시론(https://news.joins.com/article/23863404#none).
115) 기상청은 2023년 6월 15일부터 1시간 누적 강수량 50mm 이상이면서 3시간 누적 강수량 90mm 이상인 기준을 동시에 충족하거나 1시간 누적 강수량이 72mm 이상인 기준을 충족하는 비가 내리면 즉시 '극한호우'라고 판단하기로 하였습니다. 일반적으로 '매우 강한 비'라고 칭하는 것은 시간당 30mm였는데, 극한호우는 이 2배가 넘는 비를 가리킵니다(나무위키 https://namu.wiki/w/극한호우).

술종합정보시스템 구축, 우수제품 등의 사업화 지원, 혁신형 물기업 지정 및 지원 근거 마련 등의 내용을 담고 있습니다.

<물관리 관련 현행법령 >

위에서 본 바와 같이 물관리에 관한 현행법은 매우 다양하게 형성, 발전되어 왔습니다. 우선, 하천의 관리에 관한 기본법으로서 「하천법」이 제정되어 시행되고 있습니다. 그 밖에도 「하천법」과 관련된 법령으로 「하천편입토지 보상 등에 관한 특별조치법」, 「소하천정비법」, 하천과 직접 연관되는 수자원의 관리를 위한 「댐건설 및 주변지역 지원 등에 관한 법률」, 「공유수면관리법」, 「공유수면매립법」, 그리고 홍수 등 수자원으로 인하여 발생하는 자연재해에 대한 대책을 위하여 「자연재해대책법」, 「수난구호법」 등이 제정·시행되고 있습니다. 그리고 골재채취·어업활동·유선활동·체육시설의 설치 등 각종 수자원이용행위의 규제를 위하여 「골재채취법」, 「낚시어선업법」, 「유선 및 도선사업법」, 「내수면어업법」, 수산업법, 「체육시설의 설치·이용에 관한 법률」등이 각각 시행되고 있습니다. 수자원 오염 방지를 위하여 「물환경보전법」, 「하수도법」, 「가축분뇨관리법」 등이 시행되고 있고, 수자원의 개발 및 관리 등을 위한 「한국수자원공사법」, 상수원의 관리 및 수돗물의 공급 등을 위한 「수도법」, 「먹는물관리법」이 그리고 최근 한강수계 상수원의 적정한 관리와 상수원상류지역에서의 수질개선 및 주민지원사업의 효율적 추진이라는 목적하에 제정된 한강수계법과 3대강 수계특별법, 「해양환경관리법」 등이 각각 시행되고 있습니다.[116)]

---

116) 그 밖에도 하천 등 수자원관련법률로 ① 국토계획과 관련된 법률로서 국토기본법, 「국토의 계획 및 이용에 관한 법률」, ② 사회간접자본의 건설 및 관리와 관련된 법률로서 항만법, 신항만건설촉진법, 어항법, 철도건설법, 도로법, 농어촌도로정비법, 수도권신공항건설촉진법, 「사회기반시설에 대한 민간투자법」, ③ 농지와 관련된 법률로서 농지법, 농어촌정비법, 초지법, 「농어업·농어촌 및 식품산업 기본법」, ④ 공원 및 관광과 관련된 법률로서 관광진흥법, 「도시공원 및 녹지 등에 관한 법률」, 자연공원법, ⑤ 지역개발과 관련된 법률로서 「산업입지 및 개발에 관한 법률」, 「물류시설의 개발 및 운영에 관한 법률」, 오지개발촉진법, 「지역균형개발 및 지방중소기업 육성에 관한 법률」, ⑥ 수자원의 환경오염과 관련된 법률로서 한국환경공단법, 「환경영향평가법」, 광산보안법, 광업법, 자연환경보전법」, 폐기물관리법, 송유관사업법 등, ⑦ 하천부지에 관한 각종 권리 및 그 보상에 관한 법률로서 국유재산법, 「공익사업을 위한 토지 등의 취득 및 보상에 관한 법률」 등을 들 수 있습니다. 이처럼 수자원관련법령은 대단히 복잡다기한 모습을 띄고 있습니다. 실례로 하천에 관한 법규정만도 2백여건의 법령, 5백여개의 조문에 산재되어 있습니다. 수자원관련법령의 복잡다기성은 법규범의 명확성, 투명성을 저해하고 그 결과 종합적 수자원 관리를 어렵게 만드는 요인으로 작용합니다.

2. 물환경법

2.1. 물환경정책

물환경정책의 목표는 헌법 제35조에 보장된 환경권을 물환경 측면에서 구현하는 것입니다. 물환경정책은 기본적으로 수질환경의 보전을 주된 목표로 합니다.[117] 그 목표의 달성 여부나 정도는 수질 및 수생태계 환경 기준을 통해 측정됩니다. 수질·수생태계 환경관련 기준은 국민의 건강보호와 쾌적한 물환경 조성을 위한 국가의 수질관리의 목표를 설정해 주며 배출허용기준 등 수질오염에 대한 각종 규제수단의 근거로 활용되고 있습니다. 그 기준은 일반적으로 나라와 시대별로 다르고 수자원의 현황, 행정적 관리여건, 경제수준, 국민 의식수준 등에 따라 항목과 기준치를 달리하여 정해집니다.

이처럼 물환경정책은 수질환경의 보전을 주목적으로 삼았습니다. 그러나 물환경 보전은 수질의 유지·개선만으로는 달성될 수 없고 수생태계의 건강성이 확보되지 않으면 수질환경도 보전하기 어렵다는 인식이 확산되었습니다. 이에 따라 물환경정책의 영역도 수생태계의 보전과 건강성 확보로 확장되었습니다. 물환경정책은 '물관리일원화'라는 기치 하에 단행된 정부조직법개정으로 또 다른 차원에서 외연이 확장되게 됩니다.[118] 무엇보다도 수질문제는 수량문제와 유리되어 다뤄질 수 없다는 인식, 물관리기능 분산에 따른 폐단과 문제를 더 이상 방치할 수 없다는 공감대 확산, 물관리기술 발전 및 물산업 진흥이라는 물경제 정책의 대두를 배경으로 물관리정책의 대전환이 단행되고 그 결과 거시적 물관리정책의 틀 안에서 물환경정책의 위상과 역할이 재정립된 것입니다.

2.2. 물환경법

2.2.1. 물환경법의 역사적 발전

(1) 전사(前史)

우리나라 물정책은 1960년대까지만 해도 경제개발과 산업화가 급선무였기

---

117) 환경부, 2018 환경백서, 167.

118) "물관리"란 「물관리기본법」 제2조 제2호에 따르면 "모든 사람과 생명체가 물을 자연환경의 구성요소 및 사회·경제 활동의 필요요소이자 자원으로서 보전하고 경제적으로 이용하며, 가뭄·홍수로 인한 재해를 줄이거나 예방하는 일"을 말합니다.

때문에 수자원개발이 주종이었고 수질보전은 주된 관심대상이 아니었습니다. 그 결과 수자원개발, 하천관리분야가 먼저 발달하게 되고 수질보전과 수생태계 관리는 훨씬 뒤늦게 추진되었습니다. 1961년 「수도법」이 제정되고, 1963년 「공해방지법」에서 공장, 사업장의 폐수와 하수처리장의 방류수수질기준인 공해 안전기준을 제시했으나 그다지 실효성이 없었고, 1977년 「환경보전법」에서 처음으로 수질환경기준 및 배출허용기준이 마련되었습니다.

(2) 「수질환경보전법」

1990년 「환경보전법」을 개편하면서 하천·호소 등 공공수역의 수질보전을 위하여 폐수배출시설의 관리에 관한 「수질환경보전법」이 제정되고, 1991년 산업폐수 외에 수질오염원인 생활하수 및 농·축산폐수를 규제하기 위하여 「오수·분뇨 및 축산폐수의 처리에 관한 법률」이 제정되었습니다. 수돗물을 비롯한 지하샘물의 수질보전을 위하여 1995년 먹는물관리법이 제정되고, 1997년에는 호소수(湖沼水)의 수질관리 부분을 수질환경보전법에서 분리한 「호소수질관리법」[119]이 제정되었습니다. 1999년 2월에는 수돗물이용자와 상류지역 주민의 이해를 조정하여 한강유역의 수질을 개선한다는 취지로 「한강수계상수원 수질개선 및 주민지원 등에 관한 법률」("한강수계법")이 제정되고, 2002년 7월까지 나머지 3대강에 대한 특별법이 각각 제정·시행되었습니다. 생활하수 등 공공하수도의 정비에 관한 「하수도법」은 1966년 제정되어 여러 차례 개정을 거쳐 오늘에 이르고 있습니다.

(3) 「물환경보전법」

현행법상 물환경에 관한 일반법은 「물환경보전법」입니다. 2017년 1월 17일 수질 및 수생태계에서 물환경 전반으로 보전 대상을 확대한다는 취지로 구 「수질 및 수생태계 보전에 관한 법률」이 「물환경보전법」으로 바뀌었습니다.

2.2.2. 오염원별 물환경법

오염원별로 보면, 생활하수의 경우 시가화지역등 인구밀집지역에서는 하수도법이, 농어촌 등 인구산재지역에서는 「가축분뇨관리법」이 각각 적용되고, 산

---

119) 이 법률은 2000년 1월 21일의 법개정(법률 제6,199호)으로 폐지되고 다시 「수질환경보전법」에 호소수질보전 관련 조항이 편입되었습니다.

업폐수의 경우 「물환경보전법」이, 축산폐수에 대해서는 「가축분뇨관리법」이 각 각 적용됩니다. 그리고 비점오염원의 경우 「물환경보전법」이 일반적으로 적용 됩니다.

3. 물환경보전법

3.1. 「물환경보전법」 개요

산업화·도시화가 진전됨에 따라 산업폐수나 생활하수 등으로 인한 수질오 염이 가속화되고 있습니다. 오염원이 양적으로 확산되고 질적으로도 악화일로 에 있는 반면, 맑은 물에 대한 국민의 요구는 계속 커지고 있습니다. '수질오염 으로 인한 국민건강 및 환경상의 위해를 예방하고 하천·호소 등 공공수역[120]의 수질을 적정하게 관리·보전함으로써 국민으로 하여금 그 혜택을 널리 향유할 수 있도록 함과 동시에 미래의 세대에게 승계될 수 있도록 하기 위하여' 「물환 경보전법」이 제정·시행되고 있습니다(§ 1). "물환경"이란 사람의 생활과 생물의 생육에 관계되는 물의 질("수질") 및 공공수역의 모든 생물과 이들을 둘러싸고 있 는 비생물적인 것을 포함한 수생태계를 총칭합니다(§ 2 1호).

과거의 수질환경보전법은 주로 폐수배출의 규제, 폐수종말처리시설 및 상 수원보호 등을 중심으로 구성되어 있었습니다. 그러나 이러한 폐수배출규제 중 심의 체제로는 공공수역이 갖는 생물적인 요소를 충분히 고려하지 못하는 등 수질환경보전을 위한 기본법으로서 역할에 많은 한계가 있었기 때문에 2007년 5월 17일 「수질·수생태계보전법」으로 개정되었습니다. 개정법률은 수질관련법 의 기본법으로서 위상을 제고하여 수질환경정책의 기본이념과 방향을 제시하고 다른 수질관련법령에서 이를 구체화하도록 하는 한편, 중앙정부 및 자치단체의 수질보전계획 수립 근거를 마련했습니다.

2017년 1월 17일 구 「수질 및 수생태계 보전에 관한 법률」은 「물환경보 전법」으로 개정되었습니다.

「물환경보전법」은 물환경 보전에 관한 일반법의 지위를 가집니다. 물환경

---

120) "공공수역"이라 함은 하천·호소·항만·연안해역 그 밖에 공공용에 사용되는 수역 과 이에 접속하여 공공용에 사용되는 환경부령으로 정하는 수로를 말합니다(§ 2 9호). 환경부 령으로 정하는 수로란 지하수로, 농업용수로, 하수관거, 운하를 말합니다(시행규칙 § 4).

보전에 관하여 다른 법률로 정한 경우를 제외하고는 이 법에서 정하는 바에 따르며(§ 8 ①), 물환경 보전에 관하여 다른 법률을 제정하거나 개정하는 경우에는 이 법에 부합되도록 해야 합니다(§ 8 ②).

「물환경보전법」은 총칙에서 수질오염으로 인한 국민건강 및 환경상 위해를 예방하고 하천·호소 등 공공수역의 물환경을 적정하게 관리·보전함으로써 국민이 그 혜택을 널리 향유할 수 있도록 함과 동시에 미래의 세대에게 물려줄 수 있도록 함을 목적으로 천명한 후(§ 1), 수질보전에 대한 국가·지방자치단체, 국민의 책무, 수질오염물질의 총량관리(§§ 4-4의9), 물환경종합정보망의 구축·운영, 민간의 물환경 보전활동에 대한 지원, 친환경상품지원 등을 규정하고 있습니다(§§ 1-8). 이어서 제2장에서 공공수역의 물환경보전에 관한 정책수단들을 규정하고, 제3장에서는 점오염원의 관리를 위하여 산업폐수의 배출규제와 공공폐수처리시설 등에 관한 규정을 두고 있습니다. 제4장에서는 비점오염원의 관리를 위한 정책수단들을 규율하고, 제5장에서는 기타 수질오염원의 관리에 관한 규정, 제6장에서는 폐수처리업 관련 규정(§§ 62-66), 제7장에서는 보칙(§§ 67-74), 그리고 제8장에서는 벌칙(§§ 75-82)을 두고 있습니다.

3.1.1. 수질오염물질 배출원의 분류

일반적으로 수질오염의 원천은 점오염원(point sources)과 비점오염원(non-point sources)으로 나뉩니다. 점오염원이란 오염물질이 배출되는 곳이 고정되어 그 배출경로와 수량을 비교적 용이하게 추정 또는 측정할 수 있는 오염원을 말하고, 비점오염원이란 농경지, 산림지역, 광산지역과 같이 오염물질이 전 지역에 분산되어 따로 고정된 배출구가 없는 광역오염원을 말합니다. 가령 도시하수, 산업폐수 및 축산폐수는 전자에, 빗물(雨水)이나 농업폐수는 후자의 예에 각각 해당합니다. 도시하수로 인한 오염은 도시하수가 대부분 생활하수이므로 결국 하수처리장을 증설함으로써 해결되어야 할 문제입니다. 반면, 후자, 즉 비점오염원에 대해서는 종래 별다른 규제가 이루어지지 않고 있었습니다. 그러던 중 2005년 3월 31일의 구 「수질환경보전법」 전부개정법률은 수질오염원을 점오염원·비점오염원과 그 밖의 수질오염원으로 분류하여 법적 규율을 차별화하는 한편, 수질보전계획수립시 비점오염원 관리대책을 포함하도록 하고(§§ 24-26), 비점오염원 관리에 관한 제4장(§§ 53-59)을 신설했습니다. 이로써 전체 수질오염

발생량의 약 30퍼센트를 차지하면서도 제대로 관리되지 못했던 비점오염원 대책을 위한 최소한의 법적 근거와 개념적 토대가 구축되었습니다.

"점오염원"과 "비점오염원"의 개념은 「물환경보전법」 제2조에서 정의하는 바와 같습니다. 법은 점오염원과 비점오염원으로 관리되지 않는 수질오염물질을 배출하는 시설 또는 장소로서 환경부령으로 정하는 것을 "기타수질오염원"으로 분류하고 있습니다(§2 3호). 이러한 분류체계는 그 관리를 위한 법적 규율을 차등화하는 개념적 토대가 됩니다.

3.1.2. 총량관리

농도기준인 배출허용기준만으로는, 설사 잘 준수되더라도, 배출시설의 증가·밀집현상을 통제하거나 그로 인한 환경오염의 집적현상을 막을 수 없습니다. 또 측정대상이 배출시 농도에 국한되기 때문에 이를 회피하기 위하여 오염물질을 희석하여 배출시키는 등의 탈법행위가 있어도 적발·통제하기가 쉽지 않습니다. 이처럼 배출허용기준만으로 환경의 총체적인 질 악화를 막을 수 없다는 문제점을 타개할 대안으로 등장한 것이 총량규제 또는 총량관리입니다. 이러한 취지에서 법은 제4조 및 제4조의2부터 제4조의9까지 규정을 두어 총량관리의 법적 근거를 마련하고 있습니다.

총량관리란 한 지역에서 배출되는 오염부하량과 지역개발로 인한 오염부하량 증가를 총량으로 관리하는 것을 말합니다. 한 지역의 환경오염을 허용 가능한 한도로 유지하기 위하여, 공장 등 배출시설들에 각각 오염물질의 허용배출량을 배분하고 그 총량을 가지고 규제를 하는 방식입니다. 이런 규제방식이 요구된 것은 기존의 농도기준 위주 배출허용기준에 의거한 규제로는 환경오염에 충분히 대처할 수 없고 오염원이나 오염물질 배출량 증가를 막을 수 없어 지역이 바라는 환경 조건, 즉 환경기준을 달성할 수 없다는 반성이 있었기 때문입니다. 특히 공장 등 배출시설이 밀집되어 있는 지역(Ballungsgebiet)에서 환경오염이 현저히 악화되어 환경기준의 확보가 곤란한 경우에는 단순히 농도만을 규제하지 않고 오염물질의 배출총량을 규제해야 한다는 것입니다.

< 농도규제와 오염총량제의 비교 >

구 분	농도규제	총량규제
규제대상	- 폐수중 오염물질의 농도를 규제 농도(C)=오염부하량(L)/폐수량(Q)	- 폐수중 오염물질의 총량을 규제 오염부하량(L)=농도(C)×폐수량(Q)
특징	- 집행 용이 - 늘어나는 오염총량 통제불가	- 시행기반구축 지난 - 오염물질총량 통제가능

환경백서 2004(2부, 420 그림 2-6-11)

「물환경보전법」 제4조에 따르면, 환경부장관은 법 제10조의2 제2항 및 제3항에 따라 물환경의 목표기준 달성 여부를 평가한 결과 그 기준을 달성·유지하지 못한다고 인정되는 수계의 유역에 속하는 지역과 수질오염으로 주민의 건강·재산이나 수생태계에 중대한 위해를 가져올 우려가 있다고 인정되는 수계의 유역에 속하는 지역에 대하여 법 제22조 제2항에 따른 수계영향권별로 배출되는 수질오염물질을 총량으로 관리할 수 있습니다(§ 4 ① 본문). 다만, '4대강수계법'[121]을 적용 받는 지역의 경우에는 각 법률의 해당 규정에서 정하는 바에 따르고, 「해양환경관리법」에 따라 오염총량규제가 실시되는 지역의 경우에는 「해양환경관리법」의 해당 규정에서 정하는 바에 따릅니다(§ 4 ① 단서). 수질오염물질을 총량으로 관리할 지역은 환경부장관은 대통령령으로 정하는 바에 따라 지정하여 고시하도록 되어 있습니다(§ 4 ②).

총량규제제도는 실제로 4대강 수계법에서 구체화되고 있습니다. 먼저, 낙동강수계법, 금강수계법, 영산강·섬진강수계법 등 3대강 수계법들이 수계구간별 목표수질을 달성할 수 있도록 총량관리계획을 수립·시행토록 의무화하였고 이에 따라 2004년부터 총량관리제가 시행되었습니다. 한강수계의 경우, 종래에는 시장·군수의 자율적 판단 및 신청에 따라 임의적으로 시행할 수 있도록 되어 있었으나, 2010년 5월 31일의 개정법률(법률 제10335호) 제8조 및 제8조의2 내지 제8조의8에 따라 금강, 낙동강, 영산강·섬진강 등 다른 수계에서와 마찬가지로 총량관리제를 의무적으로 실시하도록 함으로써 상·하류 간 통합적 유역관리 체제로 전환하였습니다. 4대강 수계에 대한 총량관리는 한강수계법의 경우, 오염총량관리

---

121) 「금강수계 물관리 및 주민지원 등에 관한 법률」, 「낙동강수계 물관리 및 주민지원 등에 관한 법률」, 「영산강·섬진강수계 물관리 및 주민지원 등에 관한 법률」, 「한강수계 상수원수질개선 및 주민지원 등에 관한 법률」을 말합니다.

기본방침 수립(§ 8), 오염총량관리기본계획 수립(§ 8의2), 오염총량관리시행계획의 수립·시행(§ 8의3), 사업장별 오염부하량의 할당(§ 8의4), 총량초과부과금(§ 8의5), 과징금(§ 8의6), 허가의 제한(§ 8의7), 오염총량관리의 불이행에 대한 제재(§ 8의8) 등의 절차를 통해 시행됩니다. 3대강수계법도 공통된 절차를 규정하고 있습니다.

　　4대강 수계 외의 수계에 대한 총량관리는 「물환경보전법」 제4조 및 제4조의2부터 제4조의9까지 규정에 따라 이루어지는데 4대강수계법의 경우와 대동소이합니다. 즉, 환경부장관이 오염총량목표수질 및 오염총량관리기본방침을 정하고(§ 4의2) 오염총량관리지역을 관할하는 시·도지사가 그에 따라 오염총량관리기본계획을 수립하며(§ 4의3), 오염총량관리지역 중 오염총량목표수질이 달성·유지되지 아니하는 지역을 관할하는 특별시장·광역시장·특별자치시장·특별자치도지사·시장·군수(광역시의 군수는 제외)가 오염총량관리시행계획을 수립하고(§ 4의4) 시설별 오염부하량을 할당하거나 배출량을 지정하여(§ 4의5) 할당오염부하량등을 초과하여 배출하는 자에게 수질오염방지시설의 개선 등 필요한 조치를 명하고(§ 4의6) 오염총량초과과징금을 부과·징수하도록 하는 등(§ 4의7) 세부적인 총량관리 절차가 규정되어 있습니다.

　　그 밖에도 법은 제33조 제7항에서 배출시설의 설치와 관련하여 총량규제와 같은 효과를 얻을 수 있는 법적 장치를 마련하고 있습니다. 즉, 환경부장관은 상수원보호구역의 상류지역, 특별대책지역 및 그 상류지역, 취수시설이 있는 지역 및 그 상류지역의 배출시설로부터 배출되는 수질오염물질로 인하여 환경기준을 유지하기 곤란하거나 주민의 건강·재산이나 동식물의 생육에 중대한 위해를 가져올 우려가 있다고 인정되는 경우에는 관할 시·도지사의 의견을 듣고 관계 중앙행정기관의 장과 협의하여 배출시설의 설치, 변경을 제한할 수 있는데(§ 33 ⑦), 이와 같이 하여 배출시설의 설치가 제한되면 결국 실질적으로 오염물질 총량을 규제한 것과 마찬가지 결과가 됩니다. 배출시설 설치를 제한할 수 있는 지역의 범위는 대통령령으로 정하고, 환경부장관은 지역별 제한대상 시설을 고시합니다(§ 33 ⑧). 배출시설 설치제한에도 불구하고 환경부령으로 정하는 특정수질유해물질을 배출하는 배출시설은 배출시설 설치제한지역에서 폐수무방류배출시설로 하여 설치할 수 있고(§ 33 ⑨), 그 지역 및 시설은 환경부장관이 정하여 고시합니다(§ 33 ⑩).

3.1.3. 수질환경 정보의 제공 및 민간수질보전활동 지원 등

법은 환경부장관에게 수질환경 관련 정보에 국민이 쉽게 접근할 수 있도록 물환경종합정보망을 구축·운영할 책무를 부과하는 한편(§ 5), 주민과 민간기관 지원을 위한 법적 근거를 마련하고 있습니다(§§ 6, 6의2).

3.2. 공공수역의 수질보전

「물환경보전법」은 공공수역[122])의 수질보전을 위하여 제1절 총칙(§§ 9-21)에서는 공공시설의 설치·관리 등, 수질오염방지대책 및 공공하수처리시설·분뇨처리시설 설치계획 등의 국토계획에의 반영, 배출 등의 금지, 수질오염사고의 신고, 방사성물질 등의 유입 여부 조사, 수질오염방제센터의 운영, 수질오염방제 정보시스템의 구축·운영, 특정 농작물의 경작권고 등, 물환경 보전조치 권고, 수변생태구역의 매수·조성, 배출시설 등에 대한 기후변화 취약성 조사 및 권고 및 수질오염경보제, 오염된 공공수역에서의 행위제한, 상수원의 수질개선을 위한 특별조치, 완충저류시설의 설치·관리, 조류에 의한 피해 예방을 규정하고, 제2절에서는 수계영향권별 수질관리를 위하여, 국가 및 수계영향권별 수질관리, 국가 물환경관리기본계획의 수립, 대권역·중권역 및 단위구간별 수질보전계획의 수립, 수생태계 복원계획의 수립 등 등을 규율하고 있습니다(§§ 24-27). 제3절에서는 호소의 수질보전에 관한 조항들(§§ 28-31의3)을 두는 등 다양한 정책수단들을 마련하고 있습니다.

3.2.1. 공공수역 수질보전을 위한 정책 일반

(1) 상시측정 및 수질·수생태계 조사

환경부장관은 하천·호소, 그 밖에 환경부령으로 정하는 공공수역("하천·호소 등"으로 약칭)의 전국적인 수질 및 수생태계의 실태를 파악하기 위하여 측정망을 설치하여 수질오염도를 상시측정해야 하며, 수질오염물질의 지정 및 수질의 관리 등을 위한 조사를 전국적으로 해야 합니다(§ 9 ①).

시·도지사, 「지방자치법」제198조에 따른 인구 50만 이상 대도시("대도시")

---

122) "공공수역"이란 하천, 호소, 항만, 연안해역, 그 밖에 공공용으로 사용되는 수역과 이에 접속하여 공공용으로 사용되는 환경부령으로 정하는 수로를 말합니다(§ 2 9호).

의 장 또는 수면관리자는 관할구역의 수질 현황을 파악하기 위하여 측정망 설치, 수질오염도 상시측정, 수질 관리를 위한 조사를 할 수 있습니다. 이 경우 그 상시측정 또는 조사 결과를 환경부장관에게 보고해야 합니다(§9 ③).

(2) 수생태계 현황 조사 및 건강성 평가

법은 환경부장관에게 수생태계 현황 조사 및 건강성 평가 의무를 부과하고 있습니다. 환경부장관은 수생태계 보전을 위한 계획 수립, 개발사업으로 인한 수생태계의 변화 예측 등을 위하여 수생태계의 현황을 전국적으로 조사해야 합니다(§9의3 ①). 시·도지사 또는 대도시의 장도 수생태계 실태 파악 등을 위하여 필요한 경우 관할구역의 수생태계 현황을 조사할 수 있는데, 이 경우 시·도지사 또는 대도시의 장은 조사 결과를 환경부장관에게 보고해야 합니다(§9의3 ②). 환경부장관은 제1항 및 제2항에 따른 조사 결과를 바탕으로 수생태계 건강성을 평가하고, 그 결과를 공개해야 합니다(§9의3 ③).

(3) 물환경목표기준의 결정 및 평가

법은 제10조의2에서 환경부장관은 하천·호소등의 이용목적, 물환경 현황 및 수생태계 건강성, 오염원의 현황 및 전망 등을 고려하여 제22조에 따른 수계영향권별 및 제28조 제1항에 따른 조사·측정 대상이 되는 호소별 물환경 목표기준을 결정하여 고시하고, 그 목표기준의 달성 여부와 하천·호소 등의 수질오염으로 사람이나 생태계에 피해가 우려되는 경우에 그 위해성을 평가하여 그 결과를 공개하도록 하고 있습니다. 종래에도 수계영향권별로 목표수질을 정해 고시하도록 되어 있었지만, 목표수질의 달성여부를 평가하는 방법, 평가결과의 공개 등에 관하여는 지침 등 행정 내부규정으로 정해 운영해 왔습니다. 이에 행정의 투명성을 제고하려는 취지로 목표기준의 달성 여부 등의 평가와 결과 공개를 법률 수준에서 제도화한 것입니다.

3.2.2. 공공시설의 설치·관리 등

법은 공공폐수처리시설, 폐기물처리시설 등 공공시설의 설치·관리과정에서 수질오염이 발생할 수 있음을 고려하여 이들 공공시설을 규제합니다. 또한 하수처리시설·분뇨처리시설 등 환경기초시설의 중요성을 감안하여 각종 공간이용계획에 그 시설 설치를 포함한 수질오염방지대책을 반영·포함시키도록 배려하고 있습니다.

(1) 공공시설의 설치·관리

환경부장관은 공공수역의 수질오염을 방지하기 위하여 특히 필요하다고 인정할 때에는 시·도지사, 시장·군수·구청장으로 하여금 관할구역의 하수관로, 공공폐수처리시설, 「하수도법」 제2조 제9호에 따른 공공하수처리시설 또는 「폐기물관리법」 제2조 제8호의 폐기물처리시설 등의 설치·정비 등을 하게 할 수 있습니다($ 12 ①).

(2) 국토계획에의 반영

법은 하수종말처리시설·분뇨처리시설 같은 환경기초시설의 설치·운영을 확보하기 위하여 국토계획에 그 설치계획을 반영하도록 하고 있습니다.

3.2.3. 공공수역 투기·배출 등의 금지 및 방제의무

법은 공공수역에 수질오염을 일으키는 일정 부류의 물질을 버리지 못하도록 금지하고 있습니다. 정당한 사유 없이 다음 행위를 하는 것은 금지됩니다($ 15 ①).

1. 공공수역에 특정수질유해물질, 「폐기물관리법」에 따른 지정폐기물, 「석유 및 석유대체연료사업법」에 따른 석유제품·가짜석유제품·석유대체연료 및 원유(석유가스 제외), 「화학물질관리법」에 따른 유독물질, 「농약관리법」에 따른 농약을 누출·유출하거나 버리는 행위
2. 공공수역에 분뇨, 가축분뇨, 동물의 사체, 폐기물(「폐기물관리법」에 따른 지정폐기물 제외) 또는 오니(汚泥)를 버리는 행위
3. 하천·호소에서 자동차를 세차하는 행위
4. 공공수역에 환경부령으로 정하는 기준 이상의 토사(土砂)를 유출하거나 버리는 행위

위 제1호·제2호 또는 제4호의 행위로 인하여 공공수역이 오염되거나 오염될 우려가 있는 경우에는 그 행위자, 행위자가 소속된 법인 및 그 행위자의 사업주("행위자등")는 해당 물질을 제거하는 등 환경부령으로 정하는 바에 따라 오염을 방지·제거하기 위한 방제조치를 해야 합니다($ 15 ②). 환경오염의 위해 방지를 위해서는 원인행위자에게 행위책임(Verhaltensverantwortung)을 지우는 것이 원인자책임의 원칙에 합당한 결과가 됩니다.[123] 법은 위에 열거된 행위로 공공

---

123) 경우에 따라 행위자를 알 수 없는 때에는 그 물질이 배출되어 있는 곳의 점유자, 관리자 또는 소유자에게 제거를 명할 수밖에 없는 경우가 있는데 그런 경우 만일 점유자, 관

수역을 오염시키거나 오염 우려를 발생시킨 원인행위자 자신뿐만 아니라 그 행위자가 소속된 법인과 그 행위자의 사업주, 즉 "행위자 등"에게 그 물질의 제거 등 방제조치를 할 책임을 부과하여 원인자 범위를 넓히고 있습니다.

시·도지사는 행위자 등이 방제조치를 행하지 아니하는 경우에는 당해 행위자 등에게 방제조치의 이행을 명할 수 있고(§15 ③), 방제조치 명령을 받은 자가 그 명령을 이행하지 아니하거나 그 방제조치만으로는 수질오염의 방지나 제거가 곤란하다고 인정되는 경우, 방제조치 명령을 받은 자가 이행한 방제조치만으로는 수질오염의 방지나 제거가 곤란하다고 인정되는 경우 또는 긴급한 방제조치가 필요한 경우로서 행위자 등이 신속히 방제조치를 할 수 없는 경우에는 시장·군수·구청장으로 하여금 당해 방제조치의 대집행을 하도록 할 수 있습니다(§15 ④). 시장·군수·구청장이 대집행을 할 경우 「한국환경공단법」에 따른 한국환경공단에 지원을 요청할 수 있습니다(§15 ⑤). 한국환경공단은 이 요청에 따른 지원을 할 경우 그 지원 내용을 미리 시장·군수·구청장과 협의해야 합니다(§15 ⑥).

대집행은 「행정대집행법」이 정하는 바에 따르며(§15 ⑦ 전단), 그 경우 제3항에 의한 시·도지사의 명령은 이를 시장·군수·구청장의 명령(시·도지사가 대집행하는 경우는 제외)으로 봅니다(§15 ⑧ 후단).

3.2.4. 수질오염사고의 신고·통행제한 등

유류, 유독물, 농약 등을 운송하던 중 차량이 전복, 추락하여 강이나 호수에 수질오염사고를 일으키거나 보관 중 누출사고가 발생, 막대한 피해가 발생하는 일이 빈발하자 대책을 마련하라는 사회적 요구가 강력히 대두되었습니다. 이에 「물환경보전법」은 수질오염사고의 신고제, 통행제한, 수질오염방재센터의 운영 등을 일련의 규정을 두었습니다.

(1) 수질오염사고의 신고

유류·유독물·농약 또는 특정수질유해물질을 운송 또는 보관 중인 자가 해당 물질로 인하여 수질을 오염시킨 때에는 지체없이 지방환경관서, 시·도 또는 시·군·구(자치구를 말한다) 등 관계 행정기관에 신고해야 합니다(§16).

리자 또는 소유자가 오염물질제거의 책임을 진다면 이는 상태책임(Zustandverantwortung)에 해당합니다.

(2) 통행제한 등

법은 상수원 등의 수질오염사고를 예방하기 위하여 상수원의 수질보전을 위한 통행제한 조치를 취할 수 있도록 했습니다(§ 17). 전복, 추락 등 사고시 상수원을 오염시킬 우려가 있는 물질을 수송하는 자동차를 운행하는 자는 다음 지역 또는 그 지역에 인접한 지역 중에서 환경부령으로 정하는 도로·구간을 통행할 수 없습니다(§ 17 ①).

1. 상수원보호구역
2. 특별대책지역
3. 「한강수계 상수원수질개선 및 주민지원 등에 관한 법률」 제4조, 「낙동강수계물관리 및 주민지원 등에 관한 법률」 제4조, 「금강수계 물관리 및 주민지원 등에 관한 법률」 제4조 및 「영산강·섬진강 수계 물관리 및 주민지원 등에 관한 법률」 제4조에 따라 각각 지정·고시된 수변구역
4. 상수원에 중대한 오염을 일으킬 수 있어 환경부령으로 정하는 지역

경찰청장은 자동차 통행제한을 위하여 필요하다고 인정하는 때에는 자동차 통행제한 표지판 설치, 통행제한 위반 자동차 단속 조치를 취해야 합니다(§ 17 ③). 통행할 수 없는 도로·구간 및 자동차 등 필요한 사항은 환경부장관이 경찰청장과 협의하여 환경부령으로 정하도록 되어 있습니다(§ 17 ④).

3.2.5. 점용·매립 인·허가시 오염방지 및 특정농작물경작권고 등

(1) 공공수역 점용·매립 인·허가시 수질오염방지

법은 공공수역의 점용, 매립 등의 이용행위로 인한 수질오염을 방지할 수 있는 법적 통로를 확보한다는 취지에서 공공수역에 대한 점용 또는 매립을 허가 또는 인가하고자 하는 행정기관에 공공수역 수질오염방지를 위하여 필요한 조건을 붙일 수 있도록 수권하고 있습니다(§ 18 ①). 여기서 "조건"이란 행정법상 부관을 말합니다. '필요한 조건'은 정지조건과 해제조건은 물론 기한이나 부담 등 다양한 내용으로 부가할 수 있습니다. 법은 이 조건의 내용, 수질오염방지방법 등에 관하여 필요한 사항을 대통령령으로 정하도록 위임하고 있습니다(§ 18 ②).

(2) 특정농작물 경작권고 등

법은 제19조에서 시·도지사 또는 대도시의 장은 공공수역의 물환경 보전을 위하여 필요하다고 인정하는 경우에는 하천·호소 구역에서 농작물을 경작하는 사람에게 경작대상 농작물의 종류 및 경작방식의 변경과 휴경(休耕) 등을 권고할 수 있도록 수권하고 있습니다(§19①). 시·도지사 또는 대도시의 장은 이러한 권고에 따라 농작물을 경작하거나 휴경함으로 인하여 경작자가 입은 손실에 대해 대통령령으로 정하는 바에 따라 보상할 수 있습니다(§19②).

3.2.6. 수질·수생태계 보전조치 권고, 수변생태구역 매수·조성 등

(1) 수질·수생태계 보전조치 권고

환경부장관은 제9조 또는 제9조의3에 따른 측정·조사 결과 방치할 경우 하천·호소등의 물환경에 중대한 위해를 끼칠 우려가 있다고 판단하면 "공공수역관리자"(수면관리자, 「하천법」 제8조에 따른 하천관리청 및 특별자치시장·특별자치도지사·시장·군수·구청장)에게 물환경 보전을 위하여 필요한 조치를 권고하고(§19의2①), 그 권고 이행에 드는 비용의 일부를 예산의 범위에서 지원할 수 있습니다(§19의2②).

(2) 수변생태구역 매수·조성

환경부장관은 하천·호소등의 물환경 보전을 위하여 필요하다고 인정할 때에는 대통령령으로 정하는 기준에 해당하는 수변습지 및 수변토지("수변생태구역")를 매수하거나 환경부령으로 정하는 바에 따라 생태적으로 조성·관리할 수 있습니다(§19의3①). 환경부장관은 매수 또는 조성의 대상이 되는 토지를 선정하려는 때에는 미리 관계 중앙행정기관의 장 및 관할 지방자치단체의 장과 협의해야 합니다(§19의3④).

시·도지사 또는 대도시의 장은 관할구역의 상수원을 보호하기 위하여 불가피한 경우로서 대통령령으로 정하는 경우에는 제1항의 기준에 따라 수변생태구역을 매수하거나 환경부령으로 정하는 바에 따라 생태적으로 조성·관리할 수 있습니다(§19의3②). 다만, 「하천법」 제2조 제2호에 따른 하천구역에 해당하는 토지는 제1항 또는 제2항에 따른 매수대상 토지에서 제외합니다(§19의3③).

한편, 법은 제19조의4에서 환경부장관으로 하여금 배출시설 등에 대한 기후변화 취약성을 조사하고 필요한 조치를 권고할 수 있도록 하였습니다. 환경부장관은 폐수배출시설, 비점오염저감시설, 공공폐수처리시설을 대상으로 기후변화에 대한 시설의 취약성 등을 조사하고, 조사 결과 기후변화에 취약한 시설에 대해서는 시설 개선 등을 권고할 수 있고(§ 19의4 ①), 권고를 이행하는 폐수배출시설, 비점오염저감시설, 공공폐수처리시설에 대하여 예산 범위에서 필요한 비용 또는 경비의 일부를 지원할 수 있습니다(§ 19의4 ③).

3.2.7. 낚시행위의 제한

법은 제20조에 낚시행위를 제한할 수 있는 법적 근거를 마련했습니다. 특별자치시장·특별자치도지사·시장·군수·구청장은 하천(「하천법」 제7조 제2항 및 제3항에 따른 국가하천 및 지방하천은 제외)·호소의 이용목적 및 수질상황 등을 고려하여 대통령령으로 정하는 바에 따라 낚시금지구역 또는 낚시제한구역을 지정할 수 있습니다(§ 20 ①). 낚시제한구역에서 낚시행위를 하려는 사람은 낚시의 방법, 시기 등 환경부장관이 해양수산부장관과 협의하여 환경부령으로 정하는 사항을 준수해야 합니다(§ 20 ②).

특별자치시장·특별자치도지사·시장·군수·구청장은 낚시제한구역과 그 주변지역의 오염 방지를 위한 쓰레기 수거 등의 비용에 충당하기 위하여 낚시제한구역에서 낚시행위를 하려는 사람에게 조례로 정하는 바에 따라 수수료를 징수할 수 있습니다(§ 20 ③).

3.2.8. 수질오염경보제

환경부장관 또는 시·도지사는 수질오염으로 하천·호소의 물 이용에 중대한 피해를 가져올 우려가 있거나 주민의 건강·재산이나 동식물의 생육에 중대한 위해를 가져올 우려가 있다고 인정할 경우 그 하천·호소에 수질오염 경보를 발령할 수 있습니다(§ 21 ①). 경보의 종류와 종류별 발령대상, 발령주체, 대상 항목, 발령기준, 경보단계, 경보단계별 조치사항 및 해제기준 등 필요한 사항은 대통령령으로 위임되어 있습니다(§ 21 ⑤).

3.2.9. 오염된 공공수역에서의 행위제한 권고 등

법은 환경오염을 사전에 예방하려는 취지에서 환경부장관이 하천·호소 등이 오염되어 수산물의 채취·포획이나 물놀이, 그 밖에 대통령령으로 정하는 행위를 할 경우 사람의 건강이나 생활에 미치는 피해가 크다고 인정할 때에는 해당 하천·호소 등에서 그 행위를 금지·제한하거나 자제하도록 안내하는 등 환경부령으로 정하는 조치를 할 것을 시·도지사에게 권고할 수 있도록 했습니다(§ 21의2).

법은 그 밖에도 상수원 수질오염의 심각성을 고려하여 그러한 오염원에 대해 오염물질의 배출금지 등 특별조치를 취할 수 있도록 근거를 마련하는 한편(§ 21의3), 완충저류시설의 설치·관리(§ 21의4), 조류(藻類) 피해 예방(§ 21의5)에 관한 규정을 두고 있습니다.

3.3. 국가 및 수계영향권별 물환경 보전

3.3.1. 국가 및 수계영향권별 물환경 관리

법은 수계영향권별 물환경 관리 체제를 강화하고 있습니다. 환경부장관 또는 지방자치단체의 장은 국가 물환경관리기본계획 및 수계영향권별 물환경관리계획에 따라 물환경 현황및 수생태계 건강성을 파악하고 적절한 관리대책을 마련해야 합니다(§ 22 ①). 환경부장관은 면적·지형 등 하천유역의 특성을 고려하여 환경부령으로 정하는 기준에 따라 수계영향권을 대권역·중권역·소권역으로 구분하여 고시합니다(§ 22 ②).

3.3.2. 수생태계 연속성 조사 등

공공수역의 상류와 하류 간 또는 공공수역과 수변지역 간에 물, 토양 등 물질의 순환이 원활하고 생물의 이동이 자연스러운 상태, 즉 수생태계 연속성을 유지하고 단절되거나 훼손되지 아니하도록 하는 것이 중요하다는 인식이 널리 공유되고 있습니다. 이에 따라 법은 환경부장관에게 수생태계 연속성의 단절·훼손 여부 등을 파악하기 위하여 수생태계 연속성 조사를 실시할 수 있도록 하는 한편(§ 22의2 ①), 수생태계 연속성 조사 결과 수생태계 연속성이 단절되거나 훼손되었을 경우에는 관계 중앙행정기관의 장과 협의하여 수생태계 연속성의 확보에 필요한 조치를 하도록 의무화하고 있습니다. 환경부장관은 그 경우 관계 기관의 장 또는 관련 시설의 관리자 등에게 수생태계 연속성의 확보를 위한 협조를 요청할 수 있습니다(§ 22의2 ②).

3.3.3. 환경생태유량의 확보

법은 수생태계 건강성 유지를 위하여 필요한 최소한의 유량, 즉 '환경생태유량'의 확보를 위하여 환경부장관으로 하여금 하천의 대표지점에 대한 환경생태유량을 고시할 수 있도록 하고 있습니다(§ 22의3 ①). 환경부장관은 「하천법」 제51조 제1항에 따라 하천유지유량을 정하는 경우 환경생태유량을 고려해야 하며(§ 22의3 ②), 「소하천정비법」 제2조 제1호의 소하천, 그 밖의 건천화(乾川化)된 지류 또는 지천의 대표 지점에 대한 환경생태유량을 정하여 고시할 수 있습니다(§ 22의3 ③).

환경부장관은 하천 또는 소하천 등의 유량이 환경생태유량에 현저히 미달할 경우 관계기관의 장 등에게 환경생태유량 확보를 위한 협조를 요청할 수 있습니다(§ 22의3 ④).

3.3.4. 오염원 조사

법은 환경부장관 및 시·도지사에게 환경부령에 따라 수계영향권별로 오염원의 종류·수질오염물질 발생량 등을 정기적으로 조사할 의무를 부과하고 있습니다(§ 23).

3.3.5. 국가 물환경관리기본계획의 수립

법은 그동안 학계를 중심으로 제기된 국가 수준의 물환경관리 기본계획에 대한 요청 에 따라 환경부장관이 공공수역의 물환경을 관리·보전하기 위하여 대통령령으로 정하는 바에 따라 국가 물환경관리기본계획을 10년마다 수립하도록 했습니다(§ 23의2 ①).

국가 물환경관리기본계획에는 다음과 같은 사항이 포함되어야 합니다(§ 23의2 ②).

1. 물환경의 변화 추이 및 물환경목표기준
2. 전국적인 물환경 오염원의 변화 및 장기 전망
3. 물환경 관리·보전에 관한 정책방향
4. 「기후위기 대응을 위한 탄소중립·녹색성장 기본법」 제2조 제1호의 기후변화에 대한 물환경관리대책
5. 그 밖에 환경부령으로 정하는 사항

환경부장관은 국가 물환경관리기본계획이 수립된 날부터 5년이 지나거나 국가 물환경관리기본계획의 변경이 필요하다고 인정하는 경우에는 그 타당성을 검토하여 국가 물환경관리기본계획을 변경할 수 있습니다(§ 23의2 ③).

3.3.6. 권역별 물환경관리계획의 수립

(1) 대권역 물환경관리계획의 수립

「물환경보전법」은 장기적인 안목에서 수계영향권별로 수질보전계획을 세워 수질을 관리한다는 방침에 따라 유역환경청장으로 하여금 국가 물환경관리기본계획에 따라 제22조 제2항에 따른 대권역별로 대권역 물환경관리계획을 10년마다 수립하도록 했습니다(§ 24 ①). 대권역계획의 내용은 법 제24조 제2항에 명시되어 있습니다(§ 24 ②).

유역환경청장이 대권역계획을 수립, 변경할 때에는 관계 시·도지사와 4대강수계법에 따른 관계 수계관리위원회와 협의해야 합니다(§ 24 ③). 유역환경청장이 대권역계획을 수립한 때에는 관계 시·도지사에게 통보해야 합니다(§ 24 ④). 유역환경청장은 대권역계획이 수립된 날부터 5년이 지나거나 대권역계획의 변경이 필요하다고 인정할 때에는 그 타당성을 검토하여 변경할 수 있습니다(§ 24 ⑤).

(2) 중권역 물환경관리계획의 수립

중권역 물환경관리계획은 지방환경관서의 장이 수립합니다. 지방환경관서의 장은 다음 어느 하나에 해당하는 경우에는 대권역계획에 따라 제22조 제2항에 따른 중권역별로 중권역 물환경관리계획을 수립해야 합니다(§ 25 ①). 관할 중권역의 물환경목표기준 달성에 인접한 상류지역의 중권역이 영향을 미치는 경우에는 해당 중권역을 관할하는 지방환경관서의 장과 협의를 거쳐 관할 중권역 및 인접한 상류지역의 중권역을 대상으로 하는 중권역계획을 수립할 수 있습니다(§ 25 ②).

중권역계획을 수립하려는 경우에는 관계 시·도지사와 협의해야 하며, 중권역계획을 변경하려는 경우에도 또한 같습니다(§ 25 ③). 지방환경관서의 장이 중권역계획을 수립하였을 때에는 관계 시·도지사에게 통보해야 합니다(§ 25 ④).

(3) 소권역 물환경관리계획의 수립

특별자치시장·특별자치도지사·시장·군수·구청장은 대권역계획 및 중권역계획에 따라 제22조 제2항에 따른 소권역별로 소권역 물환경관리계획을 수립할 수 있고, 해당 소권역이 포함된 중권역에 대한 중권역계획이 수립되지 아니한 경우에는 관할 지방환경관서의 장과 협의하여 소권역계획을 수립할 수 있습니다(§ 26 ①). 시장·군수·구청장은 소권역계획을 수립한 경우에는 시·도지사의 승인을 받고, 시·도지사는 소권역계획 승인에 관하여 관할 지방환경관서의 장과 협의해야 합니다(§ 26 ②).

(4) 환경부장관 또는 시·도지사의 소권역계획 수립

환경부장관 또는 시·도지사는 제26조에도 불구하고 제27조 제1항 각호의 구분에 따라 관계 특별자치시장·특별자치도지사·시장·군수·구청장의 의견을 들어 소권역계획을 수립할 수 있습니다(§ 27 ①). 시·도지사는 소권역계획을 수립할 경우 환경부장관과 협의해야 하며(§ 27 ②), 시·도지사 및 시장·군수·구청장은 환경부장관 또는 시·도지사가 수립한 소권역계획을 성실히 이행해야 합니다(§ 27 ③).

3.3.7. 수생태계 복원계획의 수립 등

환경부장관, 시·도지사 또는 시장·군수·구청장은 측정·조사 결과 수질 개선이 필요한 지역 또는 수생태계 훼손 정도가 상당하여 수생태계의 복원이 필요한 지역을 대상으로 수생태계 복원계획을 수립하여 시행할 수 있습니다(§ 27의2 ①). 환경부장관은 위 지역 가운데 복원계획 수립이 반드시 필요하다고 인정할 경우 시·도지사, 시장·군수·구청장에게 복원계획을 수립, 시행하도록 명할 수 있습니다(§ 27의2 ②). 환경부장관이 복원계획을 수립하거나 변경하려는 경우에는 관계 중앙행정기관의 장 및 관할 지방자치단체의 장과 협의해야 합니다(§ 27의2 ③).

시·도지사, 시장·군수·구청장은 해당 관할구역의 복원계획을 수립하려는 경우에는 대통령령으로 정하는 바에 따라 환경부장관의 승인을 받아야 하며, 대통령령으로 정하는 중요 사항을 변경하려는 경우에도 또한 같습니다(§ 27의2 ④). 시·도지사, 시장·군수·구청장은 복원계획의 원활한 추진을 위하여 필요한 경우 환경부장관과 협의하여 복원계획에 대한 시행계획을 수립·변경할 수 있습니다(§ 27의2 ⑤).

3.4. 호소의 물환경 보전

3.4.1. 개 설

호소의 수질오염을 방지하고 물환경을 보전하는 일도 「물환경보전법」의 주된 과제에 속합니다. 특히 호소 수질오염의 심각성을 알려주는 부영양화와 산성화경향에 대한 법적·정책적 처방이 절실히 요구되고 있습니다. 이러한 맥락에서 「물환경보전법」은 제2장 제3절에서 호소의 수질 및 수생태계 보전을 위한 정책수단들을 규정하고 있습니다. "호소"란 다음 각 목의 어느 하나에 해당하는 지역으로서 만수위(댐의 경우에는 계획홍수위) 구역 안의 물과 토지를 말합니다(§ 2 14호).

> 가. 댐·보(洑) 또는 둑(「사방사업법」에 따른 사방시설 제외) 등을 쌓아 하천 또는 계곡에 흐르는 물을 가두어 놓은 곳
> 나. 하천에 흐르는 물이 자연적으로 가두어진 곳
> 다. 화산활동 등으로 인하여 함몰된 지역에 물이 가두어진 곳

3.4.2. 정기적 조사·측정 및 분석

호소 수질 보전을 위해서는 우선 정기적인 조사와 측정, 분석이 필요합니다. 이러한 취지에서 법은 환경부장관과 시·도지사로 하여금 호소의 물환경 보전을 위하여 대통령령으로 정하는 호소와 그 호소에 유입하는 물의 이용상황, 물환경 현황 및 수생태계 건강성, 수질오염원의 분포상황 및 수질오염물질 발생량 등을 대통령령으로 정하는 바에 따라 정기적으로 조사·측정 및 분석하도록 하고 있습니다(§ 28 ①).

환경부장관과 시·도지사는 조사·측정 및 분석 결과에 따라 물환경 현황 및 수생태계 건강성에 대한 수계별 지도를 제작하고, 변화추이 등을 분석한 결과를 작성하여 그 지도 및 결과를 국민에게 공개해야 합니다(§ 28 ②).

3.4.3. 호소수질보전을 위한 의무 및 행위제한 등

법은 호소수질보전을 위하여 관계 행정기관의 장으로 하여금 상수원호소[124)]에 대해서는 「양식산업발전법」 제10조 제1항 제7호에 따른 내수면양식업

---

124) "상수원호소"라 함은 「수도법」 제7조에 따라 지정된 상수원보호구역 및 「환경정책기본법」 제22조에 따라 지정된 수질보전을 위한 특별대책지역 밖에 있는 호소 중 호소의

중 가두리식 양식장을 설치하는 양식업에 대한 면허를 발급하지 못하도록 금하는 한편(§ 30), 호소 안 쓰레기 수거·처리(§ 31), 중점관리저수지의 지정 등(§ 31의2) 등에 관한 규정을 두고 있습니다.

3.5. 점오염원의 관리

「물환경보전법」은 제3장에서 점오염원의 관리를 위한 규정들을 두고 있습니다. 제1절에 산업폐수 배출규제에 관한 규정을 두고, 제2절에 공공폐수처리시설에 관한 규정을(§§ 48-51), 제3절에는 생활하수와 축산폐수 관리를 위한 규정(§ 52)을 두었습니다.

3.5.1. 산업폐수의 배출규제

(1) 폐수배출규제의 체계

「물환경보전법」상 폐수[125]에 대한 배출규제수단으로는 ① 배출시설·방지시설의 설치허가·신고제, ② 배출허용기준 설정, ③ 배출허용기준 준수여부 확인을 위한 지도·점검, 각종 규제명령, ④ 경제적 유인수단으로서의 배출부과금 제도, ⑤ 산업단지 등 오염원 밀집지역의 폐수를 효과적으로 처리하기 위한 공공폐수처리시설의 설치·운영 등이 있습니다.

(2) 배출허용기준

① 개념과 종류

폐수배출시설[126]에서 배출되는 수질오염물질의 배출허용기준(emission standard)은 대기오염규제의 경우와 같이 규제적 기준(regulatory standard)으로서, 그 위반 또는 초과에 대하여 각종 명령적 규제수단을 발동하기 위한 전제/기준이 됩니다. 배출허용기준은 관계중앙행정기관의 장과 협의를 거쳐 환경부령으로 정하도록 되어 있습니다(§ 32 ①, ②).

내부 또는 외부에 「수도법」 제3조 제17호에 따른 취수시설을 설치하여 당해 호소수를 먹는 물로 사용하는 호소로서 환경부장관이 정하여 고시한 것을 말합니다(§ 2 5호).

125) "폐수"란 물에 액체성 또는 고체성의 수질오염물질이 섞여 있어 그대로는 사용할 수 없는 물을 말합니다(§ 2 4호).

126) "폐수배출시설"이란 수질오염물질을 배출하는 시설물, 기계, 기구, 그 밖의 물체로서 환경부령으로 정하는 것을 말합니다. 다만, 「해양환경관리법」 제2조 16호 및 17호에 따른 선박 및 해양시설은 제외합니다(§ 2 10호).

<배출허용기준의 환경부령 위임과 죄형법정주의 >

가. 형법 부칙 제4조 제1항은 형법을 시행함에 즈음하여 구형법과의 관계에서 그 적용범위를 정한 경과규정으로서, 형법 제8조가 타 법령에 정한 죄에도 적용하도록 규정한 "본법 총칙"에 해당되지 않을 뿐만 아니라, 범죄의 성립과 처벌은 행위시의 법률에 의한다고 규정한 형법 제1조 제1항의 해석으로서도 행위가 종료된 때 시행되는 법률의 적용을 배제한 점에서 타당한 것이 아니므로, 신구 형법 사이의 관계가 아닌 다른 법률 사이의 관계에서는 위 법조항을 그대로 적용하거나 유추적용할 것이 아니다.

나. 수질환경보전법이 시행된 1991.2.1 전후에 걸쳐 계속되다가 1991.3.20에 종료된 수질오염물질유출행위는 같은 법 부칙 제15조가 규정하고 있는 "이 법 시행 전에 행한 종전의 환경보전법 위반행위"라고 볼 수 없으므로 그 **행위가 종료된 때에 시행되고 있는 수질환경보전법을 적용한 것은 행위시법주위와 법률불소급의 원칙에 반하지 아니한다.**

다. 수질환경보전법 제56조 제3호에서 "배출시설 및 방지시설을 정당 운영하지 아니한 자"라 함은, 같은 법 제8조에 따른 배출허용기준 이하로 오염물질이 배출될 수 있도록 설계·시공되어 적합판정을 받은 배출시설이나 방지시설을 정상적으로 운영하지 아니함으로써 배출허용기준을 초과하여 오염물질을 배출시킨 자를 가리키는 것임이 분명하므로, 같은 법 제56조 제3호가 처벌대상으로 규정하고 있는 행위가 구체적이고 명확하게 규정되어 있지 않다고 볼 수 없을 뿐만 아니라, **지역적 사정과 환경의 질적인 향상 및 그 보전을 위한 여러 가지 여건을 감안하여 정해야 하는 오염물질의 배출허용기준을 직접 법률에서 모두 규정하지 아니하고 환경부령 등으로 정하도록 위임하였다 하여 같은 법 제8조의 규정이 죄형법정주의에 위반된다고 볼 수 없다.**[127]

<수질오염물질 측정에 관한 고시와 그에 따른 오염도검사절차 위반의 효과 >

[1] 행정청이 관계 법령이 정하는 바에 따라 고도의 전문적이고 기술적인 사항에 관하여 전문적인 판단을 하였다면, 판단의 기초가 된 사실인정에 중대한 오류가 있거나 판단이 객관적으로 불합리하거나 부당하다는 등의 특별한 사정이 없는 한 존중되어야 한다(대법원 2016.1.28 선고 2013두21120 판결 참조). **환경오염물질의 배출허용기준이 법령에 정량적으로 규정되어 있는 경우 행정청이 채취한 시료를 전문연구기관에 의뢰하여 배출허용기준을 초과한다는 검사결과를 회신 받아 제재처분을 한 경우, 이 역시 고도의 전문적이고 기술적인 사항에 관한 판단으로서 그 전제가 되는 실험결과의 신빙성을 의심할 만한 사정이 없는 한 존중되어야 함은 물론이다.**

[2] 수질오염물질을 측정함에 있어 **시료채취의 방법, 오염물질 측정의 방법 등을 정한**

---

127) 대법원 1992.12.8 선고 92도407 판결.

고시는 그 형식 및 내용에 비추어 행정기관 내부의 사무처리준칙에 불과하므로 일반 국민이나 법원을 구속하는 대외적 구속력은 없다. 따라서 시료채취의 방법 등이 위 고시에서 정한 절차에 위반된다고 하여 그러한 사정만으로 곧바로 그에 기초하여 내려진 행정처분이 위법하다고 볼 수는 없고, 관계 법령의 규정 내용과 취지 등에 비추어 그 절차상 하자가 채취된 시료를 객관적인 자료로 활용할 수 없을 정도로 중대한지에 따라 판단되어야 한다(대법원 2021.5.7 선고 2020두57042 판결 등 참조). 다만 이때에도 시료의 채취와 보존, 검사방법의 적법성 또는 적절성이 담보되어 시료를 객관적인 자료로 활용할 수 있고 그에 따른 실험결과를 믿을 수 있다는 사정은 행정청이 그 증명책임을 부담하는 것이 원칙이다.[128]

폐수배출허용기준은 전국적·일반적 기준입니다. 법은 이러한 전국적·일반적 기준에 대한 예외로 세 가지 유형의 특별한 배출허용기준을 설정할 수 있도록 허용하고 있습니다. 시·도 조례로 설정하는 지역별배출허용기준, 특별대책지구에 대하여 환경부장관이 설정하는 배출허용기준, 그리고 공공폐수처리시설 또는 공공하수처리시설에 배수설비를 통하여 폐수를 전량 유입하는 배출시설에 대한 별도의 배출허용기준이 그것입니다.

먼저, 법은 시·도(해당 관할구역 중 대도시는 제외) 또는 대도시는 「환경정책기본법」 제12조 제3항에 따른 지역환경기준을 유지하기가 곤란하다고 인정할 때에는 조례로 제1항의 배출허용기준보다 엄격한 배출허용기준을 정할 수 있도록 하고 있습니다(§ 32 ③ 본문). 다만, 이러한 지역별배출허용기준은 제74조 제1항에 따라 제33조·제37조·제39조 및 제41조 내지 제43조까지 규정에 따른 환경부장관의 권한이 시·도지사 또는 대도시의 장에게 위임된 경우로 한정합니다(§ 32 ③ 단서).

시·도지사 또는 대도시의 장은 제3항에 따른 배출허용기준을 설정·변경하

---

128) 대법원 2022.9.16 선고 2021두58912 판결(조업정지처분취소 (사) 파기환송). 공장 내 폐수배출시설에서 배출허용기준을 초과하는 중금속이 검출되었다는 이유로 (조업정지처분을 갈음하여) 과징금을 부과받자 그 처분의 기초가 된 오염도검사가 잘못되었다는 이유로 조업정지처분의 취소를 구하는 소송을 제기한 사안입니다. 대법원은 행정청이 오염도검사 과정에서 시료 채취 후 일정량의 질산을 첨가하여 시료를 보존하도록 한 수질오염공정시험기준이 정한 절차를 위반하였고 그 절차상 하자는 채취된 시료를 객관적인 자료로 활용할 수 없을 정도로 중대하다고 볼 여지가 충분하여 오염도검사의 신빙성이 충분히 증명되었다고 보기 어려우며 따라서 필요한 심리를 다하지 않음으로써 판결에 영향을 미친 위법이 있다고 판시하여 원심판결을 파기환송하였습니다.

는 경우에는 조례로 정하는 바에 따라 미리 주민 등 이해관계자의 의견을 듣고, 이를 반영하도록 노력해야 합니다(§ 32 ④). 시·도의 조례로 배출허용기준이 설정·변경된 때에는 시·도지사 또는 대도시의 장은 지체없이 환경부장관에게 보고하고 이해관계자가 알 수 있도록 필요한 조치를 해야 합니다(§ 32 ⑤).

조례에 의한 배출허용기준이 적용되는 시·도 또는 대도시 안에 해당 기준이 적용되지 아니하는 지역이 있는 경우에는 그 지역에 설치되었거나 설치되는 배출시설에 대해서도 제3항에 따른 배출허용기준을 적용합니다(§ 32 ⑦).

둘째, 환경부장관이 특별대책지역의 수질오염방지를 위하여 필요하다고 인정하는 때에 정하는 배출허용기준으로서, 그 경우 환경부장관은 해당 지역에 설치된 배출시설에 대하여 법 제32조 제1항의 기준보다 엄격한 배출허용기준을 정할 수 있고, 해당 지역에 새로 설치되는 배출시설에 대하여 특별배출허용기준을 정할 수 있습니다(§ 32 ⑥).

이는 특별대책지역에 설치되어 있는 기존의 배출시설에 대하여는 일반배출허용기준 보다 엄격한 배출허용기준을 정할 수 있도록 하고, 신규배출시설에 대하여는 특별배출허용기준을 정할 수 있도록 함으로써 일부 오염이 심한 지역의 수질오염에 효과적으로 대처할 수 있도록 하기 위한 것입니다.

한편 법 제33조 제1항 단서 및 같은 조 제2항에 따라 설치되는 폐수무방류배출시설[129]과 환경부령으로 정하는 배출시설 중 폐수를 전량 재이용하거나 전량 위탁처리하여 공공수역으로 폐수를 방류하지 아니하는 배출시설에 대해서는 위 배출허용기준에 관한 규정(제32조 제1항부터 제7항까지)의 적용이 배제됩니다(§ 32 ⑧).

셋째, 법은 환경부장관이 공공폐수처리시설 또는 공공하수처리시설에 배수설비를 통하여 폐수를 전량 유입하는 배출시설에 대해서는 그 공공폐수처리시설 또는 공공하수처리시설에서 적정하게 처리할 수 있는 항목에 한정하여 제1항에도 불구하고 따로 배출허용기준을 정하여 고시할 수 있도록 하고 있습니다(§ 32 ⑨).

---

129) "폐수무방류배출시설"이란 폐수배출시설에서 발생하는 폐수를 해당 사업장에서 수질오염방지시설을 이용하여 처리하거나 동일 폐수배출시설에 재이용하는 등 공공수역으로 배출하지 아니하는 폐수배출시설을 말합니다(§ 2 11호).

② 법적 성질

배출허용기준은 환경기준과는 달리 주로 사업장이나 시설 단위의 개별적 오염물질배출을 통제하기 위한 기준입니다. 배출허용기준은 배출시설에서 배출되는 오염물질의 최대허용농도로서 법적 구속력을 갖는 규제기준이며, 사업장의 경영자 또는 관리자를 수범자로 하여 위반시 처벌의 대상이 되는 등 구체적인 법적 효력을 발생합니다. 실례로 법 제39조는 환경부장관으로 하여금 제37조 제1항에 의한 신고를 한 후 조업중인 배출시설(폐수무방류배출시설은 제외)에서 배출되는 수질오염물질의 정도가 제32조에 따른 배출허용기준을 초과한다고 인정할 때에는 대통령령으로 정하는 기간을 정하여 사업자(공동방지시설 운영기구 대표자 포함)에게 그 수질오염물질이 배출허용기준 이하로 내려가도록 필요한 조치를 취하라는 개선명령을 내릴 수 있도록 하고 있습니다(§39).

③ 문 제 점

현행법상 배출허용기준에 대하여는 몇 가지 측면에서 비판이 제기됩니다. 먼저, 배출허용기준의 설정이 법제업무운영규정에 따른 절차적 통제를 제외하고는 환경부장관에게 전부 일임되어 있다는 문제입니다. 배출허용기준의 설정과정에 정부입법에 대한 절차적 통제 외에 이해관계인의 참여 및 의견수렴 기회가 주어지지 않고 있습니다. 다만, 2021년 4월 13일의 법개정으로 법 제32조 제3항에 따른 지역별로 강화된 배출허용기준의 경우 주민 등 이해관계자의 의견수렴이 의무화된 것은 진일보한 결과입니다(같은 조 제4항).

또한 배출허용기준은 ppm단위로 표현되는 농도기준이라는 점에서 오염물질 배출시설의 증가를 통제할 수 없고 이에 따른 환경오염의 집적현상을 막을 수 없으므로 배출허용기준이 잘 준수되더라도 환경악화를 막을 수 없는 경우가 있을 수 있다는 점, 둘째, 배출허용기준에는 미달하지만 환경에 축적되는 오염원을 규제할 수 있는 대책이 되지 못한다는 점, 셋째, 배출부과금의 부과를 좌우하는 규제기준의 준수 여부를 판단함에 있어 측정대상이 배출시의 농도에 국한되어 있기 때문에 이를 회피할 수 있는 탈법행위의 가능성, 가령 배출허용기준을 넘지 않도록 하기 위하여 희석시켜 배출시키거나 불법배출구를 운용하는 등 탈법행위의 가능성이 상존하며, 이에 대한 당국의 적발·통제가 용이하지 않다는 점 등이 문제점으로 지적되고 있습니다. 배출허용기준과 배출부과금을 결합시킨 배출규제가 비교적 성공적으로 집행되었음에도 불구하고 총체적 환경의 질을 개선·향상시키는 데 이르지 못한 것도 바로 그런 문제점들에 기인하는 것으로 여겨지고 있습니다. 현행법상 환경오염의 규제기준인 배출허용기준이 농도기준으로만 적용되는 한, 환경의 총체적인 질의 악화를 방지할 수 있을 것으로 기대하기는 곤란합니다. 따라서 대기오염상태가 환경기준을 초과하여 생활환경에 중대한 위해를 가져올 우려가 있는 구역이나 특별대책지구 내 사업장이 밀집된 구역에 대하여 총량규제의 도입 및 확대가 요구됩니다.

「물환경보전법」상 배출허용기준은 대기환경보전법의 그것과 본질적으로 다르지 않으며, 배출허용기준 초과에 대한 배출부과금제도도 마찬가지입니다. 배출허용기준 및 배출부과금제도의 상호연관, 제도적 문제점, 위임입법의 절차적 통제의 필요성, 행정절차의 보장 등에 관하여는 대기환경보전법과 관련하여 설명한 것을 참조하기 바랍니다.

(3) 배출시설·방지시설의 설치·변경에 대한 규제

① 배출시설의 설치·변경

ⓐ 배출시설의 설치·변경허가

배출시설을 설치하거나 변경하려면 대통령령으로 정하는 바에 따라 환경부장관의 허가를 받거나 환경부장관에게 신고를 해야 합니다(§ 33 ① 본문). 허가를 받아야 하는 대상은 대통령령, 즉 시행령으로 정하는 바에 따릅니다. 법 제33조 제9항에 따라 폐수무방류배출시설을 설치하고자 하는 자는 환경부장관의 허가를 받아야 합니다(§ 33 ① 단서).

과거에는 배출시설의 설치나 변경을 위해서는 원칙적으로 환경부장관의 허가를 받아야 했습니다. 1995년 12월 29일 수질환경보전법 개정법률 제10조 제1항에 따라 기존 배출시설허가제가 근본적으로 수정되었습니다. 특히 허가제와 신고제의 대상범위를 아무런 기준도 제시하지 않은 채 대통령령에 맡김으로써 배출시설허가제의 적용범위에 관한 한 입법권을 실질적으로 행정부에 위양해 버린 것이나 마찬가지 결과가 되었습니다. 이후 제정된 시행령에서 허가대상 배출시설을 극히 제한하여 사실상 신고제를 원칙으로 한 것이나 다름없는 결과가 된 것은 그 당연한 귀결이었습니다. 시행령은 허가사항을 제한적으로 열거하고 그 밖의 경우에는 신고를 하면 되도록 개방하여 사실상 허가제를 원칙적 신고제로 바꾸는 결과를 가져왔습니다.

「물환경보전법시행령」은 제31조 제1항에서 설치허가를 받아야 하는 배출시설을 열거하고 있는데, 특정수질유해물질이 환경부령으로 정하는 기준 이상으로 배출되는 배출시설, 「환경정책기본법」 제38조에 따른 특별대책지역에 설치하는 배출시설, 배출시설 설치제한지역에 설치하는 배출시설, 「수도법」 제7조에 따른 상수원보호구역에 설치하거나 그 경계구역으로부터 상류로 유하거리(流下距離) 10킬로미터 이내에 설치하는 배출시설 등이 허가대상입니다.

허가 또는 변경허가의 기준은 다음과 같습니다(법§33 ⑪).

> 1. 배출시설에서 배출되는 오염물질을 제32조에 따른 배출허용기준 이하로 처리할 수 있을 것
> 2. 다른 법령에 따른 배출시설의 설치제한에 관한 규정에 위반되지 아니할 것
> 3. 폐수무방류배출시설을 설치하는 경우에는 폐수가 공공수역으로 유출·누출되지 아니하도록 대통령령으로 정하는 시설 전부를 대통령령으로 정하는 기준에 따라 설치할 것

한편, 환경부장관은 상수원보호구역의 상류지역, 특별대책지역 및 그 상류지역, 취수시설이 있는 지역 및 그 상류지역의 배출시설로부터 배출되는 수질오염물질로 인하여 환경기준을 유지하기 곤란하거나 주민의 건강·재산이나 동식물의 생육에 중대한 위해를 가져올 우려가 있다고 인정되는 경우에는 관할 시·도지사의 의견을 듣고 관계 중앙행정기관의 장과 협의하여 배출시설의 설치(변경을 포함)를 제한할 수 있습니다(§33 ⑦). 배출시설의 설치를 제한할 수 있는 지역의 범위는 대통령령으로 정하고, 환경부장관은 지역별 제한대상 시설을 고시해야 합니다(§33 ⑧). 이에 따라 취수시설이 있는 지역이나 「환경정책기본법」 제38조에 따라 수질보전을 위해 지정·고시한 특별대책지역 등 「수도법」에 따른 공장 설립 제한 지역 등에서는 배출시설 설치를 제한할 수 있습니다(시행령§32).

(b) 배출시설의 설치·변경신고

허가 대상 배출시설 외의 배출시설을 설치하려면 신고를 하여야 합니다. 시행령 제31조 제2항은 배출시설 설치신고를 해야 하는 경우를 정하고 있습니다.

(c) 폐수무방류배출시설의 특례

「물환경보전법」은 폐수무방류배출시설을 상수원보호를 위한 배출시설 설치제한지역에 설치할 수 있도록 허용하되(§33 ⑨), 상수원보호에 미칠 영향을 고려하여 그 설치절차·설치기준·운영기준 등을 엄격히 정하여 폐수무방류배출시

설에 대한 사전·사후 관리체계를 마련하려는 취지에서 폐수무방류배출시설에 대한 특례를 정하고 있습니다.

② 방지시설의 설치·운영

ⓐ 방지시설의 설치의무

법은 배출시설 허가·변경허가를 받은 자 또는 신고·변경신고를 한 자("사업자")가 그 배출시설을 설치하거나 변경할 때에는 그로부터 배출되는 수질오염물질이 배출허용기준 이하로 배출되게 하기 위한 수질오염방지시설(폐수무방류배출시설의 경우에는 폐수를 배출하지 않고 처리할 수 있는 수질오염방지시설을 말함)을 설치하도록 하는 한편(§35 ① 본문), 다만 대통령령으로 정하는 기준에 해당하는 배출시설(폐수무방류배출시설 제외)에 대해서는 설치의무를 면제하고 있습니다(§35 ① 단서).

방지시설 설치의무를 면제받아 배출시설을 설치·운영하는 자는 폐수의 처리, 보관방법 등 배출시설의 관리에 관하여 환경부령으로 정하는 "준수사항을 지켜야 하며(§35 ②), 제1항 단서에 따라 방지시설을 설치하지 않고 배출시설을 설치·운영하는 자가 제2항의 준수사항을 위반한 때에는 허가·변경허가를 취소하거나 배출시설의 폐쇄, 배출시설의 전부·일부에 대한 개선 또는 6개월 이내의 조업정지를 명할 수 있습니다(§35 ③).

ⓑ 공동방지시설의 설치

사업자는 배출시설(폐수무방류배출시설 제외)로부터 배출되는 오염물질의 공동처리를 위한 공동방지시설을 설치할 수 있습니다(§35 ④ 전단). 이 경우 각 사업자는 사업장별로 해당 오염물질에 대한 방지시설을 설치한 것으로 봅니다(§35 ④ 후단). 공동방지시설을 설치·운영할 경우 그 시설의 운영기구를 설치하고 대표자를 두어야 합니다(§35 ⑤).

③ 배출시설·방지시설의 설치·운영과 관련한 사업자의 의무

ⓐ 가동시작신고

사업자는 배출시설 및 방지시설의 가동시작 신고의무를 집니다. 사업자는 배출시설 또는 방지시설의 설치를 완료하거나 배출시설의 변경(변경신고를 하고 변경을 하는 경우에는 대통령령으로 정하는 변경의 경우에 한함)을 완료하여 당해 배출시설 및 방지시설을 가동하려면 환경부령으로 정하는 바에 따라 미리 환경부장관에게 가동시작 신고를 해야 합니다(§37 ① 전단). 가동시작 신고를 한 사업자는 환경부령으로 정하는 기간 이내에 배출시설(폐수무방류배출시설 제외)에서 배출되는 수질오

염물질이 배출허용기준 이하로 처리될 수 있도록 방지시설을 운영해야 합니다(§ 37 ② 전단). 이 경우 환경부령으로 정하는 기간 이내에는 제39조(개선명령)·제40조 (조업정지명령) 및 제41조(배출부과금)의 규정을 적용하지 않습니다(§ 37 ② 후단).

(b) 배출시설 및 방지시설의 운영

종래에는 정상운영의무를 부과하고 비정상운영의 구체적 태양을 총리령으로 정한 행정처분기준에서 예시하고 있었으나, 현행법은 이를 배출시설 및 방지시설의 운영에 관한 규율로 구체화하여 법률에 명시하는 방식을 택하고 있습니다.

배출시설 및 방지시설의 운영과 관련하여 법은 제38조에서 사업자(제33조 제1항 단서 또는 같은 조 제2항에 따라 폐수무방류배출시설의 설치허가 또는 변경허가를 받은 사업자 제외) 또는 방지시설을 운영하는 자(제35조 제5항에 따른 공동방지시설 운영기구의 대표자 포함)에게 다음과 같은 행위를 금지하고 있습니다(§ 38 ①).

1. 배출시설에서 배출되는 수질오염물질을 방지시설에 유입하지 아니하고 배출하거나 방지시설에 유입하지 아니하고 배출할 수 있는 시설을 설치하는 행위
2. 방지시설에 유입되는 수질오염물질을 최종 방류구를 거치지 아니하고 배출하거나, 최종 방류구를 거치지 아니하고 배출할 수 있는 시설을 설치하는 행위
3. 배출시설에서 배출되는 수질오염물질에 공정 중 배출되지 아니하는 물 또는 공정 중 배출되는 오염되지 아니한 물을 섞어 처리하거나 제32조에 따른 배출허용기준을 초과하는 수질오염물질이 방지시설의 최종 방류구를 통과하기 전에 오염도를 낮추기 위하여 물을 섞어 배출하는 행위. 다만, 환경부장관이 환경부령으로 정하는 바에 따라 희석해야만 수질오염물질을 처리할 수 있다고 인정하는 경우와 그 밖에 환경부령으로 정하는 경우는 제외한다.
4. 그 밖에 배출시설 및 방지시설을 정당한 사유 없이 정상적으로 가동하지 아니하여 제32조에 따른 배출허용기준을 초과한 수질오염물질을 배출하는 행위

법은 이처럼 비정상운영행위의 태양들을 구체적으로 열거하고 다시 제4호에서 '그 밖의 배출시설 및 방지시설을 정당한 사유 없이 정상적으로 가동하지 아니하여 제32조에 따른 배출허용기준을 초과한 오염물질을 배출하는 행위'라는 포괄적 규정을 둠으로써 그 밖에 있을 수 있는 새로운 유형의 탈법행위도 이를 비정상운영행위로 볼 수 있는 여지를 남기고 있습니다. 따라서 제1호 내지 제3호에 열거된 행위태양들은 제한적인 것이 아니라 예시적인 것으로 보아야

할 것입니다.

또한 법은 폐수배출시설 설치제한 지역에 폐수무방류배출시설 허가 또는 변경허가를 받은 사업자에 대해서도 폐수를 사업장 밖으로 반출하거나 공공수역으로 배출하는 등 다음과 같은 행위를 금지하고 있습니다(§ 38 ②).

1. 폐수무방류배출시설에서 배출되는 폐수를 사업장 밖으로 반출하거나 공공수역으로 배출하거나 배출할 수 있는 시설을 설치하는 행위
2. 폐수무방류배출시설에서 배출되는 폐수를 오수 또는 다른 배출시설에서 배출되는 폐수와 혼합하여 처리하거나 처리할 수 있는 시설을 설치하는 행위
3. 폐수무방류배출시설에서 배출되는 폐수를 재이용하는 경우 동일한 폐수무방류배출시설에서 재이용하지 아니하고 다른 배출시설에서 재이용하거나 화장실 용수, 조경용수 또는 소방용수 등으로 사용하는 행위

그 밖에도 법은 조업시 배출시설 및 방지시설 운영상황을 기록·보존할 의무를 부과하고 있습니다. 사업자 또는 방지시설을 운영하는 자는 조업을 할 때에는 환경부령으로 정하는 바에 따라 그 배출시설 및 방지시설의 운영에 관한 상황을 사실대로 기록하여 이를 보존해야 합니다(§ 38 ③).

(c) 그 밖의 의무

법은 사업자에게 측정기기의 부착 등의 의무를 부과하고 있습니다. 제38조의2 각호에 열거된 대통령령으로 정하는 폐수배출량 이상의 사업장, 방지시설, 공공폐수처리시설이나 공공하수처리시설 등을 운영하는 사업자는 배출되는 수질오염물질이 제32조에 따른 배출허용기준, 제12조 제3항 또는 「하수도법」 제7조에 따른 방류수 수질기준에 맞는지를 확인하기 위하여 적산전력계, 적산유량계, 수질자동측정기기 등 대통령령으로 정하는 측정기기를 부착해야 합니다(§ 38의2 ①).

종래 사업자가 배출시설에서 배출되는 오염물질이 배출허용기준에 적합한지 여부를 확인하기 위한 기기를 부착하는 등 배출시설 및 방지시설의 적정한 운영에 필요한 조치를 해야 하도록 하였던 것을 더 강화하여 원격자동감시시스템(TMS) 설치를 법적으로 뒷받침하려는 취지로 이해됩니다.

(d) 의무위반에 대한 제재

법은 사업자가 위에서 살펴 본 각종의무를 이행하지 아니하는 경우 허가취

소, 형벌 등의 제재수단을 마련하고 있습니다. 즉, 법은 제32조 제1항에 따른 배출허용기준을 초과한 경우, 거짓이나 그 밖의 부정한 방법으로 허가·변경허가를 받았거나, 신고·변경신고를 한 때 등 일정한 사유가 발생하면 배출시설의 설치허가 또는 변경허가를 취소하거나 배출시설의 폐쇄를 명하거나 또는 6개월 이내의 조업정지를 명할 수 있도록 하여 사후관리를 엄격히 하도록 했습니다(§ 42 ①). 특히 거짓이나 그 밖의 부정한 방법으로 허가·변경허가를 받았거나, 신고·변경신고를 한 때에는 반드시 배출시설의 설치허가 또는 변경허가를 취소하거나 그 폐쇄를 명해야 한다고 못 박고 있습니다(§ 42 ① 단서). 폐수무방류배출시설에 대한 행위금지의 위반 역시 앞서 본 바와 같은 다른 경우와 함께 허가취소 등의 사유가 됩니다(§ 42 ① 4호). 또한 제33조 제1항에 따른 신고를 하지 아니하거나 거짓으로 신고를 하고 배출시설을 설치하거나 그 배출시설을 이용하여 조업한 자는 5년 이하의 징역 또는 5천만원 이하의 벌금에 처하도록 되어 있습니다(§ 76 2호).

④ 권리·의무의 승계

「물환경보전법」은 제36조 제1항에서 사업자가 배출시설 및 방지시설을 양도하거나 사망한 경우 또는 법인의 합병이 있는 경우에는 그 양수인·상속인 또는 합병후 존속하는 법인이나 합병에 따라 설립되는 법인은 허가·변경허가·신고 또는 변경신고에 따른 사업자의 권리·의무를 승계하도록 하여 권리나 의무 이행의 허점이 생기지 않도록 했습니다.

또한 법은 「민사집행법」에 따른 경매, 「국세징수법」, 「관세법」 또는 「지방세징수법」에 따른 압류재산의 매각 등에 따라 사업자의 배출시설 및 방지시설을 인수한 자는 허가·변경허가 등에 따른 종전 사업자의 권리·의무를 승계하도록 규정하고 있습니다(§ 36 ②).

(4) 배출부과금

① 개 설

「물환경보전법」은 배출허용기준 준수 확보를 위한 경제적 유인으로 배출부과금(emission charge) 제도를 채용하고 있습니다(§ 41). 이것은 오염물질을 배출하는 자에게 금전적 부담을 줌으로써 오염물질의 배출을 스스로 억제하도록 유도하기 위한 제도로, 환경오염의 외부효과를 오염물질을 배출한 기업의 비용으로 내부화시킨다는 오염자부담원칙에 바탕을 두고 있습니다. 즉 환경자원의 사용에 따른 오염비용을 그 사용자가 지불하게 함으로써 수질오염을 최소화하려는 것입니다.

종래의 배출부과금제도는 배출허용기준이란 규제기준의 설정과 부과금이란 경제유인적 규제방식을 결합시킨 일종의 초과배출부과금제(non-compliance charge system)였습니다. 이는 배출부과금이라는 경제적 유인에 따라 배출규제의 목적을 달성하고 외부효과로서 환경오염 비용을 내부화하려는 규제정책적 발상에 따른 것이었습니다. 이 제도는 배출허용기준이란 기준 설정(standard setting)과 부과금이란 경제적 유인을 결합시킨 일종의 초과배출부과금제(non-compliance charge system)의 성격을 띠고 있었습니다. 그러나 초과배출부과금제도는 이미 앞에서 환경보호의 법적 수단과 관련하여 살펴본 바와 같이 배출허용기준을 초과하지 않는 한 배출부과금이 부과되지 않기 때문에 배출허용기준에 미달하는 한 그 한도 내에서 '배출의 자유'를 부여하는 결과가 될 뿐만 아니라, 농도기준에 의한 규제이기 때문에 오염물질의 배출 총량을 억제하지 못한다는 비판으로부터 자유롭지 못했습니다. 이에 1995년 12월 29일 대기환경보전법과 함께 배출허용기준을 초과하지 않더라도 오염물질배출량 등 일정한 기준에 따라 기본부과금을 부과하도록 하는 내용으로 법개정이 이루어졌습니다.

② 배출부과금의 부과 및 감면

법은 제41조 제1항에서 환경부장관에게 배출부과금 부과·징수권을 부여하고 있습니다. 이에 따르면, 환경부장관은 수질오염물질로 인한 수질오염 및 수생태계 훼손을 방지하거나 감소시키기 위하여 수질오염물질을 배출하는 사업자(공공폐수처리시설, 공공하수처리시설 중 환경부령으로 정하는 시설을 운영하는 자를 포함) 또는 제33조 제1항부터 제3항까지의 규정에 따른 허가·변경허가를 받지 아니하거나 신고·변경신고를 하지 않고 배출시설을 설치하거나 변경한 자에게 배출부과금을 부과·징수합니다(§ 41 ① 전단).

한편 일정한 사유가 있는 경우 배출부과금을 면제 또는 감면할 수 있는 예외가 인정됩니다. 이에 따르면, 배출부과금은 방류수수질기준 이하로 배출하는 사업자(폐수무방류배출시설을 운영하는 사업자 제외)에 대하여는 부과하지 아니하며, 대통령령으로 정하는 양 이하의 수질오염물질을 배출하는 사업자 및 다른 법률에 따라 수질오염물질의 처리비용을 부담한 사업자에 대해서는 배출부과금을 감면할 수 있습니다(§ 41 ③ 전단). 이 경우 다른 법률에 따라 처리비용을 부담한 사업자에 대한 배출부과금의 감면은 그 부담한 처리비용의 금액 이내에 한정합니다 (§ 41 ③ 후단).

③ 배출부과금의 종류·산정기준

배출부과금은 기본배출부과금("기본부과금")과 초과배출부과금("초과부과금")으로 구분하여 부과하도록 되어 있습니다. 그 산정방법 및 산정기준 등에 관하여 필요한 사항은 대통령령으로 정하도록 위임되어 있습니다(§ 41 ① 후단).[130]

1. 기본배출부과금
   가. 배출시설(폐수무방류배출시설 제외)에서 배출되는 폐수 중 수질오염물질이 제32조에 따른 배출허용기준 이하로 배출되나, 방류수수질기준을 초과하는 경우
   나. 공공폐수처리시설 또는 공공하수처리시설에서 배출되는 폐수 중 수질오염물질이 방류수 수질기준을 초과하는 경우
2. 초과배출부과금
   가. 수질오염물질이 제32조에 따른 배출허용기준을 초과하여 배출되는 경우
   나. 수질오염물질이 공공수역에 배출되는 경우(폐수무방류배출시설에 한정한다)

배출부과금을 부과할 때에는 다음 사항을 고려해야 합니다(§ 41 ②).

1. 제32조에 따른 배출허용기준 초과 여부
2. 배출되는 수질오염물질의 종류
3. 수질오염물질의 배출기간
4. 수질오염물질의 배출량
5. 제46조에 따른 자가측정 여부
6. 그 밖에 수질환경의 오염 또는 개선과 관련되는 사항으로서 환경부령으로 정하는 사항

배출부과금의 산정기준 및 방법에 관하여는 시행령 제41조 내지 제51조에서 상세히 규정하고 있습니다. 이 중 몇 가지 중요한 부분만 살펴보면 다음과 같습니다.

---

130) 종래 수질환경보전법 시행령 제10조에 따르면 배출부과금으로는 수질환경상의 피해방지와 배출허용기준위반을 방지하기 위하여 사업장규모별로 부과하는 기본부과금과 배출허용기준을 초과하여 배출되는 오염물질의 처리비용에 상당하는 금액을 부과하는 처리부과금 두 가지 종류가 있었습니다. 이에 따라 법 제19조에 의한 배출부과금은 이 두 가지 부과금을 합산한 금액으로 부과되어 왔습니다. 1995년 12월 29일의 법개정에 따라 개정된 동시행령 제13조는 법 제19조 제1항에 따른 배출부과금을 초과부과금과 기본부과금으로 구분했습니다.

ⓐ 기본배출부과금

기본배출부과금은 수질오염물질 배출량과 배출농도를 기준으로 다음 계산식에 따라 산출한 금액으로 합니다(시행령 §41 ①).

> 기준이내배출량×수질오염물질 1킬로그램당 부과금액×연도별 부과금산정지수×사업장별 부과계수×지역별 부과계수×방류수수질기준초과율별 부과계수

ⓑ 초과배출부과금

초과배출부과금은 배출허용기준을 초과하거나, 폐수무방류배출시설의 경우 오염물질이 공공수역에 배출되는 때에 부과하는데, 수질오염물질 배출량과 배출농도를 기준으로 다음 계산식에 따라 산출한 금액에 시행령 제45조 제3항 각 호의 구분에 의한 금액을 더한 금액으로 합니다(시행령 §45 ① 본문). 다만, 법 제41조 제1항 제2호 가목에 따른 초과배출부과금을 부과하는 경우로서 배출허용기준을 경미하게 초과하여 법 제39조에 따른 개선명령을 받지 아니한 측정기기 부착사업자 등에게 부과하는 경우 또는 영 제40조 제1항 제2호에 따라 개선계획서를 제출하고 개선하는 사업자에게 부과하는 경우에는 배출허용기준초과율별 부과계수와 위반횟수별 부과계수를 적용하지 않고, 영 제45조 제3항 제1호의 금액을 더하지 않습니다(시행령 §45 ① 단서). 영 제40조 제1항 제1호에 따라 개선계획서를 제출하고 개선한 사업자에 대하여 위 산정기준을 적용함에 있어서는 법 제39조에 따른 개선명령을 받은 것으로 봅니다(시행령 §45 ②).

> 기준초과배출량×수질오염물질 1킬로그램당 부과금액×연도별 부과금산정지수×지역별 부과계수×배출허용기준초과율별 부과계수(법 제41조 제1항 제2호나목의 경우에는 유출계수·누출계수)×배출허용기준 위반횟수별 부과계수

④ 부과금부과대상 오염물질의 종류

기본배출부과금의 부과대상 수질오염물질은 유기물질과 부유물질(SS) 2종이고(시행령 §42), 초과배출부과금 부과대상 수질오염물질은 19종의 물질입니다(시행령 §46).

⑤ 배출부과금의 징수 등

환경부장관은 배출부과금을 납부해야 할 자가 소정의 기한 내에 이를 납부하지 아니한 때에는 가산금을 징수하며(§41 ④), 가산금에 대하여는 「국세기본

법」 제47조의4를 준용합니다(§ 41 ⑤). 배출부과금 및 가산금은 「환경정책기본
법」에 따른 환경개선특별회계의 세입으로 합니다(§ 41 ⑥).

배출부과금 또는 가산금을 납부해야 할 자가 소정의 기한까지 내지 아니하
면 환경부장관 또는 제7항에 따른 시·도지사가 국세 또는 지방세 체납처분의
예에 따라 이를 징수합니다(§ 41 ⑧).

배출부과금의 납부를 명하는 행위는 금전급부의무를 부과하는 침익적 또는
부과적 행정행위라고 할 수 있습니다. 따라서 이러한 배출부과금부과처분에 대
한 불복절차로는 취소소송등 통상의 행정소송에 의한 권리구제가 열려 있고, 과
다산정된 배출부과금의 납부는 그 부과처분의 위법성을 선결문제로 하여 부당
이득반환청구의 대상이 될 것입니다. 그 밖의 사항에 관하여는 이미 대기환경보
전법의 배출부과금제도에 대한 설명과 중복되므로 그곳에서의 설명을 참조하기
바랍니다.

⑥ 배출부과금의 조정

시행령 제54조는 부과금 부과기관에서 산정기준이나 산정방법에 착오를
일으켜 잘못 계산하였거나, 사업자가 오염물질배출량 자료를 잘못 제출한 경우
처럼 참작할 만한 일정한 사유가 있는 경우 배출부과금을 조정하여 환급 또는
추가 징수할 수 있도록 함으로써, 배출부과금 부과에 탄력성을 기하고자 했습니
다. 이에 따르면 환경부장관은 일정한 사유가 있는 경우에는 부과금을 다시 산
정하여 조정하되, 이미 납부한 금액과 조정된 금액에 차이가 있을 때에는 차액
을 다시 부과하거나 환급해야 합니다(시행령 § 54 ①).

이것은 부과금산정의 기초가 사후의 사정변경으로 인하여 달라진 경우에
환경부장관이 이를 고려하여 부과금산정을 사후에 변경·조정할 수 있도록 하려
는 데 취지를 둔 제도입니다. 그런데 대기환경보전법의 경우와 마찬가지로 모법
에 부과금의 조정에 관한 규정이 없기 때문에 모법에 규정이 없음에도 시행령
에서 배출부과금의 조정에 관한 규율을 하고 있는 것이 헌법상 위임입법의 한
계를 넘은 것이 아닌지 의문이 제기될 수 있습니다. 이 경우에도 '배출부과금
의·산정방법 및 산정기준은 대통령령으로 정한다'고 한 법률 제41조 제1항 제2
문에 의한 수권의 범위 안에 드는 것으로 해석해야 할 것입니다.

<참고판례 >

국가기관이 측정한 오염물질농도의 신빙성을 합리적인 이유없이 배척한 조치에 심리미진의 위법이 있다고 한 사례(대법원 1993.7.16 선고 93누814 판결)[131]:

"1. 피고의 주장에 의하면, 위 광주지방환경청 단속공무원인 유종열은 1990.5.11 원고 회사의 이사 황호범과 배출시설관리인 오희석을 입회시킨 가운데 폐수의 시료를 채취하였고, 채취된 폐수의 시료는 광주지방환경청 측정분석과 환경7급공무원인 한용섭에게 전달되어 환경오염공정시험법 수질편 제25조 제2항 흡광광도법에 따라 30회 이상의 시험을 거친 결과 위 189.31의 수치로 측정되었다는 것인바, 위 광주지방환경청 측정분석과의 시설, 장비, 기술능력이 제대로 갖추어져 있었다면 그 시험결과는 매우 공신력이 높을 것으로 보아야 하고, 합리적인 이유없이 함부로 그 신빙성이 배척되어서는 아니 될 것이다.

2. 배출부과금부과권자가 구 환경보전법(1990.8.1, 법률 제4257호, 「환경정책기본법」에 의거 폐지) 제24조에 따라 관계공무원에게 검사시킨 결과라고 볼 수 없는 환경관리공단의 검사 결과 다른 측정치가 있었다는 사실만으로는 같은 법 시행령(1991.2.2, 대통령령 제13303호 「환경정책기본법 시행령」에 의거 폐지) 제17조의 13 제1항 제2호 소정의 조정사유에 해당한다고 볼 수 없고, 그와 같은 다른 측정치가 있다는 자료를 부과권자에게 제시하거나 부과권자가 스스로 그와 같은 자료를 입수함으로써 오염물질의 배출상태가 당초의 측정치와 달라졌다고 인정하여 그에 따라 재점검을 하였다든지, 그와 같은 자료가 부과권자에게 제시되었음에도 불구하고, 부과권자가 합리적 이유없이 재점검을 실시하지 않았다든지 하는 경우라야만 위 조정사유에 해당한다."

(5) 배출규제명령·과징금

① 배출규제명령

배출허용기준에 위반한 사업장에 대하여는 개선명령, 조업정지명령 등 행정조치를 취할 수 있습니다(§§ 39-44).

먼저, 환경부장관은 제37조 제1항에 따른 신고 후 조업중인 배출시설(폐수무방류배출시설을 제외한다)에서 배출되는 수질오염물질의 정도가 배출허용기준을 초과한다고 인정하는 때에는 대통령령으로 정하는 바에 따라 기간을 정하여 사업자(제35조 제5항에 따른 공동방지시설 운영기구의 대표자 포함)에게 그 수질오염물질의 정도가 배출허용기준 이하로 내려가도록 필요한 조치를 취하라는 개선명령을 발할 수 있습니다(§ 39).

---

131) 공해배출부과금부과처분취소, 판례월보 제279호(1993.12), 175 이하를 참조.

개선명령을 이행하지 아니하거나 기간 내에 이행은 하였으나 검사결과 제32에 따른 배출허용기준을 계속 초과할 때에는 당해 배출시설의 전부 또는 일부에 대한 조업정지를 명할 수 있습니다(법 § 40).

② 과 징 금

법은 위와 같은 조업정지명령 대신 과징금을 부과할 수 있도록 하고 있습니다. 환경부장관은 다음 중 어느 하나에 해당하는 배출시설(폐수무방류배출시설을 제외한다)을 설치·운영하는 사업자에 대하여 제42조에 따라 조업정지를 명해야 하는 경우로서 그 조업정지가 주민의 생활, 대외적인 신용, 고용, 물가 등 국민경제 또는 그 밖의 공익에 현저한 지장을 줄 우려가 있다고 인정되는 경우에는 조업정지처분을 갈음하여 매출액에 100분의 5를 곱한 금액을 초과하지 않는 범위에서 과징금을 부과할 수 있습니다(§ 43 ①).

1. 「의료법」에 의한 의료기관의 배출시설
2. 발전소의 발전설비
3. 「초·중등교육법」 및 「고등교육법」에 의한 학교의 배출시설
4. 제조업의 배출시설
5. 그 밖에 대통령령으로 정하는 배출시설

단, 환경부장관은 다음 어느 하나에 해당하는 위반행위에 대하여는 제1항에도 불구하고 조업정지를 명해야 합니다(§ 43 ②).

1. 제35조에 따라 방지시설(공동방지시설을 포함한다)을 설치해야 하는 자가 방지시설을 설치하지 아니하고 배출시설을 가동한 경우
2. 제38조 제1항 각호의 어느 하나에 해당하는 행위를 한 경우로서 30일 이상의 조업정지처분 대상이 되는 경우
3. 제38조의3 제1항 각호의 어느 하나에 해당하는 행위를 한 경우로서 5일 이상의 조업정지처분 대상이 되는 경우
4. 제39조에 따른 개선명령을 이행하지 아니한 경우

환경부장관은 사업자가 과징금을 납부기한까지 납부하지 아니하는 때에는 국세체납처분의 예에 따라 이를 징수하며(§ 43 ③), 징수한 과징금은 「환경정책기본법」에 따른 환경개선특별회계의 세입으로 합니다(§ 43 ④).

조업정지처분에 갈음하여 과징금을 부과할 수 있도록 한 제43조는 1997

년 8월 28일의 법개정시 신설된 것으로 규제완화 차원에서 사업자가 과징금을 납부하는 대신 조업정지명령을 면하게 함으로써 조업을 계속할 수 있도록 한 것입니다. 그러나 이처럼 배출허용기준 또는 개선명령의 준수를 과징금이라는 금전적 수단에 의해 대체할 수 있도록 함으로써 특히 지불능력이 충분한 사업자의 경우, 그리고 위반행위에 대한 정규적인 단속·적발에 대한 예측 가능성이 확보되지 않을 경우, 자칫 처음부터 금전적 수단으로 규제를 회피하도록 만드는 결과를 초래할 우려가 있습니다.

③ 사용중지·폐쇄명령·허가취소 등 행정제재처분

법은 허가를 받지 아니하거나 신고를 하지 않고 배출시설을 설치하거나 사용하는 자에 대하여 환경부장관이 해당 배출시설의 사용중지를 명해야 하며(§ 44 본문), 다만, 당해 배출시설을 개선하거나 방지시설을 설치·개선하더라도 그 배출시설에서 배출되는 수질오염물질의 정도가 제32조에 따른 배출허용기준 이하로 내려갈 가능성이 없다고 인정되는 경우(폐수무방류배출시설의 경우에는 그 배출시설에서 나오는 폐수가 공공수역으로 배출될 가능성이 있다고 인정되는 경우를 말한다) 또는 그 설치장소가 다른 법률에 따라 당해 배출시설의 설치가 금지된 장소인 경우에는 그 배출시설의 폐쇄를 명해야 한다고 규정하여 환경부장관의 재량의 여지를 배제하고 있습니다(§ 44 단서).[132]

환경부장관은 사업자가 배출허용기준 초과, 방지시설을 설치하지 않고 배출시설을 설치·가동하거나 변경한 경우 등 법 제42조 제1항 각호에 열거된 위법행위를 한 경우에는 배출시설의 설치허가 또는 변경허가를 취소하거나 배출시설의 폐쇄 또는 6개월 이내의 조업정지를 명할 수 있습니다(§ 42 ① 본문). 다만, 거짓이나 그 밖의 부정한 방법으로 허가·변경허가를 받았거나 신고·변경신고를 한 경우에는 배출시설의 설치허가나 변경허가를 취소하거나 그 폐쇄를 명해야 합니다(§ 42 ① 단서).

④ 명령의 이행보고 및 확인

법은 위에서 본 규제명령의 실효성을 확보하기 위하여 제45조에 명령의

---

132) 종래에는 시설사용금지명령 또는 폐쇄명령을 발할 수 있고, 그 명령을 이행하지 않는 사업자에 대하여는 그 실질적인 이행강제수단을 확보하기 위하여 단전·단수조치를 관계기관의 장에게 요청할 수 있도록 하고 있었으나(구법 § 21 ②), 1999년 2월 8일의 개정법(법률 제5,870호)에서 삭제되었습니다.

이행보고 및 확인에 관한 규정을 두었습니다. 이에 따르면 법 제38조의4 제2항, 제39조, 제40조, 제42조 또는 제44조에 따른 개선명령·조업정지명령·사용중지명령 또는 폐쇄명령을 받은 자가 그 명령을 이행한 때에는 지체없이 환경부장관에게 보고해야 하며(§ 45 ①), 환경부장관이 보고를 받으면 관계공무원으로 하여금 지체없이 그 명령의 이행 또는 개선완료 상태를 확인하게 하고, 폐수 오염도 검사가 필요하다고 인정되는 경우에는 시료를 채취하여 환경부령으로 정하는 검사기관에 오염도검사를 지시하거나 의뢰해야 합니다(§ 45 ②).

⑤ 특정수질유해물질 배출에 대한 특례

법은 그 밖에도 특정수질유해물질 배출량조사 및 조사결과의 검증을 강화하는 한편(§ 46의2), 제46조의3에서는 특정수질유해물질 배출량조사 결과를 사업장별로 공개하도록 함으로써 투명성을 제고했습니다. 다만, 다음 어느 하나에 해당하는 경우는 공개대상에서 제외합니다(§ 46의3 ① 단서).

1. 공개할 경우 국가안전보장·질서유지 또는 공공복리에 현저한 지장을 초래할 것으로 인정 되는 경우
2. 검증 결과 신뢰성이 낮아 그 이용에 혼란이 초래될 것으로 인정되는 경우
3. 「부정경쟁방지 및 영업비밀보호에 관한 법률」 제2조 제2호의 영업비밀에 해당하는 경우. 다만, 다음 각 목에 열거한 정보는 제외한다.
   가. 사업활동에 의하여 발생하는 위해(危害)로부터 사람의 생명·신체 또는 건강을 보호하기 위하여 공개할 필요가 있는 정보
   나. 위법·부당한 사업활동으로부터 국민의 재산 또는 생활을 보호하기 위하여 공개할 필요가 있는 정보

나아가 법은 제46조의4 제1항에서 환경부장관 또는 지방자치단체의 장은 특정수질유해물질의 배출 저감 노력을 촉진하기 위하여 배출시설을 설치·운영하는 자 또는 이들로 구성된 단체와 협약을 체결할 수 있도록 법적 근거를 마련하고 자발적 협약을 체결한 자에게 그 협약의 자발적 이행에 필요한 지원을 할 수 있도록 하고 있습니다(§ 46의4 ②).

3.5.2. 공공폐수처리시설의 설치 등

국가·지방자치단체, 한국환경공단은 수질오염이 악화되어 환경기준 유지가 곤란하거나 물환경 보전에 필요하다고 인정되는 지역의 각 사업장에서 배출되

는 수질오염물질을 공동으로 처리하여 배출하기 위하여 공공폐수처리시설을 설치·운영할 수 있고, 국가·지방자치단체는 한국환경공단 등에게 공공폐수처리시설을 설치하거나 운영하게 할 수 있습니다(§ 48 ① 전단). 이 경우 사업자 등 수질오염의 원인을 직접 야기한 "원인자"는 그 시설의 설치·운영에 필요한 비용의 전부 또는 일부를 부담해야 합니다(§ 48 ① 제2문).

공공폐수처리시설의 설치·운영 부담금의 부과·징수에 관해서는 법 제48조의2가 규정하고 있습니다. 이에 따르면 법 제48조에 따라 공공폐수처리시설을 설치·운영하는 자("시행자")는 그 시설의 설치에 드는 비용의 전부 또는 일부에 충당하기 위하여 원인자로부터 공공폐수처리시설의 설치 부담금을 부과·징수할 수 있고(§ 48의2 ①), 공공폐수처리시설 설치 부담금의 총액은 시행자가 해당 시설의 설치와 관련하여 지출하는 금액을 초과하여서는 아니 됩니다(§ 48의2 ②). 원인자에게 부과되는 시설 설치 부담금은 각 원인자의 사업의 종류·규모 및 오염물질의 배출 정도 등을 기준으로 하여 정합니다(§ 48의2 ③).

법은 그 밖에도 중소기업자에 대한 세제상 또는 금융상 필요한 지원조치(§ 48의2 ④), 공공폐수처리시설 기본계획의 수립(§ 49), 비용부담계획(§ 49의2), 권리·의무의 승계(§ 49의3), 수용 및 사용(§ 49의4), 공공폐수처리시설 설치 부담금의 납입(§ 49의5), 강제징수(§ 49의6), 공공폐수처리시설의 사용료의 부과·징수(§ 48의3), 공공폐수처리시설의 운영·관리 등(§ 50)에 관한 규정을 두고 있습니다. 상세한 설명은 생략합니다.

3.5.3. 생활하수 및 축산폐수의 관리

법은 생활하수 및 축산폐수의 관리에 대하여 직접 규율하지 아니하고, 「하수도법」 및 「가축분뇨관리법」에 따른다고 규정하고 있습니다(§ 52).

3.6. 비점오염원의 관리

3.6.1. 비점오염원 대책

2005년 3월 31일의 구 「수질환경보전법개정법률」은 수질보전계획수립시 비점오염원 관리대책을 포함하도록 하고, 일정 규모 이상 도시개발사업, 산업단지조성사업 등과 폐수배출시설 설치 사업장에 대하여 오염방지시설 설치를 의무화하는 등 비점오염원 관리대책을 본격적으로 마련했습니다. 전체 수질오염물질 발생량의 약 30퍼센트를 차지함에도 그동안 제대로 관리되지 못했던 비점오염원을 적극적으로 관리해 나가겠다는 환경정책 의지의 표현이었지요. 「물환경보전법」은 이를 대동소이한 내용으로 승계하고 있습니다.

　　법은 수계영향권별 수질 및 생태계 보전계획에 점오염원, 비점오염원 및 그 밖의 수질오염원의 분포현황과 그로 인한 배출원별 수질오염물질 발생량을 포함시키도록 하여 그 예방·저감 대책을 강구하도록 하였고(§§ 24-26), 제4장에서 비점오염원의 설치신고 등(§ 53), 상수원의 수질보전을 위한 비점오염저감시설 설치(§ 53의2), 비점오염원 관리 종합대책의 수립(§ 53의3), 관리지역의 지정 등(§ 54), 관리대책 및 시행계획의 수립 등(§§ 55-57), 그리고 농약잔류허용기준(§ 58), 고랭지 경작지에 대한 경작방법 권고(§ 59)에 관한 규정들을 두어 비점오염원을 관리하도록 하고 있습니다.

3.6.2. 비점오염원의 설치신고 등

　　법은 비점오염원 규제를 위하여 비점오염 유발 사업이나 시설에 대한 신고제를 도입했습니다. 이에 따라 다음과 같은 사업을 하거나 시설을 설치하고자 하는 자는 환경부령으로 정하는 바에 따라 환경부장관에게 신고해야 합니다(§ 53 ① 전단). 신고한 사항 중 대통령령으로 정하는 사항을 변경하고자 하는 때에도 또한 같습니다(§ 53 ① 후단).

1. 대통령령으로 정하는 규모 이상의 도시의 개발, 산업단지의 조성 그 밖에 비점오염원에 의한 오염을 유발하는 사업으로서 대통령령으로 정하는 사업을 하려는 자
2. 대통령령으로 정하는 규모 이상의 제철시설, 섬유염색시설 그 밖에 대통령령으로 정하는 폐수배출시설을 설치하는 자
3. 사업이 재개되거나 사업장이 증설되는 등 대통령령으로 정하는 경우가 발생하여 제1호 또는 제2호에 해당되는 자

　　신고 또는 변경신고를 할 때에는 비점오염저감시설 설치계획을 포함하는 비점오염저감계획서 등 환경부령으로 정하는 서류를 제출해야 합니다(§ 53 ②). 환경부장관은 신고 받은 날부터 20일 이내에 신고수리 여부를 신고인에게 통지해야 하며(§ 53 ③) 그 기간 내에 신고수리 여부 또는 민원 처리 관련 법령에 따른 처리기간의 연장을 신고인에게 통지하지 아니하면 그 기간(민원 처리 관련 법령에

따라 처리기간이 연장 또는 재연장된 경우에는 해당 처리기간)이 끝난 날의 다음 날에 신고를 수리한 것으로 봅니다(§53 ④).

신고나 변경신고를 한 "비점오염원설치신고사업자"는 환경부령으로 정하는 시점까지 환경부령으로 정하는 기준에 따라 비점오염저감시설을 설치해야 합니다(§53 ⑤ 본문). 다만, 일정한 경우에는 비점오염저감시설을 설치하지 아니할 수 있습니다(§53 ⑤ 단서).

비점오염원설치신고사업자가 사업을 하거나 시설을 설치·운영하는 때에는 다음 사항을 지켜야 합니다(§53 ⑥).

1. 비점오염저감계획서의 내용을 이행할 것
2. 비점오염저감시설을 제3항에 따른 설치기준에 맞게 유지하는 등 환경부령으로 정하는 바에 따라 관리·운영할 것
3. 그 밖에 비점오염원을 적정하게 관리하기 위하여 환경부령으로 정하는 사항

환경부장관은 위와 같은 준수사항을 지키지 아니한 자에 대하여는 대통령령으로 정하는 바에 따라 기간을 정하여 비점오염저감계획의 이행 또는 비점오염저감시설의 설치·개선을 명할 수 있습니다(§53 ⑦).

환경부장관은 제2항에 따른 비점오염저감계획을 검토하거나 제5항 제1호 또는 제3호에 따라 비점오염저감시설을 설치하지 않아도 되는 사업장을 인정하려는 경우에는 그 적정성에 관하여 관계전문기관의 의견을 들을 수 있습니다(§53 ⑧).

3.6.3. 상수원의 수질보전을 위한 비점오염저감시설 설치

법은 비점오염원 대책을 강화하는 차원에서 국가 또는 지방자치단체에 상수원 수질보전을 위한 비점오염저감시설을 설치하도록 요구하고 있습니다. 제53조의2 제1항에 따르면, 국가 또는 지방자치단체는 비점오염저감시설을 설치하지 아니한 「도로법」 제2조 제1호에 따른 도로 중 대통령령으로 정하는 도로가 다음 어느 하나에 해당하는 지역인 경우에는 비점오염저감시설을 설치해야 합니다(§53의2 ①).

1. 상수원보호구역
2. 상수원보호구역으로 고시되지 아니한 지역의 경우에는 취수시설의 상류·하류 일정 지역으로서 환경부령으로 정하는 거리 내의 지역

3. 특별대책지역

4. 「한강수계 상수원수질개선 및 주민지원 등에 관한 법률」제4조, 「낙동강수계 물관리 및 주민지원 등에 관한 법률」제4조, 「금강수계 물관리 및 주민지원 등에 관한 법률」 제4조 및 「영산강·섬진강수계 물관리 및 주민지원 등에 관한 법률」제4조에 따라 각 각 지정·고시된 수변구역

5. 상수원에 중대한 오염을 일으킬 수 있어 환경부령으로 정하는 지역

한편, 비점오염원에 의한 오염을 효과적으로 방지하려면 무엇보다도 신뢰할 수 있는 비점오염원저감기술과 이를 적용한 시설의 성능을 유지하는 것이 중요합니다. 이러한 견지에서 법은 비점오염저감시설의 성능 검사제와 관리감독수단을 도입했습니다. 제53조의3에서는 비점오염저감시설을 제조하거나 수입하는 자는 그 비점오염저감시설을 공급하기 전에 환경부장관으로부터 성능검사를 받도록 의무화하고, 제53조의4에서는 거짓이나 그 밖의 부정한 방법으로 성능검사를 받거나 성능검사를 받은 비점오염저감시설과 제조·수입되는 비점오염저감시설이 다른 경우 성능검사 판정을 취소할 수 있도록 했습니다.

3.6.4. 비점오염원 관리 종합대책의 수립

환경부장관은 비점오염원의 종합적인 관리를 위하여 비점오염원 관리 종합대책을 수립할 책무를 집니다. 환경부장관은 종합대책을 관계 중앙행정기관의 장 및 시·도지사와 협의하여 대통령령으로 정하는 바에 따라 5년마다 수립해야 합니다(§53의5 ①). 종합대책에는 다음 각호의 사항이 포함되어야 합니다(§53의5 ②).

1. 비점오염원의 현황과 전망
2. 비점오염물질의 발생 현황과 전망
3. 비점오염원 관리의 기본 목표와 정책 방향
4. 다음 각 목의 사항에 대한 중장기 물순환 목표
   가. 시·도별, 소권역별 불투수면적률(전체 면적 대비 불투수면의 비율을 말한다)
   나. 시·도별, 소권역별 물순환율(전체 강우량 대비 빗물이 침투, 저류 및 증발산되는 비율을 말한다)
5. 비점오염물질 저감을 위한 세부 추진대책
6. 그 밖에 비점오염원의 관리를 위하여 대통령령으로 정하는 사항

환경부장관은 종합대책을 수립한 경우에는 이를 관계 중앙행정기관의 장

및 시·도지사에게 통보해야 합니다(§ 53의5 ③).

　환경부장관은 관계 중앙행정기관의 장 또는 시·도지사에게 종합대책 중 소관별 이행사항의 점검에 필요한 자료의 제출을 요청할 수 있고, 이 경우 자료제출을 요청받은 관계 중앙행정기관의 장 및 시·도지사는 특별한 사유가 없으면 이에 따라야 합니다(§ 53의5 ④). 환경부장관은 점검한 결과를 종합하여 대통령령으로 정하는 바에 따라 매년 평가하고, 그 결과를 비점오염원 관리 정책의 수립 및 집행에 반영해야 합니다(§ 53의5 ⑤).

3.6.5. 관리지역의 지정

　환경부장관은 비점오염원에서 유출되는 강우유출수[133]로 인하여 하천·호소 등의 이용목적, 주민의 건강·재산이나 자연생태계에 중대한 위해가 발생하거나 발생할 우려가 있는 지역에 대하여는 관할 시·도지사와 협의하여 비점오염원관리지역("관리지역")으로 지정할 수 있습니다(§ 54 ①). 시·도지사는 관할구역 중 비점오염원의 관리가 필요하다고 인정되는 지역에 대하여 환경부장관에게 관리지역 지정을 요청할 수 있습니다(§ 54 ②).

　환경부장관은 관리지역의 지정사유가 없어졌거나 목적을 달성할 수 없는 등 지정의 해제가 필요하다고 인정되는 때에는 관리지역의 전부 또는 일부에 대하여 그 지정을 해제할 수 있습니다(§ 54 ③). 관리지역의 지정기준·지정절차 그 밖에 필요한 사항은 대통령령으로 정하도록 위임되어 있습니다(§ 54 ④). 환경부장관이 관리지역을 지정하거나 해제하는 때에는 그 지역의 위치, 면적, 지정 연월일, 지정목적, 해제 연월일, 해제사유, 그 밖에 환경부령으로 정하는 사항을 고시해야 합니다(§ 54 ⑤).

3.6.6. 관리대책의 수립 등

(1) 관리대책 수립

　환경부장관은 관리지역을 지정·고시하였을 때에는 다음 사항을 포함하는 비점오염원관리대책을 관계 중앙행정기관의 장 및 시·도지사와 협의하여 수립해야 합니다(§ 55 ①).

---

133) "강우유출수"란 비점오염원의 수질오염물질이 섞여 유출되는 빗물이나 눈녹은물 등을 말합니다(§ 2 5호).

1. 관리목표
2. 관리대상 수질오염물질의 종류 및 발생량
3. 관리대상 수질오염물질의 발생 예방 및 저감방안
4. 그 밖에 관리지역의 적정한 관리를 위하여 환경부령으로 정하는 사항

환경부장관은 관리대책을 수립한 때에는 시·도지사에게 이를 통보해야 하며(§55②), 관리대책의 수립을 위하여 관계 중앙행정기관의 장, 시·도지사 및 관계되는 기관·단체의 장에게 관리대책의 수립에 필요한 자료의 제출을 요청할 수 있습니다(§55③).

(2) 시행계획의 수립

시·도지사는 환경부장관으로부터 제55조 제2항에 따라 관리대책을 통보받았을 때에는 관리대책 시행계획을 수립하여 환경부령으로 정하는 바에 따라 환경부장관의 승인을 얻어 시행해야 합니다(§56① 전단). 시행계획 중 환경부령으로 정하는 사항을 변경하고자 하는 때에도 또한 같습니다(§56① 후단).

시·도지사는 환경부령으로 정하는 바에 따라 전년도 시행계획의 이행사항을 평가한 보고서를 작성하여 매년 3월말까지 환경부장관에게 제출해야 하며(§56②), 환경부장관은 제출된 평가보고서를 검토한 후 관리대책 및 시행계획의 원활한 이행을 위하여 필요하다고 인정되는 경우에는 관계 시·도지사에게 시행계획의 보완 또는 변경을 요구할 수 있습니다(§56③ 전단). 이 경우 관계 시·도지사는 특별한 사유가 없는 한 이에 따라야 하며(§56③ 후단), 특별한 사유 없이 그 요구를 불이행할 경우 환경부장관은 재정적 지원의 중단 또는 삭감 등의 조치를 취할 수 있습니다(§56④).

(3) 예산 등의 지원

환경부장관은 시행계획의 수립·시행에 필요한 경비의 전부 또는 일부를 예산의 범위에서 지원할 수 있습니다(§57).

3.6.7. 농약잔류허용기준의 설정

환경부장관은 수질 또는 토양의 오염방지를 위하여 필요하다고 인정하는 때에는 수질 또는 토양의 농약잔류허용기준을 정할 수 있고(§58①), 수질, 토양 중에 농약잔류량이 농약잔류허용기준을 초과하거나 초과할 우려가 있다고 인정

할 경우 농약의 제조 금지·변경 또는 그 제품의 수거·폐기 등 필요한 조치를 관계행정기관장에게 요청할 수 있으며(§58 ② 전단), 관계행정기관의 장은 특별한 사유가 없는 한 따라야 합니다(§58 ② 후단).

3.6.8. 고랭지 경작지에 대한 경작방법 권고

특별자치도지사·시장·군수·구청장은 공공수역의 물환경 보전을 위하여 환경부령으로 정하는 해발고도 이상에 위치한 농경지 중 환경부령으로 정하는 경사도 이상의 농경지를 경작하는 사람에게 경작방식의 변경, 농약·비료의 사용량 저감, 휴경 등을 권고할 수 있습니다(§59 ①). 이러한 권고에 따라 농작물을 경작하거나 휴경함으로 인하여 경작자가 입은 손실에 대하여는 특별자치도지사·시장·군수·구청장이 대통령령으로 정하는 바에 따라 보상할 수 있습니다(§59 ②).

3.7. 그 밖의 수질오염원의 관리

법은 위에서 본 점오염원과 비점오염원 이외의 수질오염원, 기타 수질오염원에 대해서도 규제장치를 강화하고 있습니다. 즉 제5장에서 기타 수질오염원의 관리를 위하여 기타 수질오염원의 설치신고 등(§60), 골프장의 농약사용 제한(§61), 물놀이형 수경시설의 신고 및 관리(§61의2)에 관하여 규정하고 있습니다. 상세한 설명은 생략합니다.

3.8. 「물환경보전법」상 불이익처분, 행정절차 및 벌칙

3.8.1. 불이익처분과 행정절차

「물환경보전법」은 각종 규제명령과 그 밖의 행정처분 등 불이익처분에 관한 규정을 두고 있습니다. 따라서 이들 규정에 따라 불이익처분을 하는 경우 그 상대방에게 의견청취 기회를 절차적으로 보장하는 것이 중요한 문제가 됩니다. 법은 이를 위해 환경부장관 또는 시·도지사가 다음 중 어느 하나에 해당하는 처분을 하고자 하는 경우에는 청문을 실시하도록 의무화했습니다(§72).

1. 제35조 제3항·제42조 또는 제44조에 따른 허가의 취소 또는 배출시설의 폐쇄명령
1의3. 제53조의4에 따른 성능검사 판정의 취소
2. 제60조 제4항에 따른 기타수질오염원의 폐쇄명령

3. 제64조에 따른 허가의 취소

위의 경우는 행정절차법 제22조 제1항 제1호가 규정하는 '다른 법령 등에서 청문을 실시하도록 규정하고 있는 경우'에 해당합니다. 그와 같은 경우 행정청이 행정절차법상의 청문을 거치지 않고 처분을 하게 되면 그 처분은 위법을 면치 못합니다. 청문은 행정절차법이 규정하는 바에 따라 실시해야 합니다. 「물환경보전법」에서 청문 실시를 명시한 경우 외에도 행정절차법 제22조 제1항 제3호에 따라 반드시 청문을 실시해야 하는 경우가 있을 수 있습니다. 행정절차법에 따라 인허가 등의 취소, 신분·자격의 박탈, 법인이나 조합 등의 설립허가의 취소같은 불이익처분을 할 때 제21조 제1항 제6호에 따른 의견제출 기한 내에 당사자등의 신청이 있으면 반드시 청문을 실시해야 하기 때문입니다 (§22 ① 3호).[134] 이와 같이 청문을 반드시 실시해야 하는 경우 외에 불이익처분에 대하여는 행정절차법 제22조 제3항에 따라 처분의 상대방에게 의견제출 기회를 주면 족합니다.

3.8.2. 벌 칙

「물환경보전법」은 제8장에서 벌칙을 규정하고 있습니다. 법은 제75조부터 제82조까지 벌칙조항들을 두고, 제75조에서는 허가 또는 변경허가를 받지 아니하거나 거짓으로 허가 또는 변경허가를 받아 배출시설을 설치 또는 변경하거나 그 배출시설을 이용하여 조업한 자, 제33조 제5항 및 제6항에 따라 배출시설 설치를 제한하는 지역에서 제한되는 배출시설을 설치하거나 그 시설을 이용하여 조업한 자, 제38조 제2항 각호의 어느 하나에 해당하는 행위를 한 자를 7년 이하의 징역 또는 7천만원 이하의 벌금에 처하고, 제76조에서는 제4조의6 제4항에 따른 조업정지·폐쇄명령을 이행하지 아니한 자, 신고를 하지 아니하거나 거짓으로 신고를 하고 배출시설을 설치하거나 그 배출시설을 이용하여 조업한 자, 측정기기의 부착 등의 조치를 하지 아니한 자, 제40조에 따른 조업정지명령을 위반한 자, 제42조에 따른 조업정지 또는 폐쇄명령을 위반한 자 등을 5년 이하의 징역 또는 5천만원 이하의 벌금에 처하는 등 법위반행위에 대한 형

---

134) 2014년 1월 28일 개정법률에 따른 내용입니다. 이것은 행정절차법에 따라 당사자등의 신청으로 실시하는 일종의 필요적 청문에 해당합니다.

사상 제재수단을 마련하고 있습니다.

아울러 법은 제81조에서 법인의 대표자나 법인 또는 개인의 대리인, 사용인, 그 밖에 종업원이 그 법인 또는 개인의 업무에 관하여 제75조 내지 제80조의 위반행위를 한 때에는 행위자를 벌할 뿐만 아니라 그 법인 또는 개인에 대하여도 각 해당 조의 벌금형을 과한다고 규정하여 법인의 대표자가 그 업무와 관련하여 위반행위를 저지른 경우 그 법인에 대하여도 처벌하는 양벌규정을 두고 있습니다.

그동안 위와 같은 양벌규정의 위헌여부를 둘러싼 논란이 제기되어 헌법재판소의 판단을 받았습니다. 헌법재판소는 2010.9.30 선고 2010헌가68(병합) 결정에서 다음과 같이 판시하면서 구 「수질·수생태계보전법」(2007.5.17, 법률 제8466호로 개정된 것) 제81조 중 "법인의 대리인, 사용인 그 밖에 종업원이 그 법인의 업무에 관하여 제76조 제1의2호의 위반행위를 한 때에는 그 법인에 대하여도 해당 조의 벌금형을 과한다"는 부분은 헌법에 위반된다고 결정했습니다.

> 가. 이 사건 심판대상 법률조항들은 법인이 고용한 종업원 등이 일정한 위반행위를 한 사실이 인정되면 곧바로 그 종업원 등을 고용한 법인에게도 종업원 등에 대한 처벌조항에 규정된 벌금형을 과하도록 규정하고 있다. 즉, 이 사건 심판대상 법률조항들은 종업원 등의 범죄행위에 대한 법인의 가담 여부나 종업원 등의 행위를 감독할 주의의무의 위반 여부를 법인에 대한 처벌요건으로 규정하지 아니하고, 달리 법인이 면책될 가능성에 대해서도 규정하지 아니하고 있어, 결국, 종업원 등의 일정한 행위가 있으면 법인이 그와 같은 종업원 등의 범죄에 대해 어떠한 잘못이 있는지를 전혀 묻지 않고 곧바로 영업주인 법인을 종업원 등과 같이 처벌하도록 규정하고 있다.
>
> 나. 살피건대, 형벌은 범죄에 대한 제재로서 그 본질은 법질서에 의해 부정적으로 평가된 행위에 대한 비난이다. 만약 법질서가 부정적으로 평가한 결과가 발생하였다고 하더라도 그러한 결과의 발생이 어느 누구의 잘못에 의한 것도 아니라면, 부정적인 결과가 발생하였다는 이유만으로 누군가에게 형벌을 가할 수는 없다. 이와 같이 '**책임 없는 자에게 형벌을 부과할 수 없다.'는 형벌에 관한 책임주의는 형사법의 기본원리로서, 헌법상 법치국가의 원리에 내재하는 원리인 동시에 헌법 제10조의 취지로부터 도출되는 원리이고, 법인의 경우도 자연인과 마찬가지로 책임주의원칙이 적용된다**고 할 것이다.
>
> 그런데 이 사건 심판대상 법률조항들에 의할 경우, 법인이 종업원 등의 위반행위와 관련하여 선임·감독상의 주의의무를 다하여 아무런 잘못이 없는 경우까지도 법인에게 형벌을 부과될 수밖에 없게 된다. 이처럼 이 사건 심판대상 법률조항들은 종업원 등의 범죄행위에 관

하여 비난할 근거가 되는 법인의 의사결정 및 행위구조, 즉 **종업원 등이 저지른 행위의 결과에 대한 법인의 독자적인 책임에 관하여 전혀 규정하지 않은 채, 단순히 법인이 고용한 종업원 등이 업무에 관하여 범죄행위를 하였다는 이유만으로 법인에 대하여 형사처벌을 과하고 있는바, 이는 다른 사람의 범죄에 대하여 그 책임 유무를 묻지 않고 형벌을 부과하는 것이므로 헌법상 법치국가의 원리 및 죄형법정주의로부터 도출되는 책임주의원칙에 반한다**고 할 것이다(헌재 2009.7.30. 2008헌가14, 판례집 21-2 상, 77 참조).

헌법재판소는 2010년 11월 25일 선고 2010헌가88 결정에서도 '수질 및 수생태계 보전에 관한 법률' 제81조 중 "법인의 대리인, 사용인 그 밖에 종업원이 그 법인의 업무에 관하여 제77조의 위반행위를 한 때에는 그 법인에 대하여도 해당 조의 벌금형을 과한다"는 부분은 헌법에 위반된다고 판시했습니다. 그 결과, 법 제81조에 '법인 또는 개인이 그 위반행위를 방지하기 위하여 해당 업무에 관하여 상당한 주의와 감독을 게을리 하지 아니한 경우'에는 예외로 하는 단서 조항이 신설되었습니다.[135]

Ⅵ. 순환경제사회 전환 촉진법·폐기물관리법

1. 순환경제사회 전환 촉진법

1.1. 순환경제와 「순환경제사회 전환 촉진법」

「폐기물관리법」, 「자원의 절약과 재활용촉진에 관한 법률」 등이 제공하는 폐기물 처리와 재활용 촉진을 위한 정책수단들은 대량생산·소비 및 대량폐기형 사회경제구조에 맞추어 발생한 폐기물의 사후 관리에 중점을 두고 있습니다. 이 같은 규범체계는 자원·에너지 위기와 환경문제를 극복하여 지속가능한 사회를 실현한다는 '순환경제'(Kreislaufswirtschaft)의 대안이 되기에는 부족하다는 인식을 배경으로 2016년 5월 29일 「자원순환기본법」이 제정되었습니다.[136] 이 법

---

135) 폐기물관리법상 양벌규정의 위헌논란과 관련, 2010년 7월 23일 법개정으로 "다만, 법인 또는 개인이 그 위반행위를 방지하기 위하여 해당 업무에 관하여 상당한 주의와 감독을 게을리하지 아니한 경우에는 그러하지 아니하다"라는 폐기물관리법 제67조 단서와 같은 조항이 신설된 것을 참고한 것으로 판단됩니다.

136) 「자원순환기본법」의 제정 배경 및 필요성에 관해서는 한상운. (2014). 자원순환형

률의 제정은 종래 폐기물관리와 자원절약·재활용의 관점을 탈피하여 '자원순
환' 또는 '순환경제'의 패러다임으로 전환을 도모한 획기적인 시도였으나, 여전
히 폐기물의 발생 억제, 순환이용 및 처분에 초점을 맞추고 있었다는 점에 한계
가 있었습니다. 이에 순환경제로의 패러다임 전환을 본격적으로 뒷받침하기 위
하여 2022년 12월 31일 「자원순환기본법」을 전부개정한 「순환경제사회 전환
촉진법」이 탄생했습니다.

「순환경제사회 전환 촉진법」의 취지는 생산·소비·유통 등 전 과정에서 자
원의 효율적 이용과 폐기물 발생 억제, 순환이용 촉진을 도모함으로써 지속가능
한 순환경제사회를 만드는 데 기여하는 것입니다. 하지만 자원을 효율적으로 이
용하여 폐기물 발생을 억제하고, 발생한 폐기물은 매립·소각보다는 순환이용하
는 시스템을 구축함으로써, 천연자원의 사용과 재생이 곤란한 에너지 소비를 줄
이는 환경적으로 지속가능한 순환경제사회를 만들어 간다는 목적은 자원순환기
본법의 그것을 변함없이 계승하였습니다.[137]

「순환경제사회 전환 촉진법」의 프로그램은 크게 네 가지로 집약됩니다.[138]

첫째, 순환자원 인정제로, 사람의 건강과 환경에 위해가 되지 않고 유상거
래가 가능한 품목을 순환자원으로 인정하여 폐기물에서 제외(폐기물 종료)하는 제도
입니다. 이를 통해 폐기물 적용에 따른 사후관리 부담을 해소하고 시장에서 재화로
자유롭게 거래되도록 하여 재활용산업 활성화를 촉진한다는 것입니다(§§ 21-23). 일
본·EU도 시행하고 있습니다.

둘째, 순환경제 성과관리제로, 순환경제 성과관리를 시행하여 생산·소비·

사회를 위한 법체계 정비방안 연구, 한국환경정책·평가연구원 연구보고서, 2014-00; 함태
성. (2016). "자원순환기본법의 제정 의미와 폐기물법제의 향후 과제 -폐기물과 순환자원의 관
계를 중심으로-". 「경희법학」 제51권 제4호, 339-365(http://dx.doi.org/ 10.15539/KHLJ.
51.4.12); 이일석·강홍윤. (2016). "자원순환사회 형성을 위한 "자원순환기본법"이 나아가야 할
방향", J. of Korean Inst. of Resources Recycling Vol. 25, No. 6, 2016, 82-91(https://
doi.org/10.7844/kirr. 2016.25.6.82) 등을 참조.

137) 「순환경제법」은 2024년 1월 1일부터 시행되지만, 일부 조항들은 공포 후 6개월
또는 2년이 경과한 날부터 시행됩니다. 이에 관한 간략한 소개로는 BKL Legal Update(법
무법인(유한) 태평양 2023.1.13.) "자원순환기본법을 전면 개정한 순환경제사회 전환 촉진법
2024년부터 시행": https://www.bkl.co.kr/ streamIO.do?filepath=/upload/data//2023-01-11/
5e4c9a66-8f25-4d1e-8a5b-744a4a876b58.pdf&orifilename=BKL_ Legal_Update_230111_
ko.pdf를 참조.

138) 환경백서 2016, 86-88을 참조.

유통 등 전 과정에서 자원의 효율적 이용과 폐기물 발생 억제, 순환이용 촉진을 도모하는 것입니다. 이는 급속한 산업화 과정에서 매년 사업장폐기물이 크게 증가해 왔고, 1992년「자원의 절약과 재활용촉진에 관한 법률」제정으로 자원의 순환이용을 추진했지만, 사업장의 생산공정에서 발생하는 부산물까지를 고려한 정책은 미비했다는 반성에서 나온 대책입니다. 성과관리대상자별 순환경제 목표를 설정할 때에는 산업통상자원부장관 및 제44조에 따른 사업자단체와 협의를 거쳐 해당 성과관리대상자의 사업 규모, 기술 수준, 국제경쟁력 및 그동안의 목표 달성 이력(履歷) 등을 고려하여 설정·관리합니다(§§ 14-15).

셋째, 폐기물처분부담금제도 도입으로 폐기물의 단순 매립이나 소각에 따른 사회적 비용을 줄이는 방안입니다. 매립·소각 방식이 비용 면에서 재활용보다 상대적으로 저렴하여 재활용 가능한 자원을 소각하거나 매립하게 만드는 원인이 되어 왔지요. 이런 국가적 낭비를 피하고 자원 선순환을 위한 유인구조가 필요한데, 순환이용이 가능한 자원을 매립이나 소각으로 처리할 경우 순환이용 비용에 상응하는 부담금을 부과함으로써 매립 또는 소각보다는 순환이용을 촉진·유도해 나간다는 개념입니다(§§ 36-37).

넷째, 순환경제사회로 전환 촉진을 위한 기반을 구축하는 것입니다. 지역기반 순환경제를 구축하기 위하여 순환이용센터를 설립·운영하고 순환자원 이용 촉진을 위해 순환자원정보센터를 설치하며, 순환경제정보체계를 구축·운영하는 등 순환자원 이용을 활성화할 수 있는 시스템을 구축하는 것입니다. 순환경제사회의 발전에 필요한 시설의 설치·운영사업, 연구개발사업, 자원순환산업 육성을 위한 재정·기술적 지원 등 업계 전반에 대한 다각적 지원체계도 구축됩니다(§§ 35, 39-42).

「순환경제사회 전환 촉진법」의 시행으로 순환자원의 이용이 확대되면 천연자원 사용을 대체하여 자원의 해외의존도도 크게 줄어들 것으로 기대됩니다. 특히, 순환이용량의 지속적 증가로 순환이용시장이 확대되고 많은 일자리가 만들어지는 등 경제적 효과가 따를 것으로 전망됩니다. 또 환경적으로는 순환이용 가능자원의 단순 매립을 줄여 매립지 수명을 연장하고 매립·소각 물질을 최소화하여 2차적 환경오염을 예방하는 효과도 기대할 수 있습니다.

1.2. 순환경제사회 전환 촉진을 위한 기본원칙

「순환경제사회 전환 촉진법」은 제3조에서 순환경제사회[139]로 전환 촉진을 위한 기본원칙을 다음과 같이 천명하고 있습니다. 즉, 국가 및 지방자치단체와 사업자, 국민 등 사회의 모든 구성원은 순환경제사회로 전환을 촉진하기 위하여 다음 원칙을 따라야 합니다.

1. 자원의 효율적인 이용을 통하여 자원의 낭비를 최대한 억제할 것
2. 내구성(耐久性)이 우수한 제품의 생산 및 제품의 수리 등을 통하여 제품의 수명을 연장함으로써 폐기물의 발생을 최소화할 것
3. 폐기물 발생이 예상될 경우에는 순환이용을 우선적으로 고려할 것
4. 발생된 폐기물은 기술적·경제적으로 가능한 범위에서 다음 각 목의 원칙에 따라 최대한 순환이용할 것
   가. 폐기물의 전부 또는 일부 중 재사용할 수 있는 것은 최대한 재사용할 것
   나. 재사용이 곤란한 폐기물의 전부 또는 일부 중 재생이용할 수 있는 것은 최대한 재생이용할 것
   다. 폐기물을 재생이용할 경우 순환경제를 달성하는 데 효율적인 수단을 우선적으로 적용할 것
   라. 재사용·재생이용이 곤란한 폐기물의 전부 또는 일부 중 에너지회수를 할 수 있는 것은 최대한 에너지회수를 할 것
   마. 가목부터 라목까지의 규정에 따른 순환이용이 불가능한 것은 사람의 건강과 환경에 미치는 영향이 최소화되도록 적정하게 처분할 것

「순환경제사회 전환 촉진법」은 순환경제사회 전환 촉진에 관하여 다른 법률에 특별한 규정이 있는 경우를 제외하고는 이 법에서 정하는 바에 따르도록 하는 한편(§ 3 ①), 순환경제사회 전환 촉진에 관련되는 다른 법률을 제정하거나 개정하는 경우 이 법의 목적과 기본원칙에 부합되게 해야 한다고 규정하여 구법의 기본법으로서 위상을 그대로 유지하고 있습니다(§ 3 ②).

---

139) "순환경제"란 제품의 지속가능성을 높이고 버려지는 자원의 순환망을 구축하여 투입되는 자원과 에너지를 최소화하는 친환경 경제 체계를 말하며(「순환경제사회 전환 촉진법」§ 2 1호), "순환경제사회"란 모든 사회의 구성원이 함께 노력하여 순환경제를 달성함으로써 환경 보전과 온실가스 감축을 동시에 구현하는 사회를 말합니다(§ 2 2호).

1.3. 순환경제기본계획의 수립·시행

법은 제10조에서 환경부장관에게 관계 중앙행정기관의 장과 협의를 거쳐 순환경제사회로의 전환을 위한 중장기 정책 목표와 방향을 제시하는 순환경제기본계획("기본계획")을 10년마다 수립·시행하도록 하는 한편, 제11조에서는 소관 사항에 대하여 순환경제사회로의 전환 촉진을 위한 투자계획을 포함한 기본계획의 연차별 시행계획을 수립하여 환경부장관에게 제출·시행하도록 하며, 특별시장·광역시장·특별자치시장·도지사·특별자치도지사는 5년마다 관할지역에 대하여 순환경제사회로의 전환 촉진을 위한 투자계획을 포함한 기본계획의 시행계획을 수립하여 환경부장관의 승인을 받아 시행하고, 시장·군수·구청장은 관할지역의 여건을 고려하여 그 시행계획의 연차별 집행계획을 수립하여 시·도지사에게 제출하고 시행하도록 하고 있습니다.

또한 법은 환경부장관, 관계 중앙행정기관의 장, 시·도지사 및 시장·군수·구청장은 기본계획의 수립 및 변경, 제11조에 따른 시행계획 및 집행계획의 수립, 그리고 제13조에 따른 순환경제 목표의 설정에 따른 업무 수행을 위하여 필요한 경우에는 순환경제에 관한 통계조사를 실시할 수 있도록 근거를 마련하였습니다.

1.4. 순환경제 촉진시책 등

1.4.1. 순환경제 목표의 설정

순환경제의 핵심 메커니즘은 목표의 설정과 그 효과적 이행을 확보하는 것입니다. 이러한 견지에서 법은 성과관리의 기초로서 순환경제 목표 설정을 의무화하여, 폐기물 발생 이후의 지표 외에도 폐기물발생감량률을 순환경제 지표로 포함시켜 이를 위한 국가의 중장기·단계별 목표를 설정하도록 하였습니다.

환경부장관은 순환경제사회 전환을 촉진하기 위하여 관계 중앙행정기관의 장과의 협의를 거쳐 국내의 순환경제 여건과 각국의 순환경제 동향 등을 고려하여 다음 사항들에 대한 국가의 중장기·단계별 순환경제 목표를 설정하고, 그 달성에 필요한 조치를 해야 합니다(§ 14 ①).

1. 폐기물발생감량률(기준연도 대비 해당연도 원단위 폐기물 감량비율)

2. 최종처분율(폐기물 발생량 대비 폐기물 최종처분량의 비율)

3. 순환이용률(폐기물 발생량 대비 폐기물 순환이용량의 비율)

4. 에너지회수율(에너지화 가용폐기물 발생량 대비 에너지화된 폐기물량의 비율)

1.4.2. 순환경제의 성과관리 및 지원

순환경제 성과관리는 시·도와 사업자 두 가지 차원에서 이루어집니다. 순환경제 목표 설정은 시·도지사와 (사업자를 대상으로 하는 경우) 환경부장관의 의무로 되어 있습니다. 환경부장관은 순환경제 성과관리를 감독·지원하는 역할도 부여받고 있습니다.

(1) 시·도의 순환경제 성과관리 및 지원

시·도지사는 국가의 중장기·단계별 순환경제 목표와 관할지역의 여건 등을 고려하여 해당 특별시·광역시·특별자치시·도·특별자치도("시·도")의 순환경제 목표를 설정·관리하고, 그 추진실적을 환경부령으로 정하는 바에 따라 환경부장관에게 제출하여야 합니다(§ 14 ①). 환경부장관은 시·도의 순환경제 목표의 설정·관리 실태를 파악하여 그 이행사항을 지도·감독하고, 그 결과를 반영하여 해당 시·도에 필요한 재정적·기술적 지원을 할 수 있습니다(§ 14 ②).

(2) 사업자의 자원순환 성과관리 등

제15조 제1항에 따라 환경부장관은 순환경제 목표를 달성하기 위하여 순환이용 여건을 고려하여 환경부령으로 정하는 업종·규모에 해당하는 사업자, 즉 순환경제성과관리대상자별로 순환경제 목표를 설정·관리해야 합니다. 환경부장관은 환경부령으로 순환경제성과관리대상자별 순환경제 목표를 설정하는데, 그 경우 산업통상자원부장관 및 법 제44조에 따른 사업자단체와 협의를 거쳐 해당 순환경제성과관리대상자의 사업 규모, 기술 수준, 국제경쟁력 및 그동안의 목표 달성 이력(履歷) 등을 고려하여야 합니다(§ 15 ②). 자원순환시설의 폐쇄, 고장, 증설계획의 차질 또는 자원순환시장의 변화 등 순환경제성과관리대상자별 순환경제 목표를 달성하기 곤란한 경우에는 재설정을 요구할 수 있는 기회가 주어집니다(§ 15 ③).

순환경제성과관리대상자는 이행계획과 이행실적 등 자료를 환경부령으로

정하는 바에 따라 환경부장관에게 제출하여야 합니다(§ 15 ④). 법은 단순히 목표
의 이행을 강제할 뿐만 아니라 그 결과를 다음 연도에 반영함으로써 목표 이행
의 유인을 부여합니다. 즉 제출된 이행실적의 평가 결과 순환경제 목표를 초과
하여 달성한 경우에는 그 초과 부분을 다음 연도의 이행실적에 포함시킬 수 있
고, 목표를 달성하지 못한 경우에는 그 미달 부분을 다음 연도에 이행할 것을
명령할 수 있습니다(§ 15 ⑤).

물론 법적 강제수단도 마련되어 있습니다. 환경부장관은 순환경제성과관리
대상자가 법 제15조 제1항 또는 제4항에 따른 자료 또는 이행계획 등을 제출하
지 아니하거나 제5항에 따른 명령을 이행하지 아니한 경우에는 해당 사실의 공
표 등 대통령령으로 정하는 필요한 조치를 할 수 있습니다(§ 15 ⑥).

그 밖에도 법은 환경부장관 및 산업통상자원부장관이 순환경제성과관리대
상자별 순환경제 목표의 달성을 지원하기 위하여 순환경제성과관리대상자에게
필요한 행정적·기술적·재정적 지원을 할 수 있고, 순환경제 목표 이행실적이
우수한 순환경제성과관리대상자에게 행정적·기술적·재정적 우대조치를 할 수
있도록 근거를 마련하였습니다(§ 15 ⑦).

1.4.3. 순환원료의 사용 및 제품 등의 순환이용 촉진

(1) 순환원료의 사용 촉진

법 제16조에 따르면, 환경부장관 및 산업통상자원부장관은 제품 등을 생산
하는 과정에서 천연자원 사용을 줄이고 순환원료 사용을 촉진하기 위하여 다음
과 같은 사업을 추진할 수 있습니다.

1. 바이오 기반의 원료 등 천연자원 대체원료의 연구개발
2. 순환원료의 품질개선을 위한 연구개발
3. 순환원료의 사용을 촉진하기 위한 기술·기법의 연구개발 및 개발된 기술·기법의 활용
4. 순환원료의 사용에 관한 기술협력·기술지도 및 기술이전
5. 그 밖에 순환원료의 사용을 촉진하기 위하여 필요한 사업으로서 대통령령으로 정하는 사업

< 목재 재활용시장을 왜곡하는 신재생에너지 공급 가중치 제도 >

에너지 구조의 환경친화적 전환 및 온실가스 배출의 감소를 위해 신에너지 및 재생에너
지 사용을 촉진하기 위한 「신에너지 및 재생에너지 개발·이용·보급 촉진법」(약칭: 「신

재생에너지법」) 제12조의5에 따른 신재생에너지 공급의무화제도가 오히려 나무를 연료로 사용하는 발전소에 보조금 지급으로 목재 재활용시장에서 경쟁을 왜곡시켜 재활용업의 존속을 위협하는 요인으로 작용하고 있다는 지적이 나오고 있습니다. 「신재생에너지법」 제12조의 7에 따라 발급되는 거래가능한 신·재생에너지 공급인증서(REC)는 발전량 1메가와트시(MWh)에 가중치를 곱한 실적을 반영하는데, 목재 펠릿[140]은 0.5, 바이오SRF는 0.25의 가중치를 받습니다. 최근 REC 가격이 급등함에 따라 나무를 때는 발전소는 전기 판매 수익 외 REC 판매만으로도 1MWh당 6만원이 넘는 추가 수익을 얻을 수 있게 되었고, 그러다 보니 땔감시장이 나무를 빨아들이는 블랙홀이 되고 있다고 합니다. 산림청에 따르면 2021년 국내에서 벤 나무 중 땔감으로 사용된 양(나뭇가지 등 포함)이 133만 톤입니다. 해외에서 수입한 목재 펠릿은 300만 톤이 넘어가고 폐목재로 만든 연료(바이오SRF)의 사용량도 271만 톤에 달합니다. 폐목재 연료나 수입 펠릿의 양은 2015년 대비 2배 이상 증가했다고 합니다.

경기불황으로 폐목재 배출량이 크게 줄어들고 있는 상황에서 발전업계가 폐목재를 쓸어가다보니 재활용업계의 원료 부족 문제가 심각해지고 합판업체 등에서는 원료를 구하지 못해 공장 가동일수를 줄이고 있고 공장 폐쇄의 위기에 내몰리고 있다는 이야기입니다. 감사원은 2014년 2월부터 2018년 3월까지 가중치 적용이 되지 않는 폐목재에 REC가 잘못 발급되는 바람에 한 발전소가 417억원의 경제적 이익을 얻었다는 결과를 2019년 발표하기도 했습니다. 홍수열 자원순환사회경제연구소장에 따르면, 나무를 태워서 에너지로 이용하는 것보다 나무를 재활용하는 것이 온실가스 배출저감 측면에서 훨씬 바람직하다고 합니다. 나무 속에 탄소가 그대로 저장되어 있기 때문입니다. 유럽연합(EU)에서는 바이오매스 이용 시 에너지 이전에 원료 사용이 우선돼야 한다는 원칙이 명확하게 확립되어 있습니다. 폐목재의 물질 재활용 우선 원칙이 명확하게 시장에 반영되도록 하여 목재 재활용시장을 왜곡하는 현재의 신재생에너지 공급 가중치 제도를 개선해야 한다는 목소리를 경청할 필요가 있습니다.[141]

(2) 제품 등의 순환이용 촉진

법 제17조에 따르면, 대통령령으로 정하는 제품 등을 생산하거나 수입하는 자는 제품 등의 순환이용을 촉진하기 위하여 다음 사항에 관하여 대통령령으로 정하는 사항을 준수하도록 노력하여야 합니다.

---

140) 이것은 목질계 바이오매스 발전의 주 원료인데, 목재를 톱밥으로 분쇄한 다음 건조 압축하여 열효율을 높여 만들어집니다

141) "나무 태워 나오는 CO2는 온실가스 아니다?... 폐목재, 연료 아닌 원료 돼야" 「쓰레기 박사의 쓰레기 이야기」한국일보 2023.1.18자 기사(https://www.hankookilbo.com/News/Read/A20230117 10350002425).

1. 제품 등의 순환원료 또는 친환경 소재·공법 사용에 관한 사항
2. 제품 등의 내구성 및 수리의 용이성에 관한 사항
3. 제품 등의 생산·유통·소비·처분 등 전 과정에서 순환이용 가능성에 관한 사항
4. 제품 등의 생산·유통·소비·처분 등 전 과정에서의 탄소배출 영향에 관한 사항

1.4.4. 제품 등의 순환이용성 평가

법은 제18조에서 환경부장관은 순환이용이 어려울 것으로 의심되는 제품 등에 대하여 순환이용성 평가를 실시할 수 있도록 하고, 그 결과가 저조한 제품 등에 대해서는 개선권고 및 평가결과 공개의 조치를 할 수 있도록 하고 있습니다.

순환이용성 평가는 다음 사항에 관하여 실시합니다(§ 18 ②).

1. 제17조 각 호에 관한 사항
2. 제품 등이 폐기물로 되는 경우 그 적정 처분의 가능성
3. 제품 등이 폐기물로 되는 경우 그 중량·부피 및 재질·성분
4. 그 밖에 제품 등의 순환이용을 촉진하기 위하여 필요한 사항으로서 환경부령으로 정하는 사항

환경부장관은 순환이용성 평가 결과 제품 등의 순환이용이 어려울 것으로 판단되는 경우에는 해당 제품 등을 생산·가공·수입·판매하는 자에게 기간을 정하여 순환이용성의 개선을 권고하거나 개선에 필요한 지원 조치를 할 수 있고, 이 경우 환경부장관은 제품 등의 개선이 어려운 개선대상자의 의견을 들어야 합니다(§ 18 ③). 권고를 받은 자가 이행하지 아니하면, 환경부장관은 순환이용성 평가결과를 공개할 수 있습니다(§ 18 ④ 본문). 다만, 공개의 내용이 「부정경쟁방지 및 영업비밀보호에 관한 법률」 제2조 제2호에 따른 영업비밀에 해당하는 경우엔 공개하지 않습니다(§ 18 ④ 단서).

순환이용성 평가 방법과 절차 등에 필요한 사항은 대통령령으로 정하도록 위임되어 있습니다(§ 18 ⑤).

1.4.5. 유통과정에서의 순환이용 촉진

법은 제19조에서 유통 과정에서의 순환이용 촉진을 위하여 유통포장재에 초점을 맞추어 환경부장관이 국내외 유통포장재의 순환이용 현황 조사, 유통포장재의 표준화 등 사업을 추진할 수 있도록 하는 한편, 제품의 판매 방식 및 매

출액 규모 등을 고려하여 대통령령으로 정하는 유통사업자에게는 유통포장재를 감량하고 이로부터 발생하는 폐기물을 최소화하기 위하여 유통포장재의 순환이용 등 대통령령으로 정하는 사항을 준수하도록 노력할 의무를 부과하고 있습니다.

1.4.6. 지속가능한 제품의 사용

부품을 바꾸거나 수리하면 사용할 수 있다면 물품을 버리지 않고 계속 사용할 수 있도록 하는 것이 순환경제의 관점에서도 바람직한 일입니다. 그런 경우 제품이 조기에 폐기되지 않고 수리되어 사용될 수 있도록 하는 것이 매우 중요합니다. 법은 이러한 견지에서 제20조에서 지속 가능한 제품의 사용에 관한 규정을 마련했습니다. 이에 따르면, 대통령령으로 정하는 제품을 생산하거나 수입하는 자는 제품의 지속가능한 사용을 위하여 그 제품이 조기에 폐기되지 아니하고 수리되어 사용될 수 있도록 다음 사항에 관하여 대통령령으로 정하는 기준을 준수하도록 노력하여야 합니다.

1. 수리에 필요한 예비부품의 확보
2. 예비부품 배송 기한
3. 그 밖에 제품의 수리에 필요한 사항으로서 대통령령으로 정하는 사항

1.5. 순환자원 및 순환자원인증제품 사용 촉진 등

1.5.1. 순환자원의 인정

구 「자원순환기본법」을 이어받아 「순환경제사회 전환 촉진법」은 순환자원 인정제를 채택하고 있습니다. 순환자원 인정제는 사람의 건강과 환경에 위해가 되지 않고 유상거래가 가능한 품목을 순환자원으로 인정하여 폐기물 개념에서 제외할 수 있도록 한 제도입니다. 이것은 폐기물 적용에 따른 사후관리 부담을 해소하고 시장에서 재화로 자유롭게 거래되도록 하여 재활용산업 활성화를 촉진하려는 취지에서 일본·EU에서도 시행하고 있는 제도입니다. 순환자원으로 인정되면 더 이상 폐기물 취급을 면하고 시장에서 재화로서 자유롭게 거래될 수 있게 되므로 재활용산업 활성화를 촉진할 수 있을 것이란 기대를 모으고 있습니다.

< 소주병 순환자원 인정 >

경남의 종합주류업체 무학은 2021년 3월 22일 낙동강유역환경청으로부터 순환자원인정을 받았습니다. 이 업체가 소주 업계 최초로 순환자원 인정을 받은 데는 폐기물 재활용을 의무화한 '생산자 책임 재활용제' 덕도 있지만, 생산원가 3분의 1을 차지하는 소주병 생산단가(150원)보다 낮은 비용으로 빈 병을 재사용할 수 있었기 때문입니다. 친환경 재활용과 비용절감이라는 '일석이조'의 효과를 내는 소주병 재활용이 가능해진 것은 2009년 국내 소주 제조업체들이 '소주 공병 공용화 자율협약' 덕분이기도 합니다. 360㎖ 용량 초록색 소주병이 표준용기로 통일되고 2017년 빈 용기 보증금제가 도입되었기 때문입니다. 현재 빈 병 재사용률은 70% 수준이라고 합니다.[142]

< 커피박의 재활용과 순환자원 인정 >

우리나라는 세계 최고 수준의 '커피공화국'입니다. 주지의 사실입니다. 현대경제연구원에 따르면 2018년 기준 20세 이상 국민의 1인당 연간 커피 소비량은 353잔으로, 전 세계 평균 소비량(132잔)의 3배에 육박합니다. 우리나라 성인은 커피를 거의 매일 한 잔씩 마시는 셈입니다. 커피콩에서 커피를 만들고 남은 부산물로, 흔히 '커피 찌꺼기'를 '커피박(粕)'이라고 합니다. 아메리카노 한 잔을 만들기 위해 약 15g의 커피원두가 쓰이는데, 이 중 14.97g 즉 99.8%는 커피박으로 배출됩니다. 국회입법조사처는 2019년 우리나라 커피박 배출량을 약 14만 9천여 톤으로 추정했는데, 지금은 훨씬 더 많은 양일 것으로 짐작됩니다. 커피박은 식물성 잔재물 생활폐기물로 분류되어 매립이나 소각으로 처리하는데, 소각하면 1톤당 이산화탄소가 338㎏ 발생하고, 매립하면 이산화탄소보다 25배나 심각한 온실효과를 유발하는 메탄가스가 나옵니다. 어떻게 처리되든 간에 커피박은 폐기되는 과정에서 지구온난화에 영향을 미친다는 얘기입니다. 그런 연유에서 커피박의 재활용이 관심을 끌고 있습니다. 커피박을 통에 담아 탈취제로 사용하기도 하고, 섬유질·단백질·지방 등이 함유된 특성에 착안하여 축산농가의 퇴비·사료로 쓸 수도 있습니다. 점토, 파벽돌(인테리어용 벽돌 타일)을 만들 수도 있고, 커피박과 플라스틱 원료, 첨가물 등을 배합해 다양한 플라스틱제품을 만들기도 합니다. 기술을 보유한 업체로부터 기술·기계를 전수받아 지방자치단체 등이 운영하는 '커피박 환전소'에서 시민들이 커피박을 가져오면 싼값에 커피박 점토로 바꿔주기도 한답니다. 정부도 커피박 활용가치를 높이 사 순환자원 인정 문턱을 낮췄습니다. 종래에는 사업장폐기물 수거·처리 업체가 수거한 것만 순환자원 인정받을 수 있었지만, 이제는 일반 커피전문점에서 나오는 커피박도 순환자원 인정을 받을 길이 열렸습니다. 순환자원으로 인정돼 폐기물관리법의 규제를 면하고 재활용할 수 있게 된 것이지요. 제도 개선 후 처음으로 스타벅스가 순환자원 인정 신

---

142) 한국일보 2021년 3월 23일 기사 "최대 아홉번 재활용 '귀한 몸' 소주병…재활용 과정은 '첩첩산중'"(https://www.hankookilbo.com/News/Read/A2021032214390001974).

청서를 제출했다고 합니다.[143]

「순환경제사회 전환 촉진법」은 "순환자원"을 '제21조 또는 제23조에 따라 **환경부장관이** 산업통상자원부장관과 협의하여 **인정하거나 지정·고시한 물질 또는 물건**'으로 정의합니다(§2 5호). 얼핏 보면 적어도 개념 정의 차원에서는 구법에서처럼 '폐기물 중'으로 명시하지 않았고, 또 '폐기물이 아닌' 물질 또는 물건이라고 하여 폐기물과 배타적 관계로 설정하지 않은 것처럼 보일지도 모릅니다. 그 때문에 폐기물이 아닌 물질이나 물건도 환경부장관의 인정을 받아 '순환자원'이 될 수 있게 된 것인가 의문이 들 수 있습니다. 그러나 폐기물 중에서 순환자원 인정을 받는다는 점은 변함이 없습니다. 법 제21조는, 환경부장관이 산업통상자원부장관과 협의하여 **'폐기물 중'** 다음 기준을 모두 충족하는 물질 또는 **물건**을 순환자원으로 인정할 수 있다고 규정하고 있기 때문입니다(§21 ①).

1. 사람의 건강과 환경에 유해하지 아니할 것
2. 경제성이 있어 유상(有償) 거래가 가능하고 방치될 우려가 없을 것
3. 그 밖에 대통령령으로 정하는 순환자원의 기준을 충족할 것

폐기물과 순환자원은 상호 배타적인 관계에 서게 됩니다. 즉 어떤 물질이 폐기물에 해당할지라도 순환자원 인정을 받으면 그때부터는 더 이상 폐기물이 아니게 됩니다. 이처럼 '순환자원 인정'의 효과는 해당 순환자원을 더 이상 폐기물로 보지 않는다는 데 있습니다. 그러나 여기서 **'순환자원'이란 어디까지나 같은 법 제21조에 따른 기준을 모두 충족하여 환경부장관이 산업통상자원부장관과 협의하여 인정하거나 지정·고시한 물질 또는 물건이므로**(「순환경제사회 전환촉진법」 §2 5호) **폐기물이 단지 재활용가능성만을 이유로 폐기물규제의 대상에서 빠져나가는 경우는 아닙니다**. 가령 사람의 건강과 환경에 유해하거나 경제성이 없어 유상거래 여지가 없고 방치될 우려가 있다고 판단되는 등 순환자원 인정기준 어느 하나라도 위반하게 되면 순환자원으로 인정받을 수 없고, 또한 순환자원 인정제를 악용하거나 그 본래 취지를 살릴 수 없는 사유가 있는 경우에는 순환자원 인정을 취소할 수도 있습니다(§23 ①).

---

143) 한국일보 2023년 1월 18일 기사 "'1년 353잔' 매일 마시는 커피… 그 많은 찌꺼기는 어디로 갈까?", 오지혜 기자 [우리가 몰랐던 쓰레記(https://www.hankookilbo.com/News/Read/A2023011616270002540).

법은 제21조 제1항부터 제3항까지의 규정에 따라 환경부장관의 인정을 받은 순환자원은 폐기물로 보지 아니한다고 규정하여 순환자원은 폐기물로 보지 않는다고 명시하고 있습니다(§§ 21 ⑤). 순환자원 인정을 받지 못하거나 인정받았더라도 그 인정이 취소되면 그 물질은 다시 폐기물에 해당하게 됩니다. 순환자원의 인정이 취소된 자는 「폐기물관리법」 제17조에 따라 폐기물배출자의 신고 또는 폐기물처리계획의 확인 등 폐기물의 처리에 필요한 조치를 하고, 해당 조치의 완료일부터 30일 이내에 조치 결과를 환경부령으로 정하는 절차에 따라 환경부장관에게 보고하여야 합니다(§ 23 ③).

순환자원의 인정을 받으려는 개인 또는 법인·단체는 환경부장관에게 순환자원의 인정을 신청해야 하며, 환경부장관은 신청대상 물질 또는 물건이 위의 기준을 충족하면 신청인에게 인정서를 발급해야 합니다(§ 21 ②).

순환자원의 인정은 영구적인 것은 아닙니다. 순환자원 인정을 받은 자는 최초 인정을 받은 날부터 3년이 되는 날, 2회 이상의 인정을 받는 경우에는 최종 인정받은 날부터 5년 되는 날을 기준으로 환경부령으로 정하는 기간 내에 다시 인정을 받아야 합니다(§ 21 ③). 환경부장관은 제순환자원을 인정할 때 국민의 건강과 환경보전을 위하여 필요한 경우에는 순환이용의 용도, 방법 및 기준 등에 관한 조건을 붙일 수 있습니다(§ 21 ④).

순환자원 인정제를 악용하거나 그 본래 취지를 살릴 수 없는 사유가 있는 경우에는 순환자원 인정을 취소할 수 있습니다. 환경부장관은 제21조에 따라 거짓 또는 부정한 방법으로 순환자원의 인정을 받은 경우에는 반드시 인정을 취소해야 하며, 순환자원의 인정을 받은 물질 또는 물건이 제21조 제1항에 따른 기준을 충족하지 못하거나 제21조제4항에 따른 조건을 충족하지 못하게 된 경우에는 그 인정을 취소할 수 있습니다(§ 22 ①). 순환자원의 인정을 취소한 경우에는 그 사실을 인정이 취소된 자에게 알려야 하며(§ 22 ②), 순환자원의 인정이 취소된 자는 「폐기물관리법」 제17조에 따라 폐기물배출자의 신고 또는 폐기물처리계획의 확인 등 폐기물의 처리에 필요한 조치를 하고, 해당 조치의 완료일부터 30일 이내에 조치 결과를 환경부령으로 정하는 절차에 따라 환경부장관에게 보고하여야 합니다(§ 22 ③).

1.5.2. 순환자원의 고시

환경부장관은 산업통상자원부장관과 협의하여 폐기물 중 다음 요건을 모두 충족하는 물질 또는 물건을 순환자원으로 지정하여 고시할 수 있습니다(§ 23 ①).

1. 제21조제1항제1호 및 제2호의 기준을 충족할 것
2. 폐기물로 보지 아니하는 것이 순환이용 촉진에 보다 효과적일 것

환경부장관이 순환자원을 지정·고시하는 경우에는 순환이용의 용도, 방법 및 기준 등을 정하여 함께 고시하여야 합니다(§ 23 ②). 지정·고시된 순환자원은 그와 함께 고시한 순환이용의 용도, 방법 및 기준 등을 준수하는 범위에서 폐기물로 보지 않습니다(§ 23 ③). 순환자원으로 지정·고시한 물질 또는 물건이 위 기준을 충족하지 못하게 된 경우에는 그 지정을 취소할 수 있고, 그 경우 환경부장관은 그 사실을 고시하여야 합니다(§ 23 ⑤). 순환자원 지정·고시의 절차·방법 등에 필요한 사항은 대통령령에 위임되어 있습니다(§ 23 ⑥).

1.5.3. 순환자원의 사용 촉진

순환자원의 사용을 촉진할 필요가 있는 사업자로서 대통령령으로 정하는 업종 및 규모 이상의 사업자, 즉 "순환자원사용지정사업자"는 대통령령으로 정하는 순환자원을 환경부장관과 산업통상자원부장관이 공동으로 고시하는 지침에 따라 일정량 이상 사용하도록 노력하여야 합니다(§ 24 ①). 이 경우 해당 지침에는 순환자원의 사용량 및 사용방법 등 환경부령으로 정하는 사항이 포함되어야 합니다(§ 24 ①).

환경부장관 및 산업통상자원부장관은 제1항에 따른 순환자원의 사용실적이 우수한 순환자원사용지정사업자에게 행정적·기술적·재정적 우대조치를 할 수 있고(§ 24 ②), 순환자원의 사용 촉진을 위하여 필요한 경우, 관계 중앙행정기관의 장과 협의하여 위 대상 업종에서 제품 등의 생산에 사용하여야 하는 원재료의 사용표준을 마련하여 공동으로 고시할 수 있

1.5.4. 순환자원의 품질인증과 순환자원사용제품 표시

법은 순환자원의 품질인증 및 순환자원사용제품 표시를 위한 법적 근거를 마련하고 있습니다. 이에 따르면, 환경부장관은 순환자원의 품질과 기술경쟁력

을 강화하기 위하여 사업자의 신청에 따라 순환자원의 품질 및 공정 심사와 산업통상자원부장관과의 협의를 거쳐 순환자원에 관한 품질인증을 할 수 있습니다(§ 25 ① 제1문). 환경부장관은 품질인증에 필요한 업무를 대통령령으로 정하는 기준과 절차에 따라 지정하는 전문기관에 위탁할 수 있습니다(§ 25 ① 제2문).

품질인증을 받은 순환자원을 환경부령으로 정하는 비율 이상으로 원료로 사용한 제품("순환자원사용제품")에는 환경부령으로 정하는 바에 따라 그 포장 및 용기 등에 순환자원사용제품임을 표시할 수 있고(§ 26 ①), 환경부장관 및 산업통상자원부장관은 대통령령으로 정하는 공공기관에 순환자원사용제품의 우선 구매를 요청할 수 있으며, 민간단체나 기업에 우선 구매를 권유할 수 있습니다(§ 26 ②). 순환자원사용제품이 아닌 경우에는 그 포장 및 용기 등에 그 표시 또는 이와 유사한 표시를 사용하는 것은 금지되며(§ 26 ③), 이를 어기면 2년 이하의 징역 또는 2천만원 이하의 벌금으로 처벌을 받게 됩니다(§ 50).

1.6. 순환경제 신기술·서비스에 대한 규제특례 등

최근 인공지능·VR·자율주행차·핀테크 등 기술혁신이 산업 판도를 근본적으로 변화시키고 있으며 이는 예측이 불가능할 정도로 빠르게 진행되고 있는바, 이러한 기술혁신이 가져올 4차 산업혁명을 선도하고 효율적으로 대응하기 위해서는 신기술을 활용한 새로운 서비스 또는 제품 등을 규제로 인한 제약 없이 실증하고 사업화할 수 있는 기업환경을 조성하는 것이 무엇보다 중요한 과제로 대두되었습니다. 이러한 요청에 따라 '한국형 규제 샌드박스' 제도인 규제자유특구를 도입하여 지역발전전략의 다극화 및 규제혁신을 통한 신산업의 육성·발전으로 지역과 국가의 경쟁력을 강화시키고, 4차 산업혁명의 네트워크 경쟁시대를 선도하기 위한 제도적 발판을 마련하였습니다. 하지만, 규제 샌드박스 승인 후 실증특례 만료 시(2+2년)까지 관련 법령이 정비되지 않으면 사업중단 우려가 업계를 중심으로 제기됨에 따라 2021년 4월 20일 개정법률에서 규제샌드박스 사업중단 우려를 해소하기 위해 실증특례 기간 만료 전 사업자의 법령 정비 요청제 도입, 법령정비의 필요성 판단 구체화, 안전성 등이 입증되어 법령 정비에 착수한 경우에는 임시허가를 할 수 있는 근거를 마련하였습니다. 이러한 배경에서 「순환경제사회 전환 촉진법」에서도 순환경제 신기술·서비스에 대한 규제특례에 관한 제5장에서 2개 이상의 허가 등의 일괄처리를 환경부장관에게 신청할 수 있도록 하고, 사업자가 신기술·서비스에 대한 제한적 시험·기술적 검증을 위한 규제특례 등을 신청할 수 있도록 하는 등 이를테면 '순환경제판 규제샌드박스'를 도입하기에 이르렀습니다. 환경규제와 맥락을 달리하는 경제규제에 적용된 규제혁신의 특별처방을 순환경제 전환에 도입한 것은 아이러니일 수도 있으나, 순환경제 전환 자체가 가지는 혁신성을 고려할 때 향후 시행 성과가 어떻게 나타날지 귀추가 주목됩니다.

> 4차 산업혁명의 네트워크 경쟁 속에서 규제혁신을 통한 신산업 육성·발전 등을 통해 적극 대응해 나가려는 취지로 2004년부터 시행된 지역특화발전특구제도가 규제특례 법적 경직성, 유연성 부족, 지역특화사업에 신기술 접목 시도조차 허용되지 않는 점 등 제도적인 문제점이 드러남에 따라 '한국형 규제 샌드박스' 제도 등 과감한 규제특례제도의 도입이 절실히 요구되었고 이에 지역의 혁신적이고 전략적인 성장을 지원하기 위해 기존 시·군·구의 지역특화발전특구와는 구별되는 새로운 유형의 '규제자유특구제도'를 시·도 단위를 대상으로 추가 도입하고, 규제자유특구 내에서 추진되는 지역의 혁신성장사업 또는 지역전략산업에 대해 혁신적인 규제특례를 부여할 수 있는 법적 근거를 마련하려는 취지에서 2018년 10월 16일 종래의 「지역특화발전특구에대한규제특례법」을 전부 개정한 「규제자유특구 및 지역특화발전특구에 관한 규제특례법」이 시행되었습니다(시행 2021.7.21).

"규제샌드박스"란 사업자가 신기술을 활용한 새로운 제품과 서비스를 일정 조건(기간·장소·규모 제한)하에서 시장에 우선 출시해 시험·검증할 수 있도록 현행 규제의 전부나 일부를 적용하지 않고, 그 과정에서 수집된 데이터를 토대로 합리적으로 규제를 개선하는 제도를 말합니다.[144] 규제샌드박스는 2016년 영국 정부가 처음으로 도입해 현재 우리나라를 비롯한 60여 개 국에서 운영중인 제도로, 아이들이 모래놀이터(sandbox)에서 안전하게 뛰어놀 수 있는 것처럼 시장에서의 제한적 실증을 통해 신기술을 촉진하는 동시에 이 기술로 인한 안전성 문제 등을 미리 검증하는 것을 목적으로 하고 있습니다.

우리나라에서는 2017년 9월 7일, '새 정부 규제개혁 추진방향(국무조정실)'을 통해 규제샌드박스 도입이 발표된 후 1년 여의 준비를 거쳐 2019년 1월 정

---

144) 규제정보포털, "규제샌드박스"(https://www.better.go.kr/sandbox/info/sandbox_intro.jsp) 참조.

보통신용합(ICT)·산업융합 분야를 필두로 시행되기 시작했습니다. 이후 혁신금융, 규제자유특구(2019. 4), 스마트도시(2020. 2), 연구개발특구(2020. 12) 분야로 확대되었습니다.

< 규제샌드박스의 구성요소 >

구 분	내 용
① 신속확인 (신속처리)	– 신기술을 활용한 사업을 하려는 기업 등이 규제 유무가 불분명하다고 판단할 경우 신속확인을 신청하면 규제부처가 30일 이내에 규제의 유무를 확인하도록 하여 시장의 불확실성을 최소화함 – 특히, 규제부처가 회신하지 않을 경우에는 규제가 없는 것으로 간주함
② 임시허가	– 신기술로 인한 안전성에 문제가 없는 경우로서 허가 등의 근거가 되는 법령에 기준·요건 등이 없거나 그대로 적용하는 것이 맞지 않을 때, 우선 시장 출시가 가능하도록 임시로 허가하고 관계 당국은 관련 규제를 개선함
③ 실증특례 (실증을 위한 규제특례)	– 신기술을 활용한 사업을 하기 위한 허가 등의 근거 법령에 기준·요건 등이 없거나, 그대로 적용하는 것이 맞지 않거나 또는 다른 법령에 의해 허가 등의 신청이 불가능한 경우, 일정 조건 하에서 시장에서의 실증 테스트를 허용함 – 실증 결과에 따라 규제 개선의 필요성이 인정될 경우 정부는 관련 법령을 정비함

자료 출처: 규제정보포탈, 규제샌드박스

아울러, 신기술 적용으로 인해 발생할 수도 있는 국민의 생명·안전 우려, 환경 훼손 등을 사전에 방지하기 위해 안전장치로서 다음과 같은 조치가 마련되어 있습니다.[145]

- 국민의 생명·안전 등에 우려가 큰 경우 특례 제한
- 특례 적용 중 문제가 발생하거나 예상될 경우 특례 취소
- 배상책임 강화: 사전 책임보험가입 의무화, 고의·과실 입증책임 피해자에서 사업자로 전환

「순환경제사회 전환 촉진법」에서 도입한 규제샌드박스는 이러한 모델을 비교적 충실히 반영한 것으로 판단됩니다.

---

145) 규제정보포털, 규제샌드박스 홈페이지-규제샌드박스-규제샌드박스 소개-구성요소 및 안전장치(https://www.better.go.kr/sandbox/info/sandbox_intro.jsp) 참조

1.7. 자원순환 기반 조성 및 지원 등

1.7.1. 지역 기반의 순환경제 구축

법은 제35조에서 자원순환 기반 조성 및 지원을 위하여 지역 기반의 순환경제를 구축하도록 하였습니다. 이에 따라 지방자치단체의 장은 관할구역 내에서 순환이용 촉진을 위하여 다음 사업을 추진하는 순환이용센터를 설립·운영할 수 있습니다(§ 35 ①).

1. 제품 등의 순환이용 촉진
2. 순환이용 체계의 구축
3. 그 밖에 순환이용에 필요하다고 인정하는 사업

환경부장관 및 산업통상자원부장관은 순환이용센터를 설치하려는 지방자치단체에 행정적·기술적·재정적 지원을 할 수 있습니다(§ 35 ②).

1.7.2. 폐기물처분부담금

폐기물처분부담금은 자원순환 기반 조성을 위한 수단으로 폐기물처분부담금 제도, 즉 최종처분해야 하는 폐기물의 양을 근본적으로 줄이기 위하여 폐기물을 소각 또는 매립의 방법으로 처분하는 폐기물처리의무자에게 해당 폐기물이 순환이용되지 않고 소각 또는 매립됨으로써 발생하는 사회적 비용을 부과·징수하는 제도입니다.

환경부장관은 「폐기물관리법」 제14조 제1항에 따라 생활폐기물 처리의무를 지는 특별자치시장, 특별자치도지사, 시장·군수·구청장, 「폐기물관리법」 제18조 제1항에 따른 사업장폐기물 배출자가 폐기물을 순환이용할 수 있음에도 불구하고 소각 또는 매립의 방법으로 폐기물을 처분하는 경우 폐기물처분부담금을 부과·징수할 수 있습니다(§ 36 ①).

다만, 그 대상자가 폐기물 매립지를 직접 조성하고 향후 재활용하기 위하여 일정기간 동안 매립하는 경우, 폐기물을 처분하는 과정에서 폐자원에너지를 일정 기준 이상 회수하는 경우, 「자원의 절약과 재활용촉진에 관한 법률」 제12조에 따른 폐기물부담금이 부과된 경우나 「중소기업기본법」에 따른 중소기업의 경우 등 대통령령으로 정하는 경우에는 폐기물처분부담금을 감면할 수 있도록 하고 있습니다(§ 36 ②).[146]

---

146) 이에 관하여 상세한 것은 환경백서 2022, 157-161을 참조.

폐기물처분부담금은 그 사용 용도가 법정되어 있습니다(§ 37).

「순환경제사회 전환 촉진법」은 폐기물처분부담금의 존속기한을 2023년 1월 1일에서 2028년 1월 1일로 연장하였습니다(§ 49)

1.7.3. 순환경제특별회계의 설치

「순환경제사회 전환 촉진법」은 순환경제사회 전환 촉진에 필요한 사업비를 확보하기 위하여 시·도 및 시·군·구(자치구)에 순환경제특별회계를 설치할 수 있도록 하고, 순환경제특별회계의 세입에 지방자치단체의 순환경제특별회계 세입으로 폐기물처리시설 반입수수료 중 조례로 정하는 비율의 수익금 및 폐기물처리시설 설치·운영 수익금 중 조례로 정하는 비율의 수익금 등을 추가하여 세입을 확충하였습니다(§ 38 ①).

순환경제특별회계 세입은 법 제38조 제2항에, 그리고 특별회계의 세출은 같은 조 제3항에 열거되어 있습니다. 그 밖에 특별회계의 설치·운영에 필요한 세부사항은 해당 지방자치단체의 조례로 하도록 위임되어 있습니다(§ 38 ④).

1.7.4. 그 밖의 순환경제 전환촉진을 위한 장치

법은 그 밖에도 자원순환촉진을 위한 기반을 구축하기 위하여 순환자원정보센터의 설치·운영, 자원순환정보체계의 구축·운영을 규정하는 한편(§§ 38-40), 재정적·기술적 지원 등, 법제상·행정상 조치 등, 순환경제사회로의 전환을 위한 국제협력에 관한 규정을 두고 있습니다(§§ 41-43).

2. 폐기물관리법

2.1. 폐기물문제와 폐기물정책

쓰레기는 인간이 존재하는 한 언제나 발생합니다. 폐기물은 인류의 생산 및 소비활동의 필연적 결과물이고, 특히 '복지사회의 裏面'(Kehrseite der Wohlstands-gesellschaft)입니다.[147] 현대사회에서 대량생산·대량소비는 쓰레기 대량 배출을 낳습니다. 현대사회는 '쓰레기사회'(Abfallgesellschaft)라는 말이 나오는 까닭입니

---

147) Fritsch, K., Das neue Kreislaufwirtschafts- und Abfallrecht, Verlag C.H.Beck, 1996, 1.

다. 대량으로 무분별하게 버려지고 방치되는 폐기물은 배출량 면에서나 국민 보건이나 생태계에 대한 악영향, 파괴력 면에서 결코 소홀히 할 수 없는 환경오염의 요인이 됩니다.

폐기물문제가 현대사회의 대량생산·대량소비 체제에서 비롯된 이상, 이를 효과적으로 해결하려면 대량생산·대량소비체제를 지속가능한 자원순환형 사회 경제체제로 전환시켜 나가고 기술개발을 통하여 저렴한 비용으로 폐기물을 안전하게 처리하는 등 종합적이고 근본적인 접근이 필요합니다.[148] 그런 뜻에서 폐기물관리정책의 요체는 자원을 효율적으로 이용하여 자원의 채취를 최소화하는 동시에 자연으로 반환되는 폐기물을 최소화함으로써 환경을 보전하고 건강한 삶을 확보하는 데 있습니다. 기왕에 발생한 폐기물의 제거도 중요하지만 폐기물을 발생단계에서부터 억제, 감량화하고 재이용, 재활용하는 데 더 많은 관심을 기울일 필요가 있습니다. 폐기물관리정책은 이런 배경에서 원천적 발생억제(prevention), 감량(reduction), 재이용(reuse), 재활용(recycling), 에너지 회수(energy recovery), 소각(incineration), 매립(landfill) 등의 순으로 우선순위를 설정하게 됩니다.

이 우선순위 목록은 다른 환경선진국에서 거쳤던 폐기물관리정책의 변화과정을 역으로 반영합니다. 다시 말해 초기에는 단순히 청소(cleaning)의 개념에서 시작하여 쓰레기를 매립 처리하였고, 쓰레기처리의 단기적 효율성을 기하기 위해 소각처리방식으로 옮아갔다가 다시 재활용문제로 정책 중심을 이동시켰습니다. 이후 폐기물관리정책은 폐기물최소화(waste minimization)에 초점을 맞추고 있습니다. 여기서 폐기물최소화란 폐기물발생제, 감량, 재이용, 재활용, 에너지 회수를 포괄하는 개념으로 매립이나 소각을 통해 최종 처리되는 폐기물을 최소화하려는 정책을 말합니다. 이를 위해서는 생산단계에서의 폐기물 최소화를 위해 사업장폐기물 감량화제도, 폐기물부담금제도 등을 강구할 필요가 있습니다. 유통단계에서의 폐기물 최소화를 위해서는 포장방법, 포장재질에 대한 규제와 함께 포장폐기물 감량대책이 필요합니다. 그리고 소비단계에서 폐기물 최소화를 위해서는 쓰레기종량제, 음식물 쓰레기 대책, 일회용품 사용억제 시책 등을 추진할 필요가 있습니다. 이처럼 생산, 유통, 소비의 전 과정에서 폐기물

---

148) 환경부, 환경백서 2000, 3부 5장.

을 최소화시키는 정책이 요구됩니다.

주목할 것은 폐기물정책이 순환경제 전환과 탄소중립의 맥락에서 새로운 패러다임으로 전환되기 시작했다는 사실입니다. 재활용률 제고라는 양적 성장을 기반으로 고부가가치 물질 재활용, 에너지회수, 처리 선진화 등 폐자원의 가치를 높이는 질적 성장(Upcycling) 체제로 전환하여 지속가능한 자원순환형(Zero-waste) 사회를 지향하는 방향으로 정책 전환이 진행되어 왔습니다(환경백서 2011, 539-540).

< 폐기물정책 패러다임의 전환과 녹색성장 자원순환정책 >

구 분	그간의 정책	새로운 정책방향
정책여건	폐기물로 인한 환경오염 심화	기후변화, 원자재·에너지 고갈
목 표	쾌적한 생활환경 조성	자원순환사회 구축
추진전략	감량 → 재활용 → 처리	효율적 생산·소비 → 물질재활용 → 에너지회수 → 처리선진화
주요과제	쓰레기종량제, 생산자책임재활용 제도 및 처리시설설치	자원순환성평가, 자원순환 활성화, 폐자원 등 에너지화, 처리광역화
핵심개념	폐기물	자원(순환 / 천연)

자료: 환경백서 2016, 85

"우리나라는 에너지나 광물자원을 매일 10억불 내외 수입해 쓰는 자원 다소비국이면서도 부존자원은 빈국 중 빈국입니다. 자원 수출국이 재채기만 해도 독감을 앓아야 하는 취약한 체질인 것입니다. 한 번 자연에서 채취한 자원은 가능한 한 경제 순환계에 오래오래 머물게 하면서 활용되도록 해야 자원의 해외의존도를 낮출 수 있고 자립경제 측면에서도 기초체력이 강화될 수 있습니다. 「자원순환기본법」은 우리의 경제사회구조를 자원 순환형으로 바꾸어주는 것을 입법의 목적으로 하고 있습니다. 그 수단으로 폐기물의 매립비용(또는 소각비용)과 재활용비용 간 차액을 '처분부담금'으로 납부토록 하여 경쟁력 있는 재활용조건을 만들어줘 재활용이 극대화되도록 했습니다. 아울러 폐기물 다량배출 사업자에게는 자원순환 목표를 설정하고 달성토록 의무화했습니다"(환경백서 2016, 4, 윤성규 전 환경부장관의 발간사에서 발췌).

2.2. 폐기물관리를 위한 법적 수단

폐기물처리(Abfallentsorgung)는 전통적으로 국가적으로 요구된, 부분적으로 국가 자신에 의해 조직화된 환경 관련 위험방지 및 생활배려 조치에 속하는 것으로 이해되었습니다.[149] 폐기물을 수집·처리함으로써 특히 직접적인 건강 위

---

149) Kloepfer, Umweltrecht, in: Achterberg/Püttner(Hrsg), Besonderes Verwaltungsrecht

험뿐만 아니라 부적절하고 무분별한 폐기물 투기로 발생할 수 있는 환경침해를 막을 수 있습니다. 반면 폐기물을 소각·매립 등의 방법으로 집중제거하는 과정에서 토질오염이나 수질오염, 가스나 먼지 배출 등으로 인한 환경오염이 발생합니다. 폐기물의 처리는 환경에 대해 이중적인(ambivalent) 관계를 맺고 있습니다: '폐기물 방지를 통한 환경보호' 대 '폐기물처리에 대한 환경보호' 사이의 긴장관계를 해소·조정하는 것이 폐기물법의 목적이기도 합니다. 현대 폐기물법은 이러한 긴장을 폐기물 발생 방지(Abfallvermeidung) 및 재활용(Abfallwiederverwertung) 사상을 강조하여 완화하려고 시도합니다.[150]

폐기물관리법제는 「폐기물관리법」을 비롯, 「자원의 절약과 재활용촉진에 관한 법률」, 「폐기물의 국가 간 이동 및 그 처리에 관한 법률」, 「폐기물처리시설 설치촉진 및 주변지역 지원 등에 관한 법률」, 한국환경공단법, 「수도권매립지의 설립 및 운영에 관한 법률」 및 「건설폐기물의 재활용 촉진에 관한 법률」 등으로 이루어져 있습니다.

「폐기물관리법」은 폐기물 분류체계, 폐기물관리 책무, 폐기물관리계획, 폐기물관리기준, 폐기물처리업 등에 관한 사항을, 「자원의 절약과 재활용촉진에 관한 법률」은 자원재활용기본계획, 폐기물부담금제도, 재활용부과금제도, 포장재·1회용품 폐기물관리 등에 관한 사항을, 「폐기물처리시설 설치촉진 및 주변지역 지원 등에 관한 법률」은 폐기물처리시설의 입지선정절차, 폐기물처리시설 주변 영향지역의 환경조사 및 지원 등에 관한 사항을 각각 규율하고 있습니다. 「폐기물의 국가 간 이동 및 그 처리에 관한 법률」은 폐기물의 수출입에 따른 환경오염을 적정하게 통제하기 위한 바젤협약을 국내법으로 정비한 것이며, 한국자원재생공사법은 폐기물의 발생억제와 재활용사업을 종합적으로 수행할 수 있도록 공사의 조직·운영·재원 및 사업에 관한 사항을 담고 있고, 「수도권매립지의 설립 및 운영에 관한 법률」은 수도권매립지를 효율적으로 관리하도록 함으로써 수도권지역에서 발생하는 폐기물의 적정한 처리와 자원화를 촉진하고, 주변지역주민의 쾌적한 생활환경의 조성에 기여함을 목적으로 수도권매립지관리공사의 설립 및 운영 등에 관한 사항을 규율하고 있습니다. 또한 「건설폐기물의 재활용촉진에 관한 법률」은 건설폐기물을 친환경적으로 적정처리하고 재활

II, 1992, 675, Rn.971.
    150) AaO, Rn.972.

용을 촉진하기 위한 정책수단들을 강구하고 있습니다.

2.3. 폐기물관리법의 적용범위

「폐기물관리법」은 폐기물 처리에 관한 일반법입니다. 따라서 다른 법률에 특별한 규정이 없는 한, 그와 같은 폐기물의 범주에 드는 물질의 처리에 관하여는 이 법률이 적용됩니다. 이와 같이 폐기물의 범주에 드는 물질에 대해서만 「폐기물관리법」이 적용되기 때문에 폐기물개념은 「폐기물관리법」 적용의 '관건개념'(Schlüsselbegriff)이라 할 수 있습니다. 「폐기물관리법」은 두 가지 측면에서 그 적용범위를 제한하고 있습니다.

2.3.1. 폐기물관리법의 적용 배제

「폐기물관리법」은 그 적용범위를 두 가지 측면에서 제한하고 있습니다. 첫째, 다음과 같은 물질에 대하여는 「폐기물관리법」의 적용이 배제됩니다(§ 3 ①).

1. 「원자력안전법」에 따른 방사성물질과 이로 인하여 오염된 물질
2. 용기에 들어 있지 아니한 기체상태의 물질
3. 「물환경보전법」에 따른 수질 오염 방지시설에 유입되거나 공공 수역으로 배출되는 폐수
4. 「가축분뇨의 관리 및 이용에 관한 법률」에 따른 가축분뇨
5. 「하수도법」에 따른 하수·분뇨
6. 「가축전염병예방법」 제22조 제2항, 제23조, 제33조 및 제44조가 적용되는 가축의 사체, 오염물건, 수입 금지 물건 및 검역 불합격품
7. 「수산생물질병 관리법」 제17조 제2항, 제18조, 제25조 제1항 각호 및 제34조 제1항이 적용되는 수산동물의 사체, 오염된 시설 또는 물건, 수입금지물건 및 검역 불합격품
8. 「군수품관리법」 제13조의2에 따라 폐기되는 탄약
9. 「동물보호법」 제69조제1항에 따른 동물장묘업의 허가를 받은 자가 설치·운영하는 동물장묘시설에서 처리되는 동물의 사체

위의 물질 가운데 제1호, 제3호부터 제9호까지에 해당하는 물질들은 각각 관계법에 따라 규율되고 있기 때문에 이 법의 적용배제대상으로 한 것입니다. 둘째, 「폐기물관리법」은 이 법에 따른 폐기물의 해역 배출을 「해양폐기물 및 해양오염퇴적물 관리법」으로 정하는 바에 따르도록 명시하고 있습니다(§ 3 ②).

2.3.2. 폐기물의 개념 : 주관적 폐기물개념과 객관적 폐기물개념

폐기물(Abfall)이란 "쓰레기, 연소재(燃燒滓), 오니(汚泥), 폐유, 폐산, 폐알칼리 및 동물의 사체 등으로서 사람의 생활이나 사업활동에 필요하지 아니하게 된 물질"을 말합니다(§ 2 제1호). 「폐기물관리법」의 폐기물개념에 관하여는 먼저 버리는 사람의 용도폐기의사(Entledigungswille)에 따라 성립하는 주관적 폐기물개념(subjektiver Abfallbegriff)과 공공의 복리를 위하여 법적으로 적정한 처리가 요구되는 동산이란 의미에서의 객관적 폐기물개념(objektiver Abfallbegriff)을 검토할 필요가 있습니다. 전자는 버리는 자의 주관적 의사를 중시한다는 점에서 자유주의적인 폐기물개념인 반면, 후자는 사회국가원칙 또는 재산권의 사회적 구속성(Sozialpflichtigkeit des Eigentums)이 구체화된 결과로서 공공의 이익을 위하여[151] 소유자나 점유자의 의사에 반해서도 적정한 폐기물처리를 관철시킬 수 있도록 하기 위하여 필요한 개념(강제폐기물: Zwangsabfall)이라 할 수 있습니다.[152] 「폐기물관리법」 제2조 제1호에 규정된 폐기물개념인 「사람의 생활이나 사업활동에 필요하지 아니 하게 된」이란 구절을 해석할 때, 주관적 폐기물개념을 취한 것으로 해석됩니다.

환경부 역시 그와 같은 입장으로 보입니다.

"현행법에서는 **버리는 사람의 용도폐기 의사**에 따라 폐기물로 분류되며, 버려진 폐기물이 활용할 가치가 있어 제3자에게 매각되어도 배출자가 필요하지 않게 되면 폐기물에 해당된다.

예를 들면 제품의 생산과정에서 부수적으로 발생한 물질 또는 폐기물이 타 공정의 원료로서 이용된다고 하여 폐기물에서 제외되는 것은 아니며 「폐기물관리법」에 규정된 처리기준에 따라 적정하게 처리되거나 재활용 용도 또는 방법을 거쳐서 재활용이 되어야 한다."[153]

---

151) 이것은 특히 독일 폐기물법(AbfG) 제2조 제1항 제2문에 따라 특히 고려된 공중위생이나 미관상의 적적합성 등과 같은 보호법익이 위태롭게 되는 경우를 말합니다(Bender/ Sparwasser, Rn.901, 270).

152) Kloepfer, aaO, Rn.984, 678; Breuer, Umweltschutzrecht, Rn.242, 512; Bender/Sparwasser, Rn.901, 270. 여기서는 가령 본래의 사용목적으로는 더 이상 사용될 수 없는 물건들이 문제됩니다.

153) 환경백서 2021, 175.

한편 대법원은 주관적 폐기물개념을 전제로 하면서도 <u>그 물질을 공급받는 자의 의사, 그 물질의 성상 등에 비추어</u> 가공과정을 거쳐 <u>객관적으로 사람의 생활이나 사업활동에 필요하다고 사회통념상 승인될 정도에 이르렀다면 그 물질은 그 때부터는 폐기물로서의 속성을 잃고 완제품 생산을 위한 원료물질로 바뀌었다고 할 것이어서 그 물질을 가리켜 사업활동에 필요하지 않게 된 폐기된 물질, 즉 폐기물에 해당한다고 볼 수는 없다</u>고 판시하여 절충적 입장을 취하고 있습니다.[154]

대법원은, 비료생산공장의 원료저장탱크에서 유출되어 생산 목적에 사용할 수 없게 된 액체비료가 구 「폐기물관리법」 제2조 제1호의 폐기물에 해당하며,[155] 건설현장에서 발생하는 토사를 공급받아 세척시설을 이용하여 모래와 흙으로 분리한 후 인근지역 농민에게 공급한 흙을 폐기물로 보았습니다.[156] 또한 횡배수관 관로준설공사를 시행한 후 발생한 토사 약 50여 톤과 쓰레기 등을 법 제2조 제1호에서 정하는 폐기물로 보고 설령 토사를 유실된 고속도로의 법면 보수공사에 사용하려 하였다 하더라도 폐기물로서의 성질을 상실하지 않으며 토사 약 50여 톤과 쓰레기 등은 사업장폐기물에 해당한다고 판시한 바 있고,[157] 폐기물중간처리업자가 사업장폐기물 배출자들과의 사이에 체결한 폐수처리오니 처리계약 내지 일반폐기물 재활용계약에 따라 수거한 오니는 장차 공장에서 비료 내지 암반녹화식생토로 만들어지는 원료로 사용될 것이라는 사정만으로는 그 성상이 변경된 것으로 볼 수 없어 아직 폐기물로서의 속성을 상실하지 않았으므로 여전히 폐기물에 해당한다고 판단한 사례[158]가 있습니다.

어떤 물질의 재사용 또는 재활용 가능성은 그 폐기물 해당 여부를 결정하

---

154) 대법원 2008.6.12 선고 2008도3108 판결: 밭에서 퇴비로 사용하기 위하여 닭털, 계분, 왕겨, 톱밥을 혼합하여 이를 발효시킨 후 임야로 옮겨 매립하고 일부는 그곳에 적치하였다가 「폐기물관리법」 위반으로 처벌을 받은 사건에서 문제의 매립물은 3년에 걸친 숙성의 가공과정을 거친 것으로서 폐기물로서의 속성을 잃고 퇴비의 원료로 사용될 수 있게 된 이상 이미 폐기물에 해당한다고 볼 수 없다고 판단하여 예비적 공소사실 무죄를 선고한 원심판결을 수긍한 사례. 또한 대법원 2001.12.24 선고 2001도4506 판결(폐기물관리법 위반); 대법원 2002.12.26 선고 2002도3116 판결을 참조.

155) 대법원 2009.1.30 선고 2008도8971 판결.

156) 대법원 2010.9.30 선고 2009두6681 판결.

157) 대법원 2006.5.11 선고 2006도631 판결.

158) 대법원 2003.2.28 선고 2002도6081 판결(폐기물관리법위반).

는 요소는 아니라고 보아야 할 것입니다. 자칫 폐기물규제의 면탈이나 사각지대를 조장하는 결과를 가져올 우려가 있기 때문입니다.

어떤 물질이나 물건이 재활용될 수 있는지 여부는 폐기물에 해당하는지를 결정하는 요소가 아니라는 것이 행정실무와 판례의 입장입니다. 독일이나 미국, 일본 등에서도 재활용이 가능한 물질 또는 물건도 폐기물에 포함된다고 보는 것이 일반적인 입법례이고 판례입니다. 이와 관련하여 폐기물의 재활용이 가능하다는 이유로 폐기물 개념에서 제외하고 관리의무를 면제할 경우 폐기물 규제를 회피하는 수단으로 악용될 소지가 있을 뿐만 아니라 수요 감소나 대체 물질 가격 하락 등 여건이 바뀌어 제대로 재활용되지도 못하고 방치되어 폐기물 문제를 발생시킬 우려도 있다는 견해도 경청할 만합니다. 이 견해는 또 재사용/재활용 가능 여부같이 폐기물 발생 이후의 사후처리 방식에 따라 폐기물의 개념이나 범위가 달라진다고 보면 폐기물관리 법체계를 근본적으로 뒤흔들고 피규제자의 예측가능성, 법적 안정성을 크게 해하는 결과를 초래할 우려가 있다고 지적합니다.[159]

다음 대법원 판례는 그와 같은 입장에 서있는 것으로 판단됩니다.

"폐기물관리법 제2조 제1호는 폐기물을 "쓰레기·연소재·오니(汚泥)·폐유·폐산·폐알칼리·동물의 사체 등으로서 사람의 생활이나 사업 활동에 필요하지 아니하게 된 물질"로 정의하고 있는바, 자연환경 및 생활환경에 중대한 영향을 미칠 우려가 있는 폐기물의 배출을 엄격히 규제하여 환경보전과 국민생활의 질적 향상을 도모하려는 **폐기물관리법의 취지에 비추어, 사업장에서 배출되는 위와 같은 물질이 당해 사업장의 사업 활동에 필요하지 아니하게 된 이상, 그 물질은 폐기물관리법에서 말하는 폐기물에 해당한다**고 보아야 하고, 당해 사업장에서 **폐기된 물질이 재활용 원료로 공급된다고 해서 폐기물로서의 성질을 상실하는 것은 아니다**(대법원 2001.6.1 선고 2001도70 판결, 대법원 2003.2.28 선고 2002도6081 판결 등 참조)."[160]

한편 구 「자원순환기본법」을 이어받아 「순환경제사회 전환 촉진법」은 순환자원 인정제를 채택하고 있습니다. 사람의 건강과 환경에 위해가 되지 않고

---

159) 황계영 (2016). "재활용 가능자원의 '폐기물' 해당 여부", 「환경법연구」, 제38권 제2호, 169-200, 169-170.

160) 대법원 2010.9.30 선고 2009두6681 판결: 골재 제조업, 폐기물 중간 처리업 등을 영위하는 甲 회사가 건설현장에서 발생하는 토사를 공급받아 세척시설을 이용하여 모래와 흙으로 분리한 후 흙을 인근지역 농민인 乙에게 공급하자, 행정청이 위 흙은 「폐기물관리법」상 산업용 폐기물에 해당하고 甲이 위 법에서 정한 폐기물재활용 신고절차를 이행하지 않고 폐기물을 처리했다는 이유로 甲에 대해서 '불법배출 폐기물 적정처리'를, 乙에 대해서 '폐기물 반입지 원상복구'를 내용으로 하는 조치명령을 내린 사안에서, 그 처분이 재량권의 범위를 현저히 일탈·남용하여 위법한 처분으로 볼 수 없다고 판단한 원심판결을 수긍한 사례.

유상거래가 가능한 품목은 이를 순환자원으로 인정하여 폐기물에서 제외시키는 '폐기물 종료' 제도입니다. 「순환경제사회 전환 촉진법」은 "순환자원"을 '제21조 또는 제23조에 따라 **환경부장관이** 산업통상자원부장관과 협의하여 **인정하거나 지정·고시한 물질 또는 물건**'으로 정의합니다(§2 5호). 이에 따라 폐기물 중 순환자원 인정을 받거나 순환자원으로 지정·고시된 물질이나 물건은 더 이상 폐기물 범주에서 빠지게 됩니다.

반면 현행 「폐기물관리법」이 객관적 폐기물개념을 명문으로 인정하고 있는지는 분명하지 않습니다. 그러나 폐유·폐산·폐알칼리 등과 같이 폐기물의 종류로서 예시되는 것들 중에는 이를 소유자 또는 관리자의 의사에 맡겨 방치하거나 아무렇게나 배출·적치하도록 놔두는 것이 특히 환경보전이란 공익적 견지에서 용인될 수 없는 경우가 있습니다. 그와 같은 물질들은 그 소유자나 점유자의 의사와 상관없이 이를 객관적 폐기물로 추정할 수도 있겠지만, 결국 법 제2조 제1호에서 폐기물개념을 '사람의 생활이나 사업활동에 필요하지 아니 하게 된 물질'로 정의하고 있는 이상 그 개념 범주에 해당한다고 볼 수 있을지가 관건입니다. 이와 관련 대법원은 명시적으로 객관적 폐기물 개념을 거론하지는 않았지만, '**오염토양**'은 구 「폐기물관리법」이 별도의 근거 규정을 두고 있지 아니한 이상, 그 규율 대상인 '폐기물'에 해당하지 아니 한다고 판시한 바 있습니다.

> "구 폐기물관리법(2007.4.11, 법률 제8371호로 전부 개정되기 전의 것, 이하 '구 폐기물관리법'이라 한다)과 구 폐기물관리법 시행령(2007.9.6, 대통령령 제20244호로 전부 개정되기 전의 것), 건설폐기물의 재활용촉진에 관한 법률과 그 시행령 및 토양환경보전법의 각 규정을 종합하면, **토양은 폐기물 기타 오염물질에 의하여 오염될 수 있는 대상일 뿐 오염토양이라 하여 동산으로서 '물질'인 폐기물에 해당한다고 할 수 없고**, 나아가 오염토양은 법령상 절차에 따른 정화 대상이 될 뿐 법령상 금지되거나 그와 배치되는 개념인 투기나 폐기 대상이 된다고 할 수 없다. 따라서 **오염토양 자체의 규율**에 관하여는 '사람의 생활이나 사업 활동에 필요하지 아니하게 된 물질'의 처리를 목적으로 하는 구 폐기물관리법에서 처리를 위한 별도의 근거 규정을 두고 있지 아니한 이상 **구 폐기물관리법의 규정은 성질상 적용될 수 없고**, 이는 오염토양이 구 폐기물관리법상의 폐기물이나 구성요소인 오염물질과 섞인 상태로 되어 있다거나 그 부분 오염토양이 정화작업 등의 목적으로 해당 부지에서 반출되어 **동산인 '물질'의 상태를 일시 갖추게 되었더라도 마찬가지**이다."[161]

---

161) 대법원 2011.5.26 선고 2008도2907 판결: 피고인들이 택지개발지구에 있는 오염된 토사를 처리하면서 구 「폐기물관리법」에서 정한 폐기물 처리절차를 위반하였다는 내용으

　　「폐기물관리법」은 폐기물의 종류로 쓰레기, 연소재, 오니, 폐유·폐산·폐알
카리, 동물의 사체 등을 예시하고 있습니다. 이들은 '물질'로서 동산(bewegliche
Sache)에 해당하며, 또한 반드시 객관적 사용가치가 완전히 상실되었을 것을 요
건으로 하지는 않습니다. 어떤 물건의 폐기물로서의 속성은 그것이 여전히 또는
별개의 재화로서 사용가치(Gebrauchswert) 또는 상품가치(Handelswert)를 지닌다
고 해서 상실되는 것은 아닙니다.[162] 폐기물이 재활용되는 경우에도 그것이 재
활용공정을 거쳐 다시금 경제적으로 유통되기 전까지는 폐기물로서의 속성을
그대로 가지고 있다고 볼 수 있습니다.[163]

　　「폐기물관리법」의 지정폐기물 개념은 객관적 폐기물개념을 전제로 한 것
으로 볼 수 있습니다. 즉 '주변환경을 오염시킬 수 있거나 인체에 위해를 줄 수
있는 유해한 물질'로서 지정폐기물은 그 배출자등의 의사 여하에 불구하고 스스
로 또는 일정한 자격을 갖춘 처리시설에서 처리되어야 하는 것입니다. 이 경우
행정의 책임은 굳이 질서행정상 행정의 일반적 위해방지임무를 원용하지 않더
라도 지정폐기물의 배출 및 처리상황을 파악하고, 지정폐기물이 적정하게 처리
되도록 필요한 조치를 강구할 국가의 책임을 규정한 「폐기물관리법」 제4조 제3
항에 따라 부과됩니다.

　　요컨대 「폐기물관리법」은 주관적 폐기물개념을 원칙으로 하되 객관적 폐
기물개념에 따라 보충개념으로서 <u>**가장 넓은 의미의 폐기물개념**</u>을 채용하고 있
다고 볼 수 있습니다.

　　구「자원의 절약과 재활용촉진에 관한 법률」 제34조 제4항은 "시장·군수·구청장은 못쓰
　게 된 냉장고 등 대형폐기물과 대통령령으로 정하는 재활용가능자원을 집하·보관·처리
　할 수 있는 시설을 설치해야 한다"고 규정하면서 '못쓰게 된 냉장고'를 대형폐기물의 한
　종류로 예시하고 있었습니다.[164] 여기서 '못쓰게 된'이란 반드시 객관적으로 아무런 사용

───────────

로 기소된 사안에서, '오염토양'이 구 「폐기물관리법」의 규율 대상인 폐기물로 처리될 수 있는
것을 전제로, 구 「폐기물관리법」상 지정폐기물에 해당하는 오염물질이 법정기준치 이상 함유
되어 있어 오염토양에 해당하는 위 토지가 구 「폐기물관리법」에 따른 처리 대상이 된다는 이
유로 위 공소사실을 유죄로 인정한 원심판단에 적용 법률을 오해한 위법이 있다고 한 사례.
　162) Kloepfer, Rn.984, 678.
　163) Breuer, aaO.
　164) 현행법규정: 제34조의4(공공 재활용기반시설의 설치) ① 특별자치도지사·시장·군수·
구청장은 대형폐기물과 대통령령으로 정하는 재활용가능자원을 수집· 보관·선별 및 처리할

가치 또는 재활용가치가 없게 된 것을 의미하는 것이 아니라 '소유자에 따라 폐기된' 또는 '그 본래적 사용목적에 더 이상 사용되지 않게 된' 이란 뜻으로 받아들임이 타당합니다. 이와 관련하여 가령 독일의 경우 폐기물법의 적용대상으로 간주되는 가치폐기물(Wertabfall), 즉 분리수거(getrennte Erfassung)에 따라 재활용목적으로 제공되는 유리, 폐지, 폐금속, 폐합성수지 등과 같은 것은 일단 버리는 사람의 폐기의사에 의한 것이지만 그 주된 목적은 어디까지나 재활용(recycling)에 있는 것이므로 주관적 폐기물에 해당한다고 보기 어려운 반면, 그 처리를 재활용업자에게 맡기는 경우처럼, 공익적 견지에서 반드시 그 처리가 요구된다고 볼 수 없다는 점에서 객관적 폐기물에도 해당하지 않습니다. 그렇지만, 가치폐기물 역시 일단 공공폐기물처리시설에 맡겨지면 폐기물로 간주되고 있음을 여기서 참조할 수 있습니다.[165]

2.3.3. 생활폐기물·사업장폐기물·지정폐기물

폐기물 처리 책임의 소재와 처리방법은 폐기물의 분류체계에 따라 결정됩니다. 처리책임의 소재와 처리방법의 차이를 가져오므로 폐기물의 개념 또는 분류체계는 폐기물정책이나 법에서 매우 중요한 의미를 가집니다. 폐기물 개념 범주의 설정 여하에 따라서는 그 처리책임이나 방법이 달라짐은 물론 법적 규율의 대상에서 누락되는 결과마저 생길 수 있고, 또 경우에 따라 어떤 폐기물개념 범주에 일괄 포함되어 불필요하게 엄격한 규제를 받게 될 수도 있습니다. 그동안 「폐기물관리법」 개정과정에서 폐기물분류체계의 변경이 중요 현안으로 대두되고 변경이 잦았던 것도 바로 그런 연유였습니다.

수 있는 시설을 설치해야 합니다. 법 제2조 제13호에서는 "대형폐기물"이란 가정이나 사업장 등에서 배출되는 가구·가전제품 등 개별적으로 계량(計量)을 할 수 있고 품명(品名)을 알아볼 수 있는 물질로서 대통령령으로 정하는 폐기물을 말한다고 정의하고 있는데, 시행령 제4조의2에 따르면 가정 또는 사업장에서 배출되는 가전제품류, 가구류, 생활용품, 사무용기자재 및 냉·난방기, 그 밖에 쓰레기봉투에 담기 어려운 폐기물로서 특별자치도·시·군·구의 조례로 정한 폐기물을 말한다고 되어 있습니다.

165) Bender/Sparwasser, aaO, Rn.903, 270f.

< 폐기물관리법상 폐기물의 분류 >

폐기물	생활폐기물 사업장폐기물 외의 폐기물		
폐기물 쓰레기, 연소재, 오니(汚泥), 폐유, 폐산, 폐알칼리 및 동물의 사체 등으로서 사람의 생활이나 사업활동에 필요하지 아니하게 된 물질	사업장폐기물 「대기환경보전법」, 「물환경보전법」 또는 「소음·진동관리법」에 따라 배출시설을 설치·운영하는 사업장이나 그 밖에 대통령령으로 정하는 사업장에서 발생하는 폐기물	사업장일반폐기물 사업장폐기물로서 지정폐기물과 건설폐기물을 제외한 폐기물	**사업장비배출시설계폐기물** 폐기물을 1일 평균 300kg 이상 배출하는 사업장, 일련의 공사(건설공사는 제외), 작업으로 폐기물을 5톤(공사 착공 또는 작업 시작부터 마칠 때까지 발생하는 폐기물의 양) 이상 배출하는 사업장에서 발생하는 폐기물
			사업장배출시설계폐기물 「대기환경보전법」, 「물환경보전법」, 「소음·진동관리법」에 따라 배출시설을 설치·운영하는 사업장, 그 밖에 대통령령으로 정하는 사업장에서 발생하는 폐기물
		지정폐기물 사업장폐기물 중 폐유·폐산 등 주변 환경을 오염시킬 수 있거나 의료폐기물 등 인체에 위해를 줄 수 있는 유해한 물질로서 대통령령으로 정하는 폐기물 (시행령 §3·별표 1)	특정시설에서 발생되는 폐기물, 부식성 폐기물, 유해물질함유 폐기물, 폐유기용제, 폐페인트 및 폐래커, 폐유, 폐석면, PCBs 함유 폐기물, 폐유독물, 의료폐기물
			의료폐기물 보건·의료기관, 동물병원, 시험·검사기관 등에서 배출되는 폐기물 중 인체에 감염 등 위해를 줄 우려가 있는 폐기물과 인체조직 등 적출물, 실험동물의 사체 등 보건·환경보호상 특별한 관리가 필요하다고 인정되는 폐기물로서 대통령령으로 정하는 폐기물(§2 v).
		건설폐기물 「건설산업기본법」 제2조 제4호에 해당하는 건설공사로 인하여 건설현장에서 발생하는 5톤 이상의 폐기물(공사를 시작할 때부터 완료할 때까지 발생하는 것만 해당한다)로서 대통령령으로 정하는 것	

자료: 환경백서 2022, 134, 표 2-1-1-71을 부분 수정한 것

현행 「폐기물관리법」은 1차적으로 발생원과 폐기물발생량에 따라 생활폐기물과 사업장폐기물(건설폐기물 포함)로 구분하고,[166] 2차적으로는 유해성에 따라

---

166) 주지하듯이 1995년 8월 4일의 개정법에서 종래 폐기물을 일반폐기물과 특정폐기

사업장일반폐기물과 지정폐기물로, 3차적으로는 발생 특성에 따라 사업장비배출시설계폐기물, 사업장배출시설계폐기물, 건설폐기물, 의료폐기물 등으로 분류하고 있습니다.

"생활폐기물" 개념은 소극적인 방식으로 '사업장폐기물 외의 폐기물'로 정의되고 있습니다(§ 2 제2호). '사업장폐기물'이란 「대기환경보전법」, 「물환경보전법」 또는 「소음·진동관리법」에 따라 배출시설을 설치·운영하는 사업장이나 그 밖에 대통령령으로 정하는 사업장에서 발생하는 폐기물을 말합니다(§ 2 3호). '지정폐기물'은 사업장폐기물의 하위개념입니다. 지정폐기물의 하위범주로 '의료폐기물'이 있습니다.

폐기물의 종류 및 재활용 유형에 관한 세부분류는 폐기물의 발생원, 구성성분 및 유해성 등을 고려하여 환경부령으로 정하도록 위임되어 있습니다(§ 2의2).

2.4. 폐기물관리의 기본원칙

「폐기물관리법」은 제3조의2에서 폐기물관리의 기본원칙을 다음과 같이 천명합니다.

① 사업자는 제품의 생산방식 등을 개선하여 폐기물의 발생을 최대한 억제하고, 발생한 폐기물을 스스로 재활용함으로써 폐기물의 배출을 최소화해야 한다.
② 누구든지 폐기물을 배출하는 경우에는 주변 환경이나 주민의 건강에 위해를 끼치지 아니하도록 사전에 적절한 조치를 해야 한다.
③ 폐기물은 그 처리과정에서 양과 유해성을 줄이도록 하는 등 환경보전과 국민건강보호에 적합하게 처리되어야 한다.
④ 폐기물로 인하여 환경오염을 일으킨 자는 오염된 환경을 복원할 책임을 지며, 오염으로 인한 피해의 구제에 드는 비용을 부담해야 한다.
⑤ 국내에서 발생한 폐기물은 가능하면 국내에서 처리되어야 하고, 폐기물의 수입은 되도록 억제되어야 한다.
⑥ 폐기물은 소각, 매립 등의 처분을 하기보다는 우선적으로 재활용함으로써 자원생산성의 향상에 이바지하도록 해야 한다.

물로 분류하던 것을 고쳐 발생원별로 생활폐기물과 사업장폐기물로 분류한 것은 이를 토대로 원인자처리책임 및 발생지처리책임을 관철하려는 취지에 따른 것이었습니다.

2.5. 폐기물의 관리체계

2.5.1. 개 설

폐기물 관리체계는 국가와 지방자치단체를 중심으로 설계되어 있습니다. 국가는 폐기물관리 전반에 관한 기본계획을 수립하고 지방자치단체에 기술적·재정적 지원을 합니다. 광역지방자치단체는 관할 기초자치단체의 폐기물처리에 대한 조정 등을 수행합니다.

<u>생활폐기물은 발생지처리가 원칙입니다. 기본적으로 기초자치단체장, 즉 시장·군수·구청장이 수집·운반·처리 책임을 지고(§14①), 사업장폐기물은 원칙적으로 배출자가 스스로 처리할 책임을 지는(§17①) 체계입니다.</u>

2.5.2. 국가·지방자치단체의 책무·광역관리

(1) 지방자치단체 및 국가의 책무

폐기물처리에 관하여 제1차적인 행정책임을 지는 것은 기초자치단체의 장, 즉 시장·군수·자치구청장입니다. 「폐기물관리법」에 따르면, 특별자치시장, 특별자치도지사, 시장·군수·구청장(자치구의 구청장)은 관할구역의 폐기물의 배출 및 처리상황을 파악하여 폐기물이 적정하게 처리될 수 있도록 폐기물처리시설을 설치·운영해야 하며, 폐기물의 처리방법의 개선 및 관계인의 자질 향상으로 폐기물 처리사업을 능률적으로 수행하고, 주민과 사업자의 청소 의식 함양과 폐기물 발생 억제를 위하여 노력해야 합니다(§4①). 한편 특별시장·광역시장·도지사는 시장·군수·구청장이 그 책무를 충실하게 하도록 기술적·재정적 지원을 하고, 그 관할구역의 폐기물처리사업에 대한 조정을 해야 합니다(§4②).

국가 역시 폐기물관리책임을 집니다. 국가는 폐기물 처리에 대한 기술을 연구·개발·지원하고, 특별시장·광역시장·특별자치시장·도지사·특별자치도지사("시·도지사") 및 시장·군수·구청장이 제1항과 제2항에 따른 책무를 충실하게 하도록 필요한 기술적·재정적 지원을 하며, 특별시·광역시·특별자치시·도·특별자치도("시·도")간의 폐기물 처리사업에 대한 조정을 해야 합니다(§4④). 국가는 또한 지정폐기물의 배출 및 처리 상황을 파악하고 지정폐기물이 적정하게 처리되도록 필요한 조치를 마련해야 합니다(§4③).

(2) 광역관리

「폐기물관리법」은 제5조에서 환경부장관, 시·도지사 또는 시장·군수·구청장으로 하여금 둘 이상의 시·도 또는 시·군·구에서 발생되는 폐기물을 광역적으로 처리할 필요가 있다고 인정되면 광역폐기물처리시설(지정폐기물 공공처리시설 포함)을 단독 또는 공동으로 설치·운영할 수 있다고 규정하는 한편, 광역 폐기물처리시설의 설치 또는 운영을 환경부령으로 정하는 자에게 위탁할 수 있도록 하고 있습니다. 광역 폐기물처리시설의 설치·운영을 위탁할 수 있는 "환경부령으로 정하는 자"란 시행규칙 제5조에서 정하고 있습니다.

「폐기물관리법」은 최근 생활폐기물의 발생지 처리 원칙을 확립하고 관할구역 외에서 생활폐기물을 처리할 경우 반입협력금을 부과·징수할 수 있는 근거를 마련함으로써 지방자치단체의 관할구역 내 폐기물처리시설 확충을 유도하고 지방자치단체 간 원활한 이해관계 조정을 도모한다는 취지로, 일부 개정되었습니다(법률 제19126호, 2022.12.27, 시행 2024.12.28)

이에 따라 신설된 제5조의2는 생활폐기물의 발생지 처리 원칙을 정립하고(§5의2 ①), 그 같은 조치에도 불구하고 관할구역에서 발생한 생활폐기물을 모두 처리할 수 없을 때에는 관할구역 외의 특별자치시장, 특별자치도지사, 시장·군수·구청장과 협의하여 해당 지방자치단체의 관할구역으로 생활폐기물을 반출하여 처리할 수 있도록 하였습니다(§5의2 ②).

또 같은 맥락에서 다른 지자체의 생활폐기물을 처리해 준 경우 그 대가로 반입협력금을 징수할 수 있는 근거를 마련하였습니다. 즉 환경부령으로 정하는 생활폐기물을 위 제5조의2 제2항에 따라 반입하여 처리한 특별자치시장, 특별자치도지사, 시장·군수·구청장은 해당 생활폐기물을 반출한 특별자치시장, 특별자치도지사, 시장·군수·구청장으로부터 해당 생활폐기물의 반입량을 고려하여 산정한 금액("반입협력금")을 징수할 수 있습니다(§5의3 ① 제1문). 그 경우「폐기물처리시설 설치촉진 및 주변지역지원 등에 관한 법률」 제8조에 따른 가산금은 징수한 것으로 봅니다(§5의3 ① 제2문). 반입협력금은 환경부령으로 정하는 범위에서 제1항에 따라 생활폐기물을 반입하여 처리하는 지방자치단체의 조례로 정하며(§5의3 ②), 그 용도는 일정한 관련 사업에 제한되어 있습니다(§5의3 ③).

폐기물처리시설을 설치·운영하는 기관이 받는 반입수수료는 제6조에 근거를 두고 있습니다. 이에 따르면 제4조 제1항 또는 제5조 제1항에 따라 폐기물 처리시설을 설치·운영하는 기관은 그 폐기물처리시설에 반입되는 폐기물의 처리를 위하여 필요한 비용, 즉 반입수수료를 폐기물을 반입하는 자로부터 징수할 수 있고(§6①), 둘 이상의 지방자치단체가 공동으로 설치·운영하는 폐기물처리시설에 있어서는 해당 지방자치단체 간에 협의하여 수수료를 결정하도록 되어 있습니다(§6②). 이것은 폐기물처리시설의 설치·운영자가 그 처리시설을 이용함으로써 폐기물처리비용을 면하게 되는 반입자로부터 반입수수료를 징수할 수 있도록 함으로써 그 경비의 일부를 보전하고 무임승차현상(free ride)을 방지하여 비용부담의 형평을 확보하는 한편, 처리시설의 용량을 최대한 활용하여 규모의 경제를 기할 수 있도록 하려는 데 취지를 둔 것으로 이해됩니다. 반입수수료의 금액은 징수기관이 국가면 환경부령으로, 지방자치단체이면 조례로 정하도록 위임되어 있습니다(§6③). 징수기관이 국가인 경우 폐기물처리시설에의 반입수수료는 폐기물 처리, 수집·운반 경비 등 소정의 경비 등을 고려하여 환경부장관이 결정·고시하도록 되어 있습니다(시행규칙 §6).[167]

2.5.3. 국민의 책무·폐기물투기금지

(1) 국민의 책무

「폐기물관리법」은 "모든 국민은 자연환경 및 생활환경을 청결히 유지하고 폐기물의 감량화와 자원화를 위하여 노력해야 한다"고 규정하여 국민의 책무를 강조하면서(§7①), 토지나 건물의 소유자·점유자 또는 관리자에게 그가 소유·점유 또는 관리하는 토지나 건물의 청결을 유지하도록 노력하고, 특별자치시장, 특별자치도지사, 시장·군수·구청장이 정하는 계획에 따라 대청소를 할 의무를 부과하고 있습니다(§7②).

법이 이렇듯 국민에게 청결유지의무와 폐기물 감량화·자원화를 위하여 노력할 의무를 부과하고 있는 것은 헌법 제35조 제1항 후단과 이를 근거로 국가·지방자치단체의 환경보전시책에 협력해야 할 국민의 의무를 선언한 「환경정책기본법」 재6조, 그리고 이들 조항의

---

167) 시행규칙 제6조에 따르면, 징수기관이 국가인 경우 폐기물처리시설 반입수수료는 처리시설 설치비와 운영비를 고려하여 폐기물의 종류별로 산정한 적정처리경비, 수집·운반 경비와 폐기물처리시설의 주변지역 주민에 대한 최소한의 지원에 드는 경비를 고려하여 결정하도록 되어 있습니다.

이념적 기초를 이루는 환경보호의 기본원리로서 협동의 원칙(Kooperationsprinzip)에 비추어 볼 때 극히 자명한 결과라 할 수 있습니다. 그러나 그로부터 어떤 구체적인 법적 의무가 도출된다고는 보기 어렵고 이 규정은 일종의 원칙적 선언규정에 불과하다고 판단됩니다. 이러한 법의 태도와 관련하여, 환경파괴의 책임을 국민의 공동책임으로 전가하려는 이데올로기적 배경이 의심되기도 합니다. 비대한 중화학공업에서 발생하는 각종 공해에 비해 소비 쓰레기가 차지하는 비중이 극히 근소하다는 사실을 상기할 때 어쩌면 당연할 수도 있는 이러한 의심은 '안심하고 마실 수 있는 수돗물'과 '생활쓰레기 수거' 문제를 마치 환경문제의 핵심인 양 홍보해 온 정부의 환경정책의 실제에 비추어 볼 때 근거가 없지 않습니다. 수돗물 수질문제와 생활쓰레기 처리 문제가 환경정책의 주요 과제목록에 포함시킬 만큼 중요한 과제임에는 틀림이 없지요. 그러나 환경운동을 (주로 주부들에 의한) '쓰레기 줄이기 운동'으로 축소한다면 이는 환경위기의 해소에 기여하기보다는 환경운동의 예봉을 무디게 하려는 지배이데올로기의 확산에 기여할 것이고, '환경파괴는 가해자와 피해자의 구분이 불가능하고 따라서 국민 모두가 책임져야 한다'는 공동책임의 이데올로기는 대기업에 의한 환경오염 및 산업폐기물 배출의 심각성과 그 해결에 있어 정책적 우선순위를 호도시킬 우려가 있다는 지적도 경청해 볼 가치가 있습니다.[168] 이러한 사실을 도외시하고서 청결 유지 및 폐기물의 감량화·자원화를 위하여 노력해야 할 국민의 책무만을 강조하여서는 안 되겠지요. 폐기물정책은 그 수립·시행과정 모든 면에서 그 책임의 우선순위와 정책적 비중을 적정히 배정해 나가야 할 것입니다.

(2) 폐기물 투기 금지

법은 제8조에서 '누구든지 특별자치시장, 특별자치도지사, 시장·군수·구청장이나 공원·도로 등 시설의 관리자가 폐기물의 수집을 위하여 마련한 장소 또는 설비 외의 장소에 폐기물을 버려서는 아니 되며,' '그 소속 지방자치단체의 조례로 정하는 방법 또는 공원·도로 등 시설의 관리자가 지정한 방법을 따르지 아니하고 생활폐기물을 버려서는 아니 된다'고 규정합니다. 또한 '누구든지 이 법에 따라 허가 또는 승인을 받거나 신고한 폐기물처리시설이 아닌 곳에서 폐기물을 매립하거나 소각하여서는 아니 된다'(제14조 제1항 단서에 따른 지역에서 해당 특별자치시, 특별자치도, 시·군·구의 조례로 정하는 바에 따라 소각하는 경우는 예외)고 규정하여 폐기물의 투기금지·불법매립금지의 대원칙을 천명하고 있습니다(§ 8 ①, ②). 또한 토지나 건물의 소유자·점유자 또는 관리자가 제7조 제2항에 따라 청결을 유지하지 않을 경우 시장·군수·구청장이 해당 지방자치단체의 조례에 따라 필요한

---

168) 황태연, 정치경제학적 환경이론의 재구성, 1993, 74-75를 참조.

조치를 명할 수 있도록 했습니다(§8 ③). 이러한 투기금지·불법매립금지를 위반하거나 위의 청결유지에 필요한 조치명령을 불이행하면 벌칙과 과태료가 부과됩니다. 즉 제8조 제1항 또는 제2항을 위반하여 사업장폐기물을 버리거나 매립한 자는 7년 이하의 징역 또는 7천만원 이하의 벌금에(§63: 징역형과 벌금형 병과 가능), 제8조 제1항 또는 제2항을 위반하여 생활폐기물을 버리거나 매립한 자, 제8조 제3항의 조치명령을 불이행한 자에 대해서는 100만원 이하의 과태료에 처하게 되어 있습니다(§68 ③ 1-2).

2.6. 폐기물의 배출 및 처리

앞서 본 바와 같이 생활폐기물의 수거·운반 및 처리는 관할 자치단체 장의 책무이며, 사업장폐기물은 폐기물 배출자가 스스로 처리해야 합니다. 시·도지사는 관할 자치단체간의 조정 및 재정지원 등을 담당하고, 국가는 폐기물관리 전반에 대한 기본적 정책을 입안하며 지방자치단체에 대한 기술·재정적 지원 등을 담당합니다. 폐기물은 그 종류에 따른 처리방법, 즉 수집·운반·보관 및 처리기준에 적합하게 처리해야 하며, 그 분류체계에 따라 아래 표에서 제시된 과정을 거쳐 처리됩니다.[169]

< 폐기물처리체계 >

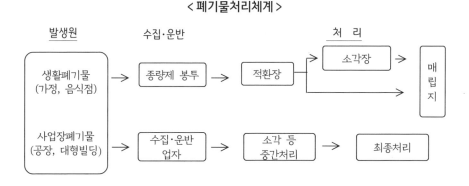

169) 환경부, 환경백서 2000, 3부5장 〈그림 3-5-2〉.

2.6.1. 폐기물의 처리기준등

「폐기물관리법」은 폐기물을 생활폐기물과 사업장폐기물로 나누어 그 수집·보관·운반 또는 처리에 관한 규율을 차별화하고 있습니다. 여기서 폐기물의 '처리'란 폐기물의 수집, 운반, 보관, 재활용, 처분을 말하며(§2 제5의3호), "처분"이란 폐기물의 소각·중화·파쇄·고형화 등의 중간처분과 매립하거나 해역으로 배출하는 등의 최종처분을 말합니다(§2 제4호). 법은 제13조 제1항에서 누구든지 폐기물을 처리하려는 자는 대통령령으로 정하는 기준과 방법을 따라야 한다고 규정하여 폐기물의 처리기준 및 방법을 시행령에 위임하고 있습니다. 시행령 제7조는 폐기물의 종류와 성질·상태별로 재활용가능성 여부, 가연성 또는 불연성 여부 등에 따라 구분하여 수집·운반·보관하고, 수집·운반·보관 과정에서 폐기물이 흩날리거나 누출되지 아니하도록 하고, 침출수가 유출되지 아니하도록 하고, 재활용이 가능한 폐기물은 재활용하도록 할 것 등 세부적인 기준을 정하고(시행령§7①), 더 구체적인 기준과 방법을 다시 환경부령에 위임하고 있습니다(시행령§7②).

한편 법은 폐기물 처리의 한 방법으로 재활용에 관한 사항을 규율하고 있습니다. 이를 간략히 살펴보면 다음과 같습니다.

(1) 폐기물 재활용

법은 폐기물 재활용에 일종의 네거티브규제방식을 적용합니다. 즉 종래 일정한 용도 또는 방법을 따라야 한다고 규정하여 폐기물의 재활용 용도 또는 방법을 제한했던 것과 달리, 일정한 기준에 어긋나지 않는 한 다양한 방법으로 재활용을 할 수 있도록 한 것입니다(§13의2①).

1. 비산먼지, 악취가 발생하거나 휘발성유기화합물, 대기오염물질 등이 배출되어 생활환경에 위해를 미치지 아니할 것
2. 침출수(浸出水)나 중금속 등 유해물질이 유출되어 토양, 수생태계 또는 지하수를 오염시키지 아니할 것
3. 소음 또는 진동이 발생하여 사람에게 피해를 주지 아니할 것
4. 중금속 등 유해물질을 제거하거나 안정화하여 재활용제품이나 원료로 사용하는 과정에서 사람이나 환경에 위해를 미치지 아니하도록 하는 등 대통령령으로 정하는 사항을 준수할 것

5. 그 밖에 환경부령으로 정하는 재활용의 기준을 준수할 것

그러나 이러한 기준에 맞더라도 다음 어느 하나에 해당하는 폐기물은 재활용이 금지 또는 제한됩니다(§ 13의2 ②).

1. 폐석면
2. 폴리클로리네이티드비페닐(PCBs)이 환경부령으로 정하는 농도 이상 들어 있는 폐기물
3. 의료폐기물(태반은 제외)
4. 폐유독물 등 인체나 환경에 미치는 위해가 매우 높을 것으로 우려되는 폐기물 중 대통령령으로 정하는 폐기물

(2) 폐기물 재활용시 환경성평가

폐기물 재활용 시 환경성평가란 '폐기물의 재활용이 사람의 건강이나 환경에 미치는 영향을 조사·예측하여 해로운 영향을 피하거나 제거하는 방안 및 재활용기술의 적합성에 대한 평가'를 말합니다.

법 제13조의3에 따르면, 앞서 본 '폐기물의 재활용 원칙 및 준수사항"(§ 13의2 ①)에도 불구하고 일정한 재활용을 하려는 자는 제13조의4 제1항에 따른 재활용환경성평가기관으로부터 재활용환경성평가를 받아야 합니다(§ 13의3 ①). 「비료관리법」 제4조에 따라 공정규격이 설정된 비료를 제조하거나 환경부령으로 정하는 방법으로 폐기물을 재활용하려는 자는 제1항에도 불구하고 재활용환경성평가를 받지 않고 해당 폐기물을 재활용할 수 있습니다(§ 13의3 ②). 재활용환경성평가를 받은 자는 그 결과를 환경부장관에게 제출하고, 그 폐기물을 재활용할 수 있는지에 대한 승인을 받아야 합니다(§ 13의3 ③).

환경부장관은 제3항에 따라 제출받은 재활용환경성평가 결과를 고려하여 대통령령으로 정하는 승인 요건을 갖추었는지를 검토한 후 제3항에 따른 승인을 할 수 있고(§ 13의3 ④), 승인을 하는 경우 국민 건강 또는 환경에 미치는 위해 등을 줄이기 위하여 승인의 유효기간, 폐기물의 양 등 환경부령으로 정하는 조건을 붙일 수 있습니다(§ 13의3 ⑤).

그러나 위 제3항에 따른 승인을 받은 자가 승인받은 사항과 다르게 폐기물을 재활용하거나, 재활용환경성평가 결과를 거짓이나 그 밖의 부정한 방법으로 제출한 경우, 승인 조건을 위반한 경우에는 환경부장관은 그 승인을 취소해야 하며 이 경우

승인이 취소되면 지체없이 해당 폐기물의 재활용을 중단해야 합니다(§ 13의3 ⑥).

(3) 재활용 제품 또는 물질의 유해성기준

환경부장관은 폐기물을 재활용하여 만든 제품 또는 물질이 사람의 건강이나 환경에 위해를 줄 수 있다고 판단되는 경우에는 관계 중앙행정기관의 장과 협의하여 그 재활용 제품 또는 물질에 대한 유해성기준을 정하여 고시하여야 하고 누구든지 유해성기준에 적합하지 아니하게 폐기물을 재활용한 제품 또는 물질을 제조하거나 유통하는 것은 금지됩니다(§ 13의5 ①, ②).

환경부장관은 폐기물을 재활용한 제품 또는 물질이 유해성기준을 준수하는 지를 확인하기 위하여 시험·분석을 하거나 그 제품 또는 물질의 제조 또는 유통 실태를 조사할 수 있습니다(§ 13의5 ③). 그리고 시험·분석 또는 실태 조사 결과 유해성기준을 위반한 제품 또는 물질을 제조 또는 유통한 자에 해당 제품 또는 물질의 회수, 파기 등 필요한 조치를 명할 수 있습니다(§ 13의5 ⑤).

또한 환경부장관은 유해성 기준이 고시된 제품 또는 물질 중에서 재활용하는 폐기물의 관리가 필요하다고 인정되는 제품 또는 물질에 대하여는 관할 지방자치단체의 장 및 해당 제품 또는 물질을 제조하는 자 등과 협약을 체결하여 폐기물의 종류별 사용 용도 및 사용량, 폐기물 중의 중금속 함유량 등의 정보를 공개하게 할 수 있습니다(§ 13의5 ⑥).

2.6.2. 생활폐기물의 처리

(1) 생활폐기물의 처리

생활폐기물 처리 책임은 특별자치시장, 특별자치도지사, 시장·군수·구청장에 있습니다. 즉, 특별자치시장, 특별자치도지사, 시장·군수·구청장은 관할구역에서 배출되는 생활폐기물을 처리해야 합니다(법 § 14 ①). 다만, 환경부령으로 정하는 바에 따라 특별자치시장, 특별자치도지사, 시장·군수·구청장이 지정하는 지역은 예외입니다. 특별자치시장, 특별자치도지사, 시장·군수·구청장이 '생활폐기물관리제외지역'을 지정하는 때에는 가구 수가 50호 미만이거나 산간·오지·섬지역 등으로서 차량의 출입 등이 어려워 생활폐기물 수집·운반이 사실상 불가능한 지역을 대상으로 해야 합니다(시행규칙 § 15 ①).[170]

---

170) 이것은 구 「폐기물관리법」 제12조가 전국을 일반폐기물관리구역으로 하되, 예외

생활폐기물관리제외지역으로 지정된 지역이라도 일정한 기간에만 다수인이 모이는 해수욕장·국립공원 등 관광지, 그 밖에 이에 준하는 지역에 대하여는 특별자치시장, 특별자치도지사, 시장·군수·구청장이 이용객 수가 많은 기간에 한정하여 그 지정의 전부 또는 일부를 해제하여 해당 지역의 생활폐기물을 처리할 수 있습니다(시행규칙 §15 ②).

한편, 법은 생활계 유해폐기물과 음식물류 폐기물에 대하여 각각 처리계획과 발생 억제 계획을 수립·시행하도록 하고 있습니다.

먼저, 구「자원순환기본법」제정에 따라 기존「폐기물관리법」에 따른 폐기물처리 기본계획 및 폐기물관리 종합계획, 폐기물 통계조사 등 중복되는 제도들이 폐지되었고, 생활계 유해폐기물 처리계획의 수립·시행이 의무화되었습니다. 특별자치시장, 특별자치도지사, 시장·군수·구청장은 관할구역의 생활폐기물 중 질병 유발 및 신체 손상 등 인간의 건강과 주변환경에 피해를 유발할 수 있는 폐기물, 즉 '생활계 유해폐기물'의 안전·적정한 처리를 위하여 생활계 유해폐기물의 발생 및 처리 현황, 수거시설의 설치 계획, 적정 처리를 위한 기술적·재정적 지원 방안(재원 확보계획 포함) 등을 포함하는 생활계 유해폐기물 처리계획을 수립·시행하고, 매년 추진성과를 평가해야 합니다(§14의4 ①).

둘째, 법은 음식물 폐기물 문제의 심각성을 고려하여 지방자치단체 장에게 음식물류 폐기물 발생 억제 계획의 수립 등의 의무를 부과하고 있습니다. 이에 따르면, 특별자치시장, 특별자치도지사, 시장·군수·구청장은 관할구역의 음식물류 폐기물(농산물류·수산물류·축산물류 폐기물 포함)의 발생을 최대한 줄이고 발생한 음식물류 폐기물을 적정하게 처리하기 위하여 음식물류 폐기물 발생 억제 계획을 수립·시행하고, 매년 그 추진성과를 평가해야 합니다(§14의3 ①).

(2) 생활폐기물처리등의 대행

특별자치시장, 특별자치도지사, 시장·군수·구청장은 해당 지방자치단체의 조례로 정하는 바에 따라 대통령령으로 정하는 자에게 생활폐기물 처리를 대행하게 할 수 있습니다(§14 ②). '대통령령으로 정하는 자'로는 허가를 받은 폐기물처리업자, 폐기물처리 신고자, 한국환경공단(농업활동으로 발생하는 폐플라스틱 필름·시트류를 재활용하거나 폐농약용기 등 폐농약포장재를 재활용 또는 소각하는 것만 해당), 「자원의 절

지역을 정했던 것을 그대로 이어받은 것입니다.

약과 재활용촉진에 관한 법률」제13조의2에 따른 대형폐기물 재활용센터 운영자 등이 있습니다(시행령 § 8).

법은 제14조 제8항에서 특별자치시장, 특별자치도지사, 시장·군수·구청장이 생활폐기물 수집·운반을 대행하게 할 경우 준수해야 할 사항을 정하고 있습니다. 가령 생활폐기물 수집·운반 대행자에 대한 대행실적 평가기준(주민만족도와 환경미화원의 근로조건 포함)을 해당 지방자치단체의 조례로 정하고, 해당 지방자치단체가 민간전문가 등으로 평가단을 구성하여 매년 1회 이상 평가를 실시하고, 그 평가 결과를 해당 지방자치단체 인터넷 홈페이지에 평가일부터 6개월 이상 공개하도록 하고 있습니다(2호, 3호).

또한 법은 환경부장관에게 강력한 규제감독권을 부여하고 있습니다. 평가 결과 해당 지방자치단체의 조례로 정하는 기준에 미달되면 환경부령에 따라 영업정지, 대행계약 해지 등의 조치를 하여야 합니다(§ 14 ⑧ 2호, 3호).

아울러 환경부장관은 생활폐기물의 처리와 관련하여 필요하다고 인정하는 경우에는 해당 특별자치시장, 특별자치도지사, 시장·군수·구청장에 대하여 필요한 자료 제출을 요구하거나 시정조치를 요구할 수 있으며, 생활폐기물 처리에 관한 기준의 준수 여부 등을 점검·확인할 수 있습니다. 환경부장관의 자료 제출 및 시정조치 요구를 받은 해당 특별자치시장, 특별자치도지사, 시장·군수·구청장은 특별한 사정이 없으면 이에 따라야 하며(§ 14 ⑨), 특별자치시장, 특별자치도지사, 시장·군수·구청장이 그 요구를 이행하지 않으면 환경부장관은 재정 지원의 중단 또는 삭감 등 조치를 할 수 있습니다(§ 14 ⑩).

한편 법은 처리 대행자의 영업정지로 생활폐기물 적체 등 생활, 보건상 곤란이 생길 수 있다는 점을 감안하여, 특별자치시장, 특별자치도지사, 시장·군수·구청장은 제14조 제8항 제3호에 따라 생활폐기물 수집·운반 대행자에게 영업의 정지를 명하려는 경우, 그 영업의 정지로 인하여 생활폐기물이 처리되지 않고 쌓여 지역주민의 건강에 위해가 발생하거나 발생할 우려가 있으면 대통령령으로 정하는 바에 따라 그 영업의 정지를 갈음하여 1억원 이하의 과징금을 부과할 수 있도록 대안을 마련하고 있습니다(§ 14의2 ①).

(3) 생활폐기물처리에 대한 수수료의 징수

법은 생활폐기물처리를 유상으로 제공할 수 있는 근거를 명문화하고 있습니다. 특별자치시장, 특별자치도지사, 시장·군수·구청장은 생활폐기물을 처리할 때 배출되는 생활폐기물의 종류, 양 등에 따라 수수료를 징수할 수 있습니다(§ 14 ⑤ 제1문). 이 경우 수수료는 해당 지방자치단체의 조례로 정하는 바에 따라 폐기물 종량제 봉투 또는 폐기물임을 표시하는 표지 등을 판매하는 방법으로 징수하되, 음식물류 폐기물의 경우에는 배출량에 따라 산출한 금액을 부과하는 방법으로 징수할 수 있습니다(§ 14 ⑤ 제2문). 이 조항이 쓰레기종량제의 법적 근거입니다.

특별자치시장, 특별자치도지사, 시장·군수·구청장은 조례로 정하는 바에 따라 종량제 봉투등의 제작·유통·판매를 대행하게 할 수 있습니다(§ 14 ⑦).

(4) 생활폐기물 배출자의 의무

법은 생활폐기물 배출자에게 효율적인 폐기물처리를 의무화하는 한편, 음식물쓰레기문제 해결을 위한 기초자치단체 차원의 시책에 따르도록 요구하고 있습니다. 즉, 생활폐기물이 배출되는 토지나 건물의 소유자·점유자 또는 관리자, 즉 '생활폐기물 배출자'는 관할 특별자치시, 특별자치도, 시·군·구의 조례로 정하는 바에 따라 생활환경 보전상 지장이 없는 방법으로 그 폐기물을 스스로 처리하거나 양을 줄여서 배출하되(§ 15 ①), 스스로 처리할 수 없는 생활폐기물의 분리·보관에 필요한 보관시설을 설치하고, 그 생활폐기물을 종류별, 성질·상태별로 분리하여 보관해야 하며, 특별자치시, 특별자치도, 시·군·구에서는 분리·보관에 관한 구체적인 사항을 조례로 정해야 합니다(§ 15 ②).

또한 법은 음식물류 폐기물 배출자에게도 발생 억제 및 적정 처리를 위한 의무를 부과하고 있습니다. 이에 따르면, 음식물류 폐기물을 다량으로 배출하는 자로서 대통령령으로 정하는 자는 음식물류 폐기물의 발생 억제 및 적정 처리를 위하여 관할 특별자치시, 특별자치도, 시·군·구의 조례로 정하는 사항을 준수해야 합니다(§ 15의2 ①).

음식물류 폐기물 배출자는 음식물류 폐기물의 발생 억제 및 처리 계획을 특별자치시장, 특별자치도지사, 시장·군수·구청장에게 신고해야 합니다(§ 15의2 ②).

음식물류 폐기물 배출자는 제14조 제1항 또는 제18조 제1항에도 불구하고 발생하는 음식물류 폐기물을 스스로 수집·운반 또는 재활용하거나 폐기물처리시설 설치·운영자, 폐기물 수집·운반업, 재활용업 허가를 받거나 음식물류 폐기물 재활용 신고자 등에게 환경부령으로 정한 위탁·수탁의 기준 및 절차에 따라 위탁하여 수집·운반 또는 재활용해야 합니다(§ 15의2 ③).

(5) 자율폐기물관리협약

음식물쓰레기 등 생활폐기물의 처리를 위한 정책수단이 아무리 잘 설계되더라도 폐기물 배출자의 자발적 협력이 없이는 효과적인 목표 달성을 기대하기 어렵습니다. 피규제자인 배출자의 자발적 협조나 참여를 끌어내는 것이 정책의 핵심적 성공요인입니다. 이러한 견지에서 2003년 5월 29일의 개정법은 제16조를 신설하여 지방자치단체의 장과 관할구역 내 폐기물 배출자 간 폐기물관리를 위한 자율적 협약(voluntary agreement)의 법적 근거를 마련했습니다. 이에 따르면 시·도지사나 시장·군수·구청장은 폐기물의 발생 억제 및 처리를 위하여 관할구역에서 폐기물을 배출하는 자 또는 이들로 구성된 단체와 협약을 체결할 수 있고(§ 16 ①), 이 협약의 목표, 이행방법 및 절차 등에 관하여 필요한 사항은 해당 지방자치단체의 조례로 정하도록 되어 있습니다(§ 16 ②). 그리고 시·도지사 또는 시장·군수·구청장이 해당 지방자치단체와 협약을 체결한 자에게 협약 이행에 필요한 지원을 할 수 있도록 했습니다(§ 16 ③). 이 자율협약방식은 지방자치단체 수준에서 이미 실제로 추진되었던 민관협력방식을 제도화한 것입니다.[171]

이 제도는 관할구역에서 '폐기물 배출자 또는 이들로 구성된 단체'와 협약을 체결할 수 있다고 규정한 제16조 제1항의 문언에 비추어 반드시 생활폐기물에 대해서만 적용된다고 볼 것은 아닙니다. 하지만, 관할구역 내 생활폐기물 처리책임을 지는 지방자치단체와 협약을 체결하도록 하고 또 지방자치단체가 그 협약 이행에 필요한 지원을 할 수 있도록 한 점 등을 고려할 때, 생활폐기물을 우선적 적용 대상으로 삼은 것이라고 이해됩니다.

---

171) 실례로 정부는 2002년 월드컵을 계기로 환경친화적 음식문화 정착을 위하여 월드컵 개최도시를 중심으로 지방자치단체와 음식업단체, 시민단체들이 자발적으로 협약을 체결하여 이행하도록 주선하였고, 2003년도에는 전국으로 확대하여 시행했습니다. 환경백서 2004, 제8장 폐기물 관리, 543. 2018년 5월 24일에는 16개사 21개 브랜드를 대상으로 1회용컵 재질 단일화, 다회용컵사용자에 현금할인 인센티브 등을 담은 '1회용품 줄이기 및 재활용촉진을 위한 자발적 협약'을 체결한 바 있습니다. 환경백서 2019, 660-661.

2.6.3. 사업장폐기물의 처리

(1) 사업장폐기물감량화제도

「폐기물관리법」은 제17조 제1항에 사업장폐기물 배출자의 의무를 명시하여 사업장폐기물감량화제도를 도입했습니다. 제품생산 공정 등 발생원에서의 폐기물감축과 재활용 등의 방법으로 단위생산량당 폐기물 발생 및 처리량을 줄이거나 유해성을 줄이는 것이 목적입니다. 사업장폐기물의 발생을 억제하기 위하여 발생원 감축과 재활용 등 자발적인 폐기물 감량 노력을 유도하고, 사업자의 폐기물 감량화 실적을 분석·평가하고 기술진단·지도 등을 통해 이를 지원하는 이 제도는 법 제17조 제1항을 근거로 작성된 '사업장폐기물감량화지침'에 따라 1996년 12월부터 운영되고 있습니다. 사업장폐기물의 경우 폐기물 배출자는 폐기물 적정처리 등을 준수할 의무를 지고 그 사업장에서 발생하는 폐기물을 스스로 처리하거나 일정한 자격을 갖춘 자에게 위탁처리해야 합니다.

(2) 사업장폐기물 배출자의 준수사항

사업장폐기물을 배출하는 사업자가 지켜야 할 준수사항은 법 제17조 제1항에 명시되어 있습니다.

(3) 사업장폐기물의 신고

환경부령으로 정하는 사업장폐기물 배출자는 사업장폐기물의 종류·발생량 등을 특별자치시장, 특별자치도지사, 시장·군수·구청장에게 신고해야 하며, 신고사항중 환경부령으로 정하는 사항을 변경하는 때에도 마찬가지입니다(§17②). 특별자치시장, 특별자치도지사, 시장·군수·구청장은 신고 또는 변경신고를 받은 날부터 20일 이내에 신고수리 여부를 신고인에게 통지해야 하며(§17③) 그 기간 내에 신고 수리 여부나 민원 처리 관련 법령에 따른 처리기간의 연장을 신고인에게 통지하지 아니하면 그 기간이 끝난 날의 다음 날에 신고를 수리한 것으로 봅니다(§17④).

대통령령으로 정하는 업종 및 규모 이상의 사업장폐기물 배출자는 법 제17조 제1항 제2호에 따른 사업장폐기물의 발생 억제를 위하여 환경부장관과 관계중앙행정기관의 장이 환경부령으로 정하는 기본방침과 절차에 따라 통합하여 고시하는 지침을 준수해야 합니다(§17⑦).

(4) 지정폐기물 처리의 사전확인

법은 지정폐기물 처리과정에서 발생할 수 있는 위험에 대비하고자 사전에 환경부장관에게 처리계획 등을 확인받도록 했습니다(§ 17 ⑤, ⑥).

(5) 사업장폐기물의 처리

사업장폐기물 배출자는 그의 사업장에서 발생하는 폐기물을 스스로 처리하거나 제25조 제3항에 따른 폐기물처리업 허가를 받은 자, 폐기물처리 신고자, 제4조, 제5조에 따른 폐기물처리시설 설치·운영자, 「건설폐기물의 재활용촉진에 관한 법률」에 따라 건설폐기물 처리업 허가를 받은 자 또는 「해양폐기물 및 해양오염퇴적물 관리법」에 따라 폐기물 해양 배출업 등록을 한 자에게 위탁하여 처리해야 합니다(§ 18 ①).

환경부령으로 정하는 사업장폐기물을 배출, 수집·운반, 재활용 또는 처분하는 자는 그 폐기물을 배출, 수집·운반, 재활용 또는 처분할 때마다 폐기물의 인계·인수에 관한 사항과 계량값, 위치정보, 영상정보 등 환경부령으로 정하는 "폐기물처리현장정보"를 환경부령으로 정하는 바에 따라 제45조 제2항에 따른 전자정보처리프로그램에 입력해야 합니다(§ 18 ③ 본문). 다만, 의료폐기물은 환경부령으로 정하는 바에 따라 무선주파수인식방법을 이용하여 그 내용을 제45조 제2항에 따른 전자정보처리프로그램에 입력해야 합니다(§ 18 ③ 단서). 환경부장관은 입력된 폐기물 인계·인수 내용을 해당 폐기물을 배출하는 자, 수집·운반하는 자, 재활용하는 자 또는 처분하는 자가 확인·출력할 수 있도록 해야 하며, 관할 시장·군수·구청장 또는 시·도지사가 그 폐기물의 배출, 수집·운반, 재활용 및 처분 과정을 검색·확인할 수 있도록 해야 합니다(§ 18 ④).

(6) 사업장폐기물처리자의 의무

사업장폐기물의 적정처리를 확보하기 위하여 사업장폐기물 처리자에게 다음과 같은 의무가 부과됩니다. 첫째, 환경부령으로 정하는 사업장폐기물 운반자는 그 폐기물을 운반하는 중에 제45조 제2항에 따른 전자정보처리프로그램에 입력된 폐기물 인계·인수 내용을 확인할 수 있도록 인계번호를 숙지해야 하며, 관계 행정기관이나 그 소속 공무원이 요구하는 때에는 이를 알려주어야 합니다(§ 19 ①). 둘째, 사업폐기물 배출자는 유해성 정보자료를 작성·제공할 의무를 집니다(§ 18의2).

(7) 사업장폐기물 처리책임의 승계

사업장폐기물 배출자가 그 사업을 양도하거나 사망한 경우 또는 법인의 합병이 있는 경우 사업과정에서 발생한 사업장폐기물의 처리책임의 소재가 불분명하거나 그 처리에 관한 합의가 없어 폐기물이 방치되는 '방치폐기물' 문제[172] 등 분쟁이 생길 여지가 많습니다. 특히 권리·의무 승계 시 도덕적 해이로 인한 책임 회피나 전가 등 분쟁이 생길 개연성도 큽니다. 이 문제 해결을 위하여 법은 법률관계를 명확히 하려는 취지에서 사업 이전시 사업장폐기물과 관련된 권리·의무도 함께 승계되도록 명문의 규정을 두었습니다.

먼저, 사업장폐기물 배출자가 그 사업을 양도하거나 사망한 경우 또는 법인이 합병·분할한 경우에는 그 양수인·상속인 또는 합병·분할 후 존속하는 법인이나 합병·분할로 설립되는 법인은 그 사업장폐기물과 관련한 권리와 의무를 승계합니다(§ 17 ⑧).

또한 「민사집행법」에 따른 경매, 「채무자 회생 및 파산에 관한 법률」에 따른 환가(換價)나 「국세징수법」·「관세법」 또는 「지방세징수법」에 따른 압류재산의 매각, 그 밖에 이에 준하는 절차에 따라 사업장폐기물 배출자의 사업장 전부 또는 일부를 인수한 자는 그 사업장폐기물과 관련한 권리와 의무를 승계합니다 (§ 17 ⑨).

폐기물을 배출하는 사업자의 양수인·상속인·경락인 및 합병법인 등에게 폐기물에 관한 권리·의무도 함께 승계되도록 하여 방치되는 폐기물의 발생을 방지하고 분쟁 발생을 줄이려는 취지입니다.

< 경락인이 공장을 가동, 특정폐기물을 배출한 경우 특정폐기물처리 조치명령의 적법 여부 >

"원심이, 원고가 소외 화선키메탈 주식회사(이하 소외회사라 한다)에 대하여 금 1,400,000,000원을 대출하고 그에 상당하는 소외 회사 소유이던 이 사건 공장용지 및 그 지상 공장건물 등에 관하여 근저당권 설정등기를 경료한 후, 소외 회사가 부도나자 근저당권 실행을 위한 경매를 신청하여 공장에 납, 주석 등 이 사건 특정폐기물 중 일부가 야

---

172) 폐기물방치시설 또는 방치폐기물부지(Altlasten) 문제에 관해서는 토양환경보전법에 관한 설명을 참조.

적, 매립, 방치되어 있는 상태에 있는 공장용지 등을 경락받았고, 나아가 소외 회사의 부도 후 공장을 관리하여 오면서 종업원들과 협의하여 공장을 일부 가동하고 원료에 대한 관리를 소홀히 함으로 말미암아 이 사건 특정폐기물 중 일부를 배출하여 공장에 야적, 방치하였으며, 그로 인하여 인근 상수원등에 중대한 위해가 발생할 우려가 있다고 사실을 인정한 다음, 원고가 이 사건 특정폐기물의 처리를 한 자에 해당한다는 취지의 전제하에, 피고가 위와 같은 위해 발생의 방지를 위하여 원고에게 이 사건 특정폐기물 처리에 대한 조치명령을 한 것은 적법하다고 판단한 것은 정당하고, 거기에 논지가 지적하는 바와 같은 법리오해, 채증법칙 위배, 이유불비 등의 위법이 있다고 할 수 없다."[173]

아울러 법은 종전 배출자의 도덕적 해이로 인한 책임 회피를 방지하기 위하여 종전 사업장폐기물 배출자의 이 법에 따른 의무 위반으로 인한 법적 책임은 제8항 또는 제9항에 따른 권리·의무 승계에도 불구하고 소멸하지 않는다고 명시하고 있습니다(§ 17 ⑩).

2.6.4. 방치폐기물의 처리

1997년 말 외환위기로 부도기업이 속출하고, 이로 인하여 사업장폐기물 방치현상이 악화되는 상황에서 방치폐기물로 인한 환경오염을 방지하기 위하여 방치폐기물 처리에 관한 조항들이 도입되었습니다.

환경부는 「방치폐기물 관리대책」 수립하여('98. 4) 방치폐기물로 인한 2차 환경오염 및 민원발생 방지를 위한 행정대집행사업을 추진하고, 폐기물 처리업체를 대상으로 방치폐기물 처리 이행보증제도를 도입 시행하였지만('99. 8), 그럼에도 불구하고 2022년 기준 전국 90개소 약 30만톤의 방치폐기물이 잔존하는 것으로 조사되었습니다(환경백서 2022, 203).

방치폐기물에 대한 대응책으로는 우선, 후술하는 폐기물관리법 제48조에 따른 부적정처리폐기물 관련 조치명령을 고려해 볼 수 있을 것입니다.

다음, 부적정폐기물에 대한 조치명령과는 별도로, 폐기물관리법 제8조 제3

---

173) 대법원 1997.8.22 선고 95누17724판결(폐기물명령처리 (자) 상고기각). 이 사건은 그 내용 면에서는 토양환경문제와 관련이 없지 않았지만, 그러한 측면은 법적 쟁점이 되지 못했고, 주로 폐기물처리책임의 소재만이 문제되었기 때문에 폐기물관리법의 범위 안에서 다루어졌습니다. 이 사건 판결과 관련하여 조홍식, 토양환경침해에 관한 법적 책임, 「환경법연구」 제20권(1998), 322는 토지양수인이 오염원인자로서 책임을 부담하느냐 여부는 구체적 사안에서 여러 요소들을 고려하여 사안별로 결정되어야 하겠지만, 결국은 양수인이 양수 당시에 토양오염 여부를 알았는지 여부에 따라 결정될 것이라고 합니다.

항에 따른 투기폐기물제거조치명령이 적용될 수도 있습니다.

최근 대법원은 폐기물관리법 제8조 제3항에서 말하는 '필요한 조치'에 토지소유자 등이 폐기물관리법 제7조 제2항에 따른 토지의 청결유지의무를 다하지 못하여 환경상 위해가 발생할 경우 그 토지 위에 적치 또는 방치된 폐기물의 제거를 명하는 조치도 포함된다고 해석해야 한다고 판시한 바 있습니다.

< 폐기물관리법 제8조 제3항에 따른 투기폐기물제거조치명령 >

구 폐기물관리법(2019. 11. 26. 법률 제16614호로 개정되기 전의 것, 이하 '폐기물관리법'이라 한다) 제7조 제2항은 토지나 건물의 소유자·점유자 또는 관리자는 그가 소유·점유 또는 관리하고 있는 토지나 건물의 청결을 유지하도록 노력해야 하며, 특별자치시장, 특별자치도지사, 시장·군수·구청장(이하 '시장 등'이라 한다)이 정하는 계획에 따라 대청소를 해야 한다고 규정하고 있고, **제8조 제3항은 토지나 건물의 소유자·점유자 또는 관리자(이하 '토지소유자 등'이라 한다)가 제7조 제2항에 따라 청결을 유지하지 아니하면 시장 등은 해당 지방자치단체의 조례에 따라 필요한 조치를 명할 수 있다고 규정하고 있다.**

그 위임에 따른 「양주시 폐기물 관리 조례」 제6조 제1항은 시장은 토지소유자 등이 청결을 유지하지 아니하는 경우 1개월의 기간에서 청결을 유지하도록 필요한 조치를 명할 수 있다고 규정하고, 제6조 제2항은 제1항에 따라 청결유지 조치를 명해야 하는 대상행위로 '토지·건물에 폐기물을 적치 또는 방치하여 환경을 훼손하는 경우'(제2호), '그 밖에 시장이 청결유지 조치가 필요하다고 판단하는 경우'(제4호) 등을 규정하고 있다.

폐기물관리법 제8조 제3항에서 말하는 '필요한 조치'에는 토지소유자 등이 폐기물관리법 제7조 제2항에 따른 토지의 청결유지의무를 다하지 못하여 환경상의 위해가 발생할 경우 그 토지상에 적치 또는 방치된 폐기물의 제거를 명하는 조치도 포함된다고 해석해야 한다.

폐기물관리법 제8조 제3항에 따른 조치명령과 폐기물관리법 제48조에 따른 조치명령은 규율의 대상, 처분의 상대방과 요건, 위반시의 효과 등이 서로 다른 별개의 제도이다. 따라서 피고로서는 폐기물관리법 제48조에 따른 폐기물 처리에 대한 조치명령과는 별도로 폐기물관리법 제8조 제3항 및 그 위임에 따른 「양주시 폐기물 관리 조례」 제6조에 의하여 그에 상응하는 '필요한 조치'로서 폐기물 제거 조치명령을 할 수 있다.[174]

---

174) 대법원 2020.6.25 선고 2019두39048 판결(투기폐기물제거조치명령취소 (사) 상고기각): 원고가 토지의 소유권을 취득할 당시에는 토지에 약 30여 톤의 폐기물이 적재되어 있었으나, 그 후 이 사건 처분 당시에는 폐기물이 약 500여 톤으로 늘어난 사안에서, 원고가 소유권 취득 당시에는 이 사건 토지에 폐기물이 투기되어 있는 사실을 몰랐다고 하더라도,

< 방치폐기물적정처리명령 위반 확정판결과 사전통지 예외 인정 여부 >

[1] 행정청이 침해적 행정처분을 하면서 당사자에게 행정절차법상의 사전통지를 하거나 의견제출의 기회를 주지 않았다면, 사전통지를 하지 않거나 의견제출의 기회를 주지 않아도 되는 예외적인 경우에 해당하지 않는 한, 그 처분은 위법하여 취소를 면할 수 없다.

[2] 행정절차법 제21조, 제22조, 행정절차법 시행령 제13조의 내용을 행정절차법의 입법목적과 의견청취 제도의 취지에 비추어 종합적·체계적으로 해석하면, 행정절차법 시행령 제13조 제2호에서 정한 "법원의 재판 또는 준사법적 절차를 거치는 행정기관의 결정 등에 따라 처분의 전제가 되는 사실이 객관적으로 증명되어 처분에 따른 의견청취가 불필요하다고 인정되는 경우"는 **법원의 재판 등에 따라 처분의 전제가 되는 사실이 객관적으로 증명되면 행정청이 반드시 일정한 처분을 해야 하는 경우 등 의견청취가 행정청의 처분 여부나 그 수위 결정에 영향을 미치지 못하는 경우를 의미**한다고 보아야 한다. **처분의 전제가 되는 '일부' 사실만 증명된 경우이거나 의견청취에 따라 행정청의 처분 여부나 처분 수위가 달라질 수 있는 경우라면 위 예외사유에 해당하지 않는다.**[175]

방치폐기물 문제는 특히 사업장폐기물 방치로 발생하는 경우가 많습니다. 폐기물관리법은 사업 양도시 처리책임을 분명히 하는 한편, 폐기물처리업자가 파산 등으로 위탁받은 폐기물을 처리하지 못해 방치하는 경우에 대비하여 처리이행보증제를 도입했습니다.

법 제40조 제1항에 따르면, 사업장폐기물을 대상으로 하는 폐기물처리업자와 폐기물처리 신고자는 폐기물 방치를 방지하기 위하여 제25조 제3항에 따른 허가를 받거나 제46조 제1항에 따른 신고를 한 후 영업 시작 전까지 폐기물처리 공제조합에 분담금을 내거나 폐기물 처리를 보증하는 보험에 가입하는 등의 조치를 취해야 합니다. 다만, 폐기물처리 신고자 중 폐기물 방치 가능성 등을 고려하여 환경부령으로 정하는 자는 예외입니다.

환경부장관 또는 시·도지사는 폐기물처리업자나 폐기물처리 신고자가 대통령령으로 정하는 기간을 초과하여 휴업을 하거나 폐업 등으로 조업을 중단(제27조에 따른 허가취소·영업정지 또는 제46조 제7항에 따른 폐쇄명령·처리금지명령에 따른 조업 중단

그와 같은 사실을 알게 된 이후에도 이 사건 토지를 관리하지 않고 방치하여 다량의 폐기물이 추가로 투기되었고, 원고가 이를 제거하려는 노력을 전혀 하지 않고 있는 점에 비추어, 토지소유자인 원고가 폐기물관리법 제7조 제2항에서 정한 청결유지의무를 위반하였다고 볼 수 있고, 피고가 폐기물관리법 제8조 제3항에 따라 '필요한 조치'로서 폐기물 제거를 명한 처분은 정당하다고 판단한 원심을 수긍하여 상고 기각한 사례.

175) 대법원 2020.7.23 선고 2017두66602 판결(조치명령무효확인).

은 제외)하면 기간을 정하여 그 폐기물처리업자나 폐기물처리 신고자에게 그가 보관하고 있는 폐기물의 처리를 명할 수 있고(§40②), 같은 조 제2항 또는 제39조의3에 따라 폐기물처리업자나 폐기물처리 신고자에게 처리명령을 하였음에도 불구하고 처리되지 아니한 폐기물이 있으면 제33조 제1항부터 제3항까지에 따라 권리·의무를 승계한 자에게 기간을 정하여 폐기물의 처리를 명할 수 있습니다(§40③).

<방치폐기물 처리명령의 수범자 해당 여부>

[1] 폐기물처리업 허가는 폐기물처리를 위한 시설·장비 및 기술능력 등 대물적 요소를 주된 대상으로 하면서, 법을 위반하여 형을 선고받거나 폐기물처리업의 허가가 취소된 후 2년이 지나지 아니한 자 등에 대하여 허가를 받을 수 없도록 하는 등(법 제26조) 대인적 요소가 결합된 혼합적 허가이다(대법원 2008.4.11 선고 2007두17113 판결 등 참조).

[2] 법 제33조 제3항에 의한 권리·의무 승계신고를 수리하는 허가관청의 행위는 경매 등을 통해 이미 발생한 법률효과에 의하여 폐기물처리시설 등의 인수인이 그 영업을 승계하였다는 사실의 신고를 접수하는 행위에 그치는 것이 아니라, 영업허가자의 변경이라는 법률효과를 발생시키는 행위이다(대법원 1995.2.24 선고 94누9146 판결; 2012.12.13 선고 2011두29144 판결 등 참조).

[3] 법 제33조 제2항에 정한 '허가에 따른 권리·의무 승계'의 효과는 폐기물처리시설 등 인수자가 같은 조 제3항에 정한 바에 따라 허가관청에 권리·의무의 승계를 신고하여 허가관청이 이를 수리한 경우에 발생한다고 할 것이다. 법 제40조 제3항에 정한 방치폐기물 처리명령을 할 수 있는 '제33조 제2항에 따라 권리·의무를 승계한 자' 역시 위 승계신고가 수리됨으로써 영업허가자의 지위를 얻게 된 자를 의미한다.[176)]

환경부장관 또는 시·도지사는 폐기물 처리 명령을 받은 자가 그 명령을 이행하지 아니하면 그가 보관하는 "방치폐기물"의 처리에 관하여 다음 조치를 할 수 있습니다. 다만, 제1항 단서에 해당하는 자가 명령을 이행치 않은 경우에는

---

176) 대법원 2021.7.15 선고 2021두31429 판결(방치폐기물처리명령취소): <u>경매로 폐기물처리시설을 인수한 다음 허가관청에 폐기물처리업 허가에 따른 권리·의무의 승계신고를 한 바 없고, 폐기물처리업과는 관련 없는 사업을 영위하고 있는 원고는 경매를 통하여 '허가에 따른 권리·의무를 승계'한다고 볼 수 없고, 따라서 법 제40조 제3항에 정한 방치폐기물 처리명령의 수범자가 될 수 없으므로,</u> 원고가 허가에 따른 권리·의무를 승계한다는 전제에서 법 제40조 제3항에 의거하여 한 피고의 <u>방치폐기물 처리명령을</u> 적법하다고 본 원심판결을 파기환송한 사건입니다.

그렇지 않습니다(§ 40 ④).

1. 제1항 제1호에 따른 분담금을 낸 경우: 제41조에 따른 폐기물 처리 공제조합에 대한 방치폐기물의 처리 명령
2. 제1항 제2호에 따른 보험에 가입한 경우: 방치폐기물의 처리와 보험사업자에게서 보험금 수령

법 제41조는 폐기물 처리사업에 필요한 각종 보증과 방치폐기물의 처리이행을 보증하기 위하여 폐기물처리업자와 폐기물처리 신고자가 폐기물 처리 공제조합을 설립할 수 있도록 하고 있습니다.

2.7. 폐기물처리업 등

법은 제25조 이하에서 폐기물처리업에 관한 규정들을 통해 폐기물처리업의 허가절차, 업종구분, 결격사유, 허가의 취소등, 과징금처분 등을 규율하고 있습니다. 그 중 중요한 부분을 살펴보면 다음과 같습니다.

폐기물처리업을 하려면(음식물류 폐기물을 제외한 생활폐기물을 재활용하려는 자와 폐기물처리 신고자는 제외)는 지정폐기물을 대상으로 하는 경우에는 폐기물 처리 사업계획서를 환경부장관에게 제출하고, 그 밖의 폐기물을 대상으로 하는 경우에는 시·도지사에게 제출해야 합니다. 환경부령으로 정하는 중요사항을 변경하려는 때에도 또한 같습니다(§ 25 ①). 환경부장관 또는 시·도지사는 폐기물처리사업계획서를 검토하여 적합여부를 폐기물처리사업계획서 제출자에게 통보해야 합니다(§ 25 ②).

폐기물처리사업계획의 적정통보를 받은 자는 장래 일정한 기간 내에 관계법령이 규정하는 시설 등을 갖추어 폐기물처리업허가신청을 할 수 있는 법률상 지위에 서게 됩니다. 법은 적정통보를 받은 자는 관계 법령이 규정하는 시설 등을 갖추어 업종, 영업대상 폐기물 및 처리분야별로 지정폐기물을 대상으로 하는 경우에는 환경부장관의, 그 밖의 폐기물을 대상으로 하는 경우에는 시·도지사의 허가를 받아야 하며, 이 경우 환경부장관 또는 시·도지사는 제2항에 따라 적합통보를 받은 자가 그 적합통보를 받은 사업계획에 따라 시설·장비 및 기술인력 등의 요건을 갖추어 허가신청을 한 때에는 지체없이 허가해야 한다고 규정하고 있습니다(§ 25 ③).

"구 폐기물관리법(1999.2.,8 법률 제5865호로 개정되기 전의 것, 이하 '폐기물관리법'이라 한다) 제26조, 같은법시행규칙(1999.1.5, 환경부령 제56호로 개정되기 전의 것) 제17조 등에 의하면 **폐기물처리사업계획의 적정통보를 받은 자는 장래 일정한 기간 내에 관계 법령이 규정하는 시설 등을 갖추어 폐기물처리업허가신청을 할 수 있는 법률상 지위에 있다**고 할 것인바, 피고로부터 폐기물처리사업계획의 적정통보를 받은 원고가 폐기물처리업허가를 받기 위하여는 이 사건 부동산에 대한 용도지역을 '농림지역 또는 준농림지역'에서 '준도시지역(시설용지지구)'으로 변경하는 국토이용계획변경이 선행되어야 하고, **원고의 위 계획변경신청을 피고가 거부한다면 이는 실질적으로 원고에 대한 폐기물처리업허가신청을 불허하는 결과가 되므로,** 원고는 위 국토이용계획변경의 입안 및 결정권자인 피고에 대하여 그 계획변경을 신청할 법규상 또는 조리상 권리를 가진다고 할 것이다."[177]

폐기물처리사업계획 부적정통보는 허가신청 자체를 제한하는 등 개인의 권리 내지 법률상의 이익을 개별적이고 구체적으로 규제하고 있어 행정처분에 해당하며,[178] 그 적합여부에 대한 통보는 재량행위, 이를테면 일종의 기속재량행위에 해당합니다. 즉, 관할행정청은 위 제25조 제2항 각호에서 열거한 사항에 묶여 그 요건들이 모두 충족되면 반드시 적합통보를 해야 하는 것은 아니고, 또 그 중 어느 하나가 미비해야만 부적합통보를 할 수 있는 것도 아닙니다.

<폐기물처리사업계획서 적합 여부 판단에 관한 행정청의 재량>

[1] 폐기물관리법과 환경정책기본법은 지정폐기물이 아닌 폐기물의 경우에도 폐기물관리법과 환경정책기본법의 입법 목적에 입각하여 환경 친화적으로 폐기물처리업을 영위하도록 요구하고 있다. 폐기물관리법 제25조 제1항, 제2항, 제3항, 환경정책기본법 제12조 제1항, 제13조, 제3조 제1호의 내용과 체계, 입법 취지에 비추어 보면, **행정청은 사람의 건강이나 주변 환경에 영향을 미치는지 여부 등 생활환경과 자연환경에 미치는 영향을 두루 검토하여 폐기물처리사업계획서의 적합 여부를 판단할 수 있으며, 이에 관해서는 행정청에 광범위한 재량권이 인정된다.**

따라서 법원이 적합 여부 결정과 관련한 행정청의 재량권 일탈·남용 여부를 심사할 때에

---

177) 대법원 2003.9.23 선고 2001두10936 판결(국토이용계획변경승인거부처분취소). 이 판결에 관해서는 김중권, "국토이용계획변경신청권의 예외적 인정의 문제점에 관한 소고", 행정판례연구 10집(2005.6), 21-60; 이선희, "국토이용계획변경승인신청거부행위의 처분성 인정여부", 대법원판례해설 47호(2003 하반기), 법원도서관, 2004.7, 550-582; 정하중, "한국 행정판례의 성과와 과제", 행정판례연구 11집(2006.6), 3-49 등을 참조.

178) 대법원 1998.4.28 선고 97누21086 판결(폐기물처리사업부적정통보취소).

는 해당 지역의 자연환경, 주민들의 생활환경 등 구체적 지역 상황, 상반되는 이익을 가진 이해관계자들 사이의 권익 균형과 환경권의 보호에 관한 각종 규정의 입법 취지 등을 종합하여 신중하게 판단해야 한다. **'자연환경·생활환경에 미치는 영향'과 같이 장래에 발생할 불확실한 상황과 파급효과에 대한 예측이 필요한 요건에 관한 행정청의 재량적 판단은 그 내용이 현저히 합리적이지 않다거나 상반되는 이익이나 가치를 대비해 볼 때 형평이나 비례의 원칙에 뚜렷하게 배치되는 등의 사정이 없는 한 폭넓게 존중해야 한다. 그리고 이 경우 행정청의 당초 예측이나 평가와 일부 다른 내용의 감정의견이 제시되었다는 등의 사정만으로 쉽게 행정청의 판단이 위법하다고 단정할 것은 아니다. 또한 이때 제출된 폐기물처리사업계획 그 자체가 독자적으로 생활환경과 자연환경에 미칠 수 있는 영향을 분리하여 심사대상으로 삼을 것이 아니라, 기존의 주변 생활환경과 자연환경 상태를 기반으로 그에 더하여 제출된 폐기물처리사업계획까지 실현될 경우 주변 환경에 총량적·누적적으로 어떠한 악영향을 초래할 우려가 있는지를 심사대상으로 삼아야 한다.**

[2] **처분이 재량권을 일탈·남용하였다는 사정은 처분의 효력을 다투는 자가 주장·증명해야 한다.** 행정청이 폐기물처리사업계획서 부적합 통보를 하면서 처분서에 불확정개념으로 규정된 법령상의 허가기준 등을 충족하지 못하였다는 취지만을 간략히 기재하였다면, 부적합 통보에 대한 취소소송절차에서 행정청은 처분을 하게 된 판단 근거나 자료 등을 제시하여 구체적 불허가사유를 분명히 해야 한다. 이러한 경우 재량행위인 폐기물처리사업계획서 부적합 통보의 효력을 다투는 원고로서는 행정청이 제시한 구체적인 불허가사유에 관한 판단과 근거에 재량권 일탈·남용의 위법이 있음을 밝히기 위하여 소송절차에서 추가적인 주장을 하고 자료를 제출할 필요가 있다.

[3] **행정절차법 제17조 제5항은 신청인이 신청할 때 관계 법령에서 필수적으로 첨부하여 제출하도록 규정한 서류를 첨부하지 않은 경우와 같이 쉽게 보완이 가능한 사항을 누락하는 등의 흠이 있을 때 행정청이 곧바로 거부처분을 하는 것보다는 신청인에게 보완할 기회를 주도록 함으로써 행정의 공정성·투명성 및 신뢰성을 확보하고 국민의 권익을 보호하려는 행정절차법의 입법 목적을 달성하고자 함이지, 행정청으로 하여금 신청에 대하여 거부처분을 하기 전에 반드시 신청인에게 신청의 내용이나 처분의 실체적 발급요건에 관한 사항까지 보완할 기회를 부여해야 할 의무를 정한 것은 아니라고 보아야 한다.**[179)]

또한 같은 맥락에서 위 제25조 제2항 각호에서 열거한 사항 이외의 사유

---

179) 대법원 2020.7.23 선고 2020두36007 판결(폐기물처리사업계획부적합통보처분취소). 또한 주민동의서 미보완만을 이유로 한 폐기물처리사업계획서 반려 통보의 위법을 확인한 대법원 2023.7.27 선고 2023두35661 판결을 참조.

로도 부적합통보를 할 수 있다는 것이 대법원의 판례입니다.

[1] 구 폐기물관리법(2010.7.23, 법률 제10389호로 개정되기 전의 것, 이하 '법'이라 한다)의 입법목적과 규정사항, 폐기물처리업 허가의 성격, 사업계획서적합통보제도의 취지와 함께 폐기물의 원활하고 적정한 처리라는 공익을 책임지고 실현하기 위한 행정의 합목적성 등을 종합하여 볼 때, **폐기물처리사업계획서의 적합 여부를 심사함에 있어서 법 제25조 제2항 각호에서 열거된 사항을 검토한 결과 이에 저촉되거나 문제되는 사항이 없다고 하더라도 폐기물의 수집·운반·처리에 관한 안정적이고 효율적인 책임행정의 이행 등 공익을 해칠 우려가 있다고 인정되는 경우에는 이를 이유로 사업계획서의 부적합통보를 할 수 있다**고 볼 것이다.

[2] 갑 주식회사가 제출한 생활폐기물수집·운반업을 위한 폐기물처리사업계획서에 대하여, 관할 구청장이 기존 업체가 보유하고 있는 인력과 장비로 충분한 처리가 이루어지고 있어서 별도의 신규허가가 어렵다는 사유로 부적합하다는 통보를 한 사안에서, 원심이 구 폐기물관리법(2010.7.23, 법률 제10389호로 개정되기 전의 것) 제25조 제2항 각호의 사유를 제한적인 것으로 보아 여기에 열거된 사항 외의 것을 사유로 한 위 처분에 대하여 곧바로 적법한 처분사유가 없다고 본 것은 적절하지 않지만, 부가적으로 관할 구청장이 갑 회사나 다른 업체에 신규로 생활폐기물수집·운반업을 허가한다면 일시적으로 시설의 공급과잉현상이 나타나 기존 업체에 어느 정도의 손해 발생이 예상되나 이로 인하여 업체 난립 및 과당경쟁으로 기존 생활폐기물수집·운반 질서가 파괴될 정도에 이른다고 할 수 없고, 처분 당시 기존 업체의 1일 생활폐기물수집·운반능력이 대상 영업구역의 1일 생활폐기물배출량을 훨씬 능가하게 된 데에는 기존 업체가 폐기물의 수집·운반차량을 대폭 늘린 데에도 원인이 있으므로 이를 고려하지 않은 채 기존 업체의 생활폐기물수집·운반능력이 생활폐기물배출량보다 많다며 신규 업체의 시장진입을 허용하지 아니하는 것은 사실상 기존 업체에 독점적 대행권을 유지하는 결과가 된다는 등의 이유로 위 처분이 재량권을 일탈·남용하여 위법하다고 본 것은 정당하다고 한 사례.[180]

그러나 폐기물처리업 허가와 관련된 사업계획 적정 여부에 관한 기준설정이 행정청의 재량에 속한다고 할지라도 구체적이고 합리적인 이유제시 없이 사업계획의 부적정 통보를 하거나 사업계획서를 반려하면 재량권의 일탈·남용으로 위법하다는 것이 판례입니다.

---

180) 대법원 2011.11.10 선고 2011두12283 판결(폐기물처리사업계획서부적합통보처분취소).

"폐기물처리업 허가와 관련된 법령들의 체제 또는 문언을 살펴보면 이들 규정들은 폐기물처리업 허가를 받기 위한 최소한도의 요건을 규정해 두고는 있으나, 사업계획 적정 여부에 대하여는 일률적으로 확정하여 규정하는 형식을 취하지 아니하여 그 사업의 적정 여부에 대하여 재량의 여지를 남겨 두고 있다 할 것이고, 이러한 경우 사업계획 적정 여부 통보를 위하여 필요한 기준을 정하는 것도 역시 행정청의 재량에 속하는 것이므로, 그 설정된 기준이 객관적으로 합리적이 아니라거나 타당하지 않다고 볼 만한 다른 특별한 사정이 없는 이상 행정청의 의사는 가능한 한 존중되어야 할 것이나, **그 설정된 기준이 객관적으로 합리적이 아니라거나 타당하지 않다고 보이는 경우 또는 그러한 기준을 설정하지 않은 채 구체적이고 합리적인 이유의 제시 없이 사업계획의 부적정 통보를 하거나 사업계획서를 반려하는 경우에까지 단지 행정청의 재량에 속하는 사항이라는 이유만으로 그 행정청의 의사를 존중해야 하는 것은 아니고, 이러한 경우의 처분은 재량권을 남용하거나 그 범위를 일탈한 조치로서 위법하다.**"[181]

[1] 일반적으로 행정상의 법률관계 있어서 행정청의 행위에 대하여 신뢰보호의 원칙이 적용되기 위하여는, ① 행정청이 개인에 대하여 신뢰의 대상이 되는 공적인 견해표명을 해야 하고, ② 행정청의 견해표명이 정당하다고 신뢰한 데에 대하여 그 개인에게 귀책사유가 없어야 하며, ③ 그 개인이 그 견해표명을 신뢰하고 이에 어떠한 행위를 하였어야 하고, ④ 행정청이 위 견해표명에 반하는 처분을 함으로써 그 견해표명을 신뢰한 개인의 이익이 침해되는 결과가 초래되어야 하며, 어떠한 행정처분이 이러한 요건을 충족할 때에는, 공익 또는 제3자의 정당한 이익을 현저히 해할 우려가 있는 경우가 아닌 한, 신뢰보호의 원칙에 반하는 행위로서 위법하게 된다.

[2] 폐기물처리업에 대하여 사전에 관할 관청으로부터 **적정통보를 받고 막대한 비용을 들여 허가요건을 갖춘 다음 허가신청을 하였음에도 다수 청소업자의 난립으로 안정적이고 효율적인 청소업무의 수행에 지장이 있다는 이유로 한 불허가처분이 신뢰보호의 원칙 및 비례의 원칙에 반하는 것으로서 재량권을 남용한 위법한 처분**이라고 본 사례.

[3] 행정처분이 위법한 때에는 이를 취소함이 원칙이고 그 위법한 처분을 취소·변경함이 도리어 현저히 공공의 복리에 적합하지 않은 경우에 극히 예외적으로 위법한 행정처분의 취소를 허용하지 않는다는 사정판결을 할 수 있으므로 사정판결의 적용은 극히 엄격한 요건 아래 제한적으로 해야 하고, 그 요건인 현저히 공공복리에 적합하지 아니한가의 여부를 판단함에 있어서는 위법·부당한 행정처분을 취소·변경해야 할 필요와 그 취소·변경으로 인하여 발생할 수 있는 공공복리에 반하는 사태 등을 비교·교량하여 그 적용 여부를 판단해야 한다.

[4] 폐기물처리업에 대한 불허가처분의 취소가 현저히 공공복리에 적합하지 아니하는 때

---

181) 대법원 2004.5.28 선고 2004두961 판결(폐기물처리사업계획서신청서류반려처분취소).

에 해당한다고 볼 수 없어 사정판결을 할 대상이 되지 아니한다고 인정한 사례.[182]

한편 의료폐기물 처리에 관해서는 특례가 정해져 있습니다. 환경부장관은 의료폐기물 중간처분 또는 종합처분을 업으로 하는 자의 시설·장비 또는 사업장의 부족으로 의료폐기물의 원활한 처분이 어려워 국민건강·환경에 위해를 끼칠 우려가 있는 경우 환경오염이나 인체 위해도가 낮은 의료폐기물로서 대통령령으로 정하는 의료폐기물에 한하여 이를 지정폐기물 중간처분 또는 종합처분 업자에게 처분하게 할 수 있습니다(제25조의4).

2.8. 폐기물처리시설의 설치·관리

2.8.1. 폐기물처리시설의 설치

폐기물처리시설이란 '폐기물의 중간처리시설, 최종처리시설 및 재활용시설로서 대통령령으로 정하는 시설'을 말합니다(§2 제8호). 폐기물처리시설의 종류로 중간처리시설, 최종처리시설과 재활용시설이 있는데, 중간처리시설이란 최종처리 전 단계에서 폐기물의 양과 부피를 줄이거나 수송효율을 높이기 위하여 압축, 파쇄하고 고형화시키거나 폐기물의 효율적 처리를 주목적으로 하여 퇴비화·사료화시키는 등의 방법을 사용하는 시설을 말하고 최종처리시설이라 문자그대로 매립 등과 같은 방법에 의해 폐기물을 최종적으로 처리하는 시설을 말합니다.

중간처리시설에는 소각시설, 압축, 파쇄, 절단 등과 같은 기계적 처리시설, 고형화·안정화시설, 반응시설 등과 같은 화학적 처리시설, 사료화·퇴비화·소멸화시설 등과 같은 생물학적 처리시설, 그 밖에 환경부장관이 폐기물을 안전하게 중간처리할 수 있다고 인정하여 고시하는 시설이 있고, 최종처리시설에는 매립시설(차단형 매립시설과 침출수처리시설, 가스소각·발전·연료화처리시설 등 부대시설을 포함하는 관리형 매립시설)과 그 밖에 환경부장관이 폐기물을 안전하게 최종처리할 수 있다고 인정하여 고시하는 시설이 있습니다(시행령 제5조 및 별표 3). 재활용시설이란 재활용, 즉 폐기물을 재사용·재생이용하거나 재사용·재생이용할 수 있는 상태로 만들기 위한 활동이나 폐기물로부터 「에너지법」 제2조 제1호에 따른 에너지를 회

---

182) 대법원 1998.5.8 선고 98두4061 판결.

수하거나 회수할 수 있는 상태로 만들거나 폐기물을 연료로 사용하는 환경부령으로 정하는 활동(법§2 7호)을 위한 시설을 말합니다.

폐기물처리시설의 설치에 관하여 법은 설치기준을 정해 준수하도록 하고, 위에서 본 폐기물처리업자나 동업종의 허가를 받고자 하는 자 이외의 자에 대하여 환경부장관의 승인을 얻도록 하며 설치공사완료 후 신고의무를 부과하고, 또 검사기관으로부터 검사를 받도록 하는 등 규제를 엄격히 하는 동시에 시설 설치시 다른 법령에 의한 허가·신고 등을 의제해 줌으로써 절차를 단축해 주고 있습니다.

먼저, 법은 폐기물처리시설을 환경부령으로 정하는 기준에 적합하게 설치하되, 환경부령으로 정하는 규모 미만의 폐기물소각시설(시간당 폐기물 소각능력 25킬로그램 미만인 시설: 시행규칙§36)은 이를 설치·운영하지 못하도록 금하고 있습니다(§29 ①).

또한 법은 제25조 제3항에 따른 폐기물처리업의 허가를 받았거나 받고자 하는 자 외의 자가 폐기물처리시설을 설치하고자 하는 경우에는 환경부장관의 승인을 얻도록 하면서(§29 ② 본문), 다만, 학교·연구기관 등이 시험·연구목적으로 설치·운영하는 폐기물처리시설을 설치하는 경우는 제외하고, 제2호의 폐기물처리시설을 설치하는 경우에는 환경부장관에게 신고만 하면 되도록 했습니다(§29 ② 단서).

> 1. 학교·연구기관 등 환경부령으로 정하는 자가 환경부령으로 정하는 바에 따라 시험·연구 목적으로 설치·운영하는 폐기물처리시설
> 2. 환경부령으로 정하는 규모의 폐기물처리시설

법 제29조 제2항의 경우 승인을 얻었거나 신고한 사항 중 환경부령으로 정하는 중요사항을 변경하는 때에는 각각 변경승인을 얻거나 변경신고를 해야 합니다(§29 ③). 환경부장관 또는 해당 행정기관의 장은 신고·변경신고를 받은 날부터 20일 이내에 신고·변경신고수리 여부를 신고인에게 통지해야 하며(§29 ⑤), 그 기간 내에 신고·변경신고수리 여부나 민원 처리 관련 법령에 따른 처리기간의 연장을 신고인에게 통지하지 아니하면 그 기간이 끝난 날의 다음 날에 신고·변경신고를 수리한 것으로 봅니다(§29 ⑥).

반면 법은 제32조에서 다른 법령에 의한 허가·신고 등을 의제함으로써 폐기물처리시설의 설치를 용이하게 하고 있습니다. 가령 폐기물처리시설을 설치

하려는 자가 제29조 제2항에 따른 승인을 받거나 신고를 한 경우, 같은 항 제1호에 따른 폐기물처리시설을 설치하는 경우 및 제25조 제3항에 따른 폐기물처리업의 허가를 받은 경우에는 그 폐기물처리시설과 관련한 다음 각호의 허가를 받거나 신고를 한 것으로 봅니다.

1. 「대기환경보전법」 제23조 제1항 및 제2항에 따른 배출시설의 설치허가 또는 신고
2. 「물환경보전법」 제33조 제1항과 제2항에 따른 배출시설의 설치허가 또는 신고
3. 「소음·진동관리법」 제8조 제1항 및 제2항에 따른 배출시설의 설치허가 또는 신고

2.8.2. 폐기물처리시설의 관리

(1) 관리기준에 의한 시설의 유지·관리

폐기물처리시설의 관리에 관하여 법은 폐기물처리시설을 설치·운영하는 자에 대하여 환경부령으로 정하는 관리기준에 따라 그 시설을 유지·관리하도록 요구하고 있습니다(§ 31 ①). 또한 대통령령으로 정하는 폐기물처리시설을 설치·운영하는 자에 대해서는 그 처리시설에서 배출되는 오염물질을 측정하거나 환경부령으로 정하는 측정기관으로 하여금 측정하게 하고, 그 결과를 환경부장관에게 제출하도록 의무화하고 있습니다(§ 31 ②).

(2) 폐기물처리시설 영향조사

법은 대통령령으로 정하는 폐기물처리시설을 설치·운영하는 자에게 그 폐기물처리시설의 설치·운영이 주변 지역에 미치는 영향을 3년마다 조사하고, 그 결과를 환경부장관에게 제출하도록 의무화하고 있습니다(§ 31 ③).

(3) 개선명령·사용중지명령 등

환경부장관은 폐기물처리시설의 설치 또는 유지·관리에 관한 규제명령을 발할 수 있습니다. 먼저, 폐기물처리시설의 설치 또는 유지·관리가 제29조 제1항에 따른 설치기준 또는 제1항에 따른 관리기준에 맞지 아니하거나 제30조 제1항 또는 제2항에 따른 검사 결과 부적합 판정을 받은 경우에는 그 시설의 설치·운영자에게 환경부령으로 정하는 바에 따라 기간을 정하여 그 시설의 개선을 명하거나 그 시설의 사용중지(제30조 제1항 또는 제2항에 따른 검사 결과 부적합 판정을 받은 경우는 제외)를 명할 수 있고(§ 31 ④), 개선명령과 사용중지명령을 받은 자가 이

를 이행하지 아니하거나 그 이행이 불가능하다고 판단되면 해당 시설의 폐쇄를 명할 수 있습니다(§31 ⑤).

환경부장관은 폐기물을 매립하는 시설을 설치한 자가 제5항에 따른 폐쇄명령을 받고도 그 기간에 그 시설의 폐쇄를 하지 아니하면 대통령령으로 정하는 자에게 최종복토(最終覆土) 등 폐쇄절차를 대행하게 하고 제52조 제1항에 따라 폐기물을 매립하는 시설을 설치한 자가 예치한 사후관리이행보증금 사전적립금을 그 비용으로 사용할 수 있고, 이 경우 그 비용이 사후관리이행보증금 사전적립금을 초과하면 그 초과 금액을 그 명령을 받은 자로부터 징수할 수 있습니다(§31 ⑥).

또한 환경부장관은 폐기물처리시설 설치·운영자가 제2항에 따른 오염물질의 측정의무를 이행하지 아니하거나 제3항에 따라 주변지역에 미치는 영향을 조사하지 아니하면 환경부령으로 정하는 바에 따라 기간을 정하여 오염물질의 측정 또는 주변지역에 미치는 영향의 조사를 명령할 수 있습니다(§31 ⑦).

아울러 법은 환경관련 정보공개를 강화한다는 취지에서 환경부장관이 「공공기관의 정보공개에 관한 법률」에서 정하는 바에 따라 위 제2항에 따른 오염물질 측정결과와 제3항에 따른 영향 조사결과를 공개하도록 의무화하고 있습니다(§31 ⑩).

(4) 폐기물처리시설의 사후관리

폐기물처리시설이 관리기준에 적합하게 운영되도록 하는 것도 중요하지만 그 사용종료 또는 폐쇄후 사후관리를 확보하는 것이 그에 못지않게 중요한 문제가 됩니다. 가령 폐기물매립지 같은 처리시설이 사용종료되거나 폐쇄된 후 침출수 누출 등 환경오염을 발생시키고 그로 인해 주민의 건강, 재산이나 주변환경에 중대한 위해를 끼치고 있는데도 아무 조치를 취할 수 없고 분쟁이 발생해도 속수무책인 사례들이 생기고 있습니다. 이 같은 사태에 대처하기 위하여 법은 제50조 이하에 사후관리에 관한 규정들을 두었습니다.

폐기물매립시설의 사용종료 또는 폐쇄시 신고 및 사후관리의무를 부과한 규율방식은 폐기물매립지(Deponie)의 사용중지(Stillegung)에 관한 독일의 순환경제 및 폐기물법(Kreislaufswirtschafts- und Abfallgesetz: KrW-/AbfG) 제36조의 규정과 대단히 유사합니다. 이 법 또한 매립지 사용중지에 허가(Genehmigung)가 아니라 신고(Anzeige)를 하도록 하고 당해 토지를 주위 환경에 다시 편입시키는 복구 (Rekultivierung) 및 그 밖에 위험방지조치 등을 취하도록 사후관리를 의무화하고 있습니다. 복구조치로는 가령 당해 지역에 통상적으로 서식하는 동·식물 등을 포함한 자연환경 및 생태적 여건을 회복시키기 위한 植栽나 동물의 방목 등이 있고, 위험방지조치로는 공공복리에 대한 구체적 위험을 방지하기 위한 조치를 요구하거나 아직 위험수준(Gefahrenschwelle)을 넘지는 않았으나 이론상의 잔존 위험(Restrisiko)까지는 아니더라도 사후 위험발생을 배제할 수 없는 경우 사전예 방적인 조치가 요구할 수도 있습니다. 매립지에서의 구체적인 위험방지조치로 서 침출수 및 가스 방지조치 같은 것을 생각할 수 있습니다.[183]

그러나 이 경우 위험방지 및 복구조치(Sicherungs- und Rekultivierungsmaßnahme) 에는 비례원칙(Vehältnismäßigkeitsprinzip)에 따른 법적 한계가 따른다는 점에 유 의할 필요가 있습니다.[184] 가령 폐기물매립시설의 소유자(운영자)에게 위험방지 및 복구조치의 목적에 비추어 지나치게 막중한 부담을 주어서는 아니 된다는 것입니다.[185]

한편 폐기물처리시설의 조업중 그 소유자나 관리자(운영자)가 교체되고 그 후 당해 시설 이 사용종료되거나 폐쇄된 경우, 누가 그와 같은 위험방지 및 복구의무를 지게 되는가 하 는 문제가 제기됩니다. 독일의 경우 폐기물처리시설의 소유자(운영자)를 위험방지 및 복 구의무의 주체로 명시한 순환경제및폐기물법 제36조 제2항과 관련하여 처리시설의 조 업중에 소유자가 교체된 후 그 처리시설이 가동을 멎게 된 경우 누가 그러한 위험방지 및 복구의무를 지느냐에 대하여 시설가동을 중지한 최후의 운영자와 함께 모든 이전 운영자 들이 비례원칙의 범위 내에서 부진정연대채무와 유사한 연대책임을 지며, 다만 조업정지 된 처리시설에 의한 환경오염이 당해 시설의 양도 이후에 발생한 것이 확실한 때에는 종 전의 소유자나 운영자에게 책임을 지우는 것은 비례원칙상 허용되지 아니 한다고 보는 것이 일반적입니다.[186]

---

183) Himmelmann/Pohl/Tünnesen-Harmes, Handbuch des Umweltrechts, Verlag C.H.Beck, 4. Ergänzungslieferung August 2000, B3 Rn.141-142.

184) Fritsch, Das neue Kreislaufwirtschafts- und Abfallrecht, 1996, Rn. 637.

185) Himmelmann/Pohl/Tünnesen-Harmes, Handbuch des Umweltrechts, B3 Rn.143.

186) Himmelmann/Pohl/Tünnesen-Harmes, aaO., B3 Rn.147; Pohl, NJW 1995, 1645(1648).

만일 위와 같은 사후관리의무를 제대로 이행하지 아니하거나 제3항에 따른 정기검사 결과 부적합 판정을 받은 경우에는 환경부장관은 환경부령으로 정하는 바에 따라 기간을 정하여 그 시정을 명할 수 있고(§ 50 ⑦), 그 명령을 받고도 기간 내에 이를 시정하지 아니하면 대통령령으로 정하는 자로 하여금 이를 대행하게 하고 제51조 및 제52조에 따라 낸 사후관리이행보증금·이행보증보험금 또는 사후관리이행보증금의 사전적립금("사후관리이행보증금등")을 그 비용으로 사용할 수 있습니다(§ 50 ⑧ 제1문). 이 경우 그 비용이 사후관리이행보증금등을 초과하는 경우에는 그 초과금액을 당해 명령을 받은 자로부터 징수할 수 있습니다(§ 50 ⑧ 제2문).

(5) 폐기물매립시설의 사용종료 또는 폐쇄후 토지이용제한 등

법은 환경부장관은 제50조 제5항에 따라 사후관리 대상인 폐기물을 매립하는 시설의 사용이 끝나거나 시설이 폐쇄된 후 침출수의 누출, 제방의 유실 등으로 주민의 건강 또는 재산이나 주변환경에 심각한 위해를 가져올 우려가 있다고 인정되면 대통령령으로 정하는 바에 따라 그 시설이 있는 토지의 소유권 또는 소유권 외의 권리를 가지고 있는 자에게 대통령령으로 정하는 기간에 그 토지 이용을 수목의 식재, 초지의 조성 또는 「도시공원 및 녹지 등에 관한 법률」 제2조 제4호에 따른 공원시설, 「체육시설의 설치·이용에 관한 법률」 제2조 제1호에 따른 체육시설, 「문화예술진흥법」 제2조 제1항 제3호에 따른 문화시설, 「신에너지 및 재생에너지 개발·이용·보급 촉진법」 제2조 제3호에 따른 신·재생에너지 설비의 설치에 한정하도록 그 용도를 제한할 수 있도록 하고 있습니다(§ 54 ①). 이것은 사용종료되거나 폐쇄된 폐기물매립시설의 환경친화적 재활용정책을 원활하게 시행할 수 있도록 하는 데 취지를 둔 것으로 이해됩니다. 토지이용의 제한기간은 폐기물매립시설이 사용종료되거나 폐쇄된 날부터 30년 이내로 정해져 있습니다(시행령 § 35 ①).

2.9. 폐기물의 재활용신고, 회수조치, 폐기물처리 조치명령

2.9.1. 폐기물재활용신고

법은 다음 각호의 어느 하나에 해당하는 자는 환경부령으로 정하는 기준에 따른 시설·장비를 갖추어 시·도지사에게 신고하도록 하고 있습니다(§ 46 ①).

1. 동·식물성 잔재물 등의 폐기물을 자신의 농경지에 퇴비로 사용하는 등의 방법으로 재활용하는 자로서 환경부령으로 정하는 자
2. 폐지, 고철 등 환경부령으로 정하는 폐기물을 수집·운반하거나 환경부령으로 정하는 방법으로 재활용하는 자로서 사업장 규모 등이 환경부령으로 정하는 기준에 해당하는 자
3. 폐타이어, 폐가전제품 등 환경부령으로 정하는 폐기물을 수집·운반하는 자

시·도지사는 신고 또는 변경신고를 받은 날부터 20일 이내에 신고 수리 여부를 신고인에게 통지해야 하며(§46 ③) 그 기간 내에 신고 수리 여부나 민원 처리 관련 법령에 따른 처리기간의 연장을 신고인에게 통지하지 아니하면 그 기간이 끝난 날의 다음 날에 신고를 수리한 것으로 봅니다(§46 ④).

제1항 제1호 또는 제2호에 따른 폐기물처리 신고자는 제25조 제3항에 따른 폐기물 수집·운반업의 허가를 받지 않고 그 재활용 대상 폐기물을 스스로 수집·운반할 수 있습니다(§46 ⑤).

폐기물처리 신고자는 신고한 폐기물처리 방법에 따라 폐기물을 처리하는 등 환경부령으로 정하는 준수사항을 지켜야 합니다(§46 ⑥).

시·도지사는 폐기물처리 신고자가 다음 어느 하나에 해당하면 그 시설의 폐쇄를 명령하거나 6개월 이내의 기간을 정하여 폐기물의 반입금지 등 폐기물처리의 금지를 명령할 수 있습니다(§46 ⑦).

1. 제6항에 따른 준수사항을 지키지 아니한 경우
2. 제13조에 따른 폐기물의 처리 기준과 방법 또는 제13조의2에 따른 폐기물의 재활용 원칙 및 준수사항을 지키지 아니한 경우
3. 제40조 제1항 본문에 따른 조치를 하지 아니한 경우

시설 폐쇄처분을 받은 자는 그 처분을 받은 날부터 1년간 다시 폐기물처리 신고를 할 수 없습니다(§46 ⑧). 폐기물처리 신고자에게는 처리금지를 갈음하여 2천만원 이하의 과징금 처분을 할 수 있습니다(§46의2 ①).

2.9.2. 폐기물의 회수조치

폐기물의 회수, 자원화가 제대로 이루어지도록 하려면 그 배출단계에서부터 회수 및 처리 여건을 조성할 필요가 있습니다. 이러한 견지에서 법은 사업자에게 그와 같은 폐기물의 회수를 용이하게 할 의무를 부과하고 있습니다. 즉,

사업자는 제품의 제조·가공·수입 또는 판매 등을 할 때, 그 제조·가공·수입 또는 판매 등에 사용되는 재료·용기·제품 등이 폐기물이 되는 경우 그 회수와 처리가 쉽도록 해야 하며(§47①), 그와 같은 재료·용기·제품 등이 「대기환경보전법」 제2조, 「물환경보전법」 제2조 및 「화학물질관리법」 제2조에 따른 대기오염물질, 수질오염물질, 유독물질 중 환경부령으로 정하는 물질을 포함하고 있거나 다량으로 제조·가공·수입 또는 판매되어 폐기물이 되는 경우 환경부장관이 고시하는 폐기물의 회수 및 처리방법에 따라 회수·처리해야 합니다. 이 경우 환경부장관이 이를 고시하려면 미리 관계 중앙행정기관의 장과 협의해야 합니다(§47②).

환경부장관은 사업자가 고시된 회수 및 처리방법에 따라 회수·처리하지 아니하는 때에는 기간을 정하여 그 회수 및 처리에 필요한 조치를 할 것을 권고할 수 있고(§47③), 그 권고를 받은 자가 권고사항을 이행하지 아니하는 때에는 해당 폐기물의 회수와 적정한 처리 등에 필요한 조치를 명할 수 있습니다(§47④).

2.9.3. 폐기물처리에 대한 조치명령

폐기물처리에 대한 규제는 크게 폐기물처리업자에 대한 반입정지명령과 부적정처리폐기물 관련 조치명령으로 이루어집니다.

먼저, 환경부장관 또는 시·도지사는 폐기물처리업자의 보관용량, 처리실적, 처리능력 등 환경부령으로 정하는 기준을 초과하여 폐기물을 보관하는 경우에는 폐기물처리업자에게 폐기물의 반입정지를 명할 수 있습니다(§47의2① 본문). 다만, 「재난 및 안전관리 기본법」 제3조 제1호 가목 및 나목에 따른 재난으로 인하여 발생한 재난폐기물의 처리 등 환경부령으로 정하는 사유에 해당하는 경우에는 그렇지 않습니다(§47의2① 단서).

최근 재활용업체 사업장 등에 폐기물을 반입한 후 무단으로 방치하거나, 임대부지 및 창고 등에 폐기물을 불법으로 투기하고 도피하는 사례가 빈발한 데 따른 입법적 대응의 일환으로 2019년 11월 26일 법개정을 통해 신설된 규제명령입니다.

반입정지명령을 받은 자가 환경부령으로 정하는 기준 이하로 폐기물의 보관량을 감소시킨 경우에는 환경부장관 또는 시·도지사에게 폐기물의 반입재개 신청을 할 수 있고(§47의2②) 환경부장관 또는 시·도지사는 제2항에 따른 반입재개 신청을 받은 날부터 10일 이내에 반입재개 여부를 신청인에게 통보해야 합니다(§ 47의2 ③).

다음으로, 환경부장관, 시·도지사 또는 시장·군수·구청장은 부적정처리폐기물(제13조에 따른 폐기물의 처리 기준과 방법 또는 제13조의2에 따른 폐기물의 재활용 원칙 및 준수사항에 맞지 아니하게 처리되거나 제8조 제1항 또는 제2항을 위반하여 버려지거나 매립되는 폐기물)이 발생하면 부적정처리폐기물을 발생시킨 자 등 제48조 제1항 각호에 열거된 "조치명령대상자"에게 기간을 정하여 폐기물의 처리방법 변경, 폐기물의 처리 또는 반입 정지 등 필요한 조치를 명할 수 있습니다(§ 48 ①).

법은 부적정처리폐기물이 발생한 경우 조치명령대상자의 범위를 확대하는 한편, 환경부장관 등이 조치명령대상자가 폐기물을 부적정하게 처리함으로써 얻은 부적정처리이익의 3배 이하에 해당하는 금액과 폐기물의 제거 및 원상회복에 드는 비용을 과징금으로 부과하여 조치명령 없이 부적정처리이익과 부적정처리로 지출하지 않게 된 적정처리비용 상당액을 환수할 수 있도록 했습니다(§ 48, § 48의5).

환경부장관, 시·도지사 또는 시장·군수·구청장은 조치명령대상자 또는 조치명령의 범위를 결정하기 위하여 필요한 경우 폐기물처리자문위원회에 자문할 수 있고(§ 48 ②), 조치명령을 받은 자가 자기의 비용으로 조치명령을 이행한 경우에는 동일한 사유로 조치명령을 받은 자의 부담부분에 관하여 구상권을 행사할 수 있습니다(§ 48 ③).

환경부장관, 시·도지사 또는 시장·군수·구청장이 법 제39조의2, 제39조의3, 제40조 제2항·제3항, 제47조의2 또는 제48조에 따른 명령을 하려면 미리 그 명령을 받을 자에게 그 이유를 알려 의견을 제출할 기회를 주어야 합니다. 다만, 상수원 보호 등 환경보전상 긴급히 해야 하는 경우에는 그렇지 않습니다(§ 48의2).

종래 「폐기물관리법」에서 규율했던 폐기물 수출입 허가제 및 신고제는 2017년 4월 18일 법개정으로 규제 일원화 취지에서 「폐기물의 국가 간 이동 및 그 처리에 관한 법률」로 이관되었습니다.

2.10. 쓰레기종량제

2.10.1. 개념과 연혁

급속한 도시화와 산업구조의 고도화로 인한 인구집중 및 소득수준의 향상에 따라 쓰레기 배출량이 계속 증가하고, 1회용품 사용의 증가, 과다한 포장, 가구·가전제품 폐기, 필요 이상의 음식물 소비, 특히 소비행태의 변화로 인해 종래 재활용되었던 폐기물이 그대로 버려지는 현상 등 여러 가지 요인들로 말미암아 쓰레기문제의 해결이 점점 어려워지게 되었습니다. 이런 배경에서 국민 각자가 실제 배출하는 쓰레기의 양에 따라 수수료를 차등 부담하도록 하는 것이 국민 스스로 쓰레기 배출을 줄이는 방안이라는 생각이 대두되었고, "3R" 정책 즉 감량화, 재활용, 리사이클링(Reduce, Reuse, and Recycle)을 지향하는 폐기물 관리전략의 일환으로 일종의 원인자 부담제도인 쓰레기종량제("Volume-based Waste Fee System")가 도입된 것입니다.

쓰레기종량제란 '버린 만큼 비용을 낸다'는 배출자부담원칙을 적용하여 쓰레기 배출량에 따라 배출자에 비용을 부담시킴으로써 쓰레기 발생을 원천적으로 억제하고 재활용품의 분리배출을 촉진하기 위한 경제적 유인수단입니다. 이것은 과거 재산세나 건물면적 등을 기준으로 하는 정액부과방식의 쓰레기 수수료 부과체계를 쓰레기 배출량, 즉 종량제 봉투 사용량에 비례하는 부과체계로 전환한 것으로서 1995년 1월 1일부터 전국적으로 시행되었습니다. 쓰레기종량제의 핵심은 '생활폐기물'을 시장·군수·구청장이 제작·판매하는 규격봉투에 담아 배출하도록 강제하는 데 있습니다. 즉, 종량제 봉투 사용량으로 표출되는 쓰레기 배출량에 따라 수수료를 부과하여 국민에게 쓰레기 배출을 줄이는 동기를 부여함과 아울러 재활용품 분리배출을 유도하여 배출단계에서 쓰레기 감량화를 달성하고자 합니다.

쓰레기종량제는 생활폐기물과 사업장 생활계폐기물 중 생활폐기물과 성상이 유사하여 생활폐기물의 기준 및 방법으로 수집·운반·보관·처리할 수 있는 폐기물에 대하여 실시하고 있고, 시행에 필요한 세부사항은 환경부의 「쓰레기 수수료 종량제 시행지침」(2019.4 개정)을 정하여 운용하고 있습니다(환경백서, 2020: 568). 종량제 실시 지역은 2021년 기준 전국 3,515개 읍·면·동 중 3,513개 지역으로 전체 행정구역의 99.9%, 전체 23,472천 가구 중 23,460천 가구가 종

량제를 실시하는 것으로 집계되고 있습니다.[187]

종량제봉투 제작량과 판매량은 증가추세를 보이고 있습니다. 2021년 종량제봉투 제작량은 1,348,852천 매로 2020년의 1,274,143천 매보다 74,709천 매 증가(5.8%)하였고, 판매량은 1,190,500천 매로 2020년의 1,173,353천 매보다 17,147천 매 증가(1.4%)하였습니다. 2021년 판매금액은 832,238백만원으로 2020년도 820,069백만원보다 12,169백만원 증가(1.4%)하였습니다. 가정용 종량제봉투 별 평균 판매가격은 10ℓ의 경우 266원/매, 20ℓ의 경우 533원/매로 나타났습니다.[188]

2.10.2. 쓰레기종량제의 개요

(1) 법적 근거

쓰레기종량제의 법적 근거는 「폐기물관리법」 제14조 제4항입니다. 이에 따르면 특별자치도지사, 시장·군수·구청장은 생활폐기물을 처리할 때 배출되는 생활폐기물의 종류, 양 등에 따라 수수료를 징수할 수 있고, 이 경우 수수료는 해당 지방자치단체의 조례로 정하는 바에 따라 폐기물 종량제 봉투 또는 폐기물임을 표시하는 표지 등("종량제 봉투등")을 판매하는 방법으로 징수하되, 음식물류 폐기물의 경우에는 배출량에 따라 산출한 금액을 부과하는 방법으로 징수할 수 있도록 되어 있습니다. 「폐기물관리법」 제14조 제4항에 따라 각 지방자치단체에서 종량제 봉투등의 판매 방식에 따른 생활폐기물 처리수수료 징수에 관한 조례, 즉 쓰레기종량제 조례를 제정하여 시행하고 있습니다.[189]

(2) 쓰레기종량제의 적용지역과 대상

① 적용지역

쓰레기 수수료 종량제는 「폐기물관리법」 제14조 제1항에 따른 생활폐기물 관리지역에 적용됩니다. 특별자치도지사 또는 시장·군수·구청장은 가구 수가 50호 미만인 지역, 산간·오지·섬지역 등 차량의 출입 등이 어려워 생활폐기물을 수집·운반하는 것이 사실상 불가능한 지역을 '생활폐기물관리 제외지역'을

---

187) 환경백서 2022, 161-162.
188) 환경백서 2020, 162.
189) 「서울특별시 서초구 폐기물관리조례」, 「서울특별시 강서구 폐기물관리 조례」, 「남양주시 폐기물의 배출방법 및 수수료 부과·징수에 관한 조례」, 「여수시 폐기물관리에 관한 조례」 등이 그런 예입니다.

지정할 수 있습니다.

다만, 생활폐기물관리 제외지역으로 지정된 지역 중 일정한 기간에만 다수인이 모이는 해수욕장·국립공원 등 관광지나 그 밖에 이에 준하는 지역(등산로·유원지 등)에 대하여는 이용객의 수가 많은 기간에 한정하여 그 지정의 전부 또는 일부를 해제할 수 있고 따라서 이들 '공공지역'에 대해서도 이용객수가 많은 기간에 한해 쓰레기 수수료 종량제를 적용할 수 있습니다(「폐기물관리법시행규칙」§15 ②).[190]

② 대   상

쓰레기종량제의 적용 대상 폐기물은 주로 가정에서 배출되는 생활폐기물과 사업장 일반폐기물 중 생활폐기물과 성질과 상태가 비슷하여 생활폐기물의 기준·방법으로 수집·운반·보관·처리할 수 있는 사업장 생활계폐기물입니다. 즉 쓰레기종량제는 가정 쓰레기, 다량 배출자가 아닌 소규모 사업장의 일반 쓰레기를 대상으로 하고, 연탄재나 대형폐기물, 재활용가능한 폐기물, 일반폐기물 다량 배출자의 폐기물은 적용대상에서 제외됩니다.

(a) 생활폐기물

쓰레기종량제의 대상으로서 '생활폐기물'의 개념과 범위는 「폐기물관리법」에 따라 정해집니다.

(b) 사업장생활계 폐기물

초기에는 생활폐기물에 대해서만 종량제를 시행하였으나 폐기물을 1일 평균 300킬로그램 이상 배출하는 사업장폐기물로서 생활폐기물과 성상이 유사하여 생활폐기물의 기준 및 방법으로 수집·운반·보관·처리할 수 있는 폐기물에 대하여도 가능한 종량제를 확대 적용하도록 지방자치단체에 권장함에 따라 각 지방자치단체들이 조례에 근거를 마련하여 사업장생활계 폐기물에 대해서도 폐

---

190) 2022년 1월 개정된 「쓰레기 수수료 종량제 시행지침」은 생활폐기물관리 제외지역으로 지정된 지역 중 다음 중 어느 하나에 해당하는 경우 일정기간 동안 쓰레기 수수료 종량제를 적용하도록 하였습니다.
1. 「미세먼지 저감 및 관리에 관한 특별법」 제18조 제1항에 따른 고농도 미세먼지 비상저감조치 시행기간
2. 「산림보호법」 제31조에 따른 산불조심기간
3. 일정한 기간에만 다수인이 모이는 해수욕장·국립공원 등 관광지나 그 밖에 이에 준하는 지역에 대하여는 이용객의 수가 많은 기간
4. 그 밖에 특별자치시장, 특별자치도지사, 시장·군수·구청장이 조례로 정하는 기간

기물수수료 종량제를 실시하도록 하고 있습니다. 다만, 주택난방용 연탄재, 재활용가능품, 대형폐기물은 통상 대상에서 제외됩니다.[191]

(c) 음식물쓰레기

음식물쓰레기의 처리는 한국 폐기물정책이 직면한 가장 어렵고도 시급한 과제 중 하나로 지목됩니다. 음식물쓰레기의 증가는 폐기물 관리 시스템에 부담을 주고 식량 안보 악화의 원인이 되기도 합니다. 특히 음식물쓰레기로 인한 온실가스 배출이 문제 됩니다. 음식물쓰레기 부패 과정에서 이산화탄소뿐만 아니라 이보다 21배 더 온실효과가 있는 메탄가스도 발생하기 때문입니다. UNEP(2021)는 2019년 기준 전 세계에서 음식물쓰레기가 약 9억3,100만 톤 발생하는데, 식품 생산과 음식물쓰레기 처리 과정에서 발생하는 온실가스가 전 세계 배출량의 8-10%를 차지한다고 추정한 바 있습니다.[192]

우리나라에서는 음식물쓰레기 발생량이 지속적으로 증가하여 정책적 대응이 시급한 과제로 대두되었습니다. 특히, 음식물쓰레기 직매립 금지(2005.1.1) 이후 분리 배출되는 음식물쓰레기가 늘기 시작했고, 생활수준 향상과 세대수 증가(1-2인 가구가 전체의 48% 차지)에 따라 음식물쓰레기 발생량도 꾸준히 증가하였습니다. 음식물쓰레기 발생량은 전체 생활폐기물에서 큰 비중(약 4분의 1 수준)을 차지하고 있어 그에 상응한 정책적 대응이 불가피하게 요구되고 있습니다.

> 음식물류 폐기물 발생량은 2020년 기준 1일 15,463톤으로 전체 생활계폐기물 발생량(61,597톤/일)의 약 25.1%를 차지합니다. 발생량과 생활계폐기물 총량에서 차지하는 비율은 2019년 대비 2.5%p 줄어든 것으로 보고되고 있습니다.[193] 2018년 1일 16,221톤으로 전체 생활계폐기물발생량(56,036톤/일)의 28.9%를 차지하였습니다. 음식물쓰레기의 점유율은 2008년 29.1%로 정점을 찍은 후 점차 감소하였으나 2015년부터 다시 증가 추세를 보였습니다.[194]

음식물류폐기물정책은 음식물쓰레기 배출로 인한 경제적, 사회적 비용 증

---

191) 예: 「서울특별시 강서구 폐기물관리 조례」 제18조.
192) 이에 관해서는 이민상, "경제적 정책수단의 효과성 변화에 관한 연구: 음식물쓰레기 종량제의 효과성 변화를 중심으로". (2023). 한국행정학보 제57권 제2호(2023 여름), 247-276, 248을 참조.
193) 환경백서 2022, 162.
194) 환경백서 2020, 569, 표 2-3-3-22.

가와 에너지·기후변화에의 악영향 저감을 위해 사후처리 위주에서 사전발생 억제로 방향을 전환하고 있습니다. 음식물쓰레기종량제는 일부 지방자치단체 중심으로 시행되다가 2014년 1월부터 전국으로 확대, 시행하고 있습니다. 특히 2012년부터 RFID 기반 종량제방식을 본격적으로 도입·추진하여 2022년 말 현재 총 174개 시·군·구에서 시행 중입니다.[195]

(3) 쓰레기종량제의 내용

① 종량제의 기준과 방법

쓰레기종량제는 중량 기준이 아니라 부피를 기준으로 수수료를 산정합니다 (그런 의미에서 환경부는 '쓰레기 수수료 종량제'란 용어를 사용합니다). 그리고 그 부피를 측정하는 용기로 종량제봉투 등을 사용하도록 하고 있습니다. 관할구역에서 배출되는 생활폐기물처리 책임을 지는 특별자치시장, 특별자치도지사, 시장·군수·구청장은 생활폐기물을 처리할 때, 배출되는 생활폐기물의 종류, 양 등에 따라 수수료를 징수할 수 있는데(§ 14 ⑤ 제1문), 그 경우 수수료는 해당 지방자치단체의 조례로 정하는 바에 따라 폐기물 종량제봉투 또는 폐기물임을 표시하는 표지 등을 판매하는 방법으로 징수하되, 음식물류 폐기물의 경우에는 배출량에 따라 산출한 금액을 부과하는 방법으로 징수할 수 있습니다(§ 14 ⑤ 제2문).

반면 음식물류 폐기물 종량제의 방식은 세 가지(RFID, 칩·스티커, 전용봉투)로 지자체별로 지역 여건에 따라 선정하여 시행하고 있습니다. 전용봉투방식은 배출자가 음식물 전용봉투를 구입(수수료 선납)하여 배출하며, 칩·스티커방식은 배출자가 '납부칩' 등을 구입한 후 수거용기에 부착하여 배출하고, RFID 방식은 배출원 정보가 입력된 전자태그를 통해 배출원별 정보를 수집하고 배출무게를 측정하여 수수료를 부과하는 방법으로[196] 종량제 취지에 가장 적합하여 환경부에서 권장하고 있습니다.

음식물류 외 쓰레기종량제의 세부적 내용은 「쓰레기 수수료 종량제 시행지침」이 정하고 있는데 이를 간략히 살펴보면 다음과 같습니다.

② 종량제봉투의 사용의무화

각 가정과 사업장은 폐기물을 버리기 위해서는 종량제봉투를 구입하여 사

---

195) 환경백서 2022, 163.
196) 환경백서 2021, 206.

용해야 합니다. 그러나 연탄재와 재활용가능폐기물(종이, 고철, 캔, 병, 플라스틱)은 규격봉투에 담지 않고 지정된 정기 수거일에 지정된 장소에 배출하거나 지방자치단체의 여건에 따라 조례에서 정하는 별도의 방법에 따라 배출하면 무료로 수거해 가고 있고, 폐가구·폐가전제품 등 대형폐기물은 별도의 수수료를 부담하여 처리하도록 하고 있습니다.

깨진 유리와 같이 종량제 봉투에 담기 어려운 쓰레기는 지방자치단체가 제작·판매하는 별도의 전용 포대나 마대 등에 담아 배출하고, 집수리 등으로 일시에 다량 발생하는 폐기물은 대형폐기물에 준하여 배출·처리하는 한편, 골목길·공원청소 등으로 수거한 쓰레기는 지방자치단체에서 무료로 지급하는 공공용 봉투를 사용하도록 되어 있습니다.

③ 종량제봉투의 종류·재질·규격

종량제봉투는 종량제봉투는 용도에 따라 다음의 기준에 따라 제작하되 자치단체 실정에 맞게 용량 조정이 가능하며, 이외에 처리방법에 따라 매립용(불연성), 소각용(가연성) 봉투로도 구분·제작할 수 있습니다.

종량제봉투는 폐기물 처리시설의 종류, 주민의 사용편리성 등을 고려하여 재질을 선정하되[197] 재질별 규격은 환경적합성을 유지할 수 있도록 단체표준규격을 기준으로 자치단체에서 결정합니다. 생분해성 또는 생붕괴성 봉투는 재질 특성, 경제성 등을 고려하여 지방자치단체 여건에 따라 사용을 확대해 나가되, 생분해성 봉투 사용에 따른 봉투가격 인상요인 완화를 위해 광역쓰레기 매립지 운영기관은 생분해성 봉투 사용 지방자치단체의 반입비용을 인하하는 반면 난분해성 봉투를 사용하는 지방자치단체의 반입비용을 인상하는 차등화 방안을 추진하도록 되어 있습니다. 종량제봉투는 전 국민이 사용하는 일종의 유가증권과 같은 제품이므로 자치단체별 품질관리 및 불법유출 방지를 위한 위조방지 시스템 도입 등 대책을 강구해야 합니다.

④ 종량제봉투의 가격·제작·판매 등

종량제봉투는 쓰레기 배출량을 측정하기 위한 수단으로 폐기물 처리비용의 합리적 부과를 위하여 유상으로 판매되고 있습니다. 그 봉투가격에 폐기물 수거·운반·처리 비용이 모두 포함되어 있습니다. "종량제 봉투등", 즉 규격봉투의

---

197) 가령 탄산칼슘 함유봉투는 소각시설 설치지역에 한하여 선정·사용하도록 되어 있습니다.

가격은 쓰레기처리비용과 지방자치단체의 재정능력을 고려하여 해당 지방자치단체의 조례로 정하도록 되어 있습니다.

종량제봉투 판매가격은 「ℓ당 처리비용×봉투용량(ℓ)×주민부담률(목표치)[198]+봉투제작비+판매수수료」로 산정하되 10원 단위로 절상 조정하도록 되어 있습니다.

특별자치도지사, 시장·군수·구청장은 조례로 정하는 바에 따라 종량제 봉투등의 제작·유통·판매를 대행하게 할 수 있습니다(§ 14 ⑦).

2.10.3. 쓰레기종량제의 성과와 과제

(1) 전반적 평가

쓰레기종량제의 성과는 전반적으로 긍정적인 평가를 받고 있습니다.

첫째, 이 제도가 전국에 걸쳐 극히 높은 확산률을 달성했다는 점입니다. 종량제 실시 지역은 전체 행정구역의 99.9%가, 전체 22,481천 가구 중 22,469천 가구가 종량제를 실시하는 것으로 집계되었습니다.[199]

둘째, 쓰레기종량제 실시 이후 쓰레기 배출량이 감소하고 재활용량이 증가한 것으로 나타났습니다.[200] 또한 생활폐기물 수거에 있어 종량제봉투에 의한 수거 비중이 높게 유지되고 있다는 점도 주목됩니다. 한 연구에 따르면, 쓰레기종량제 실시 이후 총폐기물 발생량은 28% 감소하였고 재활용량은 50% 증가한 것으로 나타났고, 쓰레기종량제가 생활폐기물 배출총량 감소와 재활용량 증가에 긍정적 효과를 미친 것으로 분석되고 있습니다.[201] 또한 환경부의 한 연구용역에 따르면 쓰레기종량제 실시로 쓰레기 발생량의 감소, 재활용품의 증가, 쓰레기 처리방법의 전환 등의 효과가 발생하였고, 그 밖에 청소행정 서비스의 개선, 쓰레기 재활용산업과 기술의 발전, 생활쓰레기 배출에 대한 의식의 전환 등의 성과를 거두었다고 분석되었습니다.[202]

---

198) 주민부담율(%): 종량제봉투 판매수입÷수집·운반·처리에 소요된 비용×100.

199) 환경백서 2021, 203.

200) 환경부, 쓰레기종량제 시행 10년 평가 및 종량제 봉투가격의 현실화 방안 마련 연구, 2005.

201) 정광호·서재호·홍준형, "쓰레기종량제 정책효과 실증분석", 「한국행정학보」 제41권 제1호(2007 봄), 175-201, 197.

202) 한국산업관계연구원·환경부. 쓰레기종량제 시행 10년 평가 및 종량제 봉투가격의 현실화 방안 마련 연구. 2005. 10, 173 이하.

환경부도 쓰레기종량제실시로 국민의 환경의식이 총체적으로 향상되는 계기가 마련되었고, 소비자와 기업 모두 쓰레기배출을 감소시키는 제품·생산공정을 선호하게 되었으며, 자치단체에서도 쓰레기행정의 비즈니스마인드(business mind)가 확산되는 계기가 되고, 재활용품 공급 확대에 따라 재생산업이 활성화되고 있다는 등 성과를 제시한 바 있습니다.[203]

한편 OECD는 환경정책수단 데이터베이스(PINE database)를 통해 49개 국가에서 시행되는 530개 이상의 수수료 및 부과금 제도를 소개하면서 그 대표적 사례의 하나로 한국의 쓰레기종량제(volume-based fee system for municipal waste)를 소개하고 있습니다.[204]

폐기물 발생현황을 보면, 폐기물의 총 발생량은 점진적으로 증가 추세입니다. 사업장폐기물 중 건설폐기물과 지정폐기물의 발생량도 매년 점진적으로 증가추세를 보이지만, 생활폐기물 총발생량은 상대적으로 증가 추세가 두드러지지는 않습니다.[205]

한편, 음식물 쓰레기 종량제의 실시가 배출량 감축에 긍정적인 영향을 미쳤을 가능성도 배제할 수는 없습니다. 일례로 종량제 도입으로 음식물쓰레기 배출량이 유의미하게 줄어들었다는 연구결과가 보고되기도 했습니다.[206] 이에 따르면, 종량제 도입으로 비용 부과 방식이 전환되고 배출 단위 당 가격을 부과함에 따라 음식물쓰레기 감소효과가 나타났다고 합니다. 다만, 종량제 시행 중에도 기간이 경과할수록 배출량이 다시 증가하여 음식물쓰레기 종량제의 효과가 점차 약화되는 현상이 나타났다는 것입니다. 쓰레기 배출에 가격을 부과함으로써 경제적 유인을 사용하여 친환경적 행동을 유도하려는 접근방식의 한계를 보여주는 현상으로 생활양식 회귀, 불충분한 유인, 교육과 홍보 활동 감소 등도 그러한 결과에 기여하였을 것으로 추정되고 있습니다.[207]

---

203) 환경백서 2000, 3부5장; http://www.me.go.kr/DEPTDATA/200005/25135956/제도현황.htm.

204) OECD Environmental Performance Reviews - Korea 2017, http://oe.cd/epr-korea.

205) 환경백서 2022, 135, 표 2-1-1-72.

206) 이민상. (2023). "경제적 정책수단의 효과성 변화에 관한 연구: 음식물쓰레기 종량제의 효과성 변화를 중심으로". 한국행정학보 제57권 제2호(2023 여름), 247-276.

207) 이민상, 앞의 논문. 이 연구는 음식물쓰레기 배출 등에 있어 개인의 인식과 동기, 가정의 생활방식, 문화, 미디어 등의 영향 등을 고려하지 못했고, 정책도구의 효과성 변화

셋째, 폐기물 처리구조 면에서도 긍정적인 변화가 이루어졌습니다. 실제로 1995년 종량제 시행 이후 매립 또는 소각 처리되는 폐기물의 양은 재활용률의 지속적인 증가로 인해 감소했습니다.[208] 소각과 매립은 전반적으로 감소하는 추세인 반면, 재활용 비율은 재활용 및 폐자원에너지화 정책에 힘입어 크게 증가했습니다. 2021년 기준으로 생활 및 사업장에서 발생한 전체 폐기물의 5.3%가 매립, 5.0%가 소각, 2.8%가 기타의 방법으로 처리된 데 비해 재활용 비율은 86.9%에 달했습니다. 생활폐기물의 경우, 2011년부터 2021년까지 지속적으로 배출량이 증가했지만 매립과 소각의 비중은 상대적으로 낮은 수준에 그친 데 비해 재활용 비율은 50%를 넘는 수준을 유지하고 있습니다(2021년의 경우 매립 12.9%, 소각 24.9%, 재활용 56.7%).[209] 이와 같은 재활용률의 추이는 쓰레기종량제가 생활폐기물 배출총량 감소와 재활용량 증가에 긍정적 효과를 미쳤을 가능성이 있음을 시사해 주는 것으로 평가됩니다.[210] 환경부는 그간 쓰레기 종량제 실시, 재활용정책 및 폐자원에너지화 정책에 힘입어 폐기물처리구조가 단순 매립 위주에서 폐자원을 선순환시키는 자원순환형으로 전환되고 있다고 평가하고 있습니다.[211]

끝으로, 지방자치단체의 폐기물관리행정의 변화도 쓰레기종량제가 가져온 긍정적인 성과로 꼽을 수 있습니다. 청소행정의 경영성과 제고 및 서비스 향상을 위한 자치단체별 정책경쟁이 벌어지고 특히 쓰레기 수거방식이 후진국형 주민상차식에서 선진국형 문전수거식으로 전환되었으며, 쓰레기 감량에 따른 잉여인력과 장비를 재활용품 수집 운반분야에 투입하는 등 재활용품 수거행정이 개선되는 변화가 뒤따랐습니다.

(2) 과 제

쓰레기종량제는 생활쓰레기 배출량 감소와 재활용량 증가, 폐기물처리구조

원인을 실증적으로 제시하지 못하였다는 한계가 있지만, 음식물쓰레기 종량제의 효과성과 그 변화를 확인한 점에서 참조 가치가 있습니다.

208) 환경백서 2011, 537.

209) 환경백서 2022, 135 표 2-1-1-73.

210) 이 점은 한국산업관계연구원·환경부. 쓰레기종량제 시행 10년 평가 및 종량제 봉투가격의 현실화 방안 마련 연구. 2005. 10, 76 이하에서도 확인된 바 있습니다.

211) 환경백서 2020, 543.

의 개선, 지방자치단체의 쓰레기관리행정의 변화, 소비자, 가구의 생활쓰레기 감량 및 재활용에 관한 의식 제고 효과 등 괄목할 만한 성과를 거두었으나 생활 쓰레기 발생총량 감소에 얼마나 기여하였는지는 여전히 불분명합니다. 그렇다면 앞으로 쓰레기종량제가 더 나은 성과를 거두기 위한 방안은 무엇일까. 가령 가계 수준에서 생활쓰레기 감량화를 촉진시킬 인센티브로는 어떤 것들이 있을까요? 아파트 등 공동주택 단위로 종량제봉투 배출 총량을 감소시키도록 유도하고 그 실적에 따라 인센티브를 부여하는 방안이라든가 종량제 봉투 가격을 적정한 수준으로 인상시켜 배출량 감소 효과를 키우는 방안 등을 생각해 볼 수 있을 것입니다. 하지만 종량제봉투가격의 인상은 자칫 가계부담 상승만 초래할 우려가 있고 일종의 준조세 같은 효과만을 낼 가능성이 있을 뿐만 아니라 소득 수준에 따라서 그 영향이 차별화될 것이고 서민계층의 반발이 우려되는 등 실행 가능성 면에서도 문제가 많습니다. 오히려 일회용품 억제, 포장폐기물 발생 억제 등 발생원 대책이 더 효과적일 것으로 생각됩니다. 쓰레기종량제가 본연의 정책목표인 쓰레기 발생량 감소 효과를 극대화하려면 종량제봉투 가격 및 변동의 영향, 행위자들의 유인과 이해관계에 대한 과학적 증거기반 분석이 선행되어야 하고, 쓰레기 총량규제의 설계에 대한 연구조사도 필요합니다.

쓰레기종량제는 쓰레기 발생량 감소, 재활용품 증가, 쓰레기행정 서비스 개선 등 가시적인 성과를 거두었지만, 음식물쓰레기 문제나 1회용품 및 포장폐기물 감량화 문제, 분리수거의 문제점, 재활용시설 부족, 종량제봉투의 불법 제작과 유통 문제,[212] 불법투기, 부적정 처리 문제 등 효과적인 폐기물정책을 통해 개선해야 할 과제들이 상존합니다. 문제해결을 위한 정책대안을 강구하여 제도를 업그레이드할 필요가 있습니다.

2.11. 벌 칙

법은 제7장에서 벌칙조항들을 두고 있습니다. 즉, 제63조에서 법 제8조 제 1항 또는 제2항을 위반하여 사업장폐기물을 버리거나 매립한 자는 7년 이하의

---

212) 이에 관해서는 특히 송동수. 2009. "종량제봉투의 불법유통 방지를 위한 폐기물 관리법과 조례의 개선방안", 「환경법연구」 제31권 제2호(한국환경법학회 2009), 291-318 을 참조.

징역이나 7천만원 이하의 벌금에 처하고(이 경우 징역형과 벌금형은 병과할 수 있습니다.), 제64조에서 무허가 폐기물처리업자, 폐기물처리업 허가를 부정발급 받은 자, 제31조 제5항에 따른 폐쇄명령 불이행자, 제14조 제5항에 따라 대행계약을 체결하지 않고 종량제 봉투등을 제작·유통한 자를 5년 이하의 징역이나 5천만원 이하의 벌금에 처하도록 하는 등 각종 위반행위에 대한 비교적 강한 처벌규정을 두고 있습니다.

아울러 법은 제67조 제1항에서 법인의 대표자나 법인 또는 개인의 대리인, 사용인, 그 밖의 종업원이 그 법인 또는 개인의 업무에 관하여 제63조부터 제66조까지의 어느 하나에 해당하는 위반행위를 하면 그 행위자를 벌할 뿐만 아니라 그 법인 또는 개인에게도 해당 조문의 벌금형을 과한다고 규정하여 법인의 대표자가 그 업무와 관련하여 위반행위를 저지른 경우 그 법인에 대하여도 처벌하는 양벌규정을 두고 있습니다. 다만, 법인 또는 개인이 그 위반행위를 방지하기 위하여 해당 업무에 관하여 상당한 주의와 감독을 게을리하지 아니한 경우에는 그렇지 않습니다(§ 67 단서).

그동안 양벌규정의 위헌 여부를 둘러싼 논란이 있었고 이 문제는 결국 헌법재판소와 대법원의 판단을 받았습니다. 대법원은 법인의 대표자 관련 부분은 법인 대표자의 법규위반행위에 대한 법인의 책임이 법인 자신의 법규위반행위로 평가될 수 있는 행위에 대한 법인의 직접책임이고 대표자의 책임을 요건으로 하여 법인을 처벌하는 것이므로 위 양벌규정에 근거한 형사처벌이 형벌의 자기책임원칙에 반하여 헌법에 위배된다고 볼 수 없다고 판시한 바 있습니다.

<양벌규정의 위헌 여부 >

"폐기물관리법에서 위와 같이 양벌규정을 따로 둔 취지는, 이 사건 법률조항이 적용되는 위반행위는 통상 개인적인 차원보다는 법인의 업무와 관련하여 반복적·계속적으로 이루어질 가능성이 크다는 점을 감안하여, 법인의 대표자가 그 업무와 관련하여 위반행위를 저지른 경우에는 그 법인도 형사처벌 대상으로 삼음으로써 위와 같은 위반행위 발생을 방지하고 위 조항의 규범력을 확보하려는 데 있다.

또한, 법인은 기관을 통하여 행위하므로 법인이 대표자를 선임한 이상 그의 행위로 인한 법률효과는 법인에게 귀속되어야 하고, 법인 대표자의 범죄행위에 대하여는 법인 자신이 책임을 져야 하는바, 법인 대표자의 법규위반행위에 대한 법인의 책임은 법인 자신의 법규위반행위로 평가될 수 있는 행위에 대한 법인의 직접책임으로서, **대표자의 고의에 의**

한 위반행위에 대하여는 법인 자신의 고의에 의한 책임을, 대표자의 과실에 의한 위반행위에 대하여는 법인 자신의 과실에 의한 책임을 지는 것이다(헌법재판소 2010.7.29 선고 2009헌가25 전원재판부 결정 참조).

따라서 이 사건 법률조항 중 법인의 대표자 관련 부분은 **대표자의 책임을 요건으로 하여 법인을 처벌하는 것이므로 위 양벌규정에 근거한 형사처벌이 형벌의 자기책임원칙에 반하여 헌법에 위배된다고 볼 수 없다.**"[213]

한편 헌법재판소는 종업원 등이 저지른 행위의 결과에 대한 법인의 독자적인 책임에 관하여 전혀 규정하지 않은 채, 단순히 법인이 고용한 종업원 등이 업무에 관하여 범죄행위를 하였다는 이유만으로 법인에 대하여 형사처벌을 과하도록 한 구 「폐기물관리법」 제67조 제1항 중 "법인의 대리인, 사용인, 그 밖의 종업원이 그 법인의 업무에 관하여 제65조 제1호의 규정에 따른 위반행위를 하면 그 법인도 해당 조문의 벌금형을 과한다"는 부분은 위헌이라고 판시했습니다.[214]

< 종업원 등이 업무에 관해 한 범죄행위만을 이유로 한 법인에 대한 형사처벌의 위헌성 >

"형벌은 범죄에 대한 제재로서 그 본질은 법질서에 의해 부정적으로 평가된 행위에 대한 비난이다. 만약 법질서가 부정적으로 평가한 결과가 발생하였다고 하더라도 그러한 결과의 발생이 어느 누구의 잘못에 의한 것도 아니라면, 부정적인 결과가 발생하였다는 이유만으로 누군가에게 형벌을 가할 수는 없다. 이와 같이 '책임 없는 자에게 형벌을 부과할 수 없다'는 형벌에 관한 책임주의는 형사법의 기본원리로서, 헌법상 법치국가의 원리에 내재하는 원리인 동시에, 헌법 제10조의 취지로부터 도출되는 원리이다. 그런데 이 사건 심판대상 법률조항들은 법인이 고용한 종업원 등의 범죄행위에 관하여 비난할 근거가 되는 법인의 의사결정 및 행위구조, 즉 종업원 등이 저지른 행위의 결과에 대한 **법인의 독자적인 책임에 관하여 전혀 규정하지 않은 채, 단순히 법인이 고용한 종업원 등이 업무에**

---

213) 대법원 2010.9.30 선고 2009도3876 판결. 대법원은 상고이유에서 지적한 헌법재판소 결정은 이 사건과 같이 법인의 대표자가 행위자인 경우가 아니라 법인 또는 개인의 대리인, 사용인 기타 종업원이 행위자인 경우에 관한 것으로서 이 사건에 그대로 원용하기에 부적절하다고 판시했습니다.

214) 헌법재판소 2010.7.29 선고 2009헌가18 결정(구 폐기물관리법 제67조 제1항 위헌제청 등). 구 「폐기물관리법」(2007.4.11, 법률 제8371호로 개정되고, 2010.7.23,법률 제10389호로 개정되기 전의 것) 제67조 제1항 중 "법인의 대리인, 사용인, 그 밖의 종업원이 그 법인의 업무에 관하여 제65조 제1호의 규정에 따른 위반행위를 하면 그 법인도 해당 조문의 벌금형을 과한다"는 부분은 헌법에 위반된다는 헌법재판소의 위헌결정에 따라 개정되었습니다.

관하여 범죄행위를 하였다는 이유만으로 법인에 대하여 형사처벌을 과하고 있는바, 이는 다른 사람의 범죄에 대하여 그 책임 유무를 묻지 않고 형벌을 부과함으로써 법치국가의 원리 및 죄형법정주의로부터 도출되는 책임주의원칙에 반하여 헌법에 위반된다."[215]

3. 자원재활용법

3.1. 자원재활용정책

아무리 대체자원을 개발해 자원은 유한합니다. 자원의 무분별한 낭비는 유한한 자원을 고갈시키는 원인이 될 뿐만 아니라 폐기물을 발생시켜 환경오염을 가져오는 원인이 됩니다. 자원의 무분별한 낭비가 초래하는 자원고갈과 환경오염의 악순환을 역전시킬 방법으로 안출된 것이 자원재활용(recycling)의 아이디어입니다. 자원의 재활용은 이미 사용된 자원을 다시 재활용함으로써 그만큼 자원의 소비량을 절약하면서 동시에 폐기물의 양을 원천적으로 줄이는 방법입니다. 그러나 이러한 의미의 재활용은 자원이 마구 낭비되는 상황에서는 그다지 의미가 없습니다: 자원재활용은 자원의 절약을 전제로 합니다. 자원의 절약은 더 근본적으로 자원고갈을 저지하고 폐기물발생을 원천적으로 줄이는 효과를 지니기 때문입니다.

이러한 견지에서 자원의 효율적인 이용과 폐기물의 발생억제, 자원의 절약 및 재활용촉진을 통하여 환경을 보전하고 지속적인 경제발전과 국민복지 향상에 이바지할 것을 목적으로 제정된 것이 「자원의 절약과 재활용촉진에 관한 법률」(약칭: 「자원재활용법」)입니다(§ 1). 「자원재활용법」은 폐기물관리법의 특별법 지위를 갖습니다. 즉 자원의 절약 및 재활용과 폐기물의 발생억제("자원재활용")에 관하여 이 법에 규정되지 아니한 사항에 관하여는 「순환경제사회 전환 촉진법」과 「폐기물관리법」이 보충적으로 적용됩니다(§ 3).

---

215) 헌법재판소 2010.7.29 선고 2009헌가18 결정.

3.2. 자원의 절약과 재활용 촉진

3.2.1. 자원의 절약

「자원재활용법」은 정부에 자원절약 및 재활용촉진 임무를 부여하고 있습니다. 이에 따라 정부는 정부는 생산자나 소비자에게 자원을 절약하고 폐기물의 발생을 억제하며 폐기물의 재활용을 위하여 필요한 사항을 권고하거나 지도할 수 있고(§8①), 주무부장관은 자원의 절약과 폐기물의 발생 억제를 위한 장치·기술의 보급을 확대하기 위하여 관계 행정기관의 장에게 협조를 요청할 수 있습니다(§8②). 이것은 자원절약과 폐기물발생억제를 위한 행정지도의 명시적 근거가 됩니다.

3.2.2. 포장폐기물의 발생억제 및 포장재 재활용촉진

(1) 포장폐기물의 발생 억제

법은 제9조에서 포장폐기물의 발생 억제를 위한 준수사항을 정하고 있습니다. 이에 따르면, 대통령령이 정하는 제품을 제조·수입 또는 판매하는 자("제조자 등")는 포장폐기물의 발생을 억제하고 재활용을 촉진하기 위하여 다음 사항을 지켜야 합니다(§9①).

1. 포장재질·포장방법(포장공간비율 및 포장횟수)에 관한 기준
2. 합성수지재질(생분해성수지제품은 제외)로 된 포장재의 연차별 줄이기에 관한 기준

제품의 포장재질·포장방법에 관한 기준 및 합성수지재질로 된 포장재의 연차별 줄이기 목표 등 구체적인 기준은 환경부장관이 주무부장관과 협의하여 환경부령으로 정하도록 되어 있는데(§9②), 이에 따라 환경부령 「제품의 포장재질·포장방법에 관한 기준 등에 관한 규칙」(약칭: 「제품포장규칙」)이 시행되고 있습니다.

특별자치시장·특별자치도지사·시장·군수 또는 구청장(자치구)은 환경부장관이 고시한 간이측정방법에 따라 측정하여 위 기준을 위반한 것으로 인정되는 제조자 등에게 전문기관으로부터 제품의 포장방법과 포장재의 재질에 관한 검사를 받도록 명할 수 있습니다(§9③). 환경부장관은 제조자 등에게 환경부령이 정하는 바에 따라 포장방법 및 포장재의 재질을 포장의 겉면에 표시하도록 권

장하고(§9④), 포장재 재활용이 쉽도록 재질·구조 및 재활용의 용이성 등에 관한 기준을 정하여 고시하며, 포장재 재활용의무생산자는 그 기준을 준수해야 합니다(§9의2). 법은 환경부장관이 포장재 재질·구조 및 재활용의 용이성에 대한 평가, 즉 "포장재 재질·구조 평가" 기준을 마련하도록 하는 한편(§9의3 ①), 포장재 재질·구조 평가제와 표시의무에 관한 규정을 두고 있습니다(§9의3 ②, ③).

환경부장관은 제9조의2의 기준을 위반한 포장재를 제조·수입하거나 이를 이용한 제품을 판매하는 포장재 재활용의무생산자에게 환경부령으로 정하는 바에 따라 1년 이내의 범위에서 기간을 정하여 재질·구조 및 재활용 용이성 등에 관한 기준을 충족하도록 하는 데 필요한 조치를 취하라는 개선명령을 할 수 있습니다(§9의4 ①). 위 개선명령을 이행하지 않을 경우, 환경부장관은 해당 포장재·제품의 제조·수입 및 판매의 중단을 명하거나 중단명령을 갈음하여 해당 포장재·제품의 제조·수입 및 판매가 불가피하다고 인정하는 경우 대통령령으로 정하는 바에 따라 제조·수입 및 판매의 중단에 갈음하여 10억원 이하의 과징금을 부과할 수 있습니다(제9조의 5).

> **< 포장재 사용의 실태 >**
>
> 코로나바이러스 팬데믹으로 배달영업이 확산·일상화됨에 따라 포장재 사용도 급증하여 환경정책현안으로 떠오르고 있습니다. 포장재를 만드는 플라스틱이 막 써도 될 만큼 싸다는 등 여러 가지 이유로 환경부가 정한 기준('제품포장규칙')은 이를 어겨도 단속이나 제재를 받지 않아 사실상 무용지물이 되고 있고, 후술하는 재활용부과금 역시 터무니없이 적어 포장재 과다 사용을 억제하는 데 실효를 거두지 못한다는 지적을 받고 있습니다.[216]

(2) 1회용품 사용억제 등

'인스턴트 식품', '패스트푸드'의 용기나 포장은 물론 각종 소비제품의 생산, 판매, 사용 과정에서 1회용품[217] 사용이 늘어남에 따라 환경에 대한 부담뿐

---

216) 한국일보 2021.3.17자 기사 "초콜릿 여섯 알에 포장쓰레기 14개가 나왔다"(https://www.hankookilbo.com/News/Read/A2021031115590004187), "페트병 하나에 19원… 플라스틱, 왜 이렇게 싼 걸까요?"(https://www.hankookilbo.com/News/Read/A2021031214500001945) 참조.

217) "1회용품"은 같은 용도에 다시 사용하는 것을 고려하지 않고 한번 사용하도록 고안된 제품으로서 대통령령이 정하는 제품을 뜻합니다(§2 10호).

만 아니라 쓰레기증가, 자원낭비, 환경호르몬 피해 등 여러 가지 폐해가 발생하고 있습니다. 이러한 폐해를 막기 위해 1회용품 사용억제 조항이 만들어졌습니다.

특히 2019년 이래 코로나바이러스 팬데믹으로 1회용품 사용이 급증하고 특히 대형가맹점(프랜차이즈) 매장에서 일회용 컵 사용량도 늘어나는 등 플라스틱 폐기물이 급증함에 따라 일회용품 감량의 필요성이 커지게 되었습니다.[218] 이에 따라 「자원재활용법」 시행규칙이 개정되어(2021.12.31) 2022년 11월 24일부터 '일회용품 사용 줄이기'가 확대 시행되고 있습니다. 이번 일회용품 감량은 2019년 대형매장에서 비닐봉투 사용이 금지된 이후 첫 번째 확대 조치로, 1회용품의 사용억제 대상 사업자에 제과접업·종합소매업을 운영하는 사업자를 추가하여 중소형 매장에서도 비닐봉투 사용을 금지하고, 식품접객업·집단급식소 내 1회용 종이컵·플라스틱 빨대, 1회용 플라스틱 젓는 막대의 사용 등을 억제대상 품목에 추가하는 등 그 내용이 강화되었습니다. 주요 내용은 다음과 같습니다.
– 종이컵·플라스틱빨대·젓는막대(식품접객업, 집단급식소 매장 내, 사용금지)
– 비닐봉투(종합소매업 등, 유상판매→사용금지)
– 일회용 플라스틱 응원용품(체육시설, 사용금지)
– 우산비닐(대규모 점포, 사용금지)

집단급식소, 식품접객업,[219] 목욕장업, 대규모점포, 체육시설, 그 밖에 1회용품의 사용을 억제할 필요가 있어 대통령령으로 정하는 시설 또는 업종을 경영하는 사업자는 1회용품의 사용을 억제하고 무상제공을 하지 않아야 합니다(§ 10 ① 본문). 다만, 1회용품이 생분해성수지제품인 경우에는 무상제공이 허용됩니다(§ 10 ① 단서).

법은 그 밖에도 다음 어느 하나에 해당하는 경우에는 1회용품을 사용하거나 무상으로 제공할 수 있도록 하여 법적용의 예외를 인정합니다.

1. 집단급식소나 식품접객업소 외의 장소에서 소비할 목적으로 고객에게 음식물을 제공·판매·배달하는 경우
2. 자동판매기를 통하여 음식물을 판매하는 경우
3. 상례에 참석한 조문객에게 음식물을 제공하는 경우(대통령령으로 정하는 바에 따라 조리시설 및 세척시설이 갖추어져 있는 곳에서 음식물을 제공하는 경우는 제외)

---

218) 환경부에 따르면 생활계 폐플라스틱의 발생량은 418만톤('19년) → 492만톤('21년, 잠정)으로, 자발적협약 참여 14개 카페·4개 패스트푸드점 일회용컵 사용량은 연간 약 7억8천만 개 ('17-'19 평균) → 약 10억 2천만 개 ('21년)로 늘어났다고 합니다.
219) 일반음식점, 휴게음식점, 제과점, 유흥주점, 단란주점, 위탁급식 등을 말합니다.

4. 그 밖에 대통령령으로 정하는 경우

(3) 빈용기·1회용 컵의 자원순환 촉진: 자원순환보증금제

법은 용기·1회용 컵("용기등")의 회수, 재사용이나 재활용 등을 촉진하기 위하여 자원순환보증금제도를 도입하였습니다. 자원순환보증금제도란 용기·1회용 컵의 제품가격에 별도의 보증금을 붙여 판매한 후 소비자가 빈용기를 반환할 때 이를 환불해 주도록 하여 용기등의 재사용 및 원가절감을 도모하기 위한 제도를 말합니다.

'자원순환보증금'은 출고, 수입 또는 판매가격과는 별도로 일정한 금액을 제품가격에 포함시키는 방식으로 부과됩니다(§ 15의2 ① 본문). 자원순환보증금이 가격에 포함된 제품을 제조·수입하는 자와 판매자, 즉 "보증금대상사업자"는 용기등을 반환하는 자에게 자원순환보증금을 돌려주어야 합니다(§ 15의2 ③ 제1문). 이 경우 자원순환보증금액은 용기등의 제조원가, 자원의 순환이용 등을 고려하여 환경부령으로 정하도록 되어 있습니다(§ 15의2 ③ 제2문).

보증금대상사업자는 자원순환보증금이 가격에 포함된 제품 용기등의 회수, 선별, 보관, 재활용 등에 소요되는 취급수수료와 처리지원금을 지급해야 하며, 해당 비용을 산정할 때에는 물가변동 등 경제적인 여건을 고려해야 합니다(§ 15의2 ④).

보증금대상사업자는 환경부장관 고시에 따라 자원순환보증금이 포함된 제품의 용기등에 자원순환보증금 환불문구 및 재사용 또는 재활용 표시를 해야 합니다(§ 15의2 ⑥). 빈용기보증금 잔액(미반환보증금)의 사용은 용기등의 회수율 향상을 위한 홍보, 용기등의 보관, 수집소 설치 및 회수용 박스 제작 등의 용도로 제한됩니다(§ 15의3). 또한 법은 소매업자 등이 제15조의2 제3항을 위반하여 자원순환보증금을 돌려주지 않으면 이를 신고한 사람에게 보상을 할 수 있도록 하는 신고보상제를 채택하여 제도의 실효성을 뒷받침하고 있습니다(§ 15의4).

2022년 자원순환보증금(빈용기) 회수율은 96.4%로 보증금 인상 이전인 2015년(90.7%) 대비 5.7%p 증가한 것으로 집계되고 있습니다.

< 전체 빈용기 회수율 >

구 분	2018	2019	2020	2021	2022
전체 회수율	98.5%	98.5%	97.9%	97.6%	96.4%

* 출고량 및 회수량 정산 등에 따라 변경될 수 있음

출처: 환경백서 2022, 178, 표 2-1-1-99

빈용기회수율은 보증금의 수준에 영향을 받습니다. 1994년부터 보증금이 동결되어 소비자 반환이 낮아지는 문제점을 해결하기 위하여 2017년 1월 1일부터 보증금액이 인상되었습니다. 보증금 인상 이후 소비자의 관심이 높아져 소비자가 직접 소매점을 통해 반환하는 비율이 제도 개선 이전 24%('14년)에서 2022년 63.8%로 증가하였습니다.[220]

<일회용 컵 보증금제 시행 실태 >

2002년부터 커피전문점 등과 자발적 협약을 맺어, 음료를 주문할 때 1회용컵에 일정 금액의 보증금을 부과하고, 컵을 반납하면 보증금을 돌려주는 1회용컵 보증금제를 추진하였으나, 제도의 법적 근거가 미흡하고 재원 관리가 어려워 1회용컵 보증금 제도를 폐지하였습니다('08.3.20.). 1회용 컵 회수율은 2009년도 37%에서 2018년도에는 5%로 낮아져, 재활용이 가능한 컵이 길거리 쓰레기로 방치되고 있는 문제를 해결하기 위해 2022년 12월 2일부터 1회용컵의 감량과 사용된 컵의 회수 및 재활용을 촉진하기 위하여 1회용컵 보증금제가 다시 시행되었습니다. 제도 초기에는 1회용컵의 감량과 보증금제의 연계를 위해 지역적 여건을 갖춘 선도지역인 세종특별자치시, 제주특별자치도에서 우선 시행하게 되었지만, 시행성과가 미미한 실정입니다. 환경부는 2023년에는 일회용컵을 반환하는 소비자 등에게 탄소중립포인트(건당 200원)를 제공하고, 매장외 반납처를 현재 93개에서 160개 이상으로 확대하는 등 제도시행을 강화하겠다고 했지만(환경백서 2022, 838), 감사원은 최근 일회용 컵 보증금 제도가 전면 시행되지 않는 데 환경부 책임이 있다며, 전국적으로 확대할 방안을 마련하라고 통보했습니다. 감사원은 환경단체인 녹색연합의 청구로 2022년 10월부터 진행한 '일회용 컵 보증금제도 시행유예' 관련 공익감사결과 보고서를 2023년 8월 2일 공개했습니다. 감사결과보고서에 따르면, 국회는 2020년 5월 일회용 컵 보증금 제도 도입에 관한 자원재활용법 개정안을 의결했고 일회용 컵 보증금 제도를 공포 2년 뒤인 지난해 6월 10일부터 시행하도록 했으나, 환경부는 관련 고시를 제정하지 않다가 제도 시행을 한 달 남긴 지난해 5월, 일회용 컵을 많이 사용하는 카페 가맹점 등의 반발을 이유로 같은 해 12월까지 시행을 유예했습니다. 감사원은 2022년 9월 기준, 전국 3만여 개의 보증금 제도 대상 사업자 가운데 제주와 세종에 있는 587개 매장, 비율로 따지면 2%만 이 제도를 시행하고 있다고 지적하면서, "법령 개정 취지에 맞게 일회용 컵 보증금 제도를 전국적으로 확대 시행하는 방안을 마련하라"고 환경부에 통보했습니다.

---

220) 환경백서 2022, 178.

(4) 제조업자등의 포장재 재활용의무

법은 제16조 제1항에서 "재활용의무생산자", 즉 생산단계·유통단계에서 재질·구조 또는 회수체계의 개선 등을 통하여 회수·재활용을 촉진할 수 있거나 사용 후 발생되는 폐기물의 양이 많은 제품·포장재 중 대통령령으로 정하는 제품·포장재의 제조업자나 수입업자(포장재는 포장재를 이용한 제품의 판매업자를 포함)에게 제조·수입하거나 판매한 제품·포장재로 인하여 발생한 폐기물을 회수하여 재활용할 의무를 부과하고 있습니다.

3.2.3. 개발사업의 자원순환성 고려

법은 정부에 '개발사업'(「도시개발법」 제2조 제1항 제2호에 따른 도시개발사업 등 대통령령으로 정하는 사업)의 시행자가 그 사업 시행에 앞서 다음과 같은 사항을 고려하여 자원순환 촉진에 필요한 대책을 강구할 의무를 부과하고 있습니다(§ 11 ①).

1. 개발사업의 계획수립과 설계 시 자원순환이 쉬운 구조와 자재(資材)의 선택
2. 개발사업 시행시 순환골재의 사용
3. 개발사업으로 발생하는 폐기물의 재활용 및 적절한 처리

특별자치시장·특별자치도지사·시장·군수 또는 구청장은 폐기물 발생 억제를 위하여 공동주택이나 숙박시설을 건설하는 사업자에게 붙박이장 등 수납공간이나 붙박이식 집기 또는 비품 등을 설치하도록 권장할 수 있습니다(§ 11 ②).

3.2.4. 폐기물부담금제도

(1) 의 의

폐기물부담금제는 폐기물 발생을 억제하고 자원 낭비를 방지하기 위하여 특정대기유해물질, 특정수질유해물질 및 유독물을 함유하거나, 재활용이 어렵고 폐기물관리상 문제를 초래할 가능성이 있는 제품·재료·용기의 제조업자 또는 수입업자에게 그 폐기물 처리 비용을 부담시키는 원인자부담원칙에 따른 제도입니다. 환경비용을 제품에 내재화함으로써 시장기능을 통해 폐기물배출을 억제하기 위한 것으로, 1993년 「자원의 절약과 재활용촉진에 관한 법」 제12조에서 도입되었습니다. 2020년 1월부터 살충제(유리병, 플라스틱용기), 유독물제품용기(금속캔, 유리병, 플라스틱용기), 부동액, 껌, 1회용 기저귀, 담배(전자담배 포함), 플

라스틱제품 등 6개 품목에 부과되고 있습니다. 2022년 1월부터는 플라스틱의 일종인 고흡수성수지(高吸收性樹脂, Super Absorbent Polymer)가 냉매로 들어있는 아이스팩이 신규 부과대상 품목으로 추가되었습니다. 징수된 부담금은 환경개선특별회계에 귀속되어, 폐기물 처리시설 설치와 재활용을 위한 사업 지원 등에 사용됩니다. 징수실적은 아래와 같습니다.

(단위:백만원)

< 폐기물부담금 징수 실적 > [221]

연도	2011	2012	2013	2014	2015	2016	2017	2018	2019	2020	2021	2022
징수액	86,995	94,485	114,500	141,670	136,240	185,085	191,374	182,734	196,350	199,399	204,426	209,889
부과액	89,385	97,886	117,442	136,309	139,540	188,817	195,194	186,693	200,197	195,147	209,048	215,118

징수율은 상당히 높게 나타납니다. 실례로 2022년 기준 폐기물부담금 부과 총액 2,151억원 중 2,099억원이 징수되어 97.6%의 높은 징수율을 보였습니다.[222]

2008년부터는 폐플라스틱의 재활용을 촉진하기 위해 환경부장관과 폐플라스틱 재활용을 위한 자발적 협약을 체결하여 협약에서 정한 해당 플라스틱 폐기물의 재활용률을 달성한 사업자에 대하여 폐기물부담금을 면제하고 있는데, 2020년의 협약 운영성과에 따르면, 재활용량은 총 32,8만 톤, 약 2,275억원의 경제적 편익을 창출한 것으로 분석되었습니다. 또한 매립 또는 소각 등으로 처리될 경우 발생할 수 있는 온실가스(CO_2) 약 39.5만 톤을 감축한 것으로 추정되었습니다.[223]

(2) 부담금의 부과 등

환경부장관은 폐기물 발생을 억제하고 자원 낭비를 막기 위하여 「대기환경보전법」 제2조 제9호에 따른 특정대기유해물질, 「물환경보전법」 제2조 제8호에 따른 특정수질유해물질, 「화학물질관리법」 제2조 제2호에 따른 유독물질 어느 하나가 들어 있거나 재활용이 어렵고 폐기물 관리상 문제를 초래할 가능성

---

221) 환경백서 2022, 177 표 2-1-1-98.
222) 환경백서 2022, 177.
223) 환경백서 2021, 219.

이 있는 제품·재료·용기 중 대통령령으로 정하는 제품·재료·용기의 제조업자(주문자 상표를 붙이는 방식으로 제조한 제품·재료·용기의 경우에는 그 주문자) 또는 수입업자에게 그 폐기물의 처리에 드는 비용을 매년 부과·징수합니다(§ 12 ①). 그러나 일정한 경우 폐기물 처리 비용을 면제합니다. 이 경우 제조업자 또는 수입업자가 제12조 제2항 각호의 사항을 환경부령으로 정하는 바에 따라 입증해야 합니다(§ 12 ②).

< 정책 엇박자와 신뢰의 대가 >

2021년 5월 25일 「자원재활용법시행령」이 개정되어 고흡수성수지가 냉매(冷媒)로 들어 있는 아이스팩이 폐기물부담금 부과대상으로 추가되었습니다. 고흡수성수지는 단위 체적의 50-1천 배의 물을 흡수하는 플라스틱으로, 수분이 많아 소각이 어렵고 매립시 자연분해에 500년 이상이 소요돼 환경을 오염시킨다는 지적을 받아왔습니다. 시행령 개정은 이처럼 '재활용이 어렵고 폐기물관리상 문제를 초래할 가능성이 있는' 고흡수성수지 냉매의 사용을 억제하고, 이를 대체할 환경친화적 냉매 사용을 촉진하려는 취지에 따른 것이었지요. 폐기물부담금 부과로 고흡수성수지 아이스팩의 판매단가가 개당 105원에서 199원으로 인상됨에 따라 상대적으로 가격경쟁에서 유리해지는 친환경 아이스팩(개당 128원)의 생산과 소비가 활성화되리라는 게 환경부의 정책적 기대였습니다. 하지만 이러한 기대는 무산될 처지에 봉착했습니다. 개정 시행령은 2022년도 출고·수입 제품부터 적용되어 실제 폐기물부담금은 2023년 4월부터 부과될 예정이었지만, 시작도 하기 전에 정책이 무용지물로 전락했다는 지적을 받습니다. 2022년 10월 18알 「중소기업창업지원법」이 개정되어 당초 일몰 예정이었던 제조업 창업기업에 대해 폐기물부담금을 포함한 각종 부담금을 면제해주는 제도가 2027년 8월 2일까지 5년 연장되었기 때문입니다. 그 결과 정책 사각지대가 생겼습니다. 사업 기간이 7년 이내인 업체는 물론, 7년 이상 된 업체들도 사업체를 신설하는 등의 방법으로 폐기물부담금을 물지 않고 단가가 저렴한 고흡수성수지 아이스팩을 만들어 팔거나, 아예 창업 7년 이내 업체로부터 아이스팩을 사들여 되파는 등 업체들이 편법으로 폐기물부담금을 면하면서 단가가 저렴한 고흡수성수지 아이스팩 생산·판매에 나설 수 있다는 우려가 제기되었습니다. 지난 2년여간 친환경정책에 힘입어 고흡수성수지 아이스팩 비중이 눈에 띄게 줄었는데, 부처간 정책이 혼선을 빚으면서 그동안의 노력이 물거품이 될 위기에 놓였다는 힐난을 면치 못하게 되었습니다. 환경부만의 잘못은 아니겠지만, 부처 간 정책 엇박자로 환경부 정책을 믿고 친환경 제품 개발에 앞장섰던 중소기업들이 피해를 보게 생겼습니다. '환경부의 정책을 믿고 열심히 친환경냉매를 사용한 아이스팩을 개발했는데 중소기업창업 지원법 개정으로 시설투자비, 연구개발비는 물론, 사업 영위 의지도 꺾인 상태'라는 원성이 남의 일 같지 않게 들립니다.[224]

---

224) '안 썩는' 아이스팩 폐기물 부담금 '무용지물?' 연합뉴스, 2023년 1월 17일자 기사.

환경부장관은 폐기물부담금을 내야 하는 자가 납부기한까지 납부하지 않으면 30일 이상의 기간을 정하여 납부를 독촉해야 하며(§ 12 ④ 제1문), 체납된 폐기물부담금에 대하여는 가산금을 부과합니다(§ 12 ④ 제2문). 독촉을 받고 그 기간까지 폐기물부담금 또는 가산금을 납부하지 아니한 때에는 국세체납처분의 예에 따라 징수합니다(§ 12 ⑤).

폐기물부담금과 가산금은 환경개선특별회계의 세입으로 합니다(§ 12 ⑥). 폐기물부담금의 용도는 법 제20조에서 재활용부과금 용도와 함께 제한됩니다.

3.2.5. 재활용부과금

(1) 제도의 취지

재활용부과금은 재활용의무생산자가 재활용의무량을 달성하지 못했을 경우 부과됩니다. 법은 재활용이 가능한 제품·포장재의 제조업자·수입업자 및 판매업자에게 그 폐기물의 재활용의무를 부과하여 폐기물을 재활용하거나(법 § 16) 재활용사업공제조합을 설립하여 그 의무를 이행하도록 했습니다(법 § 27). 재활용의무의 이행 확보를 위하여 품목별로 실제 재활용에 드는 비용의 130% 이하 금액으로 재활용 미이행률에 따라 차등 부과되며, 매년 물가상승률과 연동하여 조정됩니다. 이와 함께, 생산자가 재활용량을 목표량 이상 초과 달성한 경우 초과 실적량을 2년간 의무이행실적으로 사용(Banking)할 수 있도록 하여, 경제여건 변동에 따라 발생 가능한 생산자의 부담을 최대한 완화할 수 있도록 고려하였습니다.[225]

법은 종래 제18조 내지 제20조에서 폐기물회수·처리비용예치제도[226]와 폐기물처리부담금제도를 규율했었습니다. 폐기물부담금제도는 재활용촉진법 제12조에 승계되어 시행되었지만, 폐기물예치금제도는 2002년 초 법개정으로 폐지되고 그 대신 2003년 1월부터 생산자책임 재활용제도(EPR: Extended Producer

---

225) 환경백서 2022, 172.

226) 이것은 다량으로 발생하는 제품 용기 중 사용한 후 회수·재활용이 용이한 제품용기의 제조·수입업자에게 회수·처리비용을 미리 예치하게 하고, 회수·처리실적에 따라 예치비용을 반환해 줌으로써 폐기물발생의 억제·감량화, 폐기물 재활용의 촉진, 폐기물관리에 따르는 사회적 비용의 절감, 폐기물의 자원화 등을 달성하려는 제도로서(환경처, 「환경백서」 1994, 170), 1992년 1월 1일 폐기물관리법에서 음·식료류 등의 용기, 살충제 부탄가스용기, 유독물용기 등 7개 품목 17종을 대상으로 최초로 도입되었습니다.

Responsibility)가 도입되었습니다. 생산자책임 재활용제도란 제품의 생산자들을 제품의 설계, 제조, 유통·소비 및 폐기 전 과정에 걸쳐 환경친화적인 경제활동으로 유도하여 폐기물의 감량(Reduction), 재이용(Reuse), 재활용(Recycling)을 촉진하고 '자원순환형 경제·사회체계'를 도모하려는 제도입니다.[227]

> 2003년부터 EPR제도가 본격 시행됨에 따라 EPR 대상품목의 재활용량은 2021년 1,958,032톤으로 2002년 938,000톤에 비해 약 109% 증가하는 등 재활용산업이 양적으로는 성장했지만, 회수율 저조 및 재활용실적 허위 제출 등 문제점이 있었습니다. 이를 개선·보완하기 위해 자원재활용법을 개정('13.5.22.)하였고, 배출 및 회수경로가 동일한 생활계 포장재의 경우 재질별로 설립되어 있던 공제조합을 공익법인 형태의 하나의 공제조합으로 통합함으로써 공제조합의 효율성 및 공적 기능을 강화하였습니다. 2016년 2월에는 농·수산계 폐기물의 배출 및 회수특성 등을 감안하여 별도의 공제조합을 설립하도록 하였습니다. 2022년 12월말 기준 15개의 재활용사업공제조합이 결성되어 환경부로부터 인가를 받고 운영 중입니다.[228]

(2) 재활용부과금의 징수 등

환경부장관은 재활용의무생산자가 제16조에 따른 의무를 이행하지 않거나 제27조에 따른 재활용사업공제조합이 조합원의 재활용의무를 대행하지 않는 경우, 재활용의무량 중 재활용되지 않은 폐기물 재활용에 드는 비용에 그 100분의 30 이하의 금액을 더한 금액을 "재활용부과금"으로 부과하여 징수합니다(§ 19 ①).

(3) 재활용부과금의 용도

재활용부과금의 사용은 폐기물부담금과 함께 폐기물의 재활용을 위한 사업 및 폐기물처리시설의 설치 지원, 폐기물의 효율적 재활용과 폐기물 줄이기를 위한 연구 및 기술개발, 지방자치단체에 대한 폐기물의 회수·재활용 및 처리 지원, 징수비용 교부 등 제20조에 열거된 용도로 제한되어 있습니다.

3.2.6. 재활용가능자원의 분리수거 및 자원의 순환 촉진

법은 재활용가능자원의 효율적인 활용을 위하여 환경부장관으로 하여금 폐

---

227) 환경백서 2021, 212.
228) 환경백서 2022, 172.

기물의 발생량 및 재활용 여건을 고려하여 재활용가능자원의 분리수거를 위한 분류·보관·수거 등에 관한 지침을 정할 수 있도록 하는 한편(§ 13 ①), 특별시장·광역시장·특별자치시장·도지사는 관할 지방자치단체의 분리수거가 효율적으로 이루어질 수 있도록 지원하고, 환경부장관이 정하는 지침에 따라 매년 재활용가능자원의 발생량과 분리수거량 등을 조사·공표하도록 했습니다(§ 13 ②).

3.2.7. 제조업자 등의 재활용의무

법은 제16조에서 "재활용의무생산자"에게 재활용의무를 부과하고 있습니다. 생산·유통단계에서 재질·구조 또는 회수체계의 개선 등을 통하여 회수·재활용을 촉진할 수 있거나 사용 후 발생되는 폐기물 양이 많은 제품·포장재 중 대통령령이 정하는 제품·포장재의 제조업자 또는 수입업자(포장재는 포장재를 이용한 제품의 판매업자 포함)는 제조·수입하거나 판매한 제품·포장재로 인해 발생한 폐기물을 회수, 재활용해야 합니다(§ 16 ①).

3.3. 자원의 절약과 재활용촉진을 위한 기반 조성

법은 제4장에서 자원절약과 재활용촉진을 위한 기반 조성을 위하여 재활용산업 육성 자금 등 지원(§ 31), 재활용제품 규격·품질기준(§ 33), 재활용단지 조성·지원(§§ 34, 34의 2, 34의 3), 공공재활용기반시설 설치(§ 34의 4), 재활용 촉진을 위한 시설 설치(§ 34의 5), 자원절약과 재활용촉진 평가기준과 지표의 설정·운영(§ 34의 6), 자원의 절약과 재활용촉진 정보의 제공(§ 34의 7), 자발적 협약(§ 34의 8) 등의 정책수단들을 마련하고 있습니다.

<자원재활용의 실태 >

우리나라의 전통적인 문화, 환경관은 자원의 낭비를 죄악으로 여겼고 따라서 자원재활용이 널리 이루어졌습니다. 이러한 환경윤리는 일제가 자행한 자원의 대량수탈로 인해 다소 흔들리기는 했지만, 해방 후 1960년대까지 지속되었습니다. 그러나 전통적인 재활용 사상은 1970년대 이후 정부주도 성장드라이브정책과 함께 진행된 급속한 산업화과정에서 대량소비사회를 경험하며 급격히 퇴색되어 버리고 말았지요. 그리하여 오늘날 우리나라의 자원재활용률은 매우 저조하다는 평가를 면치 못했습니다. 폐자원의 효율적인 수거체계가 마련되지 않았고 재활용가공업이나 재생공장, 고물상 등이 채산성이나 투자의 애로 때문에 취약한 상태에 있었다는 점, 값싼(?) 외국폐자원의 수입으로 인한 국내폐자원

사용의 기피 현상, 자원절약, 재활용 촉진 및 재활용산업 육성을 위한 강력한 국가적 지원 책의 결여, 높은 일회용품 사용율 등이 원인으로 거론됩니다.[229] 자원재활용법이 각종 정책수단들을 마련하고 있지만, 얼마나 실효적으로 또 장기적 전망 하에 실행되고 있는지 냉철히 분석하여 대안을 모색하는 실천적 자세가 요구됩니다.

Ⅶ. 토양환경보전법

1. 토양환경의 중요성과 토양오염에 대한 법적 대응

1.1. 토양환경의 중요성

토양은 공기·물과 더불어 사람뿐만 아니라 동·식물 그 밖의 생명체의 생존 기반이 되는 필수불가결한 환경요소입니다. 토양은 숲이나 농업경작의 터전이 되고 동·식물의 서식처가 될 뿐만 아니라 식량과 사료 그리고 목재와 같은 자연원자재의 생산기반이 됩니다. 또한 지하수와 지표 및 지표면에 가까운 함수다공층을 통해 농업에도 결정적 영향을 미치고, 자연적 원천이나 인간활동에서 발생하는 용해·잔류된 물질을 완충시켜주는 여과·완충 및 변환기능을 수행합니다. 나아가 토양은 기후에 영향을 주고 주거 및 영업활동을 위한 대지를 제공하며, 휴양·오락을 위한 장소를 제공해 줍니다.

토양이 수행하는 환경적 기능으로는 홍수방지, 수원함양, 수질정화, 토사붕괴 방지, 토양표면 침식방지, 지반침하 방지, 오염물질 정화, 지표온도·습도 변화의 완화, 토양생물상 보호, 식생보호 등을 들 수 있습니다. 특히 중요한 생태적 기능은 환경을 유지·보존하는 물질순환기능과 유해물질의 혼입에 대한 여과·완충기능(Filter·Puffer), 양분 저장기능(Speicher), 자연적 생산기반의 제공기능, 그리고 자연의 균형 조절기능 등입니다. 최근에는 토양이 가진 탄소격리기능이 기후변화 대응수단으로 주목을 받고 있습니다(Soil Carbon Sequestration Impacts on Global Climate Change).[230]

---

229) 김정욱, "자원의 효율적 재활용 방안에 관하여", 「생태계위기와 한국의 환경문제」, 291 이하.

230) 노광준, "기후변화 맞설 무기는 땅 속에 있다", 오마이뉴스 2021.2.6자 기사, 미국 캘리포니아주에서 지금 일어나고 있는 일", (http://www.ohmynews.com/NWS_Web/View/

그러나 토양이 지닌 또 다른 특성은 인위적 증식이 거의 불가능하고, 한정된 환경용량을 지닌다는 점입니다. 말하자면 토양은 재생가능한 자원이 아닙니다(Böden sind eine kaum erneuerbare Ressource.).[231] 한계용량을 넘어 토양이 오염되면 토양은 생태적 기능들을 상실하고 결국 먹이사슬을 통하여 사람을 포함한 생태계에까지 유해한 영향을 미치는 심각한 결과를 가져옵니다.

1.2. 토양오염에 대한 법적 대응

농업과 산업의 발전에 따라 중금속과 유해화학물질을 포함한 폐기물·폐수·분진 등 토양오염물질의 배출량이 계속 증가하고 폐광의 방치, 농약·화학비료 등의 장기사용 및 사용량 증가 등으로 말미암아 토양에 오염물질이 집적되는 등 토양오염이 악화하고 있습니다. 다음 그림은 토양환경오염의 요인과 경로를 보여줍니다.[232]

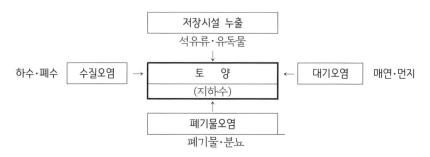

< 토양환경오염의 요인과 경로 >

토양오염은 간접적, 만성적이고, 개선·복원이 어렵다는 특성이 있습니다. 토양오염은 토양생물들을 손상하고 지하수를 오염시켜 결국 인간에게 피해를

at_pg.aspx?CNTN_CD=A0002715 380&PAGE_CD=ET001&BLCK_NO=1&CMPT_CD=T0016)을 참조. 이는 오하이오주립대 라탄 랄 교수의 선구적인 연구(Rattan Lal, et al. 'Soil Carbon Sequestration Impacts on Global Climate Change and Food Security' Science 304: 1623-1627, 2004. 7)에 힘입은 결과입니다.

231) BMU. (2015). Veröffentlicht auf Umwelt im Unterricht: Materialien und Service füur Lehrkräafte -. BMU-Bildungsservice (http://www.umwelt-im-unterricht.de) 08. 01. 2015.

232) 환경부, 토양환경보전업무 편람(1996. 3. 행정간행물등록번호 12000-67630-67-9613).

끼치고(간접적 영향), 장기간 누적되어 피해를 일으킵니다(만성적 영향). 토양은 일단 기능을 상실하면 되돌릴 수 없거나 어느 정도 기능회복이 가능한 경우에도 회복에 매우 긴 시간이 소요되고 토양오염물질의 확산 방지에도 엄청난 비용과 노력이 요구됩니다(개선·복원의 곤란성).[233)

토양오염의 원인 중 가장 주된 것은 역시 유해·유독물질의 혼입과 토지이용에 따른 오염물질의 축적입니다. 산업시설·활동, 생활 등에서 배출되는 각종 중금속, 유·무기화합물 등은 토양에 침투되어 토양생태계의 균형 파괴와 오염물질의 집적을 가속화하는 요인으로 작용합니다. 오염물질 중에도 대기나 수질 오염물질의 경우에는 자연적으로 확산·희석되거나, 자체로 정화·제거되는 경우도 기대할 수 있지만, 토양오염은 인위적 복원작업이 이루어지기 전에는 자연적인 정화나 치유 등을 기대하기 어렵고 국소적 오염상태가 계속 유지되므로 환경에 지속적으로 악영향을 미치게 됩니다.

종래 토양환경의 문제는 물이나 공기에 비하여 상대적으로 소홀히 다루어졌고 또 관심도 뒤늦게 시작되었습니다. 토양오염은 대기나 수질오염과는 달리 그 영향이 서서히 나타나고, 그로 인한 피해도 식량, 사료, 지하수 등을 통하여 간접적으로 발생하기 때문입니다. 그러나 급속한 산업발전과정에서 오염물질 다양화, 오염도 심화, 오염지역 확산 등 더 이상 방치할 수 없는 수준에 이르자 토양오염에 대한 입법적 대응이 불가피해졌습니다. 이러한 배경에서 1995년 1월 5일 「토양환경보전법」이 제정되었습니다.

2. 토양환경보전의 준거법

개별 환경관련법령에서 규정하는 거의 모든 종류의 오염물질들이 토양을 오염시킬 수 있기 때문에 토양환경정책의 대상과 분야도 그만큼 광범위합니다. 토양환경 보전과 토양오염에 영향을 미치는 요인이 다양한 만큼 토양환경보전의 준거법도 다양할 수밖에 없습니다. 다음 표에서 보는 바와 같이 「토양환경보전법」을 위시하여 「대기환경보전법」, 「물환경보전법」, 「폐기물관리법」, 「화학물질관리법」, 「농약관리법」 등 무수히 많은 법들이 있습니다. 그러나 중심적 요소를 이루는 것은 「토양환경보전법」입니다. 그 밖의 토양환경관련 법령들은 모

---

233) http://www.me.go.kr/DEPTDATA/200005/22113309/토양오염특성1.htm.

두 「토양환경보전법」과 일종의 분업체계를 이룹니다. 가령 공기, 물, 폐기물 등을 매개로 간접적으로 토양을 오염시키는 물질에 대해서는 대기환경보전법, 물환경보전법, 폐기물관리법 등이 1차적으로 적용되고, 「토양환경보전법」은 저장시설의 누출 등 직접적으로 토양을 오염시키는 경우와 간접오염의 결과 오염된 토양의 개선에 비중을 두어 규율하고 있습니다. 「토양환경보전법」은 직접오염원 중 석유류 저장시설 등 오염의 개연성이 높은 시설을 토양오염관리대상시설로 등록하여 상시 관리하고 있습니다.

< 오염물질별·매체별 토양환경관련 법령 >

오염유발형태	오염매체별	오염물질	관련법령
직접오염	누출 등	중금속, 석유류, 유독물질 등	토양환경보전법
간접오염	대기	매연, 먼지 등	대기환경보전법
	수질	하수, 폐수 등	물환경보전법
	폐기물	쓰레기, 분뇨 등	폐기물관리법

3. 토양환경보전행정의 조직체계

토양환경보전행정의 조직체계는 다음 그림에서 보는 바와 같이 환경부와 지방환경청, 지방자치단체 등을 중심으로 토양측정망을 유지·관리하고 토양오염관리대상시설을 규제하며 토양보전대책지역을 지정·관리하는 체제로 구성되어 있습니다.[234]

---

234) 환경부, 「토양환경보전업무편람」에 실린 것을 수정하여 작성.

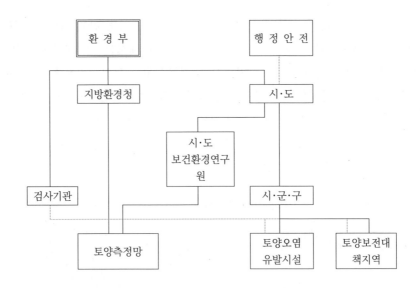

4. 「토양환경보전법」

4.1. 개 요

토양오염으로 인한 국민건강 및 환경상의 위해를 예방하고, 토양생태계의 보전을 위하여 오염된 토양을 정화하는 등 토양을 적정하게 관리·보전함으로써 모든 국민이 건강하고 쾌적한 삶을 누릴 수 있게 함을 목적으로 제정된 「토양환경보전법」은 제1장 총칙(§§ 1-10의10), 제2장 토양오염의 규제(§§ 11-15의7), 제3장 토양보전대책지역의 지정 및 관리(§§ 16-23), 제3장의2 토양관련전문기관 및 토양정화업(§ 23의2-§ 23의14), 제4장 보칙(§§ 24-27), 제5장 벌칙(§§ 28-32), 부칙 등 총 5장으로 구성되어 있습니다.

법은 토양환경의 관리를 오염물질 확산과 심화 등을 방지하는 사전관리와 오염된 토양을 복원하는 사후관리로 구분하고, 오염의 개연성이 높고 환경상 위해가 심한 물질을 상시 취급하는 시설을 토양오염관리대상시설로 지정하여 등록·관리하는 한편, 폐기물 매립지등 비지정 오염원은 토양측정망에 포함시켜 일반 관리하는 등 이원적인 오염원 관리체제를 채택했습니다. 또 오염판단의 기준을 토양오염대책기준과 토양오염우려기준으로 구분하되, 대상지역은 농경지와 공장·산업지역으로 구분합니다. 오염토양 개선사업은 오염원인자 부담으로 시행하고 오염피해에 대한 무과실책임원칙을 채택하고 있습니다.

한편 「토양환경보전법」은 방사성물질에 의한 토양오염 및 그 방지에 관하여는 적용이 없습니다(§3①). 오염된 농지를 농지법 제21조에 따른 토양 개량사업으로 정화하는 경우에는 제15조의3 및 제15조의6의 적용이 배제됩니다(§3②).

4.2. 토양환경보전을 위한 기본적 시책

4.2.1. 토양보전기본계획의 수립등

「토양환경보전법」은 환경부장관에게 토양환경보전의 책무를 부과합니다. 환경부장관은 토양보전을 위하여 10년마다, 관계중앙행정기관의 장과 협의를 거쳐 토양보전에 관한 기본계획을 수립·시행해야 합니다(§4①,②). 법은 광역지방자치단체에도 지역토양보전계획의무를 부과하고 있습니다(§4④).

4.2.2. 토양오염도 측정 및 토양측정망의 설치·운영

(1) 토양오염도 측정과 토양오염실태조사

법 제5조에 의하면 환경부장관은 전국적인 토양오염[235]의 실태를 파악하기 위하여 측정망을 설치하고, 토양오염도를 상시측정해야 하며(§5①), 시·도지사 또는 시장·군수·구청장(자치구의 구청장)은 관할구역 중 토양오염이 우려되는 해당 지역에 대하여 토양오염실태조사를 해야 합니다(§5② 제1문). 시장·군수·구청장은 토양오염실태조사 결과를 시·도지사에게 보고하고, 시·도지사는 자신이 실시한 조사 결과와 시장·군수·구청장이 보고한 조사 결과를 환경부장관에게 보고해야 합니다(§5② 제2문).

시·도지사 또는 시장·군수·구청장이 토양오염실태조사를 할 때에는 공장·산업지역, 폐금속광산, 폐기물매립지역, 사격장 및 폐받침목 사용지역 주변 등 토양오염의 가능성이 큰 장소를 선정하여 조사해야 합니다(시행규칙§3①).

(2) 측정망설치계획의 결정·고시

환경부장관은 제5조 제1항에 따른 측정망의 위치·구역 등을 구체적으로

---

235) 여기서 토양오염이란 사업활동이나 그 밖의 사람의 활동에 따라 토양이 오염되는 것으로서 사람의 건강·재산이나 환경에 피해를 주는 상태를 말합니다(§2 i).

밝힌 측정망설치계획을 결정하여 고시하고, 누구든지 그 도면을 열람할 수 있게 해야 합니다(§6① 제1문). 측정망설치계획을 변경한 때에도 마찬가지입니다(§6① 제2문).

(3) 토양정밀조사

환경부장관, 시·도지사 또는 시장·군수·구청장은 토양보전을 위하여 필요하다고 인정하는 경우에는 상시측정, 토양오염실태조사의 결과 우려기준을 넘는 지역, 토양오염사고 발생 지역, 폐광산 주변지역, 폐기물처리시설 중 매립시설과 주변지역 등 제5조 제4항 각호에 열거된 지역으로서 환경부장관, 시·도지사 또는 시장·군수·구청장이 우려기준을 넘을 가능성이 크다고 인정하는 지역에 대한 토양정밀조사를 실시할 수 있습니다(§5④).

"토양정밀조사"란 제4조의2에 따른 우려기준을 넘거나 넘을 가능성이 크다고 판단되는 지역에 대하여 오염물질의 종류, 오염의 정도 및 범위 등을 환경부령으로 정하는 바에 따라 조사하는 것을 말합니다(§2 6호). 토양정밀조사는 토양오염이 발생한 장소와 그 주변지역의 토지이용 용도, 오염물질의 종류·특성 및 오염물질의 확산 가능성 등을 감안하여 가장 적합한 방법에 의하여 조사해야 하며, 구체적인 토양정밀조사 방법은 환경부장관이 정하여 고시합니다(시행규칙§1의4).

한편 법은 토양오염도조사의 투명성을 확보하기 위하여 상시측정·토양오염실태조사 및 토양정밀조사의 결과는 이를 공개하도록 의무화하고 있습니다(§5⑤).

(4) 표토의 침식 현황 조사

환경부장관은 표토(表土)의 침식으로 인한 토양환경의 실태를 파악하기 위하여 수도법에 따른 상수원보호구역, 4대강수계법에 따른 수변구역에 대하여 표토의 침식 현황 및 정도에 대한 조사를 할 수 있습니다(§6의2①). 그리고 조사결과 표토의 침식 정도가 환경부령으로 정하는 기준을 초과하면 대책을 수립하여 시행해야 합니다(§6의2②).

(5) 국유재산 등에 대한 토양정화

환경부장관은 다음 어느 하나에 해당하는 경우 토양오염의 확산을 방지하기 위하여 토양정밀조사를 한 후 토양정화를 할 수 있습니다. 이 경우 이미 토양정밀조사가 실시되었을 경우에는 토양정밀조사를 생략할 수 있습니다(§ 6의3 ①).

1. 「국유재산법」제2조 제1호에 따른 국유재산으로 인하여 우려기준을 넘는 토양오염이 발생하여 토양정화가 필요한 경우로서 국가가 제10조의4에 따른 정화책임자인 경우
2. 제15조 제3항 단서에 따라 토양정화를 하는 경우로서 긴급한 토양정화가 필요하다고 시·도지사 또는 시장·군수·구청장이 요청하는 경우
3. 제19조 제3항에 따라 오염토양 개선사업을 하는 경우로서 긴급한 토양정화가 필요하다고 특별자치도지사·시장·군수·구청장이 요청하는 경우

환경부장관은 토양정화를 하려는 경우 관계행정기관, 지방자치단체, 정화책임자와의 사전협의, 토양정화비용의 부담과 구상, 토양정화계획의 수립, 고시에 관해서는 법 제6조의3에서 정하는 바에 따릅니다.

(6) 토지등의 수용 및 사용, 손실보상 등

환경부장관, 시·도지사 또는 시장·군수·구청장은 상시측정, 토양오염실태조사, 토양정밀조사, 국유재산 토양정화 등 법 제7조 제1항 각 호에 해당하는 사업을 위하여 필요한 경우 해당 지역 또는 구역의 토지·건축물이나 그 토지에 정착된 물건을 수용(제2호 및 제4호에만 적용) 또는 사용할 수 있습니다(§ 7 ①).

제6조의3 제3항에 따라 환경부장관이 토양정화계획을 고시한 때에는 「공익사업을 위한 토지 등의 취득 및 보상에 관한 법률」제20조 제1항 및 제22조에 따른 사업인정 및 사업인정의 고시가 있은 것으로 보며, 재결신청은 같은 법 제23조 제1항 및 제28조 제1항에도 불구하고 토양정화계획에서 정하는 토양정화 기간 내에 할 수 있습니다(§ 7 ②). 수용 또는 사용 절차·손실보상 등에 관하여는 이 법에 특별한 규정이 있는 경우 외에는 「공익사업을 위한 토지 등의 취득 및 보상에 관한 법률」에서 정하는 바에 따릅니다(§ 7 ③).

4.2.3. 토양환경평가

토양환경평가제도는 2001년 3월 28일의 개정법률에서 도입되었습니다.

토양오염관리대상시설, 공장 등이 설치된 부지를 양도·양수하는 경우 부지의 토양오염을 사전에 조사하여 토양오염에 대한 법적 책임관계를 명확히 할 수 있도록 양도인 또는 양수인 등이 토양환경평가를 자율적으로 실시할 수 있는 길을 제시한 것입니다.

이는 법 제10조의3에 의하여 토양오염피해에 대한 책임이 인적·물적으로 강화되어 있어, 특히 토양오염관리대상시설이나 공장 등이 설치되어 있거나 설치되어 있었던 부지를 양도·양수하거나 임대·임차한 양도인·양수인·임대인 또는 임차인이 토양오염으로 인한 책임을 지게 될 위험성이 있기 때문에 사전에 양도·양수 또는 임대·임차가 행해지기 전에 토양환경평가를 통해 토양오염의 정도를 파악하고 그에 따른 책임의 소재나 비율을 정하거나 토양오염으로 지게 될 책임을 미리 계약내용에 반영시키는 등 이에 대해 대비할 수 있도록 한 것입니다. 즉 유발시설이 설치된 부지를 거래할 때 거래당사자는 자율적으로 부지에 대한 오염여부의 정밀조사를 토양오염조사기관에 의뢰할 수 있고 그 오염정도에 따라 토양복원비용을 추정하고 이를 거래가격에 반영할 수 있을 것입니다. 이와 같은 부지환경평가는 미국 등 선진국에서 이미 광범위하게 실시되고 있고 우리나라에서도 IMF 외환위기 이후 외국기업들이 국내기업들을 인수하는 과정에서 주요 협상항목으로 대두되어 대상 기업에 대한 종합환경평가를 실시한 사례가 있었습니다.

법은 토양오염관리대상시설 등 일정한 시설이 설치되어 있거나 설치되어 있던 부지를 양도·양수(「민사집행법」에 따른 경매, 「채무자 회생 및 파산에 관한 법률」에 따른 환가, 「국세징수법」·「관세법」 또는 「지방세징수법」에 따른 압류재산의 매각, 그 밖에 이에 준하는 절차에 따라 인수하는 경우를 포함) 또는 임대·임차하는 경우에 양도인·양수인·임대인 또는 임차인은 해당 부지와 그 주변지역, 그 밖에 토양오염의 우려가 있는 토지에 대하여 토양환경평가기관으로부터 "토양오염평가"를 받을 수 있다고 규정하고 있습니다(§10의2 ①). 토양오염평가를 받을 수 있는 시설은 아래와 같습니다.

1. 토양오염관리대상시설
2. 「산업집적활성화 및 공장설립에 관한 법률」 제2조 제1호에 따른 공장
3. 「국방·군사시설 사업에 관한 법률」 제2조 제1항에 따른 국방·군사시설

위와 같은 시설이 설치되어 있거나 설치되어 있었던 부지, 그 밖에 토양오염의 우려가 있는 토지를 양수한 자가 양수 당시 같은 항에 따라 토양환경평가를 받고 그 부지 또는 토지의 오염 정도가 우려기준 이하인 것을 확인한 경우에는 토양오염 사실에 대하여 선의이며 과실이 없는 것으로 추정합니다(§10의2 ②). 토양환경평가의 항목, 절차 및 방법은 다음과 같습니다.

1. 토양환경평가 항목: 제2조 제2호에 따른 토양오염물질과 토양환경평가를 위하여 필요하여 대통령령으로 정하는 오염물질
2. 토양환경평가 절차: 기초조사와 개황조사, 정밀조사로 구분하여 실시
3. 토양환경평가 방법: 제1호에 따른 오염물질의 오염도 등의 조사·분석 및 평가, 대상 부지의 이용현황, 토양오염관리대상시설에 해당하는지 여부

4.2.4. 토양오염의 규제

법은 제11조에서 제15조까지 규정을 두어 토양오염을 규제하고 있습니다. 먼저 규제체계의 개요를 살펴보면 다음의 표와 같습니다.[236]

<양환경보전법의 작동체계 >

---

236) 환경부, 토양환경보전업무 편람에 실린 것을 수정하여 작성.

(1) 토양오염물질과 토양오염기준의 설정

① 토양오염물질

토양오염물질이란 토양오염의 원인이 되는 물질로서 환경부령으로 정하는 것을 말합니다(§ 2 2호). 법은 토양 중에서 분해되지 않고 오랫동안 잔류하는 물질로 농작물의 생육을 저해하거나, 지하수를 오염시키는 등 사람의 건강에 좋지 않은 영향을 미치는 중금속, 유류, PCB 등을 토양오염물질로 규정하여 관리합니다.[237]

② 토양오염기준의 설정

(a) 종 류

「토양환경보전법」상 토양오염기준은 토양오염우려기준("우려기준")과 토양오염대책기준("대책기준") 두 가지가 있습니다. 우려기준이란 "사람의 건강·재산이나 동물·식물의 생육에 지장을 줄 우려가 있는 토양오염의 기준"을 말합니다(§ 4의2). 대체로 대책기준의 약 40% 정도로 더 이상 오염이 심화되는 것을 예방하기 위한 오염 수준입니다. 대책기준은 "우려기준을 초과하여 사람의 건강 및 재산과 동물·식물의 생육에 지장을 주어서 토양오염에 대한 대책이 필요한 토양오염의 기준"을 말합니다(§ 16). 오염의 정도가 사람의 건강과 동·식물의 생육에 지장을 초래할 우려가 있어 토지의 이용중지, 시설의 설치금지 등 규제조치가 필요한 정도의 오염상태를 말해주는 기준입니다. 토양오염조사 결과 우려기준을 초과하는 지역에 대해서는 토양정밀조사를 실시하고 오염토양개선조치를 시행하는 데 비해, 대책기준을 초과하는 지역에 대하여는 필요시 토양보전대책지역으로 지정한 후 오염토양개선사업을 시행하게 되어 있습니다.

(b) 우려기준

우려기준은 환경부령으로 정하는데(§ 4의2), 시행규칙은 각 토양오염물질 항목에 대하여 농경지등(가 지역), 공장·산업지역(나 지역)으로 토양의 용도에 따라 구분하여 우려기준을 설정하고 있습니다. 이 기준을 초과하면 오염물질의 제거, 방지시설의 설치, 오염물질의 사용제한 등 시정명령의 대상이 됩니다.

(c) 대책기준

대책기준 역시 환경부령으로 정합니다(§ 16). 시행규칙은 우려기준 항목인

---

237) 시행규칙 [별표 1] 토양오염물질(시행규칙 제1조의2 관련).

토양오염물질에 대하여 대상지역을 토양 용도에 따라 구분하여 대책기준을 설정하고 있습니다(시행규칙 §20 별표 7). 이 기준을 초과하면 후술하는 토양보전대책지역 지정 사유가 됩니다.

(2) 토양오염 신고·특정토양오염관리대상시설의 신고·규제명령 등

① 토양오염의 신고 등

법은 먼저 토양오염물질을 생산·운반·저장·취급·가공 또는 처리하는 자가 그 과정에서 토양오염물질을 누출·유출한 때, 토양오염관리대상시설을 소유·점유 또는 운영하는 자가 그 소유·점유 또는 운영 중인 토양오염관리대상시설에서 토양이 오염된 사실을 발견한 때에는 지체없이 관할 행정청에 신고하도록 의무화하고 있습니다(§11 ①).

이 신고는 일정한 행위의 허용여부에 관한 자기완결적 신고나 수리를 요하는 신고와는 달리 토양오염 사실을 알리는 사실의 통지에 불과하지만, 제11조 제2항 이하에 따른 후속조치를 발동하는 근거 또는 계기가 되며, 제11조 제1항을 위반하여 토양이 오염된 사실을 발견하고도 그 사실을 신고하지 아니하면 300만 원 이하의 과태료를 부과 받게 되므로(§32 ①), 신고의무는 법적 의미를 가집니다.

특별자치지장·특별자치도지사·시장·군수·구청장은 신고를 받거나, 토양오염물질이 누출·유출된 사실을 발견한 때, 그 밖에 토양오염이 발생한 사실을 알게 된 때에는 소속 공무원으로 하여금 해당 토지에 출입하여 오염 원인과 오염도에 관한 조사를 하게 할 수 있고(§11 ②), 조사 결과 오염도가 우려기준을 넘는 "오염토양"에 대하여는 대통령령으로 정하는 바에 따라 기간을 정하여 오염원인자에게 토양관련전문기관에 의한 토양정밀조사의 실시, 오염토양의 정화조치를 할 것을 명할 수 있습니다(§11 ③).

② 특정토양오염관리대상시설의 신고·토양오염검사

법은 '토양오염물질을 생산·운반·저장·취급·가공 또는 처리하는 과정에서 토양을 오염시킬 우려가 있는 시설·장치·건물·구축물 및 그 부지와 토양오염이 발생한 장소'를 "토양오염관리대상시설"로 삼는 한편(§2 3호), 이 중 토양을 현저히 오염시킬 우려가 있는 토양오염관리대상시설로서 환경부령으로 정한 "특정토양오염관리대상시설"을 특별히 관리하고 있습니다(§2 4호).

특정토양오염관리대상시설을 설치하려면 그 시설의 내용과 제5항에 따른 토양오염방지시설의 설치계획을 관할 특별자치지장·특별자치도지사·시장·군수·구청장에게 신고해야 합니다(§12 ① 제1문).

특별자치시장·특별자치도지사·시장·군수·구청장은 신고를 받은 날부터 10일 이내에, 변경신고를 받은 날부터 7일 이내에 각각 신고수리 여부를 신고인에게 통지하여야 합니다(§12 ②). 그 기간 내에 신고수리 여부 또는 민원 처리 관련 법령에 따른 처리기간의 연장을 신고인에게 통지하지 아니하면 그 기간(민원 처리 관련 법령에 따라 처리기간이 연장 또는 재연장된 경우에는 해당 처리기간)이 끝난 날의 다음 날에 신고를 수리한 것으로 봅니다(§12 ③). 이는 투명하고 신속한 민원 처리와 일선 행정기관의 적극행정을 유도한다는 취지에서 단행된 2022년 12월 13일의 법개정에 따른 것입니다.

「위험물안전관리법」및「화학물질 관리법」과 그 밖에 환경부령으로 정하는 법령에 따라 특정토양오염관리대상시설의 설치에 관한 허가를 받거나 등록을 한 경우에는 위와 같은 신고를 한 것으로 보며(§12 ④ 제1문), 그 경우 허가 또는 등록기관의 장은 환경부령으로 정하는 토양오염방지시설에 관한 서류를 첨부하여 그 사실을 그 특정토양오염관리대상시설이 설치된 지역을 관할하는 특별자치지장·특별자치도지사·시장·군수·구청장에게 통보해야 합니다(§12 ④ 제2문).

한편, 특정토양오염관리대상시설의 설치자(시설 운영자 포함)는 대통령령으로 정하는 바에 따라 토양오염방지시설을 설치하고 이를 적정하게 유지·관리해야 합니다(§12 ⑤).

특정토양오염관리대상시설의 설치자는 대통령령으로 정하는 바에 따라 토양관련전문기관으로부터 그 시설의 부지와 그 주변지역에 대하여 "토양오염검사"를 받아야 하며, 다만, 토양시료의 채취가 불가능하거나 토양오염검사가 불필요한 경우로서 대통령령으로 정하는 요건에 해당하여 특별자치지장·특별자치도지사·시장·군수·구청장의 승인을 받은 경우에는 예외로 검사의무가 면제됩니다(§13 ①).

법은 토양오염검사를 토양오염도검사와 누출검사로 구분하여 실시하되, 누출검사는 저장시설 또는 배관이 땅속에 묻혀 있거나 땅에 붙어 있어 누출 여부를 눈으로 확인할 수 없는 시설시설로서 환경부령에 따라 특별자치지장·특별자치도지사·시장·군수·구청장이 인정하는 때에만 실시하도록 하여 토양오염검사의 방법을 규제하고 있습니다(§ 13 ③).

(3) 특정토양오염관리대상시설에 대한 규제명령

법은 제14조에서 특정토양오염관리대상시설 설치자에 대하여 특별자치지장·특별자치도지사·시장·군수·구청장이 규제명령을 발할 수 있도록 하고 있습니다. 특정토양오염관리대상시설 설치자가 다음 어느 하나에 해당하는 경우에는 대통령령으로 정하는 바에 따라 기간을 정하여 토양오염방지시설의 설치 또는 개선이나 그 시설의 부지 및 주변지역에 대하여 토양관련전문기관에 의한 토양정밀조사의 실시 또는 오염토양의 정화조치를 할 것을 명할 수 있습니다(§ 14 ①).

1. 토양오염방지시설을 설치하지 아니하거나 그 기준에 맞지 아니한 경우
2. 제13조 제3항에 따른 토양오염도검사 결과 우려기준을 넘는 경우
3. 제13조 제3항에 따른 누출검사 결과 오염물질이 누출된 경우

토양관련전문기관이 위 규정에 따라 토양정밀조사를 실시한 경우에는 조사결과를 지체없이 특정토양오염관리대상시설의 설치자 및 관할 행정청에 통보해야 합니다(§ 14 ②). 관할 행정청은 특정토양오염관리대상시설의 설치자가 위 규정에 따른 명령을 이행하지 아니하거나 그 명령을 이행하였더라도 그 시설의 부지 및 그 주변지역의 토양오염의 정도가 제15조의3 제1항에 따른 정화기준 이내로 내려가지 아니한 경우에는 그 특정토양오염관리대상시설의 사용중지를 명할 수 있습니다(§ 14 ③).

(4) 토양오염방지조치명령 등

법은 제15조에서 우려기준의 구속력을 뒷받침하고 정화책임자의 책임을 확보하기 위하여 관할행정청에 일반적인 토양오염방지조치를 명령할 수 있도록 수권하고 있습니다. 이에 따르면 시·도지사 또는 시장·군수·구청장은 제5조 제4항 제1호 또는 제2호에 해당하는 지역의 정화책임자에 대하여 대통령령으로 정하는 바에 따라 기간을 정하여 토양관련전문기관으로부터 토양정밀조사를 받도록 명할 수 있습니다(§ 15 ①). 토양관련전문기관이 이에 따라 토양정밀조사를 하였을 때에는 정화책임자 및 관할 시·도지사 또는 시장·군수·구청장에게 조사결과를 지체없이 통보해야 합니다(§ 15 ②).

시·도지사 또는 시장·군수·구청장은 상시측정·토양오염실태조사 또는 토

양정밀조사의 결과 우려기준을 넘는 경우에는 대통령령으로 정하는 바에 따라 기간을 정하여 다음 중 어느 하나에 해당하는 조치를 실시하도록 정화책임자에게 명할 수 있습니다(§ 15 ③ 본문). 다만, 정화책임자를 알 수 없거나 정화책임자에 의한 토양정화가 곤란하다고 인정하는 경우에는 시·도지사 또는 시장·군수·구청장이 토양정화를 실시할 수 있습니다(§ 15 ③ 단서).

    1. 토양오염관리대상시설의 개선 또는 이전
    2. 해당 토양오염물질의 사용제한 또는 사용중지
    3. 오염토양의 정화

환경부장관은 제5조에 따른 토양오염도 측정결과 우려기준을 넘는 경우에는 관할 시·도지사 또는 시장·군수·구청장에게 제3항에 따른 조치명령을 할 것을 요청할 수 있습니다(§ 15 ⑥). 이러한 요청이 있을 경우 시·도지사 또는 시장·군수·구청장은 조치명령을 하고 그 조치명령의 내용과 결과를 환경부령으로 정하는 바에 따라 환경부장관에게 보고해야 합니다(§ 15 ⑦). 그 밖에 위 조치명령 또는 중지명령의 이행완료 보고에 관해서는 제15조의2에서 규율하고 있습니다.

4.2.5. 오염토양의 정화

(1) 토양정화의 기준과 방법

법은 제15조의3에서 오염토양의 정화기준과 정화방법을 정하고 있습니다. 먼저, 오염토양은 대통령령으로 정하는 정화기준 및 정화방법에 따라 정화해야 합니다(§ 15의3 ①). 시행령 제10조에 따르면 오염토양의 정화기준은 법 제4조의2에 따른 우려기준으로 합니다(시행령 § 10 ①).

둘째, 법은 오염토양의 정화를 토양정화업자에게 위탁하여 실시함을 원칙으로 삼았습니다. 즉, 토양정화업자에게 위탁하여 정화하되(§ 15의3 ② 본문), 다만, 유기용제류(有機溶劑類)에 의한 오염토양 등 대통령령으로 정하는 종류와 규모에 해당하는 오염토양은 정화책임자가 직접 정화할 수 있습니다(§ 15의3 ② 단서).

셋째, 법은 오염토양을 정화하는 장소를 제한합니다. 오염토양은 오염이 발생한 해당 부지 안에서 정화하되(§ 15의3 ③ 본문), 부지의 협소 등 환경부령으로 정하는 불가피한 사유로 그 부지에서 오염토양의 정화가 곤란한 경우에는 토양정화업자가 보유한 시설(제23조의7 제1항에 따라 오염토양을 반입·정화하기 위하여 등록한 시설)로 환경부령으로 정하는 바에 따라 오염토양을 반출하여 정화할 수 있습니다(§15의3 ③ 단서). 이 경우 오염토양을 반출하여 정화하려는 자는 환경부령으로 정하는 바에 따라 오염토양반출정화계획서를 관할 특별자치도지사·시장·군수·구청장에게 제출하여 적정통보를 받아야 합니다. 적정통보를 받은 오염토양반출정화계획 중 환경부령으로 정하는 중요사항을 변경하려는 때에도 또한 같습니다(§15의3 ④).

특별자치지장·특별자치도지사·시장·군수·구청장은 제출된 오염토양반출정화계획서를 반출하여 정화할 수 있는 오염토양 해당 여부, 오염토양의 반출·정화 계획의 적정 여부에 관하여 검토한 후 그 적정 여부를 오염토양반출정화계획서를 제출한 자에게 통보해야 합니다(§15의3 ⑤).

적정통보를 받은 자는 오염토양을 반출·운반·정화 또는 사용(정화된 토양의 최초 사용)할 때마다 토양 인수인계서를 따른 오염토양 정보시스템에 입력해야 합니다(§15의3 ⑥).

끝으로 오염토양을 정화하는 자가 오염토양에 다른 토양을 섞어 오염농도를 낮추는 행위, 제3항 단서에 따라 오염토양을 반출하여 정화하는 경우 제23조의7 제1항에 따라 등록한 시설의 용량을 초과하여 오염토양을 보관하는 행위는 금지됩니다(§15의3 ⑦).

(2) 위해성평가

토지용도를 불문하고 우려기준을 초과하면 무조건적 토양복원보다는 토양오염지역을 정화하기 전에 위해성평가를 실시하고 사람에 대한 실질적 위해 정도에 따라 정화수준을 결정하는 것이 토양정화의 합리성과 경제성을 기하는 방법입니다. 그런 취지에서 법은 환경부장관, 시·도지사, 시장·군수·구청장 또는 정화책임자는 환경부장관의 지정을 받은 위해성평가기관으로 하여금 오염물질의 종류 및 오염도, 주변 환경, 장래의 토지이용계획과 그 밖에 필요한 사항을 고려하여 위해성평가, 즉 해당 부지의 토양오염물질이 인체와 환경에 미치는 위해의 정도를 평가하게 한 후 그 결과를 토양정화의 범위, 시기 및 수준 등에 반영할 수 있도록 했습니다(§15의5 ①).

위해성평가는 다음 어느 하나에 해당하는 경우(정화책임자의 경우 제4호 및 제5호만 해당)에 실시할 수 있습니다(§15의5 ②).

1. 제6조의3에 따라 토양정화를 하려는 경우
2. 제15조 제3항 각호 외의 부분 단서에 따라 오염토양을 정화하려는 경우
3. 제19조 제3항에 따라 오염토양 개선사업을 하려는 경우
4. 자연적인 원인으로 인한 토양오염이라고 대통령령으로 정하는 방법에 따라 입증된 부지의 오염토양을 정화하려는 경우(제15조의3 제3항 단서에 따라 오염토양을 반출하여 정화하는 경우는 제외한다)
5. 그 밖에 위해성평가를 할 필요가 있는 경우로서 대통령령으로 정하는 경우

(3) 토양정화의 검증

종래에는 토양정화 결과에 대한 검증제도가 없어 부실 정화에 대한 규제장치가 전혀 없었기 때문에 토양정화과정에서 정상정화 여부를 검증할 수 있는 방안을 제도화할 필요가 있었습니다. 이에 2004년 12월 31일의 개정법에서 토양정화 검증제도가 도입되었습니다. 이에 따르면, 정화책임자는 오염토양을 정화하기 위하여 토양정화업자에게 위탁하는 경우에는 시·도지사의 지정을 받은 토양오염조사기관으로 하여금 정화과정과 정화완료에 대한 검증을 하게 하되(§15의6 ① 본문), 다만, 토양정밀조사 결과 오염토양의 규모가 작거나 오염농도가 낮은 경우 등 오염토양이 대통령령으로 정하는 규모 및 종류에 해당하는 경우 정화과정에 대한 검증을 생략할 수 있습니다(§15의6 ① 단서).

4.2.6. 오염토양의 투기금지 등

법은 제15조의4에서 오염토양의 투기 등 일정한 행위를 금지하고 있습니다.

1. 오염토양을 버리거나 매립하는 행위
2. 보관·운반 및 정화 등의 과정에서 오염토양을 누출·유출하는 행위
3. 정화가 완료된 토양을 그 토양에 적용된 것보다 엄격한 우려기준이 적용되는 지역의 토양에 사용하는 행위

이러한 금지에 위반하면 각각 2년 이하의 징역 또는 2천만원 이하의 벌금(§29), 1년 이하의 징역 또는 1천만원 이하의 벌금(§30 8호, 8호의2)에 처하도록 되어 있습니다.

4.2.7. 토양보전대책지역의 지정 및 관리

법은 대책기준을 초과하거나 관할행정청이 특히 토양보전이 필요하다고 인

정하여 요청하는 지역을 토양보전대책지역으로 지정하여 특별히 관리하도록 하고 있습니다. 이에 따르면, 대책기준을 넘는 지역이나 제2항에 따라 특별자치시장·특별자치도지사·시장·군수·구청장이 요청하는 지역에 대하여는 관계 중앙행정기관의 장 및 관할 시·도지사와 협의하여 토양보전대책지역("대책지역")으로 지정할 수 있습니다(§ 17 ① 본문). 법은 특히 대통령령으로 정하는 경우에 해당하는 지역에 대하여는 이를 반드시 대책지역으로 지정하도록 강제하고 있습니다(§ 17 ① 단서).

이것은 토양의 오염도가 대책기준을 초과한 지역이나 초과할 우려가 있는 지역을 토양보전대책지역으로 지정하여 토지의 이용, 시설의 설치 등을 제한함으로써 오염의 심화와 확산을 예방하고 오염된 토양에 대하여 개선사업을 시행하여 오염원을 제거하고 오염도를 저하시키려는 일종의 특별대책수단이라 할 수 있습니다.

특별자치시장·특별자치도지사·시장·군수·구청장은 관할구역 중 특히 토양보전이 필요하다고 인정하는 지역에 대하여는 그 지역의 토양오염의 정도가 대책기준을 초과하지 아니하더라도 관할 시·도지사와 협의하여 그 지역을 대책지역으로 지정하여 줄 것을 환경부장관에게 요청할 수 있습니다(§ 17 ②).

법은 제17조 제1항에 따라 지정된 대책지역이 대책계획의 수립·시행으로 토양오염의 정도가 제15조의3 제1항에 따른 정화기준 이내로 개선된 경우, 공익상 불가피한 경우 또는 천재지변 그 밖의 사유로 대책지역 지정목적을 상실한 경우에는 환경부장관이 그 지정을 해제 또는 변경할 수 있도록 하고 있습니다(§ 22 ①). 제17조 제2항 및 제4항의 규정이 대책지역 지정의 해제 또는 변경에 관하여 준용되므로(§ 22 ②), 특별자치도지사·시장·군수·구청장이 관할구역 중 대책지역의 해제나 변경을 요청할 수 있습니다.

4.3. 토양오염피해에 대한 책임 강화: 무과실책임 등

4.3.1. 개 설

「토양환경보전법」은 토양오염피해에 대한 책임을 강화하기 위해 세 가지 처방을 마련했습니다. 첫째는 **무과실책임**을 인정한 것이고, 둘째는 **책임의 물적 범위를 확장**한 것이며, 셋째는 **책임의 인적 범위를 확장**한 것입니다.

4.3.2. 토양오염 피해에 대한 무과실책임

법은 제10조의3에서 토양오염피해에 대한 무과실책임을 명시하고 있습니다. 이에 따라 토양오염으로 인하여 피해가 발생하면 그 오염을 발생시킨 자는 그 피해를 배상하고 오염된 토양을 정화하는 등의 조치를 해야 합니다(§ 10의3 ① 본문). 이 조항은 토양오염에 따른 사법상 손해배상책임과 공법상 토양정화책임을 구분하여 규정한 것입니다. 토양오염의 인과관계가 복잡한 경우가 많아 오염원인자의 주관적인 주의의무 위반 여하를 따지기 곤란하고 또한 배상책임의 요건으로 과실을 요구할 경우 자칫 오염원인자가 배상책임을 면하게 될 우려가 있기 때문에 오염원인자에게 과실이 없더라도 그 피해 배상책임을 부과하는 한편, 이에 추가하여 <u>오염토양을 정화하는 등의 조치를 해야 할 공법상 책임</u>을 부과한 것입니다. 토양오염에 대한 불법행위책임을 강화하는 동시에 오염된 토양의 정화책임을 분명히 하려는 취지입니다.

> **< 오염토양 정화의무 불이행과 손해발생 >**
>
> "불법행위로 인한 손해배상청구권은 현실적으로 손해가 발생한 때에 성립하는 것이고, **현실적으로 손해가 발생하였는지 여부는 사회통념에 비추어 객관적이고 합리적으로 판단해야 한다**(대법원 2003.4.8 선고 2000다53038 판결 등 참조). 만일 이 사건 소송에서 피고들이 이 사건 인접토지와 이 사건 유류저장소에 대한 각 소유권을 취득한 이후 추가로 원고들 소유의 이 사건 토지에 토양오염을 유발한 사실이 인정될 수 있다면, 피고들은 토양환경보전법 제10조의3 제1항에 따른 오염토양 정화의무를 부담한다고 볼 수 있고, **피고들이 이러한 오염토양 정화의무를 이행하지 않음에 따라 원고들로서는 이 사건 토지 소유권을 완전하게 행사하기 위하여 원고들의 비용으로 오염토양을 정화할 수밖에 없게 되었다고 볼 수 있다. 이런 상황이라면 사회통념상 오염토양 정화비용 상당의 손해가 원고들에게 현실적으로 발생한 것으로 볼 수 있다.**"[238]

무과실책임이란 배상책임의 성립요건으로 과실이 있을 것을 요구하지 않는다는 것이므로 오염원인자에게 고의 또는 과실이 있는 경우 과실이 없는 경우보다 더 무거운 배상책임을 지게 될 여지는 있습니다. 그러나 무과실책임이라 하더라도 불가항력적 사유가 있다면 예외적으로 면책을 인정해야 하는 경우가 있을 수 있습니다. 그런 뜻에서 법은 '토양오염이 천재지변이나 전쟁, 그 밖의

---

238) 대법원 2021.3.11 선고 2017다179, 186(병합) 판결(손해배상(기) (차) 파기환송).

불가항력으로 인하여 발생하였을 때에는 그렇지 아니하다'고 규정한 것입니다(§ 10의 3 ① 단서).

한편 법은 토양오염을 발생시킨 자가 둘 이상인 경우 누구로 인해 피해가 발생한 것인지 알 수 없을 때에는 각자가 연대하여 배상하고 오염된 토양을 정화하는 등의 조치를 해야 한다고 규정하여 일종의 연대책임을 인정합니다(§ 10의 3 ②).

4.3.3. 토양오염피해에 대한 책임의 확장

법은 토양오염피해를 확실히 구제한다는 취지에서 토양오염에 대한 책임을 손해배상에 국한하지 않고 <u>정화책임에까지 확장</u>하고 있습니다. 토양오염에 대한 법적 책임을 물적으로 확장한 셈입니다. 아울러 법은 제10의 4에서 명시적으로 정화책임의 주관적 범위를 확장하고 있습니다. 이에 따르면, 다음 어느 하나에 해당하는 자는 정화책임자로서 토양정밀조사, 오염토양의 정화 또는 오염토양 개선사업 실시("토양정화등")을 해야 합니다(§ 10의 4 ① 본문).[239]

1. 토양오염물질의 누출·유출·투기·방치 또는 그 밖의 행위로 토양오염을 발생시킨 자
2. 토양오염의 발생 당시 토양오염의 원인이 된 토양오염관리대상시설의 소유자·점유자 또는 운영자
3. 합병·상속이나 그 밖의 사유로 제1호 및 제2호에 해당되는 자의 권리·의무를 포괄적으로 승계한 자
4. 토양오염이 발생한 토지를 소유하고 있었거나 현재 소유 또는 점유하고 있는 자

< 토양오염 발생 당시 원인이 된 토양오염관리대상시설 소유자등의 원인자 해당 여부 >

1. 토양오염물질 및 토양오염실태조사지역에 관한 관련 규정의 내용 및 토양오염이 반드

---

239) 제10의 4는 2012년 8월 23일 헌법재판소에서 헌법불합치로 결정되어 2014년 3월 24일 법률 제12522호에 따라 전문개정된 것입니다. 헌법재판소는 <u>토양오염관리대상시설의 소유자·점유자·운영자의 정화책임은 과중한 정화비용을 그 범위의 제한 없이 전부 부담해야 한다는 점</u>과 다른 <u>면책사유 또는 책임 제한수단을 인정하지 않는다는 점</u>에서 재산권 및 평등권을 침해하였으며, 토양오염관리대상시설의 양수자의 정화책임은 양수시기에 상관없이 무제한적으로 정화책임을 부과한다는 점에서 신뢰보호의 원칙을 침해하므로, <u>대상 오염원인자 조항에 대하여 헌법불합치 결정</u>을 했습니다. 이에 개정법률은 '오염원인자'를 '정화책임자'로 용어를 변경하고 오염원인자 조항 중 토양오염관리대상시설의 소유·점유·운영자 및 양수자에 대한 면책범위를 확대하는 등 과중한 정화책임을 완화했습니다(§ 10의 4).

시 직접 토양오염물질을 생산·운반·저장·취급·가공 또는 처리(이하 '생산 또는 처리'라고만 한다)하는 시설 등에서만 발생하는 것이 아니라는 점에 더하여 "토양오염으로 인한 국민건강 및 환경상의 위해를 예방하고, 토양생태계의 보전을 위하여 오염된 토양을 정화하는 등 토양을 적정하게 관리·보전함으로써 모든 국민이 건강하고 쾌적한 삶을 누릴 수 있게 함"을 목적(법 제1조)으로 하는 법의 취지 등을 종합하여 보면, 법이 정하고 있는 **토양오염관리대상시설'은 토양오염물질을 직접 생산 또는 처리하는 시설 등에 한정되는 것이 아니라, 토양을 오염시킬 우려가 있는 시설 등이라면 토양오염물질을 포함하거나 배출하는 물품등을 생산 또는 처리하는 시설등도 포함한다**고 해석함이 상당하다.

2. 이 사건 토지에 대한 오염은 이 사건 토지가 택시 차고지로 사용된 1987년경 이래 원고가 점유·사용하고 있는 현재까지 계속되고 있다고 볼 것이므로, 원고는 "토양오염의 발생 당시 토양오염의 원인이 된 토양오염관리대상시설을 소유·점유 또는 운영하고 있는 자"로서 토양환경보전법 제10조의3 제3항 제2호의 오염원인자에 해당한다고 할 것이다.[240]

반면 법은 토양오염관리대상시설의 소유·점유·운영자 및 양수자에 대한 면책범위를 확대하는 한편, 정화책임한계를 설정하고 정화조치명령의 우선순위를 도입하여 과중한 정화책임을 완화하고 있습니다.

첫째, 토양오염관리대상시설의 소유·점유·운영자 및 양수자에 대한 면책범위가 다음과 같이 확대되었습니다. 즉, 다음 어느 하나에 해당하는 경우에는 위 제1항 제4호("4. 토양오염이 발생한 토지를 소유하고 있었거나 현재 소유 또는 점유하고 있는 자")에 따른 정화책임자로 보지 않습니다.

1. 1996년 1월 5일 이전에 양도 또는 그 밖의 사유로 해당 토지를 소유하지 아니하게 된 경우
2. 해당 토지를 1996년 1월 5일 이전에 양수한 경우
3. 토양오염이 발생한 토지를 양수할 당시 토양오염 사실에 대하여 선의이며 과실이 없는 경우
4. 해당 토지를 소유 또는 점유하고 있는 중에 토양오염이 발생한 경우로서 자신이 해당 토양오염 발생에 대하여 귀책사유가 없는 경우

다만, 1996년 1월 6일 이후에 제1항 제1호 또는 제2호에 해당하는 자에게 자신이 소유 또는 점유 중인 토지의 사용을 허용한 경우에는 면책이 인정되

---

240) 대법원 2010.2.11 선고 2009두20137 판결(토양정밀조사등명령취소).

지 않습니다(§ 10의4 ② 단서).

둘째, 정화책임 한계를 설정하고 일정한 우선순위에 따라 정화조치명령을 발하도록 했습니다. 정화책임자가 다수일 경우 누구를 우선적 정화조치명령 대상자로 선정할 것인지를 결정하기 어렵기 때문에 지방자치단체장의 전문성 결여를 보완하기 위하여 토양정화자문위원회를 설립하여 합리적인 정화조치명령이 이루어지도록 한 것입니다. 이에 따라 시·도지사 또는 시장·군수·구청장은 토양정화 등을 명할 수 있는 정화책임자가 둘 이상인 경우에는 대통령령으로 정하는 바에 따라 해당 토양오염에 대한 각 정화책임자의 귀책 정도, 신속하고 원활한 토양정화의 가능성 등을 고려하여 토양정화등을 명해야 하며, 필요한 경우에는 제10조의9에 따른 토양정화자문위원회에 자문할 수 있습니다(§ 10의4 ③).

토양정화 등의 명령을 받은 정화책임자가 자신의 비용으로 토양정화 등을 한 경우에는 다른 정화책임자의 부담부분에 관하여 구상권을 행사할 수 있습니다(§ 10의4 ④).

국가 및 지방자치단체는 제10조의4 제4항 각호에 열거된 사유가 있으면, 토양정화 등을 하는 데 드는 비용(제10조의4 제4항에 따른 구상권 행사를 통하여 상환받을 수 있는 비용 및 토양정화 등으로 인한 해당 토지 가액의 상승분에 상당하는 금액은 제외)의 전부 또는 일부를 대통령령으로 정하는 바에 따라 지원할 수 있습니다(§ 10의4 ⑤).

이와 같이 토양오염의 피해에 대한 법적 책임을 정화책임으로까지 확장하고(물적 확장), 그 책임의 귀속주체를 토양오염의 원인자 외에도 토양오염의 발생 당시 토양오염의 원인이 된 토양오염관리대상시설을 소유·점유 또는 운영하고 있는 자나 토양오염관리대상시설을 양수한 자, 합병·상속 그 밖의 사유로 제1호 및 제2호에 해당되는 자의 권리·의무를 포괄적으로 승계한 자, 민사집행법, 국세징수법 등에 의한 경매나 압류재산 매각으로 해당 시설을 인수한 자 등까지 확장한 것(인적 확장)은 모두 토양오염에 대한 법적 책임을 일종의 엄격책임으로 강화시키겠다는 입법자의 의지에 따른 것이라고 이해됩니다.

<참고: 독일에 있어 폐기물방치시설 또는 방치폐기물부지(Altlasten)의 문제 >

독일의 'Altlasten', 즉 폐기물방치시설(방치폐기물처리장) 개념[241]은 무성한 논의에도

---

241) 여기서 'Altlasten'이란 용어를 '폐기물방치시설'로 번역하는 이유는 연방토양보호법의 정의규정에 비추어 볼 때, 사용정지된 폐기물집하장(Altablagerung이나 구산업시설부지

불구하고, 통일적으로 정의되지 못하다 1998년 연방토양보호법(Bundesbodenschutz-gesetz: BBodSchG)이 제정되면서 비로소 입법적으로 정의될 수 있었습니다. 연방토양보호법 제2조 제5항 각호에 의하면, 방치폐기물처리장 또는 폐기물방치시설(Altlasten)이라 함은 "가동정지된 폐기물처리시설 및 그 밖의 토지로서 그 위에서 폐기물이 처리, 적치 또는 집하되었던 장소(폐기물집하장: Altablagerungen)와 가동정지된 시설의 부지 및 그 밖의 환경위해적 물질을 취급했던 그 밖의 토지중 그 가동정지에 원자력법에 의한 허가가 필요한 경우를 제외한 토지(舊산업시설부지: Altstandorte)로서, 그 곳을 통해 개인이나 공중에게 유해한 토양변질이나 그 밖의 위험이 초래되는 장소'를 말합니다. 이와 같이 연방토양보호법에 따라 폐기물집하장(Altablagerungen)과 舊산업시설부지가 폐기물방치시설(Altlasten)의 핵심요소로 명문화되었습니다. 한편 의도적으로 폐기물을 집하한 장소뿐만 아니라 과거에 합법적으로 폐기물을 매립했었던 폐매립지(Altdeponie)도 이러한 폐기물방치시설의 유형에 해당한다고 보는 것이 일반적입니다.

폐기물방치시설 문제는 과거에 폐기물법의 영역에 속하는 문제로 분류되는 경우도 있었으나, 이는 토양보호법이 발전되지 못했던 상황에 따른 것이었을 뿐, 오늘날 이를 토양보호법의 문제로 파악하는 데 이론이 없습니다.[242] 폐기물방치시설은 공법상 그 처리책임을 원인자와 토지소유자, 점유자들 중 누구에게 부담시킬 것인가 하는 문제를 제기합니다. 이와 관련하여 연방토양보호법 제4조 1항은 "토양에 영향을 주는 모든 사람은 유해한 토양변질(schädliche Bodenveränderungen)이 초래되지 않도록 행동해야 한다"고 규정하고 있습니다. 이 조항은 萬人義務(Jedermann-Pflicht) 조항이라고 불리고 있는데,[243] 제4조 제2항에 따른 토지소유자와 토지에 대하여 사실상 지배력을 가지고 있는 자는 그 토지를 위협하는 유해한 토양변질의 위험을 방어하기 위한 조치를 취할 의무, 즉 방어의무(Abwehrpflicht)에 의해 보완되고 있습니다. 여기서 '유해한 토양변질'이라는 개념은 연방토양보호법의 핵심적 개념으로서, 제2조 제3항의 정의에 따르면, '개인이나 공중에 대해 위험, 현저한 불이익 혹은 현저한 불편을 줄 수 있는 토양기능의 침해'를 말합니다. '토양의 변질'이란 토양에 유해물질이 유입되는 것과 토양구조의 변경을 포함합니다.

(Altstandorte) 공히 개인이나 공중에게 유해한 토양변질의 위험을 끼친다는 점, 그리고 양 개념이 주로 사용정지된 폐기물처리시설이나 폐기물배출시설 등 시설과 관련된 경우가 대부분인데 -시설에 관련되는 범위내에서- 해당 시설이 사용정지되었다는 점을 전제로 하는 것이기 때문입니다(Erbguth-Stollman, NuR 1999, 127(132); Himmelmann/Pohl/Tünnesen- Harmes, B8 Rn.13 등).

242) Peine, Die Bodenschutzkonzeption der Bundesregierung, UPR 1997, 54.

243) 이 조항에 대해서는 그 일반적·선언적 의미 외에 과연 법적 구속력을 인정하기 어렵다는 견해가 표명되고 있습니다(H. P. Vierhaus, Das Bundes-Bodenschutzgesetz, NJW 1998, 1264.

연방토양보호법은 제4조 제3항에서 유해한 토양변질 또는 폐기물방치시설의 원인을 제공한 자(Verursacher) 및 그 포괄적 승계인, 토지소유자 및 토지에 대한 사실상의 지배력을 보유하는 자는 그 토지와 폐기물방치시설, 그리고 유해한 토양변질이나 폐기물방치시설을 통해 발생한 수질오염을 개인이나 공중에게 지속적으로 아무런 위험, 현저한 불이익이나 불편을 끼치지 않도록 정화해야 한다고 규정하는 한편, 같은 조 제5항에서 그러한 유해한 토양변질이나 폐기물방치시설이 1999월 3월 1일 이후에 발생한 경우에는 그 이전에 토양에 가해졌던 부하에 비추어 적정하다고 인정되는 범위 안에서 그 유해물질을 제거해야 한다고 규정하고 있습니다. 다만, 그 원인발생시 자신에게 적용된 법률상의 요건을 이행한다는 이유에 의거하여 그와 같은 침해가 발생하지 않으리라고 신뢰하였고, 또한 그의 신뢰가 구체적인 사안을 고려할 때 보호할 가치가 있다고 인정되는 경우에는 그렇지 않습니다. 같은 조 제6항은 종전의 토지소유자는 그가 해당 토지를 1999년 3월 1일 이후에 양도하였고 그 유해한 토양변질이나 폐기물방치시설을 알았거나 알았어야 했던 경우에는 그것을 정화할 의무가 있다고 규정합니다. 다만 해당 토지의 취득시 유해한 토양변질이나 폐기물방치시설이 존재하지 않았다고 신뢰하였고 그의 신뢰가 구체적인 사안에 비추어 보호할 가치를 가진다고 인정되는 경우에는 그러하지 않습니다.[244]

대법원 판례 중에는 철강회사가 철강공장 부지로 사용하던 토지를 각종 시설물 및 잔해 등이 야적, 매립, 방치되어 있는 상태로 매수한 건설회사에 대하여 공장시설 등의 부지인 위 토지가 「토양환경보전법」상 '토양오염관리대상시설'에 해당하고 그 토지의 양수인인 건설회사가 구 「토양환경보전법」 제10조의3 제1항에서 정한 '오염원인자'에 해당한다고 본 사례가 있습니다. 대법원은 "다만, 선의이며 과실이 없는 때에는 그러하지 아니 하다"고 판시하였으나, 이는 당시 시행되던 구 「토양환경보전법」(법률 제8469호 2007년 5.17. 일부개정) 제10조의3 제3항에서 각호로 열거된 오염원인자로 간주되는 자 중 "제3호(토양오염관리대상시설을 양수한 자에 한한다) 및 제4호의 경우 토양오염관리대상시설을 인수한 자가 선의이며 과실이 없는 때에는 그러하지 아니하다"고 면책을 인정한 데 따른 결과

---

244) 독일의 토양환경보호법에 관한 소개로는 김현준, 독일법상 토양환경보호와 그 시사점, 공법연구 제29집 제1호(2000), 467-485를 참조. 미국의 CERCLA 및 수퍼펀드개정 및 재수권법(SARA) 등에 의한 토양환경보호제도에 관해서는 이경운·장신·신창선, 오염토양개선책임에 관한 비교법적 연구, 「환경법연구」 제22권(2000), 291-338, 318-334; 장신, 미국의 오염토양 복원제도(슈퍼펀드)에 관한 고찰, 法學과 行政學의 現代的 課題, 이방기 교수 정년기념논문집 간행위원회(2000), 541을 참조. 한편, 미국의 토양환경보호제도와 독일 연방토양보호제도의 비교에 관해서는 앞의 이경운·장신·신창선의 논문을 참조.

였습니다.

[1] 토양환경보전법 제2조 제3호에 규정된 토양오염관리대상시설 중 '장소'에는 토양오염물질을 생산·운반·저장·취급·가공 또는 처리함으로써 토양을 오염시킬 우려가 있는 시설·장치·건물·구축물이 설치되어 있는 '부지'도 포함되므로, 위와 같은 **부지를 양수한 자는 같은 법 제10조의3 제3항 제3호의 규정에 따라 같은 조 제1항에 따른 '오염원인자' 로 보되, 다만 선의이며 과실이 없는 때에는 그렇지 않다.**

[2] 건설회사 甲이 철강회사 乙의 철강공장 부지로 사용되던 토지를 시설물 및 잔해 등이 야적, 매립, 방치되어 있는 상태로 매수한 사안에서, 공장시설 등의 부지인 위 토지가 토양환경보전법 제2조 제3호에 정한 '토양오염관리대상시설'에 해당하고 그 토지의 양수인인 甲이 위 법 제10조의3 제3항 제3호에 따라 제1항에 정한 '오염원인자'에 해당한다고 한 사례.[245]

한편, 토지를 임차하여 주유소를 운영하던 원고가 인접장소에서 유류에 오염된 토양이 발견되자 토지소유자를 피고로 하여 제758조에 기초한 유류저장조의 점유자 또는 소유자로서의 손해배상책임, 민법 제750조의 불법행위로 인한 손해배상책임, 구 「토양환경보전법」 제10조의3에 의한 오염원인자로서의 손해배상책임 등을 소구하였으나, 토양오염검사(누출검사) 결과, 자신의 주유소 유류저장조에 연결된 배관 불량이 원인으로 판명된 사안에서, '10조의3 제3항 제2호는 토양오염관리대상시설을 소유·점유 또는 운영하고 있는 자의 직접적인 행위로 토양오염을 유발시킬 것을 요건으로 하지는 않지만 토양오염관리대상시설이 토양오염의 원인이 될 것을 요건으로 한다고 해석함이 타당하다' 판시하여 원고의 청구를 배척한 사례가 있습니다.

"토양환경보전법 제10조의3 제3항 제1호에서 직접적인 행위로 토양오염을 유발시킨 자를 규정하고 이어서 제2호에서 '토양오염의 원인이 된 토양오염관리대상시설'이라고 규정한 문언적인 해석이나 법 제2조 제3호에서 단지 '토양을 오염시킬 우려가 있는 시설·장치·건물·구축물 및 장소 등'을 '토양오염관리대상시설'로 정의하고 있는 것과 대비하여 볼 때, **법 제10조의3 제3항 제2호는 토양오염관리대상시설을 소유·점유 또는 운영하고 있는 자의 직접적인 행위로 토양오염을 유발시킬 것을 요건으로 하지는 않지만 토양오염관리대상시설이 토양오염의 원인이 될 것을 요건으로 한다고 해석함이 타당하다.** 즉 토양오염관리대상시설이라는 유체물(有體物)과의 인과관계가 요구되고 소유·점유

---

245) 대법원 2009.12.24 선고 2009두12778 판결(정화조치명령처분취소).

또는 운영하고 있는 자와의 인과관계는 요구되지 않는다."[246]

반면 헌법재판소는 2012.8.23. 선고 2010헌바28결정에서 구 토양환경보전법 제10조의3 제3항 제3호 중 '토양오염관리대상시설을 양수한 자' 부분이 소급입법금지원칙에 위배되는지 여부에 대해서는 소극적으로 판시하였지만, 같은 오염원인자조항은, 이를 2002년 1월 1일 이전에 이루어진 토양오염관리대상시설의 양수에 대해서 무제한적으로 적용할 경우 그 조항이 추구하는 공익만으로는 신뢰이익에 대한 침해를 정당화하기 어려우므로 신뢰보호원칙에 위배되며, 다만, 법적 공백 및 입법형성권을 고려하여 적용중지의 헌법불합치 결정을 선고한 바 있습니다.[247]

가. 토양오염이 과거에 시작되어 이 사건 **오염원인자조항의 시행 당시 계속되고 있는 상태라면 이는 종료되지 않고 진행과정에 있는 사실에 해당하므로, 이 사건 오염원인자조항은 부진정소급입법으로서 종래의 법적 상태를 신뢰한 자들에 대한 신뢰보호의 문제를 발생시킬 뿐, 헌법 제13조 제2항이 규정하는 소급입법금지원칙에 위배되지 않는다.**

나. 이 사건 **오염원인자조항은 위 조항 시행 이전의 양수자에게까지 오염원인자의 인적 범위를 시적으로 확장하여 토양오염을 신속하고 확실하게 제거·예방하고, 그로 인한 손해를 배상한다는 공익을 달성하고자 하는** 것이다.

그런데 환경오염책임법제가 정비되기 이전의 토양오염에 대해서는 민법상의 불법행위 규정에 의해서만 책임을 부담한다는 데 대한 일반적인 신뢰가 존재하고, 폐기물에 대한 공법적 규제가 시작된 1970년대 이전까지는 자신이 직접 관여하지 않은 토양오염에 대해서 공법상의 책임을 부담할 수 있음을 예측하기 어려웠다. 또, 2002.1.1 이전에 토양오염관리대상시설을 양수한 자에 대해서는 선의이며 무과실인 양수자에 대한 면책규정이 사실상 의미가 없고, 사실상 우선 책임을 추궁당한 양수자가 손해배상 및 토양정화 책임을 무한책임으로서 부담하게 되는 경우도 많다. 이처럼 이 사건 오염원인자조항은 예측하기 곤란한 중대한 제약을 사후적으로 가하고 있으면서도, 그로 인한 침해를 최소화할 다른 제도적 수단을 마련하고 있지 않으므로, 이 사건 **오염원인자조항이 2002. 1. 1 이전에 이루어진 토양오염관리대상시설의 양수에 대해서 무제한적으로 적용되는 경우에는 이 사건 오염원인자조항이 추구하는 공익만으로는 신뢰이익에 대한 침해를 정당화하기 어렵다.**

246) 대법원 2012.1.26 선고 2009다76546 판결.

247) 헌법재판소 2012.8.23 선고 2010헌바28 결정(구 토양환경보전법 제2조 제3호 등 위헌소원).

<u>그러나 2002.1.1 이후 토양오염관리대상시설을 양수한 자는 자신이 관여하지 않은 양수 이전의 토양오염에 대해서도 책임을 부담할 수 있다는 사실을 충분히 인식할 수 있고, 토양오염사실에 대한 선의·무과실을 입증하여 면책될 수 있으므로, 보호가치 있는 신뢰를 인정하기 어렵다.</u>

다. 이 사건 오염원인자조항에 대하여 단순위헌결정을 하여 당장 그 효력을 상실시킬 경우에는 토양오염관리대상시설의 양수자를 오염원인자로 간주할 근거규정이 사라져 법적 공백 상태가 발생하게 될 것이고, 입법자에게는 위헌적인 상태를 제거할 수 있는 여러 가지의 가능성이 인정되므로, 이 사건 오염원인자조항에 대하여 단순위헌결정을 하는 대신 적용중지를 명하는 헌법불합치 결정을 한다.[248]

앞서 본 무과실책임 및 책임확장의 법리는 민사 책임에 대해서는 당연히 적용되지만, 공법상 책임에까지 적용되는지 여부가 문제되는데, 이를 긍정하는 견해들이 있습니다.[249]

Ⅷ. 자연환경보호법

1. 자연환경 보호를 위한 법적 장치

1.1. 자연환경보호의 준거법

「환경정책기본법」은 제40조에서 자연환경의 보전이 인간의 생존 및 생활의 기본임에 비추어 '자연의 질서와 균형이 유지·보전되도록 노력해야 할 의무'를 국가와 국민에게 부과하고 있습니다. 이에 따라 제정된 것이 「자연환경보전법」입니다. 국민의 환경에 대한 관심이나 환경보호의식이 괄목할 정도로 증진된 것은 사실이지만 주로 수질·대기·쓰레기 등으로 대표되는 생활환경오염 방

---

248) 이 결정에는 '양수자의 신뢰를 보호해야 할 가치는 크지 않은 반면, 토양오염을 신속하고 확실하게 제거·예방하고, 그로 인한 손해를 배상하여 궁극적으로 일반 공중의 건강 및 쾌적한 생활환경을 확보한다는 이 사건 오염원인자조항이 추구하는 공익은 긴급하고도 대단히 중요한 공익이므로, 이 사건 오염원인자조항이 헌법상 신뢰보호원칙에 위배된다고는 볼 수 없다'는 김종대 재판관의 반대의견이 붙어 있습니다.

249) 박상렬, 토양오염과 법적 문제, 토양환경 제1권 제1호(1996.5), 3, 5; 조홍식, 토양환경침해에 관한 법적 책임, 「환경법연구」제20권(1998), 320. 한편 이와 다소 뉘앙스를 보이는 견해로는 채영근, 앞의 글, 384-385를 참조.

지에 국한되어 자연환경 보호는 상대적으로 소홀히 다루어져 왔습니다. 이러한 현상은 환경정책에서도 마찬가지로 나타났습니다. 생활환경 부문에 투자와 노력이 있었지만, 자연환경 부문은 정작 제대로 된 정책적 노력을 찾기 어려웠습니다.[250] 1980년대 산업화·도시화의 급진전, 자동차보급 확대, 골프장·스키장 등 관광레저산업을 위한 대형위락시설 설치, 공항이나 도로건설사업 등 대규모 개발사업의 무분별한 시행 등으로 자연환경 및 생태계의 파괴가 위험수위에 다다르자, 자연환경 파괴에 대한 위기의식이 고조되었고 그 결과 1991년 말 「자연환경보전법」이 제정되었습니다.

법 명	제 정	주 요 내 용
자연환경보전법	'91.12	• 자연환경보전원칙, 방침, 계획 수립 • 생태계 보전지역의 지정·관리 • 자연환경의 조사, 생태·자연도 작성
습지보전법	'99. 2	• 습지·갯벌조사 및 습지보전계획 수립 • 습지보호지역의 지정·관리
독도 등 도서지역의 생태계 보전에 관한 특별법	'97.12	• 생태계우수 무인도서의 조사 • 특정도서 지정 및 보전계획 수립·시행
백두대간 보호에 관한 법률	'03.12	• 백두대간보호 기본계획 수립·시행 • 백두대간 보전지역 지정 및 훼손지 복원
야생생물 보호 및 관리에 관한 법률	'04. 2	• 야생생물 및 멸종위기 야생생물 보호 • 생물자원 보전 및 수렵관리
자연공원법	'80. 1	• 국립·도립·군립공원의 지정 • 공원계획 수립 및 공원사업 시행
문화유산과 자연환경자산에 관한 국민신탁법	'06. 3	• 문화유산·자연환경 국민신탁 법인설립 • 문화유산 및 자연환경자산 목록작성 등
남극활동 및 환경보호에 관한 법률	'04. 3	• 남극활동의 허가에 관한 사항 • 남극환경보호를 위한 사항 등
생물다양성 보전 및 이용에 관한 법률	'12. 2	• 생물다양성 및 생물자원의 보전 • 외래생물 및 생태계교란 생물 관리 등
국립생태원의 설립 및 운영에 관한 법률	'13. 6	• 국립생태원의 기능 및 운영 • 생태와 생태계에 관한 조사, 연구, 전시, 교육
국립낙동강생물자원관의 설립 및 운영에 관한 법률	'15. 1	• 국립낙동강생물자원관의 기능 및 운영 • 생물자원 조사, 발굴에 대한 연구, 전시관 운영 등
동물원 및 수족관의 관리에 관한 법률	'16. 5	• 동물원 및 수족관을 운영하려는 자의 요건 등 • 적정한 서식환경 제공, 동물에 대한 금지행위 등
국립공원공단법	'16. 5	• 국립공원공단의 사업범위 • 자금의 조달 및 토지의 매입 등
유전자원의 접근·이용 및 이익 공유에 관한 법률	'17. 1	• 국내 유전자원 접근 및 해외 이용절차 준수 신고 • 유전자원 이용으로부터 발생한 이익의 공유 등

자연환경의 보전을 위한 법은 일반법인 「자연환경보전법」과 분야별, 보호대상별로 분화·발전된 특수 자연환경법령들, 그리고 직접 자연환경의 보전이

---

250) 신관호, 자연환경보전법, 사법행정 1992/3, 50.

목적은 아니지만 자연환경과 관련성이 큰 사항을 규율하는 유관 법령들로 구성되어 있습니다.

환경부 소관 자연환경 관련법률로는 다음 표에서 보는 바와 같이 「자연공원법」, 「야생생물 보호 및 관리에 관한 법률」(야생생물법), 「습지보전법」, 「도서생태계법」, 「백두대간법」, 「문화유산신탁법」, 그리고 「생물다양성법」, 「유전자원법」 등이 있습니다(환경백서 2021, 407).

다음 직접 자연환경의 보전을 주목적으로 하지는 않지만, 자연환경의 보전과 관련성이 큰 사항을 규율하는 법률로는 「국토계획 및 이용에 관한 법률」, 「하천법」, 「산림보호법」, 「해양환경관리법」, 「해양생태계의 보전 및 관리에 관한 법률」(해양생태계법), 「문화재보호법」, 전시동물의 복지 사각지대 해소 및 관람객, 동물 모두의 안전 관리를 위한 「동물원 및 수족관의 관리에 관한 법률」(동물원수족관법) 등이 있습니다.

1.2. 자연환경보호의 내용

자연환경보호는 자연환경보호지역의 관리와 야생생물 보호, 양대 분야로 구성됩니다.

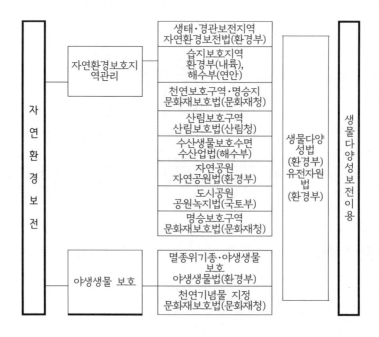

자연환경보호지역은 환경부장관이 관장하는 생태경관보전지역·자연공원·습지보호지역·특정도서·야생생물특별보호구역이 있고, 해양수산부장관이 관장하는 (연안)습지보호지역·해양생태계보호구역, 산림청장이 관장하는 산림유전자원보호구역·백두대간보호지역, 문화재청장이 관장하는 천연보호구역·명승지 등이 있습니다. 자연생태계 유지 및 생물다양성 보전의 경우, 멸종위기 야생생물 등 야생생물 보호업무는 환경부장관이, 산림보호·육성업무는 산림청장이, 천연기념물 지정관리업무는 문화재청장이 각각 관장합니다.

「자연환경보전법」에 따라 자연생태계가 우수하고 생물다양성이 풍부하여 특별히 보호할 가치가 있는 지역이 자연생태·경관보전지역 등 보호지역으로 지정되어 관리되고 있습니다. 생태·경관보전지역 등 보호지역은 2022년 12월 기준 총 32개 지역, 285,934㎢가 지정되어 있습니다. 2021년말 기준 환경부 소관 생태·경관보전지역은 9개소(248.029㎢), 습지보호지역 28개소(133.186㎢), 국립공원 22개소(6,726㎢), 독도를 포함한 특정도서 257개소(13.793㎢) 등이 지정되어 있습니다.[251]

국제적인 보호지역으로 등록 또는 지정된 곳으로는 람사협약에 의한 '람사습지'와 유네스코(UNESCO) 생물권보전지역(Biosphere Reserve)이 있습니다. 2016년 람사습지로 등록된 순천 동천하구를 비롯하여 대암산 용늪, 우포늪, 제주 1100고지습지 등 총 22개 지역이 람사습지로 지정되어 있습니다. 또한 설악산, 한라산, 신안 다도해, 광릉숲 및 고창의 5개소가, 북한에는 백두산, 구월산, 묘향산, 칠보산의 4개소가 유네스코 생물권보전지역으로 각각 지정되어 있습니다 (환경백서 2018, 384).

생태·경관보전지역·습지보호지역 또는 특정도서로 지정된 지역에서는 건물 신·증축, 토지 형질변경 등을 엄격히 제한하며, 필요할 경우에는 출입을 금지하거나 제한하고 있습니다. 또한 행위제한위반자에게는 원상회복 명령과 벌칙을 부과하고 있고, 보호지역내의 토지소유주와 협의하여 사유지를 국가에서 매입하는 등 보호지역 관리가 이루어지고 있습니다. 아울러 보호지역의 체계적인 관리를 위해 생태·경관보전지역에 대해서는 관리기본계획이, 습지보호지역은 습지보전계획이 각각 수립되어 시행되고 있습니다.

---

251) 그 밖에 상세한 내용은 환경백서 2021, 438 이하를 참조.

2. 「자연환경보전법」

자연환경보호에 관한 일반법인 「자연환경보전법」은 총 7장 66개 조문으로 구성되어 있습니다. 이 법률은 제1장 총칙, 제2장 생태·경관보전지역의 관리 등, 제3장 생물다양성의 보전, 제4장 자연자산의 관리, 제5장 제5장 생태계보전부담금, 제6장 보칙, 그리고 제7장 벌칙으로 이루어져 있습니다.

이 법률은 생물다양성이 풍부하여 보전할 필요가 있는 지역 등을 생태계보전지역으로 정하여 특별히 관리하도록 하는 한편, 환경부장관이 환경영향평가대상사업 등 자연환경의 악화를 초래하는 대규모 개발사업자에 대해 생태계보전부담금을 부과하여 이를 생태계보전사업과 생태·경관보전지역의 주민지원사업 등에 사용할 수 있도록 하고 있습니다.

2.1. 자연환경보호의 목적과 대상

2.1.1. 자연환경보호의 목적

「자연환경보전법」은 제1조에서 '자연환경을 인위적 훼손으로부터 보호하고, 생태계와 자연경관을 보전하는 등 자연환경을 체계적으로 보전·관리함으로써 자연환경의 지속가능한 이용을 도모하고, 국민이 쾌적한 자연환경에서 여유 있고 건강한 생활을 할 수 있도록 함을 목적으로 한다'고 규정하고 있습니다. 이와 같은 목적규범으로 볼 때 자연환경보호의 목적은 생태계를 포함하는 자연환경의 보전에 있다고 할 수 있습니다. 그런 뜻에서 자연환경보호정책의 핵심이 무엇보다도 자연 또는 생태계의 자기보존력을 확보하는 데 있다는 점은 분명합니다. 「자연환경보전법」은 위 조항에서 '자연환경을 인위적 훼손으로부터 보호하고, 생태계와 자연경관을 보전하는 등 자연환경을 체계적으로 보전·관리함'으로써 '자연환경의 지속가능한 이용을 도모하고', '국민이 쾌적한 자연환경에서 여유 있고 건강한 생활을 할 수 있도록 함'을 목적으로 한다고 규정하고 있는데, 이는 자연환경을 인위적 훼손으로부터 보호할 뿐만 아니라 생태계와 자연경관을 보전하는 등 자연환경을 체계적으로 보전·관리해야만 '자연환경의 지속가능한 이용'[252]이 가능해지며 나아가 국민이 '쾌적한 자연환경에서 여유 있고

---

252) "자연환경의 지속가능한 이용"이란 현재와 장래의 세대가 동등한 기회를 가지고 자

건강한 생활'을 할 수 있게 된다는 환경정책철학을 전제로 한 것입니다. 이렇게 볼 때, 「자연환경보전법」의 목적은 무엇보다도 인간중심적 동기(anthropozentrische Motivation)에서 비롯된 것으로 이해됩니다. 즉 자연환경이 인간 생존의 토대를 이루며 인간이 자연과 풍광 속에 휴식을 취하며 건강한 생활을 영위할 수 있는 전제조건을 이룬다는 것입니다. 그러나 자연과 풍광의 보호 필요성 및 보호가치는 그 자체가 독자적 가치로서(als Wert an sich) 인간 행태에 대한 자연보호적 배려를 요구하는 계기라고 보아야 합니다. 말하자면 자연환경보호는 인간중심 동기뿐만 아니라 생태계중심 동기(ökozentrische Motivation)로 정당화된다고 보는 것이 옳습니다.[253]

「자연환경보전법」 제1조에 표명된 자연환경보호의 목적은 직접 구속력을 가지는 목적 및 임무규범으로 「자연환경보전법」상 행위규범의 해석과 재량행사 지침으로 작용합니다.

2.1.2. 자연환경보호의 대상: 자연환경

자연환경보호의 대상은 앞에서 본 바와 같은 「자연환경보전법」 제1조의 해석을 통해 도출됩니다. 「자연환경보전법」은 지극히 당연한 이야기지만 '자연환경'의 보전을 목적으로 합니다. "자연환경보전"이란 "자연환경을 체계적으로 보존·보호 또는 복원하고 생물다양성을 높이기 위하여 자연을 조성하고 관리하는 것"을 말한다고 정의됩니다(§ 2 2호).

(1) 자연환경의 개념

"자연환경"이란 「환경정책기본법」상 환경의 구성요소인 '자연환경'에 해당하는 개념이지만, 「자연환경보전법」에서는 '지하·지표(해양 제외) 및 지상의 모든 생물과 이들을 둘러싸고 있는 비생물적인 것을 포함한 자연의 상태(생태계 및 자연경관 포함)'로 정의되고 있습니다(§ 2 1호).

반면 「환경정책기본법」은 자연환경 개념에 해양을 포함하고 있습니다. 즉 「환경정책기본법」상 '환경'의 개념은 자연환경과 생활환경을 포함하며(§ 3 1호), 여기서 '자연환경'이

연환경을 이용하거나 혜택을 누릴 수 있도록 하는 것을 말합니다(「자연환경보전법」 § 2 3호).

253) 이와 관련하여 가령 독일 연방자연보호법 제1조가 단순히 인간중심적 동기만을 규정하고 있음에도 불구하고 이러한 생태계중심적 동기가 시인되고 있음을 참고할 수 있습니다(Bender/Sparwasser, aaO, Rm.1247, 364f.).

란 지하·지표(해양을 포함) 및 지상의 모든 생물과 이들을 둘러싸고 있는 비생물적인 것을 포함한 자연의 상태(생태계와 자연경관을 포함)를 말하며(「환경정책기본법」§ 3 2호), 생활환경이란 대기, 물, 폐기물, 소음·진동, 악취, 일조, 인공조명, 화학물질 등 사람의 일상생활과 관계되는 환경을 말합니다(§ 3 3호).

(2) 자연환경의 구성요소

위에서 본 자연환경의 개념에 입각할 때, '지하·지표(해양 제외) 및 지상의 모든 생물'과 '이들을 둘러싸고 있는 비생물적인 것을 포함한 자연의 상태'가 자연환경을 구성하는 요소가 됩니다. 전자의 경우에는 특히 야생생물이, 후자의 경우에는 특히 생태계와 자연경관이 중점적 보호대상으로 지목됩니다.

① 생 태 계

"생태계"란 일정한 지역의 생물공동체와 이를 유지하고 있는 무기적 환경이 결합된 물질계 또는 기능계로서 '식물·동물 및 미생물 군집들과 무생물 환경이 기능적인 단위로 상호작용하는 역동적인 복합체'를 말합니다(§ 2 5호). 모든 생물은 환경과 불가분의 관계를 맺고 있으며 이들은 상호작용을 통해 하나의 계(system)를 이루고 있습니다. 인간을 포함한 생물적 요소와 무생물적 요소 등 다양한 구성요소는 작용(action)과 반작용(reaction)과 같은 상호작용을 통해 하나의 조절계를 형성하는데, 이것이 '생태계'(ecosystem)입니다.[254] 「자연환경보전법」이 보호하는 또 하나의 대상이 바로 이러한 의미의 생태계입니다. 생태계의 보전은 생태계를 인위적인 훼손과 오염으로부터 보호하고 훼손된 생태계를 그 원래의 기능이 발휘되도록 복원시키는 데 있습니다.

조절계로서의 생태계는 각 구성인자의 유기적 관계로 인해 항상성(homeostasis)[255]을 유지하고 있습니다. 생태계의 위기란 바로 이러한 조절기능이 약화, 손상되고 있다는 것을 의미합니다. 생태계는 지구위의 생물권(biosphere) 모두를 포함합니다. 생태계의 위기는 생물권내 생물 상호 간의 관계, 생물과 무생물 간의 관계 및 그 상호작용을 정량화한 지표들을 통하여 인식될 수 있는데,[256] 가령 인구 증가와 도시화의 정도·범위는 생태계

---

254) 이에 관한 간략한 설명으로는 강신성외, 교양생물학, 아카데미서적 1991, 31 이하를 참조.

255) 항상성이란 생물학적 체계를 변화시키려는 외부의 작용에 대해 균형을 이루는 힘으로서, 생태평형(ecological balance)을 유지하는 생태계 조절기능을 담당합니다(강신성외 4인, 교양생물학, 37; 구자건, 생태계의 위기를 알리는 지표들, 생태 위기와 한국의 환경문제, 12를 참조).

256) 구자건, 앞의 글 14 이하.

파괴의 정도와 범위를 알려주며, 지구온난화의 원인으로 알려진 온실가스 배출 증가, 오존층 파괴와 산성비 피해 같은 기후변화, 생물종의 다양성과 개체수 변화도 생태계의 위기를 알리는 지표들입니다.

② 자연경관

"자연경관"이란 자연의 풍경과 경치 등 심미적 가치를 지닌 자연의 외관을 말합니다. 「자연환경보전법」은 이를 '자연환경적 측면에서 시각적·심미적인 가치를 가지는 지역·지형 및 이에 부속된 자연요소 또는 사물이 복합적으로 어우러진 자연의 경치'를 말한다고 정의합니다(§ 2 10호). 자연경관은 생태계와 더불어 주요한 자연환경의 구성요소로서 보호대상이 됩니다(§ 1). 이처럼 자연경관이 「자연환경보전법」의 보호대상으로 명시적 승인을 받게 된 것은 그것이 자연의 지속가능한 이용과 '쾌적한 자연환경에서의 여유 있고 건강한 생활'을 가능하게 하는 조건이 되기 때문입니다. 보호대상으로서 자연경관에는 자연환경적 측면에서 시각적·심미적 가치를 가지는 지역이나 지형, 그에 부속하는 자연요소나 사물이 복합적으로 어우러진 자연의 경치가 모두 포함됩니다. 그런 의미의 자연경관은 특히 그 특성과 다양성, 아름다움을 보전하는 일이 정책적 과제가 됩니다.

③ 야생생물과 생물다양성

"야생생물"은 자연환경을 구성하는 생물적 요소로서 '지하·지표 및 지상의 모든 생물' 가운데 가장 주된 보호대상입니다. 야생동·식물의 보호가 자연환경보호 법과 정책의 주요 목표가 되는 것은 어느 나라를 막론하고 보편적으로 나타나는 현상입니다. "야생생물"이란 '산·들 또는 강 등 자연상태에서 서식하거나 자생하는 동물, 식물, 균류·지의류(地衣類), 원생생물 및 원핵생물의 종(種)을 말합니다(「야생생물 보호 및 관리에 관한 법률」§ 2 1호). 이러한 의미의 야생생물은 생태계를 구성하는 주요 요소이기도 합니다. 「자연환경보전법」도 그 점을 부정하지 않습니다. 법은 자연환경을 '모든 생물'과 '이들을 둘러싼 비생물적인 것'을 포함하는 '자연의 상태'로 파악하면서 '자연의 상태'에 자연경관과 함께 생태계가 포함되는 것으로 규정하고 있습니다. 법이 '자연의 상태'나 '생태계'의 개념을 '비생물적인 것'으로만 제한하고 있다고 볼 수 없는 이상, 반드시 명확하지는 않지만, 야생생물은 자연환경의 구성요소인 '모든 생물'에 해당하면서 동시에 생태계를 포함하는 '자연의 상태'를 이루는 구성요소가 되기도 합니다. 야생생물이 '생태계'의 구성요소가 된다는 점에 대해서는 의문이 있을 수 없습니다. 야생생물 보호에서 중요한 것은 "생물다양성"(biological diversity) 즉, 육상생태계, 해양 그 밖의 수생생태계와 이들의 복합생태계를 포함하는 모든 원천에서 발생한 생물체의 다양성(종내·종간 및 생태계 다양성 포함)을 보호하는 문제입니다. "생물다양성"이란 "육상생태계 및 수생생태계(해양생태계 제외)와 이들의 복합생태계를 포함하는 모든 원천에서 발생한 생물체의 다양성"을 말하며, "종내·종간 및 생태계의 다양성"을 포함하는 것으로 정의됩니다(§2 7호).

특히 법적 보호가 절실한 대상으로 멸종위기야생생물(endangered wildlife)이 있습니다. 이는 자연적 또는 인위적 위협요인으로 개체수가 현저하게 줄어들어 '멸종위기에 처한 야생생물'(멸종위기 야생생물 I급) 또는 '현재의 위협요인이 제거되거나 완화되지 아니할 경우 가까운 장래에 멸종위기에 처할 우려가 있는 야생생물'(멸종위기 야생생물 II급)로서 관계 중앙행정기관의 장과 협의하여 환경부령으로 정하는 종을 말합니다(「야생생물 보호 및 관리에 관한 법률」§2 2호).[257]

> 멸종위기종(Endangered Species)의 발생원인은 서식지(Habitat)의 상실과 유전적 다양성(Genetic Variation)의 상실에 있습니다.[258] 생태계는 갑작스러운, 불행한 생태계 변화를 줄이기 위해 생태계를 구성하는 생물의 다양성을 이용합니다. 일례로, 북미의 프레리 초원이 어느 한계치 이상의 다양한 식물을 가지고 있으면 가뭄에 대한 영향을 줄이는 데 상대적으로 유리합니다. 일반적으로 복잡한 생태계는 단순한 생태계에 비해 외부의 위협에 대해 더 많은 저항성을 보여줍니다. 바로 이것이 생물종을 보전해야 되는 생태학적 이유입니다. 가령 고지대 습지에 서식하는 생물들이 없어지면, 습지는 불, 폭풍우, 가뭄 등을 막지 못하고, 흙을 유실하게 됩니다. 그러면 저지대에 위치한 농지와 수력발전소, 어업 등에 많은 문제를 일으킵니다. 토양 유지에 큰 기여를 해온 나무들이 희귀한 새를 통해서만 수분(受粉)이 될 수도 있기 때문에 새들의 멸종은 더욱 중요한 의미를 가지게 됩니다.[259] 꽃과 식물들의 수분을 유지해온 벌들의 멸종 역시 마찬가지겠지요.

---

257) 야생동·식물의 보호에 관해서는 「자연환경보전법」 중 야생동·식물관련조항과 「조수보호 및 수렵에 관한 법률」에 따라 각각 별도로 규율되어 왔지만, 2004년 2월 9일 이들을 통합하여 제정된 「야생동·식물보호법」을 이어 받아 현행 「야생생물 보호 및 관리에 관한 법률」의 규율 아래 놓이게 되었습니다.

258) Endangered Species. National Geography(https://education.nationalgeographic.org/resource/endangered-species).

259) 과학기술처, 해외과학기술동향(1997.8.6).

<'생태가 밥 먹여 준다': 순천만 흑두루미 이야기 >

순천만을 찾는 흑두루미가 최근 부쩍 늘어 관심을 끌고 있습니다. 2022년 순천만에서 월동한 3400여 마리가 2000마리 가깝게 늘었습니다. 흑두루미는 전 세계에서 1만 7000여 마리만 남아 멸종위기 야생생물 Ⅱ급, 천연기념물 제228호로 지정해 보호하는데 그 중 상당수가 순천만에서 6개월간 월동을 합니다. 순천만은 원래 3, 4천 km의 거리를 날아 일본 가고시마현 이즈미(出水) 월동지로 향하는 흑두루미의 중간 기착지였지만, 순천만을 찾아 월동을 하는 개체수가 2010년부터 계속 늘어 2022년에는 9800여 마리가 관찰되기도 했지요.

유독 많은 흑두루미들이 순천만을 찾은 이유는 무엇일까요? 기후변화 요인과 풍족한 먹이 때문이기도 하지만 안전한 잠자리도 크게 작용한 것으로 추정됩니다. 2022년 11월 초 전 세계 흑두루미 90%가 월동하는 일본 이즈미에서 고병원성 조류 인플루엔자가 발생했고 인공 조성된 잠자리 '무논'(물을 댄 논)이 오염되면서 1300여 마리가 폐사했다고 합니다. 지구상에 생존한 흑두루미의 10%에 달하는 수치이다. 신기하게도 멸종위기를 먼저 안 건 흑두루미였습니다. 생존에 위협을 느낀 이즈미 흑두루미 6000여 마리가 바다 건너 순천만으로 역유입되었습니다. 순천은 일부 개체가 이즈미 평야로 건너올 때 들르는 곳이기도 합니다. 순천만 습지는 이즈미시와 마찬가지로 람사협약에 등록되어 지자체와 시민들이 '두루미의 고장'으로 오랫동안 생태계보호에 힘써왔기에 결국 흑두루미들이 순천만을 선택한 것으로 보입니다. 2018년 유네스코(UNESCO) 생물권보전지역(Biosphere Reserve)으로 지정된 순천시는 매년 2월 28일을 "흑두루미의 날"로 정해 다양한 사업을 전개해왔습니다. 순천시는 2023년초 흑두루미 개체수가 늘자 먹이터 제공 장소를 확대하고자 주변 비닐하우스 7개동 보상을 마무리했습니다. 14년 전에도 비슷한 일이 있었지요. 2009년 순천시는 당시 난개발을 막으려고 대대뜰에 생태계 보호지역을 설정한 뒤 전봇대 282개를 뽑았습니다. 흑두루미가 전깃줄에 걸려 죽는 것을 방지하려는 조치였지요. 순천시의 조치는 개발보다 생태를 선택한 획기적인 결정으로 언론의 주목을 받았습니다. 2009년 452마리였던 월동 개체수가 10배 이상 늘어난 데에는 이같은 노력이 주효했음은 물론이지요. 순천시는 '겨울 진객' 흑두루미들에게 경관 농업단지를 운영하여 생산한 무농약 쌀로 특별한 식탁도 마련했다고 합니다. 2021년만 해도 200톤의 벼를 겨울철새 먹이로 제공했는데, 이는 생태계서비스 지불제 사업을 시행해 농가들에도 혜택이 돌아갔기에 가능한 일이었지요. 흑두루미 영농단 참여 농가들은 벼를 수확하지 않고도 총 1억원의 보상금을 받았습니다. 농가에서 수확하면 1m² 당 1,320원을 벌 수 있지만, 이 단지에서는 장려금을 포함해 1,680원을 보상해서 농민들이 1ha 당 360원의 추가 소득을 얻는 혜택을 받은 것입니다.

2023년 1월 12일 순천만국제습지센터에서는 순천시장을 비롯 강원도 철원군, 충남 서산시, 전남 여수시, 광양시, 고흥군, 보성군 등 7개 지자체 관계자들이 모여 '남해안 흑두루미 벨트' 업무협약을 맺고 매년 증가추세를 보이는 흑두루미 서식지 확대와 분산을 위한 지자체간 협력체계를 구축하고 정부의 지원을 건의하였습니다. 노관규 순천시장은 <오마이뉴스>와의 인터뷰에서 다음과 같이 소회를 밝혔습니다:

"흑두루미를 살리자고 했더니, '생태가 밥 먹여주냐'고 반문한 사람들이 있다. 그런데 시대가 변했다. 전봇대를 뽑았더니 흑두루미만 늘어난 게 아니었다. 2009년에 연 15만 명에 불과했던 순천만 관광객이 300만 명까지 늘었다. 농민들에게도 수익뿐만 아니라 일자리 혜택도 돌아가기에 농촌도 산다. **생태가 경제를 견인한다는 것을 순천시가 전 세계에 증명했다. 흑두루미가 사람을 살리고 순천도 살리고 있다."**[260)

2.2. 자연환경보전의 기본원칙

「자연환경보전법」은 제3조에서 자연환경보전 7대 기본원칙을 명문화하고 있습니다. 이것은 구 「환경정책기본법」이 제25조에서 천명했던 자연환경보전의 기본원칙을 보다 세분·구체화하고, 1982년 10월 UN총회에서 의결된 세계자연보호헌장의 '자연환경의 일반원칙'을 부분적으로 수용하는 한편, 리우환경회의에서 채택된 「생물다양성협약」(Convention on Biological Diversity: CBD)의 기본정신을 반영한 것입니다.[261) 「자연환경보전법」 제3조에서 선언한 자연환경보전의 기본원칙은 다음과 같습니다.

1. 자연환경은 모든 국민의 자산으로서 공익에 적합하게 보전되고 현재와 장래의 세대를 위하여 지속가능하게 이용되어야 한다.
2. 자연환경보전은 국토의 이용과 조화·균형을 이루어야 한다.
3. 자연생태와 자연경관은 인간활동과 자연의 기능 및 생태적 순환이 촉진되도록 보전·관리되어야 한다.
4. 모든 국민이 자연환경보전에 참여하고 자연환경을 건전하게 이용할 수 있는 기회가 증진되어야 한다.
5. 자연환경을 이용하거나 개발하는 때에는 생태적 균형이 파괴되거나 그 가치가 낮아지

---

260) 오마이뉴스 기사 "순천만으로 긴급 피난 '일본 흑두루미'… 그 이유 기막히다" (http://www.ohmynews.com/NWS_Web/View/at_pg.aspx?CNTN_CD=A0002895397&PAGE_CD=ET001&BLCK_NO=1&CMPT_CD=T0016).

261) 이 협약은 1992.6 채택되어 1993.12.30 발효되었고, 우리나라도 가입했습니다. 이에 관하여는 앞의 지구환경대책기획단의 보고서, 31 이하를 참조. 여기서 생물다양성 (Biological Diversity)이란 육상, 해양 및 그 밖의 수생 생태계 및 생태학적 복합체(ecological complexes)를 포함하는 모든 자원으로부터의 생물간의 변이성(variability)를 말하며, 종들간 또는 종과 그 생태계 사이의 다양성을 포함합니다.

지 아니하도록 해야 한다. 다만, 자연생태와 자연경관이 파괴·훼손되거나 침해되는 때에는 최대한 복원·복구되도록 노력해야 한다.

6. 자연환경보전에 따르는 부담은 공평하게 분담되어야 하며, 자연환경으로부터 얻어지는 혜택은 지역주민과 이해관계인이 우선하여 누릴 수 있도록 해야 한다.

7. 자연환경보전과 자연환경의 지속가능한 이용을 위한 국제협력은 증진되어야 한다.

8. 자연환경을 복원할 때에는 환경 변화에 대한 적응 및 생태계의 연계성을 고려하고, 축적된 과학적 지식과 정보를 적극적으로 활용해야 하며, 국가·지방자치단체·지역주민·시민단체·전문가 등 모든 이해관계자의 참여와 협력을 바탕으로 해야 한다.[262]

법은 기본원칙 실현을 위하여 제6조에서 환경부장관에게 관계기관과의 협의를 거쳐 자연환경보전기본방침을 수립할 책무를 부과했습니다. 환경부장관은 제1조의 목적과 제3조에 따른 자연환경보전의 기본원칙을 실현하기 위하여 관계중앙행정기관의 장 및 특별시장·광역시장·특별자치시장·도지사·특별자치도지사("시·도지사")의 의견을 듣고 「환경정책기본법」 제58조에 따른 중앙환경정책위원회 및 국무회의의 심의를 거쳐 "자연환경보전기본방침"을 수립해야 하며(§6①), 이를 관계중앙행정기관의 장 및 시·도지사에게 통보해야 합니다(§6③). 자연환경보전기본방침에는 다음 사항이 포함되어야 합니다(§6②).

1. 자연환경의 체계적 보전·관리, 자연환경의 지속가능한 이용
2. 중요하게 보전해야 할 생태계의 선정, 멸종위기에 처하여 있거나 생태적으로 중요한 생물종 및 생물자원의 보호
3. 자연환경 훼손지의 복원·복구
4. 생태·경관보전지역의 관리 및 해당 지역주민의 삶의 질 향상
5. 산·하천·내륙습지·농지·섬 등에 있어서 생태적 건전성의 향상 및 생태통로[263]·소생태계[264]·대체자연[265]의 조성 등을 통한 생물다양성의 보전

---

262) 이 원칙은 체계적 자연환경복원을 위하여 2021년 1월 5일 개정법률에서 신설된 것입니다(2022년 1월 6일 시행).

263) 생태통로란 "도로·댐·수중보(水中洑)·하구언(河口堰) 등으로 인하여 야생동·식물의

6. 생태축의 보전 및 훼손된 생태축의 복원

7. 자연환경에 관한 국민교육과 민간활동의 활성화

8. 자연환경보전에 관한 국제협력

9. 그 밖에 자연환경보전에 관하여 대통령령으로 정하는 사항

특히 주목할 부분은 2022년 6월 10일의 개정법률에서 신설된 생태축[266]의 보전 및 복원입니다. 최근 백두대간 및 비무장지대 등에 대한 개발의 목소리가 높아지고 있는 가운데, 무분별한 개발에 따른 자연생태 훼손 및 환경오염 등을 방지하기 위하여 생태적으로 중요한 지역 또는 생태적 기능의 유지가 필요한 지역을 연결하는 생태축을 체계적으로 관리·보전할 필요성이 대두되었습니다. 이에 개정 「자연환경보전법」은 자연환경보전을 위한 기본방침 수립시 생태축의 보전 및 복원에 관한 사항이 포함되도록 규정하였습니다. 이미 2021년 1월 5일의 개정 「환경정책기본법」(§ 15)에서 국토계획과 환경계획간의 연계 강화를 위하여 국가환경종합계획 내용에 생태축에 관한 사항이 포함되도록 하였으나, 이를 「자연환경보전법」에서 더 구체화한 것입니다.

2.3. 자연환경보전과 국가·지방자치단체 및 사업자의 책무

「자연환경보전법」은 제4조에서 국가 및 지방자치단체를 자연환경보전의 제1차적 책임자로 설정하여 이 법의 목적과 제3조에 따른 자연환경보전기본원칙에 따라 자연환경보전을 위한 조치를 강구해야 한다고 규정하고 있습니다.

나아가 법은 환경운동을 통한 민간의 자원과 활력이 자연환경의 보전에 기

서식지가 단절되거나 훼손 또는 파괴되는 것을 방지하고 야생동·식물의 이동 등 생태계의 연속성 유지를 위하여 설치하는 인공 구조물·식생 등의 생태적 공간"을 말합니다(§ 2 9호).

264) 소생태계란 "생물다양성을 높이고 야생동·식물의 서식지간의 이동가능성 등 생태계의 연속성을 높이거나 특정한 생물종의 서식조건을 개선하기 위하여 조성하는 생물서식공간"을 말합니다(§ 2 6호).

265) 대체자연이란 "기존의 자연환경과 유사한 기능을 수행하거나 보완적 기능을 수행하도록 하기 위하여 조성하는 것"을 말합니다(§ 2 11호).

266) 「자연환경보전법」 제2조 제8호는 "생태축"을 '전국 또는 지역 단위에서 생물다양성을 증진시키고 생태계 기능의 연속성을 위하여 생태적으로 중요한 지역 또는 생태적 기능의 유지가 필요한 지역을 연결하는 생태적 서식공간'을 말하는 것으로 정의합니다. 이는 생태축의 공간적 규모를 상징적으로 나타낼 수 있도록 「환경정책기본법」의 정의규정(§ 15 5호 가목)에 '전국 또는 지역 단위에서'란 공간 기준을 추가하여 구체화한 것입니다.

여할 수 있다는 견지에서 정부는 모든 국민이 자연보호운동에 참여하도록 지방자치단체와 민간단체 등을 지원하고 지역별로 생태적 특성을 고려하여 자연보호운동이 실시될 수 있도록 할 것을 제5조에서 분명히하고 있습니다. 환경부장관이 자연환경보전을 위하여 국제 자연환경보전단체·기구와의 협조와 교류, 멸종위기야생생물의 보호 그 밖에 자연환경보전 및 자연자산의 보전을 위한 활동을 하는 민간자연환경보전단체를 육성할 수 있도록 한 제57조나, 자연환경보전을 위한 지도·계몽 등을 위하여 민간자연환경보전단체 회원, 자연환경보전을 성실하게 수행하고 있는 사람 또는 협회에서 추천하는 사람을 자연환경보전명예지도원으로 위촉할 수 있도록 한 제58조도 같은 맥락에서 나온 것으로 이해됩니다.

「자연환경보전법」은 제4조 제2항에서 사업자에게 자연생태·자연경관을 우선적으로 고려하고, 사업활동으로부터 비롯되는 자연환경 훼손을 방지하고, 훼손되는 자연환경에 상응하도록 스스로 복원·복구하거나 환경부령으로 정하는 생태면적률[267]을 확보하는 등의 필요한 조치를 할 책무를 부과하는 한편, 국가 및 지방자치단체의 자연환경보전대책 등에 참여하고 협력해야 한다고 규정하고 있습니다. 법이 이처럼 사업자에게 '자연생태·자연경관의 우선적 고려 의무', '사업활동에 따른 자연환경훼손에 대한 자발적 복원·복구 또는 생태면적률의 확보 의무', 그리고 '국가등의 자연환경보전시책 등에 대한 참여·협력'의 책무를 부과한 것은 자연환경정책의 관점에서는 극히 당연한 소치지만, 선언적 의미를 가질 뿐이어서 구체적인 법규정을 통해 구체화되기 전까지는 효력을 기대하기 어렵다는 데 한계가 있습니다.

2.4. 자연환경보전기본계획의 수립

「자연환경보전법」은 환경부장관에게 10년마다 자연환경보전기본계획을 수립하도록 하고 있습니다(§8①). 기본계획을 수립할 때에는 미리 관계중앙행정기관의 장과 협의를 거치되, 자연환경보전기본방침과 법 제6조 제4항에 따라 관계중앙행정기관의 장 및 시·도지사가 통보하는 추진방침 또는 실천계획을 고려

---

267) "생태면적률"이란 '개발면적 중에서 생태적 기능 또는 자연순환기능이 있는 토양면적이 차지하는 비율'을 말합니다(§4② 2호).

해야 합니다(§8③). 자연환경보전기본계획은 중앙환경정책위원회의 심의를 거쳐 확정합니다(§8②).

2.5. 자연환경보전을 위한 사전협의제

「자연환경보전법」은 중앙행정기관의 장이 자연환경보전과 직접적 관계가 있는 주요시책 또는 계획을 수립·시행할 경우 미리 환경부장관과 협의하도록 하는 사전협의제를 도입했습니다(§7①). 이는 지속가능한 발전을 확보하려는 법 정책적 배려라 할 수 있습니다. 법이 환경부장관으로 하여금 관계중앙행정기관의 장과 협의하여 각종 개발계획 또는 사업을 수립·시행함에 있어 자연환경보전 및 자연의 지속가능한 이용을 위하여 고려해야 할 지침을 작성하여 활용하도록 할 수 있도록 한 것(§7②)도 바로 그런 맥락에서 이해됩니다. 물론, 다른 법률에 따라 환경부장관과 협의하면 사전협의의무가 면제됩니다.

2.6. 생태·경관보전지역의 지정·관리 등

2.6.1. 개 설

「자연환경보전법」은 제12조 이하에서 환경부장관으로 하여금 자연생태[268]·자연경관을 특별히 보전할 필요가 있는 지역을 생태·경관보전지역으로 지정하여 특별히 관리하도록 하고 있습니다. 여기서 생태·경관보전지역이란 "생물다양성이 풍부하여 생태적으로 중요하거나 자연경관이 수려하여 특별히 보전할 가치가 큰 지역으로서 제12조 및 제13조 제3항에 따라 환경부장관이 지정·고시하는 지역"을 말합니다(§2 12호).

2.6.2. 생태·경관보전지역의 지정·관리

(1) 생태·경관보전지역의 지정등

환경부장관은 다음 어느 하나에 해당하는 지역으로서 자연생태·자연경관을 특별히 보전할 필요가 있는 지역을 생태·경관보전지역으로 지정할 수 있습니다(§12①).

---

268) "자연생태"란 자연의 상태에서 이루어진 지리적 또는 지질적 환경과 그 조건 아래에서 생물이 생활하고 있는 일체의 현상을 말합니다(§2 4호).

1. 자연상태가 원시성을 유지하고 있거나 생물다양성이 풍부하여 보전 및 학술적 연구가치가 큰 지역

2. 지형 또는 지질이 특이하여 학술적 연구 또는 자연경관의 유지를 위하여 보전이 필요한 지역

3. 다양한 생태계를 대표할 수 있는 지역 또는 생태계의 표본지역

4. 그 밖에 하천·산간계곡 등 자연경관이 수려하여 특별히 보전할 필요가 있는 지역으로서 대통령령으로 정하는 지역

환경부장관은 생태·경관보전지역의 지속가능한 보전·관리를 위하여 생태적 특성, 자연경관 및 지형여건 등을 고려하여 생태·경관보전지역을 다음과 같이 구분하여 지정·관리할 수 있습니다(§ 12 ②).

1. 생태·경관핵심보전구역("핵심구역"): 생태계의 구조와 기능의 훼손방지를 위하여 특별한 보호가 필요하거나 자연경관이 수려하여 특별히 보호하고자 하는 지역

2. 생태·경관완충보전구역("완충구역"): 핵심구역의 연접지역으로서 핵심구역의 보호를 위하여 필요한 지역

3. 생태·경관전이(轉移)보전구역("전이구역"): 핵심구역 또는 완충구역에 둘러싸인 취락지역으로서 지속가능한 보전과 이용을 위하여 필요한 지역

법이 이처럼 생태·경관보전지역을 핵심·완충·전이구역으로 세분화한 것은 가치나 기능에 따라 행위제한을 차등화함으로써 보전과 이용에 조화를 기하려는 취지로 이해됩니다.

한편, 생태·경관보전지역이 군사목적 또는 천재·지변 그 밖의 사유로 인하여 생태·경관보전지역으로서의 가치를 상실하거나 보전할 필요가 없게 된 경우에는 환경부장관이 그 지역을 해제·변경할 수 있습니다(§ 12 ③).

(2) 생태·경관보전지역의 지정절차

생태·경관보전지역의 지정·변경절차는 환경부장관이 생태·경관보전지역을 지정·변경하는 내용의 지정계획서를 제출함으로써 시작됩니다(§ 13 ①). 지형도 첨부, 지정사유 및 목적 등 지정계획서에 포함시켜야 할 사항은 법 제13조 제1항에 명시되어 있습니다.

환경부장관은 지정계획서를 작성하여 해당 지역주민과 이해관계인 및 지방자치단체의 장의 의견을 수렴한 후, 관계중앙행정기관의 장과의 협의 및 중앙환

경정책위원회의 심의를 거쳐야 합니다(§ 13 ① 본문). 법 제13조 제1항에 따라 의견청취 또는 협의의 요청을 받은 지방자치단체의 장 또는 관계중앙행정기관의 장은 특별한 사유가 없는 한 그 요청을 받은 날부터 30일 이내에 환경부장관에게 의견을 제시해야 합니다(§ 13 ②).

(3) 생태·경관보전지역의 관리

① 생태·경관보전지역 관리기본계획의 수립·시행

생태·경관보전지역을 관리기본계획을 세워 관리하도록 되어 있습니다. 환경부장관은 생태·경관보전지역에 대하여 관계중앙행정기관의 장 및 관할 시·도지사와 협의하여 생태·경관보전지역관리기본계획을 수립·시행해야 합니다(§ 14).

② 생태·경관보전지역등에서의 행위제한

「자연환경보전법」은 제15조, 제16조에서 생태·경관보전지역 내에서의 행위제한을 규정하는 한편, 행위제한 위반행위에 대한 대응책으로서 제17조에서 중지명령, 제63조 이하에서 벌칙, 과태료 등에 관한 규정을 두고 있습니다. 누구든지 생태·경관보전지역 안에서는 다음 중 어느 하나에 해당하는 자연생태 또는 자연경관의 훼손행위를 하여서는 아니 됩니다(§ 15 ① 본문).

> 1. 핵심구역 안에서 야생동·식물을 포획·채취·이식·훼손하거나 고사시키는 행위 또는 포획하거나 고사시키기 위하여 화약류·덫·올무·그물·함정 등을 설치하거나 유독물·농약 등을 살포·주입하는 행위
> 2. 건축물 그 밖의 공작물("건축물등")의 신축·증축(생태·경관보전지역 지정 당시의 건축 연면적의 2배 이상 증축하는 경우에 한한다) 및 토지의 형질변경
> 3. 하천·호소 등의 구조를 변경하거나 수위 또는 수량에 증감을 가져오는 행위
> 4. 토석의 채취
> 5. 그 밖에 자연환경보전에 유해하다고 인정되는 행위로서 대통령령으로 정하는 행위[269]

이 같은 행위들, 특히 제2호 내지 제5호에 해당하는 행위들은 행위 그 자체는 반드시 위법한 행위는 아니라도, 그것이 생태·경관보전지역 안에서 행해지면 자연생태나 자연경관 훼손의 결과로 이어진다는 점에서 금지한 것입니다. 그러나 몇 가지 예외가 있습니다.

---

269) 시행령은 이에 해당하는 행위로 수면의 매립·간척, 그리고 불을 놓는 행위를 열거하고 있습니다(시행령 § 11).

첫째 예외는, 생태·경관보전지역 안에 「자연공원법」에 따라 지정된 공원구역 또는 「문화재보호법」에 따른 문화재(보호구역 포함)가 포함된 경우입니다. 이 경우에는 각각 「자연공원법」 또는 「문화재보호법」에서 정하는 바에 따릅니다(§ 15 ① 단서).

둘째 예외는 군사목적이나 천재·지변 등 예외사유와 해당 지역주민들의 영농행위 등 기존 토지이용행위 그 밖에 특별히 행위금지를 면제해야 할 사유가 있는 경우로서, 다음 어느 하나에 해당하는 경우에는 위 제15조 제1항의 적용이 배제됩니다(§ 15 ②).

1. 군사목적을 위하여 필요한 경우
2. 천재·지변 또는 이에 준하는 대통령령으로 정하는 재해가 발생하여 긴급한 조치가 필요한 경우
3. 생태·경관보전지역 안에 거주하는 주민의 생활양식의 유지 또는 생활향상을 위하여 필요하거나 생태·경관보전지역 지정 당시에 실시하던 영농행위를 지속하기 위하여 필요한 행위 등 대통령령으로 정하는 행위를 하는 경우[270]
4. 환경부장관이 해당 지역의 보전에 지장이 없다고 인정하여 환경부령으로 정하는 바에 따라 허가하는 경우
5. 「농어촌정비법」 제2조에 따른 농업생산기반정비사업으로서 제14조에 따른 생태·경관보전지역관리기본계획에 포함된 사항을 시행하는 경우
6. 「산림자원의 조성 및 관리에 관한 법률」에 의한 산림경영계획 및 산림보호와 「산림보호법」에 따른 산림유전자원보호구역의 보전을 위하여 시행하는 사업으로서 나무를 베어내거나 토지의 형질변경을 수반하지 아니하는 경우
7. 관계행정기관의 장이 인가·허가 또는 승인 등("인·허가 등")을 하거나 다른 법률에 따라 관계 행정기관의 장이 직접 실시하는 경우. 이 경우 관계 행정기관의 장은 미리 환경부장관과 협의해야 한다.
8. 환경부장관이 생태·경관보전지역을 보호·관리하기 위하여 대통령령으로 정하는 행위 및 필요한 시설을 설치하는 경우

셋째 예외는 완충구역 및 전이구역에 대한 것입니다. 법은 완충구역과 전이구역 안에서는 법 제15조 제1항의 규정에 불구하고 일정한 행위를 할 수 있

---

270) 여기서 "대통령령으로 정하는 행위"라 함은 생태·경관보전지역 또는 그 인근지역에 거주하는 주민이나 생태·경관보전지역 안의 토지·공유수면의 소유자·점유자 또는 관리인의 행위로서 생태적으로 지속가능하다고 인정되는 농사, 어로행위, 수산물의 채취행위, 버섯·산나물 등의 채취행위 그 밖의 이에 준하는 행위를 말합니다(시행령 § 13).

도록 하여 예외를 인정하는 한편(§15 ③, ④), 각 구역에 따라 허용되는 행위의 범위를 차등화하고 있습니다.

한편, 법은 환경부장관으로 하여금 취약한 자연생태·자연경관의 보전을 위하여 특히 필요한 경우에는 대통령령으로 정하는 개발사업을 제한하거나 제15조 제2항 제3호에도 불구하고 영농행위를 제한할 수 있도록 하고 있습니다(§15 ⑤).

제15조 제5항에 따라 이미 실시하고 있는 개발사업·영농행위 등을 할 수 없음에 따라 초래되는 재산상 손실 또는 제33조 제1항에 따라 재산상 손실을 입은 사람은 대통령령으로 정하는 바에 따라 환경부장관 또는 지방자치단체의 장에게 보상을 청구할 수 있습니다(§53 ①). 환경부장관 또는 시·도지사는 손실보상의 청구를 받은 때에는 3개월 이내에 청구인과 협의하여 보상할 금액 등을 결정하고 이를 청구인에게 통지해야 하며(§53 ②), 협의가 성립되지 아니한 때에는 환경부장관, 지방자치단체의 장 또는 청구인은 대통령령으로 정하는 바에 따라 관할 토지수용위원회에 재결을 신청할 수 있습니다(§53 ③).

③ 생태·경관보전지역에서의 금지행위

법은 제16조에 생태·경관보전지역 안에서의 행위금지 조항을 두고 있습니다. 이에 따라 생태·경관보전지역 안에서 금지되는 행위는 다음과 같습니다.

1. 「물환경보전법」 제2조에 따른 특정수질유해물질, 「폐기물관리법」 제2조에 따른 폐기물 또는 「화학물질관리법」 제2조에 따른 유독물질을 버리는 행위
2. 환경부령으로 정하는 인화물질을 소지하거나 환경부장관이 지정하는 장소외에서 취사 또는 야영을 하는 행위(핵심구역 및 완충구역에 한한다)
3. 자연환경보전에 관한 안내판 그 밖의 표지물을 오손 또는 훼손하거나 이전하는 행위
4. 그 밖에 생태·경관보전지역의 보전을 위하여 금지해야 할 행위로서 풀·나무의 채취 및 벌채 등 대통령령으로 정하는 행위

그러나 여기에도 예외는 있습니다. 위의 금지행위 유형에 해당하는 행위라 하더라도 군사목적을 위하여 필요한 경우, 천재·지변 또는 이에 준하는 대통령령으로 정하는 재해가 발생하여 긴급한 조치가 필요한 경우에는 허용됩니다(§16 단서). 이들 행위는 수질환경보전법 등 관계법령을 위반하는 행위지만, 일회적으로 완료되거나 그 영향범위가 제한되는 경우가 대부분이어서 앞서 본 자연

생태 또는 자연경관 훼손행위들보다는 그 훼손효과가 덜하기 때문에 군사목적상 필요한 경우나 천재·지변 등과 같은 상황이 닥쳤을 때, 즉 제16조 단서에 해당하는 사유가 있는 때에는 불가피하게 그러한 행위를 할 수밖에 없는 경우가 있으므로 이를 허용한 것이라고 이해됩니다.

④ 생태·경관보전지역의 출입제한

환경부장관은 다음 각호의 어느 하나에 해당하는 경우에는 생태·경관보전지역의 전부 또는 일부에 대한 출입을 일정 기간 제한하거나 금지할 수 있습니다(§ 16의2 ①).

1. 자연생태계와 자연경관 등 생태·경관보전지역의 보호를 위하여 특별히 필요하다고 인정 되는 경우
2. 자연적 또는 인위적인 요인으로 훼손된 자연환경의 회복을 위한 경우
3. 생태·경관보전지역을 출입하는 자의 안전을 위한 경우

다만 일상적 농림수산업 등 생활 영위를 위하여 출입하는 해당 지역주민이나, 생태·경관보전지역 보전 사업 목적, 군사목적 등 공적 목적을 위하여 출입하는 사람들은 예외적으로 생태·경관보전지역을 출입할 수 있습니다(§ 16의2 ② 각호).

⑤ 중지명령 등

생태·경관보전지역 안에서 금지 또는 제한되는 행위를 하여도 그에 대한 제재조치가 뒤따르지 않는다면 그 지역지정 및 행위제한의 목적을 달성할 수 없습니다. 이러한 취지에서 법은 제17조에서 중지명령과 원상회복명령이라는 명령적 통제수단을 마련하고 있습니다. 이에 따르면 환경부장관은 생태·경관보전지역 안에서 제15조 제1항에 위반되는 행위를 한 사람에 대하여 그 행위의 중지를 명하거나 상당한 기간을 정하여 원상회복을 명할 수 있고(§ 17), 원상회복이 곤란한 경우에는 대체자연의 조성 등 이에 상응하는 조치를 하도록 명할 수 있습니다(§ 17조 단서).

⑥ 자연생태·경관 보전을 위한 토지등의 확보, 생태·경관보전지역 토지등의 매수

법은 환경부장관으로 하여금 생태·경관보전지역, 생태적 가치가 우수하거나 자연경관이 수려하여 생태·경관보전지역으로 지정할 필요가 있다고 인정되는 지역에 소재하는 국유의 토지·건축물 그 밖에 그 토지에 정착된 물건이 군

사목적 또는 문화재의 보호목적 등으로 사용할 필요가 없게 되는 경우 국방부
장관·문화재청장 등 해당 토지등의 관리권을 보유하는 중앙행정기관의 장에게
「국유재산법」에 따른 관리전환을 요청할 수 있도록 하는 한편(§ 18 ①), 이를 위
하여 관계중앙행정기관의 장과 협의하여 토지등에 대한 조사를 할 수 있도록
하고 있습니다(§ 18 ②).

또한 환경부장관은 생태·경관보전지역·자연유보지역의 생태계 보전을 위
하여 필요한 경우 그 지역의 토지 등을 소유자와 협의하여 매수할 수 있습니다
(§ 19 ①). 매수가격은 「공익사업을 위한 토지 등의 취득 및 보상에 관한 법률」에
따라 산정한 가액에 따릅니다(§ 19 ②).

⑦ 주민지원 등

생태·경관보전지역 안에서의 각종 행위제한으로 말미암아 불이익을 받게
되는 주민들을 배려하는 차원에서 토지매수, 주민지원 등에 관한 규정들이 마련
되어 있습니다.

먼저, 법 제19조에 따른 환경부장관의 협의매수 및 보상은 생태·경관보전
지역 안에서 받는 행위제한으로부터 벗어나는 방법으로 활용될 수도 있습니다.

둘째, 환경부장관은 생태·경관보전지역에 수질오염등의 영향을 직접 미칠
수 있는 "인접지역"에서 그 지역의 주민이 주택을 증축하는 등의 행위를 할 경
우 「하수도법」에 따른 개인하수처리시설 및 분뇨처리시설을 설치하는 경비의
전부 또는 일부를 지원할 수 있습니다(§ 20 ①).

셋째, 환경부장관은 생태·경관보전지역 및 인접지역에 대하여 우선적으로
오수 및 폐수의 처리를 위한 지원방안을 수립하여야 하며, 그 경우 지원에 필
요한 조치 및 환경친화적 농·임·어업의 육성을 위하여 필요한 조치를 하도록
관계중앙행정기관의 장 또는 해당 지방자치단체의 장에게 요청할 수 있습니다
(§ 20 ②).

끝으로 환경부장관은 관계중앙행정기관의 장 및 지방자치단체의 장과 협의
하여 생태·경관보전지역의 주민이 해당 생태·경관보전지역을 우선하여 이용할
수 있도록 하며(§ 21 ① 본문), 다만, 토지소유자 등 이해관계자가 있는 경우에는
그와 합의가 이루어진 때에 한합니다(§ 21 ① 단서). 생태·경관보전지역을 이용하
는 지역주민은 해당 그 보전을 위하여 노력해야 합니다(§ 21 ②).

⑧ 시·도 생태·경관보전지역의 지정·관리

「자연환경보전법」은 시·도지사가 생태·경관보전지역에 준하여 보전할 필요가 있다고 인정되는 지역을 시·도생태·경관보전지역으로 지정하여 관리할 수 있도록 하여 생태계보전에 있어 광역지방자치단체가 역할을 수행할 수 있는 여지를 열어 두는 한편(§23①), 환경부장관도 시·도지사에게 해당 지역을 대표하는 자연생태·자연경관을 보전할 필요가 있는 지역을 시·도 생태·경관보전지역으로 지정하여 관리하도록 권고할 수 있도록 했습니다(§23②). 시·도 생태·경관보전지역의 지정기준·구역구분·지정해제 등에 관한 사항은 제12조 규정을 준용합니다(§23③). 법은 시·도생태·경관보전지역 지정 또는 변경의 절차, 관리계획의 수립·시행, 지정의 효과 및 행위제한 등에 관해서도 생태·경관보전지역의 그것에 준하는 규정을 두고 있습니다.

2.7. 자연유보지역의 지정·관리

법은 생태·경관보전지역에 의한 자연환경의 보전과 함께 제22조에서 자연유보지역과 완충지역을 정하여 관리하도록 함으로써 자연환경보전에 공백이 없도록 하고 있습니다. '자연유보지역'이란 사람의 접근이 사실상 불가능하여 생태계의 훼손이 방지되고 있는 지역중 군사상의 목적으로 이용되는 외에는 특별한 용도로 사용되지 아니하는 무인도로서 대통령령으로 정하는 지역과 관할권이 대한민국에 속하는 날부터 2년간의 비무장지대를 말합니다(§2 13호). 자연유보지역의 지정·관리는 사람의 접근이 어려운 특수한 자연환경지역을 보전하기 위한 별도의 보완책이라 할 수 있습니다.

환경부장관은 자연유보지역에 대하여 관계중앙행정기관의 장 및 관할 시·도지사와 협의하여 생태계의 보전과 자연환경의 지속가능한 이용을 위한 종합계획 또는 방침을 수립해야 합니다(§22①), 자연유보지역의 행위제한 및 중지명령 등에 관하여는 법 제15조 제1항·제2항·제5항, 제16조 및 제17조의 규정을 준용하되, 비무장지대 안에서 남·북한간의 합의에 따라 실시하는 평화적 이용사업과 통일부장관이 환경부장관과 협의하여 실시하는 통일정책 관련사업에 대하여는 그렇지 않습니다(§22②).

2.8. 자연경관의 보전 등

「자연환경보전법」은 강변, 산간계곡 등 자연경관이 수려한 지역의 관리 소홀의 문제점을 개선하기 위하여 생태계보전지역 지정제도를 자연경관을 포함시킨 생태·경관보전지역 지정제도로 확대 개편하였을 뿐만 아니라 자연경관영향협의제를 도입하는 등 자연경관 보전을 위한 제도를 대폭 강화했습니다.

첫째, 관계중앙행정기관과 지방자치단체의 장에게 자연경관의 보전을 위해 노력해야 할 책무를 부과하여, 경관적 가치가 높은 해안선 등 주요 경관요소가 훼손되거나 시계(視界)가 차단되지 아니하도록 노력하고(§ 27 ①), 지방자치단체의 장은 조례로 정하는 바에 따라 각종 사업을 시행할 때 자연경관을 보전할 수 있도록 필요한 조치를 하도록 했습니다(§ 27 ②). 환경부장관은 자연경관을 보전하기 위하여 필요한 지침을 작성하여 관계행정기관의 장 및 지방자치단체의 장에게 통보할 수 있습니다(§ 27 ③).

둘째, 관계행정기관 및 지방자치단체의 장은 다음 하나에 해당하는 개발사업 등으로서 「환경영향평가법」 제9조에 따른 전략환경영향평가 대상계획, 제22조에 따른 환경영향평가 대상사업 또는 제43조에 따른 소규모 환경영향평가 대상사업에 해당하는 개발사업 등에 대한 인·허가 등을 하고자 하는 때에는 해당 개발사업 등이 자연경관에 미치는 영향 및 보전방안 등을 전략환경영향평가 협의, 환경영향평가 협의 또는 소규모 환경영향평가 협의내용에 포함하여 환경부장관 또는 지방환경관서의 장과 협의를 해야 합니다(§ 27 ①).

> 1. 다음 각목의 어느 하나에 해당하는 지역으로부터 대통령령으로 정하는 거리 이내의 지역에서의 개발사업 등
>   가. 「자연공원법」 제2조 제1호에 따른 자연공원
>   나. 「습지보전법」 제8조에 따라 지정된 습지보호지역
>   다. 생태·경관보전지역
> 2. 제1호외의 개발사업 등으로서 자연경관에 미치는 영향이 크다고 판단되어 대통령령으로 정하는 개발사업 등

환경부장관 또는 지방환경관서의 장은 협의를 요청받으면 해당 개발사업 등이 자연경관에 미치는 영향 및 보전방안 등에 대해 환경부장관은 중앙환경정책위원회의 심의를, 지방환경관서의 장은 제29조에 따른 자연경관심의위원회의

심의를 거쳐야 합니다(§ 27 ②).

지방자치단체의 장은 위 자연경관영향협의 대상 개발사업 등으로서 환경영향평가 및 소규모 환경영향평가 협의 대상사업이 아닌 개발사업 등과 그 밖에 자연경관에 미치는 영향이 크다고 판단되어 지방자치단체 조례로 정하는 개발사업 등에 대하여 인·허가 등을 하고자 하는 때에는 환경부령으로 정하는 자연경관에 관한 검토기준을 따라야 합니다(§ 27 ③ 본문). 다만 「국토의 계획 및 이용에 관한 법률」 제59조에 따른 지방도시계획위원회의 심의를 거치는 경우 등 대통령령으로 정하는 경우에는 그렇지 않습니다(§ 27 ③ 단서).

셋째, 법은 지방환경관서의 장이 자연경관영향협의를 요청받는 경우 전문적·효율적인 검토·심의를 위하여 지방환경관서의 장 소속하에 자연경관심의위원회를 두도록 했습니다(§§ 28-29).

2.9. 생물다양성의 보전

법은 제3장에서 자연환경조사, 정밀조사와 생태계 변화관찰 등(§§ 30, 31), 생태·자연도 작성·활용(§ 34), 도시생태현황지도 작성·활용(§ 34의2), 생태계 보전대책 및 국제협력(§ 35), 생태계 연구·기술개발 등(§ 36) 등 다양한 정책수단을 마련하고 있습니다.

2.10. 자연자산의 관리

자연환경은 단순히 우리를 둘러싸고 있는 생활의 조건일 뿐만 아니라 그 어떤 물질적 자산보다도 더 귀한 자산이기도 합니다. 이러한 의미에서 자연환경은 곧 자연자산이라고 할 수 있습니다. 「자연환경보전법」은 이러한 견지에서 제38조부터 제45조까지 자연자산의 관리에 관한 규정들을 두어, 자연환경보전·이용시설의 설치·운영, 자연휴식지의 지정·관리, 공공용으로 이용되는 자연의 훼손방지, 생태관광의 육성, 생태마을의 지정, 도시의 생태적 건전성 향상, 도시생태 복원사업, 생태통로의 설치, 조사 등을 규율하고 있습니다.

2.11. 자연환경복원사업

법은 국가에 훼손지에 대한 복구·복원 대책을 수립하고 시행할 책무를 부여하고 있으나, 자연환경복원사업의 개념 및 기본원칙, 자연환경복원사업 계획 수립·시행·유지관리 등 체계적인 추진 절차 등에 관한 법적 근거가 없어 자연 환경복원을 체계적으로 추진하기가 어려웠습니다. 이러한 법적 공백을 제도적으로 보완하는 취지에서 2021년 1월 5일의 개정법률은 자연환경복원사업의 정의를 추가하고(제2조 19호), 제4장의2를 신설하여 자연환경복원사업 대상지역의 후보목록 작성, 자연환경복원사업의 시행, 자연환경복원사업계획의 수립, 추진 실적의 보고·평가 및 유지·관리 등 자연환경복원사업의 추진절차를 정하고 있습니다(§§ 45의3-45의6).

2.12. 생태계보전부담금

2.12.1. 부과대상

법은 생태계보전을 위한 '생태계보전부담금'이란 간접적 규제수단을 도입했습니다. 각종 개발로 인한 생태계 훼손을 최소화하되, 불가피한 경우 원인자 부담원칙에 따라 사업자에게 생태계 훼손면적에 단위면적당 부과금액 및 지역계수를 곱하여 생태계보전부담금을 부과·징수하도록 한 것입니다. 법 제46조 제1항에 따르면 환경부장관은 생태적 가치가 낮은 지역으로 개발을 유도하고 자연환경 또는 생태계의 훼손을 최소화할 수 있도록 자연환경 또는 생태계에 미치는 영향이 현저하거나 생물다양성의 감소를 초래하는 사업을 하는 사업자에 대하여 생태계보전부담금을 부과·징수합니다(§ 46 ①).

> 종래 부담금의 명칭이 '협력금'으로 되어 있어 부과 취지에 잘 맞지 않고, 부담금 중 유일하게 부과금액의 상한선을 두고 있어 개발규모 확대를 부추길 수 있을 뿐만 아니라 개발사업 간 부과 형평성에도 어긋난다는 점, 징수액 중 약 50%를 지방자치단체에 교부하고 있으나 부적절한 사용에 대한 제재 규정이 없다는 점, 협력금의 용도 규정에 부과 목적과 거리가 먼 사업들이 일부 포함되어 있다는 문제점이 드러났습니다. 또 지역계수의 경우 「국토의 계획 및 이용에 관한 법률」에 따른 토지 용도만 기준으로 삼아 자연생태적 가치를 반영하기에는 한계가 있다는 지적이 있었습니다. 이에 2021년 1월 5일의 개정법률은 기존의 "생태계보전협력금"이란 명칭을 "생태계보전부담금"으로 변경하고, 부담금 산정을 위한 지역계수의 기준으로 자연생태적 가치를 등급화한 생태·자연도의 권역·지역을 추가하며, 부과상한액을 폐지하고, 부담금이 생태계의 복원사업 위주로 사용되도록 용도를 조정했습니다.

생태계보전부담금의 부과대상이 되는 사업은 다음과 같습니다(§ 46 ② 본문). 다만, 제50조 제1항 본문에 따른 자연환경보전사업 및 「해양생태계의 보전 및 관리에 관한 법률」 제49조 제2항에 따른 해양생태계보전부담금의 부과대상이 되는 사업은 제외됩니다(§ 46 ② 단서).

1. 「환경영향평가법」 제9조에 따른 전략환경영향평가 대상계획 중 개발면적 3만제곱미터 이상인 개발사업으로서 대통령령으로 정하는 사업
2. 「환경영향평가법」 제22조 및 제42조에 따른 환경영향평가 대상사업
3. 「광업법」 제3조 제2호에 따른 광업 중 대통령령으로 정하는 규모 이상의 노천탐사·채굴사업
4. 「환경영향평가법」 제43조에 따른 소규모 환경영향평가 대상 개발사업으로 개발면적이 3만 제곱미터 이상인 사업
5. 그 밖에 생태계에 미치는 영향이 현저하거나 자연자산을 이용하는 사업 중 대통령령으로 정하는 사업

2.12.2. 부과기준·감면·강제징수 등

종래 생태계보전협력금은 50억원 범위 안에서 생태계 훼손면적에 단위면적당 부과금액과 지역계수를 곱하여 산정·부과하도록 되어 있었으나, 2021년 1월 5일의 개정법률은 생태계보전부담금의 상한액을 없애고 단지 생태계의 훼손면적에 단위면적당 부과금액과 지역계수를 곱하여 산정·부과하도록 하고 있습니다(§ 46 ③ 본문). 다만, 생태계의 보전·복원 목적의 사업 또는 국방 목적의 사업으로서 대통령령으로 정하는 사업에 대하여는 생태계보전부담금을 감면할 수 있습니다(§ 46 ③ 단서).

생태계보전부담금 및 제48조 제1항에 따른 가산금은 「환경정책기본법」에 따른 환경개선특별회계의 세입으로 납입됩니다(§ 46 ④). 환경부장관은 제61조 제1항에 따라 시·도지사에게 생태계보전부담금 또는 가산금의 징수에 관한 권한을 위임한 경우에는 징수된 생태계보전부담금 및 가산금중 대통령령으로 정하는 금액을 시·도지사에게 교부할 수 있고 그 경우 시·도지사는 대통령령으로 정하는 바에 따라 교부금의 일부를 생태계보전부담금의 부과·징수비용으로 사용할 수 있습니다(§ 46 ⑤).

그 징수절차·감면기준·단위면적당 부과금액 및 지역계수 및 납부방법, 그

밖에 필요한 사항은 대통령령으로 위임되어 있습니다. 단위면적당 부과금액은 훼손된 생태계의 가치를 기준으로 하고, 지역계수는 제34조 제1항에 따른 생태·자연도의 권역·지역 및 「국토의 계획 및 이용에 관한 법률」에 따른 토지 용도를 기준으로 합니다(§ 46 ⑥).

2.13. 보 칙

법은 환경부장관이 이 법의 목적을 달성하기 위하여 필요하다고 인정하는 경우에는 대통령령으로 정하는 사항에 대하여 관계 중앙행정기관의 장 또는 지방자치단체의 장에게 필요한 시책을 마련하거나 조치를 할 것을 요청할 수 있고, 그 경우 관계중앙행정기관의 장 또는 지방자치단체의 장은 특별한 사유가 없는 한 이에 따라야 한다고 규정하고 있습니다(§ 51 ①). 이에 더해 환경부장관은 자연환경보전과 자연의 지속가능한 이용을 위하여 생물다양성의 가치와 기능을 평가하여 이를 관계중앙행정기관의 장 및 지방자치단체의 장이 활용하도록 해야 한다는 규정을 두고 있습니다(§ 51 ②).

이는 자연환경보전의 기능이 각 부처에 분산되어 있으므로 환경정책을 일관되고 차질 없이 실시할 수 있도록 환경부장관의 종합·조정기능을 확보해 주기 위한 것으로서, 자연환경의 보전과 직접적인 관계가 있는 시책 또는 계획을 수립·시행하고자 하는 관계중앙행정기관의 장으로 하여금 환경부장관과의 사전 협의를 거치도록 한 제7조의 규정과 맥락을 함께 하는 법적 배려라고 할 수 있습니다.[271]

그 밖에도 법은 예산의 범위 안에서 자연보호운동 지원사업, 생태·경관보전지역, 인접지역 및 생태마을의 주민지원사업, 자연환경보전·이용시설의 설치사업, 생태통로 설치사업 등 자연환경보전을 위한 사업을 집행하는 관계행정기관 및 지방자치단체 또는 자연보호 관련단체에 대하여 그 비용의 전부 또는 일부를 국고에서 보조할 수 있고(§ 54), 자연상징표지 및 지방자치단체의 상징종을 정해 활용할 수 있게 하고 있습니다(§ 56).

아울러 제55조에서 자연환경보전을 위한 자연환경의 실태 및 보전방안에 관한 조사·연구, 훼손된 생태계나 종의 복원, 소생태계의 조성 등 생물다양성의

---

271) 신관호, 자연환경보전법, 사법행정 1992/3, 58.

보전, 자연환경보전에 관한 영상물의 제작 및 출판 등 자연교육과 홍보 등의 사업을 하기 위하여 한국자연환경보전협회를 설치하도록 하는 근거를 명시하는 한편, 생태관광협회의 설치(§ 55의2), 민간자연환경보전단체의 육성(§ 57), 자연환경보전명예지도원(§ 58), 자연환경해설사와 양성기관 지정(§§ 59, 59의2, 59의3), 자연환경학습원 설치(§ 60)에 관한 규정을 두고 있습니다.

3. 생물다양성법

3.1. 생물다양성법의 제정

생물다양성의 보호에 관해서는 「생물다양성 보전 및 이용에 관한 법률」(약칭: 생물다양성법)이 규율하고 있습니다.

1992년 유엔환경개발회의(UNCED)에서 채택된 「생물다양성협약(CBD, Convention on Biological Diversity)」에 따라 생물자원 주권 확보를 위해 국가 생물자원 현황 파악 및 목록화, 전산화, 생물다양성 모니터링 및 연구센터 설치, 생물자원의 유출방지와 외국인 이용제한 등 각국의 노력이 본격화되기 시작했습니다. 특히, 2010년 10월 제10차 생물다양성협약 당사국 총회에서 생물자원에 대한 국가 주권을 인정하는 국제규범으로서 「생물다양성협약 부속 유전자원에 대한 접근 및 유전자원 이용 이익의 공정하고 공평한 공유」(ABS: Access to Genetic Resources and Benefit-Sharing)에 관한 나고야 의정서가 채택되었습니다. 이에 생물다양성 보전과 생물자원의 지속가능한 이용 정책을 보다 체계적으로 추진하고, 생물자원 주권을 강화하려는 국제적 추세에 대응하기 위하여 2012년 2월 1일 생물다양성법이 제정되었습니다. 이어서 2014년 강원도 평창에서 개최된 "제12차 생물다양성협약 당사국 총회(CBD COP12)" 개최기간 동안 나고야의정서가 발효됨에 따라(2014.10.12) 우리나라도 「유전자원의 접근·이용 및 이익공유에 관한 법률」(유전자원법)을 제정하고(2017.1.17), 2017년 8월 17일 나고야의정서의 당사국이 되었습니다.

3.2. 생물다양성법의 골자

생물다양성법은 국가생물다양성전략 수립, 국가 생물종 목록 구축, 생물자원 국외반출 승인 및 외국인의 생물자원 획득 신고, 국가생물다양성센터 운영, 생물자원 이익 공유 및 전통지식 보호, 생태계위해 외래생물 관리 등을 규율하고 있습니다.

3.2.1. 국가생물다양성전략 수립

법은 제7조 제1항에서 정부에 국가의 생물다양성 보전과 그 구성요소의 지속가능한 이용을 위한 전략("국가생물다양성전략")을 5년마다 수립하도록 의무화했습니다.

관계 중앙행정기관의 장은 국가생물다양성전략에 따라 매년 소관 분야의 국가생물다양성전략 시행계획을 수립, 시행하여야 하며, 전년도 시행계획의 추진실적 및 해당 연도의 시행계획을 환경부장관에게 통보하여야 합니다(§8①②).

3.2.2. 국가 생물종 목록의 구축

환경부장관은 생물다양성 관리 및 생물주권 강화를 위하여 국내에 서식하는 생물종의 학명, 분포 현황 등을 포함하는 국가 생물종 목록을 구축할 의무를 집니다(§10).

3.2.3. 생물자원 국외반출 승인 및 획득 신고

생물자원을 국외로 반출하거나 외국인이 생물자원을 획득하는 것은 우리나라의 생물다양성 보전과 그와 관련한 국가적 이익에 중대한 영향을 미칠 수 있습니다. 경우에 따라서는 희소 생물자원의 남획, 고갈, 멸종으로 이어질 수도 있어 이를 법적으로 규제할 필요가 있습니다. 생물다양성법은 이를 위한 규제를 국외반출승인대상 생물자원의 지정·고시, 국외 반출 승인, 외국인등의 생물자원 획득 신고, 세 가지 방식으로 설계하고 있습니다. 즉, 국외반출승인대상 생물자원을 먼저 지정·고시하도록 하여 명확성과 예측가능성을 기하고 지정·고시된 생물자원의 국외반출은 승인제로 규제합니다. 반면 외국인의 생물자원 획득은 이를 신고제 대상으로 삼아 우리나라 국민이 외국에서 생물자원을 획득하게 될 경우를 감안하여 상대적으로 완화된 규제방식을 취하고 있습니다.

(1) 국외반출승인대상 생물자원의 지정·고시

환경부장관은 생물다양성의 보전을 위하여 보호할 가치가 높은 생물자원으로서 대통령령으로 정하는 기준에 해당하는 생물자원을 관계 중앙행정기관의 장과 협의하여 국외반출승인대상 생물자원으로 지정·고시할 수 있습니다(§ 11 ①).

(2) 반출승인대상 생물자원의 국외 반출 승인

누구든지 국외반출승인대상으로 지정·고시된 생물자원을 국외로 반출하려면 환경부령으로 정하는 바에 따라 환경부장관의 승인을 받아야 합니다(§ 11 ② 본문). 「농업생명자원의 보존·관리 및 이용에 관한 법률」 제18조 제1항 또는 「해양수산생명자원의 확보·관리 및 이용 등에 관한 법률」 제22조 제1항에 따른 국외반출승인을 받은 경우에는 예외입니다(§ 11 ② 단서).

환경부장관은 반출승인대상 생물자원이 다음 어느 하나에 해당하는 경우에는 국외반출을 승인하지 않을 수 있습니다(§ 11 ③).

1. 극히 제한적으로 서식하는 경우
2. 국외로 반출될 경우 국가 이익에 큰 손해를 입힐 것으로 우려되는 경우
3. 경제적 가치가 높은 형태적·유전적 특징을 가지는 경우
4. 국외에 반출될 경우 그 종의 생존에 위협을 줄 우려가 있는 경우

환경부장관은 반출승인대상 생물자원의 국외반출 승인을 받은 자가 거짓이나 그 밖의 부정한 방법으로 승인을 받은 경우 또는 생물자원을 승인받은 용도 외로 사용한 경우에는 환경부령으로 정하는 바에 따라 그 승인을 취소할 수 있고, 다만, 제1호에 해당하는 경우에는 그 승인을 취소하여야 합니다(§ 12 ①).

환경부장관은 승인이 취소된 반출승인대상 생물자원이 이미 반출된 경우에는 그 승인이 취소된 자에게 해당 생물자원의 환수를 명령하는 등 필요한 조치를 할 수 있고(§ 12 ②), 환수 명령 등을 받은 자가 그 명령 등을 이행하지 아니할 때에는 「행정대집행법」에서 정하는 바에 따라 대집행할 수 있습니다(§ 12 ③).

생물다양성법에 의한 국외반출 승인대상 생물자원 5,814종, 「야생생물 보호 및 관리에 관한 법률」에서 멸종위기 야생생물로 지정된 282종, 수출입 허가 대상동물 568종 등 총 6,664종에 대하여 국외반출 및 수출·입시 승인 또는 허가를 받도록 되어 있습니다.[272]

---

272) 환경백서 2022, 256.

(3) 외국인등의 생물자원 획득 신고

외국인, 외국기관 및 국제기구 등("외국인등") 또는 외국인등과 생물다양성 관련 계약을 체결한 자가 연구 또는 상업적 이용을 위하여 환경부장관이 지정·고시하는 생물자원을 획득하려는 경우에는 환경부장관에게 신고하여야 합니다. 다만, 「해양수산생명자원의 확보·관리 및 이용 등에 관한 법률」 제11조제1항에 따른 외국인등의 획득허가를 받은 경우에는 신고의무가 면제됩니다(§ 13 ①).

3.2.4. 생물다양성 훼손에 대한 긴급조치

환경부장관 등은 자연재해 발생이나 개발사업 등의 시행이 생물다양성에 심각한 영향을 미칠 우려가 있을 경우, 생물다양성의 급격한 감소를 피하거나 최소화할 수 있는 조치를 하도록 하였습니다(§ 14).

3.2.5. 국가생물다양성센터 운영 등

환경부장관은 생물다양성의 체계적인 보전·관리 및 생물자원의 지속가능한 이용을 위하여 국가생물다양성센터를 운영하도록 하고, 「생물다양성협약」의 국내 이행과 국가생물다양성 정보의 종합적인 관리를 위하여 국가생물다양성 정보공유체계를 구축·운영하도록 하고 있습니다(§§ 17, 18).

3.2.6. 생물자원 이익 공유 및 전통지식 보호

정부는 생물자원의 연구·개발 등으로 발생하는 이익을 공평하게 공유하기 위한 정책을 추진하도록 하고, 생물다양성의 보전 및 생물자원의 지속가능한 이용과 관련된 전통지식의 보전 및 이용을 촉진하기 위한 시책을 추진하도록 하고 있습니다(§§ 19, 20).

3.2.7. 외래생물의 체계적인 관리

환경부장관은 외래생물에 대한 국가 차원의 통합적인 관리를 위하여 5년마다 기본계획을 수립하고, 생태계 등에 위해를 미칠 우려가 있는 위해우려종을 수입·반입하려는 경우에는 위해성 심사를 거쳐 승인받도록 하며, 생태계 등에 미치는 위해가 큰 생태계교란 생물을 지정·고시하여 관리하도록 하고 있습니다 (§§ 21-25).

3.2.8. 생태계서비스 기반 정책의 추진

생태계는 인간 삶의 질과 행복에 직·간접적인 영향을 미치며, 식량과 물, 에너지 공급에서부터, 건강, 안전, 사회관계, 문화적 정체성 등에 이르기까지 포괄적인 혜택을 줍니다. 이처럼 인간이 생태계로부터 얻는 직·간접적인 혜택을 "생태계서비스(Ecosystem Services)"라고 부릅니다.

생물다양성법은 2019년 12월 10일 개정법률에서 생태계서비스 관련 정책을 도입하였습니다. 즉, 생물다양성의 보전과 생물자원의 지속사능한 이용을 도모하고 「생물다양성협약」의 이행을 위하여 생물다양성법이 제정·시행되고 있으나, 생태계서비스의 가치를 체계적으로 평가하고 정책에 반영하는 국제사회의 추세에 비추어 볼 때 미흡하다는 반성을 토대로, 생태계서비스의 개념을 정의하고, 국가생물다양성전략에 생태계서비스 관련 연구·개발 등이 포함되도록 하며, 생태계서비스지불제계약의 체결과 지원을 위한 법제도적 근거를 마련하였습니다.

생물다양성법은 먼저, 생태계서비스의 개념을 인간이 생태계로부터 얻는 각종 혜택으로 정의하고, 다음과 같은 혜택으로 구체화하였습니다 (§ 2 10호).

가. 식량, 수자원, 목재 등 유형적 생산물을 제공하는 공급서비스
나. 대기 정화, 탄소 흡수, 기후 조절, 재해 방지 등의 환경조절서비스
다. 생태 관광, 아름답고 쾌적한 경관, 휴양 등의 문화서비스
라. 토양 형성, 서식지 제공, 물질 순환 등 자연을 유지하는 지지서비스

다음, 법은 국가생물다양성전략에 생태계서비스 관련 연구·기술개발, 교육·홍보 및 국제협력과 생태계서비스의 체계적인 제공 및 증진을 포함시키도록 하였습니다(§ 7 ②).

끝으로 법은 생태계서비스지불제계약의 체결과 지원에 필요한 사항을 정하고 있습니다. 종래 자연환경보전법에 따른 생물다양성관리계약은 2019년 12월 10일 법개정으로 생물다양성법에 따른 '생태계서비스지불제계약'으로 변경되었습니다. 생물다양성법 제16조에 따라 정부는 「자연환경보전법」상 생태·경관보전지역, 「습지보전법」상 습지보호지역, 「자연공원법」상 자연공원 등 일정한 지

역이 보유한 생태계서비스의 체계적인 보전 및 증진을 위하여 토지의 소유자·점유자 또는 관리인과 자연경관 및 자연자산의 유지·관리, 경작방식의 변경, 화학물질의 사용 감소, 습지의 조성, 그 밖에 토지의 관리방법 등을 내용으로 하는 계약, 즉 '생태계서비스지불제계약'을 체결하거나 지방자치단체의 장에게 생태계서비스지불제계약의 체결을 권고할 수 있습니다.

법은 국민신탁법인 등이 생태계서비스지불제계약을 체결하는 경우에는 정부가 그 이행에 필요한 지원을 할 수 있도록 하였습니다(§ 16 ④).

4. 유전자원법

2010년 제10차 생물다양성협약(CBD, Convention on Biological Diversity) 당사국 총회에서 유전자원에 대한 접근 및 이익공유(ABS)에 관한 나고야 의정서가 채택되어 2014년 10월 12일 발효됨에 따라, 세계 각국에서 자국의 생물자원에 대한 주권을 강화하려는 움직임이 강화되기 시작했습니다. 이러한 국제적 추세에 대응하기 위하여 2017년 1월 17일 「유전자원의 접근·이용 및 이익공유에 관한 법률」(유전자원법)이 제정되었습니다.

유전자원법은 유전자원 등에 대한 접근과 이용을 위한 지원시책의 수립, 국내 유전자원 등에 대한 접근 신고 및 유전자원 등의 이용으로부터 발생한 이익의 공유 등을 규율하고 있습니다. 상세한 설명을 생략합니다.

5. 야생생물법

종래 희귀한 동물이나 식물들을 강장·보신용 또는 관상용, 약재 등으로 쓰기 위하여 무분별하게 남획하는 부끄러운 관행이 언론의 질타를 받는 일이 드물지 않았습니다. 지금은 많이 개선되었다고는 하지만 아직도 근절되지는 못한 것으로 보입니다. 또 정부가 특정야생생물로 지정해놓고도 그 포획행위 등의 적발이나 방지에 실효를 거두지 못하는 경우가 많고, 이들 동식물이 어떻게 증감하는지 등에 대한 실태파악 조차 제대로 되어 있지 못했기 때문에 이에 대한 종합적이고 과학적인 대책을 마련하는 일이 시급한 과제로 대두되었습니다.

1997년 멸종위기에 처한 야생동·식물의 보호를 강화하기 위해 자연환경보전법이 개정되었으나 야생동·식물의 보호 및 관리에 관한 규정이 자연환경보전법과 조수보호 및 수렵에 관한 법률에 분산·중복되어 있어 체계적 관리가 어려웠고, 생물자원 보전시설 등에 대한 법적·제도적 장치가 미비했습니다. 또 개구리·뱀 등 야생생물의 남획으로 인한 자연생태계 교란이 심각해짐에 따라 이를 방지하기 위한 대책이 시급히 요구되었고, 밀렵 근절을 위하여 밀렵의 중요한 원인이 되고 있는 수요자(먹는 자)도 처벌대상에 포함시켜야 한다는 주장이 강력하게 대두되었습니다. 그런 배경에서 야생동·식물 보호 및 관리를 체계화하기 위해 2004년 2월 9일 야생동·식물보호법이 제정되었습니다. 야생동·식물보호법은 2011년 7월 28일 야생동·식물에 대한 보호 위주에서 원생생물(原生生物) 등을 포함한 야생생물의 체계적인 보호·관리로의 정책기조 변화를 반영하기 위하여 그 제명을 "야생생물 보호 및 관리에 관한 법률"(야생생물법)로 변경하였습니다.

야생생물법은 야생동물에 대한 체계적인 질병연구를 위하여 야생동물의 질병연구시설을 설치·운영하도록 하며, 야생동물의 불법 포획 등을 예방하기 위하여 야생동물로 인한 피해 보상의 대상 범위를 확대하고, 지방자치의 활성화를 위하여 환경부장관이 수행하던 야생동물 특별보호구역에서의 행위 제한 등을 시·도지사도 할 수 있도록 하며, 야생동물의 밀렵행위 근절을 위해 밀렵행위에 따른 처벌을 대폭 강화하였습니다.

야생생물법은 2022년 12월 13일 다시 일부 개정되었습니다. 개정법률은 기존의 관리 대상이 아닌 야생동물을 분류군별로 관리 대상으로 추가하고, 분류군별로 수입·양도·양수·보관 등을 제한하는 근거를 마련하며, 야생동물을 생산, 수입, 판매 등을 하는 영업자에 대한 허가 규정을 신설하여 야생동물의 복지 증진 뿐만 아니라 국내 생태계 보호, 질병 관리를 통한 국민 보건 증진에 기여하려는 의지를 분명히 했습니다. 또한 「동물원 및 수족관의 관리에 관한 법률」에 따른 동물원 및 수족관 외의 시설에서의 야생동물 전시행위를 금지하고, 야생동물 전시행위 금지 등으로 인하여 유기 또는 방치될 우려가 있는 야생동물의 관리를 위해 유기·방치 야생동물 보호시설을 설치하여 야생동물에 대한 보호·관리를 강화하였습니다. 개정법률은 2025년 12월 14일부터 시행됩니다.

야생생물법은 야생생물 보호 및 이용의 기본원칙을 다음과 같이 천명하고 있습니다.

- 야생생물은 현세대와 미래세대의 공동자산임을 인식하고 현세대는 야생생물과 그 서식환경을 적극 보호하여 그 혜택이 미래세대에게 돌아갈 수 있도록 하여야 한다(§ 3 ①).
- 야생생물과 그 서식지를 효과적으로 보호하여 야생생물이 멸종되지 아니하고 생태계의 균형이 유지되도록 하여야 한다(§ 3 ②).
- 국가, 지방자치단체 및 국민이 야생생물을 이용할 때에는 야생생물이 멸종되거나 생물다양성이 감소되지 아니하도록 하는 등 지속가능한 이용이 되도록 하여야 한다(§ 3 ③).

야생생물법은 국가를 야생생물 보호정책의 주체로 설정하면서 국가의 시책에 협력하고 관할구역에서의 지방자치단체의 역할을 중시할 뿐만 아니라, 국민의 참여가 중요하다는 인식에 따라 국민의 책무를 분명히 하고 있습니다.

먼저, 국가의 책무를 보면, 국가는 야생생물의 서식실태 등을 파악하여 야생생물 보호에 관한 종합적인 시책을 수립·시행하고, 야생생물 보호와 관련되는 국제협약을 준수하여야 하며, 관련 국제기구와 협력하여 야생생물의 보호와 그 서식환경의 보전을 위하여 노력하여야 합니다(§ 4 ①).

지방자치단체는 야생생물 보호를 위한 국가의 시책에 적극 협조하여야 하며, 지역적 특성에 따라 관할구역의 야생생물 보호와 그 서식환경 보전을 위한 대책을 수립·시행하여야 합니다(§ 4 ②).

모든 국민은 야생생물 보호를 위한 국가와 지방자치단체의 시책에 적극 협조하는 등 야생생물 보호를 위하여 노력하여야 합니다(§ 4 ③).

<야생생물의 보호를 위한 법적 수단>

1. 야생생물 일반
   (1) 야생생물 보호 기본계획의 수립, 서실실태 조사 등(§§ 5, 6, 6의2-3)
   (2) 서식지외보전기관의 지정 등(§ 7)
   (3) 야생동물의 학대금지(§ 8)
   (4) 인공구조물로 인한 야생동물의 피해방지 및 유기·방치 야생동물 보호시설 설치
       (§§ 8의2-4)

⑸ 불법 포획한 야생동물의 취득 등 금지(§ 9)

⑹ 덫, 창애, 올무 등의 제작금지 등(§ 10)

⑺ 야생동물 운송 시의 준수사항(§ 11)

⑻ 야생동물로 인한 피해의 예방 및 보상(§ 12)

2. 멸종위기 야생생물의 보호

　⑴ 멸종위기 야생생물에 대한 보전대책의 수립 등(§ 13)

　⑵ 멸종위기 야생생물의 지정 주기(§ 13의2)

　⑶ 멸종위기 야생생물의 포획·채취등의 금지(§ 14)

　⑷ 멸종위기 야생생물의 포획·채취등의 허가취소(§ 15)

　⑸ 국제적 멸종위기종의 국제거래 등의 규제(§§ 16, 16의2-4)

　⑹ 개선명령 등(§§ 16의5-9)

　⑺ 국제적 멸종위기종의 수출·수입 허가의 취소 등(§ 17)

　⑻ 멸종위기 야생생물 등의 광고 제한(§ 18).

3. 멸종위기 야생생물 외의 야생생물 보호 등

　⑴ 야생생물의 포획·채취 금지 등(§ 19)

　⑵ 야생생물의 포획·채취 허가 취소 등(§ 20)

　⑶ 야생생물의 수출·수입·양도·양수·보관 등(§§ 21, 22)

　⑷ 지정관리 야생동물 수입·수출 등의 규제(§ 2 4호, 22의2-4, 부칙 § 4)

　⑸ 야생동물 영업 등(§ 22의5-10)

　⑹ 유해야생동물의 포획허가 및 관리 등(§ 23)

　⑺ 야생화된 동물의 관리(§ 24)

4. 야생생물 특별보호구역 등의 지정·관리(§§ 27, 28, 29, 30, 31, 32)

5. 야생동물 질병관리 및 검역(§§ 34의3-34의12)

6. 생물자원의 보전(§§ 35-38, 40)

7. 수렵 관리

　수렵장 설정 등(§ 42)

　수렵동물의 지정 등(§ 43)

　수렵면허(§§ 44, 52)

　수렵면허시험 등(§ 45)

　수렵면허의 결격사유(§ 46)

　수렵 강습(§ 47)

　수렵강습기관의 지정취소(§ 47의2)

　수렵면허증의 발급 등(§ 48)

　수렵승인(§ 50)

　수렵보험의 가입의무(§ 51)

Ⅸ. 소음·진동관리법

1. 소음·진동 문제와 법

공장이나 건설공사장, 도로·철도 등에서 발생하는 소음이나 진동은 정서나 건강에 적지 않은 피해를 가져올 뿐만 아니라 그 자체가 이미 심각한 환경침해를 수반합니다. 소음은 '보이지 않는 살인마'라는 말이 있듯, 일상생활에서 가장 많이 느끼는 공해 문제로 사람들의 정서에 강한 영향을 미칩니다. 소음에 오래 노출되면 불안, 초조, 신경장애, 불면증, 식욕감퇴, 정서불안, 청각손실 등의 건강장애를 초래한다고 알려져 있습니다. 환경관련 민원에서 60%를 차지하는 것이 소음입니다. 그 중 공장과 산업시설이 80% 이상을 차지하는데도 소음을 줄이기 위한 투자와 제도는 매우 부족한 실정입니다.

소음과 진동이 대기오염이나 수질오염 못지않게 인간과 동식물에 심각한 영향을 끼칠 수 있다는 사실이 과학적으로 밝혀지면서[273] 소음·진동의 규제가 필요하다는 인식도 계속 확산되어 왔습니다. 이에 공장·건설공사장·도로·철도 등으로부터 발생하는 소음·진동으로 인한 피해를 방지하고 소음·진동을 적정하게 관리하여 모든 국민이 조용하고 평온한 환경에서 생활할 수 있게 함을 목적으로 제정된 것이 「소음·진동관리법」(§1)입니다.

생활소음 배출원은 확성기 소음, 건설공사장의 작업소음, 소규모 공장의 작업소음, 유흥업소 심야소음 등 매우 다양합니다. 최근 인구증가와 더불어 도시화, 산업화 등에 따라 생활소음 배출원은 급격히 증가하는 반면, 생활수준 향상에 따른 조용한 생활환경에 대한 욕구 증가로 생활소음 관련민원은 큰 폭으로 증가하고 있어 대책 마련이 중요한 과제로 대두되고 있습니다.

소음·진동분야 사건은 도심지의 아파트 건설공사나 도로건설 등 사회간접시설 공사 중 발생하는 소음·진동으로 인한 건물 및 정신적 피해를 호소하는 것들이 대부분인데, 이처럼 소음·진동사건이 다른 분야에 비하여 압도적으로 높은 비중을 차지하는 것은 대기·수질분야보다 오염도검사 등 입증이 용이하고 분쟁조정을 통한 금전적 보상에의 기대가

---

273) 환경부에 따르면 소음은 40dB 정도부터 인체에 영향을 미치기 시작하여, 70dB 정도면 말초혈관에 수축반응이 일어나고, 80dB 정도에 청력손실에 직접 영향을 미치며 대체로 평균소음도가 70dB 이상이면 주거지역으로는 부적합하다고 합니다(http://www.me.go.kr/cgi-bin/data/0201.cgi).

상대적으로 높기 때문이지만, 도시민들이 늘 소음·진동에 노출되고 있기 때문이라고 볼 수 있습니다. 또 그만큼 소음·진동에 대한 규제가 절실히 요구된다는 증거이기도 합니다.

2. 국가·지방자치단체의 책무 등

국가와 지방자치단체는 국민의 쾌적하고 건강한 생활환경 조성을 위하여 소음·진동으로 인한 피해를 예방·관리할 수 있는 시책을 수립·추진해야 할 책무를 집니다(§ 2의2).

3. 소음·진동관리종합계획

법은 제2조의3에서 환경부장관에게 소음·진동으로 인한 피해를 방지하고 소음·진동의 적정한 관리를 위하여 특별시장·광역시장·특별자치시장·도지사 또는 특별자치도지사("시·도지사")의 의견을 들은 후 관계 중앙행정기관의 장과 협의를 거쳐 5년마다 소음·진동관리종합계획을 수립하도록 하고 있습니다(§ 2의3 ①).

관계 중앙행정기관의 장은 종합계획에 따라 소관별로 연도별 시행계획을 수립·시행하고, 시·도지사는 종합계획 및 관계 중앙행정기관의 시행계획에 따라 해당 특별시·광역시·특별자치시·도 또는 특별자치도의 시행계획을 수립·시행해야 합니다(§ 2의3 ⑤).

4. 소음·진동의 측정등

4.1. 상시측정

소음·진동관리법은 다른 환경관계법과 유사한 규율방식을 채용하여 환경부장관으로 하여금 전국적인 소음·진동의 실태를 파악하기 위하여 측정망을 설치하여 상시측정하고 이를 상시측정망설치계획에 따라 실시하도록 하고 있습니다(§ 3 ①, § 4). 시·도지사는 해당 관할구역의 소음·진동 실태를 파악하기 위하여 측정망을 설치하고 상시 측정하여 측정한 자료를 환경부령으로 정하는 바에 따라 환경부장관에게 보고해야 합니다(§ 3 ②). 환경부장관, 시·도지사가 측정망을 설치하려면 관계기관의 장과 미리 협의해야 합니다(§ 3 ③).

4.2. 측정망설치계획의 결정·고시 및 소음지도 작성·공개 등

법은 측정망설치계획의 결정·고시(§ 4), 측정망 설치계획을 결정·고시한 경우 다른 법률에 따른 허가의제(§ 5) 및 관계기관과의 협의(§ 6 ②), 소음지도의 작성 및 공개(4의2)에 관한 규정들을 두고 있습니다.

5. 소음·진동의 관리

「소음·진동관리법」은 그 규제대상을 크게 공장소음·진동, 생활소음·진동, 교통소음·진동, 항공기소음으로 나누고 있습니다. 여기서 소음이란 '기계·기구·시설, 그 밖의 물체의 사용 또는 공동주택(「주택법」 제2조 3호에 따른 공동주택) 등 환경부령으로 정하는 장소에서 사람의 활동으로 인하여 발생하는 강한 소리'(§ 2 1호)를, 진동이란 '기계·기구·시설 그 밖의 물체의 사용으로 인하여 발생하는 강한 흔들림'을 말합니다(§ 2 2호).

5.1. 공장 소음·진동의 관리

공장발 소음·진동 규제를 위하여 법은 소음·진동 배출허용기준과 배출시설의 허가제, 그리고 이미 대기환경보전법 등에서 본 것과 유사한 형태의 개선명령, 조업정지명령, 허가의 취소, 위법시설에 대한 폐쇄조치 등 규제수단들을 마련하고 있습니다(§§ 7-9, 12-18).

5.1.1. 소음·진동 배출허용기준

소음·진동 배출시설을 설치한 공장에서 배출되는 소음·진동의 배출허용기준은 환경부장관이 관계 중앙행정기관의 장과 협의하여 환경부령으로 정하도록 되어 있습니다(§ 7 ①, ②; 시행규칙 제8조 [별표 5]).

「소음·진동관리법」이 채택한 공장소음·진동배출허용기준은 국제표준기구(ISO)의 권고안을 참고하여 제정한 것입니다. 각국의 배출허용기준은 나라마다 상이합니다.

한편 2021년 1월 5일 개정법률은 이미 지어진 공장 주변으로 주거지가 확장되면서 지역주민들의 소음 관련 민원이 끊임없이 제기됨에 따라 시·도와 대도시에서 지역환경기준의 유지가 곤란하다고 인정되는 경우에는 조례로 보다 강화된 공장 소음·진동 배출허용기준을 정할 수 있도록 허용했습니다. 즉, 특별시·광역시·특별자치시·도(그 관할구역 중 인구 50만 이상 시 제외)·특별자치도 또는 특별시·광역시 및 특별자치시를 제외한 인구 50만 이상 시("대도시")는 「환경정책기본법」 제12조 제3항에 따른 지역환경기준의 유지가 곤란하다고 인정되는 경우에는 조례로 제1항의 배출허용기준보다 강화된 배출허용기준을 정할 수 있습니다(§7③).

시·도지사 또는 대도시의 장은 제3항에 따른 배출허용기준을 설정·변경하는 경우에는 **조례로 정하는 바에 따라 미리 주민 등 이해관계자의 의견을 듣고, 이를 반영하도록 노력해야 하며**(§7④), 배출허용기준을 설정·변경하면 지체없이 환경부장관에 보고하고 이해관계자가 내용을 알 수 있도록 공보 게재 등 필요한 조치를 해야 합니다(§7⑤).

5.1.2. 소음·진동 배출시설의 설치신고 및 허가

배출시설을 설치하려는 자는 대통령령으로 정하는 바에 따라 특별자치시장·특별자치도지사 또는 시장·군수·구청장(자치구의 구청장)에게 신고해야 합니다(§8① 본문). 다만, 학교 또는 종합병원의 주변 등 대통령령으로 정하는 지역은 특별자치시장·특별자치도지사 또는 시장·군수·구청장의 허가를 받아야 합니다(§8① 단서).

배출시설의 설치신고 등에 관한 업무는 종래 환경부장관에게 맡겨졌다가 1993년 12월 27일의 개정법률에서 지방자치단체의 고유사무로 전환되었고,[274] 다시 2004년 12월 31일 시·도지사에서 특별자치도지사, 시장·군수·구청장으로 이양되었습니다. 한편 법은 신고하거나 허가를 받은 자가 그 신고하거나 허가받은 사항을 변경하고자 할 때에는 환경부령으로 정하는 중요한 사항을 변경하고자 할 때에는 특별자치시장·특별자치도지사 또는 시장·군수·구청장에게 변경신고를 하도록 했습니다(§8②).

소음·진동 배출시설의 설치신고나 변경신고는 이른바 '수리를 요하는 신고'에 해당합니다. 관할 행정청은 신고를 받은 경우 그 내용을 검토하여 이 법에 적합하면 신고를 수리해야 합니다(§8④).

또 산업단지나 그 밖에 대통령령으로 정하는 지역에 위치한 공장에 배출시

---

274) 법제처의 개정이유(관보 제12602호, 1993.12.27)를 참조.

설을 설치하려는 자는 신고 또는 허가 대상에서 제외합니다(§ 8 ③).

5.1.3. 방지시설의 설치의무

배출시설의 설치 또는 변경에 대한 신고를 하거나 허가를 받은 "사업자"가 그 배출시설을 설치하거나 변경하려면 그 공장으로부터 나오는 소음·진동을 제7조의 배출허용기준 이하로 배출되게 하기 위하여 소음·진동방지시설을 설치해야 합니다(§ 9 본문). 다만, 다음과 같은 사유에 해당하면 방지시설의 설치의무가 면제됩니다(§ 9 단서).

1. 특별자치시장·특별자치도지사 또는 시장·군수·구청장이 그 배출시설의 기능·공정 또는 공장의 부지여건상 소음·진동이 항상 배출허용기준 이하로 배출된다고 인정하는 경우
2. 소음·진동이 배출허용기준을 초과하여 배출되더라도 생활환경에 피해를 줄 우려가 없다고 환경부령으로 정하는 경우

법 제9조 제2호에서 "환경부령으로 정하는 경우"란 해당 공장의 부지 경계선으로부터 직선거리 200미터 이내에 다음 시설 등이 없는 경우를 말합니다(시행규칙 § 11 ①).

1. 주택(사람이 살지 아니하는 폐가는 제외)·상가·학교·병원·종교시설
2. 공장 또는 사업장
3. 「관광진흥법」 제52조에 따른 관광지 및 관광단지
4. 그 밖에 특별자치시장·특별자치도지사 또는 시장·군수·구청장이 정하여 고시하는 시설 또는 지역

반면 방지시설 설치가 면제되는 사유가 있더라도 다음 중 어느 하나에 해당하면 방지시설을 설치하여 소음·진동을 배출허용기준 이내로 낮춰야 합니다(시행규칙 § 11 ②).

1. 제1항 각호의 시설이 새로이 설치될 경우
2. 해당 공장에서 발생하는 소음·진동으로 인한 피해분쟁이 발생할 경우
3. 그 밖에 특별자치시장·특별자치도지사 또는 시장·군수·구청장이 생활환경의 피해를 방지하기 위하여 필요하다고 인정할 경우

한편 법은 지식산업센터의 사업자나 공장이 밀집된 지역의 사업자는 공장에서 배출되는 소음·진동을 공동으로 방지하기 위하여 공동 방지시설을 설치할 수 있으며, 이 경우 각 사업자는 공장별로 그 공장의 소음·진동에 대한 방지시설을 설치한 것으로 본다고 규정하여 이들 밀집지역의 사업자들이 공동으로 방지시설을 설치할 수 있도록 유인을 제공하고 있습니다(§ 12 ①). 공동방지시설의 배출허용기준은 제7조에 따른 배출허용기준과 다른 기준을 정할 수 있습니다. 그 기준과 공동방지시설 설치·운영에 관한 사항은 환경부령으로 정하도록 위임되어 있습니다(§ 12 ②).

5.1.4. 배출시설에 대한 규제명령

사업자는 제7조 또는 제12조 제2항에 따른 소음·진동배출허용기준을 준수해야 합니다. 사업자는 배출시설 또는 방지시설의 설치나 변경을 끝내고 배출시설을 가동한 때에는 환경부령으로 정하는 기간 안에 공장에서 배출되는 소음·진동이 제7조 또는 제12조 제2항에 따른 배출허용기준 이하로 처리될 수 있도록 해야 합니다. 단 환경부령으로 정하는 기간 동안은 제15조, 제16조, 제17조 제6호 및 제60조 제2항 제2호를 적용하지 않습니다(§ 14).

특별자치시장·특별자치도지사 또는 시장·군수·구청장은 조업 중인 공장에서 배출되는 소음·진동의 정도가 배출허용기준을 초과하면 환경부령으로 정하는 바에 따라 기간을 정하여 사업자에게 그 소음·진동의 정도가 배출허용기준 이하로 내려가는 데에 필요한 조치, 즉 "개선명령"을 할 수 있습니다(§ 15). 개선명령을 받은 자가 이를 이행하지 아니하거나 기간 내에 이행은 하였으나 배출허용기준을 계속 초과할 때에는 특별자치시장·특별자치도지사 또는 시장·군수·구청장가 그 배출시설의 전부 또는 일부에 조업정지를 명할 수 있고(§ 16 ① 제1문), 그 경우 환경부령으로 정하는 시간대별 배출허용기준을 초과하는 공장에는 시간대별로 구분하여 조업정지를 명할 수 있습니다(§ 16 ① 제2문).

또한 특별자치시장·특별자치도지사 또는 시장·군수·구청장은 소음·진동으로 건강상 위해와 생활환경의 피해가 급박하다고 인정하면 즉시 해당 배출시설에 대해 조업시간 제한·조업정지, 그 밖에 필요한 조치를 명할 수 있습니다(§ 16 ②).

그 밖에도 법은 사업자가 거짓이나 그 밖의 부정한 방법으로 허가를 받았거나 신고 또는 변경신고를 한 경우(§ 17 ① 1호) 등 일정한 사유가 있으면 특별자치시장·특별자치도지사 또는 시장·군수·구청장이 배출시설의 설치허가를 취소하거나(신고대상시설의 경우에는 배출시설의 폐쇄명령) 6개월 이내의 기간을 정하여 조업정지를 명할 수 있도록 수권하고 있습니다(§ 17 ① 본문). 다만, 제1호에 해당하는 경우에는 반드시 설치허가를 취소하거나 폐쇄를 명해야 합니다(§ 17 ① 단서).

또 특별자치시장·특별자치도지사 또는 시장·군수·구청장은 제8조에 따른 신고를 하지 아니하거나 허가를 받지 않고 배출시설을 설치하거나 운영하는 자에게 그 배출시설의 사용중지를 명해야 합니다(§ 18 본문). 다만, 그 배출시설을 개선하거나 방지시설을 설치·개선하더라도 그 공장에서 나오는 소음·진동의 정도가 배출허용기준 이하로 내려갈 가능성이 없거나 다른 법률에 따라 그 배출시설의 설치가 금지되는 장소이면 그 배출시설의 폐쇄를 명해야 합니다(§ 18 단서).

사업자가 위 조항들에 따른 조치명령·개선명령·조업정지명령·사용중지명령 등을 이행한 경우에는 그 결과를 지체없이 특별자치시장·특별자치도지사 또는 시장·군수·구청장에게 보고하고(§ 20 ①), 특별자치시장·특별자치도지사 또는 시장·군수·구청장은 보고를 받으면 지체없이 그 명령의 이행 상태나 개선 완료 상태를 확인해야 합니다(§ 20 ②).

5.1.5. 환경기술인의 임명

법은 제19조에서 사업자에게 배출시설과 방지시설의 정상적인 운영·관리를 위하여 환경기술인을 임명하도록 의무화하고 있습니다(§ 19 ① 본문). 다만, 다른 법률에 따라 환경기술인의 업무를 담당하는 자가 지정된 경우에는 그렇지 않습니다(§ 19 ① 단서). 환경기술인의 임무는 법준수의 지도·감독입니다.

5.2. 생활 소음·진동의 관리

5.2.1. 생활 소음과 진동의 규제

「소음·진동관리법」은 제21조 제1항에서 특별자치시장·특별자치도지사 또는 시장·군수·구청장에게 주민의 정온한 생활환경을 유지하기 위하여 사업장 및 공사장 등에서 발생되는 "생활소음·진동"(산업단지 그 밖에 환경부령으로 정하는 지역 안에서 발생하는 소음·진동은 제외)을 규제할 의무를 지우고 있습니다. 생활소음·진동의 규제대상 및 규제기준은 환경부령에 위임되어 있습니다(§21 ②). 생활소음·진동의 규제대상은 다음과 같고(시행규칙 §20 ②), 법 제21조 제2항에 따른 생활소음·진동의 규제기준은 시행규칙 [별표 8]에 정해져 있습니다(시행규칙 §20 ③).

1. 확성기에 의한 소음(「집회 및 시위에 관한 법률」에 따른 소음과 국가비상훈련 및 공공기관의 대국민 홍보를 목적으로 하는 확성기 사용에 따른 소음의 경우는 제외)
2. 배출시설이 설치되지 아니한 공장에서 발생하는 소음·진동
3. 시행규칙 제20조 제1항 각호의 지역 외의 공사장에서 발생하는 소음·진동
4. 공장·공사장을 제외한 사업장에서 발생하는 소음·진동

법 제21조 제1항에 따라 생활소음·진동의 규제를 받지 않게 되는 "환경부령으로 정하는 지역"이란 산업단지, 전용공업지역, 자유무역지역, 생활소음·진동이 발생하는 공장·사업장 또는 공사장의 부지 경계선으로부터 직선거리 300미터 이내에 주택(폐가 제외), 운동·휴양시설 등이 없는 지역 등 시행규칙 제20조 제1항에 열거되어 있습니다.

5.2.2. 층간소음기준 등

층간소음 관련 민원 및 분쟁은 이미 사회문제 수준으로 고조되고 있습니다. 2013년 8월 13일의 개정법률에서 제21조의2를 신설하여 층간소음기준 등을 규율하기 시작했고, 환경부는 층간소음 분쟁을 해소하고자 국토교통부와 공동으로 「공동주택 층간소음의 범위와 기준에 관한 규칙」을 제정·시행했습니다. 법 제21조의2에 따르면, 환경부장관과 국토교통부장관은 공동으로 공동주택에서 발생되는 층간소음(인접한 세대 간 소음 포함)으로 인한 입주자 및 사용자의 피해를 최소화하고 발생된 피해에 관한 분쟁을 해결하기 위하여 층간소음기준을 정해야 합니다(§21의2 ①). 층간소음의 피해 예방 및 분쟁 해결을 위하여 필요한 경우 환경부장관은 대통령령으로 정하는 바에 따라 전문기관으로 하여금 층간소음의 측정, 피해사례의 조사·상담 및 피해조정지원을 실시하도록 할 수 있습니다(§21의2 ②). 층간소음의 범위와 기준은 환경부와 국토교통부의 공동부령으로 정합니다(§21의2 ③).

5.2.3. 특정공사의 사전신고

각종 공사로 생활소음·진동 발생이 빈번하다는 점을 감안하여 법은 제22조에서 생활소음·진동을 발생하는 공사로서 환경부령으로 정하는 특정공사를 시행하고자 하는 자에게 환경부령으로 정하는 바에 따라 관할 특별자치시장·특별자치도지사 또는 시장·군수·구청장에게 신고하도록 의무화하고 있습니다(§ 22 ①). 특별자치시장·특별자치도지사 또는 시장·군수·구청장은 신고 또는 변경신고를 받은 날부터 4일 이내에 신고수리 여부를 신고인에게 통지해야 하며(§ 22 ③), 기간 내에 신고수리 여부 또는 민원 처리 관련 법령상 처리기간의 연장을 신고인에게 통지하지 아니하면 그 기간(민원 처리 관련 법령에 따라 처리기간이 연장 또는 재연장된 때에는 그 처리기간)이 끝난 날의 다음 날 신고를 수리한 것으로 봅니다(§ 22 ④).

특정공사를 시행하고자 하는 자는 다음 사항을 모두 준수해야 합니다(§ 22 ⑤).

1. 환경부령으로 정하는 기준에 적합한 방음시설을 설치한 후 공사를 시작할 것. 다만, 공사현장의 특성 등으로 방음시설의 설치가 곤란한 경우로서 환경부령으로 정하는 경우에는 그러하지 아니하다.
2. 공사로 발생하는 소음·진동을 줄이기 위한 저감대책을 수립·시행할 것

5.2.4. 기준초과 생활 소음·진동의 규제

특별자치시장·특별자치도지사 또는 시장·군수·구청장은 생활소음·진동이 제21조 제2항에 따른 규제기준을 초과하면 소음·진동을 발생시키는 자에게 작업시간의 조정, 소음·진동 발생 행위의 분산·중지, 방음·방진시설의 설치, 환경부령으로 정하는 소음이 적게 발생하는 건설기계의 사용 등 필요한 조치를 명할 수 있고(§ 23 ①), 사업자가 조치명령 등을 이행한 경우에는 환경부령으로 정하는 바에 따라 그 이행결과를 지체없이 특별자치시장·특별자치도지사 또는 시장·군수·구청장에게 보고해야 하며(§ 23 ②), 특별자치시장·특별자치도지사 또는 시장·군수·구청장은 보고를 받으면 지체없이 그 명령의 이행 상태나 개선 완료 상태를 확인해야 합니다(§ 23 ③).

조치명령을 받은 자가 이를 이행하지 아니하거나 이행하였더라도 제21조 제2항에 따른 규제기준을 초과한 경우에는 해당 규제대상의 사용금지, 해당 공사의 중지 또는 폐쇄를 명할 수 있습니다(§ 23 ④).

5.2.5. 이동소음의 규제

법은 특별자치시장·특별자치도지사 또는 시장·군수·구청장은 이동소음의 원인을 일으키는 기계·기구, 즉 "이동소음원"으로 인한 소음을 규제할 필요가 있는 지역을 이동소음 규제지역으로 지정하여 이동소음원의 사용을 금지하거나 사용 시간 등을 제한할 수 있도록 하고 있습니다(§24 ①). 특별자치시장·특별자치도지사 또는 시장·군수·구청장이 이동소음규제지역을 지정하거나 변경한 때에는 그 사실을 고시하고 표지판 설치 등 필요한 조치를 해야 합니다(§24 ③).

5.2.6. 폭약의 사용으로 인한 소음·진동의 방지

특별자치시장·특별자치도지사 또는 시장·군수·구청장은 폭약의 사용으로 인한 소음·진동피해를 방지할 필요가 있다고 인정하면 시·도경찰청장에게 「총포·도검·화약류 등 단속법」에 따라 폭약을 사용하는 자에게 그 사용의 규제에 필요한 조치를 하여 줄 것을 요청할 수 있습니다. 시·도경찰청장은 특별한 사유가 없으면 그 요청에 따라야 합니다(§25).

5.3. 교통 소음·진동의 관리

5.3.1. 교통소음·진동의 관리기준

법은 교통기관에서 발생하는 소음·진동의 관리기준, 즉 "교통소음·진동 관리기준"을 환경부령으로 정하도록 하면서 환경부장관에게 미리 관계 중앙행정기관의 장과 교통소음·진동 관리기준 및 시행시기 등 필요한 사항을 협의할 의무를 부과하고 있습니다(§26).

5.3.2. 교통소음·진동관리지역의 지정

특별시장·광역시장·특별자치시장·특별자치도지사 또는 시장·군수(광역시의 군수는 제외)는 교통기관에서 발생하는 소음·진동이 교통소음·진동 관리기준을 초과하거나 초과할 우려가 있는 경우에는 해당 지역을 "교통소음·진동 관리지역"으로 지정할 수 있습니다(§27 ①). 환경부장관은 교통소음·진동의 관리가 필요하다고 인정하는 지역을 교통소음·진동 관리지역으로 지정하여 줄 것을 특별시장·광역시장·특별자치시장·특별자치도지사 또는 시장·군수에게 요청할 수 있고 이 경우 특별시장·광역시장·특별자치시장·특별자치도지사 또는 시장·군수는 특별한 사유가 없으면 그 요청에 따라야 합니다(§ 27 ②).

특별시장·광역시장·특별자치시장·특별자치도지사 또는 시장·군수(광역시의 군수는 제외한다)는 제1항에 따른 교통소음·진동 관리지역을 지정할 때에는 고요하고 편안한 상태가 필요한 주요 시설, 주거 형태, 교통량, 도로 여건, 소음·진동 관리의 필요성 등을 고려하여 제25조에 따른 교통소음·진동의 관리기준을 초과하거나 초과할 우려가 있는 지역을 우선하여 관리지역으로 지정해야 합니다(시행규칙 § 26 ②).

특별시장·광역시장·특별자치시장·특별자치도지사 또는 시장·군수는 교통기관에서 발생하는 소음·진동이 교통소음·진동 관리기준을 초과하지 아니하거나 초과할 우려가 없다고 인정되면 교통소음·진동 관리지역의 지정을 해제할 수 있습니다(법 § 27 ⑤).

특별자치시장·특별자치도지사 또는 시장·군수·구청장은 교통소음·진동 관리지역을 통행하는 "자동차운행자"에게 「도로교통법」에 따른 속도의 제한·우회 등 필요한 조치를 하여 줄 것을 지방경찰청장에게 요청할 수 있고, 이 경우 지방경찰청장은 특별한 사유가 없으면 지체없이 그 요청에 따라야 합니다(§ 28).

또한 법 제29조 제1항은 특별시장·광역시장·특별자치시장·특별자치도지사 또는 시장·군수(광역시의 군수는 제외)는 교통소음·진동 관리지역에서 자동차 전용도로, 고속도로 및 철도로부터 발생하는 소음·진동이 교통소음·진동 관리기준을 초과하여 주민의 조용하고 평온한 생활환경이 침해된다고 인정하면 스스로 방음·방진시설을 설치하거나 해당 시설관리기관의 장에게 방음·방진시설 설치 등 필요한 조치를 요청할 수 있고, 이 경우 그 시설관리기관의 장은 특별한 사유가 없으면 요청에 따라야 한다고 규정하고 있습니다(§ 29 ①). 이 조항은 「도로법」 제2조 제1항 1호에 따른 도로(자동차 전용도로와 고속도로 제외) 중 학교·공동주택, 그 밖에 환경부령으로 정하는 시설의 주변 도로로부터 발생하는 소음·진동에 준용됩니다(§ 29 ②).

5.3.3. 자동차 소음·진동에 대한 규제

법은 교통소음·진동 규제지역 안에서의 규제와는 별도로, 한 걸음 더 나아가 소음의 발생원인 자동차 자체에 관하여 규제를 가하고 있습니다. 즉, 자동차를 제작하고자 하는 자에 대하여는 자동차를 이로부터 배출되는 소음이 대통령령에서 정하는 제작차소음허용기준에 적합하게 제작해야 한다고 규정하고(§ 30), 자동차제작자가 자동차를 제작하고자 하는 경우에는 미리 제작차에 대하여 해당 자동차의 소음이 제30조에 따른 제작차 소음허용기준에 적합하다는 환경부장관의 인증을 받도록 의무화하고 있습니다(§ 31 ① 본문). 다만, 환경부장관은 군용·소방용 등 공용의 목적 또는 연구·전시목적 등으로 사용하려는 자동차 또는 외국에서 반입하는 자동차로서 대통령령으로 정하는 자동차는 인증을 면제하거나 생략할 수 있도록 하여 예외를 인정하고 있습니다(§ 31 ① 단서).

법은 환경부장관이 제31조에 따른 인증을 받아 제작한 자동차의 소음이 제30조에 따른 제작차소음허용기준에 적합한지 여부를 확인하기 위하여 대통령령으로 정하는 바에 따라 검사를 실시하도록 규정하고 있습니다(§ 33).

또한 법은 인증의 실효를 기하기 위하여 환경부장관은 다음 어느 하나에 해당하면 인증을 취소하여야 한다고 규정하고 있습니다(§ 34 ①).

1. 속임수나 그 밖의 부정한 방법으로 인증을 받은 경우
2. 제작차에 중대한 결함이 발생되어 개선을 하여도 제작차 소음허용기준을 유지할 수 없을 경우

환경부장관은 제33조 제1항에 따른 검사 결과 제작차 소음허용기준에 부적합하면 그 제작 자동차의 개선 또는 판매중지를 명해야 하며(§ 34 ② 제1문), 이 경우 판매중지 명령을 위반하면 그 제작자동차의 인증을 취소하여야 합니다(§ 34 ② 제2문).

그 밖에도 법은 자동차 소음·진동 정보관리 전산망의 구축 및 운영(§ 33의2), 자동차용 타이어 소음허용기준 등(§ 34의2), 타이어 소음허용기준 초과에 따른 시정명령 등(§ 34의3)을 규정하고 있습니다.

한편, 운행차에 대해서도 법은 자동차 소유자에 대하여 그 자동차에서 배출되는 소음이 대통령령으로 정하는 운행차소음허용기준에 적합하게 운행하거나 운행하게 해야 할 의무를 부과하는 동시에, 소음기나 소음덮개를 떼어 버리거나 경음기(警音器)를 추가로 붙이는 행위를 금지하고 있습니다(§ 35 ①). 이륜자동차의 소유자에게도 법 제31조 제1항 및 제2항에 따라 인증·변경인증을 받은 배기소음 결과 값보다 5데시벨[dB(A)]을 초과하지 아니하도록 운행하거나 운행

하게 하여야 할 의무가 부과되어 있습니다(§ 35 ②).

특별시장·광역시장 또는 특별자치도지사 또는 시장·군수·구청장은 운행차의 소음이 제35조에 따른 운행차 소음허용기준에 적합한지 여부, 소음기 또는 소음덮개를 떼어 버렸는지 여부 및 경음기를 추가로 붙였는지 여부를 확인하기 위하여 도로 또는 주차장 등에서 운행차를 점검할 수 있습니다(§ 36 ①). 자동차 운행자는 이러한 수시점검에 협조해야 하며, 이에 불응하거나 지장을 주는 행위를 하여서는 아니 됩니다(§ 36 ②). 이 의무에 위반하여 점검에 불응하거나 이를 방해하면 6개월 이하의 징역 또는 500만원 이하의 벌금이 부과됩니다(§ 58 5호). 특별시장·광역시장·특별자치시장·특별자치도지사 또는 시장·군수·구청장은 운행차에 대하여 제36조에 따른 점검 결과 그 자동차의 소음이 운행차 소음허용기준을 초과한 경우, 소음기나 소음덮개를 떼어 버린 경우 또는 경음기를 추가로 붙인 경우에는 환경부령으로 정하는 바에 따라 자동차의 소유자에 대하여 개선을 명할 수 있습니다(§ 38 ①). 이 경우 10일 이내의 범위 안에서 개선에 필요한 기간에 그 자동차의 사용정지를 함께 명할 수 있습니다(§ 38 ②). 개선명령을 받은 자는 제41조에 따라 특별자치도지사 또는 시장·군수·구청장에게 등록한 자로부터 개선 결과를 확인받은 후 특별시장·광역시장·특별자치시장·특별자치도지사 또는 시장·군수·구청장 등에게 보고해야 합니다(§ 38 ③). 개선명령 또는 사용정지명령을 위반하면 6개월 이하의 징역 또는 500만원 이하의 벌금이 부과됩니다(§ 58 제6호).

5.4. 항공기소음의 관리

법은 항공기소음을 규제하기 위하여 환경부장관에게 항공기 소음이 대통령령으로 정하는 항공기 소음의 한도를 초과하여 공항 주변의 생활환경이 매우 손상된다고 인정하면 관계 기관의 장에게 방음시설의 설치나 그 밖에 항공기소음의 방지에 필요한 조치를 요청할 수 있는 권한을 부여하고 있습니다(§ 39 ①). 이 같은 필요한 조치를 요청할 수 있는 공항은 대통령령으로 정하도록 되어 있습니다(§ 39 ②). 이것은 종래 추상적으로 '환경부장관은 항공기소음측정결과 「환경정책기본법」 제10조에 따른 환경기준의 유지 및 달성을 위하여 필요하다고 인정하는 때에 관계기관의 장에게 항공기소음의 감소 및 피해방지를 위하여 필요한 조치를 요청할 수 있다'고만 되어 있던 것을 고쳐 1993년 12월 27일의 개정법률이 항공기소음한도를 대통령령으로 정하도록 하고 공항 주변의 생활환경의 심한 손상을 요건으로 하여 방음시설의 설치 그 밖에 필요한 조치를 요청할 수 있도록 하는 등 그 내용을 다소 구체화시킨 것입니다. 이것은 같은 조 제3항이 규정하는 바와 같이 항공기소음규제에 관한 별도의 법률이 마련되기까지 과도적인 규제수단으로 이해되었습니다. 2010년 3월 22일 항공기 소음으로 인한 피해를 최소화하고 피해 주민 지원을 위하여 「공항소음 방지 및 소음대책지역 지원에 관한 법률」(법률 제10161호: 약칭: 공항소음방지법)이 제정, 시행되었습니다.

<참고판례: 김포공항 항공기소음 사례 >

[1] 국가배상법 제5조 제1항에 정하여진 '영조물의 설치 또는 관리의 하자'라 함은 공공의 목적에 공여된 **영조물이 그 용도에 따라 갖추어야 할 안전성을 갖추지 못한 상태에 있음**을 말하고, 안전성을 갖추지 못한 상태, 즉 타인에게 위해를 끼칠 위험성이 있는 상태라 함은 당해 영조물을 구성하는 물적 시설 그 자체에 있는 물리적·외형적 흠결이나 불비로 인하여 그 이용자에게 위해를 끼칠 위험성이 있는 경우뿐만 아니라, 그 **영조물이 공공의 목적에 이용됨에 있어 그 이용상태 및 정도가 일정한 한도를 초과하여 제3자에게 사회통념상 수인할 것이 기대되는 한도를 넘는 피해를 입히는 경우까지 포함된다**고 보아야 한다.

[2] '영조물 설치 또는 하자'에 관한 제3자의 수인한도의 기준을 결정함에 있어서는 일반적으로 침해되는 권리나 이익의 성질과 침해의 정도뿐만 아니라 침해행위가 갖는 공공성의 내용과 정도, 그 지역환경의 특수성, 공법적인 규제에 따라 확보하려는 환경기준, 침해를 방지 또는 경감시키거나 손해를 회피할 방안의 유무 및 그 난이 정도 등 여러 사정을 종합적으로 고려하여 구체적 사건에 따라 개별적으로 결정해야 한다.

[3] 소음 등을 포함한 공해 등의 위험지역으로 이주하여 들어가서 거주하는 경우와 같이 위험의 존재를 인식하면서 그로 인한 피해를 용인하며 접근한 것으로 볼 수 있는 경우에, 그 피해가 직접 생명이나 신체에 관련된 것이 아니라 정신적 고통이나 생활방해의 정도에 그치고 그 침해행위에 고도의 공공성이 인정되는 때에는, **위험에 접근한 후 실제로 입은 피해 정도가 위험에 접근할 당시에 인식하고 있었던 위험의 정도를 초과하는 것이거나 위험에 접근한 후에 그 위험이 특별히 증대하였다는 등의 특별한 사정이 없는 한 가해자의 면책을 인정해야 하는 경우도 있을 수 있을 것**이나, 일반인이 공해 등의 위험지역으로 이주하여 거주하는 경우라고 하더라도 위험에 접근할 당시에 그러한 위험이 존재하는 사실을 정확하게 알 수 없는 경우가 많고, 그 밖에 위험에 접근하게 된 경위와 동기 등의 여러 가지 사정을 종합하여 그와 같은 **위험의 존재를 인식하면서 굳이 위험으로 인**

<u>한 피해를 용인하였다고 볼 수 없는 경우에는 손해배상액의 산정에 있어 형평의 원칙상 과실상계에 준하여 감액사유로 고려하는 것이 상당하다.</u>

[4] 김포공항에서 발생하는 소음 등으로 인근 주민들이 입은 피해는 사회통념상 수인한 도를 넘는 것으로서 김포공항의 설치·관리에 하자가 있다.[275)]

X. 환경보건법

1. 「환경보건법」

환경문제는 비단 환경과 생태계를 오염시키거나 훼손하는 데 그치지 않고 그 속에서 살아가는 사람과 동식물에게도 다양한 피해를 줍니다. 특히 환경오염이나 생태계훼손은 물론 신기술이나 유해화학물질 사용에 따른 건강 위협이 날로 심각해지고 있습니다. 우리나라에서도 급속한 산업화과정에서 다양한 피해사례들이 나타나기 시작했습니다. 실례로 산업단지 폐금속광산 인근 지역주민들이 건강질환을 앓거나 새로운 기술과 물질 사용으로 국민과 생태계가 위험에 처하거나 피해를 입는 사례들이 증가해 왔습니다.

이에 따라 환경오염과 유해화학물질이 사람의 건강과 생태계에 끼치는 위협을 식별, 방지하고 이를 예방·관리하는 등 환경보건정책에 대한 요구가 더욱더 심각하게 대두되었고 이에 대한 입법적 대응으로 2008년 3월 21일 「환경보건법」(법률 제8946호)이 제정되었습니다. 이 법률은 입법목적을 '환경유해인자의 위해성을 지속적으로 평가·관리하고, 환경에 영향을 미치는 개발사업과 개발계획을 수립할 때에 주민의 건강을 고려하도록 하는 한편, 환경유해인자로 인한 국민의 건강피해 현황을 조사하고 그 결과에 따라 조치를 하는 등 국민건강 보호의 관점에서 환경정책을 추진하도록 하여 국민건강과 생태계의 건전성을 보호하려는 것'으로 천명하고 있습니다. "환경보건"이란 「환경정책기본법」 제3조 제4호에 따른 환경오염과 「화학물질관리법」 제2조 제7호에 따른 유해화학물질 등, 즉 "환경유해인자"가 사람의 건강과 생태계에 미치는 영향을 조사·평가하고 이를 예방·관리하는 것을 말하는 것으로 정의되고 있습니다(§ 2 1호). 법률의 골

---

275) 대법원 2005.1.27 선고 2003다49566 판결.

자는 다음과 같습니다.

1.1. 환경보건종합계획의 수립과 시행

법은 환경보건시책을 체계적으로 추진하기 위하여 환경보건에 관한 중·장기적인 계획을 수립·시행하도록 하고 있습니다. 환경부장관은 환경유해인자가 수용체276)에 미치는 영향과 피해를 조사·예방 및 관리함으로써 국민의 건강을 증진시키기 위하여 10년마다 환경보건에 관한 기본적 시책 등이 포함된 환경보건종합계획을 수립해야 합니다. 환경부장관은 환경보건종합계획의 수립·변경을 관계 행정기관장에게 알려야 하며, 관계 행정기관장은 종합계획 시행을 위하여 필요한 조치를 해야 합니다(§§ 6-8).

1.2. 환경유해인자의 위해성 평가·관리

법은 환경부장관으로 하여금 환경유해인자가 국민의 건강과 생태계에 미치는 위해성을 평가하여, 환경부령으로 정하는 위해성 기준을 초과하는 환경유해인자의 관리대책을 마련하도록 하고, 위해성이 높다고 인정된 새로운 기술 또는 물질의 사용을 제한할 수 있도록 규제의 근거를 마련하고 있습니다(§§ 11-12). 아울러 전략환경영향평가 또는 환경영향평가의 대상이 되는 행정계획이나 개발사업 중 대통령령으로 정하는 행정계획 및 개발사업에 대하여는 검토·평가 항목에 환경유해인자가 국민건강에 미치는 영향, 즉 건강영향을 추가하도록 함으로써 국민건강에 영향을 미치는 행정계획이나 개발사업의 영향을 미리 예측·분석하고 그 영향을 최소화시키는 방안을 마련하도록 했습니다(§ 13).

1.3. 환경관련 건강피해의 예방과 관리

환경보건시책을 효과적으로 추진하려면 환경유해인자와 국민건강 사이의 상관성에 관한 정보를 체계적으로 수집·분석하고, 이를 토대로 관련 대책을 마련하는 것이 무엇보다도 필요합니다. 이러한 견지에서 법은 환경부장관에게 3년마다 환경유해인자의 생체 내 농도, 환경유해인자로 인한 건강피해 현황, 환

---

276) "수용체"란 환경매체를 통하여 전달되는 환경유해인자에 따라 영향을 받는 사람과 동식물을 포함한 생태계를 말합니다(§ 2 6호).

경성질환 및 그 밖에 환경유해인자에 대한 적절한 시책 마련과 조치가 필요한 질환의 발생 현황 등 국민환경보건에 관한 기초조사를 하고, 필요하면 관계 중앙행정기관의 장과 공동조사를 할 수 있도록 했습니다(§ 14 ①).

또한 환경부장관은 다음과 같은 계층, 인구집단에 대하여 건강영향조사, 즉 환경유해인자가 건강에 미치는 영향을 지속적으로 조사·평가해야 합니다(§ 15 ①).

1. 어린이, 노인, 임산부 등 환경유해인자의 노출에 민감한 계층
2. 산업단지, 폐광지역, 교통밀집지역 등 환경유해인자로 인한 건강영향의 우려가 큰 지역에 거주하는 주민 등 특정 인구집단
3. 미세먼지 등 환경유해인자가 「환경정책기본법」 제12조에 따른 환경기준을 초과하는 등 같은 법 제3조 제4호에 따른 환경오염이 현저하거나 현저할 우려가 있는 지역에 거주하는 주민 등 특정 인구집단

환경부장관과 지방자치단체의 장은 환경성질환의 발생 또는 환경유해인자로 인한 건강피해가 우려되거나 의심되는 지역 주민 등 특정 인구집단에 대하여 역학조사를 실시할 수 있습니다(§ 15 ②).

또한 법은 국민에게 환경유해인자로 인하여 자신의 건강상 피해가 발생하거나 우려되는 경우에는 환경부장관 또는 시·도지사에게 환경유해인자가 건강에 미치는 영향에 대한 조사를 실시하여 줄 것을 청원할 수 있는 권리를 부여하고 있습니다(§ 17).

1.4. 어린이의 건강을 보호하기 위한 환경유해인자 관리

어린이[277]는 성인에 비하여 신체발달이 불완전하고 환경유해인자의 노출에 민감한 취약계층이므로 어린이의 건강을 보호하기 위하여 어린이가 주로 노출될 수 있는 환경유해인자를 관리할 필요가 있습니다.

이러한 견지에서 법은 환경부장관으로 하여금 어린이의 건강을 보호하기 위하여 어린이활동공간에 대하여 환경유해인자의 노출을 평가하고, 어린이활동공간에 대한 환경안전관리기준을 대통령령으로 정하고 이에 따른 노출평가 결과에 따라 환경유해인자의 위해성이 크다고 인정되는 경우에는 관계 중앙행정

---

277) "어린이"란 13세 미만인 사람을 말합니다(§ 2 7호).

기관의 장과의 협의와 위원회의 심의를 거쳐 환경유해인자의 사용을 제한할 수 있도록 하였습니다(§ 23 ①-③).

법은 또한 어린이활동공간의 소유자나 관리자에게 환경안전관리기준 준수 의무를 부과하고 있습니다(§ 23 ④).

시장·군수·구청장 또는 교육감은 어린이활동공간의 관리자나 소유자가 제 2항에 따른 환경유해인자의 사용제한이나 환경안전관리기준을 위반한 경우에는 환경부령으로 정하는 바에 따라 해당 시설의 관리자나 소유자에게 시설의 개선 이나 환경안전관리기준을 준수하도록 명할 수 있습니다(§ 23 ⑤).

어린이활동공간의 관리자나 소유자는 어린이활동공간을 신축하거나 대통 령령으로 정하는 규모 이상을 증축하거나 수선한 때에는 제23조의2에 따른 검 사기관으로부터 환경안전관리기준에 적합한지에 대한 확인검사를 받도록 의무 화하는 한편(§ 23 ⑥), 어린이활동공간의 관리자나 소유자가 확인검사에 부적합한 어린이 활동공간을 이용하도록 하지 못하도록 금지하고 있습니다(§ 23 ⑧).

시장·군수·구청장 또는 교육감은 확인검사를 받지 아니한 관리자나 소유 자에게 환경부령으로 정하는 바에 따라 환경안전관리기준에 적합한지에 대한 확인검사를 받도록 명할 수 있습니다(§ 23 ⑨).

그 밖에도 법은 검사기관의 지정 등(§ 23의2), 교육(§ 23의3), 어린이활동공간 환경안심 인증 등(§ 23의4), 어린이 용도 유해물질 관리(§ 24), 자가관리계획의 수 립(§ 24의2), 어린이 위해성 정보의 제공(§ 25) 등에 관한 규정을 두고 있습니다.

또한 법은 어린이에 대해 특별히 진료 지원을 할 수 있도록 했습니다. 즉, 환경부장관은 환경성질환의 발생 또는 환경유해인자로 인한 건강피해가 우려 또 는 의심되면 어린이의 건강진단·치료 등에 대한 지원을 할 수 있습니다(§ 25의2).

1.5. 환경보건 전문인력의 육성 및 지원

그 밖에도 법은 환경보건정책의 효과적인 추진을 위하여 국가 및 지방자치단 체에 환경보건 전문인력 육성 및 관련 연구·조사에 대하여 해당 사업에 필요한 비 용의 전부 또는 일부를 예산의 범위에서 지원하도록 하고 있습니다(§ 28).

2. 살생물제규제법

유례를 찾기 힘든 바이오사이드(biocide) 즉 살생물제(殺生物劑) 피해인 가습기살균제 사건이 드러남에 따라 입법적 대응이 불가피하게 되었습니다. 이에 피해자의 신속 구제 및 지속가능한 지원 대책 마련을 목적으로 2017년 2월 8일 「가습기살균제 피해구제를 위한 특별법」(약칭: 가습기살균제피해구제법)이 제정되었습니다(법률 제14566호). 그로부터 약 10개월 후 가습기살균제사건과 4·16세월호참사의 발생원인·수습과정·후속조치 등의 사실관계와 책임소재의 진상을 밝히고 피해자를 지원하며, 재해·재난의 예방과 대응방안을 수립하여 안전한 사회 건설·확립을 목적으로 「사회적 참사의 진상규명 및 안전사회 건설 등을 위한 특별법」(법률 제15213호 약칭: 사회적참사진상규명법)이 제정되었고, 2018년 3월 20일 '바이오사이드법'이라고 불리는 「생활화학제품 및 살생물제의 안전관리에 관한 법률」(법률 제15511호 약칭: 화학제품안전법)이 제정되어 시행되었습니다.[278]

XI. 화학물질규제법

1. 「화학물질관리법」

현재 전 세계에 유통되는 화학물질 수는 20만 여종이고 매년 3천 여종의 새로운 화학물질이 개발되어 상품화되고 있고 향후에도 화학산업이 지속적으로 성장할 것으로 전망됩니다. 국내에는 4만 4천 종 이상의 화학물질이 유통되고 있고 매년 2,000여 종이 새로 시장에 진입하는 등 화학물질 사용이 꾸준히 증가하고 있습니다. 특히 화학산업은 다른 분야에 비해 급속히 성장하여 우리나라를 세계 5위의 화학산업국가로 올려놓고 있습니다. 이에 따라 화학물질 관리가 중요한 과제로 대두되고 있습니다.[279]

최근에는 구미 불화수소 누출사고 등 화학물질 관련 사고들이 빈발함에 따라 국민들의 불안감이 가중되었고 기존 「유해화학물질 관리법」으로는 화학물질

---

278) 그 입법의 성격과 문제점에 관해서는 홍준형. (2020). 「상징입법 겉과 속이 다른 입법의 정체」. 한울아카데미, 203-243을 참조.

279) 환경백서 2021, 337 및 각주 8.

관리 및 화학사고 대응에 한계가 있다는 지적이 공감대를 확산하게 되었습니다. 이에 화학물질의 체계적인 관리와 화학사고의 예방을 통해 화학물질의 위험으로부터 국민 건강 및 환경을 보호하기 위한 법적 기반으로 기존의 「유해화학물질 관리법」을 전부개정·대체한 「화학물질관리법」이 출범하여 2015년부터 시행되었습니다.

「화학물질관리법」은 화학물질에 대한 통계조사 및 정보체계를 구축하여 국민의 알권리를 보장하고, 유해화학물질 취급기준 구체화, 화학사고 장외영향 평가제도 및 영업허가제 신설 등을 통해 유해화학물질 예방관리체계를 강화하며, 화학사고 발생 시 즉시 신고의무를 부여하고, 현장조정관 파견 및 특별관리지역 지정 등을 통해 화학사고의 신속한 대응체계를 마련하고 있습니다. 그 주요 내용은 다음과 같습니다.

- 법 목적 및 정의 규정을 보완하여 화학물질 관리 및 화학사고 대응 법체계 정립(§§ 1-8).
- 화학물질 조사 확대·개편 및 조사결과의 정보공개절차 마련(§§ 10-12).
- 유해화학물질 취급자의 개인보호장구 착용 및 진열·보관량 제한 근거 마련(§§ 14-15).
- 화학사고 장외영향평가 제도 도입 및 취급시설 검사(§§ 23-26).
- 유해화학물질의 영업 구분 및 화학사고 장외영향평가, 설치검사 등 허가조건 추가(§§ 27-28).
- 유해화학물질 취급 도급 신고의무, 유해화학물질관리자 선임, 안전교육 의무화(§§ 31-33).
- 유해화학물질 취급중단 사업장 관리 강화(§ 34).
- 사고대비물질 위해관리계획 제도 개편 및 내용 고지 의무화(§§ 41-42).
- 화학사고 발생 시 초기 대응체계를 강화하고 즉시 관계기관에 신고하도록 함(§ 43).
- 화학사고 현장수습조정관 파견, 특별관리지역 지정 및 전담기관 설치 근거 마련(§§ 44-47조).
- 법규위반 사업장에 대한 제재수단 강화(§§ 35-36, 57-64).

2. 화학물질등록평가법

화학물질과 화학물질이 함유된 제품으로부터 국민의 건강을 보호하고 자국 산업의 경쟁력을 높이기 위하여 EU내 연간 1톤 이상 제조, 수입되는 모든 물질에 대해 제조/수입량과 위해성에 따라 등록, 평가, 허가, 제한을 받도록 한 화학물질의 등록·평가제도(REACH: Registration, Evaluation, Authorization and Restriction of Chemicals)[280]를 시행하고 있는 EU, 일본이나 중국 등 주요 교역국들이 기존 화학물질관리제도를 강화하고 있는 국제적 입법동향에 발맞추어 우리나라도 「화학물질의 등록 및 평가 등에 관한 법률」(약칭 화학물질평가법)을 제정하여 2015년부터 시행하고 있습니다.

　이 법률은 일정한 화학물질을 제조·수입하려는 자는 제조·수입 전에 환경부장관에게 등록하도록 하고, 환경부장관은 화학물질의 유해성과 위해성을 평가하여 해당 화학물질을 유독물, 허가물질, 제한물질·금지물질 등으로 지정할 수 있도록 하는 등 화학물질의 유해성 및 위해성의 체계적인 관리 체계를 구축하고 위해우려 제품의 안전관리 체계를 마련하여 화학물질과 화학물질을 함유한 제품으로 인한 피해를 사전에 예방하고 국민건강 및 환경을 보호하는 것을 목적으로 삼고 있습니다. 그 주요내용은 다음과 같습니다.

- 신규화학물질 또는 연간 1톤 이상 기존화학물질을 제조·수입·판매하는 사업자는 화학물질의 용도 및 그 양 등을 매년 보고하도록 함(§ 8)
- 기존화학물질은 평가위원회 심의를 거쳐 등록대상기존화학물질로 지정·고시하도록 함(§ 9)
- 등록대상기존화학물질을 연간 1톤 이상 제조·수입하려는 자 또는 신규화학물질을 제조·수입하려는 자는 제조 또는 수입 전에 미리 등록하도록 함(§ 10)
- 화학물질을 연간 100톤 이상 제조·수입하려는 자는 등록신청을 할 때 위해성에 관한 자료를 제출하도록 하되, 법 시행 후 5년 뒤에는 연간 10톤 이상 제조·수입하려는 자로 확대될 수 있도록 단계적으로 적용하도록 함(§ 14 ① 7호·§ 24 ① 1호, 부칙 § 1 단서)
- 등록한 화학물질 유해성심사 의무화, 유해화학물질은 유독물로 지정·고시하도록 함(§§ 18, 20)
- 위해성이 있다고 우려되는 화학물질을 허가물질로 지정하여 고시할 수 있도록 함(§ 25)
- 위해성이 있다고 인정되는 화학물질을 제한물질 또는 금지물질로 지정, 고시하도록 함(§ 27)
- 화학물질의 양도자는 양수자에게 해당 화학물질의 등록번호, 명칭, 유해성 및 위해성에 관한 정보 등을 제공하고, 화학물질의 하위사용자 및 판매자와 제조·수입자는 보고·등록 등을 이행하기 위하여 요청하는 해당 화학물질의 정보를 서로 제공하도록 함(§§ 29, 30)

---

280) 이에 관하여 상세한 내용은 주EU대사관. (2014). EU의 통상환경정책: 신화학물질 관리정책(REACH). 2014-12-09를 참조.

- 위해우려제품의 신고, 위해성평가, 안전·표시기준, 판매 금지 등 위해우려제품의 관리
  에 관한 사항을 규정함(§§ 32-38)

화학물질평가법, 즉 이 법에 따른 화학물질 등록·평가 제도에 대해서는 도입 당시부터 논란이 적지 않았습니다. 다분히 가습기살균제 참사에 대한 입법적 대응으로 단행된 상징입법의 성격을 띠었기도 했지만,[281] 이 제도에 대해서는 특히 기업의 등록 비용을 증가시켜 대기업뿐만 아니라 중소기업에 경제적 부담을 줄 수 있으며, 제조업 생산에도 부정적 영향을 주어 경제성장 둔화를 야기할 수 있다는 우려가 도입 단계에서부터 제기되어 왔고, 2019년 화학물질평가법의 재개정으로 등록 대상이 일부 완화되었지만, 여전히 제도의 효과성, 필요성에 대한 논란이 제기되고 있습니다.[282]

< 화학물질 등록·평가 제도의 입법평가 >

도입 8년째를 맞이한 화학물질 등록·평가 제도의 성과를 분석한 국회입법조사처의 보고에 따르면 당초 의도한 "화학물질에 대한 정보의 생산 및 활용"이라는 입법목적을 제대로 달성하고 있다고 보기는 어렵습니다. 화학물질 정보의 "생산" 측면에서는 소기의 성과가 있었다고 볼 수 있지만, 유해성심사가 등록 서류에 대한 평가나 물질 평가보다는 유독물질 지정에 대한 판단근거로만 활용되고 있었고, 유해성평가(39종)·위해성평가(41종) 실시 건수가 등록건수(7,006종) 대비 극히 적었으며, 2015년 제도 시행 이후 새로 지정·고시된 화학물질은 유독물질 330건을 제외하고 제한물질 2건, 금지물질·허가물질은 신규 지정 사례가 없어 화학물질에 대한 정보의 "활용" 측면에서는 당초 입법목적을 달성하지 못하고 있다고 평가되었습니다.[283]

---

281) 이에 대해서는 홍준형. (2020). 상징입법. 210 이하를 참조.
282) 이동영. (2022). 화학물질 등록·평가 제도의 입법영향분석. NARS 입법영향분석 제59호(국회입법조사처. 2022.12.16).
283) 이동영. 앞의 보고서.

제4부

환경법과 규제실패

I. 환경규제와 규제실패

규제실패(regulatory failure)는 환경법과 환경행정에서 매우 특징적으로 나타나는 현상입니다. 환경규제의 실패를 이야기하려면 규제와 규제실패의 개념을 밝혀야 합니다. 그러나 이들 개념에 관한 보편적 합의는 존재하지 않습니다. 그렇지만 일상언어상 관용을 고려하여 최소한의 공분모를 식별하는 것은 충분히 가능하고 또 유용한 일이기도 합니다.

1. 규제의 개념

규제 개념은 일상용어 또는 법령 용어로 사용되고 있으나, 본래 엄밀히 한정된 법적 개념은 아닙니다.[1] 행정학이나 정치경제학에서도 통일적인 개념으로 정립되어 있다고는 볼 수 없습니다.[2] 가령 정치경제학적 관점에서 정부규제를 접근하는 입장에서는 "바람직한 경제사회 질서의 구현을 위해 정부가 시장에 개입하여 기업과 개인의 행위를 제약하는 것"으로 정의되고 있고,[3] 행정법학에서는 "행정주체가 공익을 위하여 관련행위에 있어 비당사자적인 입장에서 지속성 있는 규칙에 입각하여 일정한 목표를 가지고 의도적으로 국민의 사적 행위를 제한하고 규율하는 행정작용"으로 정의됩니다.[4]

규제의 개념을 일의적으로 엄밀히 확정하기는 곤란하지만, 규제 개념이 지닌 여러 측면을 분석함으로써 환경규제의 상위개념, 즉 유개념(Gattungsbegriff)으

---

1) '규제'의 일반적·어의론적 의미에 관하여는 최영규, 영업규제의 법제와 그 수단에 관한 연구 -규제행정론적 관점에서-, 서울대학교박사학위논문 1993, 7 이하; Black's Law Dictionary(6th ed. 1990), 1286 등을 참조.
2) 정용덕, "한국의 정부규제 실태와 과제", 「정부규제완화방향과 미국경제전망」(1983), 38-40.
3) 최병선, 1992: 18-24.
4) 김유환, 1989: 17; 최영규, 1993: 11.

로서 규제의 의미를 밝히는 것은 충분히 가능합니다. 이러한 관점에서 규제란 규제의 목적, 주체, 대상 및 태양을 통하여 한정되는 개념으로, 목적 면에서는 시장의 실패, 사회적 불공평, 환경파괴 등 바람직하지 못한 사회적 결과를 제거 또는 극복하기 위하여 행해지는 공익추구활동이며, 주체 면에서는 정부 및 공공 단체 등 규제기관이 행하는 공적 활동이고, 대상 면에서는 민간(기업과 개인) 또는 사적 부문에 대한 공적 제약이며, 태양 면에서는 권리의 제한이나 의무의 부과를 통한 민간의 자율적 결정과 그에 따른 사회적 행동에 대한 제약과 개입이라고 말할 수 있습니다. 이러한 의미의 규제는 근대헌법이래 법질서의 기초가 되어 온 사적 자치(Privatautonomie)의 원칙에 비추어 법치주의의 제약 아래 있는 것으로 보아야 합니다. 이를테면 법치행정 원칙의 필수 요소로서 법률의 유보 (Vorbehalt des Gesetzes) 원리와 관련하여 '규제유보의 이론'(Theorie des Regulierungs-Vorbehalts)을 상정해 볼 수 있습니다. 경제적 규제와 대비되는 사회적 규제의 일종으로서 환경규제란 이러한 의미에서 환경보호 또는 환경보전이라는 공익을 달성하기 위한 환경행정의 주체에 의한 사적 부문에 대한 공적 제약과 개입이라고 정의될 수 있을 것입니다.

2. 규제실패

규제실패 역시 과학적으로 엄밀히 규정하기 어려운 매우 포괄적이고 상대적인 개념입니다.[5] 규제실패란 규제성공의 대칭 개념입니다.[6] 규제실패를 말할 수 있으려면 그 성패를 가늠할 객관적이고 일의적인 평가기준이 존재해야 합니다. 그러나 그 평가기준 자체가 논란의 대상이라면, 규제실패의 개념 역시 안정성을 갖기가 어렵게 됩니다. 실제로 규제의 실제 결과를 평가하는 데에는 여러 난점이 있다는 사실이 밝혀지고 있습니다. 선스틴은 이를 다음과 같이 몇 가지 요인으로 나누어 설명합니다.[7] 가장 근본적인 난점은 규제의 효과가 상대방에 따라 상이하게 나타날 수 있고, 이를 판별할 기준을 설정하기가 어렵다는 데 있

---

5) 이에 관하여는 김유환, 환경법규에 있어서의 규제실패와 법적 대응, 「환경법연구」 제16권 1994: 113-114; Sunstein, Cass R., After the Rights Revolution -Reconceiving the Regulatory State- (1990), 75-77을 참조.

6) Sunstein, 1990: 84.

7) Sunstein, 76-77.

습니다. 가령 유독물질에 대한 규제는 그것이 빠짐없이 또는 최대한으로 집행되면 성공적이라고 평가될 수도 있지만, 그것이 일부의 관측자들에게 사소한 이익을 위해 과다한 비용을 초래하는 것으로 여겨진다면 이를 가급적 집행하지 않는 것이 최선의 결과를 가져오는 선택이라고 판단될 수도 있습니다. 둘째, 규제의 성패에 대한 판단은 규제의 적정한 목표와 범위에 대한 주관적 견해에 의존하는데, 이에 대한 합의가 이루어진다 해도 규제의 편익과 비용 평가에서 가치와 사실에 관한 심한 견해차가 나타날 수 있습니다. 가령 어떤 규제의 수혜자(beneficiary)가 규제에 따른 보호를 포기하는 대가로 요구하는 '원매가격'(asking price)은 자신들에게 혜택을 줄 것으로 여기는 규제 도입을 위하여 지불할 '구매용의가격'(offer price)보다 훨씬 낮을 수 있습니다. 이 문제가 해결되더라도 이 '지불의사'(willingness-to-pay)라는 기준을 결정적인 것으로 볼 수 있을지 의문이 없지 않습니다. '지불의사'란 요인은 효용을 대변해줄 만큼 충분히 정련된 개념이 아닐 뿐만 아니라 지불능력에 대한 의존성을 배제할 수 없고, 나아가 생명과 건강을 평가하기 위하여 이 기준을 사용하는 데는 논란의 여지가 있으며 또 여러 측면에서 도덕적 반론에 취약성을 보일 수 있기 때문입니다. 셋째 규제의 비용과 편익을 평가하기가 곤란한 경우가 많다는 것입니다. 특히 규제 이후 나타난 편익(post regulation benefit)이 규제로 인한 것인지 아니면 다른 원인에 기인한 것인지를 판별하기 어려운 경우가 적지 않습니다. 가령 규제 이후 나타난 교통사고와 사망률 감소는 규제의 결과가 아니라 규제 이전에 발생한 경제적 사정이나 인구이동 등에 따른 것일 수도 있고, 더욱이 혼성적인 변인들을 통제하는 것은 극히 어렵습니다. 또한 규제의 효과를 평가함에 있어 고려해야 할 규제의 부수적 또는 우연적 비용이나 편익이 무시되는 경우가 빈번한 반면, 이러한 효과를 측정하기는 곤란한 경우가 많다는 것도 문제입니다. 가령 새로운 오염원에 대한 통제는 재래적인 오염원을 장기간 시장에 유지시키는 결과를 초래할 수도 있는 반면, 정부가 오염을 통제하기 위하여 기술개발을 요구함으로써 다른 분야에까지 유용한 기술발전이 촉진될 수도 있는데, 규제효과의 평가에 있어 이처럼 다양한 요인과 측면들을 불변적인 것으로 취급하는 것은 극히 어렵다는 것입니다. 그러나 이러한 난점에도 불구하고, 선스틴(76-77)에 따르면, 규제 이후의 상태와 규제가 도입되지 않았다면 존재했을 가상적 상태를 개괄적으로 비교하는 것은 가능하다고 합니다. 또 통일적 기준으로 비용편익을 측정함으로써 다양한 규제프로그램들의 차이를 평가할 수도 있습니다. 규제효과에 대한 결론이 다투어지지 않는 한 이러한 접근을 통하여 규제가 중요한 편익을 가져왔다는 사실을 확인할 수 있다는 것입니다. 그리하여 선스틴은 위에 서술된 난점과 불확정성을 시인하면서도 규제성패의 판단기준을 규제법규에서 찾고 있습니다. 즉 규제법규가 그 규제를 정당화하는 기본적 목표들을 얼마나 달성했는가에 따라 그리고 그 목표들을 최소한의 비용으로 달성했는지에 따라 그 규제가 성공적이었는지를 판단할 수 있다는 것입니다. 이 같은 목표들을 달성하지 못하거나 중대한 역효과를 발생시켰거나 어떤 납득할 만한 견지에서도 규제의 비용이 그 편익을 위축시키거나 아니면 규제가 공익목적에 비추어 옹호될 수 없는 이익단체의 이해관계 구현에 그치는 경우에는 규제법규의 실패를 이야기할 수 있다고 합니다.

선스틴의 논의는 전적으로 타당하다고 보기는 어렵지만, 적어도 구체적인 규제법규의 성패를 분석하는 데에는 유용한 접근방법입니다. 문제는 규제법규가 달성하고자 하는 기본목표들을 어떻게 추출해낼 것인가에 있습니다. 관건은 일반적으로 시장의 실패(market failure)와 정부개입의 근거로 지목되어 온 독점(monopoly), 집합행동의 비합리성, 조정 문제 및 거래비용(collective action problems, coordination questions, and transactions costs), 불완전한 정보(inadequate information), 외부효과(externalities) 등의 문제[8]를 극복 또는 시정하는 데 있습니다. 그러나 개별구체적 규제법규에서 이러한 규제의 근거 또는 정당화사유를 도출하는 것은 결국 '실정법 해석에 대한 이론적 해명'(Lehre der Auslegung des positiven Rechts)으로서 법해석론(Rechtsdogmatik)의 과제로 귀결됩니다. 그 결과는 구체적인 규제법규에 따라 극히 다양하게 나타날 수 있고, 동일한 규제법규 또는 규정에 대해 이른바 '해석경쟁'(Auslegungswettbewerb)의 여지도 배제하기 어렵습니다. 규제의 근거를 규명함에 있어 전통적인 법학은 문리해석, 논리적·체계적 해석, 역사적 해석 그리고 목적론적 해석 등의 방법을 제공합니다. 규제의 목적이나 근거를 규명함에 있어 역사적 해석과 목적론적 해석방법은 상대적으로 빈번히 활용될 수 있고, 이를 통해 전통적인 법학이 금기시해 왔던 법정책적 측면, 즉 입법자의 의사, 규제법의 정책목적 등을 인식할 수 있습니다. 이러한

---

8) 이에 관하여는 일반적으로 최병선, 정부규제론, 66-93; Sunstein, 47-73 등을 참조.

해석과정을 통해 합리적인 지적 판단능력을 갖춘 평균적 사회구성원이 납득할 만한 규제근거가 도출될 수 있다면 이를 바탕으로 특정 규제가 성공적인지를 판명할 수 있게 될 것입니다. 아무튼 규제법령 중에는 설령 편익을 가져올지라도 그 비용이 너무 과다하여 편익의 실제 효과가 손상되거나, 예상하지 못한 부수효과(side effect)가 야기되거나, 당초 규제의 지지자들의 기대에 훨씬 못 미치는 성과를 거두는 데 그치는 경우가 존재하는 것이 사실입니다. 더욱이 규제가 의도된 결과와 정반대의 결과를 초래하는 '규제의 패러독스'(paradox of regulation)가 발생하는 경우도 적지 않습니다.9)

이런 현상들을 통틀어 규제 실패라는 범주로 묶을 수 있을 것입니다. 그것은 규제 관료의 부패, 무능, 규제기관 포획(regulatory capture)에 기인하거나,10) 경제우선논리 같은 규제제도의 환경적 요인, 규제입법 자체의 문제점, 규제집행의 결함 등에 기인합니다.11)

II. 환경규제의 실패

1. 환경규제 실패의 원인과 유형

1.1. 환경문제의 해결수단으로서 환경법의 적정성

환경문제 해결을 위하여 제정된 환경법규는 적정하다고 볼 수 있을까? 이 물음은 규제법규 자체의 적실성, 타당성에 관한 것입니다. 만일 규제법규 자체가 적실성과 타당성을 갖지 않는다면 그것을 근거로 수행되는 환경규제 전체를 폐지하거나 재검토해야 할 것입니다. 우리나라 환경법은 앞에서 본 바와 같이 결코 완비되었다 할 수는 없을지라도, 외국이나 다른 법 분야에 비하더라도 비교적 충실한 내용과 체제를 갖추고 있습니다. 환경법령의 면모만 보더라도 그 방대한 규모와 규율은 경이로운 수준입니다. 그럼에도 불구하고 환경법의 미비를 지적하거나 입법적 대안을 촉구하는 목소리는 끊이지 않습니다.

---

9) Sunstein: 75.
10) 최병선, 200.
11) 김유환, 1994, 136-147.

환경법의 실체적 적정성에 관한 문제점으로 무엇보다도 환경행정조직의 분산·중첩을 들 수 있습니다. 첫째, 정부조직상 환경부의 위상에 관련된 문제입니다. 그동안 환경정책이 표류했던 것은 환경부의 행정부 내 위상 또는 정책관철능력의 결함과 결코 무관하지 않다는 지적이 많았습니다. 환경부는 당초 환경처출범 이래 줄곧 다른 경제부처나 정치·행정부처에 비해 제한된 중요성과 영향력을 갖는 부처로 인식되어 온 것이 사실입니다. 환경부가 행정부 안에서 줄곧일종의 주변부처로 평가절하된 것은 그동안 국가정책과정에서 환경정책이 등한시되었던 사정과 무관하지 않습니다. 환경부의 전신인 환경처가 정부조직상 국무총리소속하에 설치되어 정책통괄·조정기능만 가질 뿐 독자적으로 부령을 발하거나 실효적 환경규제를 집행할 수 없다는 비판을 받았던 것도 같은 맥락입니다.

그런 배경에서 1994년 환경처가 환경부로 바뀐 것은 일종의 '승격'으로 인식되었습니다. 정권 교체와 함께 단행되어 온 정부조직 개편에서 환경부는 이례적으로 조직과 인력을 늘릴 수 있었습니다. 하지만 1994년의 집행부서 '승격'에 대해서는 정책 통할기능의 소실 우려와 함께 환경부의 집행역량 자체에 대한 의문이 제기되었습니다. 또 환경부의 정치적 위상이 높아졌다는 증거도 확실하지 않습니다. 물론 환경부의 위상을 일종의 '슈퍼' 정부기관(super-agency)으로 끌어 올리는 것만 능사는 아닙니다. 미국에서는 환경보호청(EPA)의 격상안이 그리 매력적으로 취급되지만은 않았습니다.[12] 환경부의 정책통괄·조정기능을 집행기능의 실효성과 함께 어떻게 확보할 것인지 고민해야 합니다. 문제는 환경부가 환경정책과 상충하는 경제정책, 정치사회적 정책과의 경쟁 속에서 얼마나 설득력 있게 그 정책을 관철시킬 수 있느냐에 있습니다. 따라서 환경부의 정책통할·조정기능을 강화하는 것이 입법정책적 과제로 남아 있습니다. 무엇보다도여러 부처에 분산되어 있는 환경정책기능들을 가능한 한 통합 또는 조율하여환경부의 소관업무와 중복되지 않도록 해야 할 것입니다. 환경행정 관할이 분산되어 통일적·체계적인 처리를 기하지 못하고 그 결과 환경행정의 비효율적 중복이나 책임 전가로 인한 공백 등 적지 않은 문제가 발생한다는 것은 경험이 말해주는 바입니다. 물론 파격적으로 행정각부의 권한 배분의 기준을 고쳐 모든

---

12) Carol M. Rose, 1994: 9.

환경에 관련된 업무를 전부 환경부에 몰아주거나 현실적인 행정여건을 무시한 채 무조건 예산과 인력의 지원을 집중시키는 것은 올바른 해결책이라고 볼 수 없습니다. 그러나 통합적 환경관리가 요구되는 분야에 관한 권한은 환경부에 맡기고, 타 부처 소관 환경관련 업무에 대해 환경부의 관여를 제도화해야 통합적 환경정책의 실현을 기대할 수 있을 것입니다.[13]

둘째, 지방환경청과 지방자치단체의 환경행정부서 간에 적절한 역할 분담 또는 권한 배분이 필요하다는 지적이 나오고 있습니다. 이와 관련하여 지방자치단체의 환경관련 부서가 효과적인 환경행정 수행에 필요한 조직·인력, 장비·예산을 갖추지 못하고 있다는 문제점이 여전히 해결되지 못하고 있습니다.[14]

지방자치단체의 환경정책 역할에 관한 현행법은 국가주도 발상에 입각하고 있습니다. 정부조직법은 제39조 제1항에서 환경부장관에게 '자연환경, 생활환경의 보전, 환경오염방지, 수자원의 보전·이용·개발 및 하천에 관한 사무'를 관장하도록 하고, 「환경정책기본법」은 제4조 제1항에서 국가에 '환경오염 및 환경훼손과 그 위해를 예방하고 환경을 적정하게 관리·보전하기 위하여 환경계획을 수립하여 시행할 책무'를 지우고 있습니다.

「환경정책기본법」은 제4조 제2항에서 지방자치단체의 환경정책적 역할을 분명히 설정하고 있는데, 이는 「환경정책기본법」이 「지방자치법」과는 달리 지방자치단체의 환경정책적 역할의 중요성을 인식한 결과로 이해됩니다. 다만 지방자치단체가 관할구역의 지역적 특성을 고려하여 수립·시행할 독자적 환경계획은 어디까지나 국가의 환경계획에 따른 제약을 벗어나지 못합니다.

국가적 수준에서 환경정책의 통합적 수행이 요구되는 이상 이러한 현행법의 태도를 문제삼을 수는 없을 것입니다. 그러나 국가주도 발상으로 말미암아 환경정책에 관한 지방자치단체의 역할과 권한이 명확히 설정되어 있지 못하다면 문제가 됩니다.

지방자치단체의 사무를 예시하고 있는 「지방자치법」 제9조(2022.1.13 부터는 제13조) 제2항에 따르면 지방자치단체는 주민 복지증진에 관한 사무(2호)로서 청소, 생활폐기물의 수거 및 처리(자 목), 농림·수산·상공업 등 산업 진흥에 관한

---

13) 이달곤, 1993: 165-167.

14) 유제원·안문석·안광일·최성모·김정수, 환경규제권의 분권화 효과, 「한국행정학보」 제29권 제1호(1995년 봄), 3-21을 참조.

사무(3호)로서 공유림관리(사 목), 그리고 지역개발과 자연환경보전 및 생활환경시설의 설치·관리에 관한 사무(4호)를 수행하도록 되어 있습니다. 4호에 따른 지방자치단체의 사무는 자연보호활동, 지방하천 및 소하천의 관리, 상·하수도의 설치·관리, 도립공원, 광역시립공원, 군립공원, 시립공원 및 구립공원 등의 지정 및 관리, 도시공원 및 공원시설, 녹지, 유원지 등과 그 휴양시설의 설치 및 관리 등을 제외하고는 주로 지역개발사업, 지방 토목·건설사업의 시행, 도시·군계획사업의 시행, 지방도 등의 신설·개수 및 유지 등 주로 개발사업에 치중되어 있고 지방자치단체의 환경정책에 관한 역할과 권한이 분명히 설정되어 있다고 보기 어렵습니다. 또 각 개별분야의 환경법들은 환경관련업무를 주로 국가사무로 규정하되 이를 지방자치단체의 기관에 기관위임할 수 있도록 하고 있습니다. 환경부의 업무 중 국가사무의 비중이 지방자치단체의 고유사무 및 단체위임사무에 비해 압도적으로 높은 것도 바로 그런 이유에서입니다.

그 밖에도 부처간 및 지방자치단체 상호간 환경정책 관련 대립과 갈등을 조정할 수 있는 전문적 기구가 결여되어 있는 점, 환경행정을 위한 전문인력의 부족, 전문인력 양성기관의 불충분, 지방자치수준에서 지역 특성에 맞는 실효적인 환경행정을 가능케 할 법제도(환경관계 조례 등)의 미비 등이 문제점으로 지적되고 있습니다.[15]

그 밖에도 환경법규의 적정성에 대한 비판은 규제수단의 설계상의 한계나 실효성 문제로 이어집니다. 물론 규제수단의 선택에는 규제효과의 불확실성, 의존할 수 있는 실증적 자료의 부족, 각국의 역사적, 정치경제적 상황의 상위로 인한 비교의 애로 등 많은 어려움이 따르는 것이 사실입니다. 그러나 현행법상 환경규제에 대해서는 다양한 비판이 제기되고 있습니다. 법체계의 혼란, 관련법 사이의 형평성과 조화의 측면에서 문제가 있다든지,[16] 규제효과 면에서 현실적으로 수범자의 자발적인 법 준수를 기대하기 곤란한 이상, 환경기술의 개발을 촉진시키기 보다는 임기응변적인 규범 준수나 제재의 감수만을 가져온다든지, 또는 환경영향평가제도나 배출부과금제도와 같은 개별제도의 미비점이 개선되

---

15) 이에 관하여는 홍준형, "중앙정부와 지방자치단체간 환경정책의 조율을 위한 법제정비의 방향과 과제", 「환경법연구」 제17권(1995); 박수혁, "지구촌시대에 있어서의 우리나라의 환경법정책", 1993, 294-296 등을 참조.

16) 최병선, 1992: 441.

지 않고 있다는 비판 등이 그 예입니다. 무엇보다도 중대한 문제는 이와 같이 개별 환경법규의 적정성이 의문시되고 있음에도 불구하고 그 개선 및 현실적응에 적지 않은 애로가 뒤따른다는 점입니다. 가령 당리당략이나 입법과정의 지연 등으로 인하여 시의적절한 입법을 기하기가 어렵거나, 경제정책 또는 경기정책과의 갈등을 통하여 환경입법의 개선이 저지되는 경우가 적지 않고, 본래 균등하게 적용되어야 할 규제법규에 제정단계에서 이미 수범자의 경제적 능력이나 사회적 지위의 차이에 따른 불평등한 영향력 행사를 통하여 예외규정이나 기준의 하향평준화가 초래될 수 있기 때문입니다.

1.2. 환경에 대한 법적 규제의 복잡세분화

환경법 역시 다른 사회규범과 다름없는 과정을 통하여 실현됩니다. 그러나 다른 사회규범과 달리 환경법은 전문기술성 때문에 일반적 행위규범에서 나타나는 사회화과정에서 잘 내면화되지 않는 경우가 많습니다. 물론 가급적 환경오염을 피해야 한다는 인식이 사회화과정을 통해 매개될 수는 있습니다. 반면 사업자들의 경우 오염물질 배출허용기준 준수의 동기가 사회화과정에서 자연적으로 형성된다고 기대하기는 어렵습니다. 그들의 행태는 오히려 규범의 준수와 위배 사이의 비용편익 효과에 대한 합리적 분석(cost-benefit analysis)에 따를 개연성이 높습니다. 환경법의 전문기술화 현상은 비단 수범자의 행태뿐만 아니라 법규범의 발전조건 자체에도 영향을 줍니다. 규제대상 분야가 복잡해질수록 법규범은 규율의 복잡성에 부응하여 그만큼 상세한 규정을 갖추거나 그렇지 않으면 일반적·개괄적 규정형식에 그칠 수밖에 없다는 일종의 딜레마에 봉착합니다. 전자의 경우에는 법의 난해성으로 인한 법준수의 애로, 후자의 경우에는 과도한 행정의 재량 증대라는 결과가 수반됩니다. 한편 환경영향평가나 환경기준의 설정 등 고도로 전문기술적 판단을 요할 뿐만 아니라 날로 발전하는 환경기술 수준에 의존하기 때문에 그때그때 탄력적인 대응이 요구되는 문제에 의회가 직접 세부적 규율을 하기란 현실적으로 불가능한 경우가 많습니다. 결국 의회는 골격입법만 하고 세부 규율은 행정부의 법규명령에 위임하거나 심지어 원칙적으로 외부적 구속력이 없는 행정규칙 같은 법형식에 위양해버리는 경향이 나타나게 됩니다. 환경규제의 주된 대상인 피규제자들이 규제법규 형성에 실질적으로 관여하거나 영향을 미치는 경우도 비일비재합니다. 법규범이 전문기술화될수록 일반인의 법에 대한 인지가능성은 저하되는 반면, 전문인력을 동원하여 지원을 받을 수 있는 자력을 갖춘 피규제자들은 상대적으로 '규제로부터의 자유'를 누리게 된다는 역설적 결과가 나타날 수도 있습니다.

1.3. 환경법의 실효성 문제 —집행결함의 문제

환경법이 완비되어도 실효성이 없으면 환경문제의 해결은 기대할 수 없습니다. '집행결함'(Vollzugsdefizit) 또는 실효성 결여는 특히 환경법 분야에서 두드러지게 나타나는 현상입니다.[17] 환경규제의 낮은 준수율은 배출부과금 징수를 통해서 여실히 드러난 바 있습니다. 실례로 2013년 기준 폐수배출시설의 배출허용기준 위반율은 8.7%인데 2014년 기준 수질배출부과금 징수율은 16.6%이었습니다.[18] 이후 징수율은 전보다는 개선되었다고 하지만 꼭 그렇지는 않습니다. 환경부의 환경통계연감에 따르면, 2020년 12월 31일 기준 징수율은 22.2%에 달했고, 대기의 경우 징수율은 91%, 수질의 경우 징수율은 10.6%로 나타났습니다.[19] 하지만, 2015년 이래 총징수율은 줄곧 저조했고 특히 수질배출부과금의 징수율이 대기배출부과금의 경우에 비해 계속 그리고 현저히 낮게 나타나는 경향은 변하지 않았습니다.[20]

환경규제에서 인·허가제는 매우 중요한 의미가 있습니다. 인·허가제는 환경에 영향을 미치는 행위나 사업 자체의 허용 여부를 통제할 수 있다는 점에서 가장 강력한 명령적 규제수단입니다. 그러나 인·허가제의 실효성을 저해하는 요인들도 적지 않습니다. 두 가지만 든다면, 첫째, 환경업무가 여러 부서에 분산되어 있는데 주무부처인 환경부가 법적으로나 사실상 이들의 업무를 효과적으로 총괄·조정하기 어렵다는 문제가 있습니다. 특히 환경부의 위상이 경제나 산업, 국방 등 다른 관련 부처에 비해 상대적으로 열세여서 부처별 할거주의 또

---

17) Bender/Sparwasser, aaO, Rn.67.

18) 환경부, 환경통계연감 2016, 547을 참조.

19) 환경부, 환경통계연감 2021, 675.

20) 환경부, 환경통계연감 2020, 649; 환경통계포털: https://stat.me.go.kr/portal/stat/envStatYearbookPage.do. 2020년의 경우에는 대기배출부과금의 징수율이 크게 높아져 전체 징수율도 그만큼 상승한 것으로 보입니다. 2019년 기준 전체 징수율은 18.5%에 그쳤고, 대기부과금의 징수율은 71.9%, 수질부과금의 징수율은 9.8%로 나타났습니다.

는 힘겨루기로 환경정책이 위축될 가능성이 큽니다. 책임의 분산과 책임한계의 모호성으로 환경정책의 통일성과 체계성이 저해될 수도 있습니다.

둘째, 환경전담부서 이외의 행정기관들은 각기 고유 업무에 치중할 뿐 환경보호나 환경오염 방지 업무를 부차적인 것 또는 가외(加外)의 일로 다루려는 경향이 있습니다. 이러한 경향은 환경규제권한이 다른 부서에 귀속되거나 하위기관에 이관되면 될수록, 중앙정부로부터 지방자치단체로 이양되면 될수록 그만큼 더 현저히 나타납니다.

아울러 행위제한이나 법령위반에 대한 제재 등 명령적 규제에 의존하는 환경규제의 실효성이 널리 의문시되고 있습니다. 보조금이나 부과금 같은 경제유인 규제 역시 실효를 거두기에는 여러 가지 문제를 안고 있습니다.

물론 환경법의 완벽한 집행이란 환상에 지나지 않습니다. '법의 홍수'라고 일컬을 만큼 끊임없이 증가하는 환경법령의 폭주, 난맥상, 무체계성, 환경법제의 내적 조화를 위한 노력의 결여, 그리고 해석상 논란들은 차치하더라도, 환경법 집행이 행정인력이나 장비의 불충분 등으로 좌절되는 일이 비일비재하기 때문입니다. 행정역량(Verwaltungskapazität) 자체가 이미 희소자원(knappe Resource)입니다. 또한 행정기관의 정보부족이나 통제능력의 한계로 인하여 환경법령의 집행이 실패하는 경우도 드물지 않습니다. 거기에 환경행정을 위한 전문인력, 예산·시설·장비의 부족, 지역 특성에 맞는 효과적인 환경행정을 가능케 할 법제도의 미비 등과 같은 요인들이 가세합니다.

1.4. 환경법의 비공식적 회피

환경법은 많은 경우 일선(street level)에서 실행되어야 합니다. 실제로 환경규제업무를 담당하는 것은 일선행정기관입니다. 환경규제는 현실적으로 이들 일선행정기관과 규제를 당하는 수범자(피규제자) 간 상호작용을 통하여 실행됩니다.

환경규제는 일반적으로 명령·금지 등에 의거한 단속을 수반하므로 이해관계자들은 서로 상반된 목표를 추구하기 마련입니다. 피규제자는 가급적 규제나 단속을 회피하려 하는 반면, 규제기관은 환경법령을 집행함으로써 통제권을 행사하려 하고, 그 통제의 강도는 상급기관의 구속이 강할수록 높아집니다. 한편 피규제자와 규제기관은 상호의존관계에 놓이게 됩니다. 즉 피규제자는 규제법규의 일반적 구속력에 따라 규제기관에 의존하며, 규제기관은 규제를 위한 정보나 자료(가령 배출물질의 양, 성상이나 위험성, 환경오염 메커니즘이나 경로 등에 관한 정보·자료)의 획득을 피규제자에게 의존합니다. 가령 규제기관은 배출시설이나 방지시설의 설치허가를 발급받아야 하는 피규제자에 대한 관계에서는 우월한 지위에 섭니다. 반면 일반적으로 배출허용기준을 초과하는 오염물질의 배출 같은 환경법 위반의 적발이나 입증이 쉽지 않기 때문에 규제기관이 자발적으로 단속에 나서지 않는 한, 이미 환경오염피해가 발생했을 때, 가령 이웃주민이 민원을 제기할 때야 비로소 단속을 나설 수밖에 없는 애로가 생깁니다. 여기에 환경규제법규의 구속력이 피규제자에 대한 관계에서 내면화되지 못한 경우가 많다는 점, 규제기관의 단속이나 측정이 통상 그때그때 특정시점에 행해져 사실상 장기간에 걸친 불법배출을 규제할 수 없다는 점,[21] 종종 기술적으로 판단하기 곤란한 오염원인 규명이 문제될 경우 전문인력을 동원할 수밖에 없는데, 인력·장비 및 예산상 제약을 받는 규제기관에 비해 (특히 대기업의 경우) 피규제자가 오히려 우월한 자원·역량을 갖는 경우가 적지 않다는 점, 소송지연을 통해 규제효과가 저지될 여지가 있다는 점 등 여러 요인들이 가세하게 되어 탈법행위의 여지가 (특히 영세업자나 중소기업보다는 대기업의 경우) 더욱 더 늘어나고 법집행이 수포로 돌아갈 위험이 더 커지는 결과로 이어지게 됩니다.

1.5. 효과적인 제재장치와 분쟁해결메커니즘의 미비

환경법은 법 위반에 효과적인 제재장치를 장착하고 있을까요? 환경법이 제공하는 분쟁해결은 환경오염피해를 방지 또는 구제하는 데 효과적일까요? 이런 물음들은 앞서 본 환경법의 적정성이나 실효성 못지않게 환경법의 성패를 가늠해 주는 중요한 전제조건에 관한 것입니다.

환경분쟁은 환경오염과 생태계 파괴의 함수입니다. 환경상태가 악화될수록 환경분쟁도 더욱 더 심각한 양상을 띠게 됩니다. 환경분쟁은 환경문제의 실재(實在)를 알려주는 경고이기도 합니다. 물론 환경문제가 언제나 환경분쟁으로 표

---

21) 가령 배출허용기준에 의한 배출부과금제는 기본적으로 배출시 농도만을 따지는 것이기 때문에 배출허용기준을 하회하도록 물로 희석하여 배출시키거나, 가스를 섞어 배출시키는 등의 탈법행위가 발생하게 되는데 이를 환경규제당국이 언제나 통제하거나 적발할 수 있는 것은 아니기 때문에 문제가 됩니다.

면화되는 것은 아닙니다. 특히 효과적인 권리보호수단이 갖춰지지 못한 상황에서는 환경분쟁이 잠재된 상태로 고착되는 경우도 적지 않습니다. 그러나 환경분쟁의 발생은 그 원인이 된 환경오염이 이미 심각한 국면에 이르렀음을 의미하는 경우가 많습니다. 환경분쟁은 환경문제의 조기경보이기도 하지만, 그것을 넘어 환경악화를 방지하고 피해구제에 나서지 않을 수 없는 절박한 상황이 도래했음을 알리는 위기경보인 경우가 많습니다.

환경분쟁의 신속·공정한 해결은 가해자가 환경파괴적 행태로 나아갈 수 없도록 하는 심리강제의 효과를 가집니다. 환경분쟁의 효과적 해결은 간접적으로 환경보호 및 환경파괴 방지 효과를 낼 뿐만 아니라, 공정한 해결이 보장된다면 환경분야에서 분배적 정의의 실현을 위한 수단이 될 수도 있습니다.

그러나 환경분쟁 해결수단으로서 법의 효능과 분쟁당사자들의 기대는 낮은 수준에 머물러 있습니다. 생활의 거의 모든 영역에서 공식적 분쟁해결수단으로 역할을 해 온 법이 환경분쟁의 와중에서 자칫 용도폐기될 위기에 직면합니다. 왜일까요? 과거 개발독재 아래서 '법보다 주먹이 가까웠다'면 이제는 팔을 걷어붙이고 머리에 붉은 띠를 맨 피해자나 주민들의 울분과 집단의 자해적 위력만이 가장 빠르고 확실하게 문제를 해결할 수 있는 방법으로 여겨지게 된 것일까요? 이런 의문은 법이 제공하는 환경분쟁의 해결방법이 과연 얼마나 효과적이며 실용적인가, 환경분쟁 해결수단으로서 법제도가 지닌 문제점은 없는가, 나아가 환경분쟁을 성공적으로 해결하기 위해 법제도는 어떤 조건을 갖춰야 하며 또 대안은 무엇인가라는 물음으로 이어집니다. 이 물음에 대한 답변은 유감스럽게도 그리 긍정적이지 못합니다.

2. 환경법상 규제실패의 극복방안

환경문제뿐만 아니라 환경규제의 실패를 극복하는 데도 만병통치약은 없습니다. 하지만 곰곰 뜯어 보면 방향이 이미 주어져 있는 경우가 많습니다. 환경규제의 실패를 막는 방법을 꼽아 본다면, 첫째, 환경법의 적정성을 확보하고, 둘째, 환경법의 복잡세분화에 따른 폐단을 제거함과 아울러 수범자의 환경법인식을 높이며, 셋째 환경법의 실효성을 제고하면서 그 비공식적 회피를 막을 법제도적 장치를 정비하고, 환경분쟁에 대한 효과적 권리구제수단을 마련하는 것으로 귀결됩니다.

목표를 달성하려면 광범위한 환경법제도의 개선·정비뿐만 아니라 행정법제도의 개혁이 요구됩니다. 법해석론 수준에서도 보다 더 적극적이고 진취적인 노력이 필요합니다. 물론 이러한 과제들은 말하기는 쉽지만, 실천은 어렵습니다. 확고한 의지와 부단한 노력이 필요합니다.

제5부

환경피해에 대처하는 법

I. 환경피해의 구제방법

환경오염으로 피해를 입은 주민이 그 피해를 구제받으려면 ① 직접 가해자에게 진정하거나 대화를 통해 타협할 수 있고, ② 관계 행정기관에 피해 발생을 알리고 그 해결을 촉구하거나, ③「환경분쟁조정법」에 따라 환경분쟁조정위원회에 분쟁조정을 신청할 수 있고, ④ 또는 법원에 제소하여 피해를 구제받을 수 있습니다.[1]

소송을 통한 구제는 가해시설의 허가와 같은 합법적 존립의 기초를 소멸시키거나 규제행정청에 대한 환경규제조치 발동 청구권을 행정소송을 통하여 관철시키는 공법상 구제와 환경오염피해의 가해자를 직접 상대방으로 한 민사소송에 따른 구제로 나뉩니다. 민사구제는 주로 민법상 불법행위로 인한 손해배상책임과 유지소송 등을 통해 이루어집니다.

II. 환경오염에 대한 민사상 손해배상책임

1. 환경오염에 대한 민사상 손해배상책임의 요건

민법 제750조는 "고의 또는 과실로 인한 위법행위로 타인에게 손해를 가한 자는 그 손해를 배상할 책임이 있다"고 규정합니다. 따라서 환경오염으로 인한 피해에 대하여 손해배상책임이 성립하기 위해서는 적어도 ① 가해자에게 고의 또는 과실이 있을 것(책임요소), ② 가해행위가 위법한 행위일 것(위법성), ③ 가해행위와 손해의 발생 사이에 인과관계가 있을 것(인과관계), ④ 손해가 발생했을 것(손해발생)이라는 요건이 충족되어야 합니다. 첫째 요건에 관하여는, 해석론 및 입법론 양면에서 위험책임[2] 또는 무과실책임의 원칙[3]이 진군하고 있

---

1) 홍천룡, 환경오염피해의 구제, 「환경법연구」 제14권(1992), 6 이하.
2) 위험물을 관리하여 이득을 얻는 자는 그 잠재적 위험이 현실화하여 또는 그 위험물로부터 생긴 손해도 배상하지 않으면 안 된다는 법리입니다.
3) 그 이론적 근거로는 보상책임설, 위험책임설, 원인책임설, 공평책임설 등이 있습니다

습니다. 전례 없는 과학기술 발전에 수반된 사회적 위험의 전반적 확대, 예측하기 곤란한 환경오염의 위험이나 복합오염의 증대로 인하여, 과실책임주의만으로는 피해자구제나 손해의 공평분담을 실현하기 곤란하게 되었기 때문입니다.

위험책임 내지 무과실책임을 인정한 실정법적 제도로는 민법상 책임무능력자의 감독책임(§ 755), 사용자책임(§ 756), 공작물점유자등의 책임(§ 758), 동물점유자의 책임(§ 759) 등과 「환경정책기본법」(§ 44), 「환경오염피해구제법」(§ 6), 「자동차손해배상보장법」(§ 3), 「원자력손해배상보장법」(§ 3), 「유류오염손해배상보장법」(§ 4 ①), 「수산업법」(§ 82), 「광업법」(§ 91)에 따른 책임이 있습니다.

2. 환경오염에 대한 무과실책임

「환경정책기본법」은 제44조 제1항에서 "환경오염 또는 환경훼손으로 피해가 발생한 경우에는 해당 환경오염 또는 환경훼손의 원인자가 그 피해를 배상해야 한다"고 규정하여 환경오염피해에 대한 무과실책임을 천명하는 한편, 제2항에서는 "환경오염 또는 환경훼손의 원인자가 둘 이상인 경우에 어느 원인자에 따라 제1항에 따른 피해가 발생한 것인지를 알 수 없을 때에는 각 원인자가 연대하여 배상해야 한다"고 규정하여 연대배상을 인정하고 있습니다.

「환경정책기본법」의 이 조항이 위험책임론에 입각한 무과실책임을 인정한 것이라는 데 대해서는 거의 이견이 없습니다.[4] 다만, 이 조항의 법적 효력은 논란되고 있습니다. 위 조항을 무과실책임을 환경정책의 기본원칙으로 삼는다는 취지를 규정한 데 불과한, 다른 특별법에 손해배상에 관한 구체적 규정이 있어야 실효성을 가지게 되는 정책규정으로 보는 견해도 있으나,[5] 직접 법적 효력을 가진 배상책임의 근거규정으로 보는 것이 다수의 견해입니다.[6] 대법원 역시

(홍천룡, 앞의글, 10).

4) 이은영, 채권각론, 948, 958; 박준서 외, 주석민법 채권각칙(8), 129; 김상용, 채권각론, 358 이하 ; 고영훈, 환경법, 118 이하 등. 독일 환경책임법 제1조에 따른 책임도 위험책임으로 이해되고 있습니다. 이에 관해서는 李珉春, 騷音과 環境訴訟, 「재판자료: 환경법의 제문제(하)」, 제95집(법원도서관)을 참조.

5) 주석민법 채권각칙(8), 128-129의 학설 소개내용 참조.

6) 주석민법 채권각칙(8), 129; 곽윤직, 채권각론, 539-540; 김상용, 채권각론, 329; 고영훈, 환경법, 119; 이은영, 채권각론, 951 등. 학설대립의 논거에 대해서는 李珉春, 앞의글, 187 이하를 참조.

「환경정책기본법」 제31조 제1항이 손해배상책임의 결정을 위하여 직접 적용된다는 전제 위에서 귀책사유 없는 사업자의 손해배상책임을 인정한 바 있습니다. 위 조항은 환경오염으로 인한 손해배상에서 가해자의 귀책사유 없이도 배상책임을 인정한 민사상 불법행위책임의 특별법으로 보아야 할 것입니다.

> **< 경마장에서 뿌린 소금으로 인한 환경피해에 대한 무과실책임과 증명책임 >**
>
> 1. 환경정책기본법 제44조 제1항은 '환경오염의 피해에 대한 무과실책임'이라는 제목으로 "환경오염 또는 환경훼손으로 피해가 발생한 경우에는 해당 환경오염 또는 환경훼손의 원인자가 그 피해를 배상해야 한다"고 정하고 있다. 이는 **민법의 불법행위 규정에 대한 특별 규정으로서, 환경오염 또는 환경훼손의 피해자가 그 원인자에게 손해배상을 청구할 수 있는 근거규정이다. 따라서 환경오염 또는 환경훼손으로 피해가 발생한 때에는 그 원인자는 환경정책기본법 제44조 제1항에 따라 귀책사유가 없더라도 피해를 배상해야 한다.**
>
> 2. 일반적으로 불법행위로 인한 손해배상 청구사건에서 가해자의 가해행위, 피해자의 손해발생, 가해행위와 피해자의 손해발생 사이의 인과관계에 관한 증명책임은 청구자인 피해자가 부담한다. 다만 **대기오염이나 수질오염 등에 의한 공해로 손해배상을 청구하는 소송에서 피해자에게 사실적인 인과관계의 존재에 관하여 과학적으로 엄밀한 증명을 요구하는 것은 공해로 인한 사법적 구제를 사실상 거부하는 결과가 될 수 있다.** 반면에 기술적·경제적으로 피해자보다 가해자에 의한 원인조사가 훨씬 용이한 경우가 많을 뿐만 아니라 가해자는 손해발생의 원인을 은폐할 염려가 있기 때문에, **가해자가 어떤 유해한 원인물질을 배출하고 그것이 피해물건에 도달하여 손해가 발생하였다면 가해자 측에서 그것이 무해하다는 것을 증명하지 못하는 한 가해행위와 피해자의 손해발생 사이의 인과관계를 인정할 수 있다.** 그러나 이 경우에 적어도 가해자가 어떤 유해한 원인물질을 배출한 사실, 유해의 정도가 사회통념상 참을 한도를 넘는다는 사실, 그것이 피해물건에 도달한 사실, 그 후 피해자에게 손해가 발생한 사실에 관한 증명책임은 피해자가 여전히 부담한다.[7]

「환경오염피해구제법」도 제6조 제1항에서 사업자의 환경오염피해에 대한 무과실책임을 인정하고 있습니다. 즉 시설의 설치·운영과 관련하여 환경오염피

---

7) 대법원 2020.6.25 선고 2019다292026 판결. 경마공원에 인접한 화훼농가의 운영자인 피고들이 분재와 화훼가 말라죽자 원고가 운영하는 경마공원에서 사용한 소금 때문이라고 주장하며 원고를 상대로 손해배상을 구한 사안에서, 원고가 결빙을 방지하기 위해 경마공원의 경주로에 뿌린 소금이 지하수로 유입되어 피고들이 사용하는 지하수 염소이온농도의 상승에 영향을 미쳤다고 보아 원고의 손해배상책임을 인정한 사례.

해가 발생한 때에는 해당 시설의 사업자가 그 피해를 배상하여야 하며, 다만, 그 피해가 전쟁·내란·폭동 또는 천재지변, 그 밖의 불가항력으로 인한 경우에는 예외입니다.

둘째, 위법성에 관하여는, 학설상 논란은 있으나, 대체로 수인한도론(受忍限度論), 즉 가해자 측의 사정과 피해자의 사정 및 지역성등 그 밖에의 사정을 비교형량하여 손해가 합리적인 평균인으로 하여금 통상 인용할 수 있는 한도(인용한도)를 넘어서 피해가 발생한 때에는 가해행위의 위법성이 인정된다고 하는 이론이 인정되고 있습니다.8) 본래 수인한도론은 위법성의 판정기준으로 안출된 개념이었으나, 이후 고의·과실과 위법성을 모두 포섭하는 개념으로 발전되었습니다.9) 수인한도의 판단기준에 관하여는 행위 자체에 따라 불법성을 판단하여 객관적인 주의의무를 책임요소로부터 위법요소에 포함시켜야 한다는 행위태양론, 방지의무 위반에서 위법성·과실을 찾는 방지의무설,10) 예견 가능성을 과실의 중심적 내용으로 보는 예견가능성설, 그리고 불법행위의 요건으로 고의·과실과 위법성을 일원론적으로 파악하여 어느 하나가 인정되면 다른 것도 성립한다고 보는 신인용한도론 등이 주장됩니다. 수인한도의 구체적 판단요소는 피침해이익의 성질, 피해의 중대성, 가해의 반사회성에 대한 사회적 평가, 환경오염피해의 지역성, 손해회피 가능성, 가해자의 손해방지조치 여하, 공법상 규제기준 준수 여하, 토지이용관계 등이 기론됩니다.11)

<수인한도 판단요소와 중앙환경분쟁조정위원회의 '환경피해 평가방법 및 배상액 산정기준' >

철도를 설치하고 보존·관리하는 자는 그 설치 또는 보존·관리의 하자로 인하여 피해가 발생한 경우 **민법 제758조 제1항에 따라** 이를 배상할 의무가 있다. **공작물의 설치 또는 보존의 하자는 해당 공작물이 그 용도에 따라 갖추어야 할 안전성을 갖추지 못한 상태**에 있다는 것을 의미한다. 여기에서 안전성을 갖추지 못한 상태, 즉 타인에게 위해를 끼칠 위험성이 있는 상태라 함은 해당 공작물을 구성하는 물적 시설 그 자체에 물리적·외형적

---

8) 서울고법 1973.9.6 선고 71나1620 판결. 가령 舊공해방지법 소정의 배출허용기준을 넘어 조업한 과자제조공장 경영자에게 인근주민에 대한 손해배상을 명한 사례(서울고법 1975.12.12 선고 75나179 판결)가 있습니다.

9) 오석락, 같은 책, 85.

10) 서울고법 1986. 9. 24. 선고 79나215 판결.

11) 이상 홍천룡, 같은 글, 16 이하.

결함이 있거나 필요한 물적 시설이 갖추어져 있지 않아 이용자에게 위해를 끼칠 위험성이 있는 경우뿐만 아니라, 그 공작물을 본래의 목적 등으로 이용하는 과정에서 일정한 한도를 초과하여 제3자에게 사회통념상 일반적으로 참아내야 할 정도(이하 '참을 한도'라고 한다)를 넘는 피해를 입히는 경우까지 포함된다. 이 경우 참을 한도를 넘는 피해가 발생하였는지 여부는 구체적으로 피해의 성질과 정도, 피해이익의 공공성, 가해행위의 종류와 태양, 가해행위의 공공성, 가해자의 방지조치 또는 손해 회피의 가능성, 공법상 규제기준의 위반 여부, 토지가 있는 지역의 특성과 용도, 토지이용의 선후 관계 등 모든 사정을 종합적으로 고려하여 판단해야 한다(대법원 2011.11.10 선고 2010다98863, 98870 판결, 대법원 2015.9.24 선고 2011다91784 판결 등 참조).[12]

<행정법규상 소음·진동에 관한 기준과 참을 한도를 넘었는지에 대한 판단 >

공사현장에서 발생하는 소음·진동으로 인근 제3자가 손해를 입은 경우 그 위법성을 판단하는 기준은 소음·진동으로 인한 피해가 사회통념상 일반적으로 참아내야 할 정도(이하 '참을 한도'라 한다)를 넘는 것인지 여부이다(대법원 2019.11.28 선고 2016다233538, 233545 판결 등 참조). 소음·진동으로 참을 한도를 넘는 피해가 발생하였는지 여부는 구체적으로 피해의 성질 및 정도, 피해이익의 공공성, 가해행위의 태양, 가해행위의 공공성, 가해자의 방지조치 또는 손해회피의 가능성, 공법상 규제기준의 위반 여부, 토지가 있는 지역의 용도와 이용현황, 토지이용의 선후관계 등 모든 사정을 종합적으로 고려하여 판단하여야 한다.

한편, 대법원은 일반적으로 행정법규에서 정하는 소음·진동에 관한 기준을 넘는지 여부는 참을 한도를 정하는 데 중요한 고려요소가 되지만, 이를 절대적인 기준으로 보고 있지는 않습니다. 이러한 기준은 주민의 건강 등을 보호하기 위한 최소한도의 기준이므로, 그 기준을 넘어야만 참을 한도를 넘는 위법한 침해행위가 되는 것은 아니고 그 기준에 형식적으로 부합한다고 하더라도 현실적인 피해의 정도가 현저하게 커서 사회통념상 참을 한도를 넘는 경우에는 위법행위로 평가될 수 있는 반면, 철도소음·진동을 규제하는 행정법규에서 정하는 기준을 넘는 철도소음·진동이 있다고 하더라도 그것만으로 바로 참을 한도를 넘는 위법한 침해행위가 있어 민사책임이 성립한다고 단정할 수는 없다고 합니다.

---

12) 대법원 2017.2.15 선고 2015다23321 판결.

"**일반적으로 소음·진동을 규제하는 행정법규**는 인근 주민의 건강이나 재산, 환경을 소음·진동으로부터 보호하는 것을 주된 목적으로 하고 있기 때문에 **여기에서 정하는 소음·진동에 관한 기준을 넘는지 여부는 참을 한도를 정하는 데 중요한 고려요소가 될 수 있다**(대법원 2017.2.15 선고 2015다23321 판결 등 참조). 그러나 이러한 기준은 주민의 건강 등을 보호하기 위한 최소한도의 기준이므로, 그 기준을 넘어야만 참을 한도를 넘는 위법한 침해행위가 되는 것은 아니고 그 기준에 형식적으로 부합한다고 하더라도 현실적인 피해의 정도가 현저하게 커서 사회통념상 참을 한도를 넘는 경우에는 위법행위로 평가될 수 있다(대법원 2014.2.27 선고 2009다40462 판결 등 참조)."[13]

"**철도소음·진동을 규제하는 행정법규에서 정하는 기준을 넘는 철도소음·진동이 있다고 하여 바로 참을 한도를 넘는 위법한 침해행위가 있어 민사책임이 성립한다고 단정할 수 없다.** 그러나 위와 같은 **행정법규는 인근 주민의 건강이나 재산, 환경을 소음·진동으로부터 보호하는 데 주요한 목적이 있기 때문에 철도소음·진동이 이 기준을 넘는지 여부는 참을 한도를 정하는 데 중요하게 고려해야 한다.**(대법원 2015. 9. 24. 선고 2011다91784 판결, 대법원 2016. 11. 25. 선고 2014다57846 판결 등 참조)"[14]

한편 셋째 요건, 즉 인과관계에 관하여는, 공해소송의 경우 인과관계를 입증하려면 고도의 자연과학적 지식이 요구되는데 공적 조사기관이 불충분하고 일반적으로 가해자의 협력을 기대하기 곤란할 뿐만 아니라 피해자의 자력이 불충분하여 피해구제가 불가능해지는 경우가 많기 때문에 피해자의 입증곤란(Beweisnotstand)을 타개하기 위한 개연성설(Wahrscheinlichkeitstheorie)[15]이 주장되고 또 판례에서 수용

---

13) 대법원 2023.4.13 선고 2022다210000 판결(공사로 인한 소음·진동을 이유로 손해배상). 앵무새 판매장 운영자가 바로 옆 부지 건물 신축공사 현장에서 발생하는 소음·진동으로 앵무새가 폐사하는 등의 피해를 입었다고 주장하며, 손해배상을 청구한 사건입니다. 원심은, 피고들이 「소음·진동관리법 시행규칙」에서 정한 상업지역 생활소음규제기준을 준수하여 공사를 진행하였고 흡음형 방음벽을 설치하기도 하였으므로, 중앙환경분쟁조정위원회의 「환경피해 평가방법 및 배상액 산정기준」에서 정한 가축피해에 관한 소음기준(이하 '가축피해 인정기준') 이하로 소음을 낮추지 않았다고 하여 피고들이 참을 한도를 넘는 위법한 행위를 하였다고 보기 어렵다고 판단하였습니다. 이에 반해 대법원은, 피고들의 이 사건 건물 신축공사로 이 사건 판매장에 발생한 소음이 가축피해 인정기준에 도달하였거나 넘었다고 볼 수 있는 점, 원고가 위 신축공사가 시작되기 전까지 이 사건 판매장을 안정적으로 운영해 왔다는 점, 흡음형 방음벽은 이 사건 건물 신축공사가 시작되고 6-7개월 후에 이루어진 조치인 점 등의 사정을 종합적으로 고려할 때 원고의 피해가 사회통념상 참을 한도를 넘었다고 볼 여지가 충분하다고 판단하여, 원심판결을 파기·환송하였습니다.

14) 대법원 2017.2.15 선고 2015다23321 판결.

15) 개연성설은 본래 일본의 德本 鎭 교수가 鑛害로 인한 손해배상을 청구하는 경우에

되고 있습니다. 이것은 "원고는 인과관계의 존재의 개연성을 증명하면 족하고 피고는 반증으로써 인과관계가 존재하지 않음을 증명하지 않는 한 책임을 면할 수 없다"는 이론으로 피해자의 입증의 범위를 줄이고 가해자의 반증의 범위를 확대하자는 것입니다. 실례로 대법원은 "공해로 인한 불법행위에 있어서의 인과관계에 관하여 해당 행위가 없었다면 결과가 발생하지 아니하였으리라는 정도의 개연성이 있으면 그것으로 족하다는, 다시 말하면 가해행위와 손해와의 사이에 인과관계가 존재하는 상당정도의 가능성이 있다는 입증을 하면 되고 가해자는 이에 대한 반증을 한 경우에만 인과관계를 부정할 수 있다"고 판시한 바 있습니다.[16]

개연성설은 형사소송이나 일반민사소송에서는 '증명의 정도는 고도의 개연성에 이르는 것이어야 하나 환경소송의 경우에는 상당한 정도의 개연성으로도 족하다'는 뜻으로 이해됩니다.[17] 구체적 이론 구성에 관해서는 영미법상 '증거의 우월'(preponderance of evidence)의 법리를 도입하여 환경소송에 적용하려는 견해(증거우월설)와 사실상 추정 이론에 따라 입증책임의 전환을 꾀하려는 견해(사실추정설)가 대립합니다.[18]

위에서 본 판례는 입증책임의 전환을 인정하는 데까지 발전된 것은 아닙니다. 그러나 원고의 입증의 정도를 단순히 낮춘 「증명도의 인하」냐 아니면 「일응의 추정」[19] 내지 「간접반증이론」[20]과 맥락을 같이 하는 것으로 이해됩니다.

있어서의 광업권자의 행위와 손해의 발생간의 인과관계에 관한 피해자의 입증책임을 완화하려는 목적으로 제창한 이론이라고 합니다(오석락, 같은책, 93; 德本 鎭, 鑛害賠償における因果關係, 戒能通孝 編, 公害法の研究 63 이하).

16) 대법원 1974.12.10 선고 72다1774 판결; 오석락, 같은 책, 259.

17) 德本 鎭(같은 글, 205)은 이를 「疏明의 域은 벗어나지만 證明에는 이르지 않는 정도의 입증」이라고 못박고 있습니다(오석락, 94를 재인용).

18) 이에 관하여는 오석락, 같은책, 95 이하를 참조.

19) 일응의 추정(Prima-facie Beweis)이란 고도의 개연성이 있는 경험칙을 이용하여 어느 사실로부터 다른 사실을 추정하는 경우를 말합니다. 이 경우 증명에 가까운 상태를 표현증명(Anscheinbeweis)라고 합니다. 가령 자동차가 인도에 뛰어들어 인명사고를 낸 경우, 그것만으로 운전자의 과실이 있는 것으로 추정하는 경우입니다. 이것은 십중팔구는 틀림없는 정도로 고도의 개연성을 가진 경험칙, 즉 경험법칙에 따른 사실상의 추정을 의미하며, 통상의 사실상의 추정의 경우 처럼 사안의 사실관계를 상세히·구체적으로 주장·입증할 필요가 없다는 점에서 입증책임을 경감하는 효과를 갖는 독일 판례법에 의해 생성·발전된 법리로서 학설의 지지를 받고 있다고 합니다. 영미법의 *res ipsa loquitur*(The thing speaks itself) rule과도 같은 맥락을 가진 법리입니다(이시윤, 민사소송법, 577).

20) 간접반증(indirekter Gegenbeweis)이란 어느 한 입증당사자의 입증활동에 대하여

종래 피해자와 가해자간 입증책임의 분담인지 여부는 그렇게 분명하지는 않았습니다. 그러나 대법원은 「가해기업이 배출한 어떠한 유해한 원인물질이 피해물질에 도달하여 손해가 발생하였다면 가해자 측에서 그 무해함을 입증하지 못하는 한 책임을 면할 수 없다」고 판시하여[21] 「일응의 추정」 내지 간접반증이론에 의한 입증책임 분담의 법리를 분명히 드러낸 바 있습니다.[22]

< 개연성설·수인한도론에 관한 대법원판례 >

1. 공해소송에 있어 인과관계와 입증책임

가. 불법행위 성립요건으로서의 인과관계는 궁극적으로는 현실**로 발생한 손해를 누가 배상할 것인가의 책임귀속의 관계를 결정짓기 위한 개념이므로 자연과학의 분야에서 말하는 인과관계와는 달리** 법관의 자유심증에 터잡아 얻어지는 확신에 따라 인정되는 **법적인 가치판단**이다.

나. 불법행위로 인한 손해배상청구사건에 있어서 가해행위와 손해발생과의 사이에 인과관계가 존재함에 관한 입증책임은 피해자에게 있음이 분명하지만, **공해소송에 있어서 피해자에게 사실적 인과관계의 존재에 관하여 과학적으로 엄밀한 증명을 요구한다는 것은 결과적으로 공해피해에 대한 사법적 구제를 사실상 거부하는 것이나 다름없게 될 우려가 있으므로** 공장폐수와 김의 생육에 대한 피해 사이의 인과관계가 문제로 된 이 사건에 있어서 피해자인 원고로서는 (1) **피고공장에서** 김의 생육에 악영향을 줄 수 있는 **폐수가 배출되고** (2) 그 폐수중의 일부가 **해류를 통하여** 이 사건 어장에 **도달되었으며** (3) 그 후 **김에 피해가 있었다는 사실**을 각 모순 없이 입증하면 이로써 피고가 배출한 폐수와 원고가 양식하는 김의 생육에 대한 피해 사이에 **인과관계가 존재하는 것으로 일응 추정된다 할 것**이고 이러한 추정을 깨뜨리기 위해서는 피고가 (1) 피고 공장폐수 중에는 김의 생육에 악영향을 끼칠 수 있는 원인물질이 들어있지 않으며 또는 (2) 원인물질이 들어있다 하더라도 그 혼합률이 안전농도범위를 벗어나지 아니함을 입증하지 않으면 안 된다 할 것이며 이러한 입증에 실패하면 그 불이익은 이들 피고에게 돌림이 마땅하다 할 것이다.[23]

그 입증의 효과를 반박하기 위하여 상대방이 제출하는 증거(반증)로서, 증명을 필요로 하는 사실을 직접 증명하는 본증의 대상 내지 증명력을 간접사실을 통하여 간접적으로 다투는 경우를 말합니다(오석락, 같은 책, 114-115). 가령 자동차가 인도에 뛰어들어 인명사고를 낸 경우, 그것만으로 <u>운전자의 과실에 대한 일응의 추정</u>이 생기나, 피고측의 인도진입이 다른 차량과의 충돌의 결과였다는 특단의 사정을 입증하게 되면 운전자의 과실에 대한 일응의 추정은 뒤집어지게 됩니다. 이 경우 <u>특단의 사정의 입증</u>을 간접반증이라고 합니다(이시윤, 민사소송법, 578).

21) 대법원 1984.6.12 선고 81다558 판결.
22) 李時潤, 民事訴訟法, 580.
23) 대법원 1984.6.12 선고 81다558 판결. 평석: 대한변호사협회지 101호(84.11), 56.

2. 개연성설·수인한도론

가. 일반적으로 불법행위로 인한 손해배상청구사건에 있어서 가해행위와 손해발생간의 인과관계의 입증책임은 청구자인 피해자가 부담하나, 대기오염에 의한 공해를 원인으로 하는 손해배상청구소송에 있어서는 기업이 배출한 원인물질이 대기를 매개로 간접적으로 손해를 끼치는 경우가 많고, 공해문제에 관하여는 현재의 과학수준으로 해명할 수 없는 분야가 있기 때문에 가해행위와 손해발생간의 인과관계의 과정을 모두 자연과학적으로 증명하는 것은 극난 내지 불가능한 경우가 대부분인 점 등에 비추어 **가해기업이 배출한 어떤 유해한 원인물질이 피해물건에 도달하여 손해가 발생하였다면 가해자 측에서 그 무해함을 입증하지 못하는 한 책임을 면할 수 없다고 봄이 사회형평의 관념에 적합하다.**

나. 농장의 관상수들이 고사하게 된 직접원인은 한파로 인한 동해이지만, 인근공장에서 배출된 아황산가스의 일부가 대기를 통하여 위 농장에 도달됨으로 인하여 유황이 잎내에 축적되어 수목의 성장에 장해가 됨으로써 동해에 상승작용을 한 경우에 있어 공장주의 손해배상책임을 인정한 사례

다. 위 "나"항의 경우에 있어 **공장에서 배출된 오염물질(아황산가스)의 농도가 환경보전법에 따라 허용된 기준치 이내라 하더라도 그 유해의 정도가 통상의 수인한도를 넘어 인근 농장의 관상수를 고사케 하는 한 원인이 되었다면 그 배출행위로 인한 손해배상책임을 면치 못한다.**

라. 공해사건에서 피해자의 손해가 한파, 낙뢰와 같은 자연력과 가해자의 과실행위가 경합되어 발생된 경우 가해자의 배상의 범위는 손해의 공평한 부담이라는 견지에서 손해에 대한 자연력의 기여분을 제한 부분으로 제한해야 한다.[24]

3. 공해소송에 있어 인과관계의 입증책임(개연성이론)

"일반적으로 불법행위로 인한 손해배상청구사건에 있어서 가해행위와 손해발생 간의 인과관계의 입증책임은 청구자인 피해자가 부담하나, 대기오염이나 수질오염에 의한 공해로 인한 손해배상을 청구하는 소송에 있어서는 기업이 배출한 원인물질이 대기나 물을 매체로 하여 간접적으로 손해를 끼치는 수가 많고 공해문제에 관하여는 현재의 과학수준으로도 해명할 수 없는 분야가 있기 때문에 가해행위와 손해의 발생 사이의 인과관계를 구성하는 하나하나의 고리를 자연과학적으로 증명한다는 것이 매우 곤란하거나 불가능한 경우가 많으므로, 이러한 공해소송에 있어서 피해자에게 사실적인 인과관계의 존재에 관하여 과학적으로 엄밀한 증명을 요구한다는 것은 공해로 인한 사법적 구제를 사실상

---

24) 대법원 1991.7.23 선고 89다카1275 판결: 평석: 김종국, 환경오염책임의 위법성 및 자연력 가공, 사법행정 383호(92. 11), 98; 판례월보 255호(91. 12), 7; 대법원판례해설 16, 365.

거부하는 결과가 될 우려가 있는 반면에, 가해기업은 기술적·경제적으로 피해자보다 훨씬 원인조사가 용이한 경우가 많을 뿐만 아니라, 그 원인을 은폐할 염려가 있기 때문에, **가해기업이 어떠한 유해한 원인물질을 배출하고 그것이 피해물건에 도달하여 손해가 발생하였다면 가해자측에서 그것이 무해하다는 것을 입증하지 못하는 한 책임을 면할 수 없다고 보는 것이 사회형평의 관념에 적합하다**(대법원 2002.10.22 선고 2000다65666, 65673 판결 등 참조)."[25]

4. 인접 대지의 건물신축으로 인한 환경등 생활이익 침해의 수인한도 인정기준

[1] 인접 대지에 건물이 건축됨으로 인하여 입는 환경 등 생활이익의 침해를 이유로 건축공사의 금지를 청구하는 경우, 그 **침해가 사회통념상 일반적으로 수인할 정도를 넘어서는지의 여부는 피해의 성질 및 정도, 피해이익의 공공성, 가해행위의 태양, 가해행위의 공공성, 가해자의 방지조치 또는 손해회피의 가능성, 인·허가관계 등 공법상 기준에의 적합 여부, 지역성, 토지이용의 선후관계 등 모든 사정을 종합적으로 고려하여 판단**해야 한다.

[2] 환경권은 명문의 법률규정이나 관계 법령의 규정 취지 및 조리에 비추어 권리의 주체, 대상, 내용, 행사 방법 등이 구체적으로 정립될 수 있어야만 인정되는 것이므로, 사법상의 권리로서의 환경권을 인정하는 명문의 규정이 없는데도 환경권에 기하여 직접 방해배제청구권을 인정할 수 없다.

[3] 어느 토지나 건물의 소유자가 **종전부터 향유하고 있던 경관이나 조망, 조용하고 쾌적한 종교적 환경 등이 그에게 하나의 생활이익으로서의 가치를 가지고 있다고 객관적으로 인정된다면 법적인 보호의 대상이 될 수 있는 것이라 할 것이므로, 인접 대지에 건물을 신축함으로써 그와 같은 생활이익이 침해되고 그 침해가 사회통념상 일반적으로 수인할 정도를 넘어선다고 인정되는 경우에는 토지 등의 소유자는 소유권에 기하여 방해의 제거나 예방을 위하여 필요한 청구를 할 수 있고**, 이와 같은 청구를 하기 위한 요건으로서 반드시 건물이 문화재보호법이나 건축법 등의 관계 규정에 위반하여 건축되거나 또는 그 건축으로 인하여 소유자의 토지 안에 있는 문화재 등에 대하여 직접적인 침해가 있거나 그 우려가 있을 것을 요하는 것은 아니다.[26]

---

25) 대법원 2009.10.29 선고 2009다42666 판결. 또한 여천공단내 공장들의 폐수 배출과 재첩양식장 손해간의 인과관계에 관한 대법원 2004.11.26 선고 2003다2123 판결을 참조.

26) 대법원 1997.7.22 선고 96다56153 판결(공사금지가처분). 사찰로부터 6m의 이격거리를 둔 채 높이 87.5m의 19층 고층빌딩을 건축중인 자에 대하여 사찰의 환경이익 침해를 이유로 전체 건물 중 16층-19층까지의 공사를 금지시킨 사례(원심판결: 서울고법 1996.11.21 선고 95나41804 판결).

5. 인접 건물 외벽에서 반사되는 태양반사광으로 인한 생활방해와 '참을 한도'

"인접 토지에 외벽이 유리로 된 건물 등이 건축되어 **과도한 태양반사광**이 발생하고 이러한 태양반사광이 인접 주거지에 유입되어 거주자가 이로 인한 시야방해 등 생활에 고통을 받고 있음(이하 '생활방해'라 한다)을 이유로 **손해배상을 청구하려면, 그 건축행위로 인한 생활방해의 정도가 사회통념상 일반적으로 참아내야 할 정도(이하 '참을 한도'라 한다)를 넘는 것이어야 한다.** 건축된 건물 등에서 발생한 태양반사광으로 인한 생활방해의 정도가 사회통념상 참을 한도를 넘는지는 태양반사광이 피해 건물에 유입되는 강도와 각도, 유입되는 시기와 시간, 피해 건물의 창과 거실 등의 위치 등에 따른 피해의 성질과 정도, 피해이익의 내용, 가해 건물 건축의 경위 및 공공성, 피해 건물과 가해 건물 사이의 이격거리, 건축법령상의 제한 규정 등 공법상 규제의 위반 여부, 건물이 위치한 지역의 용도와 이용현황, 피해를 줄일 수 있는 방지조치와 손해회피의 가능성, 토지 이용의 선후관계, 교섭 경과 등 모든 사정을 종합적으로 고려하여 판단해야 한다."[27]

3. 환경오염피해에 대한 민사구제의 한계

사법상 구제는 일반적으로 다음과 같은 난점이 따릅니다.

첫째, 권리구제 요건을 완화하더라도 원인규명의 곤란성, 피해자범위의 광범성 등으로 말미암아 개인주의적 시민법원리에 입각한 사법적 해결로는 환경오염문제에 적절히 대처하기 어려운 측면이 있습니다. 복합오염의 경우 가해자·피고 특정이 어렵고, 고의·과실과 인과관계도 피해자측에서 과학적으로 입증해야 한다는 어려움이 따릅니다.

둘째, 사법적 구제는 원칙적으로 사후적 구제의 성격을 띠므로 사전적·예방적 기능을 기대하기 어렵습니다.

셋째, 사법적 구제는 법원에 제소한 원고에 대한 개별적 구제로 기능하므로 소송당사자가 아니지만 동일한 피해를 입은 일반주민은 집단소송 등 특별한

---

27) 대법원 2021.3.11 선고 2013다59142 판결. 대법원은 부산 해운대구 우동 '해운대 아이파크' 인근 아파트 주민 50명이 시공사인 현대산업개발을 상대로 낸 손해배상청구소송 상고심에서 72층 아파트 건물 외벽 유리에 반사된 태양반사광으로 인해 참을 한도를 넘는 생활방해가 있다고 본 원심의 결론은 정당하다며 원고 일부 승소 판결한 원심을 확정했습니다. 대법원은 이 사건에서 과도한 빛반사로 인한 순간적인 눈부심 시각장애, 즉 '빛반사 시각장애'(disability glare: 불능현휘(不能眩揮) 상태로 인한 심리적 불안감, 실내에서의 외부 경관 조망의 어려움 등 일시적인 주거 기능의 상실에 따른 기본적인 주거생활의 불편을 그 이유로 들었습니다.

제도적 통로가 주어지지 않는 한, 구제받기 어렵습니다.

넷째, 사법적 구제는 곧 재판을 통한 사법적 구제로서 많은 시간과 비용이 드는 경우가 많습니다.[28] 이것이 가장 큰 단점입니다.

<"환경소송 너무 오래 걸린다">

1972년 진해화학이 배출한 폐수로 김양식장을 망친 어민들이 제기한 손해배상청구소송은 14년만인 1986년 10월에야 최종판결을 받았습니다. 피고측이 고의적으로 소송지연작전을 폄으로써 재판비용을 감당하지 못하여 도중에 소송을 포기하는 일이 발생했고, 소송 장기화에 지쳐 피해어민 2명이 자살하는 사건이 벌어졌습니다. 이는 민사구제에만 특유한 것은 아닐지라도, 재판을 통한 환경권리구제의 실상을 드러낸 충격적인 사례였습니다.[29] 지금도 사정이 호전된 것은 아닙니다. 대법원은 최근 72층 아파트 건물 외벽 유리의 태양반사광으로 생활방해를 받던 인접 주민이 제기한 손해배상청구소송에서 참을 한도를 넘는 생활방해를 인정한 원심판결을 확정했는데,[30] 2009년 8월 제기된 이 소송이 12년 만에 최종판결을 받았다는 사실은 재판을 통한 분쟁해결에 시간이 걸린다는 사실을 보여주는 많은 사례 중 하나일 뿐입니다.

「환경오염피해구제법」 전담기관인 한국환경산업기술원 역시 이 법의 제정배경으로 환경오염 특성상 피해 입증 곤란, 고액의 소송비용과 함께 소송 장기화를 꼽았습니다.[31] 2016년 기준 환경피해 배상소송은 평균 7.5년(심급당 평균 2.5년)이 걸린다는 보고도 있습니다.[32]

---

28) 김남진, II, 532 이하; 홍천룡, 환경오염피해의 구제, 「환경법연구」 제14집, 6 이하; 오석락, 환경소송의 제문제, 1991, 20 이하; 保木本一郎, 公害規制の性格と特色, 252: Ogus, A., The Regulation of Pollution, in: Policing Pollution, A Study of Regulation and Enforcement, 1982, Clarendon Press, Oxford, 30f. 한편 김남진교수(같은 곳)는 이러한 사법적 또는 사법적 환경대책의 한정적 효용으로 인해 공법적·행정적 방법을 통한 환경보전책이 요청된다고 하면서 그러한 내용의 행정규제를 사전예방적인 것과 사후대책적인 것으로 나누고 있습니다. 그러나 행정규제 또는 환경규제행정을 권리구제의 방법으로 다루는 것은 물론 그 관련성이 전혀 없다고 할 수는 없을지라도 불필요한 체계상의 혼란을 초래할 뿐이라는 점을 지적하지 않을 수 없습니다. 그가 사전적·예방적 행정규제 및 사후대책적인 방법으로 들고 있는 것은 사실은 환경행정의 방법들로서 개괄적인 맥락에서만 환경상 권익보호에 기여하는 관련을 지니는 것들이라는 점을 유의할 필요가 있습니다.

29) 한국일보 1986.11.7 11면 기사를 참조.

30) 대법원 2021.3.11 선고 2013다59142 판결.

31) http://www.keiti.re.kr/env/relief.html.

32) 「환경오염피해구제제도 주요내용」(환경부 2016. 4.): 환경감시단 김현, 환경오염피해배상_및_구제에_관한_법률 법령해설(http://www.me.go.kr/hg/file/readDownloadFile. do?fileId=127478&fileSeq=3).

그러나 이 같은 문제점을 들어 곧바로 사법상 구제의 효용을 부정하거나 공법상 구제의 우월성을 단정할 수는 없습니다. 사실 사법상 구제의 한계로 지적되는 요인 중 주된 것(가령 입증의 곤란)은 민사구제에 특유한 것이라기보다는 재판을 통한 환경상 권리구제 전반의 문제점이라고 할 수도 있습니다. 뿐만 아니라, 사전예방적 규제조치나 공해방지협정 등과 같은 협상과 타협을 통한 분쟁해결방식이라고 해서 반드시 모든 문제상황에 타당하다고 볼 수는 없습니다.[33] 관건은 공법상 구제나 민사구제, 또는 사전예방적 구제와 사후교정적 구제 등 각종 유형의 구제방법들을 고유의 용도·가치별로 각 제도의 실효성을 제고시키고 연계하여 효과적인 환경구제 체계를 수립하는 데 있습니다.

4. 환경오염피해구제법에 따른 환경책임의 강화와 피해구제

4.1. 개 설

환경오염사고는 종종 피해 규모가 크고 광범위한 경우가 많아 사고를 일으킨 기업은 배상책임을 감당하지 못하고, 피해자는 피해자대로 적절한 피해배상을 받지 못하여 결국 정부가 막대한 국고를 투입하게 되는 악순환으로 이어지는 경향을 보입니다. 구미 불산사고가 전형적인 사례였습니다.[34] 더욱이 인과관계 입증이 용이하지 않은 환경오염사고의 특성상 피해자들이 고통을 당하고서도 원인 규명에 대한 입증부담을 안고 장기간 쟁송에 휘말림으로써 제때 권리구제를 받지 못하는 경우도 빈발합니다. 이러한 배경에서 2014년 12월 31일 「환경오염피해 배상책임 및 구제에 관한 법률」(약칭: 「환경오염피해구제법」)이 제정되었습니다.

2016년 7월 1일부터 시행된 이 법은 환경책임과 환경책임보험을 연계하여 환경오염피해 발생시 자동차 책임보험처럼 대부분 보험을 통해 피해자가 신속히 피해배상을 받도록 하고 사고기업도 추가 부담 없이 보험을 통해 배상에 따른 재무리스크를 회피할 수 있도록 하는 동시에 기업 스스로 리스크를 줄이

---

33) 가령 J.C.Smith, The Process of Adjudication and Regulation, a Comparison, in: Rights and Regulation, 91f.를 참조.

34) 2012년 9월 구미의 한 화학공장에서 탱크로리의 불산을 공장 저장탱크로 옮기는 중 작업자 부주의로 밸브를 건드려 누출사고가 발생했습니다. 이로 인해 대규모 인명·물적 피해가 발생하였고 이에 정부는 특별재난지역을 선포하고, 사고 수습을 위해 554억원의 국고를 투입하였습니다.

기 위해 법령을 준수하고 환경안전에 투자하는 등 환경안전관리를 유도한다는 선순환구조를 지향합니다. 특히 환경오염으로 인한 피해 구제를 용이하게 하고 권리구제의 사각지대를 해소하는 등 실효성 있는 피해구제를 가능케 하기 위하여 오염원인자 부담원칙의 실질적 구현을 위한 무과실책임과 인과관계 추정의 법리를 명문화하는 등 주목할 만한 제도개선을 가져왔습니다.[35]

4.2. 무과실책임 및 배상책임 제한

오염물질을 배출하는 시설들은 통상 환경오염피해를 유발할 잠재적 위험을 수반하며 위험시설을 설치·운영해 이익을 얻는 사업자에게는 그 잠재적 위험이 현실화되어 발생한 피해에 대해 엄격한 책임을 지운다는 것이 '위험책임'의 법리입니다. 이러한 배경에서 환경오염유발시설 설치·운영자에게 과실 유무를 불문하고 배상책임을 지우는 '무과실책임'의 법리가 이미 판례를 통해 인정되어 왔고,[36] 「환경정책기본법」, 「토양환경보전법」, 「유류오염손해배상보장법」 등 관계법률에 명문화되어 있습니다.

「환경오염피해구제법」은 제6조 제1항에서 "시설의 설치·운영과 관련하여 환경오염피해가 발생한 때에는 해당 시설의 사업자가 그 피해를 배상해야 합니다. 다만, 그 피해가 전쟁·내란·폭동 또는 천재지변, 그 밖의 불가항력으로 인한 경우에는 그러하지 아니합니다"라고 규정하여 사업자의 환경오염피해에 대한 무과실책임을 명문화했습니다. 이어서 환경오염피해가 그 시설 운영 중단 전의 상황으로 인하여 발생한 경우에는 '그 시설을 운영하였던 사업자가 배상해야 한다'고 규정하여 배상책임의 공백이 없도록 했습니다.

한편 법은 사업자의 무과실책임에 대한 균형장치로서 배상책임의 상한을 설정하여 일정금액 이상의 피해에 대해서는 사업자의 배상의무를 면제했습니다 (§7 본문).[37] 이러한 책임제한은 환경오염피해가 사업자의 고의 또는 중대한 과

---

35) 이 법률에 대한 전반적인 평가에 관해서는 김홍균 (2015). "환경오염피해 배상책임 및 구제에 관한 법률의 평가와 향후 과제", 「환경법연구」, 제37권 제2호, 141-175; 정남철. (2015). "새로운 環境責任法制의 導入과 被害救濟節次의 問題點 -특히 「환경오염피해 배상책임 및 구제에 관한 법률」의 내용과 문제점을 중심으로-". 「환경법연구」, 제37권 제2호, 249-274 를 참조.

36) 가령 대법원 2001.2.9 선고 99다55434 판결.

37) 배상책임한도는 2천억원의 범위에서 시설의 규모 및 발생될 피해의 결과 등을 감안

실로 발생하거나 환경오염피해의 원인을 제공한 시설에 대하여 사업자가 시설의 설치·운영과 관련하여 안전관리기준을 준수하지 아니하거나 배출허용기준을 초과하여 배출하는 등 관계 법령을 준수하지 아니한 경우 또는 환경오염피해의 원인을 제공한 사업자가 피해의 확산방지 등 환경오염피해의 방제를 위한 적정한 조치를 하지 아니한 경우에는 적용이 없습니다(§7 단서).[38] 이와 관련하여 법은 환경오염사고 발생시 신속하고 효과적인 대응을 위하여 사업자에게 신고 및 응급조치 의무를 부과하고 있습니다(§8).

4.3. 인과관계의 추정

환경오염피해는 오염노출경로가 복잡하고 피해양상도 다양하여 현재의 과학기술 수준으로 인과관계를 입증하기가 쉽지 않습니다. 따라서 피해자 개인이 환경오염으로 피해를 입었다는 인과관계를 입증하기가 사실상 불가능한 경우가 많습니다. 이러한 현실을 고려하여 피해자가 인과관계 성립 가능성을 상당한 수준으로 입증할 경우 인과관계를 인정하고 기술적·경제적으로 우월한 사업자가 반증을 하지 못하면 손해배상책임을 지도록 하는 법리가 판례와 학설에 의해 주장되고 있습니다.[39] 피해자의 입증곤란(Beweisnotstand)을 완화해 주기 위한 개연성설이 주장되고 또 판례에 반영되고 있음은 이미 앞에서 살펴본 바와 같습니다. 법은 그와 같은 학설과 판례 법리를 명문화하여 환경오염유발시설 설치·운영과 피해 발생 간에 상당한 개연성이 있는 경우 인과관계를 법적으로 추정하도록 함으로써 피해자의 입증부담을 경감토록 했습니다.[40]

하여시행령으로 정하도록 위임되어 있습니다. 참고로 독일의 환경책임법에서는 2,400억원, 우주손해배상법에서는 2,000억원, 유류오염손해배상법에서는 1,500억원으로 책정되어 있습니다.

38) 이에 관해서는 배병호. (2016). "환경오염피해구제법 도입에 따른 배상책임성립과 배상범위에 대한 고찰". 「환경법연구」 제38권 제1호: 57-88; 안경희 (2016). "환경오염피해 구제법상 손해배상책임의 발생과 제한", 「환경법연구」 제38권 제2호, 49-92 등을 참조.

39) 환경백서 2021, 381.

40) 이러한 입법적 해결책은 소송실무에 대해서도, 향후 판례 축적을 기다려 보아야 하겠지만, 인과관계 인정여지가 확대되는 방향으로 긍정적인 영향을 미칠 것으로 전망되고 있습니다. 이에 관해서는 한지형. (2016). "환경오염피해소송에서의 인과관계 판단 -관련 판례의 분석 및 환경오염피해구제법 시행에 따른 전망을 중심으로-". 「환경법연구」 제38권 제1호, 135-167을 참조.

법은 시설이 환경오염피해 발생의 원인을 제공한 것으로 볼 만한 상당한 개연성이 있는 때에는 그 시설로 인하여 환경오염피해가 발생한 것으로 추정한다고 전제하고(§9①), 상당한 개연성이 있는지 여부에 대한 판단기준으로 '시설의 가동과정, 사용된 설비, 투입되거나 배출된 물질의 종류와 농도, 기상조건, 피해발생의 시간과 장소, 피해의 양상과 그 밖에 피해발생에 영향을 준 사정 등의 고려'를 명시했습니다(§9②).

「환경오염피해구제법」 제9조 제1항에서 인과관계 추정 요건으로 "상당한 개연성"을 요구한 데 대해서는 비판이 제기되었습니다. 즉 피해자는 환경오염피해 발생의 원인을 제공한 것으로 볼 수 있는 "상당한 개연성"을 입증해야 하며, 향후 법원의 판단을 기다려 보아야 하겠지만, 같은 조 제2항 소정의 기준에 따라 판단되는 이 "상당한 개연성"이란 요건이 오히려 기존의 판례인 개연성이론보다 엄격해 질 우려가 있다는 것입니다. 따라서 법원은 인과관계 추정을 위한 해석기준으로서 이 규정을 유연하게 운영할 필요가 있다고 합니다.[41] 반면 '상당한 개연성이 있는지 여부'에 대한 최종적 판단은 법원이 내리겠지만, 그 판단을 위한 요소가 구체적으로 제시되기 때문에 법원은 그 판단에 큰 압박을 받을 수 있고 그 입법 목적을 존중하여 쉽게 인과관계를 부인하지 못할 것이기 때문에 결국 이러한 조문을 적용하는 것이 판례가 인정하고 있는 개연성이론을 적용하는 것보다 피해자에게 우호적인 결과가 나올 수 있다고 예상하는 견해도 있습니다. 말하자면 법원에 재량의 여지를 주면서, 법원으로 하여금 입법 취지를 고려하여 상당한 개연성과 관련하여 적극적이고 우호적인 결정을 내릴 가능성을 높일 수 있다는 것입니다.[42]

환경오염피해가 다른 원인으로 인해 발생하였거나, 사업자가 대통령령으로 정하는 환경오염피해 발생의 원인과 관련된 환경·안전 관계 법령 및 인허가조건을 모두 준수하고 환경오염피해를 예방하기 위하여 노력하는 등 제4조 제3항에 따른 사업자의 책무를 다하였다는 사실을 증명하는 경우에는 제1항에 따른

---

41) 정남철, "새로운 環境責任法制의 導入과 被害救濟節次의 問題點 -특히 「환경오염피해 배상책임 및 구제에 관한 법률」의 내용과 문제점을 중심으로-", 「환경법연구」 제37권 3호, 2010, 249-274, 257-266, 특히 265을 참조.

42) 한상운, 환경책임과 환경보험 - 환경피해구제법(2013.7.30, 국회발의)을 중심으로, 사법, 제26호, 2013. 12, 124; 김홍균, 환경정책기본법상의 무과실책임 규정의 한계와 극복, 사법, 제26호, 2013. 12, 93. 한편, 인과관계가 간주되는 것은 아니므로 거꾸로 법원에서 상당한 개연성이 없다는 이유로 인과관계를 부인할 소지를 제공할 수도 있어서, 결국 인과관계의 인정 여부는 자유심증주의에 따라 법원에 맡겨진 몫이라고 지적하기도 합니다(김홍균, "환경오염피해 배상책임 및 구제에 관한 법률의 평가와 향후 과제", 「환경법연구」, 제37권 제2호, 2015. 8, 153).

추정은 배제됩니다(§9③). 또한 법은 제10조에서 환경오염피해를 발생시킨 사업자가 둘 이상인 경우, 어느 사업자에 의하여 그 피해가 발생한 것인지를 알 수 없을 때에는 해당 사업자들이 연대하여 배상하도록 하고, 제11조에서는 다른 사업자의 시설 설치·운영에 따른 환경오염피해를 제6조에 따라 배상한 사업자는 해당 시설의 사업자에게 구상하되, 환경오염피해가 시설의 설치·운영 등에 사용된 자재·역무의 제공에 의하여 생긴 때에는 사업자는 해당 자재·역무의 제공을 한 자의 고의 또는 중대한 과실이 있을 때에만 구상할 수 있도록 했습니다. 아울러 제12조에 시설 설치·운영에 관한 업무를 도급한 경우 책임 배분에 관한 규정을 두었습니다.

4.4. 정보청구권

정보 접근(information access)은 피해구제에서 결정적 중요성을 가지며 특히 환경오염 피해구제의 성패를 좌우하는 요인이 됩니다. 이러한 견지에서 법은 피해자에게는 배상청구권의 성립과 범위 확정을 위하여 시설의 사업자에 대한 정보청구권을 명시적으로 인정하고 있습니다.

법 제15조 제1항에 따르면, 이 법에 따른 피해배상청구권의 성립과 그 범위를 확정하기 위하여 필요한 경우 피해자는 해당 시설의 사업자에게 제9조 제2항과 관련한 정보, 즉 인과관계 입증에 필요한 정보의 제공·열람을 청구할 수 있습니다(§15①).

피해배상 청구를 받은 사업자도 피해자에 대한 피해배상이나 다른 사업자에 대한 구상권의 범위를 확정하기 위하여 다른 사업자에게 제9조 제2항과 관련한 정보의 제공 또는 열람을 청구할 수 있습니다(§15②).

아울러 2023년 4월 18일의 개정법률은 제19조 제2항을 개정하여 시설의 인·허가 기관의 장이 해당 시설에 대한 인·허가를 위하여 환경책임보험 가입 여부 또는 보장계약 체결 여부를 확인할 때 보험자 또는 운영기관의 장에게 필요한 자료 또는 정보의 제공을 요청할 수 있도록 하였습니다(§19② 후단).

피해자나 피해배상 청구를 받은 사업자로부터 정보의 제공 또는 열람 청구를 받은 자는 해당 정보를 제공하거나 열람하게 해야 합니다(§15③).

피해자 및 사업자는 영업상 비밀 등을 이유로 정보 제공 또는 열람이 거부된 경우에는 환경부장관에게 정보 제공 또는 열람 명령을 신청할 수 있고(§ 15 ④), 그 경우 환경부장관은 제16조에 따른 환경오염피해구제정책위원회의 심의를 거쳐 정보 제공 또는 열람 명령 여부를 결정하고, 그 결정에 따라 해당 사업자에게 정보 제공을 하도록 하거나 열람하게 하도록 명할 수 있습니다(§ 15 ⑤).

정보를 제공받거나 열람한 자는 그 정보를 해당 목적과 다르게 사용하거나 다른 사람에게 제공하는 등 부당한 목적을 위하여 사용하여서는 아니 되며(§ 15 ⑥), 이를 위반하면 1년 이하 징역 또는 1천만원 이하 벌금에 처하도록 되어 있습니다(§ 47 ① 1호).

4.5. 시설책임: 책임대상 시설 및 배상의 범위

이 법에 따른 책임은 시설책임입니다. 법은 제도의 실효성을 높이기 위해 배상책임의 적용대상을 대기·수질·가축분뇨·소음진동배출시설, 폐기물처리시설, 토양오염 관리대상 시설, 유해화학물질 취급시설, 해양시설 등 환경오염물질을 상시 배출하거나 위험물질을 상시 취급하는 시설 등 환경법령 등에 따라 확정이 가능한 시설로 명시하고 있습니다.

< 적용대상시설 (§ 3) >

1. 「대기환경보전법」 제2조 제11호에 따른 대기오염물질배출시설
2. 「물환경보전법」 제2조 제10호·제11호에 따른 폐수배출시설 또는 폐수무방류배출시설
3. 「폐기물관리법」 제2조 제8호에 따른 폐기물처리시설로서 같은 법 제25조 제3항에 따라 폐기물처리업자가 설치한 시설 및 같은 법 제29조 제2항에 따른 승인 또는 신고 대상 시설
4. 「건설폐기물의 재활용촉진에 관한 법률」 제2조 제16호에 따른 건설폐기물 처리시설 (「건설폐기물의 재활용촉진에 관한 법률」 제13조의2 제2항에 따른 임시보관장소를 포함한다)
5. 「가축분뇨의 관리 및 이용에 관한 법률」 제2조 제3호에 따른 배출시설로서 같은 법 제11조에 따른 허가 또는 신고 대상 시설
6. 「토양환경보전법」 제2조 제3호에 따른 토양오염관리대상시설
7. 「화학물질관리법」 제2조 제11호에 따른 취급시설로서 같은 법 제27조에 따른 유해화학물질영업을 하는 자 및 같은 법 제41조에 따른 위해관리계획서를 제출해야 하는 자의 취급 시설
8. 「소음·진동관리법」 제2조 제3호에 따른 소음·진동배출시설
9. 「잔류성유기오염물질 관리법」 제2조 제2호에 따른 배출시설

10. 「해양환경관리법」 제2조 제17호에 따른 해양시설 중 대통령령으로 정하는 시설
11. 그 밖에 대통령령으로 정하는 시설

배상책임의 범위는 "환경오염피해", 즉 시설의 설치·운영으로 인하여 발생되는 대기오염, 수질오염, 토양오염, 해양오염, 소음·진동, 그 밖에 대통령령으로 정하는 원인으로 인하여 다른 사람의 생명·신체(정신적 피해를 포함) 및 재산에 발생된 피해(동일한 원인에 의한 일련의 피해를 포함)에 미칩니다(§ 2 1호 본문). 다만, 해당 사업자가 받은 피해와 해당 사업자의 종업원이 업무상 받은 피해는 제외합니다(§ 2 1호 단서).

사업장 내의 내부직원은 산업재해보상제도를 통해 보상을 받고, 자연환경 훼손 등 환경훼손에 대하여는 「자연환경보전법」, 「물환경보전법」, 「토양환경보전법」 등에 따라 피해복구 및 행정 대집행이 가능하다는 이유에서 배상대상에서 제외했습니다.

법은 책임주체인 사업자를 "해당 시설에 대한 사실적 지배관계에 있는 시설의 소유자, 설치·운영자"로 명시하고 있습니다(§ 2 3호).

2023년 4월 18일의 개정법률은 제20조의2를 신설하여 「환경보건법」 제15조 제2항에 따른 역학조사 또는 같은 법 제17조에 따른 청원에 의한 건강영향조사 결과, 환경책임보험에 가입된 시설이 원인이 되어 일정 규모 이상의 환경오염피해가 발생하여 환경책임보험을 통한 보상이 필요하다고 인정되는 경우에는, 환경부장관이 보험자에게 손해의 조사 및 손해액의 평가 등을 실시할 것을 요구할 수 있도록 하였습니다. 이에 따라 환경부장관이 손해조사등을 요구하였으나 보험자가 특별한 사유 없이 손해조사등에 착수하지 아니하는 경우 등 대통령령으로 정하는 때에는 환경부장관이 직접 손해조사등을 실시할 수 있습니다(§ 20의2 ②). 환경부장관 직접 손해조사등을 실시하는 경우에는 착수한 사실과 그 결과를 보험자, 피보험자 및 피해자에게 통보하여야 한다(§ 20의2 ③).

4.6. 환경책임보험

이 법의 요체는 환경책임과 환경책임보험을 연계하여 환경오염피해에 따른 책임의 분담과 피해구제의 원활을 기한다는 데 있습니다. 따라서 대상시설의 환경오염피해보험 의무 가입, 즉 강제보험을 최대한 확보하는 것이 성공의 열쇠가

됩니다. 이러한 배경에서 법은 대상시설 중 환경오염유발 위험성이 특히 높은 유해화학물질 취급시설, 특정대기·수질 유해물질 배출시설, 지정폐기물 처리시설, 특정토양오염관리대상시설, 해양시설을 운영하는 사업자에 대하여 환경책임보험 가입을 의무화하고 환경책임보험에 가입한 후가 아니면 시설을 설치·운영할 수 없도록 명시하고 있습니다(§ 17).

2023년 4월 18일의 개정법률은 환경책임보험에 가입하거나 보장계약을 체결하려는 사업자는 해당 시설의 종류 및 규모, 해당 시설에서 배출되는 오염물질의 종류 및 배출량 등 필요한 사항을 보험자 또는 운영기관의 장에게 제출하도록 의무화하고, 사업자가 환경책임보험 가입 또는 보장계약 체결 이후 해당 시설에 대한 변경 인·허가 또는 변경 등록·신고를 하려는 경우 기존의 환경책임보험 또는 보장계약 또한 이에 적합하게 변경하도록 하였습니다(§ 17 ④, ⑤).

환경책임보험의 보험자는 환경오염피해구제정책위원회의 심의를 거쳐 환경부장관과 환경책임보험 사업의 운영 등에 관한 약정을 체결하여야 합니다(§ 18). 보험자는 조업중지 중인 경우 등 대통령령으로 정하는 사유가 있는 경우 외에는 보험계약 체결을 거부할 수 없습니다(§ 18 ③).

환경부장관은 환경오염피해의 원인을 제공한 자를 알 수 없거나 그 존재 여부가 분명하지 아니하거나 무자력인 경우 또는 법 제7조에 따른 배상책임한도를 초과한 경우, 그로 인하여 환경오염피해의 전부 또는 일부를 배상받지 못할 때에는 피해자 또는 그 유족에게 환경오염피해의 구제를 위한 급여, 즉 "구제급여"를 지급할 수 있습니다(§ 23).

신속한 피해구제를 위하여 보험금 청구일로부터 일정한 기간이 경과한 후에는 보험금 일부를 선지급하도록 하고, 예비조사 후 지급요건에 해당될 경우에는 구제급여 일부를 선지급할 수 있도록 규정하고 있습니다(§§ 20, 25 ③).

4.7. 환경오염피해구제계정의 설치 및 취약계층 소송지원

4.7.1. 환경오염피해구제계정의 설치 운용

환경책임보험 등 오염 원인자의 엄격한 책임 이행을 통해서도 해결하지 못하는 사각지대가 있을 수 있고 피해를 입고도 배상을 받지 못하는 억울한 경우가 생길 수 있습니다. 법은 이처럼 사각지대에 방치된 피해자 구제를 위해 국가가 구제급여를 지급할 수 있도록 했습니다(§§ 35-37). 즉, 피해자가 환경오염피해의 원인을 제공한 자를 알 수 없거나 원인자 부존재 또는 무능력으로 피해배상을 받지 못하는 경우 환경오염피해구제계정에서 구제급여를 지급할 수 있도록 한 것입니다. 법 제35조에 따르면, 보장계약의 체결, 구제급여 관련 업무 수행 등을 하는 운영기관은 보장금의 지급 및 구제급여 등에 필요한 재원에 충당하기 위하여 환경오염피해구제계정을 설정·운영할 수 있습니다.

4.7.2 취약계층 소송지원

법은 저소득층, 노약자, 장애인 등 권리를 제대로 보장받지 못할 우려가 있는 취약계층 피해자의 권익보호를 위해 법률자문, 소송서류 작성 등을 지원하며 '환경오염피해소송지원변호인단'을 구성하여 취약계층의 피해자가 환경오염피해 배상청구소송을 제기하는 경우 소송지원변호인단에서 변론을 담당하도록 배려하고 있습니다(§ 42).

Ⅲ. 환경피해의 공법적 구제: 환경행정쟁송

1. 개 설

환경오염으로 인한 권익침해가 행정청의 작위(위법한 배출시설의 허가)나 부작위(개선명령등의 해태)로 발생하는 경우 상응하는 행정쟁송수단을 통해 권익구제를 받을 수 있습니다. 취소심판, 의무이행심판, 취소소송 및 부작위위법확인소송뿐만 아니라 집행정지신청 등과 같은 행정쟁송절차가 고려대상입니다. 그러나 환경상 행정구제에 관한 한 국가나 지방자치단체의 적극적인 작위로 인한 권익침해 못지않게 오히려 규제권한의 불행사·해태 등으로 인한 환경오염의 피해가 큰 비중을 차지하고 있고, 위법한 환경오염물질 배출시설의 허가 등 적극적 작위에 따라 환경상 권익침해가 초래되는 경우에도 그 허가의 상대방보다는 이해관계 있는 제3자의 권익구제가 더 중요한 문제로 대두된다는 점에 환경행정쟁송의 특징이 있습니다. 나아가 환경오염의 대규모성·광역성, 피해자의 집단성 등으로 인하여 개개인의 이해 못지않게 지역주민·이익집단의 집단적인 환경상 이해관계를 보호해야 한다는 요청이 두드러지고 있습니다.

2. 환경행정쟁송의 분쟁구조와 쟁송의 유형

2.1. 분쟁의 구조

환경행정쟁송을 통하여 다투어지는 분쟁의 전형적인 구조는 오염물질을 배출하는 배출시설의 사업자와 이로 말미암아 권익침해를 받은 주민, 그리고 배출시설의 설치허가·개선명령 등 일정한 작위 또는 부작위를 통하여 이에 관련하고 있는 행정청간의 삼극(三極) 관계를 바탕으로 이루어지는 것이 일반적입니다. 환경행정쟁송의 삼극관계는 환경부장관으로부터 폐수배출시설의 설치허가를 받은 사업자의 배출시설로부터 수질오염물질이 배출됨으로 말미암아 피해를 받는 주민을 중심으로 구성됩니다.

사업자와 행정청 양면관계에서 배출시설 설치허가나 각종 규제명령을 둘러싼 분쟁 역시 환경행정쟁송의 전형적 대상으로서 중요성을 가지지만 이 점은 일반적인 행정쟁송의 분쟁구조와 크게 다를 바 없습니다. 문제는 피해를 입은 주민이 배출시설의 허가 및 감독권자인 행정청을 상대로 어떻게 권익구제를 받을 수 있느냐에 있습니다.

사업자의 배출시설로부터 환경오염물질이 배출됨으로 인하여 권익침해를 받은 인근주민이 행정쟁송을 통하여 구제를 받으려면 환경오염이 시설설치허가 등 행정작용의 매개를 통하여 발생되었어야 합니다. 그 행정작용의 매개요소가 무엇을 내용으로 하느냐에 따라 행정쟁송의 유형은 주민이 제3자의 입장에서 배출시설의 설치허가의 취소를 구하게 되는 제3자취소쟁송과 주민이 규제행정청에 사업자의 오염물질배출을 규제해 달라고 청구하는 행정개입청구쟁송으로 나뉩니다.

2.2. 제3자취소쟁송

주민이 제3자의 입장에서 배출시설의 설치허가의 취소를 구하게 되는 제3자취소쟁송은 원칙적으로 배출시설의 설치허가처분의 취소심판과 취소소송의 형태를 띱니다. 이 경우 불법배출시설의 조업으로 인한 환경오염에 따라 권익침해를 받는 주민은 쟁송의 대상인 사업자에 대한 허가처분을 중심으로 하여 볼 때 처분의 상대방이 아니라 제3자의 지위에 있습니다. 따라서 제3자취소쟁송에서 문제의 초점은 주민이 사업자에 대한 허가처분을 다툴 법률상의 이익을 가지느냐 하는 데 모아집니다. 행정심판법(§9)과 행정소송법(§§12, 35, 36)은 청구인적격, 원고적격을 '법률상 이익이 있는 자'에 한정하고 있기 때문입니다.

환경행정쟁송에서 법률상 이익의 문제는 특히 배출시설의 설치허가에 대한 관계에서 제3자의 지위에 있는 주민의 쟁송제기권과 관련하여 제기됩니다. 이에 관하여는 판례상 원고적격·청구인적격의 확대경향이 비교적 뚜렷이 나타나고 있습니다. 원고적격의 확대를 향한 결정적 계기가 된 다음의 사례에서 바로 그러한 경향을 잘 엿볼 수 있습니다.

> 주거지역에서 갑이 설치허가를 받아 운영하고 있는 연탄공장으로부터 날아드는 분진, 소음 등으로 피해를 보고 있는 인근지역주민들은 같은 지역주민인 을을 대표로 선임하여 그 연탄공장 설치허가의 취소청구소송을 제기했습니다. 이에 대해 관할고등법원은 "원고가 주거지역에서 건축법상 건축물에 대한 제한규정이 있음으로 말미암아 현실적으로 어떤 이익을 받고 있다 하더라도, 이는 그 지역거주 개개인에게 보호되는 개인적 이익이 아니고, 다만 공공복리를 위한 건축법상의 제약의 결과로서 생기는 반사적 이익에 불과한 것"이라고 하여 원고의 소를 각하했습니다. 그러나 대법원은 "주거지역내에서의 일정한 건축을 금지하고 또한 제한하고 있는 것은… 공공복리의 증진을 도모하는 데 그 목적이 있는 동시에 주거지역내에 거주하는 사람의 주거의 안녕과 생활환경을 보호하고자 하는 데도 그 목적이 있다고 해석된다. 따라서 주거지역내에 거주하는 사람이 받는 이익은 단순한 반사적 이익이나 사실상의 이익이 아니라, 법률에 따라 보호되는 이익"(대법원 1975.5.13 선고 73누96,97 판결)이라고 판시하여 원고의 주장을 인용했습니다.

이 사건에서 대법원은 인근주민의 허가취소소송을 인용했습니다. 허가가 취소되면 사업자는 적법하게는 조업을 할 수 없다는 결과가 됩니다. 유사한 사례가 가령 위법하게 발급된 수질환경보전법상의 폐수배출시설허가와 이로 인한 환경오염피해를 입은 인근주민 사이에 발생한다면 위 판례에 따를 경우 인근주민에게 당연히 원고적격이 인정되리라고 예상할 수 있을 것입니다.

그러나 이러한 결과는 오로지 사업자가 발급받은 허가 자체가 위법한 것이었다고 판명된 때에만 달성될 수 있습니다. 가령, 연탄공장사건의 경우 그 허가 자체가 위법한 것이 아니라 다만 기존시설이 건축법상 의무를 위반하였기 때문에 관계행정청이 건축법 제79조에 따른 기존시설에 대한 시정명령을 취할 수 있게 된 경우를 가정한다면, 허가처분에 대한 취소소송은 문제될 여지가 없고, 대신 주민에게 행정청을 상대로 건축법 제79조에 따른 시정명령을 요구할 권리가 인정되느냐가 문제될 뿐입니다. 건축법 제79조 제1항은 "허가권자는 대지나 건축물이 이 법 또는 이 법에 따른 명령으로나 처분에 위반되면 이 법에 따른 허가 또는 승인을 취소하거나 그 건축물의 건축주·공사시공자·현장관리인·소유자·관리자 또는 점유자("건축주 등")에게 공사의 중지를 명하거나 상당한 기간을 정하여 그 건축물의 철거·개축·증축·수선·용도변경·사용금지·사용제한, 그 밖에 필요한 조치를 명할 수 있다"고만 규정하고 있을 뿐입니다. 즉, 제79조 제1항은 건축행정청에 재량을 부여한 규정입니다. 주민은 이러한 시정명령청구소송을 제기할 수 있는가? 이 물음은 다음에 보는 행정개입청구권과 관련하여 제기됩니다.

환경행정소송의 원고적격에 관한 판례는 뚜렷한 원고적격 확대경향을 보여줍니다.

< 원고적격에 관한 대법원판례 >

[1] 공유수면매립면허처분과 농지개량사업 시행인가처분의 근거 법규 또는 관련 법규가 되는 구 공유수면매립법, 구 환경정책기본법 등 각 관련 규정의 취지는, 공유수면매립과 농지개량사업시행으로 인하여 직접적이고 중대한 환경피해를 입으리라고 예상되는 환경영향평가 대상지역 안의 주민들이 전과 비교하여 수인한도를 넘는 환경침해를 받지 아니하고 쾌적한 환경에서 생활할 수 있는 개별적 이익까지도 이를 보호하려는 데에 있다고 할 것이므로, 위 주민들이 공유수면매립면허처분 등과 관련하여 갖고 있는 위와 같은 환경상의 이익은 주민 개개인에 대하여 개별적으로 보호되는 직접적·구체적 이익으로서 그들에 대하여는 특단의 사정이 없는 한 환경상의 이익에 대한 침해 또는 침해우려가 있는 것으로 사실상 추정되어 공유수면매립면허처분 등의 무효확인을 구할 원고적격이 인정된다. 한편, 환경영향평가 대상지역 밖의 주민이라 할지라도 공유수면매립면허처분 등으로 인하여 그 처분 전과 비교하여 수인한도를 넘는 환경피해를 받거나 받을 우려가 있는 경우에는, 공유수면매립면허처분 등으로 인하여 환경상 이익에 대한 침해 또는 침해우려가 있다는 것을 입증함으로써 그 처분 등의 무효확인을 구할 원고적격을 인정받을 수 있다.

[2] 헌법 제35조 제1항에서 정하고 있는 환경권에 관한 규정만으로는 그 권리의 주체·대상·내용·행사방법 등이 구체적으로 정립되어 있다고 볼 수 없고, 환경정책기본법 제6조

도 그 규정 내용 등에 비추어 국민에게 구체적인 권리를 부여한 것으로 볼 수 없다는 이유로, 환경영향평가 **대상지역 밖에 거주하는 주민에게 헌법상의 환경권 또는 환경정책기본법에 근거하여 공유수면매립면허처분과 농지개량사업 시행인가처분의 무효확인을 구할 원고적격이 없다**고 한 사례.[43]

대법원은, 법률상 이익이 인정되는 경우를, ① **처분의 근거법규에서 직접 보호하는 이익**이라고 해석되는 경우, ② **처분의 근거법규는 아니지만 관련법규**, 즉 당해 처분의 목적을 달성하기 위한 일련의 단계적 관계에서 행해진 관련처분들의 근거법규에서 **명시적으로 보호하는 이익**으로 해석되는 경우, ③ 처분의 근거법규나 관련법규에 그러한 이익을 보호하는 명시적인 규정은 없더라도 그 **합리적 해석상 그 법규에서 행정청을 제약하는 이유가 순수한 공익의 보호만이 아니라 개별적·직접적·구체적 이익을 보호하는 취지가 포함되어 있다고 해석되는 경우**까지 확장해 왔습니다.[44]

한편, 나무나 동물 등 자연물의 원고적격 인정 여부에 관해서는 이를 부정적으로 보는 것이 판례경향입니다.[45] 가령 도롱뇽의 당사자능력을 인정할 수 없다

---

43) 대법원 2006.3.16 선고 2006두330 전원합의체 판결(정부조치계획취소등).

44) 대법원 2004.8.16 선고 2003두2175 판결; 2013.9.12.선고 2011두33044 판결; 2014.12.11 선고 2012두28704 판결(2단계BK21사업처분취소); 2013.9.12. 선고 2011두33044 판결; 2015.7.23 선고 2012두19496, 19502 판결(이사선임처분취소). 또한 김철용, 행정법 I, 제13판, 2010, 658-659를 참조.

45) 이러한 경향은 세계적으로도 다르지 않습니다. 동물권론은 특히 70년대 피터 싱어(Peter Singer, Animal Liberation, HarperCollins, New York 1975)가 제기한 동물윤리론에 촉발되어 발전되어 왔고, 아르헨티나, 콜롬비아, 인도 등에서 판례를 통해 확산되어 왔습니다. 특히 2020년 5월 이슬라마바드 최고법원(Islamabad High Court)은 동물의 법적 권리를 인정하면서 생명체들의 상호의존성을 부각시킨 현재의 팬데믹 위기의 맥락에서 동물의 보호를 인간의 생명권과 연관 지은 바 있습니다(Islamabad High Court 21 May 2020, WP no 1155/2019). 그리하여 법학계에서는 동물권의 가능성 또는 현실성을 인정하는 목소리가 결정적 수준(critical mass)에 도달했다는 평이 나올 정도입니다(Editorial Animal rights: interconnections with human rights and the environment. Journal of Human Rights and the Environment, Vol. 11 No. 2, September 2020, 149-155, 150: Visa AJ Kurki, A Theory of Legal Personhood. Oxford University Press 2019). 그러나 대부분의 나라들은 여전히 동물을 물건, 즉 매매되고 소유, 교환, 사육, 실험, 살상, 식용의 대상이 되는 재산으로 다루고 있습니다(같은 곳). 한편 법주체론의 인간중심적 경향(anthropocentric proclivity of legal subjectivism) 등 서구법학의 권리 범주에 의존한 동물권론의 한계를 지적하면서 법 자체에 대한 생태적 이해의 필요성을 주장하는 견해로는 Favre, Brian. (2020). Is there a need for a new, an ecological, understanding of legal animal rights? Journal of Human

고 한 원심의 판단을 수긍한 사례,[46] 복합화력발전소 공사계획 인가처분에 대한 검은머리물떼새의 취소 또는 무효확인을 구하는 소는 당사자적격이 없어 부적법하다고 한 사례[47]가 있습니다.

2.3. 행정개입청구쟁송

환경법 중에는 환경부장관이나 그 밖의 행정청에 배출시설의 설치허가권뿐만 아니라 감독권자로서 개선명령·조업정지명령·시설이전명령 등의 규제명령을 발할 권한을 부여하는 경우가 많습니다. 예컨대 「물환경보전법」 제39조에 따르면, 제37조 제1항에 따른 신고를 한 후 조업 중인 배출시설에서 배출되는 수질오염물질의 정도가 배출허용기준을 초과한다고 인정하는 때에는 대통령령으로 정하는 바에 따라 기간을 정해 사업자에게 그 수질오염물질의 정도가 배출허용기준 이하로 내려가도록 필요한 조치를 취하도록 개선명령을 발동할 수 있게 되어 있습니다. 만일 배출되는 오염물질이 배출허용기준을 초과했는 데도 환경부장관이 아무 조치를 취하지 않고 있다면, 그로 인해 권익침해를 받은 주민은 개선명령의 발동을 요구할 수 있을까? 여기서 제기되는 물음은 두 가지입니다. 첫째, 실체법상 이같은 주민의 청구권이 인정되는가, 둘째, 이것이 긍정된다면 행정쟁송법상 그 청구권을 행사할 수 있는 쟁송이 허용되는가. 이것이 바로 행정개입청구쟁송의 문제상황입니다.

첫째 물음은 각종 규제명령의 근거법규정으로부터 규제명령을 발동할 법적의무가 도출되느냐에 모아집니다. 근거법의 문언형식이, 위법시설에 대한 폐쇄조치의 경우(「물환경보전법」 § 42; 「대기환경보전법」 § 36 등)나 배출부과금의 부과(「대기환경보전법」 § 35; 「물환경보전법」 § 41 등)를 제외하고는, 모두 이른바 가능규정 (Kann-Vorschrift), 즉 '…명할 수 있다'라는 수권규정의 형식으로 되어 있는 이상, 일단 재량권이 수권된 것이지 의무를 부과한 것은 아니라고 할 것이므로 이 문제는 일단 부정적으로 볼 수밖에 없을 것입니다. 그러나 행정청에 재량이 부

Rights and the Environment, Vol. 11 No. 2, September 2020, 297-319을 참조.

46) 대법원 2006.6.2자 2004마1148 결정(공사착공금지가처분).

47) 서울행법 2010.4.23 선고 2008구합29038 판결(공사계획인가처분취소등 확정). 아울러 이동준, "자연의 권리소송, 그 과제와 전망", 부산법조 27호(2010), 부산지방변호사회, 2009를 참조.

여된 경우에도 행정청은 하자 없는 재량행사에 대한 법적 의무를 집니다. 즉 재량권에 한계가 있는 것입니다. 이런 의미의 재량한계론은 오늘날 더 이상 의문시되지 않는 행정법의 구성부분으로 확립되어 있고, 행정소송법 제27조도 "행정청의 재량에 속하는 처분이라도 재량권의 한계를 넘거나 그 남용이 있는 때에는 법원은 이를 취소할 수 있다"고정 규합니다. 만일 어떤 법규정이 행정청에 재량권을 부여한 경우, 행정청은 재량의 범위 내에서 선택의 자유를 가지면서도 하자 없는 재량행사를 할 법적 의무에서 벗어날 수는 없습니다.

그러나 아직 이로부터 개선명령 발동의무가 도출되지는 않습니다. 관계법규정은 수권규정일 뿐이므로 그로부터 특정행위 의무가 도출되는 것은 아닙니다. 재량의 수축, 다시 말해 사안의 성질상 일정한 결정 이외의 어떤 결정도 하자 있는 것으로 판단될 때에만 그런 의무가 도출될 수 있습니다.[48]

헌법은 제35조 제1항 제2문에서 환경보전을 위하여 노력해야 할 국가의 헌법적 의무를 부과하고 있습니다. 어떤 배출시설에서 배출허용기준을 넘어 오염물질을 배출하여 인근주민의 환경권 또는 법률상 이익을 침해하고 있는데도 행정청이 아무 조치를 취하지 않고 수수방관하는 것은 헌법상 국가의 환경보전 의무에 비추어 정당화될 수 없으며, 그런 경우 재량 수축이 인정될 여지가 많을 것입니다.

다음으로, 개선명령등의 발동을 요구할 수 있는 행정개입청구권이 (실체법적으로) 인정되면, 이제는 그 소송상 관철방법이 문제됩니다. 행정심판에 관한 한, 현행법상 의무이행심판이 허용되므로 의무이행심판을 제기하여 구제받을 수 있습니다. 행정심판이 아니라 행정소송을 제기한다면, 가장 유효적절한 소송유형은 행정행위요구소송 또는 의무이행소송이 될 것입니다. 그러나 대법원은 일관된 판례로 이행소송 또는 의무이행소송을 행정소송법상 허용되지 않는 것으로 보고 있습니다.[49] 따라서 현행법상 고려될 수 있는 소송은 거부처분 취소소송과 부작위위법확인소송뿐입니다. 전자는 청구인용 판결을 통해 행정청의 재처분의무를 부과한다는 점에서 실질적으로 의무이행소송과 유사한 결과를 기

---

48) 물론 일반적인 무하자재량행사청구권은 존재하지 않으며 또한 일괄적인(schematische) 재량권수축 역시 인정되지 않습니다(Maurer, § 8 Rn.15). 문제는 오로지 특정한 관계법규정의 해석과 사실판단에 의해 해결될 수 있을 뿐입니다.

49) 대법원 1986.8.1. 선고 86누223 판결; 대법원 1989.9.12 선고 87누868판결.

대할 수 있다고 합니다. 반면 후자는 단순히 무응답상태를 제거하기 위한 소송이므로 청구인용으로 행정청의 거부등 어떤 응답을 얻어 그 응답을 대상으로 하여 다시 또 취소소송을 제기해야 한다는 우회 효과를 지닐 뿐입니다.[50) 따라서 주민들로부터 사업자에 개선명령등을 발동해 달라고 요구받은 환경부장관이 무응답으로 일관하는 경우와 명시적인 거부의사를 표시하는 경우 사이에 불균형이 문제점으로 남게 됩니다.

그 밖에 환경상 행정구제를 위한 소송방법으로는 행정소송법상 처분에 해당되지 않는 비행정행위적 행정작용에 관한 공법상 당사자소송을 들 수 있습니다.

Ⅳ. 환경분쟁조정

1. 환경소송과 대체적 분쟁해결(ADR)

급속한 도시화·산업화과정에서 대기, 수질오염, 폐기물 발생, 소음·진동 등으로 인한 건강과 재산 피해와 이를 둘러싼 분쟁이 빈발했습니다. 과거에는 그런 경우 분쟁의 해결은 행정기관에 민원처리 차원에서 개입을 호소하는 외에는 주로 재판 등 사법절차를 통한 피해구제에 의존할 수밖에 없었습니다. 앞서 살펴본 사법과 공법 양대 부문에서의 구제방법 역시 재판제도를 통한 권리구제, 즉 '환경소송'의 대표적 유형이었습니다. 그러나 시간이 지나면서 재판이란 수단은 현실적으로 적지 않은 한계와 문제점을 가지고 있다는 사실이 드러났습니다. 사실 재판은 많은 시간과 비용이 든다는 것이 가장 큰 약점입니다. 뿐만 아니라 환경오염과 그로 인한 피해의 원인·내용이 극히 다양하고 복합적이어서 전문성과 과학적 지식·정보 없이는 분쟁해결이 곤란한 경우가 많은데 과연 재판이 환경분쟁의 적정한 해결수단인지 의문시되기도 합니다. 재판을 통한 분쟁

---

50) 예컨대 "부작위위법확인의 소는… 국민의 신청에 대하여 상당한 기간 내에 일정한 처분, 즉 그 신청을 인용하는 적극적 처분 또는 각하하거나 기각하는 등의 소극적 처분을 해야 할 법률상의 응답의무가 있음에도 불구하고 이를 하지 아니하는 경우, 판결시를 기준으로 하여 그 부작위의 위법성을 확인함으로써 행정청의 응답을 신속하게 하여 부작위 내지 무응답이라고 하는 소극적 위법상태를 제거하는 것을 목적으로 하는 것"이라고 판시한 대법원 1990.9.25 선고 89누4758 판결을 참조.

해결의 한계가 드러남에 따라 전문성을 갖춘 분쟁해결기구에서 신속·저렴하게 분쟁을 해결할 수 있는 대안적 분쟁해결(Alternative Dispute Resolution: ADR)로서 분쟁조정제도가 주목을 받기 시작했습니다. 종래 '공해의 시대'에는 공해피해의 구제라는 형태로 분쟁을 해결하는 것이 중심과제였다면 오늘날 '환경의 시대'에는 사회의 제 이익과 환경이익의 조정이 분쟁처리의 중심과제로 등장하게 되었습니다. 환경분쟁 분야에서 대안적·재판외적 분쟁조정이 제도화된 데에는 이처럼 「구제에서 조정으로」라는 인식의 전환이 배경을 이룹니다.[51]

우리나라에서도 비교적 이른 시기에 환경분쟁조정 제도가 도입되었습니다. 「환경정책기본법」은 국가 및 지방자치단체에 환경오염 또는 환경훼손으로 인한 분쟁 그 밖에 환경관련 분쟁이 발생한 경우 그 분쟁이 신속하고 공정하게 해결되도록 하기 위하여 필요한 시책(분쟁조정방법: §29)과, 환경오염 또는 환경훼손으로 인한 피해를 원활히 구제하기 위하여 필요한 시책(피해구제방법: §30)을 강구하도록 했고 이를 근거로 제정된 것이 「환경분쟁조정법」입니다.

2. 환경분쟁조정법의 적용범위

환경분쟁조정의 대상은 환경에 관한 민사상 분쟁뿐만 아니라 환경분쟁 일반으로 설정되어 있습니다. '환경분쟁'이란 "환경피해에 대한 다툼과 「환경기술 및 환경산업 지원법」 제2조 2호에 따른 환경시설의 설치 또는 관리와 관련된 다툼"을 말합니다.

환경분쟁의 첫 번째 유형은 환경피해에 대한 다툼입니다. 여기서 "환경피해"란 사업활동 그 밖에 사람의 활동에 의하여 발생하였거나 발생이 예상되는 대기오염, 수질오염, 토양오염, 해양오염, 소음·진동, 악취, 자연생태계 파괴, 일조 방해, 통풍 방해, 조망 저해, 인공조명에 의한 빛공해, 지하수 수위 또는 이동경로의 변화, 하천수위의 변화, 그 밖에 대통령령이 정하는 원인으로 인한 건강상·재산상·정신상의 피해를 말합니다(법 제2조 1호 본문). 다만, 방사능오염으로 인한 피해는 여기서 제외되고 있습니다(같은 곳 단서).

---

51) 南博 方, ジュリスト, 1992/9, 二〇周年を迎えた公害調整委員會, 30.

2020년 여름철 1973년 기상관측 이래 최장기간 장마(중부 54일, 제주 49일)와 역대 2위에 해당하는 강우량(687mm)으로 많은 인명과 재산 피해가 발생했습니다. 향후 기후변화에 따른 강수량 증가 및 국지성 집중호우가 더욱 더 빈발할 것으로 예상되는 상황에서 정부는 16개 부처 합동으로 범정부 풍수해 대응 혁신 추진단을 구성·운영하고 기후변화에 따른 풍수해 대응 혁신 종합대책을 수립·발표하였으나, 현행 손실보상체제에서는 피해주민들이 호우피해에 대해 실질적이고 빠른 권리구제를 받기 어려웠습니다. 이에 2021년 3월, 집중호우로 피해를 입은 피해 주민들에게 신속한 피해구제를 위해 환경분쟁조정법에 따른 환경피해 대상에 하천시설 또는 수자원시설로 인한 하천수위의 변화로 인한 피해를 추가하는 내용의 법개정이 단행되었습니다.

환경분쟁의 또 하나의 유형은 「환경기술 및 환경산업 지원법」 제2조 제2호에 따른 환경시설의 설치 또는 관리와 관련된 다툼입니다. "환경시설"이란 "환경오염물질 등으로 인한 자연환경 및 생활환경에 대한 위해를 사전에 예방·감소하거나 환경오염물질의 적정한 처리 또는 폐기물 등의 재활용을 위한 시설·기계·기구, 그 밖의 물체로서 환경부령으로 정하는 것"으로 정의되고 있습니다(「환경기술 및 환경산업지원법」 제2조 2호).

3. 환경분쟁조정기구

환경분쟁조정법은 환경부에 중앙환경분쟁조정위원회("중앙조정위원회")를, 특별시·광역시·특별자치시·도·특별자치도("시·도")에 지방환경분쟁조정위원회("지방조정위원회")를 각각 설치하여 환경분쟁의 처리를 담당하도록 하고 있습니다(§4).

3.1. 중앙조정위원회

법은 제5조에서 중앙조정위원회와 지방조정위원회에 공통된 소관사무를 설정하고 여기에 각 위원회의 사무를 추가, 한정하는 방식으로 권한을 배분하고 있습니다.

1. 환경분쟁(이하 "분쟁"이라 한다)의 조정. 다만, 다음 각 목의 어느 하나에 해당하는 분쟁의 조정은 해당 목에서 정하는 경우만 해당한다.
   가. 「건축법」 제2조 제1항 제8호의 건축으로 인한 일조 방해 및 조망 저해와 관련된 분쟁: 그 건축으로 인한 다른 분쟁과 복합되어 있는 경우
   나. 지하수 수위 또는 이동경로의 변화와 관련된 분쟁: 공사 또는 작업(「지하수법」에 따

른 지하수의 개발·이용을 위한 공사 또는 작업은 제외한다)으로 인한 경우
　다. 하천수위의 변화와 관련된 분쟁:「하천법」 제2조 제3호에 따른 하천시설 또는 「수자
　　원의 조사·계획 및 관리에 관한 법률」 제2조 제4호에 따른 수자원시설로 인한 경우
2. 환경피해와 관련되는 민원의 조사, 분석 및 상담
3. 분쟁의 예방 및 해결을 위한 제도와 정책의 연구 및 건의
4. 환경피해의 예방 및 구제와 관련된 교육, 홍보 및 지원
5. 그 밖에 법령에 따라 위원회의 소관으로 규정된 사항

이 중 중앙조정위원회의 관장사무는 다음과 같습니다(§ 6 ①).

1. 분쟁의 재정(제5호에 따른 재정은 제외) 및 중재
2. 국가 또는 지방자치단체를 당사자로 하는 분쟁의 조정
3. 둘 이상의 시·도의 관할구역에 걸친 분쟁의 조정
4. 제30조에 따른 직권조정
5. 제35조의3 제1호에 따른 원인재정과 제42조 제2항에 따라 원인재정 이후 신청된 분쟁
　의 조정
6. 그 밖에 대통령령으로 정하는 분쟁의 조정

　위 제5호 '기타 대통령령이 정하는 분쟁'은 시행령 제3조에서 '관할 지방조정위원회가 스스로 조정하기 곤란하다고 결정하여 이송한 분쟁'으로 구체화되어 있습니다. 법은 중앙조정위원회에 위원회의 소관사무에 대한 처리절차 그 밖에 위원회의 운영에 관한 규칙과 조정(調停)·재정 및 중재위원회의 각 위원장 선임방법 등 구성에 관한 규칙을 정할 수 있는 권한을 위임하고 있습니다(§ 15 ①).
　위원회는 그 소관 업무의 수행으로 얻게 된 환경보전 및 환경피해방지를 위한 개선대책에 관한 의견을 관계 행정기관의 장에게 통지할 수 있습니다(§ 15의2). 환경피해의 발생이나 확산 예방을 위하여 환경분쟁조정 신청사건의 처리과정에서 얻게 된 환경피해 방지 등을 위한 개선의견을 관계행정기관에 통지하여 법령 등에 반영할 수 있도록 한 것입니다.

3.2. 지방조정위원회

　지방조정위원회는 해당 시·도의 관할구역 안에서 발생한 분쟁의 조정사무 중 제6조 제1항 제2호부터 제6호까지의 사무 외의 사무를 관장합니다. 다만, 제1항 제1호의 경우에는 일조 방해, 통풍 방해, 조망 저해로 인한 분쟁을 제외

하고 대통령령이 정하는 분쟁의 조정과 중재만 해당합니다(§6②). 이에 시행령은 지방조정위원회가 관할하는 분쟁의 재정 및 중재 사무를 조정 목적의 가액이 1억원 이하인 분쟁의 재정 및 중재사무로 제한하고 있습니다(시행령§3②본문). 다만, 중앙조정위원회에서 진행 중이거나 재정 또는 중재된 사건과 같은 원인으로 발생한 분쟁의 재정 또는 중재사무는 제외합니다(시행령§3②단서). 지방조정위원회의 운영 기타 필요한 사항은 시·도의 조례로 위임되어 있습니다(법§15②).

4. 환경분쟁의 조정

4.1. 환경분쟁조정의 원칙

법은 제3조에서 "환경분쟁조정위원회는 조정절차가 신속·공정하고 경제적으로 진행되도록 노력해야 하며, 조정의 절차에 참여하는 분쟁당사자들은 상호신뢰와 이해를 바탕으로 성실하게 절차에 임해야 한다"고 규정하여 신의성실의 원칙을 환경분쟁조정의 원칙으로 천명하고 있습니다. 이것은 대체적 분쟁해결수단(ADR)으로서 환경분쟁조정이 소송과는 상이한 분쟁해결절차임을 전제로 한 조항입니다. 당사자대립구조에서 법적 공방을 통해 승패를 가리는 소송과 달리 환경분쟁조정절차에서는 분쟁해결을 위한 당사자간 상호신뢰와 이해를 통한 협조가 필수적입니다. 재판이 아니라 분쟁조정절차를 택한 이상 당사자들은 상호신뢰를 바탕으로 한 협조와 양보로 분쟁조정에 이를 수 있습니다. 그러나 이 규정 자체가 실제 분쟁해결과정에서 어떤 법적 효과를 미칠 수 있는지는 미지수입니다. 다만 분쟁조정과정에서 분쟁당사자들과 분쟁조정기구의 분쟁 해결방안 모색에 신축성·탄력성을 부여하는 근거로 작용할 여지는 있을 것입니다.

4.2. 환경분쟁조정의 종류

종래 분쟁처리 유형은 알선·조정·재정 세 가지였으나, 2015년 법개정으로 중재제도가 추가되었습니다. 다수인관련분쟁의 조정은 제4장에서 규율합니다.

4.2.1. 알 선

알선이란 대체적 분쟁해결절차 중에서 형식성이 가장 약한 약식절차입니다. 알선이란 알선위원이 분쟁당사자의 의견을 듣고, 그 요점을 정리하는 등 사건이 공정하게 해결되도록 주선함으로써 분쟁당사자들의 화해를 유도하여 합의에 이르게 하여 분쟁을 해결하는 절차를 말합니다. 알선은 그것이 주효할 경우 분쟁당사자 간 민법상 화해계약 체결이라는 결과를 가져올 수 있습니다.

위원회에 의한 알선은 3명 이내의 위원(알선위원)이 행하며, 알선위원은 사건마다 위원회의 위원 중에서 위원회의 위원장이 지명하도록 되어 있습니다(§27).

4.2.2. 조정(調停)

(1) 의 의

조정이란 중립적인 제3자적 지위를 가진 조정기구에 의한 중개를 통하여 분쟁당사자들이 합의에 도달하도록 함으로써 분쟁을 해결하려는 제도입니다. 조정은 일반적으로 조정위원회와 같은 합의기구를 구성하여 이 기구가 일정한 절차에 따라 분쟁당사자들의 의견을 듣고 사실을 조사한 후 조정안을 작성하여 분쟁당사자들에게 수락을 권고함으로써 쌍방의 양해를 통해 분쟁을 해결하는 방식으로 이루어집니다.

(2) 조정위원회

조정은 3명의 위원으로 구성되는 조정위원회에서 합니다(§31①). 조정위원회의 위원(조정위원)은 위원회의 위원 중에서 사건마다 각각 위원장이 지명하되, 제8조 제1항 제2호에 해당하는 사람 1명 이상이 포함되어야 합니다(§31②).

(3) 조정의 효력

법 제33조 제1항에 따라 성립된 조정과 제33조의2 제4항에 따른 이의신청 없는 조정결정은 재판상 화해와 동일한 효력이 있습니다(§35의2 본문). 다만, 당사자가 임의로 처분할 수 없는 사항에 관한 것은 그렇지 않습니다(§35의2 본문). 당사자가 조정안을 수락하여 기명날인한 조정조서는 재판상 화해조서와 동일한 효력을 가지므로 당사자 어느 한 쪽이 조정안을 이행하지 않으면 별도의 이행청구소송 없이도 강제집행을 할 수 있습니다. 이는 2008년 3월 21일 법개정의 결과로 조정이 성립했음에도 불구하고 합의사항 이행을 강제하려면 별도로 민사소송 등을 제기해야 했던 불편을 해소하기 위한 것입니다.

(4) 직권조정

환경분쟁조정법은 조정절차의 하나로 직권조정을 인정합니다. 중앙조정위원회는 환경오염으로 인한 사람의 생명·신체에 대한 중대한 피해, 제2조 제2호의 환경시설의 설치·관리와 관련된 다툼 등 사회적으로 파급효과가 클 것으로 우려되는 환경분쟁에 대해서는 당사자의 신청이 없어도 직권으로 조정절차를 개시할 수 있습니다(§ 30). 직권조정의 대상은 다음과 같습니다(§ 30 ①; 시행령 § 23 ①).

1. 환경피해로 인하여 사람이 사망하거나 신체에 중대한 장애가 발생한 분쟁
2. 「환경기술 및 환경산업지원법」 제2조 제2호에 따른 환경시설의 설치나 관리와 관련한 분쟁
3. 분쟁조정 예정가액이 10억원 이상인 분쟁

4.2.3. 재 정

(1) 의 의

재정이란, 당사자 간 분쟁에 관하여 재정위원회가 소정의 절차에 따라 인과관계의 유무, 피해액 등에 대한 법률적 판단을 내려 분쟁을 해결하는 제도를 말합니다. 조정은 당사자 간 타협적 해결을 모색하는 데 비중을 두고 있지만, 재정은 재정위원회가 사실을 조사하여 이를 근거로 객관적 판정을 내리는 준사법적 성질을 띤 절차입니다. 재정은 대심구조와 당사자의 구술변론권이 보장된 준사법적 쟁송절차라는 점에서 다른 조정유형과 뚜렷이 구별됩니다(§§ 37, 39, 40, 45).

(2) 재정의 종류

재정의 종류는 환경피해를 발생시키는 행위와 환경피해 사이의 인과관계 존재 여부를 결정하는 원인재정과 환경피해에 대한 분쟁당사자 간의 손해배상 등의 책임의 존재와 그 범위 등을 결정하는 책임재정이 있습니다(§ 35의3). 특히 원인재정은 그동안 학계에서 일본의 입법례를 참조하며 도입필요성이 제기되다가 2018년 10월 16일의 개정법률에서 추가되었습니다. 이는 실제로 환경분쟁 당사자들이 조정제도를 이용하는 가장 중요한 동기가 피해 원인에 대한 유권적 판정을 얻는 데 있다는 점에서 긍정적인 의미가 있습니다.

(3) 재정위원회

재정은 재정위원회에서 합니다(§ 36 ① 본문). 재정위원회는 위원 5인으로 구성되며, 재정위원은 사건마다 위원회의 위원 중에서 위원회의 위원장이 지명하되, 판사·검사 또는 변호사로 6년 이상 재직한 사람이 1명 이상 포함되어야 합니다(§ 36 ②).

다수인의 생명·신체에 중대한 피해가 발생한 분쟁이나 제2조 제2호에 따른 환경시설의 설치 또는 관리와 관련된 다툼 등 사회적으로 파급효과가 클 것으로 우려되는 사건으로서 대통령령으로 정하는 사건은 10명 이상의 위원으로 구성되는 재정위원회에서, 그리고 대통령령이 정하는 경미한 사건의 재정은 3명으로 구성되는 재정위원회에서 행할 수 있습니다(§ 36 ① 단서 1호·2호).

(4) 원상회복·재정의 효력

재정위원회는 환경피해의 복구를 위하여 원상회복이 필요하다고 인정하면 손해배상을 갈음하여 당사자에게 원상회복을 명하는 책임재정을 해야 합니다(§ 41 본문). 다만, 원상회복에 과다한 비용이 들거나 그 밖의 사유로 그 이행이 현저히 곤란하다고 인정하는 경우에는 그렇지 않습니다(§ 41 단서).

재정위원회가 책임재정을 한 경우에 재정문서의 정본이 당사자에게 송달된 날부터 60일 이내에 당사자 양쪽 또는 어느 한쪽으로부터 그 재정 대상인 환경피해를 원인으로 하는 소송이 제기되지 아니하거나 그 소송이 철회된 경우 또는 제1항에 따른 신청이 되지 아니한 경우에는 그 재정문서는 재판상 화해와 동일한 효력이 있습니다(§ 42 ③ 본문). 다만, 당사자가 임의로 처분할 수 없는 사항에 관한 것은 그렇지 않습니다(§ 42 ③ 단서). 위원회의 재정결정을 수락하지 않는 당사자가 재정문서의 효력을 막으려면 소송을 제기해야 하며, 그 불복소송은 채무부존재확인소송의 형식을 띱니다.

> **< 재정문서의 공시송달과 청구이의의 소의 허용 여부 >**
>
> 환경분쟁 조정법 제40조 제3항, 제42조 제2항, 제64조 및 민사소송법 제231조, 제225조 제2항의 내용과 재정문서의 정본을 송달받고도 당사자가 60일 이내에 재정의 대상인 환경피해를 원인으로 하는 소송을 제기하지 아니하는 등의 경우 재정문서가 재판상 화해와 동일한 효력이 있으므로 재정의 대상인 환경피해를 원인으로 한 분쟁에서 당사자의 재판청구권을 보장할 필요가 있는 점 등을 종합하면, **환경분쟁 조정법에 의한 재정의 경우 재**

정문서의 송달은 공시송달의 방법으로는 할 수 없다.[52]

원인재정은 환경피해를 발생시키는 행위와 환경피해 사이의 인과관계 존재 여부를 결정하는 데 그치므로, 책임재정에 비해 그 효력이 제한적입니다. 또 원인재정을 토대로 다른 절차를 밟아야 할 경우가 생깁니다. 원인재정으로 재정문서의 정본을 송달받은 당사자는 이 법에 따른 알선, 조정, 책임재정 및 중재를 신청할 수 있습니다(§ 42 ②).

(5) 재정에 대한 불복 등 후속절차

지방조정위원회의 재정위원회가 한 책임재정에 불복하는 당사자는 재정문서의 정본이 당사자에게 송달된 날부터 60일 이내에 중앙조정위원회에 책임재정을 신청할 수 있습니다(§ 42 ①). 지방조정위원회의 재정에 불복할 수 있는 일종의 심급제에 해당합니다.

재정위원회가 원인재정을 하여 재정문서의 정본을 송달받은 당사자는 이 법에 따른 알선, 조정, 책임재정 및 중재를 신청할 수 있습니다(§ 42 ②).

재정위원회는 재정신청된 사건을 조정(調停)에 회부하는 것이 적합하다고 인정하는 때에는 직권으로 직접 조정하거나 관할 위원회에 송부하여 조정하게 할 수 있고(§ 43 ①), 조정에 회부된 사건에 관하여 당사자간 합의가 이루어지지 않았을 때에는 재정절차를 계속 진행하고, 합의가 이루어졌을 때에는 재정의 신청은 철회된 것으로 봅니다(§ 43 ②).

당사자가 재정에 불복하여 소송을 제기한 경우 소송과의 관계가 문제됩니다. 당사자가 재정에 불복하여 소송을 제기한 경우 시효의 중단 및 제소기간의 계산에 있어서는 재정의 신청을 재판상의 청구로 봅니다(§ 44). 재정이 신청된 사건에 대하여 소송이 진행중인 때에는 수소법원은 재정이 있을 때까지 소송절차를 중지할 수 있고(§ 45 ①), 수소법원이 소송절차를 중지하지 않은 경우에는 재정위원회가 당해 사건의 재정절차를 중지해야 합니다(§ 45 ② 본문). 다만, 제4항에 따른 원인재정은 제외합니다(§ 45 ② 단서).

재정위원회는 재정이 신청된 사건과 같은 원인으로 다수인이 관련되는 같은 종류의 사건 또는 유사한 사건에 대한 소송이 진행중인 경우에는 결정으로

---

52) 대법원 2016.4.15 선고 2015다201510 판결(청구이의).

재정절차를 중지할 수 있습니다(§ 45 ③).

환경분쟁에 대한 소송과 관련하여 수소법원은 분쟁의 인과관계 여부를 판단하기 위하여 필요한 경우에는 중앙조정위원회에 원인재정을 촉탁할 수 있습니다. 이 경우 제16조 제1항에 따른 당사자의 신청이 있는 것으로 봅니다(§ 45 ④). 이 경우 원인재정 절차에 필요한 비용 중 제63조 제1항에 따라 각 당사자가 부담하여야 할 비용은 「민사소송비용법」에 따른 소송비용으로 봅니다(§ 45 ⑤).

4.2.4. 중 재

중재(arbitration)란 당사자 간 합의(중재합의)로 사법상 권리 기타 법률관계에 관한 분쟁을 법원의 소송 절차에 의하지 않고 사인인 제3자를 중재인으로 선정하여 그의 결정에 승복하도록 하여 분쟁을 해결하는 제도를 말합니다. 2015년 법개정으로 도입된 분쟁조정유형입니다. 중재는 3명의 위원으로 구성되는 중재위원회에서 합니다(§ 45의2 ①). 중재는 양쪽 당사자 간에 법원의 확정판결과 동일한 효력이 있습니다(§ 45의4).

중재에 대한 불복과 중재의 취소에 관하여는 「중재법」 제36조를 준용하며(§ 45의5 ①), 중재와 관련된 절차에 관하여는 환경분쟁조정법에 특별한 규정이 있는 경우를 제외하고는 「중재법」을 준용합니다(§ 45의5 ②).

4.2.5. 다수인관련분쟁의 조정

"다수인관련분쟁"이란 같은 원인으로 인한 환경피해를 주장하는 자가 다수인 환경분쟁을 말합니다(§ 2 제4호). 법은 제46조에서 다수인관련분쟁에 있어 분쟁당사자중 1명 또는 수인(數人)이 대표당사자로서 조정을 신청할 수 있도록 하고, 제50조에서 대표당사자의 감독등에 관한 규정을 두는 한편, 다수인관련분쟁조정 신청의 공고(§ 51), 이해관계자의 참가(§ 52), 조정 효력의 인적 범위(§ 53), 동일분쟁에 대한 조정신청의 금지(§ 54), 조정결과 지급받은 손해배상금의 배분(§§ 56-61)에 관한 규정들을 두고 있습니다. 다수인관련분쟁의 조정절차 역시 그 밖의 사항에 관하여는 그 성질에 반하지 아니하는 한 분쟁조정에 관한 제3장의 규정을 준용하므로(§ 55), 앞서 본 조정유형과 본질적으로 다른 것은 아닙니다.

(1) 다수인관련분쟁의 조정 신청 및 허가

다수인에게 동일한 원인으로 환경피해가 발생하거나 발생할 우려가 있는 경우에는 그 중 1명 또는 수인이 대표당사자로서 조정을 신청할 수 있습니다 (§ 46 ①, ②). 다수인관련분쟁의 대표당사자로서 조정을 신청하려면 위원회의 허가가 필요합니다(§ 46 ③, ④). 위원회는 허가신청이 다음 요건을 모두 충족할 때에 허가할 수 있습니다(§ 47).

1. 같은 원인으로 발생하였거나 발생할 우려가 있는 환경피해를 청구원인으로 할 것
2. 공동의 이해관계를 가진 자가 100명 이상이며, 제19조에 따른 선정대표자에 의한 조정이 현저하게 곤란할 것
3. 피해배상을 신청하는 경우에는 1명당 피해배상요구액이 500만원 이하일 것
4. 신청인이 대표하고자 하는 다수인 중 30명 이상의 동의가 있을 것
5. 신청인이 구성원의 이익을 공정하고 적절하게 대표할 수 있을 것

다수인관련분쟁에서는 대표당사자가 종종 다른 분쟁 당사자와의 관계에서 독단적이고 불공정한 행동을 하거나 당사자들간 알력·갈등으로 인하여 대표성 시비에 휘말리게 되어 분쟁해결이 더욱 곤란해지거나 불가능해지는 사태가 생길 우려가 있습니다. 법은 이 점을 고려하여 제51조에서 대표당사자 감독을 위한 법적 장치를 마련하고 있습니다.

위원회는 필요하다고 인정하는 때에는 대표당사자에게 필요한 보고를 요구할 수 있고(§ 50 ①), 대표당사자가 구성원을 공정하고 적절하게 대표하지 않는다고 인정하면 구성원의 신청 또는 직권으로 대표당사자를 변경하거나 허가를 취소할 수 있습니다(§ 50 ②).

또한 다수인관련분쟁에서는 분쟁당사자들이 다른 당사자들로부터 분쟁조정의 신청이 있었는지 몰랐거나 참가의 기회를 놓침으로써 대표성 시비가 발생하는 경우도 빈번합니다. 종종 이 같은 문제를 둘러싸고 오해와 시비가 발생할 수 있기 때문에 법은 제51조에서 다수인관련분쟁조정의 신청사실을 공고하도록 하고 다른 분쟁당사자들에게 참가의 기회를 부여하도록 배려하고 있습니다. 위원회는 다수인관련분쟁조정이 신청된 때에는 신청 후 15일 이내에 공고하고, 그 공고안을 그 분쟁이 발생한 지방자치단체의 사무소에서 공람할 수 있도록 해야 합니다(§ 51 ①).

(2) 다수인관련분쟁에 대한 조정의 효력

다수인관련분쟁에 대한 조정의 효력은 대표당사자와 제52조에 따라 참가

를 신청한 자에 대하여만 미칩니다(§ 53). 법이 이처럼 다수인관련분쟁에 대한 조정의 효력을 제한한 것은 공동의 이해관계를 가진 자가 다수인 경우 그 모두에게 효력을 확장하는 것은 법적으로 불가능하기 때문입니다. 물론 참가인에게 조정의 효력이 미치도록 한 것은 그 조정의 결과를 향수할 이익과 참가를 연계시켜 가급적 환경분쟁조정제도를 통해 집단분쟁을 해결하도록 유도하려는 취지에 따른 것입니다.

반면 대표당사자가 대표하는 구성원에게도 조정의 효력이 미치는지 여부에 대하여는 논란의 여지가 있습니다. 대표당사자가 대표하는 구성원 전체에 조정의 효력이 미친다고 보는 것은 무리지만, 적어도 신청인이 자신들을 대표하여 분쟁조정을 신청하는 데 동의한 자에 대하여는 그 효력이 미친다고 보아야 하지 않을까 생각합니다. 이들은 자신의 분쟁에 관하여 대표당사자들이 조정신청을 하고 분쟁조정에서 자신의 이익을 대표하는 활동을 하는 데 동의를 한 것이므로, 이들이 별도로 참가신청을 하지 않았더라도 조정의 결과를 향수할 수 있다고 보는 것이 타당하고 또 대표의 법리에도 부합하는 결과이기 때문입니다. 법 제50조 제2항에서 대표당사자가 구성원을 공정하고 적절하게 대표하지 아니한다고 인정하는 때에 구성원이 대표당사자의 변경 또는 허가취소를 신청할 수 있다는 취지로 규정한 것도 그 점을 뒷받침해 줍니다.

법은 제54조에서 동일분쟁에 대한 조정신청을 금지하고 있습니다. 즉 제52조에 따라 참가의 신청을 하지 아니한 자는 그 신청원인 및 신청취지상 동일한 분쟁으로 인정되는 사건에 대하여는 다시 조정을 신청할 수 없습니다. 이것은 다수인관련분쟁에서 공동의 이해관계를 가진 자들이 분쟁조정에 대한 참가신청을 하도록 강제하는 효과를 가진 배제조항이라 할 수 있습니다. 이를 통해 다수인관련분쟁이 그 이해관계자 사이의 갈등과 대립으로 해결을 보지 못하고 장기간 표류하는 것을 방지하려고 한 것입니다. 배제조항의 효과는 동일분쟁에 대한 환경분쟁조정법상 조정신청에 국한되므로 그 분쟁에 이해관계 있는 자가 소송등을 통해 권리구제를 구하는 것은 방해받지 않습니다.

4.3. 환경분쟁의 처리절차

환경분쟁조정 절차는 다음 그림에서 보는 바와 같습니다. 법은 알선·조정·재정·중재에 공통되는 사항과 각 절차에 특유한 사항으로 나누어 규정하고 있습니다.

< 환경분쟁조정절차의 흐름도 >

자료: 중앙환경분쟁조정위원회(2001.3), '환경분쟁조정제도 해설'의 표를 업데이트·수정한 것

5. 환경분쟁조정제도의 한계

환경분쟁조정제도는 지난 30여 년간 많은 성과를 거두며 정착되어 왔습니다. 그러나 환경분쟁조정제도는 여전히 한계와 문제점을 안고 있습니다. 무엇보다도 소음·진동 분야에 편중되어 환경분쟁의 발생추세에 제대로 대응하지 못하고 있다는 점이 문제입니다. 중앙환경분쟁조정위원회가 설립된 '91.7.부터 '22

년까지 처리(재정, 조정, 합의)한 5,906건 중 소음·진동으로 인한 피해 4,251건으로 전체의 83%로 가장 높은 비율을 차지했는데[53] 이는 소음·진동피해의 심각성뿐만 아니라 우리 사회가 겪는 다른 중요한 환경분쟁들이 환경분쟁조정을 통해 해소되지 못하고 있다는 반면사실을 말해 줍니다. 그 밖에도 중앙과 지방 조정위원회의 조직역량과 전문성이 부족하다든가, 조정결과에 대한 신뢰가 낮고, 조정절차에서 '당사자주의' 원칙이 제대로 구현되지 않고 있다든가 환경분쟁조정제도에 대한 국민의 인지도가 낮다는 등의 지적이 끊임없이 제기되어 왔습니다.[54]

V. 구멍이 숭숭 뚫려 있는 환경구제시스템

환경피해가 발생했다는 것은 많은 경우 환경보호를 위한 입법·행정·정치적 노력이 주효하지 않았음을 말해줍니다. 그렇다면 피해를 어떻게 얼마나 효과적으로 구제받을 수 있을까요? 그러나 환경구제제도에는 여러 가지 맹점과 공백이 도사리고 있습니다.

민사구제에는 가해자·피고의 특정이 곤란하거나 고의·과실과 인과관계를 피해자 측에서 입증하는 데 어려움이 따르는 등 한계가 있고, 공법상 구제에도 원고적격이라는 장애물을 뛰어넘어야 하고, 집단분쟁해결을 위한 소송절차가 마련되어 있지 않으며, 나아가 규제행정청의 환경규제의무 이행을 관철시킬 수 있는 소송상 수단, 즉 행정상 이행소송이 허용되지 않는다는 점 등 적지 않은 문제점들이 있습니다. 이들은 모두 환경법상 효과적인 권리구제를 제약하는 요인으로 작용합니다. 환경피해 구제 소송은 통상 많은 시간과 비용이 듭니다. 또

---

53) 환경분쟁사건처리등 통계자료(2022.12.31 기준: https://ecc.me.go.kr).

54) 이에 관한 문헌목록은 깁니다. 홍준형. (2010). "환경갈등과 조정: 쟁점과 대안", 「환경법연구」(한국환경법학회) 제32권 제3호: 385-416; 홍준형. (2006). "환경분쟁조정제도의 실효성 및 실효성 제고방안에 대한 고찰"(2006). 『환경법연구』 제28권 제1호(2006.5.15), 356-382; 강정혜. (2008). "대체적 분쟁해결제도(ADR)로서의 환경분쟁조정과 환경소송", 「환경법연구」 30(3): 185-204 등을 참조. 제도개선방안에 관해서는 강형신. (2013). 환경분쟁조정제도개선방안: 환경부 교육훈련보고서; 한국환경정책·평가연구원. (2006). 환경분쟁조정 기능 강화 등 중장기 발전 방향 연구(중앙환경분쟁조정위원회 제출 연구보고서) 등을 참조.

전문성과 과학적 지식·정보 없이는 분쟁해결이 곤란한 환경분쟁의 특성으로 인해 재판을 통한 구제 역시 한계가 따릅니다.

< 환경소송의 현실적 애로 >

환경소송은 대체로 사회적 강자인 대기업을 상대로 하는 경우가 많습니다. 그 경우 종종 경제적으로 열세에 놓인 원고 측이 오염원인 규명에 전문인력의 도움을 받지 못해 패소하거나, 재정능력이나 인력 등 모든 면에서 실질적 우위를 지닌 피고측의 소송 지연 전술로 재판비용을 감당하지 못하고 소송을 중도에 포기하는 사례들도 빈번히 나타납니다. 법원의 사건 폭주로 인한 소송지연 또한 환경상 권리구제를 제약하는 현실적 애로로 작용합니다. 그리하여 송사로 세월을 허비하고 소기의 구제도 받을 수 없거나 구제 자체가 무의미하게 되는 사례들이 적지 않습니다.[55] 그러나 지연된 정의는 정의가 될 수 없습니다(delayed justice is not a justice).

반면 재판에 대한 대안으로 도입된 환경분쟁조정을 통해 신속·저렴한 분쟁해결을 기대했지만, 용도의 편중 등 앞서 본 한계와 문제점을 불식시키지 못하고 있습니다.

「환경오염피해 배상책임 및 구제에 관한 법률」의 제정은 기존 환경구제의 맹점을 보완하기 위하여 시도된 가장 중요한 처방으로 평가됩니다. 환경오염사고는 피해 규모가 크고 광범위한 경우가 많아 사고를 유발한 기업은 그 배상책임을 감당하지 못하고, 피해자는 적절한 피해배상을 받지 못하며 결국 정부가 막대한 국고를 투입하게 되는 악순환으로 이어지는 경향이 빈번하다는 점,[56] 더욱이 과학적 인과관계 입증이 용이하지 않은 환경오염사고의 특성상 피해자들이 고통을 당해도 원인 규명에 대한 입증부담을 안고 장기간 쟁송에 휘말림으로써 제때 권리구제를 받지 못하는 경우가 빈번하다는 점을 이유로 2014년 12월 31일 환경오염피해구제법이 제정되었습니다. 이 법은 환경책임과 환경책임보험을 연계하여 환경오염피해 발생시 자동차 책임보험처럼 대부분 보험을

---

55) 예컨대 한국일보 2021년 9월 2일자 기사 '진폐증 피해' 1심 판결에만 5년… 그 사이 피해자 3명이 사망했다'(https://www.hankookilbo.com/News/Read/A2021082312420003014)를 참조.

56) 구미 불산사고가 그 전형적인 사례였습니다. 2012년 9월 구미의 한 화학공장에서 탱크로리의 불산을 공장 저장탱크로 옮기던 중 작업자 부주의로 밸브를 건드려 누출사고가 발생했습니다. 이로 인해 대규모 인명·물적피해가 발생했습니다. 정부는 특별재난지역을 선포하고, 사고 수습을 위해 554억원의 국고를 투입했습니다.

통해 피해자가 신속히 피해배상을 받도록 하고 사고기업도 추가 부담 없이 보험을 통해 배상에 따른 재무리스크를 회피할 수 있도록 하는 동시에 기업 스스로 환경오염사고 리스크를 줄이기 위해 법령을 준수하고 환경안전에 투자하는 등 환경안전관리를 유도한다는 선순환구조를 지향합니다. 특히 환경오염으로 인한 피해구제를 용이하게 하고 권리구제의 사각지대를 해소하는 등 실효성 있는 환경오염 피해구제를 가능케 하기 위하여 오염원인자 부담원칙의 실질적 구현을 위한 무과실책임과 인과관계 추정의 법리를 명문화하는 등 주목할 만한 제도개선을 담고 있습니다. 그러나 「환경오염피해구제법」이 과연 환경구제의 사각지대를 해소하는 해결책이 될 수 있을까요? 이 특별처방이 실제로 체감도 높은 피해구제 효과를 거둘 수 있을지는 아직은 미지수로 남아 있습니다.

「환경오염피해구제법」의 시행실태는 그런 의문을 뒷받침해 줍니다. 2018년 8월말 기준 환경책임보험 가입 대상 기업은 총 1만3723개(휴·폐업 사업장 제외)로 그 중 1만3,381개 기업이 가입해 97.6%의 가입률을 보였습니다. 연간 총 보험료 규모는 약 800억원으로 기업당 평균보험료는 500만~600만원 수준으로 나타났습니다. 오염 원인자가 불명하거나 배상능력이 없을 경우 국가가 의료비, 요양생활수당, 장의비, 유족보상비, 재산피해보상비를 지급해주는 구제급여의 경우 2018 상반기 총 31건에 8,998,110원이 지급된 것으로 집계되었습니다(환경산업기술원 내부자료).

한편, 환경부는 2019년 9월 11일, 오랜 기간 언론을 통해 원인 미상의 이유로 주민들에게 암, 호흡기질환 등 건강피해가 발생한 마을로 알려진 거물대리 오염 피해 주민 8명에게 구제금을 지급하겠다고 발표했습니다. 암, 호흡기 질환, 심·뇌혈관 질환, 당뇨병 등 원인을 특정하기 힘든 '비특이성 질환'에 대한 첫 구제금 명목으로 지급된 8명에 대한 구제금 액수는 총 931만원이었고, 그 중 직장암으로 2011년 당시 76세로 사망한 이모씨의 아들에겐 1만9500원의 구제금이 책정됐습니다. 이씨는 "장난하는 거냐"고 화를 냈다고 합니다.[57]

---

57) "1만9500원을 오염 구제금이라고 준 '환경정의' 장관", 조선일보 2019.9.25자 한삼희 선임 논설위원 칼럼(http://news.chosun.com/site/data/html_dir/2019/09/24/2019092403334.html). 거물대리 사례에서 드러난 환경오염피해구제법의 문제점과 개선방안에 관해서는 환경오염피해 구제제도 실효성 제고를 위한 개선 방안 모색, 2018.12.19, 국회의원 이정미, 환경정의 주최 환경오염피해 구제제도 개선을 위한 정책토론회 발표문, 특히 박창신, "김포 사례를 통해 본 현행 환경오염피해 구제제도의 문제와 개선 방안"; 이종현·김현주. (2019). 김포시 환경오염 정밀조사 및 피해구제방안연구(2019.6.27: www.keiti.re.kr/site/keiti/ex/board/View.do?cbIdx=318&bcIdx=29660)을 참조. 환경오염피해구제제도 개선방안에 관해서는 차경훈. (2018). 「환경오염피해구제제도 개선 및 발전방안 마련」을 참조.

환경오염 피해가 발생한 경우 분쟁을 정규적인 구제절차보다는 시위나 실력행사, 집단적 분규를 통해 해결하려는 경향이 여전히 문제로 남습니다. 물론 이런 경향 자체 보다는 피해자로 하여금 시위 등 집단적 실력행사를 통한 문제해결을 선호하도록 만드는 사회적 분위기와 제도적 결함에 관심을 기울여야 합니다. 법적 절차 보다는 명망가의 압력, 민심수습 차원의 권력적 문제해결방식의 능률성을 뒷받침했던 권위주의적 사회분위기가 점차 해소된다 할지라도, '공해소송은 오래 걸린다', '승산이 불확실하다'는 체험적 법의식이 남아 있는 한 그런 경향은 계속될 것이기 때문입니다.

제6부

'좋은 환경법' 만들기

I. 환경문제, 왜 잘 해결되지 않을까?

1. 환경문제에 대한 법적 처방의 한계

환경법은 환경문제에 대한 법적 처방입니다. 처방이 기대한 성과를 거두려면 많은 어려운 조건들이 충족되어야 합니다. 환경법이 입법이나 법집행 과정에서 소기의 성과를 거두지 못하게 방해하는 다양한 요인들이 있습니다. 해결해야할 환경문제 자체가 환경법으로 또는 환경법만으로는 제어·해결하기 복잡하고 난해한 경우도 적지 않습니다. 사실 감당하기 어려운 문제에 봉착하여 이기기 어려운 싸움을 벌여야 하는 경우도 드물지 않습니다. 이를테면 기후위기는 물론이고, 홍수, 산불, 태풍, 지진, 쓰나미, 가뭄, 이상고온, 기상이변 등을 상대로 환경법이 할 수 있는 게 무엇일까 생각하면 난감할 따름입니다. 법으로 홍수나 해일, 산불을 막는다고 하면 황당무계(荒唐無稽)한 망상처럼 들릴지 모릅니다. 하지만 국가나 지방자치단체가 재앙에 대비하고 피해를 최소화하거나 사태의 악화·악순환을 막을 인적·물적 자원과 인프라를 동원·구축해야 한다고 하면 누구도 이의를 달지는 않을 것입니다. 이런 일이야말로 법이 아니고서는 하기 어려운 일입니다. 그럼에도 불구하고 맞서기 어려운 적을 상대해야 하는 환경법의 '불운'은 실은 많은 부분 이미 예정되어 있다고 해도 틀린 말은 아닙니다. 또 궁극적으로는 '개발'이란 미명 아래 환경과 생태계를 파괴하고 기후위기를 초래·유발한 인간활동 자체가 환경재앙의 원인이기도 하니 인간계 발전의 수레바퀴를 거꾸로 돌려야 할까요? 하지만 이 숙명적 현실이 환경법을 옹호해주지는 못합니다. 사람들은 여전히 법으로 환경문제를 해결할 수 있으리라는 기대를 버리지 않기 때문입니다. 이런 기대가 사라지지 않는 이상 환경법은 불만과 실망의 계절을 영원히 벗어날 수 없습니다.

환경법의 대표적 '난제'(wicked problem)인 미세먼지 문제를 생각해 보겠습니다. 미세먼지는 환경법이 직면한 환경문제의 복잡성과 난해성을 상징적으로 보여주는 사례입니다. '고약한 문제', '난제'라고 불러도 무방합니다. 미세먼지는 그 발생원으로 알려진 화력발전소나 공장의 굴뚝, 자동차 배기구를 틀어막아 해결할 수 있는 단순한 문제가 아닙니다. 거기에는 에너지 생산과 소비 구조, 그와 연계된 산업, 교통, 일자리, 인프라, 규제 형평의 문제, 그리고 그 파급효과 등 다양한 이해관계와 문제들이 복잡하게 얽혀 있습니다. 여기에 월경 미세먼지의 원인 규명과 관계 당사국들의 책임과 비용 분담, 공조·협력 방안 등 '동북아 호흡공동체'라는 표어만으로는 풀기 어려운 과제들이 더해집니다.

지난 몇 년간 한국인들은 기후변화가 인간의 삶에 얼마나 악영향을 끼칠 수 있는지를 가장 극적으로 목격했습니다. 미세먼지 문제가 그 대표적 사례입니다. 미세먼지는 한국인들이 가장 불안을 느끼는 위험 요소로 지목되었습니다.[1] 미세먼지 문제가 환경정책의 가장 급박한 현안으로 떠오른 것입니다. 미세먼지는 생활과 건강, 특히 호흡기·심혈관 질환 등을 유발하는 심각한 요인으로 받아들여지고 있습니다. '삼한사온'(三寒四溫)이 아니라 '삼한사미'(三寒四微)라는 말이 진부한 느낌을 줄 정도로 겨울철 미세먼지가 일상화되고, 계절을 가리지 않는 고농도 미세먼지 주의보로 시민의 불안이 가중되고 있습니다.[2]

계절을 가리지 않고 엄습하는 고농도 초미세먼지에 시달리면서 지난 30년 미세먼지 문제가 대체로 개선되어 왔다는 보고를 듣는 것은 당혹스러운 일입니다. 이는 실증적 데이터를 통해 뒷받침되는 사실이기도 합니다. 시민들의 체감 효과와는 동떨어진 이 사실과 고농도 초미세먼지 문제의 심각성 사이의 괴리는 정부의 거듭된 미세먼지 대책들과 이를 뒷받침하는 법적 조치들이 처한 곤경을 상당 부분 설명해 줍니다. 정책과 법의 효과가 제대로 체감되지 못하여 불신을 낳고 그 불신이 다시 정책과 법의 효과를 훼손시키는 악순환의 메커니즘이 작동하기 때문입니다.

그럼에도 불구하고 미세먼지를 줄일 수 있다는 가능성은 충분히 확인될 수

---

1) 한국보건사회연구원, '사회통합 실태 진단 및 대응 방안 연구(Ⅳ)' 보고서(2018.5.14: http://kostat.go.kr/ assist/synap/preview/synapview3738015.view.xhtml, 44).

2) 황사는 중국 몽골의 건조지대에서 강한 바람에 의해 높은 대기로 불어 올라간 흙먼지가 바람을 타고 이동해 지상으로 떨어지는 자연현상이지만, 고농도 미세먼지 발생은 자동차·공장·가정 등에서 사용하는 화석연료 사용으로 배출된 인위적 오염물질이 주요 원인이라는 점에서 차이가 있습니다(네이버 지식백과 '황사와 미세먼지'(국가건강정보포털 의학정보, 국가건강정보포털): https://terms.naver.com/entry.nhn?docId=555 0467&cid=51004&categoryId=51004).

있습니다. 비록 미세먼지 문제를 완벽하게 제거할 수는 없을지라도 국민 대다수가 만족할 만한 수준에서 미세먼지 문제를 해결하는 것은 여전히 가능하고 유효한 정책과제인 것입니다.

> "중국은 지난 5년 짧은 기간 동안 40% 가까이 오염물질을 줄였다. 우리나라가 항의해서가 아니라, 자기 나라 국민들을 위해서다. 중국은 미세먼지로 인해 연간 1백만 명 이상이 조기 사망하는 것으로 분석됐기 때문에 필사적으로 미세먼지를 줄인 것이다."[3]

미세먼지 문제를 해결하기 위한 정책대안과 이를 뒷받침하는 법제도가 적기에 그리고 유효적절하게 설계되어 일관성 있게 효과적으로 집행되었는가 하는 것은 또 다른 문제입니다. 역대 정부에서 반복해온 미세먼지 대책의 난맥상은 정책의 성과 측정이나 책임 규명을 어렵게 만들었다는 비판을 면하기 어렵습니다.

> "그동안 정부는 정책환경이 바뀔 때마다 수많은 대책과 계획들을 수립, 시행해 왔다. 관련계획과 대책만 해도 대기환경개선종합계획 ('16-'25), 미세먼지 관리종합대책 ('17), 비상·상시 미세먼지 관리 강화대책 ('18), 미세먼지 관리종합계획('20-'24), 시·도별 시행계획(17개 전체 시·도), 권역별대기환경관리기본계획('20-'24), 시·도별 시행계획(권역 관할 시·도) 등 갈피를 잡기 어려울 정도이다. 그리하여 어느 대책, 어느 계획이 언제 어떤 효과를 냈는지를 분간하기가 극히 어려운 실정이다.
>
> 추진체계와 담당조직의 분산과 기능 중복 문제도 미세먼지 정책의 혼선을 더욱 가중시키는 요인으로 작용했다. '관계부처 합동'이라는 이름으로 종합계획을 짜고 역할을 분담하여 시책을 만들어내도 '미세먼지 8법' 소관부처간 할거주의나 범부처, 부처간 협력 조정의 애로가 해소되지 않는다면 효과를 내기 어려울 것이다."[4]

미세먼지 문제처럼 정책과 법적 처방의 한계가 원천적으로 불가피한 경우조차도 과학적, 증거기반 정책 설계를 바탕으로 만들어진 법적 대책들이 실효성 있게 집행될 수 있도록 하는 것은 중요하며 이는 변명의 여지가 없는 입법과 정부의 책임입니다.

---

3) 장재연 장재연 "미세먼지=중국"은 틀렸다, 환경부는 왜 국민을 속이나(오마이뉴스 2019년 2월 28일자: http:// www.ohmynews. com/NWS_Web/View/at_pg.aspx?CNTN_CD=A0002514331).
4) 홍준형. (2020). 「상징입법 -겉과 속이 다른 입법의 정체」. 한울아카데미, 193, 200.

2. 환경법, 상징입법의 함정

환경법은 형법과 함께 '상징입법'(Symbolic Legislation) 현상이 가장 두드러지게 나타나는 전형적 분야입니다.[5]

예를 들어 Newig는 독일의 환경법 중 (i) 여름스모그논란(Sommersmogdebatte)에 뒤이어 신설된 1995년의 오존법 조항들(Ozongesetz §§ 40a-40e, 62a BImSchG 2002), (ii) 1994년의 순환경제·폐기물법에 따른 폐기물발생방지조항(Abfallvermeidungsgebot in § 4 Abs. 1 KrW -/AbfG)의 사례를 분석하여 이들 입법이 상징입법의 성격을 가진다는 사실을 밝힌 바 있습니다. 우리나라에서도 환경법 분야에서 상징입법이 드물지 않게 나타나고 있습니다.[6]

환경오염 등 사회문제에 대한 공포나 우려에 대한 응답으로 입법이 행해지지만, 사실 문제 해결에는 거의 또는 전혀 효과가 없고 단지 사람들을 진정시킬 의도만 가진 경우, 그런 입법을 통상 "상징입법" 또는 "상징적 법령"(symbolic statutes)이라고 부릅니다.[7]

상징입법이란 겉과 속이 다른 법, 또는 그런 법을 만드는 것을 말합니다. 무슨 동기에서든 (보통은 용납할 수 없는 불순한 의도로) 겉만 번지르르한 법을 만들어 대중을 현혹하거나 우롱하는 경우로, 가장 흔한 유형은 정부 또는 정치 지도자들이 자신이 사태를 잘 장악하고 있으니(Situationsbewältigung) 안심해도 좋다는 메시지를 보내기 위한 '안심조장'(Eindrucksmanipulation) 또는 '민심무마'의 의도에서 나온 입법을 말합니다.[8]

상징입법이 항상 악은 아니며 경우에 따라 필요하거나 유용한 경우도 있습니다. 하지만 상징입법의 폐해를 부정할 수는 없습니다. 상징입법은 입법의 허구성, 허위성, 숨은 의도가 통상 용인되는 수준을 넘어 국민을 심각하게 기만하거나 오도하기 때문입니다. 가장 큰 폐해는 기만과 현혹으로 사회문제의 해결을 좌절시킨다는 것입니다.[9]

---

5) Hansjürgens, B./Lübbe-Wolff, G. (Hrsg.). (2000). Symbolische Umweltpolitik, Frankfurt a. M.: 217-238; Newig, 2003.

6) 이에 관해서는 홍준형, 앞의 책, 특히 제5장(원전과 원자력 문제), 제7장(미세먼지대책법), 제8장(바이오사이드대책법)을 참조.

7) Siehr, Angelika, 2005.

8) 상징입법에 관해서는 홍준형, 앞의 책을 참조.

9) Siehr, 2016: 324,

상징입법은 종종 기만이나 위장을 통해 정부가 상황을 잘 장악하여 문제를 해결하고 있다는 허상을 만들어내는 '인상조작'을 통해 '위장된 책임정치'를 연출합니다. 때때로 국민들 자신이 이 거시적인 사회적 기만과정에 암묵적으로 동참하기도 합니다. 상징입법이 그 현출된 목적과 상반되는 결과를 초래한다면 이는 장기적으로 정책 신뢰의 상실과 법의 규범성 훼손으로 이어질 수 있습니다. 상징입법에 내재하는 기만의 요소들은 현대민주주의 국가에서 입법이 표상하는 가치, 즉 주권자의 자치 규율이라는 원리를 왜곡시킵니다.[10] 나아가 상징입법은 책임의 실종 또는 방기를 넘어 (이따금 찾아오는) 진정한, 보다 근본적인 절호의 문제해결 기회를 상실시키는 결과로 이어집니다. 가습기살균제피해구제법은 정부의 의도 여부와는 상관없이 결과적으로 보면, 피해자구제 문제를 내세워 들끓기 시작한 잠재적 위험, 즉 정부책임론을 무대에서 내리는 데 성공했습니다. 정부의 책임은 장래를 향해서만 수용되었고 피해자구제 역시 사적 자치, 즉 가해기업과 피해자들 간에 해결한다는 원칙을 전제로 설계되었습니다.

상징입법의 가장 심각한 폐해는 정치에 대한 뿌리 깊은 불신을 더욱 가중시키고 다시금 확인, 공고화시킨다는 데 있습니다. 겉과 속이 다른 정도가 상대적으로 더 심각한 상징입법들이 많아질수록, '알리바이 정치'(politics of alibi)에 동원되는 입법들이 빈번해질수록, 정부와 정치, 국가에 대한 불신도 그만큼 커질 수밖에 없기 때문입니다. 정부는 미세먼지문제 해결을 위해 투입된 입법조치들의 성과를 강조하지만 대중들이 느끼는 체감효과와는 거리가 있습니다. 천신만고 끝에 성사된 가습기살균제피해구제법은 정작 피해자들에게서조차 평가를 받기는커녕 원성을 사고, 시행 2년도 못 돼 벌써 두 번이나 개정 압박에 시달려야 했습니다. 상징입법으로 인상조작조차 달성하기 어려운, 이 규범과 현실의 괴리가 잦을수록 정부신뢰의 점수는 떨어질 수밖에 없습니다.

---

10) Siehr, 2016: 339.

Ⅱ. '좋은 환경법'의 조건

1. 과학·증거 기반 환경법의 설계

그러면 '좋은 환경법의 조건'은 무엇일까요?[11] 환경문제를 해결하려면 무엇보다도 과학·증거 기반 설계가 중요합니다. 환경법은 기대와 달리 의외의 효과를 내는 경우가 다른 어느 분야보다도 빈번합니다. 때문에 규제법규를 설계하는 단계에서부터 수범자(norm addressee)의 규제순응이 원활하게 일어날 수 있는지, 그리하여 의도된 결과를 달성할 수 있는지, 부작용이나 규제실패를 회피할 수 있는지 면밀한 분석과 검토, 그리고 모의실험(simulation) 등 적절한 방법을 통한 영향 분석이 필요합니다.

환경법의 설계는 정부입법의 경우 관료의 역할입니다. 과학·증거 기반 환경법을 설계하기 위해서는 일반적인 공직 경력을 가진 '일반관료'(bureaucrats as generalists)보다는 환경문제와 그 해결책에 관한 전문적 식견과 역량을 갖춘 '전문관료'(bureaucrats as specialists)가 더 적합하겠지만, 단지 환경분야 전문성만 가지고는 부족하고 환경문제의 정치경제적·사회적 복합성과 환경입법에 특성에 대한 이해와 전문성을 갖춘 '정책 및 입법 전문가로서 관료'(bureaucrats as policy and legislation experts)가 필요합니다.

의원입법, 나아가 국회에서 진행되는 환경입법의 경우도 정부입법의 경우와 다를 바가 없습니다. 입법권자인 국회의원들 못지않게 국회의 입법지원기구나 그 구성원, 그리고 환경분야 상임위에서 활동하는 전문위원, 의원보좌관과 각 정당의 환경담당 전문인력의 역할이 매우 중요한데, 과학·증거 기반 환경법의 설계가 이루어지려면 이들 '입법관료'들이 환경정책과 환경법에 대한 전문역량(expertise)을 갖추고 있어야 합니다.

그러나 현실은 많은 경우 그런 소요를 충족시키지 못합니다. 과학·증거 기반 환경법의 설계에 관한 한 기존의 관료제는 여러 가지 측면에서 한계를 드러내고 있습니다. 관료는 입법전문가처럼 행동해 왔지만, 실상은 그렇지 못합니다. 스스로 환경정책과 환경법에 대한 전문역량이 부족하여 관련분야 정부출연

---

11) 이에 관해서는 홍준형. (2022). 「환경법의 성공과 실패」. 한울아카데미, 제5장(227 이하)를 참조.

연구기관, 학회, 대학 등 외부자원에 의존하는 경우가 많습니다. '환경정책의 외주화'(outsourcing of enivironmental policy)는 환경문제와 그 대책이 지니는 과학적·전문기술적 특성 등 여러 가지 이유에서 불가피한 관행이 되고 있습니다. 반면 환경행정의 현실 여건이나 제약 때문에 이러한 외부자원을 적기에, 미리 충분한 기간 준비과정을 거쳐 활용하는 것은 결코 쉽지 않습니다. 그 결과 과학·증거 기반 환경법의 설계는커녕 톱니바퀴처럼 돌아가는 행정현장에서 일반 행정관료들이 시간에 쪼들리며 오로지 자신의 실무경험에 터잡아 피상적인 외부자문을 동원하거나 이해관계자 의견을 감안하여 나름대로 정책의 필요성, 효과와 영향을 예측·판단하고 이를 토대로 환경법을 만들고 뜯어고치는 식의 일상이 환경입법의 관행으로 고착됩니다.

이미 앞서 보았듯이, 환경법은 '실패'하기 쉬운 분야이므로 설계 단계에서 입법, 시행 등 집행단계에 이르기까지 면밀한 수행평가가 필요합니다. 예를 들어 환경법(규제)의 낮은 준수율은 어느 나라나 공통적으로 나타나는 현상입니다. 그 가장 중요한 원인으로 환경법(규제) 설계의 결함이 손꼽히는 것은 어쩌면 당연한 일이지만, 환경법 설계를 담당하는 조직과 관료의 역량 부족(여건 불비를 포함)도 그에 못지않게 중요한 원인입니다. 환경규제의 준수율이 낮은 원인을 '부적절한 환경규제의 설계'와 '조직의 대응능력·집행관청의 자원 불충분'에서 찾는 것도 같은 맥락입니다.[12]

'좋은 환경법'이란 인간, 특히 피규제자·수범자의 행태를 현실적으로 기대할 수 있는 수준에서 바람직한 방향으로 유도하는 효과(incentivizing effect)를 낼 수 있는 법이어야 합니다. 그렇게 하려면 피규제자들이 '지킬 수 있는' 또는 수범자들이 다른 방해요인들에도 불구하고 법준수를 택하도록 하는 '지키게 만드는' 법이 되어야 합니다. 환경법을 설계하면서 순응의 유인(incentives)과 역유인(disincentives) 모든 측면에서 피규제자·수범자의 행태를 이해하고 포착해야 하는 이유입니다. 특히 '지킬 수 없는 법'을 만드는 것은 법준수는커녕 규제포획(regulatory capture)이나 단속회피를 위한 유착 등 부작용만 낳을 뿐입니다. 환경규제를 위한 인센티브가 부실하게 설정되거나, 준수 확보의 수단이 없거나

---

12) 이유봉. (2016).「환경규제상의 인센티브에 관한 연구」, 한국법제연구원 연구보고 2016-12(http:// www.klri.re.kr/viewer/skin/doc.html?fn=rpt_7547852807730548292_re 2016-12.pdf&rs=/doc_convert/FILE_000000000021271Dliqj), 57-58.

부적절하게 설계되어 있는 경우에는 규제 준수를 기대하기 어려울 것입니다.[13] 또한 환경규제의 설계과정에서 피규제자의 준수 능력이나 여건을 정확히 파악하지 못해 규제효과나 규제순응을 확보하지 못하는 경우도 많습니다. 규제대상에 따라 준수 능력이 달라질 수 있고 규제 인센티브가 대상에 따라 차별적으로 작동할 수 있기 때문입니다.[14] 피규제자가 법규범 준수에 필요한 여건이나 자력, 기술적 조건들을 갖추고 있지 않은 경우 또는 아예 그럴 여력 자체가 없는 경우에는, 가령 규제강화 압력만 생각해서 규제당국이 축산분뇨 배출허용기준을 강화함으로써 영세한 축산농가들이 규제 순응을 포기해 버리는 사례처럼, '배째라'식 규범준수 포기 행태가 나타나면 규범준수율 저하를 피할 수 없습니다.

　정부, 즉 규제당국의 역량 문제도 중요합니다. 정부의 건전성과 능력 부족, 정부체계의 전체적 수준과 투명성 미흡, 환경 이슈의 정책적 중요도의 저평가 역시 환경규제의 준수율을 저하시킬 수 있습니다.[15] 규제당국의 역량 부족은 환경관료의 등용과정에서 필요한 기술적 전문성을 갖춘 인력이 충분히 공급되지 못한 데 기인하는 문제이기도 하지만, 그들이 입직 이후 필요한 역량이나 경험을 쌓을 기회를 갖지 못하거나 현실적으로 충분한 준비기간도 주어지지 않은 채 늘 시간에 쪼들리며 성과 압박을 받는 실무상 제약 때문인 경우가 많습니다. 아울러 미시적인 수준에서는 위법행위 제재의 정도나 빈도가 낮을수록 규제의 준수율이 낮아질 수 있다는 점도 주목할 만합니다.[16]

　이러한 사실은 무엇을 의미할까요? 환경법(규제)의 설계가 매우 복합적이고 전문적인 정책전문성과 입법역량을 요구하는 과제라는 것입니다. 환경법 설계 임무를 수행하는 관료들이 과제 특성에 맞은 역량을 갖추고 있는지, 전문인력

---

13) OECD. (2009). Ensuring Environmental Compliance: Trends and Good Practices, 17; 이유봉(2016, 57).

14) 이유봉(2016, 57과 같은 곳 각주)은 기업의 유형에 따라 규제 준수의 패턴들이 다른 것으로 나타났고, 실례로 멕시코 제조업 공장들의 경우 작은, 단일한 개인이 소유한 국내기업들보다도 규모가 크고, 여러 개의 공장을 가지고 있으며, 다국적이며 주식이 시장에서 거래되는 기업들의 규제 준수율이 훨씬 높은 것으로 나타났다는 기존의 연구결과(OECD. (2004). Economic Aspects of Environmental Compliance Assurance, 39)를 인용하고 있습니다.

15) OECD(2009, 17); 이유봉(2016, 58).

16) 이유봉(2016, 58).

임용 문호가 열려있는지, 임용후 교육훈련 등을 통해 역량을 강화할 수 있는 구조인지, 그리고 이 모든 요소들을 충족하고 뒷받침할 환경법 입안·집행 시스템이 갖춰져 있는지 의문이 제기되는 배경입니다.

2. 환경정책과정과 환경입법에 대한 참여의 보장

'좋은 환경법'을 만들기 위한 또 다른 조건은 환경정책과정과 환경입법에 대한 시민참여의 통로를 열어주는 것입니다.

피규제자들은 환경법적 규제 강화에 대해 종종 '실정 모르는 탁상공론'을 질타합니다. 환경법을 설계하는 역할을 담당하는 관료들은 바로 그와 같은 '실정'을 잘 알고 이를 정책결정과정에 잘 반영할 수 있어야 합니다. 그런 의미에서 피규제자·수범자의 행태에 대한 이해와 이들의 의견 청취를 위한 환경정책과정과 환경입법의 개방화는 '좋은 환경법'을 만들기 위한 유효적절한 방법의 하나일 것입니다.

반면 환경법의 설계나 입법에 대한 영향력이 불균형하게 작용하는 경우가 허다합니다. 환경정책·입법은 다수의 조직화되지 못한, 영세한 환경피해자들보다는 상대적으로 더 풍부한 영향력 자산을 가진 대기업이나 자산가들의 입김에 따라 좌우되는 경우가 더 많습니다. 환경법이 자칫 '그들만의 리그'로 전락할 수 있는 배경입니다. 나아가 환경법 집행과정에서도 여전히 '기울어진 운동장' 문제가 도사리고 있습니다. 따라서 환경법의 설계와 형성, 집행과정에 대한 접근을 개방적으로 보장해 주는 시민참여와 협력의 메커니즘을 제도화하는 것이 무엇보다도 환경정의의 요청에 부합하는 방안입니다.

참고로 미국 EPA는 환경정의의 목표를 달성하려면 누구나 환경 및 건강에 대한 침해로부터 동등한 보호를 받고 동시에 자신이 살고 배우고 일하는 건강한 환경을 확보하기 위한 의사결정과정에 대한 동등한 접근권을 향유할 수 있어야 한다고 밝히고 있습니다.[17]

---

17) https://www.epa.gov/environmentaljustice. 미국 EPA는 법규제정(rulemaking) 과정에서 환경정의 반영의 지침이 될 두 가지 문서를 작성, 공개하고 있습니다. 첫째는 환경행정조치 수립에 고려해야 할 환경정의 지침(Guidance on Considering Environmental Justice During the Development of an Action)이고, 둘째는 '규제분석에서 환경정의 평가를 위한 기술적 지침'(Technical Guidance for Assessing Environmental Justice in Regulatory Analysis)으로 법규 제정시 환경정의를 충실히 반영할 수 있도록 기술적 준거(technical un-

환경정의로부터 환경 이익과 불이익의 평등한 분배뿐만 아니라 그 평가와 배분 과정, 즉 정책과정에 대한 공공참여를 확대해야 한다는 당위가 도출된다면,[18] 이러한 의미에서 환경정책집행의 대상이 되는 하위 인구집단들 간 환경위험의 불균등한 부담을 시정하고 불평등한 영향을 미치는 법령, 제도, 정책의 변경 또는 시정을 요구할 수 있는 제도적 틀을 갖춘 개방적 법제도화를 통해 비로소 '좋은 환경법'을 만들어 갈 수 있을 것입니다.

---

derpinnings)를 제공하려는 것입니다(https://www.epa.gov/sites/production/files/2017-09/documents/epa_office_of_ environmental_justice_factsheet.pdf).

18) Kristin Shrader-Frechette, Environmental Justice, Creating Equality, Reclaiming Democracy, Oxford, 2002, 6.

제7부

마무리

한국 환경법은 전례 없는 도전과 시련에 직면하고 있습니다. 삼각파도, '퍼펙트스톰'은 다음 세 가지 방향에서 들이치고 있습니다.

첫째는 기후위기가 본격적으로 나타나기 시작했다는 것입니다. 고농도 초미세먼지의 내습이나 태풍, 홍수, 대형산불은 물론 전 세계를 강타한 코로나바이러스 팬데믹 역시 기후변화의 후과라고 보는 시각이 널리 공감대를 이루고 있습니다. 둘째는 코로나바이러스 팬데믹에 따른 국가적 위기 타개책으로 떠오른 '그린뉴딜'의 도전입니다. 문재인 정부가 '한국판 뉴딜'의 일환으로 추진했던 '그린뉴딜' 문제는 우리나라가 화석연료 기반 경제로부터 탈피할 수 있는지를 묻고 있습니다.[1] 화석연료 기반 중화학공업 중심 경제발전정책을 줄기차게 추진해온 대한민국이 이제 임박한 좌초자산의 재정리스크를 감당할 수 있을지, 이에 대한 '그린뉴딜'로의 대전환에 대한 사회적 합의는 있는지 난제 중 난제가 우리 앞에 다가와 있습니다. 코로나바이러스 팬데믹으로 인한 경제위기 극복을 위한 뉴딜정책으로서 추진되는 과정에서 '그린' 뉴딜보다는 '디지털' 뉴딜에 방점이 찍히는 상황에서 자칫 한국판 뉴딜이 일회적인 경제복구의 정책적 수사로 끝나고 말지 않을까 하는 우려도 고개를 듭니다. 다른 한편에서는 그린 뉴딜을 지속적으로 추진할 정책적 지속가능성을 확보하는 문제, 그리고 이를 뒷받침할 법적 틀과 토대를 구축하는 과제가 우리의 어깨를 짓누르고 있습니다. 세 번째 파도는 한국 환경법이 그 사회적 요구와 기대에 부응하고 있느냐 하는 물음에서 비롯됩니다. 환경법의 과제는 한둘이 아닙니다. '에너지전환', 바이오사이드 위협에 대한 대처, 환경법규제의 혁신, 그리고 환경피해구제의 한계 극복 등 절박한 과제들이 즐비합니다. 이들 과제를 푸는 것이 한국 환경법이 직면한 또 다른 사활의 관건입니다. 궁극적 해답을 가지고 있는 것은 아닙니다. 또 그런 해답을 바랄 수 없을지도 모릅니다. 다만, 깨어

---

1) 그린뉴딜에 관해서는 2020년 9월 20일자 KBS 특별기획 그린, 대전환의 시대 (http://onair.kbs.co.kr/ index.html?source=episode&sname=vod&stype=vod&program_code= T2020-1517&program_id=PS-202015 6064-01-000&broadcast_complete_yn=null&local_station_code=00) 를 참조.

있는 시민이 참여하는 환경 정책·입법, 과학·증거 기반 환경법을 향해 한 걸음씩 나아감으로써 환경과 생태계를 지속가능하게 보호하고 환경정의를 실현할 수 있기를 기대할 뿐입니다.

<참고문헌>

강정혜. (2016). "환경오염피해 구제와 환경분쟁조정위원회의 기능관계". 「환경법연구」. 제38권 제1호: pp.1-21;

고길곤. (2015). "종합적 접근으로서의 정책실패 사례연구: 경전철 사업 사례를 중심으로". 「행정논총」 53(1). 서울대학교 행정대학원. pp.129-163;

고길곤. (2012). "경전철 사업의 사례를 통해 바라본 정책실패에 대한 새로운 접근". 한국정책지식센터 제608회 [정책&지식] 포럼;

국회입법조사처·한국법제연구원 공동학술대회. (2020). 데이터기반 입법평가의 방법과 사례;

기획재정부. (2021). 「2020년도 부담금운용종합보고서」(2021.5);

김도훈. (2003). "학습조직과 시스템 사고를 중심으로 본 시화호 정책실패의 원인과 교훈". 「한국정책학회보」(한국정책학회) 제2권 제1호 pp.299-325;

김두얼. (2008). 경제성장을 위한 사법적 기반의 모색 (II): 소송장기화의 원인과 대책 KDI 정책연구시리즈 2008-19;

김병기. (2013), "저탄소녹색성장기본법의 문제점과 개선방안". 한국법제연구원;

김성수. (1992). "환경침해시설설치절차와 주민참여". 「고시계」 1992/9;

김성욱·이병량. (2010), "녹색성장위원회의 조직기반에 대한 비판적 검토: 이론적 근거를 중심으로". 「한국조직학회보」 7(1), pp.119-150;

김연태. (2010). "환경행정소송상 소송요건의 문제점과 한계 -원고적격과 대상적격을 중심으로- "「환경법의 법리와 법정책」(서울대학교 환경에너지법센터 주최 제3차 학술포럼 발표논문집 2010.11.27.), pp.45-86;

김영평. (2012). "정책실패와 정책혁신 대위법의 관계인가 대체법의 관계인가". 한국정책지식센터 제599회 [정책&지식] 포럼;

김유환. (1994). "환경법규에 있어서의 규제실패와 법적 대응". 「환경법연구」 제16권;

김윤권. (2010). 공공선택이론에 입각한 역대정부의 성공 및 실패사례 연구 KIPA 연구보고서 2010-13;

김 준. (2021). 사후입법영향분석의 방법과 사례(국회입법조사처 특별보고서 2021.12.31);

김 준. (2020). 입법영향분석을 통한 더 좋은 법률 만들기, 국회입법조사처보고서;

김태호. (2021). "기후변화 헌법소송의 논리 -독일 헌재 위헌결정 법리의 비교법적 함의를 중심으로-". 「저스티스」 통권 제186호(2021. 10.);

530

김현준. (2010). "저탄소 녹색성장 기본법의 법적 성질 및 다른 법률과의 관계". 「공법연구」 제39집 제2호, pp.489-518;

김홍균. (2013). "환경정책기본법상의 무과실책임 규정의 한계와 극복". 사법 제26호 (2013.12);

김홍균 (2015). "환경오염피해 배상책임 및 구제에 관한 법률의 평가와 향후 과제". 「환경법연구」. 제37권 제2호, pp.141-175;

김홍균 (2016). "환경오염시설 통합관리에 관한 법률의 평가와 과제". 「환경법연구」. 제38권 제2호, pp.327-361;

노시평·박희서·박영미. (2006).「정치학의 이해」서울 : 비·앤·엠·북스;

라영재. (2014). "정책실패, 누가 어떻게 책임질 것인가"「월간참여사회」 2014.12 (https://www.peoplepower21.org/Magazine/1222439);

제러미 리프킨. (2020). 안진환 역. 글로벌 그린 뉴딜 - 2028년 화석연료 문명의 종말 그리고 지구 생명체를 구하기 위한 대담한 경제 계획. 민음사;

문상덕. (2009). "녹색성장기본법에 대한 환경법적 검토". 「환경법연구」 제31권 제1호, pp.15-38;

민동기. (2009). "수질배출부과금제도 개선 방안 연구". 「자원환경경제연구」(한국환경경제학회) vol.18, no.4, pp.767-785;

박균성·함태성. (2005). 「환경법」. 박영사;

박누리. (2023). EU 탄소국경조정제도(CBAM) 합의(안) 대응현황과 향후과제. 「이슈와 논점」(국회입법조사처) 제2056호(2023.2.20);

박수혁. (1993). "지구촌시대에 있어서의 우리나라의 환경법정책". pp.294-296;

박순애·이지한. (2005). "반복된 정책실패 방사성폐기물처분장 입지정책의 재조명", 「환경정책」 제3권 제2호 pp.63-98;

박영도. (2007). "입법평가의 이론과 실제", 「현안분석 2007」(한국법제연구원 2007.9);

박창신. (2018). "김포 사례를 통해 본 현행 환경오염피해 구제제도의 문제와 개선 방안";

배병호. (2016). "환경오염피해구제법 도입에 따른 배상책임성립과 배상범위에 대한 고찰". 「환경법연구」. 제38권 제1호: pp.57-88;

법무법인 태평양. (2023). EU 탄소국경조정제도 잠정합의안의 주요내용 및 우리 기업의 대응방향. bkl LEGAL UPDATE February 2, 2023;

사득환. (2003). "불확실성, 혼돈 그리고 환경정책 -시화호 매립사례를 중심으로-". 「한국정책학회보」 제12권 제1호 pp.223-250;

서원우. (1985). "현대행정법과 공공성문제", 월간고시 1985/8, pp.12-23;

손인성·김동구. 탄소국경조정 대응을 위한 기후·통상 제도 개선 가능성 연구. 에너지경제연구원 기본연구보고서 2022-08;

송동수. (2009). "종량제봉투의 불법유통 방지를 위한 폐기물관리법과 조례의 개선방안", 「환경법연구」 제31권제2호(한국환경법학회), pp.291-318;

송하진·김영평. (2010). 「정책의 성공과 실패의 대위법: 성공한 정책과 실패한 정책은 어떻게 가려지나」. 나남출판, 나남신서 1137;

신정철·구도일·가재환·정귀호. (1973). 소송촉진에 관한 제도적연구 : 소송지연의 원인분석과 촉진을 위한 개선방안(대법원 동향·연구보고서);

안경희 (2016). "환경오염피해구제법상 손해배상책임의 발생과 제한". 「환경법연구」. 제38권 제2호, pp.49-92;

안병철. (2002). "의약분업정책변동과 정책실패" 「한국행정학보」 제6권 제1호 pp.41-57;

안병철·강인호. (2008). "정책실패에 관한 연구경향 분석". 한국정책과학학회 학술대회 발표논문집, pp.111-134;

안병철·이계만. (2009). "정책실패에 관한 연구경향 분석". 「한국정책과학학회보」. 13(2), pp.1-19;

오경수. (2019). 「환경 관련 부담금 지급기준 및 재원 배분의 적정성」. 한국지방세연구원 연구보고서 Vol. 73. JULY 2019;

오석락. (1991). 「환경소송의 제문제」. 일신사;

유영성·고재경. (2007). 「환경관련 부담금의 효율적 운영방안」(경기개발연구원);

유제원외 4인. (1995). "환경규제권의 분권화 효과". 「한국행정학보」 제29권 제1호 (1995 봄), pp.3-21;

윤경준. (2012), "'저탄소 녹색성장 정책' 다시 보기: 비판적 평가 및 전망". 「한국정책학회보」 21(2), pp.33-59;

윤순진. (2009), "저탄소 녹색성장의 이념적 기초와 실재". 「환경사회학연구」 ECO 13(1), pp.219-266;

이민상, "경제적 정책수단의 효과성 변화에 관한 연구: 음식물쓰레기 종량제의 효과성 변화를 중심으로". (2023). 한국행정학보 제57권 제2호(2023 여름), 247-276;

이상범·하지연. (2018), 「소규모환경영향평가제도 개선을 위한 기초연구: 도시개발과 재생에너지개발을 중심으로」, 한국환경정책·평가연구원;

이상윤·주용준. (2016), 「환경영향평가에서 활용 가능한 주민참여 방법 기초 연구」, 한국환경정책·평가연구원;

이유봉. (2016). 「환경규제상의 인센티브에 관한 연구」. 한국법제연구원 연구보고 2016-12(http://www.klri.re.kr/viewer/skin/doc.html?fn=rpt_7547852807 730548292_re2016-12.pdf&rs=/doc_convert/ FILE_000000000021271Dliqj);

이종현·김현주. (2019). 김포시 환경오염 정밀조사 및 피해구제방안연구(2019.6.27, www.keiti.re.kr/site/keiti/ex/board/View.do?cbIdx=318&bcIdx=29660);

이혜경. (2021). "영국 「기후변화법」의 이행현황 및 국내적 시사점". 외국입법·정책분석 1, pp.1-7;

임도빈·고길곤·구민교·권혁주·변창흠·엄석진·이수영·이종수·이혁우·조선일·하연섭. (2015). 「실패한 정책들: 정책학습의 관점에서」. 서울대학교 행정대학원 한국정책지식센터;

장 욱. (2011). "녹색성장위원회의 조직 및 운영에 관한 공법적 고찰". 「환경법연구」 제33권 1호. pp.199-224;

전병성. (1992). "우리나라 환경법의 발전과 환경정책기본법의 제정". 「환경법연구」 제14권;

전병성. (1992). "환경오염피해분쟁조정법". 사법행정 92/2;

정광호·서재호·홍준형. (2007). "쓰레기 종량제 정책효과 실증분석". 「한국행정학보」 제41권 제1호(2007 봄), pp.175-201;

정광호. (2004). "교육정책의 실패요인 분석". 「한국행정학회 추계학술대회논문집」. pp.29-54;

정남철. (2015). "새로운 環境責任法制의 導入과 被害救濟節次의 問題點 -특히 「환경오염피해 배상책임 및 구제에 관한 법률」의 내용과 문제점을 중심으로-". 「환경법연구」. 제37권 제2호, pp.249-274;

정용덕. (1983). "한국의 정부규제 실태와 과제". 「정부규제완화방향과 미국경제전망」. pp.38-40;

정준화. (2020). 데이터 기반의 사후적 입법영향분석의 방법. 국회입법조사처·한국법제연구원 공동학술대회. (2020). 데이터기반 입법평가의 방법과 사례 제2주제;

정호영. (2004). "입법평가를 위한 법경제학적 접근방식에 관한 연구", 중앙대학교박사학위논문;

조공장·주용준. (2015). 「환경영향평가 설명회·공청회 운영현황 분석」. 한국환경정책·평가연구원;

조명래. (2013). "개발국가의 환경정의: 한국적 환경정의론의 모색". 「환경법연구」 제35권 제3호, pp.69-111;

조홍식. (2006). "대안적 분쟁해결제도(ADR)의 경제학: 환경분쟁조정제도에 대한 평가를 중심으로". 「비교사법」. 13(1): pp.85-159;

조홍식. (2008). "우리나라 기후변화대책법의 전망". 「환경법연구」 제30권 제2호, pp.311-338;

중앙환경분쟁조정위원회. (2010). 2009 환경분쟁조정사례집(제18집);

지구환경기획단. (1992). 「21세기 지구환경실천요령 -리우지구환경회의 문서 영문본-」;

차경훈. (2018). 「환경오염피해구제제도 개선 및 발전방안 마련」(한국환경산업기술원 연구용역보고서);

채원호·손호중. (2005). "정책실패와 신뢰". 「한국행정논집」 17(1): pp.103-129;

최선미·홍준형. (2014). "민간투자사업 실패요인에 관한 연구". 「한국거버넌스학회보」 제21권 제2호(2014년 8월);

최 광. (1992). "환경오염과 국민경제", 생태계 위기와 한국의 환경문제;

최병선. (1992). 정부규제론. 법문사;

최선미·홍준형. (2014). "민간투자사업 실패요인에 관한 연구". 「한국거버넌스학회보」 제21권 제2호(2014년 8월);

최연홍·최길수. (2001). "한국 정책실패의 원인규명에 관한 연구"(한국연구재단 1999년 협동연구);

최영규. (1993). 영업규제의 법제와 그 수단에 관한 연구 - 규제행정론적 관점에서 -, 서울대학교박사학위논문;

하혜영. (2009). "환경분쟁에서 조정성립의 결정요인에 관한 연구: 조성성립 요인의 판별과 예측을 중심으로". 「한국행정학보」. 43(4): pp.335-357;

하혜영. (2011). "환경분쟁조정의 실효성 분석: 재정결정 불복사건의 법원 제소를 중심으로". 「한국행정학보」제45권 제1호(2011 봄), pp.77-99;

한국산업관계연구원·환경부. (2005). 쓰레기 종량제 시행 10년 평가 및 종량제 봉투 가격의 현실화 방안 마련 연구(2005.10);

한국환경정책학회. (2018). 환경정책 이행 성과 제고 방안 연구(2018.1);

한동효. (2012). 자치경찰제의 정책어그러짐과 정책실패 요인에 관한 연구. 「한국지방정부학회 학술대회자료집」 pp.113-142;

한동효. (2012). 역대정부의 자치경찰제 도입 실패요인에 관한 연구. 「지방정부연구」 16(2), pp.175-199;

한상운. (2019). 기후정의 실현을 위한 정책 개선방안 연구(I), KEI;

한상운. (2013). "환경책임과 환경보험 - 환경피해구제법(2013.7.30 국회발의)을 중심으로". 사법 제26호(2013.12);

한지형. (2016). "환경오염피해소송에서의 인과관계 판단 -관련 판례의 분석 및 환경오염피해구제법 시행에 따른 전망을 중심으로-". 「환경법연구」 제38권 제1호, pp.135-167;

함태성. (2009). "'녹색성장'과 '지속가능발전'의 관계정립에 관한 법적 고찰 - 저탄소 녹색성장기본법 -(안) 제정에 관한 법적 논쟁과 관련하여-". 「환경법연구」 제31권 제1호, pp.355-376;

허혁·최선미. (2018). "정책실패의 반복과 관성에 관한 연구: 양양국제공항 사례를 중심으로". 「한국콘텐츠학회논문지」 제18권 제12호(2018.12). pp.456-467;

홍보람. "다중흐름모형과 정책옹호연합모형 적용을 통한 환경오염피해구제법 도입과정 분석". 『입법과 정책』(국회입법조사처) 제11권 제3호 2019.12. pp.309-331;

홍욱희. (2008). 위기의 환경주의 오류의 환경정책. 지성사;

홍준형. (2023). "기후변화와 환경법의 대응". 지식의 지평 34호(http://www.jipyeong.or.kr).

홍준형. (2022). 「환경법의 성공과 실패」. 한울아카데미;

홍준형. (2020). 「상징입법 – 겉과 속이 다른 입법의 정체」. 한울아카데미;

홍준형. (2021). 「시민을 위한 환경법입문」. 박영사;

홍준형. (2017). 「환경법특강」. 박영사;

홍준형. (2005). 「환경법」. 박영사;

홍준형. (2018). 「한국행정법의 쟁점」. 서울대학교출판문화원;

홍준형. (2023). 「시민을 위한 행정법입문」. 박영사;

홍준형. (2017). 「행정법」. 법문사;

홍준형. (2010). 「행정과정의 법적 통제」. 서울대학교 출판문화원;

홍준형. (2008). 「법정책의 이론과 실제」. 법문사;

홍준형. (2006). 「입법평가법제화방안에 관한 연구」. LECG Korea;

홍준형. (1994). "환경분쟁해결절차의 문제점과 대안". 「환경과 생명」 1994년 가을, 76-87;

홍준형. (2010). "환경갈등과 조정: 쟁점과 대안". 「환경법연구」 제32권 제3호: pp.385-416;

홍준형. (1995). "중앙정부와 지방자치단체간 환경정책의 조율을 위한 법제정비의 방향과 과제", 「환경법연구」 제17권;

홍준형 편. (2008). 「공공갈등의 관리, 과제와 해법」. 서울: 법문사;

홍천룡. (1992). "환경오염피해의 구제". 「환경법연구」 제14집;

환경부. (2000-2020). 「환경백서」 ;

환경부. (1996). 「쓰레기 종량제 시행 1년의 실적분석평가」;

환경부. (2005). 쓰레기종량제 시행 10년 평가 및 종량제 봉투가격의 현실화 방안 마련 연구;

환경부. (2022). 「쓰레기 종량제 현황(2020년도 기준)」;

환경부. (2022). 「2022년 주요업무 추진계획」(https://www.korea.kr/news/pressRelease View.do?newsId=156491025);

환경부·한국환경공단. (2011). 2010년 쓰레기 종량제 연보;

松村弓彦. (1999). 「環境法」. 成文堂;

阿部泰隆·談路剛久編. (1995). 「環境法」. 有斐閣;

北村喜宣. (1992). 環境基準. 行政法の争点(新版). ジュリスト 増刊;

小高 剛. (1992). 行政法各論. 有斐閣;

木佐茂男・古城誠. (1995). 環境行政判例の綜合的研究, 北海道大學圖書刊行會;

原田尙彦. (1981).「環境法」. 弘文堂;

原田尙彦. (1977). 環境權と裁判. 弘文堂;

山村恒年. (1997).「環境法入門」. 昭和堂;

吉田克己. (1979). 環境基準. 公害總點檢と環境問題の行方. ジュリスト 增刊 總合特輯;

Bartlett, Albert A. (1994). *Reflections on Sustainability, Population Growth and the Environment.* Population and Environment: A Journal of Interdisciplinary Studies 16(1): pp.5-35;

Begley, Philip/Bochel, Catherine/Bochel, Hugh/Defty, Andrew/Gordon, Jan/Hinkkainen, Kaisa/Kisby, Ben/McKay, Steve/Strange, Gerard. (2019). *Assessing policy success and failure: targets, aims and processes.* Policy Studies, 40: 2, pp.188-204, DOI: 10.1080/01442872.2018.1557134;

Bender/Sparwasser. (1990). Umweltrecht, 2.Aufl. C.F.Müller;

Bender/Sparwasser/Engel. (1995). Umweltrecht. Grundzüge des öffentlichen Umweltschutzrechts. 3.Aufl. C.F.Müller;

BMU. (2015). Veröffentlicht auf Umwelt im Unterricht: Materialien und Service füur Lehrkräafte⁻. BMU-Bildungsservice (http://www.umwelt-im-unterricht.de) 08.01.2015;

Bovens, M. and 't Hart, P. (1996). Understanding Policy Fiascoes. New Brunswick NJ;

Bodenheimer, E. (1981). Jurisprudence. The Philosophy and Method of the Law, Harvard University Press;

Mark Bovens, Paul 't Hart and B. Guy Peters (ed.). Success and Failure in Public Governance, A Comparative Analysis. New Horizons in Public Policy series;

Bovens, M., P. t''Hart, and S. Kuipers. (2006). *The Politics of Policy Evaluation.* In The Oxford Handbook of Public Policy, ed. by M. Moran, M. Rein, and R. Goodin, pp.319-335. Oxford: Oxford University Press;

Bovens, M., P. t''Hart, and G. Peters. (2001). Success and Failure in Public Governance: A Comparative Analysis. Cheltenham: Edward Elgar Publishing;

Bovens, M., P. t''Hart. (2016). *Revisiting the study of policy failures. Journal of European Public Policy.* Vol. 23, No. 5, pp.653-666: http://dx.doi.org/10.1080/13501763.2015.1127273;

Breuer, R. (1992). Umweltschutzrecht, in: I.v.Münch(hrsg). Besonderes Verwaltungs-recht. 9.Aufl.;

Breyer, Stephen. (1982). Regulation and its Reform. Harvard University Press;

Susan Callery and Daniel Bailey. (2020). NASA: Climate Change and Global Warming (Oct. 29, 2020);

Cantrill, J. G., & Oravec, C. L. (1996). The symbolic earth: Discourse and our creation of the environment. Lexington, Ky: University Press of Kentucky;

Daddow, Oliver. (2019). Policy Success and Failure: Embedding Effective Learning in Government. Published: February 2019. Publication from the Bennett Institute for Public Policy, Cambridge (www.bennettinstitute. cam.ac.uk);

DeWitt, John. (1994). Civic Environmentalism, Alternatives to Regulation in States and Communities. CQ Press;

Dolšak, Nives & Ostrom, Elinor (ed.) (2003). The Commons in the New Millennium. MIT Press;

ECPR(The European Consortium For Political Research). (2018). *Understanding Success in Government.* WS30(Workshop directors: Stefanie Beyens and Allan McConnell: https://ecpr.eu/Events/Event/PanelDetails/6844);

European Parliament. Directorate General for Communication. (2022). Press release 13-12-2022 - 05:15 20221212IPR64509. Deal reached on new carbon leakage instrument to raise global climate ambition (extension://elhekieabhbkpmcefcoobjddigjcaadp/https://www.europarl. europa.eu/pdfs/news/expert/2022/12/press_release/20221212IPR64509/ 20221212IPR64509_en.pdf);

Favre, Brian. (2020). *Is there a need for a new, an ecological, understanding of legal animal rights?* Journal of Human Rights and the Environment, Vol. 11 No. 2, September 2020, pp.297-319;

FitzGerald, Cathal/O'Malley, Eoin/Broin, Deiric Ó. (2019). *Policy success/policy failure: A framework for understanding policy choices.* May 2019 Administration 67(2): pp.1-24(DOI: 10.2478/admin-2019-0011);

Goderis, B. (Ed.) (2015). Public Sector Achievement in 36 Countries. A Comparative Assessment of Inputs, Outputs and Outcomes;

Gore, Tony. (2011). Understanding Policy Success: rethinking public policy(Allan McConnell Basingstoke: Palgrave-Macmillan, 2010, 265pp). People, Place & Policy Online (2011): 5/1, pp.46-49;

Christoph Grimm. (2000). *Gesetzesfolgenabschätzung -Möglichkeiten und Grenzen aus der Sicht des Parlaments.* ZRP;

Hansjürgens, B./Lübbe-Wolff, G. (Hrsg.). (2000). Symbolische Umweltpolitik, Frankfurt a. M.: pp.217-238;

Harrison and Sundstrom. (2010). Global Commons, Domestic Decisions: The Comparative Politics of Climate Change. The MIT Press;

Selin, Henrik and VanDeveer, Stacy D. (2015). European Union and Environmental Governance. New York: Routledge;

Hauf/Müller(Hrsg). (1985). Umweltpolitik am Scheideweg. C.H.Beck;

Hong, Joon Hyung. (1997). *Die Umweltproblematik und der Stand der Umweltgesetzgebung in Korea*. Vortrag an der Tagung von KAS "Die Umweltproblematik in Ostasien";

Howlett M, Ramesh M and Perl A (2009) Studying Public Policy: Policy Cycles & Policy Subsystems. Canada: Oxford University Press;

Howlett, Michael. (2012). *The lessons of failure: Learning and blame avoidance in public policy-making*. International Political Science Review, 33(5), pp.539-555(Article in International Political Science Review·November 2012 DOI: 10.1177/019251211245 3603);

Howlett, Michael/Ramesh, M/Wu, Xun. (2015). *Understanding the persistence of policy failures: The role of politics, governance and uncertainty*. Public Policy and Administration 2015, Vol. 30(3-4) pp.209-220;

Hucke, J. (1983). *Regulative Politik, Das Beispiel Umweltschutz*, in: Abschied vom Recht?;

Intergovernmental Panel on Climate Change, IPCC Special Report on Climate Change and Land, https://www.ipcc.ch (2019);

Kimmnich/von Lersner/Storm. (1994). Handwörterbuch des Umweltrechts (HdUR), Bd.II, 2.Aufl.;

Kraft, Michael E., 2018. Environmental policy and politics. Seventh edition. New York. Routledge;

Kraft, Michael E. & Vig, Norman. J. (1994). *Environmental Policy From the 1970s to the 1990s: Continuity and Change*, in: Environmental Policy in the 1990s, Toward a New Agenda(CQ Press) pp.3-29;

Jänicke, M./Kunig, P./Stitzel, M. (1999). Umweltpolitik. Dietz;

Laitos, Jan G. (2021). Rethinking Environmental Law - Why Environmental Laws Should Conform to the Laws of Nature. Rethinking Law series. Edward Elgar Publishing Limited;

Lal, Rattan et al. *Soil Carbon Sequestration Impacts on Global Climate Change and Food Security*(Science 304: pp.1623-1627. 2004. 7);

Lambert, Thomas/Boerner, Christopher. (1997). *Environmental Inequity: Economic Crisis, Economic Solutions*, Yale Journal on Regulation, Vol.14, No.1, Winter 1997, 195-234;

Lasswell and McDougal. (1943). Legal Education and Public Policy, 52 Yale L.J.;

Lazarus, Richard J. (1993). *Pursuing "Environmental Justice": The Distributional Effects of Environmental Protection*. Northwestern University Law Review Vol. 87, No.3., pp.787-791;

Light, P. C. (2014). A Cascade of Failures: Why Government Fails, and How to Stop It. Center for Effective Public Management. Washington, DC: Brookings Institution;

Marsh, David/McConnell, Allan. (2009). *Towards A Framework For Establishing Policy Success.* Public Administration Vol. 88, No. 2, 2010. pp.564-583. Blackwell Publishing(doi: 10.1111/j.1467-9299.2009.01803.x);

Mazmanian, Daniel A./Kraft, Michael E. (2009). Toward Sustainable Communities: Transition and Transformations in Environmental Policy. MIT Press;

McConnell, Allan/Grealy, Liam & Lea, Tess. (2020). *Policy success for whom? A framework for analysis.* Policy Sciences vol. 53(Published: 23 September 2020). pp.589-608;

McConnell, A. (2010a). P*olicy Success, Failure, and the Grey Areas In-between.* Journal of Public Policy, 30(3), pp.345-362. Cambridge University Press(doi: 10.1017/S0143814X10000152);

McConnell, A. (2010b) Understanding Policy Success: Rethinking Public Policy. Basingstoke: Palgrave Macmillan;

McConnell, A. (2017). *Policy Success and Failure. Oxford Research Encyclopedia of Politics.* Published online: 24 May 2017. Retrieved 22 Aug. 2021, from https://oxfordre.com/politics/view/10.1093/acrefore/ 9780190228637.001.0001/acrefore-9780190228637-e-137;

McDougal, S. Myres. (1956). *Law as a Process of Decision: A Policy-Oriented Approach to Legal Study.* 1 Nat.L.For.;

Merton, Robert K. (1968). Social Theory And Social Structure. The Free Press;

Newig, Jens. (2003). Symbolische Umweltgesetzgebung - Rechtssoziologische Untersuchungen am Beispiel des Ozongesetzes, des Kreislaufwirtschafts- und Abfallgesetzes sowie der Großfeuerungsanlagenverordnung. Schriftenreihe zur Rechtssoziologie und Rechtstatsachenforschung (RR), Band 84;

Newig, Jens. (2010). *Symbolische Gesetzgebung zwischen Machtausübung und gesellschaftlicher Selbsttäuschung,* in: Michelle Cottier, Josef Estermann, Michael Wrase (Hrsg.) Wie wirkt Recht?, pp.301-322(Ausgewählte Beiträge zum ersten gemeinsamen Kongress der deutschsprachigen Rechtssoziologie-Vereinigung 1. Auflage 2010) Reihe: Recht und Gesellschaft -Law and Society, Bd. 1 nomos Verlag;

OECD. (2009). Ensuring Environmental Compliance: Trends and Good Practices;

OECD. (2004). Economic Aspects of Environmental Compliance Assurance;

OECD. (1989). Economic Instruments for Environmental Protection. Paris;

OECD. (2017). Environmental Performance Reviews -Korea 2017(https://www. oecd- ilibrary.org/sites/9789264268265-en/index.html?itemId=/content/ publication/9789264268265-en);

Ogus, A. (1982). *The Regulation of Pollution,* in: Policing Pollution, A Study of Regulation and Enforcement. Clarendon Press, Oxford;

O'Leary, Rosemary. (1993). *The Progressive Ratcheting of Environmental Laws:*

Impact on Public Management. Policy Studies Review. Autumn/Winter 1993, 12:3/4, pp.118-136;

_____. (1993). Emergency Planning: Local Government and the Community Right-to-Know Act. ICMA;

O'Leary, R. & Raines, S. (2001). *Lessons Learned from Two Decades of Alternative Dispute Resolution Programs and Process at the U. S. Environmental Protection Agency.* Public Administration Review, 61(6): pp.682-692;

Panayotou, T. (1990). *The Economics of Environmental Degradation: Problems,* Causes and Responses. Development Discussion Paper No.335. A CAER Project Report. Harvard Institute for International Development. Cambridge. MA: Harvard University;

Percival, R./Schroeder, C./Miller, Alan and Leape, J. Environmental Regulation: Law, Science, and Policy I (8th ed. 2018);

Pernthaler/Weber/Wimmer. (1992). Umweltpolitik durch Recht - Möglichkeiten und Grenzen, Rechtliches Strategien zur Umsetzung des Umweltmanifests. Manzsche Verlags- und Universitätsbuchhandlung. Wien;

Pohl. (1996). Instrumente des Umweltrechts, in: Himmelmann/Pohl/Tünnesen-Harmes, Handbuch des Umweltrechts. 1996. C.H.Beck;

Prümm, H.P. (1989). Umweltschutzrecht;

William J. Ripple/Christopher Wolf/Timothy M. Lenton/Philip B. Duffy/Johan Rockström/Hans Joachim Schellnhuber, Many risky feedback loops amplify the need for climate action. One Earth, Commentary| Vol. 6, Issue 2, pp. 86-91, Feb. 17, 2023(extension:// elhekieabhbkpmcefcoobjddigjcaadp/ https://www.cell.com/one-earth/pdfExtended/S2590-3322(23)00004-0);

Rose, Carol M. (1994). *Given-ness and Gift: Property and the Quest for the environmental ethics.* Environmental Law Vol.24:1, pp.1-31;

Roßnagel, A./Neuser, U.(Hrsg.) (1996). Reformperspektiven im Umweltrecht. Nomos-Verlagsgesellschaft. Baden-Baden;

Sabatier, P./Mazmanian, D. (1979). *The conditions of effective implementation: A guide to accomplishing policy objectives.* Policy analysis, Vol.5, No.4, pp.481-504;

Schuck, P. H. (2014). Why Government Fails So Often: And How It Can Do Better, Princeton: Princeton University Press;

Shergold, P. (2015). *Learning from Failure: Why Large Government Policy Initiatives Have Gone So Badly Wrong in the Past and How the Chances of Success in the Future Can be Improved.* Retrieved from http://www.apsc.gov.au/publications-and-media/current-publications/ learning-from-failure;

Shrader-Frechette, Kristin. (2002). Environmental Justice, Creating Equality, Reclaiming Democracy, Oxford;

Simmons, Daisy. (2020). *What is 'climate justice'?* July 29, 2020 (https://yaleclimateconnections.org/2020/07/what-is-climate-justice/);

Street, Catherine/Smith, James/Robertson, Kim/Guenther, John/Motlap, Shane/Ludwig, Wendy/Woodroffe, Tracy/Gillan, Kevin/Ober, Robyn/Larkin, Steve/Shannon, Valda & Hill, Gabrielle. *Exploring definitions of success in Northern Territory Indigenous higher education policy.* (2020). Journal of Educational Administration and History, DOI: 10.1080/00220620.2020.1719391;

Schmehl, Arndt. (1991). *Symbolische Gesetzgebung,* Zeitschrift für Rechtspolitik 24. Jahrg., H. 7 (Juli 1991), pp. 251-253(https://www.jstor.org/stable/23422424);

Simmons, Daisy. (2020). What is 'climate justice'? It begins with the idea that the adverse impacts of a warming climate are not felt equitably among people. July 29, 2020(https://yaleclimateconnections.org/2020/07/what-is-climate-justice/);

Smith, J.C. (1984). *The Process of Adjudication and Regulation, a Comparison,* in: Rights and Regulation, ed. by Tibor R. Machan and M. Bruce Johnson, Cambridge, Mass. Rights and Regulation;

Sparks, Tom/Kurki, Visa/Stucki, Saskia. (2020). *Animal rights: interconnections with human rights and the environment: Editorial.* Journal of Human Rights and the Environment, Vol. 11 No. 2, September 2020, pp.149-155;

Stavins, Robert N. *The Choice of Regulatory Instruments in Environmental Policy.* Harvard Environmental Law Review. volume 22. number 2, pp.313-367, 1998. With N. Keohane and R. Revesz. Reprinted in Land Use and Environmental Law Review. vol. 30. September 1999;

Stone, Christopher D. (1974). Should Tree Have Standing? -Toward Legal Rights for Natural Objects. Portola Valley. CA: Tioga Publishing Company;

Sunstein, Cass R. (1990). After the Rights Revolution -Reconceiving the Regulatory State-;

Vig, Norman J. & Kraft, Michael E. (ed.) (2000). Environmental Policy. 4.ed. CQ Press;

Young, Paul J./Harper, Anna B./Huntingford, Chris/Paul, Nigel D./Morgenstern, Olaf/Newman, Paul A./Oman, Luke D./Madronich, Sasha & Garcia, Rolando R. (2021). *The Montreal Protocol protects the terrestrial carbon sink,* in Nature volume 596, pp.384-388 (2021), 18 August 2021(https://www.nature.com/articles/s41586-021-03737-3);

World Commission on Environment and Development. (1987). Our Common Future. Oxford. UK: Oxford University Press.

홍 준 형 洪準亨

현재 서울대학교 행정대학원 교수
서울대학교 법과대학 및 대학원 법학과졸
독일 Göttingen대학교 법학박사(Dr.iur.)
서울특별시행정심판위원회 위원(2016-2022); 서울특별시교육청 행정심판위원회 위원(2013-2018);
국무총리행정심판위원회 위원(1999-2005); "국토교통부 댐 사전검토협의회 위원장(2013-2017); 베를린자유대 한국학과 초빙교수·한국학연구소장(2001.10-2003.2); 한국학술단체총연합회 이사장/한국공법학회/한국환경법학회/한국행정법이론실무학회 회장 역임; 개인정보분쟁조정위원회 위원장/중앙환경분쟁조정위원회 위원/환경정의 정책기획위원장 역임

주요저서

Die Klage zur Durchsetzung von Vornahmepflichten der Verwaltung, 1992, Schriften
    zum Prozeßrecht Bd.108, Duncker & Humblot Verlag, Berlin
시민을 위한 행정법입문, 2023, 박영사
행정법. 2017, 법문사
환경법. 2005, 박영사
법정책의 이론과 실제. 2008, 법문사
공공갈등의 관리, 과제와 해법(공저). 2008, 법문사
행정구제법. 2012, 도서출판 오래
환경법특강. 2017, 박영사
상징입법 -겉과 속이 다른 입법의 정체. 2020. 한울아카데미
환경법의 성공과 실패. 2022. 한울아카데미

환경법입문

초판인쇄 2023. 9. 15
초판발행 2023. 9. 25

저 자 홍 준 형
발행인 황 인 욱
발행처 도서출판 **오 래**

서울특별시마포구 토정로 222 406호
전화: 02-797-8786,8787; 070-4109-9966
Fax: 02-797-9911
신고:제302-2010-000029호(2010.3.17)

ISBN 979-11-5829-214-0 93360

http://www.orebook.com
email orebook@naver.com

정가 30,000원